Giora S. Shoham

WALHALLA,
GOLGOTHA,
AUSCHWITZ

Zwischen dem Folterer und dem Gefolterten entsteht eine Art von Beziehung.
Solange die Tortur anhält, hat der Folterer versagt,
und er muß in seinem Opfer Ebenbürtigkeit anerkennen.

Graham Greene: Eine Art von Existenz

Giora S. Shoham

WALHALLA,

GOLGOTHA,

AUSCHWITZ

Über die Interdependenz
von Deutschen und Juden

Aus dem englischen Original übersetzt von Michael Levi

Edition S
Verlag Österreich

1. Auflage 1995

Satz: Spielberger Druck- und Verlags GmbH
Umschlaggestaltung: Atelier Schiefer, Wien
Redaktion: Rainer Hirschkorn
Druck und Bindearbeit: Österreichische Staatsdruckerei
ISBN: 3-7046-0161-6

Zum Andenken an meinen Vater Yitzhak Shoham,
dessen Vorhersicht uns vor dem Holocaust rettete.

Inhalt

Einleitung

Der Holocaust ist von allen Schrecken der menschlichen Geschichte der bestürzendste: Man begreift ein Pogrom oder sogar die Tötung von Zivilpersonen in der Hitze einer Schlacht; aber wie kann die quasi - industrielle Abschlachtung von sechs Millionen Juden innerhalb dreier Jahre verstanden werden?

Hat dieses Ereignis der menschlichen Verworfenheit neue Maßstäbe gesetzt? Hat es alle menschlichen Werte, Normen und Bindungen, Liebe und Freundschaft vernichtet? Oder haben Menschen wie etwa Janusz Korczak, als willige Opfer, es auf sich genommen, eine furchtbare Sünde vor Menschen und Gott durch ihr Leiden auszutilgen? Wir werden im Hier und Jetzt keine Antwort erhalten.

Das vorliegende Buch macht den Versuch, einige wesentliche Beweggründe des Holocaust zu verstehen. Es ist unsere moralische Verpflichtung, die Frage zu wiederholen, die bereits allzu oft gestellt wurde: wie konnte jenes Volk, aus dem Bach, Goethe, Schiller und Thomas Mann hervorgingen, für das Vernichtungslager Auschwitz verantwortlich sein?

Dunkle Leidenschaften

Wie konnte eine Kultur, aus der geistige Höchstleistungen wie Goethes „Faust", Kants „Kritik der reinen Vernunft", Beethovens „Neunte Symphonie" oder Rilkes' „Duineser Elegien" hervorgingen, auch Handlungen und Taten hervorbringen, wie wir sie den Dokumenten über den Holocaust entnehmen können? Unter den Kommandanten der SS-Einsatzgruppe fanden sich Ästhetik-, Ethik- und Rechts-Professoren ebenso wie ein Bürgermeister und ein Priester. Diese SS-Einsatzgruppen erschossen Männer, Frauen und Kinder an Gräbern, die die Opfer zuvor selbst ausheben mußten. Gelang es einigen Juden zu entkommen, so wurden sie von Hunden gestellt. Die Männer der SS schossen auf sie, als wäre es ein Jagdtreffen von Gutsbesitzern. Goldzähne und -füllungen wurden aus den Leichen der Opfer herausgebrochen, Rektum und Vagina nach Schätzen durchsucht. Aus ihrer Haut wurden Lampenschirme verfertigt. Das Haar wurde ihnen zur Weiterverwertung abgeschnitten; ein unzufriedener Kunde beklagte sich bei den Verantwortlichen in Auschwitz, daß das Haar nicht seiner Länge nach geordnet geliefert wurde, was den Verarbeitungsprozeß erschwerte: „Ordnung muß sein!" Das Fett der kremierten Körper der Opfer wurde gesammelt und zu Seife verarbeitet. Kleinkinder wurden lebendigen Leibes ins Feuer geworfen, oder, wenn sie weinten oder laut waren, wurden sie mit dem Kopf gegen eine Wand geschlagen und als Leichnam den Müttern zurückgegeben. Die SS in den Todeslagern nahm warme Bäder, deren Wasser mit dem Feuer der brennenden Körper gewärmt wurde. Junge Mädchen wurden zur Prostitution mit den Soldaten der Herren-Rasse gezwungen: sie wurden in zwei Klassen eingeteilt - Feld-Huren oder „nur für Offiziere" - und diese Klassifikation wurde ihnen mit Brandeisen in die Haut eingebrannt.

Ich glaube die bekannten Erklärungen dieser Nazi-Herrschaft und ihrer Vernichtung des europäischen Judentums durch eine neue Perspektive ergänzen zu können, indem ich sie im Rahmen der Makro-Kriminologie als einen besonderen Fall innerhalb meiner Theorien der Stigmatisierung betrachte. Darüberhinaus scheint mir diese Theorie von der grundlegenden Dialektik menschlichen Verhaltens[1] auf die wechselseitige Abhängigkeit von Deutschen und Juden - die vom Holocaust endgültig zerrissen wurde - anwendbar.

Schließlich möchte ich eine persönliche Bemerkung hinzufügen, die sich auf meine eigene Verdrängung des Holocaust bezieht, die über ein Viertel-Jahrhundert lang angehalten hat: bis zum Jahre 1973 hat die israelische Jugend das Bild des starken Sabra – des geboren Israeli – als Antithese zum schwachen, unterdrückten Diaspora-Juden hoch geschätzt. Der kämpferische Israeli wurde der verächtlichen Unterwerfung der europäischen Juden den mörderischen Nazis gegenüber entgegengestellt. Als aber die Israelis nach dem Yom Kippur-Krieg von 1973 zu ihrem Archetypus des Juden als Opfer zurückkehrten, war mein geistig-seelisches Gleichgewicht gestört. Ich begann, Literatur und Quellen über Nazi-Deutschland und den Holocaust zu studieren. Mir wurde dadurch ein gänzlich neues, makabres Bild eröffnet, das mich dazu führte, das vorliegende Buch zu schreiben.

Bereits Mosse hat auf die spärlichen Resultate hingewiesen, die in langjährigen Forschungen über die Gründe von Nazismus und Holocaust hervorgebracht wurden.[2] Das mag an der Ungeheuerlichkeit der Ereignisse liegen, die versuchen, sich einer intellektuellen oder rationalen Analyse zu widersetzen. Ökonomische, politische und soziale Faktoren mögen zu einer Erklärung beitragen, sie allein machen jedoch komplexe soziale Phänomene nicht verständlich. Selbst auf die Gefahr hin, etwas Selbstverständliches zu wiederholen, möchte ich darauf hinweisen, daß ausschließliche Erklärungsversuche oder eklektische Theorien soziales Verhalten nur unzureichend darstellen. So ist die von Sartre und vielen anderen gestützte Theorie, die Nazis hätten die Juden als Sündenböcke benutzt, von geringer Aussagekraft, wenn sie nicht als Teil eines größeren Modells gesehen wird. Ebenso charakterisieren Hannah Arendts Formulierungen von der „Banalität des Bösen" tatsächlich einen Teil der Nazis, aber für eine Theorie des Nationalsozialismus oder des Holocaust insgesamt wären sie jedoch zu vereinfachend. Hitler als Verrückten, Psychopathen und sexuell Perversen zu charakterisieren, erklärt – wie psychiatrische Kategorien in der Regel – sehr wenig. In diesem Zusammenhang wäre es interessanter zu fragen, wie es diesem manisch Rasenden beinahe gelingen konnte, ganz Europa zu erobern und den Zweiten Weltkrieg zu gewinnen; wieso ihm nahezu die gesamte deutsche Nation folgte und gehorchte; und warum Opposition selbst dann kaum aufkam, als bereits das Scheitern seines megalomanischen Versprechens eines tausendjährigen Reiches offensichtlich war.

Im folgenden werden die wesentlichen Anhaltspunkte dargestellt, die für Faktoren und Entwicklungen stehen, die das Modell repräsentieren soll, das am Ende dieser Einleitung vorgestellt wird. Ein erster Anhaltspunkt ergibt sich aus einigen der auffälligeren Charakteristika Hitlers und seiner Handlanger: Hitler haßte Gesetze, Verträge und Regeln. Er fand immer einen Weg, weltliche wie religiöse Normen zu ignorieren oder diesen auszuweichen. Seinem Geschmack entsprachen Streichers „Stürmer" – eine Illustrierte voll wütendem Antisemitismus, mit einem Schuß von Soft-Porno und politischen Gerüchten, mit der verglichen sich jede Londoner oder New Yorker Boulevard-Illustrierte heute wie ein Gebetbuch ausnimmt. Hitler glaubte an die Wahrhaftigkeit der „Protokolle der Weisen von Zion". Er war abergläubisch und vertraute der Astrologie und okkulten Wissenschaften. Er hatte einen Quacksalber als Leibarzt. Er spielte seinen Untergebenen gerne grausame Streiche. Der langsame Tod durch Erhängen der Verschwörer von 1944 etwa wurde zu seinem sadistischen Vergnügen photographiert.

Bei Görings Verhaftung vor den Nürnberger Prozessen fand man zwei Koffer voll Paracodein. Er war nach diesem Morphiumderivat süchtig.[3] Görings Korruption, seine Diebstähle und Bestechungen, vor allem seine Kunstdiebstähle, hatten Ausmaße, die ihm einen Platz unter den größten Kriminellen der Weltgeschichte sichern. Da Recht und Gesetz in Nazi-Deutschland außer Kraft gesetzt waren, konnte er seine gigantischen Raubzüge ungestraft durchführen. Er mußte diese Aktivitäten nicht verstecken, sondern war, ganz im Gegenteil, stolz darauf: Er empfing in seinem Palast Karinhall, gekleidet in eine mit übergroßen Diamanten, Saphiren und Rubinen besetzte Samt-Toga. Dort zeigte er den Gästen die Gemälde, die er aus den europäischen Museen geplündert hatte und die ohne Rücksicht auf Schule, Stil und Alter in drei oder vier Reihen an den Wänden angebracht waren.[4]

Streicher war ein Pornograph von dumm-dreistem Humor: als er zur medizinischen Untersuchung vor den Nürnberger Prozessen ausgezogen war, wandte er sich, obszön auf sein Genital zeigend, an die russische Übersetzerin mit den Worten, sie solle sich nicht davor fürchten, etwas Schönes zu sehen.[5] Er erzählte jedem, der ihm zuhörte, von Görings Impotenz, und wenn die beiden aufeinandertrafen, so endete es oft mit einem wüsten Streit.

Auch der klumpfüßige Propaganda-Minister Josef Goebbels war so ein arbiter-elegantiarum, ein Freund der schönen Künste, besonders des Films. Starlets auf der Suche nach Filmrollen wußten, daß der vielversprechendste Weg durch das Bett oder vielmehr die Schlafzimmer des Propaganda-Ministers führte. Sie konnten in sein Schloß in Schwanewerder eingeladen werden, in seine Boots-Kabine, ja selbst in sein Haus, das er mit seiner Frau Magda und den Kindern bewohnte, oder in seine Privat-Räume im Ministerium: den dort Wartenden wurde in der Zwischenzeit versichert, daß der Minister sich ihnen nach Erledigung dringender Angelegenheiten sofort widmen werde.[6]

Wie konnte eine zivilisierte und kulturelle hochstehende Nation von achtzig Millionen Menschen ohne wirksamen Widerstand die absolute Herrschaft eines solchen Verbrecher-Haufens akzeptieren? Uriel Tal hat bereits auf den religiösen Charakter der nationalsozialistischen Bewegung hingewiesen.[7] Aber um welche Art von Religion soll es sich dabei handeln? Ich gehe davon aus, daß der Nazismus als makro-kriminologisches Phänomen, als Beispiel einer „schwarzen", einer pervertierten Religiosität angesehen werden kann. Manche der Verbrechen könnten mit der Inversion des religiösen Glaubens durch Jacob Frank in Zusammenhang gebracht werden, daß „die Thora hochzuhalten" gleichbedeutend damit ist, „sie zu brechen". Einige esoterische religiöse Sekten behaupten, daß der Mensch in einer vom Bösen beherrschten Welt an das Böse glauben müsse, um zu überleben.

So glaubte zum Beispiel Jean Genet an die Trinität von Homosexualität, Diebstahl und Verrat, mit der er ein normatives System in direktem Gegensatz zur bürgerlichen Moral entwickelte.

Allein mit dem Zweck, eine bessere Vorstellung davon zu gewinnen, könnten wir uns das Nazi-Regime als Frank'sche Bewegung an der Macht denken: Jacob Frank wäre Prophet und Führer, mit Al-Capone-Göring, Genet-Röhm und Sade-Streicher als Gehilfen. Die Ablehnung der Beschränkungen jüdischer Moral und Gesetze durch die Nazis machte alles möglich und erlaubt. Die Verdrängung von Gnade, Mitleid und Barmherzigkeit des Christentums erlaubte den SS-Todesschwadronen, en gros zu morden. Von den Einschränkungen des Judentums und Christentums befreit, kann der heidnische „furor teutonicus" ungehemmt herrschen, mit Himmler, dem archetypischen Mörder an der Spitze, der sich für die Reinkarnation Heinrich des Voglers, des deutschen Sachsenkönigs des zehnten Jahrhunderts, hielt.

Göring stellte sich im Rausch oftmals vor, ein germanischer Stammesfürst zu sein, und führte auf Festtafeln germanische Kriegstänze auf. Ohne Recht und Moral konnten die nordischen Kriegsgötter eine durch nichts mehr zu steigernde Herrschaft erreichen, in der nur Macht alleine zählte und die für die mörderischen Ziele der Nazis gefallenen deutschen Soldaten in Walhalla auferstehen würden.

Deutschland, erwache! Juda, verrecke!

Die meisten Untersuchungen stimmen darin überein, daß der Antisemitismus ein zentrales Anliegen des Nationalsozialismus war, von größerer Bedeutung als für jede andere Bewegung, in jedem anderen Land, zu jeder Zeit. Hannah Arendt geht noch weiter, wenn sie den Antisemitismus als Zentrum der Nazi-Ideologie ansieht.[9] In Frankreich, wo der Antisemitismus in der Gesellschaft tief verwurzelt war, diente er dennoch meist als politisches Mittel und war nicht Selbstzweck. Selbst die Dreyfuss-Affäre war ein Instrument im Kampf von Kirche und Armee gegen die Republik.[10] Rußland hatte im neunzehnten Jahrhundert wohl den wütendsten Antisemitismus Europas aufzuweisen: doch wurde er vom zaristischen Regime, der letzten absoluten Monarchie in Europa, als Sicherheits-Ventil gegen den anwachsenden Druck der Bevölkerung zugelassen.[11] In anderen Kulturen war der Antisemitismus ein Instrument der Durchsetzung politischer, sozialer oder religiöser Ziele. Nur in Nazi-Deutschland war der Antisemitismus, und in seiner Folge die Vernichtung der Juden, ein Ziel für sich, das nicht politisch, militärisch oder ökonomisch bewertet wurde. Tatsächlich hatte die „Endlösung der Judenfrage" im Bereich der Mannschaften, des Transportes und der Ausrüstung Priorität gegenüber den deutschen Kriegsanstrengungen.[12] Im Frühjahr des Jahres 1944 war der Zerfall der deutschen Kriegsmaschinerie bereits deutlich erkennbar, dennoch arbeiteten die Todeslager und die Krematorien.

Eichmann prahlte zu dieser Zeit vor seinen Saufkumpanen, daß er fröhlich in sein Grab springen würde, wenn er wüßte, daß er den Tod von fünf Millionen Juden erreicht hätte. Als Herrmann Göring während seiner Gefangenschaft in Nürnberg erfuhr, daß nicht alle ungarischen Juden vernichtet worden waren, erwiderte er: „Jemand in Ungarn hat seine Arbeit nicht richtig ausgeführt."

In seinem letzten Willen und politischen Testament, das Hitler vor seinem Selbstmord verfaßte, beschuldigte er die Juden, den Krieg verursacht zu haben. Im letzten Absatz schrieb er: „Vor allem verlange ich von den Führern der Nationen und ihren Untergebenen die strenge Befolgung der Rassengesetze und die erbarmungslose Unterdrückung der gegenwärtigen Giftmörder der Völker, das internationale Judentum."[15]
Selbst in seinen letzten Stunden sah Hitler die Fortsetzung seines wahnsinnigen Kampfes gegen die Juden als wichtigste Aufgabe seiner Nachfolger an – wobei ihm bewußt war, daß bereits sechs Millionen Juden in diesem „Kampf" umgekommen waren.
Diese Manie – die die Nazi-Hierarchie mit ihm teilte und die eine überwältigende Mehrheit der Deutschen offen oder schweigend duldete – kann nicht in psychiatrischen Kategorien oder durch oberflächliche persönliche oder soziale Beweggründe erklärt werden. Ich behaupte deshalb – ein zweiter Baustein meines Modells – daß der nationalsozialistische Antisemitismus ein Teil der wesentlichen inneren Dialektik des deutschen Sozial-Charakters war. Beide Begriffe – innere Dialektik und Sozial-Charakter – müssen hier präzisiert werden. Der erste ist ein Ergebnis meiner Persönlichkeitstheorie[16], die in das Modell dieser Untersuchung eingebracht werden soll.
Diese Theorie bestimmt zwei Persönlichkeits-Typen, die in Opposition zueinander stehen: einen „partizipierenden" und einen „separierenden" Typus. „Partizipieren" meint hier den Vorgang der Identifikation eines Ich mit Menschen, Objekten oder Symbolen außer dem Selbst, sowie den Wunsch, die „separierte" Identität in Verschmelzung mit diesem Äußeren aufzulösen. „Separation" meint daher den gegenteiligen Prozeß. Diese zwei Charakter-Typen definieren die Pole oder Extreme eines Kontinuums von Persönlichkeits-Typen. Vollständige Partizipation oder Verschmelzung ist – definitionsgemäß –

unerreichbar; dazu kommt noch, daß der separierende Zug immer als Gegenkraft wirkt, sowohl auf der Instinkt-, wie auf der Interaktionsebene. In jeder Lebenssituation wird es daher eine Differenz geben, eine Kluft zwischen unserem Wunsch nach Partizipation und unserer subjektiv definierten Distanz zu partizipanten Zielen. Diese Differenz habe ich als „Tantalus-Ratio" bezeichnet, als Verhältnis zwischen dem ersehnten partizipanten Ziel und der vom Ich zu diesem Ziel wahrgenommenen Distanz.[17]

Eine andere, grundlegende Prämisse der Theorie betrifft die Festlegung separierender und partizipierender Persönlichkeits-Typen. Sie ist mit dem Entwicklungsstadium der späten oralen Phase verbunden, in dem sich aus dem undifferenzierten Ganzen ein separates Selbst entwickelt. Hier gibt es eine ontologische Grundlinie, die das Selbst durch das Nicht – Ich definiert – durch das Objekt. Die Verfestigung des Selbst bestimmt den Ausgangspunkt der grundlegendsten Dichotomie. Wir können zwei getrennte Entwicklungsphasen unterscheiden: Die erste umfaßt die Zeit von der Geburt bis in die beginnende orale Phase, bis zu dem Zeitpunkt, an dem eine Ich-Grenze das entstehende Individuum separiert; die zweite beginnt in der späten oralen Phase. In der ersten Phase werden alle Fixierungen, die vorkommen und die Charakterzüge der sich entwickelnden Persönlichkeit prägen, nicht von einem separaten Selbst registriert, das deshalb auch zwischen den traumatisierenden Gegenständen und sich selbst als Rezipienten keinen Unterschied zu treffen in der Lage ist: Die Einheit, die das Trauma erlebt, ist ein undifferenziertes Ganzes. Wenn eine traumatisierende Fixierung aber in einer späteren oralen Phase eintritt, kann das Selbst sehr wohl bereits in der Lage sein, die eigentlichen Ursachen von Schmerz oder Entzug als Gegenstände zu identifizieren. Ich schlage deshalb eine Typologie der Persönlichkeit vor, die auf dieser Entwicklungs-Dichotomie eines prä- und postdifferenzierenden Stadiums des Selbst beruht.

Der Formationsprozeß eines separaten Individuums bestimmt über Art und Schwere einer Fixierung, welche wiederum die Stellung eines bestimmten Individuums im Kontinuum der Persönlichkeits-Typen definiert. Diese Typen selbst werden in verschiedenen Stadien der Entwicklung festgelegt: der partizipante Typus in der frühen oralen Phase ohne Differenzierungsvermögen, der separante nach der Formation eines separierten Selbst. Der partizipante Faktor wird freilich bei beiden Persönlichkeits-Typen wirksam, wenn auch in verschiedenem Maß: das Streben nach Einheit manifestiert sich aber auf unterschiedlichste Weise an den beiden Polen der Persönlichkeits-Typen.

Der partizipante Typ strebt die Einheit durch Selbstauslöschung an, durch Verschmelzung mit dem frühen Objekt und Wiedergewinnung der undifferenzierten Gemeinschaft der frühen oralen Phase. Der separierende Typ erstrebt die Einheit, indem er sich des Objekts bemächtigt, es „verschlingt".

Sozialcharakter

Wenn dieses innere Persönlichkeits-Kontinuum auf Gruppen oder Kulturen angewandt wird, bezieht es sich auf einen sozialen Charakter. Die Familie oder andere Sozialisations-Agenten geben die Normen und Werte der Gruppe weiter, die vom Individuum einverleibt werden. Freilich muß hier festgehalten werden, daß es keinen „reinen" Sozialcharakter gibt, weil er immer aus verschiedenen Zügen einer Kultur geformt wird. Mit dem Sozialcharakter werden nur die wesentlichen, nicht aber die peripheren Züge einer Kultur nachgebildet. Eine Kultur kann z. B. auch den Sozialcharakter ihrer Eroberer übernehmen. Ich möchte den Sozialcharakter hier als ein Kontinuum darstellen, das analog zu dem oben dargestellten Persönlichkeits-Kontinuum entwickelt wird. Der separante Pol dieses Sozialcharakters soll den Namen des Titanen Sisyphus tragen, der partizipierende

Pol den des unbeweglichen, abstrakten Halbgottes Tantalus. Der Sozialcharakter bestimmt somit die kulturelle Dimension des Persönlichkeits-Kontinuums.

Kulturelle Muster und Sozialcharakter

Die Klassifikation von Kulturen auf einem Kontinuum und ihre Verknüpfung mit der Persönlichkeitsstruktur geht von zwei Grundvoraussetzungen aus. Der ersten, daß Kultur verallgemeinbare Züge hat, die in einer Typologie darstellbar sind. Zweitens, daß diese Züge zum individuellen Charakter in Bezug gesetzt werden können. Mit der Annahme dieser Voraussetzungen befinden wir uns, je nach Geschmack und Urteil, in guter oder schlechter Gesellschaft. Spengler und Toynbee sind in ihren Werken über Aufstieg und Niedergang von Kulturen von diesen beiden Voraussetzungen ausgegangen. Spengler vergleicht die Entwicklungsstadien der Kulturen und Menschenalter – Kindheit, Jugend, Reife und Alter.[18]) Spengler und Toynbee haben damit eine dynamische Zeitdimension in das Studium der Kulturentwicklung eingebracht.

Der geläufige, anthropologische Begriff der Kultur als „superorganisches" Symbol-Muster, das in der Interaktion von Gruppen und Individuen entsteht und durch Lernen weitergegeben wird, eignet sich für abstrakte Klassifikationen. Dabei stellt sich die entscheidende Frage, ob diese Muster Projektionen des Anthropologen im Sinne platonischer Ideen sind oder die Verallgemeinerungen von wirklichen sozialen Prozessen? Wenn Kultur das ist, was Menschen verbindet[20], und wenn Kultur diese Verbindung durch das Symbolisieren menschlicher Wechselwirkung[21] erreicht, also durch Verbindung von Formen und Erscheinungen mit Qualitäten und Attributen, dann enthält diese Definition bereits die Abstraktion und Ordnung der „Gestalt"[22]. Anders gesagt, zeigen die Kultur-Prozesse sich selbst bereits in der Form von Mustern. Ein Symbol ist bereits ein Zeichen von Wert oder Bedeutung;[23] und Bedeutungen oder Werturteile können ohne weiters in verallgemeinerter Form ausgesprochen werden. Dieser „superorganische" Bereich ist manipulierbar und die Mittel, um Kultur-Ziele zu erreichen, werden durch Normen geregelt. Regeln und Normen selbst sind wiederum Entwicklungen eines Paradigmas oder eines Klassifikationssystems. So können wir prima facie – also entgegen der heftigen Einwände einiger Ethnographen – von der Möglichkeit ausgehen, Kulturen nach allgemeinen Mustern und Erscheinungsformen einzuordnen, oder – in Spenglers blumiger Sprache – das Porträt einer Kultur zu zeichnen.[24] Tatsächlich haben Ruth Benedict und andere Kultur-Relativisten gezeigt, wie solche Muster in direkter Beobachtung fremder Kulturen identifiziert werden können. Darüberhinaus hat Claude Levi-Strauss nachgewiesen, daß die kulturellen Prozesse in „wilden" Gesellschaften dem Übergang von Gegenständen zu Symbolen entsprechen, besonders am Beispiel des Totemismus, dessen Verallgemeinerungen selbst vom Konkreten zum Abstrakten führen.[25] Die Strukturalisten identifizieren deshalb nicht allein kulturelle Muster, sondern Funktions-Systeme, die den Oberflächen – Kultur-Prozessen zugrunde liegen. Laut Ruth Benedict entwickeln sich kulturelle Muster aus einer unbewußten Wahl[26] von bestimmten Segmenten möglichen menschlichen Verhaltens: In dem Maß, in dem dadurch ein integrativer Prozeß in Gang gesetzt oder beibehalten wird, tendieren die Institutionen der Kultur dazu, den Ausdruck des gewählten Segments weiterzuentwickeln und diesem entgegengesetzte Ausdrücke zu verhindern.[27]

Diese Gewohnheiten, Symbole, Werte, kulturellen Ziele und Mittel, um sie zu erreichen, kristallisieren sich zu „gesamtkulturellen Mustern" heraus[28], mittels derer Kulturen identifiziert werden können. Die Ordnung dieser kulturellen Muster in Schemata, Paradigmata, Kontinua und Matrizen erfolgt abhängig vom Vorhaben und der theoretischen

Orientierung des Beobachters: es kann kein universales Kriterium dafür geben, die Gültigkeit der Klassifikation sollte aus den Zielen und Notwendigkeiten einer bestimmten theoretischen Fragestellung bestimmt werden. Claude Levi-Strauss hat dies folgendermaßen formuliert:

„Die wirkliche Frage ist nicht, ob die Berührung des Schnabels eines Spechts in der Tat einen Zahnschmerz heilen kann, sondern ob von einem gewissen Standpunkt aus ein Spechtschnabel und der Zahn eines Mannes als „zusammengehend" angesehen werden können, wenn die Benützung dieses Übereinkommens für therapeutische Zwecke eine unter anderen Möglichkeiten ist, und ob irgendeine anfängliche Ordnung in das Weltall durch diese Gruppierungen eingeführt werden kann.[30]

Wir finden deshalb in der Literatur viele unterschiedliche Klassifikationen von Kultur, die einem bestimmten Untersuchungszweck dienen. So etwa – auf der Mikro-Ebene – mit F. L. K. Hsu's Einteilung der Kulturen nach dominanten Dyaden: Demnach wäre Japan eine von der Vater-Sohn-Dyade beherrschte Gesellschaft, während die amerikanische Kultur von der Dyade des Ehepaares beherrscht wird.[31] Oder etwa im Makro-Bereich mit Riesman's Modell, das traditionelle, von innen geleitete Gesellschaften mittels eines Schemas identifiziert, das sich auf ökonomische Entwicklung und Wachstumsübergänge bezieht.[32] Die Typologie, die den allgemeinen Zielen meiner Untersuchung am nächsten kommt, ist jene, die Benedict in der Folge von Spenglers' Kulturrelativismus entwickelt hat. Diese Methode, den dominanten sozialen Charakter in einer Kultur als zwischen den Polen eines Kontinuums liegend zu identifizieren, entspricht den methodologischen Zwecken der vorliegenden Untersuchung: sie ermöglicht es, eine Kultur gemäß ihrer Position auf diesem Kontinuum zu charakterisieren. Diese Position ist freilich niemals statisch, sie ändert sich im Laufe der Zeit und der gesellschaftlichen Entwicklung.

Wir müssen uns nun mit dem Wesen und der Entwicklung des Sozialcharakters beschäftigen. Laut Fromm besteht der soziale Charakter nicht aus den Besonderheiten, die die Menschen unterscheiden, sondern aus jenem Teil ihrer Charakter-Struktur, der den meisten Mitgliedern einer Gruppe gemeinsam ist.[33] Der Sozialcharakter ist also die gemeinsame Eigenschaft von Individuen, die ihnen als charakteristische Merkmale einer Kultur im Prozeß der Sozialisation eingepflanzt werden. Riesman, der eine etwas veränderte Form der Fromm'schen Definition des Sozialcharakters verwendet, bezieht sich damit auf Erikson: Dieser definiert die Erziehungssysteme als Repräsentation unbewußter Versuche, aus dem menschlichen Rohmaterial jene Haltungs-Konfiguration zu formen, die unter den jeweiligen natürlichen und ökonomisch-historischen Bedingungen eines Stammes optimal ist.[34]

Eriksons Gemisch aus Sozialdarwinismus und marxistisch-materialistischer Dialektik ist für meinen Geschmack konkret und hart, um den flüssigen Begriff des Sozialcharakters zu erfassen. Hier soll der Begriff des Sozialcharakters deshalb im Sinne der „kollektiven Repräsentation" Levi-Brühls'[35] gebraucht werden, einer Repräsentation von Handlungen, Symbolen und Übergängen vom Konkreten zum Abstrakten, in deren Rahmen Gruppen in ihrer Interaktion mit den Individuen, aus denen sie bestehen, oder mit anderen Gruppen handeln. Das enthält die Weitergabe des Sozialcharakters in einem Lern- und Sozialisationsprozeß und nicht durch biologische Vererbung, wie Jung dies voraussagt.[36] Der Sozialcharakter ist der psychologische Typ, aus dem die Gemeinschaft, nicht die sie formierenden Individuen, handelt. Dennoch stellt die Prägung des Sozialcharakters durch die Gruppe auf das Individuum die notwendige Verbindung der phylogenetischen und der ontogenetischen Grundlage der Persönlichkeitsstruktur her.

Aktivistische und Quietistische Kulturen

Jede Klassifikation erfüllt die besonderen Absichten einer ihr vorausgehenden theoretischen Struktur. Meine Absicht hier ist es, das Verhältnis des Sisyphus-Tantalus Persönlichkeits-Kontinuums mit einem separant/partizipanten Kontinuum von Kulturen zu bestimmen. Demgemäß müssen dieses kulturelle Kontinuum und die Pole des Sozialcharakters hier definiert oder beschrieben werden, was sicherlich keine geringe Aufgabe darstellt.

Vor einiger Zeit saß ich in einer Taverne an einer der Straßenbiegungen zur Akropolis, von wo aus ich ganz Athen überblicken konnte. Ich las in Schestows Buch „Athen und Jerusalem" und war von dessen deutlicher Unterscheidung in der Beschreibung des Sokrates im Vergleich zu den biblischen Psalmdichtern überrascht: Er stellte Sokrates, den Mann, der sich alleine von Vernunft leiten läßt, dem biblischen Psalmdichter gegenüber, der aus den Tiefen seiner menschlichen Nichtigkeit zum Herrn betet[37] – die an Vernunft und Tatsachen orientierten Griechen gegenüber den an Eingebung, Schicksal und Offenbarung gebundenen biblischen Juden. Als ich meinen Blick aber vom Buch über die Ruinen der Agora zum Horizont erhob, wurde ich einer ebenso schlagenden Ähnlichkeit der Berge um Athen mit den Bergen Judäas rund um Jerusalem gewahr: die gleiche glühende Hitze, die gleichen nackten Felsen dienten beiden als geographische Umgebung, dem aktivistischen objektbezogenen, post-sokratischen Griechen ebenso wie dem quietistischen, kontemplativen und selbst-auslöschenden Judäa des Ecclesiastes. Ein wie auch immer gestaltetes „Kulturportrait" vermag nur die dominierenden Züge und Muster einer Kultur zu beschreiben. Jede Kultur ist jedoch notwendigerweise pluralistisch und enthält, in unterschiedlichem Maß, ebenso Aspekte des entgegengesetzten Typs. Hauptsächlich aus diesem Grund entspricht ein Kontinuum am besten der Absicht, die Polarität und die Differenz sozialer Charaktere zu beschreiben. Ebenso mögen grundlegende Ideen und neue Beobachtungs- oder Denkweisen – die entweder partizipierende oder separierende Haltungen auszudrücken – für eine bestimmte Gesellschaft zu einem bestimmten Zeitpunkt mehr oder weniger repräsentativ gewesen sein: Aller Wahrscheinlichkeit nach waren viele der heute als große Gestalten Angesehenen exzentrische, von ihren Zeitgenossen abgelehnte Außenseiter. Ich möchte deshalb die Ideen und Einsichten dieser Denker zur Formulierung der Begriffe gebrauchen und mich zur Beschreibung von Kulturen als separant oder partizipant eher den Original-Dokumenten anvertrauen.

Die Polarität der Sozialcharaktere in einen separanten Sisyphus und einen partizipanten Tantalus hat die „Weltanschauung" der Beobachter seit urdenklichen Zeiten beeinflußt. Parmenides begründete die Schule der Eleaten auf der Prämisse einer statischen Realität. Dies ist der Ausdruck einer grundlegenden Lehre von der Inaktivität, die auch den partizipanten Idealen des Taoismus, Hinayana Buddhismus, den moslemischen Sufis und den quietistischen Chassidim entspricht.

Im Gegensatz dazu postulierte Heraklit von Ephesus die Universalität des Fließens und den Kampf der Gegensätze, die alles in einen dynamischen Fluß der Veränderung reißen. Dies ist die Grundlage der Hegel'schen Dialektik, ebenso wie des Marx'schen Materialismus, der die Erlösung durch Handeln postuliert.

Das erste Charakteristikum, das eine separante Kultur kennzeichnet, ist deshalb die Orientierung am Handeln. Der zweite Unterschied besteht zwischen Einheit und Pluralität. Die partizipante Kultur verfügt, daß die Gedanken von den Täuschungen der Sinne befreit werden müßten, um die monistische Einheit hinter den Trugbildern der Pluralität zu erreichen. Demzufolge entspricht der Parmenidische Raum, der eine allgegenwärtige Ganzheit repräsentiert, dem dreidimensionalen Mandala, dem vorherrschenden Symbol der fernöstlichen, partizipanten Kulturen. Ein separanter Realitätsbegriff folgt Pythago-

16

ras und, selbstverständlich, Heraklit, der das Universum nach bemessenen Pluralitäten geordnet ansah, die in aufeinander bezogenen Grenzen einer allgemeinen Formel von dynamisch-harmonischen Folgen gehorchen. Die dritte Polarität kontrastiert das Ideal der Beständigkeit in partizipanten Kulturen mit der Idee der Beziehung in separanten Kulturen. Wenn Pluralität eine Illusion ist, und der Schleier der Maja die einzige Realität der Einheit repräsentiert, dann sind auch alle Relationen illusorisch, weil die Einheit nicht mit sich selbst in Interaktion treten kann. Darüberhinaus sind Beziehungen für partizipante Kulturen nicht allein täuschend, sondern auch die Quelle des Bösen, Unglücks und Leides. In separanten Kulturen sind die Relationen in Raum und Zeit und zu anderen Menschen hingegen der Referenzrahmen des menschlichen Daseins, der durch Integration, Anpassung und Solidarität erfüllt werden muß.

Der vierte Kontrast bezieht sich auf die Betonung der Vernunft in separanten Kulturen, auf die Betonung jener Formeln und Modelle, die Menschen und Universum erklären. Partizipante Kulturen neigen eher dazu, im Vertrauen auf Intuition und Offenbarung logisches Denken zurückzuweisen. Diese Differenz läßt sich an einem partizipanten Werturteil Spenglers gut illusionieren: „Vernunft, System und Verständnis ‚töten‘ im Prozeß der ‚Erfassung‘. Das ‚erfaßte‘ Objekt erstarrt, kann gemessen und untergeteilt werden. Intuitives Sehen, dagegen, enthält Einzelheiten in einer lebenden, innerlich gefühlten Einheit."[38]

Die fünfte Polarität, die zur Unterscheidung nützlich erscheint, ist die zwischen einer separanten Werkzeug-Orientierung – einer Kultur, die auf die Manipulation von Objekten gerichtet ist – und der Symbol-Orientierung in partizipanten Kulturen, in der Ideen und Glaubenssysteme um kontemplative, nach innen gerichtete Individuen zentriert sind.

Diese fünf polaren Charakteristika werden in der folgenden Darstellung zusammengefaßt:

Polare Muster des Sozialcharakters:

Separante	partizipante
Objekt-Manipulation	Selbstmanipulation
Vernunft	Intuition
Fluß	Beständigkeit
Pluralität	Einheit
Handeln	Resignation

Diese Muster sind keineswegs vollständig und sollen lediglich der Illustration dienen. Sie werfen Schlaglichter auf einen Sozialcharakter, können aber dessen präzise Definition nicht begründen.

Die Verwendung eines Kontinuums zur Beschreibung des Sozialcharakters bedeutet, daß keine Kultur endgültig definiert werden kann. Demzufolge finden sich in jedem partizipanten Sozialcharakter separante Muster, und vice versa.

Im Judentum ist Yom Hakipurim, der Versöhnungstag, zum Beispiel, ein partizipierendes Ritual, in dem sich das Individuum bemüht, am Göttlichen durch Selbst-Erniedrigung und Selbst-Auslöschung teilzuhaben. Yom Hapurim, das Fest der Befreiung der Juden von Haman, wird im Hebräischen wie der um die Silbe ki reduzierte Versöhnungstag geschrieben. Dies hat die Lurianischen Kabbalisten dazu angeregt, die beiden Feiertage zu verbinden und den Versöhnungstag Yom ki Purim zu nennen. Die Lose, die die Kinder und Erwachsene am Purim ziehen, wurden mit dem Lebens- und Todesschicksal verglichen, das Gott dem Menschen am Versöhnungstag bestimmt. Und dennoch ist Purim ein separant-ausgelassenes Ritual, in dem die Individuen versuchen, einander in der ekstatischen Gemeinschaft von Wein, Gesang und Tanz näherzukommen.[39] Eine reine separante oder partizipante Kultur existiert in der Realität nicht, aber die Merkmale, die den einen oder anderen Typus des Sozialcharakters bezeichnen, können in einer Reihe unterschiedlicher Kontinua repräsentiert werden, die verschiedenen Bereichen der Kultur entsprechen.

Am separanten Pol des Modells könnten wir die nord-west-europäischen Gesellschaften sehen, die von einer protestantischen Ethik geprägt sind, die dann im „Amerikansichen Traum" zur vollen Wirkung kam. Am partizipanten Pol sind jene Kulturen zu finden, die von den Doktrinen quietistischer Selbst-Auflösung des Hinayana-Buddhismus beherrscht werden.

Es ist gut möglich, daß die separant-aktivistischen Tendenzen der nord-west-europäischen Kulturen ihren Ursprung im Ethos der Germanischen Stämme haben, die ihren Eroberungsweg durch Europa unter Thors Hammer als Symbol der Macht nahmen.

Sie waren sogar von der Furcht vor dem Jenseits durch Odin, den Kriegs-Gott, befreit, der seine Walküren aussandte, um die gefallenen Krieger zur ewigen Glückseligkeit ins Walhalla zu tragen.

Es kann kein Zweifel bestehen, daß der Aufstieg der nord-west-europäischen Gesellschaften in den vergangenen Jahrhunderten – der von Zielorientiertheit, der Unterwerfung schwächerer Gesellschaften und der wissenschaftlichen Eroberung der Natur gekennzeichnet ist – seinen Antrieb in der protestantischen Ethik hatte. Eine separante Tendenz kennzeichnet Luthers Heiligung der Arbeit und der Berufung, ebenso wie Calvins Betonung des Erfolges als Zeichen der Vorbestimmung, Hegels Doktrin des Handelns als notwendige Brücke zwischen Subjekt und Objekt und Marx' Forderung der Entfesselung der Produktivkräfte zur Gestaltung der (dialektischen) Zukunft des Menschen. Die separante Kultur entspricht dem Bild des Sisyphus, weil ihr Ziel der vollständigen Kontrolle über Zeit und Raum unerreichbar ist. Hyperaktivität kanalisiert sich oft selbst in die Routine zielloser Rituale, und Sozial-Technologie führt eher zum Tod der Gesellschaft im Totalitarismus oder zu den Robotern ähnlichen Zombies von „1984"; die wissenschaftliche Behandlung der Materie dürfte zuletzt nur die Erstickung der Luft, den Tod des Wassers und die Perfektion der Instrumente des Massenmordes erreichen. Und doch ist das separante Streben nach Utopia in der Dialektik des Handelns unendlich, wie das Stein-Rollen des Sisyphus.

Ich möchte an dieser Stelle auch einer möglichen Kritik an der Konzentration auf Religion als Mittel der Identifikation von Kulturen auf dem dargestellten Kontinuum zu begegnen versuchen. Die Aussagekraft dieses religiösen Fokus' erscheint durch theoretische Überlegungen und durch empirische Beobachtungen gerechtfertigt: Erstens konnte der Zusammenhang von Religionszugehörigkeit mit Haltungen und Verhaltensweisen ebenso wie mit der Struktur und dem Gehalt gesellschaftlicher Institutionen vielfach nachgewiesen werden.[40] Religion ist ein bedeutungsvolles Identifikations-Mittel, auch wenn viele andere Institutionen, Normen und kulturelle Ziele für unsere Klassifikation relevant erscheinen. Denn die meisten – wenn nicht alle – der entwickelten Paare polarer Muster erscheinen in der religiösen Doktrin einer Kultur. In einer etwas weitgehenden Verallgemeinerung könnte man sagen, daß ein Großteil der Menschheitsgeschichte in Verbindung mit oder unter dem Einfluß von Religion stand, ja oftmals sogar vollständig von dieser beherrscht wurde. Obwohl die Bereiche „positiven Wissens" ungeheuerlich zunehmen, wird der überwiegende Teil der rasanten menschlichen Reise, von einem ungewollten Anfang auf ein unbekanntes Ende zu, nach wie vor von Verwirrung und Chaos beherrscht: infolgedessen hat Religion menschliche Gesellschaften die ganze

Geschichte hindurch beherrscht. Sogar der Marxismus wurde als „säkulare Religion" bezeichnet, und Bertrand Russel hat dies mit den folgenden geistreichen Analogien ausgedrückt:

Yahveh = Dialektischer Materialismus
Messias = Marx
Die Auserwählten = Das Proletariat
Kirche = Kommunistische Partei
Wiederkehr des Messias = Die Revolution
Hölle = Strafe der Kapitalisten
Das Tausendjährige Reich = Sozialistische Ländergemeinschaft[42]

Als empirische Beweise haben wir genügend Belege dafür, daß die katholische Orientierung am Jenseits, der katholische Arbeitsbegriff als Strafe infolge der Erbsünde – lauter unmittelbar partizipierende und quietistische Züge –, diese weniger Ziel-motiviert machen als die Protestanten.[43] Diese Züge bezeichnen eine bemerkenswerte Distanz vom separanten Pol unseres Kontinuums.

Am partizipanten Extrem unseres Kontinuums haben wir den Hinayana-Buddhismus der Südlichen Theravada-Schule. Hinayana ist der „kleine Wagen", wie er etwas abschätzig vom Mahayana-Buddhismus genannt wird, der sich selbst als den „großen Wagen" bezeichnet. Hinayana verwirft die zeitliche Existenz als Last, weil Handeln und Interaktion nichts als Ablenkung, Problem und Leid (dukkha) bedeuten. Samsara, der Zyklus von Wachstum, Fruchtbarkeit und Verfall, der das Wesen der Einzelexistenz des Individuums ist, erzeugt Disharmonie und Wünsche, die Vorboten des Bösen. Pluralität ist ein Trugbild, das aus der Wahrnehmungsform des abgetrennten Selbst entsteht. Deshalb wird das Nirwana durch Auflösung des individuellen Selbst und die „Erleuchtung" in die glückselige Wirklichkeit der Einheit erreicht.[44] Wir können in der Hinayana-Doktrin zumindest vier der fünf Grundmuster des partizipanten Sozialcharakters erkennen: quietistische Inaktivität, Ablehnung der Zeitlichkeit, Selbst-Auslöschung und den Glauben an die Allgegenwart von Einheit hinter dem Schleier der Pluralität.

Mahayana, die nördliche Schule des Buddhismus, hat hingegen deutliche separante Züge. Suzuki – ein bekannter Vertreter dieser Richtung – spricht nicht allein von einer Verbindung der Seele zur höchsten Ebene der Realität, sondern auch von einer Verbindung der Seelen untereinander[48]: Die Beziehungen zu Gegenständen der Außenwelt sind deshalb real und möglich, was zu Handlungen und Interaktion führt. Der Mahayana-Buddhismus predigt deshalb auch – in einer beinahe Kalvinistischen Einstellung – die Erreichung des Heils durch Arbeitsfleiß.[49] Der Zen-Buddhismus, der aus dem Mahayana entstanden ist, trägt noch ausgeprägtere, separierende Züge und dürfte damit den Aufstieg einer Handels-Elite im Japan des Neunzehnten Jahrhunderts beeinflußt haben. Suzuki beschreibt die Zen-Disziplin als einfach, direkt und im Selbst-Vertrauen begründet, und Satori – die individuelle Erlösung – wird nicht durch das Ritual, sondern durch das Innenleben erreicht[50] – was sicher als Parallele zur protestantischen Ethik angesehen werden kann. Und tatsächlich hat Zen sich in Japan am weitesten entwickelt und zu einer größten Verbreitung gefunden, der am stärksten zum separanten Pol tendierenden Kultur des Fernen Ostens, die Werte wie Selbstbewußtsein, Verantwortung, Sauberkeit, Ordnung und energische Tatkraft hoch einschätzt.[51]

Zum Abschluß der vorliegenden Untersuchung eine Grundannahme: Der deutsche Sozialcharakter ist am extrem-separanten Sisyphus-Pol unseres Kontinuums plaziert, während der jüdische Sozialcharakter – wenn auch nicht im selben Maß – dem partizipanten Idealtypus des Tantalus nahekommt.

Antisemitismus und besonders der Holocaust sollen deshalb als zwei Erscheinungen unter vielen dialektischen Zusammenstößen und Synthesen zwischen dem jüdisch/tantalischen Sozialcharakter und Sisyphus-Sozialcharakteren angesehen werden, unter denen der deutsche Sozialcharakter der letzte in einer langen Reihe ist. Die Juden sind wahrscheinlich die ersten Vertreter eines abstrakten Monotheismus in Europa. Sieht man – wie ich bereits vorgeschlagen habe – Religion als primäre Komponente eines Sozialcharakters an, so hat dieses Primat des Monotheismus sicherlich zum jüdischen Gefühl der Einzigartigkeit beigetragen. Eine andere grundlegende Tatsache ist die erstaunliche Beständigkeit des Judentums über Jahrtausende, durch alle Zusammenstöße mit wechselnden Formen des Sisyphus-Sozialcharakters hindurch. Die Position der Juden auf dem partizipanten Tantalus-Segment unseres Kontinuums war bis zur Entstehung des Zionismus und der Errichtung des Staates Israel recht stabil: Damit aber rückten die israelischen Juden in einer bemerkenswerten Transformation gegen den separierenden Pol des Kontinuums der Sozialcharaktere. Diese Entwicklungen sind mit zwei wichtigen Ereignissen der Jüdischen Geschichte verbunden, die für die vorliegenden Untersuchungen relevant sind.

Die erste ist der Zusammenstoß zwischen dem jüdischen und dem hellenistischen Sozialcharakter nach Alexanders Eroberung Palästinas (332 v. Chr.). Davor waren die Juden in den weitgehend tantalischen Zusammenhang orientalischer Kulturen eingebettet. Die hellenistischen Eroberer stellten die erste europäische, separante Kultur dar, mit der Juden konfrontiert waren. Das zweite Ereignis war die Zerstörung Jerusalems und weiter Teile Judäas durch die Römer (70 v. Chr.). Die darauffolgende Verstreuung der Juden über das gesamte Römische Reich führte zu wiederholten Zusammenstößen und dialektischen Synthesen zwischen den Juden als auffälliger Minderheit und den herrschenden Mehrheiten.[52] Der Ausgangspunkt dieser Studie ist, daß im frontalen Zusammenstoß zwischen Hellenismus und Judentum im vierten Jahrhundert v. Chr. die Samen für den Holocaust gesät wurden. Reinach weist in seiner Sammlung griechischer und römischer Quellen über das Judentum und die Juden auf die Bedeutung dieser Quellen für das Verständnis des Antisemitismus hin. Er hebt zu Recht hervor, daß die Juden im politischen Bereich der griechischen und später der römischen Herrschaft unterworfen waren: Deshalb entschieden die Sympathien oder Antipathien (Antisemitismus) in diesen herrschenden Kulturen über Wohlergehen, Wohlstand und das nackte Überleben.[53] Entscheidend ist hier dennoch nicht die politische Unterwerfung der Juden durch andere Kulturen.

Politisch waren die Juden immer wieder, bereits Jahrhunderte vor der Eroberung Palästinas durch Alexander, unterworfen worden. Die ägyptischen, babylonischen und persischen Reiche, unter deren kulturellem und politischem Einfluß Judäa und Israel sich befanden, waren eher partizipierend/tantalisch orientiert und standen dem jüdischen Sozialcharakter daher nahe. Die griechische und die römische Kultur waren dem jüdischen Sozialcharakter dagegen diametral entgegengesetzt. Der griechische Sozialcharakter war am Gegenstand und seiner Umgebung orientiert, was im ästhetischen Streben zum Ausdruck kam, während der Jude sich um sein inneres Selbst bemüht; sein partizipierendes Ideal des Nicht-Seins ist ausdrücklich anti-ästhetisch. Die Vermeidung der darstellenden Kunst im Judentum geht auf das Bilder-Verbot des Alten Testaments zurück. Das Judentum hat eine Tendenz zur Abstraktion in Religion und Kultur, während die Griechen konkrete Götter und „Weltanschauungen" hatten. Die Griechen schätzten die Harmonie ihrer Umgebung, die Ordnung ihrer Besitztümer nach einem vorausbestimmten Schema. Die Juden duldeten eine völlige Unordnung von Dingen und Gegenständen, solange sie sich in ein normatives und ethisches Schema eingeordnet finden, das der Welt und besonders der jenseitigen Ewigkeit Bedeutung verleiht. Das Judentum war deshalb auf Transzendenz ausgerichtet, während den Griechen das Hier-und-Jetzt von alleiniger Bedeutung, alles darüber Hinausgehende hingegen eine Illusion war. So gehörten auch die Mythen zur Realität der Griechen. Die Juden waren monotheistisch, was ihre Suche nach partizipierender Einheit reflektiert, während die Griechen die Erfahrung der Pluralität der objektiven Welt in ihrem Polytheismus in die Transzendenz projizierten. Der Jude erwartet die Erlösung durch einen göttlichen Messias, der ihn aus den zeitlichen Unbillen in die grenzenlose Ewigkeit göttlicher Gegenwart führt. Für den Griechen lag alles dem Menschen Erreichbare in dieser Welt.

Der jüdisch-hellenistische Zusammenstoß war für die Geschichte Europas und seiner Kultur so folgenreich, daß einige Autoren - so zum Beispiel Heinrich Graetz - seine Bedeutung überschätzen: er behauptete, daß diese beiden Nationen die Fundamente der europäischen Zivilisation legten.[54]

Wie immer man diese These beurteilen mag: es steht außer Zweifel, daß die extreme Polarität von hellenistischer und jüdischer Kultur zur größten Vielfalt von Konflikten und kulturellen Synthesen führte. Die Juden waren die einzigen der von Alexander und seinen hellenistischen Erben unterworfenen Kulturen, die dem Eintreten in die Norm der griechischen Religion widerstanden:[55] Das allein weist schon auf die Einzigartigkeit des jüdisch-hellenistischen Zusammenstoßes hin, dem an Gewalt und Größe der darauf folgenden kulturellen Synthesen kein anderer gleichkam.

Eines der Ergebnisse dieser Polaritäten war der zeitweilige Verlust der politischen Unabhängigkeit des selbst-auslöschenden jüdischen Sozialcharakters an mehr handlungsgebundene Sisyphus-Kulturen: Dennoch bestand die intellektuelle Unabhängigkeit und Erneuerung des Judentums fort. Das wird im Aufblühen jüdischer Gelehrsamkeit unmittelbar nach der Zerstörung des Tempels unter der Führung von Rabbi Jochanan Ben Zakkai in Jabneh besonders deutlich. Die Tradition dieser Gelehrsamkeit wurde immer weiter fortgesetzt, mit nur wenigen Unterbrechungen: Eine davon war die Niederwerfung des Aufstandes unter Bar Kochba (132–135 n. Chr.) durch Hadrian. Diese Kontinuität fand ihr Ende durch die Zerstörung der rabbinischen Zentren in Tiberias, Sepphoris und Lod durch Kaiser Constantius II. im Jahr 351. Dennoch wurde zur selben Zeit im Zwischenstromland die Tradition der Gelehrsamkeit fortgesetzt, die dort bereits seit dem zweiten nachchristlichen Jahrhundert in voller Blüte stand: Sie wurde im dritten Jahrhundert allgemein anerkannt und im Babylonischen Talmud zusammengefaßt, der bis heute die wichtigste spirituelle Quelle des jüdischen Glaubens ist.

Nach der Eroberung des mittleren Ostens, Nordafrikas und zuletzt Spaniens durch den Islam ging das jüdische Geistesleben, dank der relativen Toleranz der Kalifen, Sultane und Paschas, unvermindert weiter. Im Zwischenstromland entwickelten die jüdischen Exilarchen und Geonim die hervorragende spirituelle Tradition der Stätten der Gelehrsamkeit weiter. Im moslemischen Spanien nutzten Persönlichkeiten wie Hasdai-ibn-Shaprut (915–970) oder Samuel-ibn-Nagdela (993–1063) ihren Einfluß am Hofe des Kalifen zur Unterstützung der spanischen Juden: Nicht allein zu materieller Hilfe, sondern vor allem zur Aufrechterhaltung des Schriftstudiums, des medizinischen und des Sprach-Wissens und von hervorragenden poetischen Werken. Die herausragendste Persönlichkeit der jüdischen Diaspora in Nord-Afrika war Maimonides: Er war der Leibarzt des Sultans Saladin und zugleich der Autor der „Mishna Thora", einem System der Prinzipien jüdischer Religion und Ethik, das nach dem Talmud als das bedeutendste Dokument jüdischer Religionsphilosophie gilt.

Auch im christlichen Europa setzten die Juden ihre spirituellen Traditionen fort: Der „Talmid Chakham" genoß hohes Ansehen in den Gemeinden. Er war der Talmud-Schüler, der den größten Teil seines wachen Tages im Beit-Midrasch oder in der Yeshiva verbrachte. Sein Studium war Selbstzweck, und ständig wiederholendes Eindringen in den Talmud der Hauptgegenstand seines Daseins. Die talmudische Gelehrsamkeit blühte im mittelalterlichen Europa, dessen christliche Bevölkerung größtenteils Analphabeten waren, die im Schatten der gewalttätigen Kreuzzüge lebten. Diese Tradition des hohen Ansehens genoß die Gelehrsamkeit bis zum Ende des neunzehnten Jahrhunderts. Im jüdischen Schtetl Mittel- und Ost-Europas strebten die prominenten Gemeindemitglieder selbst danach, als Talmud-Schüler zu glänzen. Brachten sie dies selbst nicht fertig, so nahmen sie einen Talmud-Schüler als Schwiegersohn ins Haus. Mit der Emanzipation führte die hervorragende Tradition des jüdischen Geisteslebens zum schnellen Eindringen von Juden in Künste und Wissenschaften, in denen sie bald Spitzenpositionen einnahmen. Ihr Anteil in diesen Bereichen ging weit über ihren prozentuellen Bevölkerungsanteil hinaus, was die Antisemiten des neunzehnten und zwanzigsten Jahrhunderts, insbesondere aber die Nazis, dazu verführte, kulturelle Tätigkeiten als „jüdische" anzusehen.

In seinen Anfängen war das Christentum eine jüdische Sekte: durch die deutlichere Ausbildung der darin enthaltenen separanten Komponenten, das sind die Vergöttlichung Jesu und das Dogma der Dreieinigkeit, und mit der Aufgabe von Beschneidung und der Befolgung der halachischen Gesetze wurde es für die Juden später unakzeptabel. Die Ablehnung des Christentums durch die Juden durch freiwillige Absonderung und Resignation entsprach ihren partizipierenden Charakterzügen. Paulus war zweifellos vorausblickend, als er die Missionierung der Heiden für vielversprechender als die Bekehrung der Juden hielt. Diese eben zum Christentum bekehrten Heiden gebrauchten die Kreuzigung Christi als Vorwand zur Verfolgung der Juden. Diese Tendenz, sich selbst in weltfernen, religiösen Fragen militant zu gebärden, ist typisch für den handlungsorientierten, separanten Sozialcharakter. Darüberhinaus führte die partizipante repressive Schuldkomponente im Christentum – die vom Judentum übernommen war – zur Unterdrückung des freien Ausdrucks von Leidenschaften und Aggressionen, den die Heiden gewohnt waren. Das heizte eine unbewußte Aggression gegen die Juden an, die schließlich für die Verdrängung und Unterdrückung heidnischer Charakterzüge im Christentum „verantwortlich" waren.

Die Juden lehnten den Polytheismus der Griechen ab, weil sie ihren abstrakten Monotheismus für überlegen hielten. Ebenso sahen sie die griechische Philosophie als eine niedrigere Form des Judentums an.[56)] In vergleichbarer Weise lehnten die Juden auch das Christentum ab, unter anderem wegen seiner separanten Objektivierung eines Menschen zum Gott und der Einführung des Pluralismus der Trinität in die Einzigartigkeit des Monotheismus. Demgegenüber akzeptierten Griechen und Römer das Christentum letztendlich in der Phase des Zerfalls ihrer Religionen. Der Hellenismus und die Römische Kultur waren ebenfalls über lange Zeit hin orientalischen Einflüssen in Religion und Kultur ausgesetzt, die sie zur Übernahme partizipanter Komponenten bewegten und dadurch ihr Aufgehen im Christentum ermöglichten.

Im Gegensatz dazu standen die germanischen Stämme zum Zeitpunkt ihrer – oftmals erzwungenen – Bekehrung zum Christentum am Beginn ihres Wachstums, ihrer Kraft und ihrer Ausbreitung. Deshalb war es besonders bei jenen germanischen Kulturen, die nicht von latinisierten Gesellschaften assimiliert waren, augenscheinlich, daß ihnen das Christentum künstlich aufgepfropft war. Dieser Konflikt wurde in der Auseinandersetzung eines an separanter Macht orientierten Kaisers mit dem Papst verschärft, dessen Ziel es war, der Welt die partizipanten jüdisch-christlichen Moralprinzipien und den Begriff universaler Schuld aufzuerlegen.

Die erste massive Rebellion gegen die partizipanten Elemente des Christentums und besonders gegen dessen offene jüdische Komponenten ging von Luther und den deutschen Protestanten aus. Das zeigt wiederum, daß die jüdisch-christlichen Elemente in den deutschen Sozialcharakter nicht organisch aufgenommen und absorbiert werden konnten. Als die Juden sich endlich infolge der Emanzipation in deutsches Kunst- und Kulturleben zu integrieren versuchten, geschah dies ausgehend von ihrem partizipanten Hintergrund und Sozialcharakter. So waren weite Teile des Kunst- und Kulturschaffens des deutschen Judentums Transformationen der Muster deutscher Kultur durch den jüdischen Sozialcharakter. Diese Synthese wurde von weiten Teilen der deutschen Bevölkerung – mit Ausnahme der urbanen Zentren vielleicht – weder akzeptiert noch verstanden.[58] Dennoch hielten die normativen Regeln des Christentums den deutschen Sozialcharakter in einer empfindlichen Balance: diese ging in der Ablehnung des Christentums durch die Nazis verloren, die es als jüdisches Joch auf der Freiheit des deutschen Geistes ansahen. Der Furor Teutonicus explodierte nach Jahrhunderten der Einschränkung durch partizipante Gesetze und Moral. Diese Explosion führte zur Gewalttätigkeit in alle Richtungen, besonders aber gegen die Juden, die als Symbol der vormaligen, partizipierenden Beschränkungen in Moral, Religion und Kunst dienten. Und nachdem rechtliche und moralische Beschränkungen als jüdisches Erbe zurückgewiesen wurden, war tatsächlich alles möglich. Wie in einer Paraphrase zu Nietzsche verkündeten die Nazis, daß mit dem Tod des jüdisch-christlichen Gottes nun die teutonischen Supermänner die Götter waren. In der neuen Ordnung unter der Führung von Hitler/Odin konnten diese Götter die Welt neu entwerfen, neue Geschlechter von Übermenschen züchten und die niedrigen „Untermenschen" ausrotten.

Diese Voraussetzungen könnten in den folgenden Phasen einer Dialektik von partizipanten und separanten Sozialcharakteren zusammengefaßt werden: Die erste Phase war die Begegnung von Hellenismus und Judentum, die zur Synthese des Christentums durch die partizipanten Juden führte, und zu dessen folgender Übernahme durch die eher separanten europäischen Kulturen. Die dritte Phase war eine erneute Begegnung, diesmal zwischen den eben aus dem Ghetto emanzipierten Juden mit ihrem immer noch weitgehend partizipanten Sozialcharakter und den separanten Deutschen im neunzehnten Jahrhundert. Die daraus folgende Synthese „jüdischer" Kunst und Kultur wurde von der „völkischen" Bewegung der Deutschen abgelehnt. Als diese durch die Nazis an die Macht kam, wurde die gesamte jüdisch-christliche Mischung von Beschränkungen abgeworfen und die Explosion des Holocaust war die Folge.

In einem Schema könnten diese drei Phasen folgendermaßen dargestellt werden:

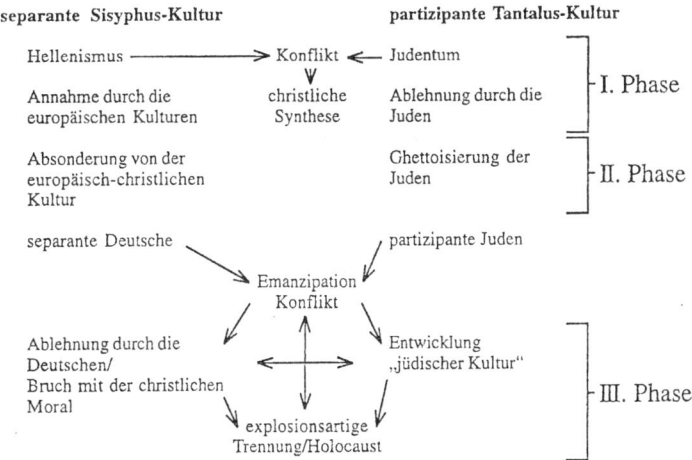

In den folgenden Kapiteln wird gezeigt, daß die Juden die Synthese des Christentums auf Grund einer Dynamik zurückgewiesen haben, die in dieser Arbeit als „Prinzip des geringsten Interesses" bezeichnet wird;[59] mit diesem Prinzip wird die gegenseitige Ablehnung von Ähnlichkeiten und die Anziehung durch Unterschiede bezeichnet. Die zweite Phase der Trennung soll im Rahmen von Stigma und Sündenbock-Theorie untersucht werden. Die dritte Phase des Modells ist wiederum auf die Interpretation der Dialektik des Sozialcharakters rückführbar: Der deutschen Ablehnung der Synthese „jüdischer Kultur" und der daraus folgenden Explosion ging die Ablehnung des Christentums voraus, die Synthese der ersten Phase des Modells.

Diese Verbindung der ersten und der dritten Phase des Modells erscheint als Zyklus, in dem die Aufhebung partizipanter Beschränkungen des Christentums – der Synthese der ersten Phase – den Ausbruch des Holocausts in der dritten Phase ermöglicht. Die Gewalt dieser dritten Phase verhindert jede weitere Synthese. Die europäischen Juden wurden hingeschlachtet, ihre Kultur zerstört. Die Deutschen erlitten eine „Götterdämmerung", ihre Kultur wurde verstümmelt und ihr Land zerstört. Schlimmer noch, hat das Rasen des Furor Teutonicus vielleicht mehr als jeder andere Faktor jene Kräfte in Bewegung gesetzt, die zu der die Welt bedrohenden Orwell'schen Apokalypse von „1984" führen.

Die Mörderische Familie

Eine der wichtigsten Eigenheiten des Judentums ist die partizipierende Vermengung des Hier-und-Jetzt und des ewigen Jenseits in einem umfassenden Gesetzeswerk. Die Thora – dieses Gesetz – ist eine lebendige Einheit, die jeden einzelnen Juden wie die gesamte jüdische Nation umfaßt: Als System von Regeln bestimmt die Thora das gesamte Alltagsleben. Darüberhinaus ist das Studium der Thora in der Vermittlung durch den Talmud und dessen Auslegern die Pflicht eines jeden Juden. Der Talmid Hacham, der Talmudschüler, ist im wesentlichen ein Rechts-Student, dessen scholastische Bemühungen religiösen Charakter haben. Diese legalen und moralischen Verhaltensregeln wurden durch die innere Kontrolle von Gewissen und Schuld verstärkt, zu denen das Christentum noch Erbarmen und Mitleid hinzufügte.

Der Erwerb dieses Moral- und Regelzusammenhangs wurde von mir als „Isaak-Syndrom" bezeichnet, nach dem biblischen Mythos der Opferung Isaaks durch Abraham. Dieser Mythos ist eine Variante formeller oder informeller Initiationsriten. Die meisten Übergänge von der Kindheit ins Erwachsenenalter beinhalten die Übernahme der Last einer Verantwortung durch solche Initiationsriten.[60] Sozialisation ist die Entziehung von und Konflikt mit der normativen Autorität der Familie, d.h. mit dem Vater oder seinem Surrogat. Die Last des Freud'schen Ödipus war immer mit dem Erwerb der Moral und der sozialen Indoktrinierung männlicher Kinder verbunden. Ich behaupte dagegen, daß der Prozeß der normativen Trennung vom Vater (oder dessen Surrogat) von einer Dynamik ausgeht, die dem ödipalen Verhältnis genau entgegengesetzt ist: Diese Dynamik beinhaltet einen benachteiligenden Druck des Vaters auf den Sohn, der der Trennung des Jugendlichen von der Familie dient und sein Eintreten in die Einsamkeit sozialer Verantwortung bewirken soll.

Normen werden dem Jugendlichen also durch den „aufopfernden" Ausschluß aus der Permissivität der Familie in ein einschränkendes Netz von Gesetz und Moral eingeprägt. Die Ablehnung jüdisch-christlicher Gesetze und Moral verband sich bei den Nazis also mit dem Verlangen nach einer Rückkehr in die germanische Stammesfamilie mit ihrem heidnischen Mangel an Beschränkungen, in der die Gesetze aufgehoben und beinahe alles erlaubt war, womit der einzelne sich durchsetzen konnte. Mag dieses Bild der germanischen Stammesfamilie auch historisch unzutreffend sein, so ist es doch jenes, das sich die Nazis in der Projektion des amoralischen und rechtlosen Verhaltens der teutonischen Familie des Äsir vorstellten. Odin, Thor, Loki und ihre Bande mordeten, plünderten und vergewaltigten mit dem einzigen Recht der Macht des Angreifenden gegen die Findigkeit des Gegners. Die Absage der Nazis an jüdisch-christliche Gesetze und Moral war auch verbunden mit der Zurückweisung jener Werte, die in der Opferung Isaaks ebenso wie in der Opferung Jesu Christi symbolisiert sind. Beide bedeuten eine endgültige, partizipante Moral im Erwerb der Gnade durch das Opfer. Das Verlangen nach Rückkehr zu der vorausgehenden Entwicklungsphase der Gemeinschaft der heidnischen Stammesfamilie ist mit dem völkischen Ethos von Blut und Boden verbunden, der Wiederkehr der Blutsgemeinschaft des Stammes auf dem Land der Familien-Ahnen. Tal hat zu Recht bemerkt, daß die Betonung des Blutes als zentrales Element der Gefolgschaft das Wesen sozialer Gemeinschaft und Einzigartigkeit begründete.[62] Man könnte hinzufügen, daß der Rassismus der Nazis in der Idee einer bio-sozialen Vorherrschaft der Stammes-Familie wurzelt. Doch gingen die Nazis noch weiter: In der Ablehnung christlicher Schuld[63] widerriefen sie die Erbsünde. Sie kehrten damit zu einer mit dem Gefühl der Allmacht verbundenen paradiesischen Unschuld zurück, die durch keine partizipierenden Schuldgefühle mehr beschränkt war. Die Regression der Nazis zu früheren Entwicklungsphasen führte daher mit Notwendigkeit zur Amoralität des Dritten Reiches und zur Übernahme der familiären Bluts-Gemeinschaft eines Stammes-Rassismus.

Auch nach Ablegen der jüdisch-christlichen Gesetze und Moral fand der Deutsche sich im Herzen der erweiterten Stammesfamilie nicht als Subjekt kollektiver Normen, sondern als Individuum wieder; als solches konnte er immer noch zum Subjekt von Moral und Mitleid werden. Deshalb betonten die Nazis intuitiv die Bedeutung des Kollektivs: „Ein Volk, Ein Reich, Ein Führer" ist eine Variation des Themas der Dreifaltigkeit oder vielmehr der Pluralität in der Einheit. Goebbels hob die Transformation des individuellen Deutschen im Kollektiv mit der Metapher von der Vielzahl deutscher Würmer, die als Gruppe zum Drachen werden, hervor. Deshalb dienten die Aufmärsche der Nazis - besonders in Nürnberg - dazu, aus dem bunten Gemisch von Bauern, Handwerkern, Angestellten und Intellektuellen einen einzigen, sich erhebenden und brüllenden Kannibalen zu schaffen. Die uniformierten Nazis im Gänse-Marsch fühlten sich in den mythologischen Asgard der Germanen erhoben, und jeder geduckt lebende Metzger, Vertreter oder Lehrer fühlte sich zum Halbgott des Äsir verwandelt, wenn er die magische Stimme des Führers hörte. Der individuelle Deutsche ging mit seinem separanten Selbst im „Drachen" auf, unisono „Sieg Heil" brüllend und während er auf das Kommando „Eins, Zwei, Drei: Ein Lied" unter dem Lichtdom von Albert Speer sang, der mit synchronisierten Scheinwerfern Löcher in den Himmel bohrte. Eine derartige kollektive Regression in eine frühere Entwicklungsstufe - das reine partizipierende Ziel der Menschheit, das im Handeln jedoch unrealisierbar bleibt - wurde so im persönlichen wie im Gruppenerleben durch heidnische Riten in die Realität gezerrt. Die Nazis führten das deutsche Volk dazu, die germanischen Mythen im wirklichen Leben nachzuleben, mit all ihren grausamen Kämpfen und ihrer Religion des Krieges. Dies führte - wie ich später noch zeigen möchte - zur unvermeidbaren „Götterdämmerung", wie sie in den Mythen der Edda vorausgesagt ist und von den Nazis mittels des deutschen Volkes als „self-fulfilling-prophecy" durchgespielt wurde. Mythen sind Projektionen von Wünschen, Verlangen und kollektiver Erfahrung. Werden sie jedoch als Skript für die aktuelle Existenz gebraucht, so führt dies mit Notwendigkeit in den Untergang.

Im darwinistischen Kampf des heidnischen Stammes,[64] dessen Gewalt durch Recht, Moral und Mitleid nicht eingeschränkt wird, haben die Juden die Bedeutung des normativen Widergeistes; die finstere Gegengewalt der Weisen von Zion muß ausgerottet werden. Der wandernde Jude hat auf dem „Boden" des Äsir keinen Platz. Die polytheisti-schen Gottheiten der Germanen wie der Griechen – Projektionen eines separanten Sozi-alcharkaters – sind familienzentriert, grausam, arbiträr und amoralisch: Dennoch sind auch sie der schicksalhaften Ordnung von Moira und Ananké unterworfen. Ihre Gesetz-losigkeit und Amoralität entspricht der Regellosigkeit und Verantwortungslosigkeit der Familiensituation vor der Initiation des Jugendlichen, die ihn durch ein symbolisches Opfer – das Isaak-Syndrom (oder weiblich Iphigenie-Syndrom) – in die Grenzen und Bin-dungen normativer Verantwortung führt.

Die griechischen Gottheiten sind nur selten gnädig oder freundlich. Die jüdisch-christli-che Vorstellung eines gerechten Gottes ist den Olympiern völlig fremd: Die griechische Tragödie zeigt immer wieder die zufällige Grausamkeit der Götter. Ja, mehr noch, sind es die Götter, die oftmals die tragischen Helden zu Taten anregen, die sie in der Folge bestrafen. Das beste Beispiel dafür ist natürlich König Ödipus: Die Götter hatten voraus-gesagt, daß Ödipus seinen Vater töten und seine Mutter zur Frau nehmen würde. Dieses Schicksal war ihm bestimmt, damit er dafür bestraft werden konnte. Die Verurteilung Ödipus' durch die Götter war jedenfalls arbiträr: Sie hat keinen Grund in Schande, Schuld oder moralischer Verirrung. Ödipus ist nur eines aus vielen Beispielen der griechi-schen Tragödie, deren Opfer grausame Qualen und Strafen erleiden, ohne die Schuld an einem Verbrechen oder einer Sünde zu tragen; sie werden von den Göttern selbst zu ihren Übertretungen gezwungen und sind daher im moralischen Sinn nicht schuldig. Äsir und Vanir – die Familien der germanischen Stammesgötter – sind sogar in noch höherem Maß der Xenophobie, der Grausamkeit, der Hurerei und kindischen Streichen ergeben.[67]

Im Gegensatz dazu bedeuten das Opfer des Isaak und die selbstgewählte Opferung Christi die Auferlegung von Recht, Moral und Schuld auf den Menschen, und die Pflicht des Mitleidens mit seinen Mitmenschen. Das hier entwickelte Modell weist auf das Ver-langen von Individuum und Gemeinschaft hin, aus jedem Entwicklungsstadium in eine frühere Phase zurückzukehren.[68] Die Deutschen wollten die normativen Einschränkun-gen jüdisch-christlicher Moral und Gesetze abschütteln und zur unverantwortlichen Amoral eines germanischen Heidentums zurückkehren: Sie wandten sich gegen die Juden, die für sie die Auferlegung von Einschränkungen ihres hedonistischen Heiden-tums symbolisierten.

Einige Beobachter haben die Extreme des deutschen Sozialcharakters und dessen Hin und Her zwischen diesen Extremen bemerkt.[69] Die hier entwickelte These führt zu der Feststellung, daß der deutsche Sozialcharakter so wechselhaft war, weil seine beiden inneren Tendenzen nicht integriert werden konnten. Deshalb war es den Nazis möglich, seine einschränkenden, partizipanten Komponenten zu unterdrücken oder sogar zu neu-tralisieren, um damit den separanten Wahn des Furor Teutonicus zur vollen Herrschaft zu bringen. Die Regression in ein heidnisches Stammes-Ethos erleichterte das Akzeptie-ren der Autorität eines absoluten Führers. Das jüdisch-christliche Moral-Konzept enthält die Abwägung der Pros und Kontras einer Situation und betont den beschränkten Gebrauch der Macht. Wird diese Bedeutung von Recht und Gerechtigkeit abgelehnt, so herrscht der Stammes-Fürst ohne Einschränkungen. Die separante Macht Odins kannte keine Grenzen, und demnach erkannte auch die Omnipotenz des Führers Adolf Hitler keine Grenzen des Rechts, der Moral und des Mitleids an.

Mythisches Leben, Mythisches Spiel

Mythen dienen der vorliegenden Untersuchung nicht nur zur Illustration der theoretischen Voraussetzungen, sondern als deren empirisches Material. Von Mythen-Forschern wurden sie immer schon als zuverlässige Quellen der Zeit vor einer schriftlichen Geschichtsdokumentation angesehen.[70] Eliade behauptet darüberhinaus, daß Mythen Ereignisse auf einem hohen Abstraktionsniveau wiedergeben und damit diese strukturierenden Prinzipien oder Muster offenlegen. Eliade schreibt: „... der Mythos erzählt von der Erschaffung der Welt und des Menschen und gleichzeitig von den Grundlagen des kosmischen Vorgangs und der menschlichen Existenz. ... die Mythen folgen aufeinander und bilden so eine heilige Geschichte, die in dem Dasein der Gemeinschaft und jedes Einzelnen fortwährend erneuert wird. Was sich am Anfang ereignete, beschreibt gleichzeitig die ursprüngliche Vollendung und das Schicksal jedes Individuums."[71]

Das führt uns zu Jung, der Mythen nicht nur als archetypischen Ausdruck eines „kollektiven menschlichen Unbewußten" ansieht, sondern auch als Mittel des individuellen psychischen Ausdrucks.[72] Ich habe in meinem Buch „Salvation Through the Gutters" einen noch extremeren Standpunkt eingenommen: „Methodologischer Ausgangspunkt ist ein Mythos-Begriff als Projektion persönlicher Geschichte. Das Individuum wird seiner Persönlichkeit als der einzigen existentiellen Einheit seiner Wahrnehmung gewahr. Dieses Bewußtsein der Existenz ist die einzige epistemologische Realität. Mythen können deshalb von der menschlichen Person nicht getrennt werden. Was immer uns in den ersten Jahren oder danach widerfuhr, wird in eine Theorie von der Entstehung des Universums, in Magie und auf andere Menschen projiziert. Erlebnisse aus den frühesten, besonders aufnahmefähigen Jahren sind im menschlichen Gedächtnis aufgezeichnet und bewahrt. Die Ereignisse nach dieser Periode können kognitiv erinnert werden, aber alle Erlebnisse dieser ersten Jahre werden unter anderm in den Mythen der Kosmogonie ins Gedächtnis zurückgerufen. Mythen als Persönlichkeitsgeschichte können deshalb als Darstellung bedeutender Entwicklungsstadien dieser frühen Jahre angesehen werden. In den ersten, prägenden Jahren durchläuft die menschliche Entwicklung darüberhinaus in beschleunigter Form die gesamte Evolution der Species."[73]
Demzufolge sind Mythen zugleich eine Projektion der Entwicklung der Gattung, wie sie der Entwicklung des Individuums innewohnt. Es scheint bemerkenswert, daß der Begriff des Mythos als Projektion der persönlichen Geschichte aus der Apokalypse des Baruch abgeleitet werden könnte, die „jeden Menschen" als den „Adam seiner eigenen Seele" bezeichnet.[74] Jedes menschliche Wesen macht die Erfahrung der Erbsünde als Entwicklungsstadium, sodaß der Mythos vom Sündenfall die Projektion einer individuellen und zugleich universellen menschlichen Entwicklungs-Erfahrung ist. Nur weit verbreitete Mythen können freilich als archetypische Projektionen der menschlichen Existenz gedeutet werden: Je allgemeiner eine Entwicklungserfahrung ist, desto größer ist die Möglichkeit der Transformation in eine mythische Projektion. Der Umkehrschluß ist ebenso gültig: Je verbreiteter ein Mythos ist, umso eher kann es sich dabei um die Projektion eines verbreiteten oder sogar universellen menschlichen Entwicklungsstadiums handeln. Die Universalität des Mythos vom Sündenfall zeigt zum Beispiel, daß die entsprechende Entwicklungsphase – die Trennung des individuellen Selbst von der Einheit der frühen oralen Phase – tatsächlich von jedem menschlichen Wesen erfahren wird.
Mythen haben viele Schichtungen: die Lurianische Kabbala deutet den Mythos vom treibenden Boot zur Beschreibung der Kosmogonie, Spuren desselben Mythos können aber auch als Projektion der Erfahrung der „Geworfenheit" der Geburt gedeutet werden. In ähnlicher Weise kann der Mythos vom Sündenfall als Projektion der Kristallisation des Selbst gedeutet werden, einige seiner Komponenten können aber auch mit dem Inzest-Tabu und deshalb mit den Lastern sexuellen Begehrens verbunden werden. So können Mythen als empirische Muster sowohl innerer Persönlichkeitsdynamik als auch der

Strukturen und Prozesse von Sozialcharakteren gedeutet werden. Ich bezeichne diese Methode als „Mytho-Empirizismus". Trotz all ihrer theoretischen Differenzen sind Bachofen, Jung, Briffault, Levi-Strauss und Eliade Mytho-Empirizisten, da sie die empirische Gültigkeit ihrer Theorien in hohem Maß auf Mythen stützen. Ich möchte aber doch darauf hinweisen, daß die Bedeutung der Mythen, und im Kontext dieser Untersuchung die Mythologie der Edda, nicht in allen Untersuchungen zu diesem Thema akzeptiert wird. So hält Trevor Roper die mythischen Wurzeln des Nazismus zum Beispiel für einen „bestialischen nordischen Nonsens"[75]. Die germanischen Mythen der Edda waren jedoch kein Nonsens, sondern eine wesentliche Komponente des Nazismus. Ich möchte im folgenden zeigen, daß die Nazis sich nicht bloß von den germanischen Mythen leiten ließen, sondern versuchten, diese sowohl in ihrer wahnsinnigen Machtexplosion wie in dem darauf folgenden Abstieg und Fall in die Götterdämmerung nachzuleben.

Die Mythologie separanter Kulturen ist nicht auf das Jenseits gerichtet, sondern bezieht sich auf das Hier-und-Jetzt. Die Hölle der griechischen Mythologie (Tartaros) ist ein Ort in Raum und Zeit wie jeder andere. Ebenso bezieht sich die germanische Mythologie nur auf ein anderes Niveau der Existenz im Hier-und-Jetzt. Die in der Schlacht gefallenen Soldaten werden von den Walküren ins Walhalla gebracht, wo sie ihre irdische Existenz – gleichsam wie auf einem anderen Kontinent, irgendwo hoch droben auf einem Berggipfel – fortführen. Die NS-Ideologen wollten dem Deutschen Reich die Form eines heiligen Mythos geben: Der Führer würde dann sozusagen auf natürliche Weise die Rolle des Gottes Odin-Wotan übernehmen.[76] Die überwältigende Mehrheit des deutschen Volkes akzeptierte die ihm zugedachte mythische Existenz begeistert. Die Nationalsozialisten – so hat es Tal formuliert – machten die Mythen zur Realität.[77] Folgt man W. I. Thomas' sozial-wissenschaftlichem Theorem, so hat ein Mythos reale Konsequenzen, wenn er als Realität definiert wird. Die Mythologie warnt uns jedoch davor, daß die Ziele eines Sisyphus oder Tantalus zwar angestrebt, niemals aber voll verwirklicht werden können: So führen Leben und Handeln in mythologischen Rollen unvermeidlich zur Katastrophe. Hier ist also eine makabre Saga einer gesamten Nation Gegenstand der Untersuchung, die in der Mythologie aufhörte, nur eine Facette ihres kollektiven Unbewußten zu sein, und zu einer aktuellen Realität wurde, die ihre politische, soziale und persönliche Existenz leitet. Zu Beginn konnten die Deutschen die Welt überraschen, und sie überschwemmten in ihrem mythologischen Wahn ganz Europa. Später jedoch führte die Verfolgung mythologischer Ziele durch ein Potpourri realistischer und mythischer Handlungen Hitler-Wotan, Göring-Thor, Goebbels-Loki und Himmler-Heinrich, und mit ihnen die deutsche Kriegsmaschinerie, zu offensichtlichen Irrtümern und Fehlern – eben aufgrund ihrer mythologischen Ziele. Sie begannen bald, die steile Straße der Verlierer hinunterzuschlittern.

Die Nationalsozialisten vermengten Realität immer wieder mit ihren mythischen Rollen, und ihr Handeln verhüllte die Realität in mythischem Dunst. Beim Münchner Abkommen vor Beginn des Zweiten Weltkrieges verhielten sich Franzosen und Briten gemäß der Regeln von Diplomatie und internationalem Recht, denen zufolge pacta sunt servanda. Hitler und seine Leute folgten jedoch den Regeln des mythischen Äsir, nach denen der Gegner betrogen und hereingelegt werden konnte, ohne dabei auch nur auf den Anschein von Recht oder Moral achten zu müssen. Für Himmler war das Reich heiliger Mythos: Im Geiste des Sachsenkönigs Heinrich – für dessen Reinkarnation er sich hielt – sah er die SS-Divisionen, und in der Folge die gesamte deutsche Gesellschaft, als durch das Blut geeinten Stamm an, dessen Pflicht es geradezu war, alle, die nicht dazugehörten, zu unterwerfen, zu versklaven und auszurotten. Hess' Flug nach England war buchstäblich von mythischen Nebeln seines chaotischen Geistes motiviert, die ihn veranlaßten, die „germanischen Brüder" zur Einstellung des Kampfes und zum Eintreten in die germanische Familie des Äsir zu bewegen.

Hitler plante megalomanische Denkmäler, die als Sitz der höchsten Gottheit des Asgaard und ihres Hofes dienen sollten. Selbst am Rande der Niederlage war er noch mit den Plänen für seine große Kuppelhalle - deren Maße den Petersdom übertreffen sollten - und für seinen Triumphbogen beschäftigt.[78] Sein mythologisches Rollenspiel hat Hitler wahrscheinlich auch zum schwersten taktischen Fehler bewogen, der sein Schicksal vielleicht bereits zu Beginn des Krieges besiegelt hat. Nach dem Zusammenbruch Frankreichs handelte er Großbritannien gegenüber als ein Ritter aus den Nibelungen zu einem anderen: Er untersagte es, die britische Armee in Dunkerque anzugreifen und eröffnete keinen massiven Angriff auf die britischen Inseln. Damit erlaubte er Großbritannien, Armee und Verteidigung zu reorganisieren. Weil er die Briten als Teil des mythischen Äsir ansah, erwartete er ein Friedensangebot, das nie eintraf; hätte er die Lage realistisch, und nicht aus dem Blickwinkel eines mythischen Stammes-Fürsten beurteilt, so hätte er auch kein derartiges Angebot erwarten dürfen.

Die Nazis folgten dem Drehbuch der Edda bis in das Große Finale der Götterdämmerung. Im August 1944 erkannte Hitler, daß Deutschland den Krieg verlieren würde. Er entschloß sich deshalb, seine Aussage vom 27. November 1941 wahrzumachen, daß die deutsche Nation untergehen sollte, wenn sie nicht stark genug für die zu ihrer Existenz notwendigen Opfer wäre: Er ließ eine Reihe von Feldzügen durchführen, die zu Deutschlands Vernichtung bestimmt waren.[79] Darunter war die selbstmörderische deutsche Ardennen-Offensive vom 16. Dezember 1944, in der Deutschlands letzte militärische Reserven vergeudet wurden. Diese für die Ostfront katastrophale Entscheidung überließ die deutsche Armee dort der Rache der Russen. Am 18. März 1945 gab Feldmarschall Keitel einen Führerbefehl heraus, die gesamte deutsche Bevölkerung vor den vorrückenden westlichen Alliierten zu evakuieren: Da keinerlei Transportmöglichkeiten dafür zur Verfügung standen, hätte diese Evakuierung mit einem Todesmarsch geendet. Am 19. März gab Hitler einen weiteren Befehl heraus, die gesamte industrielle Infrastruktur des Dritten Reiches zu zerstören, der eine totale Panik der „verbrannten Erde" bedeutet hätte. Speer schreibt über diesen Befehl, daß er in Hitlers Plan, die deutsche Nation ins Walhall zu führen, gemündet wäre, in Entsprechung zur „Endlösung der Judenfrage". Die Nationalsozialisten brauchten den Kontrast zum jüdischen Untermenschen, um ihr eigenes Wert- und Überlegenheitsgefühl zu stärken - was ein rationales Element dieser Verbindung gewesen sein könnte. Deshalb mußte im Fall eines Untergangs von Deutschland auch dessen „Widergeist" als sein untrennbares Anhängsel in Glanz und Niederlage vernichtet werden. Wenn die Juden für die heidnischen Nazis die beschränkenden, partizipanten Elemente der europäischen Kultur symbolisierten, so mußten sie umso heftiger und grausamer bekämpft werden. Das könnte erklären, warum mit dem Anwachsen der deutschen militärischen Niederlagen auch die logistischen Mittel zur Vernichtung der Juden verstärkt wurden.

Symbiose

Eine andere Komponente des entwickelten dialektischen Modells ist die Tatsache, daß die Juden vor dem Holocaust eine bedeutende Symbiose mit der deutschen Kultur entwickelten. Im Wien und Deutschland des Fin de siècle nahmen die Juden - deren Vorfahren mit der Emanzipation eben erst das Ghetto verlassen hatten - zunehmend einen prominenten Platz in der österreichischen und deutschen Kultur, Wissenschaft und Kunst ein. Einstein, Freud, Marx, Heine, Mahler, Ehrlich, Mendelsohn, Hofmannsthal, Schnitzler, Zweig, Lasker-Schüler, Wassermann, Schönberg, Weill, Liebermann, Reinhardt, Klemperer, von Sternberg, Wittgenstein, Toller, Tucholsky und viele andere waren führende Erneurer in der deutschen und österreichischen Wissenschaft, Kunst und Philosophie: Sie waren entweder Juden oder jüdischer Abstammung. Die Juden leisteten ihre Beiträge auf der Grundlage der deutschen Kultur. Im folgenden wird gezeigt, daß ihre Kreativität von ihrem partizipierenden Hintergrund und Sozialcharakter beeinflußt war. Diese kulturelle Synthese blieb bisher weithin unverstanden. Mit der deutschen Götterdämmerung und dem jüdischen Holocaust erlitten jedoch Opfer und Täter einen schweren Schlag: Deutschland und Österreich erlebten nach dem Zweiten Weltkrieg einen kulturellen Niedergang, von dem sie sich in manchen Bereichen bis heute nicht erholt haben. Die europäischen Juden erlitten nach dem Holocaust das nahezu vollständige Verschwinden ihrer kulturellen Kreativität, und Israel, das einen großen Teil der Überlebenden des Holocaust aufgenommen hat, hat keine dem jüdischen Wien des Fin de siècle oder dem deutschen Judentum vergleichbare kulturelle Blüte erreicht.

Das willige Opfer

Es wurde bereits darauf hingewiesen, daß die kollektive Annahme der Thora durch die Juden einem Isaak-Syndrom entspricht, das das gesamte Volk Israel einschließt. Das Christentum mit seiner Betonung der universellen Werte der Liebe, des Mitleids und der Gnade wurde vom Juden Jesus Christus begründet, dem archetypischen-partizipierenden Opfer. Dennoch wurde dieser Christus von den separanten Kreuzrittern, den räuberischen Feudalherren und der kriegerischen mittelalterlichen Kirche angenommen und schließlich als Argument zur Unterdrückung seiner ehemaligen Landsleute gebraucht. Es ist ein erstaunliches Paradoxon, daß Christus - das selbstauslöschende, partizipierende und willige Opfer, „Gottes eigenes Opferlamm" - dazu diente, die partizipanten europäischen Juden zu opfern, die oftmals zu ihrem Gott betend und singend ins Feuer gingen. Dieser Totentanz jüdischen Märtyrertums nahm mit dem Holocaust riesige Ausmaße an: Der schicksalhafte Zusammenstoß der Juden mit einer separanten Barbaren-Horde forderte sechs Millionen Isaaks' und Jesus', die nicht wiederauferstanden sind. Einer von ihnen war Janus Korczak, der mit seinen zweihundert Waisenkindern in den Tod ging: In ihren Sonntagskleidern bestiegen sie die Viehwaggons zu den Krematorien von Treblinka. Anders als die Christen, haben die Juden zur Bestärkung in ihrem Glauben keine Passionsspiele nötig: Ihre Rolle als ewiges partizipierendes Opfer wurde ihnen jahrtausendelang blutig eingebleut. Sie kommt in Mythen und metaphysischen Symbolen zum Ausdruck.
Die Behauptung eines ödipalen Antagonismus der jüngeren Kultur und Religion zu vorausgehenden Religions- und Kulturformen mag in einem gewissen Maß zutreffen. In unserem Zusammenhang kann jedenfalls festgehalten werden, daß die paternalistische, partizipante jüdische Kultur von einer maternalistischen, separanten heidnischen Kultur unterdrückt und vernichtet wurde. Dazu gehört, daß das Opfer selbst für seine Verfolgung verantwortlich gemacht wird: Das Gerücht von den Weisen von Zion, die die Welt unterwerfen wollen, diente diesem Zweck. Das „schuldhafte" Opfer darf ungestraft angegriffen werden, und deshalb waren die Juden ideale Opfer. Deren symbolische Macht und Gefährlichkeit rechtfertigte ihre Verfolgung, die infolge ihrer tatsächlichen Machtlosigkeit ohne jede Gefahr für den Verfolger war. Das ist einer der Hauptgründe dafür, daß die Geschichte der europäischen Juden ein nahezu ununterbrochenes Martyrium ist. Im

Sinn der Jung'schen Analyse kann deshalb formuliert werden, daß die Juden in den vergangenen zweitausend Jahren das ewige, archetypische Opfer gewesen sind.
Israel wurde für einige Jahre im Gegensatz dazu zu einer heroischen Nation: Das stand im Widerspruch zum Archetypus. Mit dem Jom Kippur-Krieg wurde Israel jedoch wieder zum Opfer und kehrte zum jüdischen Archetypus zurück. Das auserwählte Volk ist zum Leiden und als Opfer auserwählt:
Ich aber trat zu dir, ich sah dich/wie du zappeltest in deinem Blut/ich sprach zu dir in deinem Blut:/„Lebe!"/Ich sprach zu dir:/„In deinem Blute lebe!"

(Hesekiel 16:6)

Diese Opferrolle unterstützt die normative Qualität der Juden: Das Opfer Isaaks - das die Wahl der Gesetzes-Autorität des paternalistischen Gottes bedeutet - wird von ihnen fortwährend mit ihrem Blute nachgelebt.
Durch seine Unterwerfung als Opfer festigt der Jude seine normative Rechtschaffenheit vor Gott: Seine dauernde Annahme des Gesetzes wird mit seinem eigenen Blut besiegelt.
Das könnte freilich als unbewußtes Einverständnis des jüdischen Opfers mit den kannibalischen Anschlägen seines separaten Verfolgers angesehen werden.

Die makabre Dyade

Die Opfer waren von ihren Mördern rechtzeitig gewarnt worden, aber die Juden hatten Hitler nicht ernst genommen und seinen Versprechen, sie zu vernichten, zu wenig Aufmerksamkeit geschenkt.

Hitler gab keinen schriftlichen Befehl zur „Endlösung der Judenfrage": Aller Wahrscheinlichkeit nach erhielt Himmler mündlich den Befehl dazu. Die SS-Einsatzgruppen waren im April 1941 mit dem „Endziel" betraut worden, was im Nazi-Jargon die Ermordung aller unerwünschten Elemente im Hinterland der Ostfront bedeutete. Am 31. Juli 1941 wurde die „Endlösung der Judenfrage" auf alle Gebiete unter deutscher Herrschaft ausgedehnt. Am 29. Januar 1942 fand die Wannsee-Konferenz statt, die der Koordination der mit der „Endlösung" befaßten Ministerien diente. Alle diese Vorbereitungen zum Mord wurden mit einer für die Nazis typischen peinlichen Genauigkeit und separaten Ordnungsliebe getroffen. Was das Verhalten der Opfer betrifft, so haben viele Untersuchungen - vor allem die von Gerald Reitlinger[81] und Raul Hilberg[82] - auf den geringen Widerstand der Juden gegen ihre Vernichtung hingewiesen, die „wie Schafe zur Schlachtbank" gegangen seien. Andererseits haben Studien jüngeren Datums gezeigt, daß die Juden den Nazis gegenüber mehr und öfter Widerstand geleistet haben, als man angenommen hat. Als Hauptgrund für das Ausbleiben jüdischen Widerstands werden meist die folgenden Entwicklungen und Umstände angegeben: Es gab kein Land, das bereit war, eine größere Zahl jüdischer Flüchtlinge aufzunehmen, und so schlugen alle Pläne der Nazis einer Deportation der Juden ins Ausland fehl - so auch der Madagaskar-Plan. So begannen die Nazis ein allein auf Vernichtung gerichtetes Vorgehen. Der Völkermord an den Juden wurde von den meisten Nationen unter Nazi-Herrschaft zumindest passiv akzeptiert - der heroische Widerstand der Dänen gegen die Deportation der Juden macht die einzige Ausnahme. Die Nazis waren im Gebrauch von Taktiken der Geheimhaltung, der Täuschung und der Demütigung ihrer Opfer sehr erfolgreich und zerbrachen damit deren Selbstwertgefühl. Sie gaben Judenräten und jüdischer Polizei Macht und exekutive Aufgaben, womit deren Kollaboration bei der Deportation in die Vernichtungslager unvermeidlich war.

Die Juden dagegen waren an eine lange Tradition der Verhandlungen mit ihren Unterdrückern gewohnt und hatten dabei im Lauf der Jahrhunderte immer wieder auf die Taktik des Zeit-Gewinns zurückgegriffen. Dafür gibt es eine charakteristische Geschichte über einen Paritz (Feudalherren) und seinen Hund: Eines Tages befahl ein besonders grausamer Paritz dem Rabbiner der jüdischen Gemeinde, seinem Hund das Sprechen beizubringen, widrigenfalls er die gesamte Gemeinde umbringen würde. Der Rabbi erklärte sich damit einverstanden, diese Aufgabe innerhalb von fünf Jahren zu erfüllen. Als er nach Hause zurückgekehrt war, fragten ihn die Mitglieder seiner Gemeinde sorgenvoll, wie er denn dieses unmögliche Versprechen erfüllen wolle. „Im Laufe von fünf Jahren könnte der Paritz sterben, oder der Hund könnte sterben", war die Antwort des Rabbi. So versuchten die Juden auch den Nazis gegenüber Zeit zu gewinnen, indem sie Forderungen erfüllten, unterhandelten: Alles in der Hoffnung, daß irgendein Ereignis sie retten würde, wie das auch in der Vergangenheit bereits öfter der Fall gewesen war. Es erschien unklug, Widerstand gegen die Nazis zu leisten, weil dies die Deportationen und die Vernichtung nur beschleunigt hätte. Auch gab es immer noch Juden, die an die Existenz von Todeslagern nicht glauben konnten oder wollten, und die immer noch auf das Mitgefühl und die Humanität der Deutschen bauten. Wie immer man den Widerstand der Juden oder die Gründe zur Mithilfe an ihrer Vernichtung jedoch bewertet: Ich möchte im folgenden nachweisen, daß dieser Widerstand stärker und die Schwierigkeiten für die Nazis größer gewesen wären, hätte es bei den Juden keine unbewußte Tendenz zur Selbstaufopferung gegeben. Der partizipante Charakter verfolgt in seinem Innersten das Ziel der Selbstauflösung im Nicht-Sein und ist daher in einer dyadischen Situation für die Opferrolle prädisponiert. Die makabre Symbiose von Unterdrücker und Opfer verstärkt die normative Bereitschaft des letzteren zu leiden und damit dessen Opferbereitschaft. In der Jung'schen Psychologie erscheinen sogar der Angreifer und das Opfer als zwei Komponenten eines einzigen Archetypus. Im Opfer bestätigt der Jude seine einzigartige Partizipation, seine moralische Größe und seine Wahl des Leidens als Zeichen besonderer Transzendenz.

Die Nazis versuchten hingegen, sich von ihren eigenen partizipierenden Komponenten durch Projektion auf die Juden zu lösen und stempelten diese zum Sündenbock, wodurch sie sich wahrscheinlich von den verachteten Einschränkungen moralischer Normen freimachten. Der Begriff des Kiddusch Haschem – die Verehrung Gottes durch ein würdiges, freiwilliges Selbst-Opfer – schließt die Verachtung für den Unterdrücker und die moralische Überlegenheit diesem gegenüber mit ein und ist das Zeichen, unter dem partizipante jüdische Märtyrer von Jesus Christus bis Janus Korczak starben.

Ich möchte die dialektischen Komponenten dieses dyadischen Modells folgendermaßen zusammenfassen:

separante	Verfolger	partizipante Opfer
„Deutschland	erwache	
		– Juda verrecke!"
Die heidnische	Mörder-Familie	Das Isaak-Syndrom/jüdisch-christliche moralische Beschränkungen
Blut und Boden/rassistischer Tribalismus Ein Volk, Ein Reich, Ein Führer/Nachleben von Mythen, Götterdämmerung		partizipierende Schuld

TYRANN   WILLIGES OPFER
Symbiose
DIE MAKABRE DYADE

Die finstere Seite

Dieser Abschnitt gibt einen ersten Überblick über eine weitere Gruppe von Vorbedingungen des Holocaust: Sie beziehen sich auf die Selbst-Definition der nationalsozialistischen Deutschen als wertvolle, überlegene Rasse im Kontrast zu den jüdischen Untermenschen. In der NS-Zeit mußte der Jude als Antithese zum germanischen Übermenschen herhalten. Das strahlende Bild des blauäugigen, blonden Germanen wäre ohne das Kontrast-Portrait des häßlichen Juden (schwächlich, dekadent, große Nase und Flatterohren ...) nicht zum Ausdruck gekommen.

So schimpfte Hitler in einer seiner typischen Ansprachen: „Alles Schöne, das wir heute um uns sehen, ist die Schöpfung des Ariers, seines Geistes und seiner Arbeit; nur das Schlechte ist das Erbe des Juden."[84]

Dieselbe gedankliche Grundlage beinhaltete auch schon eine Aussage Georg Ritter von Schönerers, des Gründers des modernen, politischen Antisemitismus und Lehrmeisters Adolf Hitlers. Sie besagt, daß der Pan-Germanismus den Antisemitismus als Grundlage seiner nationalen Ideologie ansehe.[85]

Tannenbaum, der Verfasser einer der eindringlichsten Analysen des Rassismus der Nazis, hat festgestellt:

„Im allgemeinen scheint es, daß es keinen „wahren Arier" geben kann, ohne daß im Hintergrund ein Jude lauert. Dies mag wie ein Paradox klingen, aber ein leicht erklärliches. Die deutschen Rassentheoretiker brauchten sowohl eine „arische" als auch eine „semitische" Rasse, die sich im Gleichgewicht halten wie bei einer Wippe: Herunter geht der Jude ... hinauf geht der Nordische. Die Überlegenheit des Ariers ist von der Unterlegenheit des Semiten abhängig."[86]

Pulzer zieht aus einer Daten-Analyse der Entstehung von Antisemitismus in Deutschland und Österreich den Schluß, daß dieser seinen stärksten Rückhalt in einer neuen Aufsteiger-Schicht von Facharbeitern, und nicht in der Unterschicht hatte: Ökonomisch waren die Vertreter dieses „neuen Mittelstandes" vom Proletariat nicht zu unterscheiden. In ihrem sozialen Status unterschieden sie sich jedoch von der Arbeiterklasse und sie hatten in der besonders hierarchisch orientierten deutschen Gesellschaft ein starkes Gefühl der Klassen-Überlegenheit. Ihre Hauptsorge war daher die Distanz zu dieser Unterschicht.[87] Je mehr sie diese unterdrücken, abwerten und stigmatisieren konnten, umso höher erschien ihr eigener Status. Da es kein objektives Niveau gab, von dem aus Status und Klasse gemessen werden konnten, waren sie bereit, die Juden abzuwerten und zu verachten, nachdem diese von der Regierung als Sündenböcke angeboten wurden. Jemand, der den Turm nicht besteigen kann, kann immer noch den Abgrund vertiefen. In meinem Buch „The Mark of Cain"[88] habe ich ein Modell der Stigmatisierungs-Prozesse entwickelt, dessen Komponenten mir für diese Untersuchung vorwiegend relevant erscheinen.

Der Prozeß der Verfolgung erscheint darin als Projektion unerwünschter Erscheinungen und als Aggressions-Ventil für den Stigmatisierenden. Den Stigmatisierten habe ich als Sündenbock beschrieben, auf den sich herabsehen läßt. Dieses Objekt des Stigmas ist durch Auffälligkeit, symbolische Bedrohung und den Mangel tatsächlicher Macht charakterisiert. Alle diese Komponenten passen zum Verhältnis von Nazis und Juden, oder von allen Antisemiten zu den Juden.

Die Auffälligkeit und Absonderung der Juden wurde bereits von einem der ältesten Antisemiten formuliert:

Haman sprach zum König Achaschwerosch:

/„Es gibt ein einziges Volk,/verstreut und versprengt unter den Völkern, in allen Gauen deines Königreichs,/dessen Fug verschieden ist von dem alles Volks/und nach den Verfügungen des Königs tun sie nicht,/und es ziemt den König nicht, sie gewähren zu lassen." (Esther 3,1–9)

Die Absonderung der Juden ergab sich vor allem aus ihrem Monotheismus: Sie fielen in einer polytheistischen Umwelt mit ihrer heidnischen Toleranz einer Vielzahl von Göttern besonders auf. Dies führte zu sozialer Distanz und ethnozentrischer Selbst-Absonderung der Juden, die umgekehrt von einer Aussonderung durch ihre sozio-religiöse Umwelt beantwortet wurde.

Diese Selbst-Absonderung der Juden war im folgenden im christlichen Europa noch auffälliger: Da sie sich nicht zum Christentum bekehren ließen, wurden sie ghettoisiert, durften nur bestimmte, schlecht angesehene Berufe ausüben und wurden schließlich durch besondere Trachten und Abzeichen gekennzeichnet.

Hans Johst definierte die Besonderheit der arischen Rasse in Kontrast zum degenerierten Juden folgendermaßen: „Die Einmaligkeit der arischen Rasse ist eine Ausdruck des Volksgeistes. Da dieser durch das Volk und für es, durch seine elitistische Essenz, gegeben ist, ‚kann er nicht jedem Menschen gegeben sein' (1. Cor. 12:7). Diese charismatische Gabe ist einmalig arisch. Es genügt den Juden und seine Leidensgeschichte zu betrachten; den Juden, der die wahre Verkörperung moralischer Dekadenz, physischer Perversion, geistiger Versteinerung und ästhetischer Degenerierung ist, um zu verstehen, daß nur der ‚Gegen-Jude' derjenige sein kann, dem die Gabe der Weltführerschaft, Macht und des Schicksals geschenkt wurde."[89]

Johst gebraucht hier die Terminologie einer Definition durch Kontrast: Der arische, reine Nazi wird nicht durch seine „positiven" Eigenschaften gekennzeichnet, sondern negativ durch seine nicht-jüdischen Merkmale. Der „Jude" liefert auf diese Weise Form und Inhalt der Merkmale des Anti-Juden.

Demnach ist der Jude der Nazi-Ideologie nichts anderes als der jahrhundertealte „Widergeist", jene finstere Seite des Daseins, die die rechte Seite definiert. Der böse Widergeist wurde hauptsächlich durch die antisemitische Karikatur, vor allem in Streichers „Stürmer" geschaffen. Das Klischee des Stürmer-Juden war klein, mit O-Beinen und Hängebauch, wulstigen Lippen unter einer riesigen Hakennase und kleinen, listigen Augen hinter dicken Brillengläsern; seine Hand streichelte gewöhnlich Geld oder hilflose arische Mädchen. Das arische Stereotyp ergab sich aus dem positiven Spiegelbild zu dem Stürmer-Juden. Unnötig hinzuzufügen, daß die realen „Arier" von ihrem positiven Idealbild stark abwichen – wie vom antisemitischen Stereotyp.

Dieses, als Abbildung des Angegrenzten, wurde allerdings nicht erst von Streicher entwickelt. Das zwanzigste Jahrhundert konnte hier auf eine reiche Tradition zurückgreifen. Bereits Seneca und Tacitus beschrieben den „schmutzigen", „betrügerischen" Juden. Der un-ästhetische Jude gab den Römern, und den frühen Antisemiten, das Gegenbild zum griechisch-römischen Schönheitsideal. Wie viele andere, wurde das Klischee des abstoßenden Juden aus dem antiken Erbe von den Christen des Mittelalters übernommen und weiterentwickelt. Luther verfeinerte es, und Dühring und die völkischen Ideologen werteten es zu riesenhafter Größe auf. Hitler folgte mit seinen Behauptungen in „Mein Kampf", die Juden wären schmutzige, sexuell perverse Hurenböcke und üble Speichellecker, nur mehr einem ausgetretenen Pfad. Das Klischeebild des jüdischen minderrassigen Untermenschen diente ihm schon auf Grund seiner historischen Popularität ausgezeichnet für die Konstruktion des reinrassigen deutschen Übermenschen. Die „Blubo" – (Blut und Boden) – Ideologie fand ihren Gegensatz im „ewigen Juden", dem ruhelosen, wandernden Ahasver. Der „marxistische Jude" wurde zum ideologischen Anathema des Nationalsozialismus. Dühring bezeichnete die Juden als Deutschlands „inneres Karthago" und verlangte, wie Cato, deren Vernichtung, da diese ansonsten Deutschland vernichten würden.

In Deutschland bestand ein besonders ausgeprägtes Bedürfnis nach einem Sündenbock: Trotz seiner potentiellen Stärke lag es hinter den meisten Gegenden des Sisyphus-Sozialcharakters in der Entwicklung zurück. Bis zu der von Bismarck erzwungenen Einigung Deutschlands bestand das Land aus unzähligen eigenständigen Fürsten- und Herzogtümern oder Grafschaften (mehr als 300 zu Ende des 18. Jahrhunderts). Industrialisierung und Urbanisierung erfolgten spät. Außerdem erlitt das separante Credo eines „Deutschland über alles" im Ersten Weltkrieg einen schweren Schlag. Die vernichtete deutsche Armee hatte nach Ansicht der meisten Deutschen keine Niederlage erlitten, sondern war das Opfer eines „Dolchstoßes" von Bolschewiken und Liberalen – der Marionetten der Weisen von Zion – in ihren Rücken geworden: Deshalb mußten die „Volksfeinde" als Prellbock herhalten. Die Annahme, daß die Juden den Sieg der Deutschen verhindert hätten, schrieb ihnen gleichzeitig mythische Omnipotenz zu: Deshalb wurden die „Weisen von Zion" von den Nazis als die geheime Weltregierung dargestellt. Einige Nazis hielten diesen Mythos tatsächlich für wahr, so erklärte zum Beispiel der SS-General von dem Bach-Zelewsky in Nürnberg, daß er an der Macht der „Weisen von Zion" erst zweifelte, als den hilflos geschlachteten Juden niemand zu Hilfe kam. So waren die Juden der ideale Sündenbock: ein machtloses Macht-Symbol.

Die Juden waren auch als sozial auffälliger Volksfeind brauchbar: Aggression und Haß wurden auf den unverständlichen und daher bizarren und gefährlichen Juden immer dann gerichtet, wenn eine Notwendigkeit der Ablenkung von anderen Problemen oder der Festigung des Zusammenhalts der Bevölkerung bestand. Diese Sündenbockrolle und Ablehnung der Juden im christlichen Europa während des Mittelalters und später – die Folge der Ablehnung des Heidentums durch die Juden – führte zu deren Ghettoisierung. Nach ihrer Emanzipation waren die Juden infolge ihrer vorangegangenen partizipanten Selbst-Auslöschung im Ghetto besonders arrivistisch. Diese Zielgerichtetheit machte sie wiederum auffällig und zum Sündenbock geeignet. Diesmal konnten viele von ihnen jedoch keinen Trost im Judentum finden, das sie in den Ghetto-Mauern hinter sich gelassen hatten: Ihr Bezugsrahmen war deutsch, und so standen sie den Stigmatisierenden ohne Abwehr gegenüber. Manche verinnerlichten das Stigma in der Folge und versanken in „Selbsthaß", der von der selbstmörderischen Verzweiflung eines Weininger bis zur stoischen Selbst-Verleugnung Rathenaus reichte, der die Juden als asiatischen Stamm in der Mitte Deutschlands bezeichnet hatte. So mündeten auch die – in Deutschland besonders eifrigen – Assimilationsbemühungen notwendigerweise wiederum in die Rolle des verachteten Außenseiters, der dem Bedürfnis nach einem Sündenbock Genüge tat.

Kirche, Rasse und der Nazi-Äsir

Es gibt in der Stigmatisierung der Juden durch Christen wie Nazis eine Kontinuität, mit einigen bedeutenden Differenzen: Der wichtigste Unterschied ist wohl gewesen, daß keine Taufe einen Juden vor Auschwitz retten konnte. Die Nazis gründeten ihre Selektionskriterien nicht auf Glauben und Bekenntnis, sondern auf Rasse, die nicht geändert, ausgetauscht oder simuliert werden kann. Sie übernahmen aber aus dem christlichen Antisemitismus das Bild des jüdischen Gottesmörders und teuflischen Widergeistes. Dennoch war das Stigma der Rasse, das die Nazis hinzufügten, das unauslöschliche: Der Kampf der reinblütigen Deutschen mit den rassisch minderwertigen Juden konnte nur blutig ausgetragen werden. Zur Vorgeschichte des Holocaust gehört, daß die Juden als degeneriert dargestellt wurden, was auf unabänderliche biologische und genetische Krite-

rien zurückgeführt wurde. Darüberhinaus fühlten sich die Nationalsozialisten als wieder-
geborene Götter des Äsir und Vanir der Edda und meinten, insbesondere zur Reinhaltung der deutschen Herrenrasse von „genetisch-korrupten Elementen" sei ihnen alles
erlaubt. Die Rassenreinheit der Nazis fand ihre Seligsprechung in der Transzendenz der
germanischen Mythologie mit Hitler als Fleisch gewordenem Gott Odin. Die deutsche
Rasse wurde so geheiligt, und die Reinhaltung ihres Blutes war damit eine vom Schicksal
auferlegte Aufgabe.[91] Diese Transformation eines christlichen Selbst-Bildes in das der
Nazis und die Neudefinition von Handlungen wurden durch einen Wechsel des Refe-
renzrahmens vom Individuum zum Kollektiv, was keine persönliche Schuld zuließ.
Selbst Dürkheim hätte ihn mit dem Hinweis unterstützt, daß in einer kohäsiven Gesellschaft wie Nazi-Deutschland unmoralisch zu sein ein widersprüchlicher Begriff sei.
Die Nazi-Revolution benötigte zu ihrem radikalen Wechsel der Werte und ihrer Ablehnung der Moral einen dementsprechenden Wandel der Bezeichnung und der Sprache.
Die Wort-Neubildungen der Nazis waren stark von Religion, archaisch-völkischen Quellen, der Mythologie der Edda und Blut-und-Boden Begriffen geprägt:[92] Walter Poppel-
reuther sagt: „Sprache sollte dem ursprünglichen Impuls des deutschen Menschen freien
und bewußten Ausdruck geben ... des Deutschen, der mit seinem Rassenstamm und den
natürlichen, vitalen Impulsen seines Lebens verbunden ist und besonders durch die
Überwältigung der Gegen-Rasse."[93]
Die Sprache wurde damit zu einem wesentlichen Werkzeug im Kampf gegen die Juden.

Die stigmatisierenden Faktoren des Nazi-Antisemitismus könnten in dem folgenden
Schema zusammengefaßt werden:

Antisemitismus als Stigmatisierungsprozeß

Die Stigmatisierenden	Die Stigmatisierten
↕	↕
Aggressionsventil	Sündenbock/jemand, auf den man herab-schauen kann
↕	
Projektion der Bösartigkeit	auffällige Außenseiter
Selbst-Definition als hochwertig im Kon-trast mit dem bösen Widergeist	machtloses Machtsymbol, Stereotyp des rassisch unreinen, genetisch minderwerti-gen Untermenschen

Hintergrundfaktoren

Die beiden bereits dargestellten Bereiche von Voraussetzungen standen mit dem sozio-
ökonomischen Hintergrund und politischen Prozessen der deutschen Gesellschaft in
einer Wechselwirkung, die zur Explosion des Holocaust führte. Für den ökonomischen
Bereich weist Sombart darauf hin, daß Juden nur ca. ein Prozent der deutschen Bevölkerung ausmachten, jedoch sieben Prozent des Eigentums kontrollierten und zu neunzehn
Prozent in Handel und Industrie leitende Stellen einnahmen. Im Jahr 1907 waren 30 von
52 Berliner Bankiers Juden.[94] Das entfachte freilich den Neid der Konkurrenten, und
besonders jener Deutschen, die durch den Ersten Weltkrieg ökonomische Einbußen erlitten oder sogar ruiniert wurden. Die galoppierende Inflation im Deutschland der Zwanziger Jahre und die daraus hervorgegangene Wirtschaftskrise erschütterte die Bevölkerung
und legte die Suche nach einem Sündenbock nahe. Die ökonomisch erfolgreichen Juden
wurden zum Ziel von Ressentiments, besonders wenn ihr Konsum ihren Reichtum für
alle sichtbar zur Schau stellte. Die Presse als damals einziges Massenmedium wurde

überwiegend von Juden kontrolliert: Von den 21 Zeitungen in Berlin waren zum Beispiel 13 im Besitz von Juden, vier weitere wurden von Juden kontrolliert.[95] Juden spielten eine führende Rolle im Kultur- und Kunstbetrieb der urbanen Zentren, besonders in Berlin. Auch unter den Universitätsstudenten waren Juden im Vergleich zum Bevölkerungsanteil deutlich stärker vertreten, was nur ein Zeichen des jüdischen Antriebs zu sozialem Aufstieg ist.

Prominente Politiker jüdischer Abstammung hatten umstrittene Positionen während der Weimarer Republik inne: Rathenau war zum Beispiel für die Behandlung der ökonomischen und politischen Forderungen der Sieger des Ersten Weltkrieges verantwortlich. Kohn und Zinsheimer waren Mitglieder der Untersuchungskommission über die deutsche Kriegsniederlage, vor der Kriegshelden wie Hindenburg und Ludendorff aussagen mußten. Dies hat sicherlich dem Unwillen gegen die Juden Nahrung gegeben und sie eher zum Ziel des Antisemitismus werden lassen.

In Deutschland war die klassische Dynamik sozialen Wandels mit ungewöhnlichen Entwicklungen verbunden: 1871 lebten 69 Prozent der Gesamtbevölkerung im ländlichen Raum, 31 Prozent in den Städten; in nur 40 darauffolgenden Jahren stieg die urbane Bevölkerung auf 60 Prozent an, während der ländliche Raum auf 40 Prozent der Gesamtbevölkerung zurückging. Nach einer kurzen Periode der Industrialisierung war Deutschland zu Beginn des 20. Jahrhunderts der zweitstärkste Industriestaat der Welt nach den Vereinigten Staaten. Diese rasche Urbanisierung und Industrialisierung wurde von Dürkheim als bedeutender anomischer Prozeß erkannt. Da Juden eine wichtige Rolle in diesem sozialen Wandel hatten, der die gesellschaftliche Stellung vieler, traditionell konservativer Deutscher erfaßte, setzten sie sich dem Vorwurf der Zerstörung der tief verwurzelten völkischen Werte aus.

Das 19. Jahrhundert war in Deutschland eine Epoche heftigen Nationalismus'. Dieser Nationalismus wurde von einer Xenophobie ergänzt, die sich besonders gegen die Juden als „Außenseiter in unserer Mitte" richtete. Die Kriegsniederlage, der beschämende Vertrag von Versailles, die Masse enttäuschter Soldaten, die in eine ruinierte Wirtschaft der Inflation und Arbeitslosigkeit zurückkehrte, all dies heizte die Suche nach einem daran Schuldigen an. Nur die Juden konnten der deutschen Armee den „Dolchstoß" versetzt haben, sonst hätte diese den Krieg nicht verloren!

Endlich waren die Juden auch eher in den Reihen der Demokraten, Sozialisten und Kommunisten zu finden, da diese – zumindest nach außen hin – für die volle Gleichberechtigung aller Minderheiten, besonders der jüdischen, eintraten. Auffällig viele Juden waren an der Führung sozialistischer Bewegungen und der kommunistischen Revolution in Rußland beteiligt. Auch das trug zum Bild des jüdischen Widergeistes bei, der im Gegensatz zum dominierenden völkischen Nationalismus der Deutschen stand. Diese Hintergrund-Faktoren können mit vier Schlagwörtern klassifiziert werden: als ökonomische, sozio-strukturelle, Wert-auflösende und politische.

Das Modell

Das folgende Modell soll die vielfältige Interaktion der entwickelten Voraussetzungen und Hintergrund-Faktoren des deutschen Antisemitismus, die von Hitler ausgelöst wurden, repräsentieren; es wird meinen weiteren Überlegungen in dieser Untersuchung als Leitfaden dienen. Es soll den zusammengesetzten, dynamischen und multifaktoriellen Ansatz dieser Untersuchung deutlich machen: Jedes Modell, das soziale Phänomene durch eine einzige Gruppe von Faktoren zu erfassen versucht, erscheint unhaltbar. Methodologisch ist das Modell in zwei Bereiche gegliedert. Ich möchte betonen, daß die im Modell herangezogenen Hintergrund-Faktoren bereits vielfach untersucht und dokumentiert wurden. Der Ausschließungsmechanismus des Antisemitismus ist ebenfalls bereits analysiert worden, allerdings nicht in den Strukturen der hier vorgestellten Stigmatisierungs-Therorie. Die dynamischen Komponenten des Modells – die innere Dialektik von Separation und Partizipation, sowie die mytho-empirischen Voraussetzungen des Antisemitismus – kommen hingegen neu hinzu. Diese innere Dialektik als Voraussetzung des Antisemitismus habe ich aus meinen Überlegungen zur Persönlichkeitstheorie für die Anwendung auf Gruppen-Beziehungen adaptiert. Die Studien über den Nazismus sind uneinig darüber, ob Hitler die nationalsozialistische Bewegung begonnen hat, oder ob diese sich aus einer Akkumulation verschiedener Faktoren entwickelt hat. Für das hier entwickelte Modell sind beide Perspektiven relevant: Voraussetzungen und Hintergrund-Faktoren führen durch die Person des Führers zum Nazi-Antisemitismus.

Tatsächlich scheint Hitler das deutsche Volk wie kein anderer politischer Führer vor ihm geeint zu haben. Er war der Katalysator jenes Prozesses, der – um mit Goebbels' Metapher zu sprechen – die Vielzahl deutscher Würmer in einen Drachen transformierte. Dabei ist die Frage nach Hitlers Normalität irrelevant: Allein die Tatsache zählt, daß die messianischen Hoffnungen und mythischen Projektionen des deutschen Volkes in einer Person zusammentrafen, die dieser in einem bestimmten zeit-räumlichen Kontext verkörpern und erfüllen konnte. Hitler wurde zum Kopf des deutschen Drachens, der sein rednerisches Feuer in den von Speer in Nürnberg für ihn errichteten Licht-Dom spie. Die völkisch-nationalistische Ideologie war bis dahin im politischen und sozialen Klima Deutschlands ein ungeeinter Konsens: Hitler vermochte sie um seine Person zu kristallisieren und seine Führung verkörperte den Volkswillen. So brachte Hitler den Deutschen einen kriegerischen Glauben an die Wiederkehr Odins an der Spitze des Äsir. „Mein Wille ist euer Schicksal" erklärte er. Hitler sah sich selbst als der Siegfried Wagners, er war jedoch mehr als Siegfried, die Inkarnation Odins. Er war der Sohn Gottes, der zum fleischgewordenen Gott wurde: Quelle des Schicksals wie dessen Symbol, Quelle von Recht und Gesetz wie dessen Vollstrecker, Quelle der Macht wie deren Vollzieher. Der Nazi-Gruß diente als Segen und sah auch wie eine Segnung aus; die Weihe der Nazi-Fahnen war Heilige Messe und Kommunion. Manchen Deutschen erschien der Führer als magischer Schutz: Sie glaubten, eine Wand, an der ein Hitler-Portrait hing, sei unzerstörbar.

Die vorliegende Arbeit ist nicht wertfrei. Niemand kann Auschwitz gegenüber intellektuell neutral bleiben, besonders kein Autor, der Jude und Israeli ist. Als Existenzialist kann ich dem Bedauern und der Vergebung keinen Glauben schenken. Jeder Akt und jede Handlung erscheinen als einzigartige Konvergenz von Ereignissen, die ein unauslöschliches Zeichen im Kosmos hinterlassen. Diese Arbeit sucht daher nach Erklärungen, die intellektuell so genau sind, wie es mir möglich ist; in ihrem Hintergrund ist aber ein erstickter Zornesschrei vernehmbar.

Interdisziplinäres Modell des deutschen Antisemitismus:

Voraussetzungen

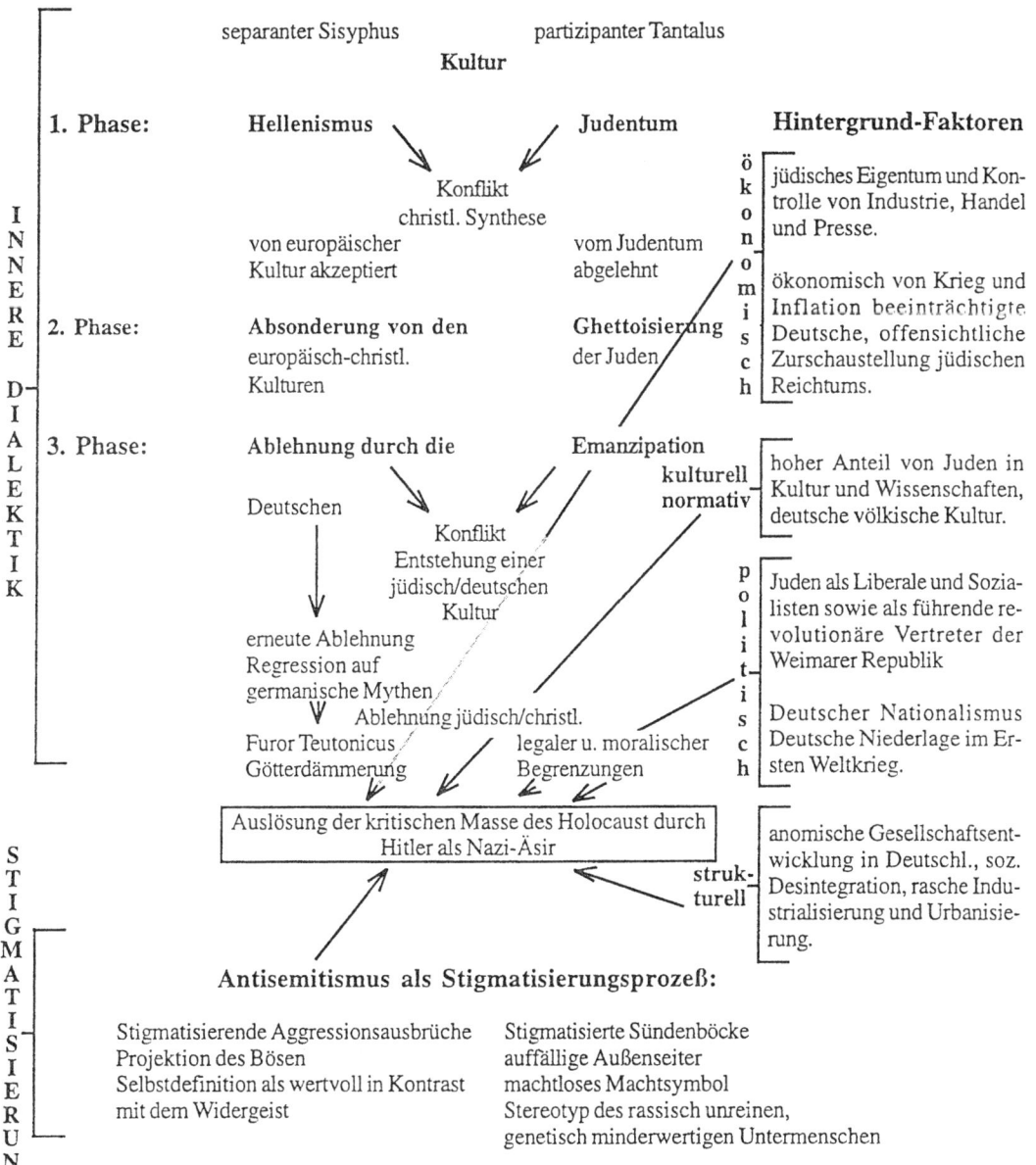

separanter Sisyphus   partizipanter Tantalus

Kultur

I N N E R E   D I A L E K T I K

1. Phase: Hellenismus   Judentum   **Hintergrund-Faktoren**

Konflikt
christl. Synthese

ö k o n o m i s c h

von europäischer   vom Judentum   jüdisches Eigentum und Kontrolle von Industrie, Handel und Presse.
Kultur akzeptiert   abgelehnt

2. Phase: Absonderung von den   Ghettoisierung   ökonomisch von Krieg und Inflation beeinträchtigte Deutsche, offensichtliche Zurschaustellung jüdischen Reichtums.
europäisch-christl.   der Juden
Kulturen

3. Phase: Ablehnung durch die   Emanzipation

kulturell
normativ   hoher Anteil von Juden in Kultur und Wissenschaften, deutsche völkische Kultur.

Deutschen

Konflikt
Entstehung einer
jüdisch/deutschen
Kultur

p o l i t i s c h

erneute Ablehnung
Regression auf
germanische Mythen   Juden als Liberale und Sozialisten sowie als führende revolutionäre Vertreter der Weimarer Republik
          Ablehnung jüdisch/christl.

Furor Teutonicus   legaler u. moralischer   Deutscher Nationalismus Deutsche Niederlage im Ersten Weltkrieg.
Götterdämmerung   Begrenzungen

Auslösung der kritischen Masse des Holocaust durch
Hitler als Nazi-Äsir

strukturell   anomische Gesellschaftsentwicklung in Deutschl., soz. Desintegration, rasche Industrialisierung und Urbanisierung.

S T I G M A T I S I E R U N G

Antisemitismus als Stigmatisierungsprozeß:

Stigmatisierende Aggressionsausbrüche   Stigmatisierte Sündenböcke
Projektion des Bösen   auffällige Außenseiter
Selbstdefinition als wertvoll in Kontrast   machtloses Machtsymbol
mit dem Widergeist   Stereotyp des rassisch unreinen,
          genetisch minderwertigen Untermenschen

* * *

1. S. G. Shoham & G. Rahay: The Mark of Cain, St. Lucia 1982, University of Queensland Press.
2. G. L. Mosse: The Mystical Origin of National Socialism; J. of the History of Ideas, Vol. 22, No. 1, Jän.–März 1961, p. 81.
3. G. M. Gilbert: Nuremberg Diary, New York 1961, Signet Books, p. 17.
4. A. Speer: Inside the Third Reich, London 1970, Weidenfeld & Nicholson, p. 255.
5. G. M. Gilbert: Nuremberg Diary, op. cit., p. 15.
6. H. Heiber: Goebbels, London 1973, Robert Hale & Co., p. 241.
7. Uriel Tal: Nazism as a „Political Faith"; The Jerusalem Quarterly, No. 15, Frühjahr 1980, pp. 70–90.
9. H. Arendt: The Origins of Totalitarianism, Cleveland & New York 1958, The World Publishing Co., p. 7.
10. James Parkes: Anti-Semitism, Chicago 1963, Quadrangle Books, pp. 35–37.
11. Norman Cohn: Warrant for Genocide, Tel Aviv 1972, Am Oved, p. 38.
12. Uriel Tal: Lebensraum in Nazi Ideology; Zemanim Historical Quarterly (Hebr.), p. 72.
15. A. Bullock: Hitler: A Study in Tyranny, Harmondsworth 1962, Penguin Books, p. 795.
16. S. G. Shoham: The Myth of Tantalus, St. Lucia 1979, University of Queensland Press.
17. S. G. Shoham: Rebellion, Creativity and Revelation, Middlesex 1984, Science Reviews Ltd., Kapitel X.
18. Oswald Spengler: The Decline of the West, London 1954, Allen & Unwin, Vol. 1, p. 107.
20. Siehe A. L. Kroeber: The Nature of Culture, Chicago 1952, University of Chicago Press, pp. 23–30.
21. Ruth Benedict; zit. in Clyde Kluckhohn: Culture and Behaviour, New York 1962, Free Press, p. 26.
22. Leslie White; zit. in ibid., p. 52.
23. Siehe A. L. Kroeber: Anthropology: Culture Patterns and Processes, New York 1963, Harcourt, Brace & World, p. 101.
24. Oswald Spengler: The Decline of the West, op. cit., Vol. 1, p. 101.
25. Siehe Claude Levi-Strauss: The Savage Mind, Chicago 1966, University of Chicago Press.
26. Ruth Benedict: Patterns of Culture, New York 1934, Mentor Books, p. 54.
27. Ibid., p. 220.
28. A. L. Kroeber: Anthropology, op. cit., pp. 125–130.
29. Claude Levi-Strauss: The Savage Mind, op. cit., p. 9.
31. Francis L. K. Hsu: The Study of Literate Civilizations, New York 1969, Holt, Rinehart & Winston, p. 86.
32. D. Riesman, N. Glazer & R. Denney: The Lonely Crowd, New York 1953, Doubleday/Anchor Books.
33. Erich Fromm: Escape from Freedom, New York 1942, Farrar & Rinehart, p. 277.
34. Zit. in Riesman et al.: Lonely Crowd, op. cit., p. 19.
35. Siehe L. Levy-Bruhl: How Natives Think, New York 1966, Washington Square Press, pp. 3–5.
36. Siehe Jungs Definition des kollektiven Unterbewußtseins in C. G. Jung: Psychological Types, London 1944, Kegan Paul, Trench, Trubner, p. 616.
37. Lev Shestov: Athens and Jerusalem, New York 1968, Simon & Schuster, p. 61.
38. Oswald Spengler: The Decline of the West, op. cit., Vol. 1, p. 10.
39. Siehe Encyclopaedia Judaica, Jerusalem 1971, Keter, Vol. 13, p. 1390.
40. Siehe D. C. McClelland: The Achieving Society, Princeton 1961, Van Nostrand.
42. Bertrand Russell: History of Western Philosophy, London 1947, Allen & Unwin, p. 383.
43. D. C. McClelland: The Achieving Society, op. cit., p. 51.
44. Siehe Christmas Humphreys: Buddhism, Harmondsworth 1952, Penguin, p. 81.
48. Zit. in Humphreys: Buddhism, op. cit., p. 87.
49. Ibid., p. 49.
50. Zit. in McClelland: The Achieving Society, op. cit., p. 369.
51. Siehe W. Watts: The Way of Zen, New York 1960, Mentor Books, p. 108.

52. Anmerkung: Sogar vor der Zerstörung des 2. Tempels gab es eine ansehnliche jüdische Diaspora im Römischen Reich.
53. T. Reinach: Textes d' auteurs Grecs et Romans Relatifs au Judaisme
54. H. Graetz: Geschichte der Juden. Von den Ältesten Zeiten bis auf die Gegenwart, 1853, Bd. I., S. XX–XXI.
55. J. Talmon: Mission and Testimony: „The Universal Significance of Modern Anti-Semitism" in J. Guttman & L. R. Rothkirchen (ed.): The Catastrophe of European Jewry, Jerusalem 1979, Yad Vashem, pp. 115 et seq.
56. H. A. Wolfson: Philo, Cambridge 1968, MA, Harvard University Press, Vol. 1, p. 85.
58. Gerschom Scholem: Explications and Implications: Writings on Jewish Heritage and Renaissance, Tel Aviv 1975, Am Oved, pp. 114–117.
59. S. G. Shoham: Rebellion, Creativity and Revelation, Kapitel X.
60. S. G. Shoham: Salvation Through the Gutters, Washington 1979, Hemisphere Publishing Co.
62. Uriel Tal: Anti Christian Anti-Semitism; in I. Guttman & L. R. Rothkirchen (ed.): The Catastrophe of European Jewry, op. cit., p. 87.
63. Professor Hauer erklärte: „Die Deutschen haben kein Schuldgefühl, und sie wurden nicht schuldig geboren."
    Siehe H. G. Baynes: Germany Possessed, London 1941, Jonathan Cape, p. 105.
64. Uriel Tal: Anti Christian Anti-Semitism, op. cit., p. 114.
67. J. A. MacCulloch: Eddic Mythology, New York 1964, Cooper & Square Pub. Inc.
68. Siehe ibid., pp. 11–14.
69. Hauptsächlich die Eindrücke Shirers aus erster Hand. Siehe W. L. Shirer: Berlin Diary, New York 1961, Popular Library, pp. 434, 435.
70. J. J. Bachofen: Myth, Religion and Mother-Right, Princeton 1967, Princeton University Press, p. 73.
71. Mircea Eliade: The Myth of Eternal Return, New York 1954, Harper & Row, p. 43.
72. C. G. Jung: Psychological Types, op. cit., pp. 241, 615.
73. S. G. Shoham: Salvation Through the Gutters. Karl Abraham drückte diese Ansicht schon 1925 in seinem Artikel aus: Charakterbildung auf der genitalen Ebene der Libido-Entwicklung: „In den zwei Entwicklungsphasen ... können wir archaische Typen der Charakterbildung erkennen. Sie bilden im Leben des Individuums Wiederholungen primitiver Zustände, welche die menschliche Rasse in bestimmten Entwicklungsphasen durchging. Daher – wie gewöhnlich in der Biologie – findet die Regel Anwendung, daß das Individuum in abgekürzter Form die Geschichte seiner Vorfahren wiederholt. Daher wird das Individuum in normalen Umständen die frühen Stadien der Charakterbildung relativ schnell durchmachen."
    Selected Papers of Karl Abraham, London 1928, Hogarth Press, p. 407.
74. F. R. Tennant: The Sources of the Doctrines of the Fall and Original Sin, New York 1968, Schocken Press, p. 140.
75. H. R. Trevor-Roper: The Last Days of Hitler, London 1962, Pan Books, p. 55.
76. C. G. Jung: Wotan in „Civilization in Transition", London 1964, Routeledge, Kegan Paul et al., p. 185.
77. Uriel Tal: Structures of German „Political Theology" in the Nazi Era; Annual Lecture of the Jacob M. and Shoshanna Schreiber Chair of Contemporary Jewish History, Tel Avi Mai 1979, Tel Aviv University Press, p. 43.
78. A. Speer: Inside the Third Reich, London 1971, Sphere Books Ltd., pp. 72, 97, 193, 194.
79. Sebastian Haffner: Der Teufelspakt: 50 Jahre deutschrussische Beziehungen, Reimbek 1968.
81. G. Reitlinger: The Final Solution, New York 1961, A. S. Barnes & Co.
82. R. Hilberg: The Destruction of the European Jews, New York 1973, New Viewpoints.
84. K. Heiden: Der Führer, Boston 1944, Houghton, Mifflin Co.
85. H. Arendt: The Origins of Totalitarianism, op. cit., p. 229.
86. F. Tannenbaum: Crime and Community, New York 1938, Columbia University Press.
87. P. G. Pulzer: The Rise of Political Anti-Semitism in Germany and Austria, New York 1964, Wiley.
88. S. G. Shoham & G. Rahav: The Mark of Cain, op. cit.

89. Uriel Tal: Structures of German „Political Theology" in the Nazi Era, op. cit., p. 27.
92. Uriel Tal: Structures of German „Political Theology" in the Nazi Era, op. cit., p. 41.
93. S. Friedländer: Antisemitisme Nazi: Histoire d'une Psychose Collective, Paris 1971, Seuel, p. 64.
94. H. Geva: Theories of Anti-Semitism (unveröffentl. phil. Diss.), Tel Aviv University 1977, p. 70, Anm. 3.
95. S. Friedländer: Antisemitisme Nazi, op. cit., p. 68.

Kapitel 1

Die Ausgangslage

In einer sich fortwährend ändernden, unverständlichen Welt hatten die Massen einen Zustand erreicht, in dem sie . . . dachten, daß alles möglich und nichts wahr sei. Totalitäre Bewegungen beschwören eine verlogene, aber konsequente Welt herauf, die dem Bedürfnis des menschlichen Geistes mehr angepaßt ist als die Realität selber.

Hannah Arendt: Ursprünge des Totalitarismus

Bemerkungen zur Methode der Untersuchung

Politiker und Wissenschaftler haben fortwährend darüber diskutiert, ob sich der Holocaust überall, jederzeit und in jeder Gesellschaft hätte ereignen können oder nur ausschließlich in Nazi-Deutschland. Das scheint mir eine bedeutungslose Diskussion; jedes menschliche Verhalten ist eine einmalige Konfiguration von biologischen Potentialen, individuellen Persönlichkeitsmerkmalen und kultureller Prägung. Die Geschichte wiederholt sich nicht, jede Verhaltensweise und jede Ereigniskette sind einzigartig. Dennoch können diese Ereignisse als Muster, Zyklen und in Kategorien gesehen werden. Dies erlaubt einen Vergleich der Kategorien, jedoch nicht der Ereignisse, die einzigartig bleiben. Man kann also über die weite Kategorie des Völkermordes diskutieren und diese mit anderen Formen menschlichen Massenmordes vergleichen: Eine vergleichende Studie des Holocaust mit zum Beispiel dem Massenmord der Türken an den Armeniern oder den Indianermassakern der weißen amerikanischen Siedler ist jedoch sinnlos.

Die Prämisse dieser Untersuchung bestätigt Hannah Arendts' These, daß die meisten Arbeiten über den Holocaust eindimensional und deshalb oberflächlich sind.[1] Dies kann darauf zurückgeführt werden, daß ein so komplexes Phänomen oft nur auf einem Analyse-Niveau behandelt wurde oder einer bzw. mehrere Hintergrund-Faktoren zur Erklärung herangezogen wurden, die diese nur zum Teil leisten können. Das am Ende der Einleitung vorgestellte interdisziplinäre, multidimensionale Modell soll dazu verhelfen, die Falle der Eindimensionalität zu vermeiden. Gruppenverhalten kann durch eine „nichts als"-Theorie nicht „erklärt" werden, auch nicht in einem einzigen Referenzrahmen oder von einer spezialisierten Disziplin. So können etwa Psychoanalyse, Geschichte, Ökonomie oder Politikwissenschaft den Holocaust nicht „erklären". Hier soll deshalb ein holistischer Ansatz angewandt werden, der die Ergebnisse dieser und anderer Wissenschaften kombiniert. Die Methoden sollen eher synthetisch aufeinander bezogen, als atomistisch präsentiert werden. Die verwandten Quellen werden zahlreich und unterschiedlich sein: Jede menschliche Schöpfung eignet sich als Rohmaterial zur Analyse menschlichen Verhaltens, also auch Theaterstücke, Romane, Aphorismen.

In der vorliegenden Untersuchung werden keine neuen Fakten oder Materialien vorgestellt. Die Nazi-Zeit in Deutschland und der Holocaust sind vielfach und weitgehend untersucht worden. Es soll hier jedoch eine Neuinterpretation dieser Fakten auf der Grundlage der Struktur des entwickelten Modells präsentiert werden. Die wichtigste Neuerung dabei ist die Verknüpfung des Holocaust mit einer weitergehenderen Ansicht der Geschichte des jüdisch-christlichen und jüdisch-deutschen Verhältnisses; Ziel dieser Verknüpfung ist die Aufdeckung von deren Dialektik. Metaphorisch könnte man das vorliegende Buch als eine Art interdisziplinäre Collage oder als Gewebe von Interpretationen beschreiben. Dennoch habe ich mir Mühe gegeben, die Quellen von Fakten und Interpretationen von deren weiterer Entwicklung im Modell zu differenzieren.

Einige Trugschlüsse

Ich möchte dieses Vorgehen auch an einigen Beispielen erläutern, die mir als eindimensionale oder unzusammenhängende Präsentationen des Themas erscheinen.

Da ist zunächst Hannah Arendts Schlagwort von der „Banalität des Bösen",[2] das auf die Mittelmäßigkeit von Eichmann und anderen Nazi-Bürokraten, die für den Holocaust verantwortlich waren, hinweist. Es kann jedoch das Phänomen des Holocaust selbst nicht erklären. Dennoch ist es mir in vielen Gesprächen über dieses Thema, die ich in Israel, Europa und den Vereinigten Staaten geführt habe, als Schlüssel für ein Verstehen der Vernichtung des europäischen Judentums zitiert worden. Eichmann und seinesgleichen – nach Goebbels unbedeutende „Würmer" – mußten erst durch einen Katalysationsprozeß in den Wahn des Furor Teutonicus hineingerissen werden. Diese Entwicklung, die von jeder Banalität weit entfernt ist, bleibt erklärungsbedürftig. Der entgegengesetzte Versuch Hausners, Eichmanns Verantwortung für den Holocaust – ohne Zweifel zu ad-hoc-Zwecken der Prozeßführung – noch stärker herauszustreichen, ist ebenso ungerechtfertigt.[3] Nicht einmal Hitlers Rolle bei der Vernichtung der europäischen Juden kann als primär kausal angesehen werden. Keine der individuellen Rollen kann aus dem Kontext der Voraussetzungen herausgenommen und zu einer unabhängig handelnden Kraft aufgebaut werden.

Ein anderer Irrtum – der seinen Rückhalt in der Regel in einer monistischen Ideologie wie dem Marxismus hat – behauptet, daß eine bestimmte Klasse oder die Vertreter einer bestimmten Ideologie per definitionem keine Antisemiten sein können. Auch dafür bietet Arendt ein Beispiel, indem sie sagt: „Während über hundert Jahren ist der Antisemitismus graduell in nahezu alle sozialen Schichten fast aller europäischen Länder eingedrungen, um plötzlich als das Problem zu erscheinen, über das man zu einer allgemeinen Übereinstimmung kam. Das Gesetz, das diesem Prozeß zugrunde lag, war einfach: Jede Gesellschaftsklasse, die in Konflikt mit dem Staat geriet, wurde antisemitisch, weil die einzige soziale Gruppe, die den Staat zu vertreten schien, die Juden waren. Und die einzige Klasse, die beinahe unbetroffen von antisemitischer Propoganda war, waren die Arbeiter. Und diese waren so absorbiert im Klassenkampf und der marxistischen Erklärung der Geschichte, daß sie nie in direkten Konflikt mit dem Staat, sondern nur mit anderen Gesellschaftsklassen kamen, wie die Bourgeoisie, die die Juden sicherlich nicht vertraten, und von der sie nie einen bedeutenden Teil formten."[4]

Im folgenden schreibt sie dann von komplizierten Klassenbedingungen, die in Polen und Rumänien zu einem gewalttätigen, verbreiteten Judenhaß geführt hätten.[5] Diese Annahmen können nicht den Tatsachen entnommen werden. Gerade Arbeiter in Polen, Rumänien und anderen osteuropäischen Ländern gehörten zu den rabiatesten Judenhassern. Bei dieser Aufrechterhaltung des europäischen Antisemitismus spielte die Religion eine wesentliche Rolle. Außerdem waren die Juden ein wichtiger Teil der europäischen Bourgeoisie und in einigen Ländern, wie zum Beispiel in Ungarn, sogar deren Rückgrat. Arendt behauptet auch, daß der Antisemitismus in den Staaten des „sozialistischen Lagers" diskreditiert war.[6] Aber selbst zu dem Zeitpunkt, als sie dieses Buch schrieb, griff der Antisemitismus in diesen Staaten um sich. Er wurde zeitweise beinahe zur offiziellen Politik in Rußland und Polen. In vielen Gruppen der europäischen Linken hat die Mischung von Antizionismus und Antisemitismus darüberhinaus den wütendsten Antisemitismus seit der völkischen Bewegung in Deutschland entwickelt.

Auch die völkische Ideologie wurde mitunter als primär oder sogar als die einzige Möglichkeit zur Erklärung des deutschen Antisemitismus angesehen.[7] Sicherlich dürfen die Schriften von Lagarde, Langbehn, Müller van den Bruck und anderen in ihrem Einfluß auf die Entstehung von Rassen-Antisemitismus und Nazismus nicht unterschätzt werden, doch können sie nur im Kontext der übrigen Faktoren richtig bewertet werden. Auch die Rassentheorie ist in einigen Untersuchungen als „Hauptursache" des Holocaust dargestellt worden. Gobineaus „Essai sur l' Inégalité des Races Humaines"[8] streicht die Hauptrolle des Blutes in der Entstehung und dem Verfall von Rassen heraus und sagt den Untergang der Menschheit voraus. Diese These entstand in einem intellektuellen Klima, das von Darwins Evolutionstheorie beeinflußt war und die Bedeutung der biologischen Entwicklung des Menschen als Überlebensfaktor hervorhob. Die Theorien Gobineaus wurden von Chamberlain zur Unterstützung seiner These eines unendlichen Kampfes der arischen Rasse gegen die Juden herangezogen. Sie wurden ebenso von Lagarde zitiert, der die mikrobengleiche Vernichtung der Juden vertrat.[10] Dennoch sind es zwei sehr verschiedene Dinge, die Minderwertigkeit der Juden festzustellen oder sogar deren Vernichtung zu verlangen, und letztere dann auch tatsächlich durchzuführen. Die Differenz zwischen beiden, die im Lauf der Weltgeschichte die Nazis allein überschritten haben, wurde von komplexen politischen, kulturellen, religiösen und organisatorischen Prozessen überbrückt, in denen Rasse nur eine Komponente darstellt.

Eine der berühmtesten Arbeiten über den Antisemitismus der Nazis ist Saul Friedländers „Histoire d'une Psychose Collective". Psychiatrische Etikette sind jedoch bereits auf der Persönlichkeitsebene vage genug, und diese Ungenauigkeit wird bei ihrer Anwendung auf Gruppen noch verstärkt.[11] Es ist die Frage, was eine Etikette erklärt, die das Nazi-Regime als pathologisch ausweist? Sie erklärt leider sehr wenig: Normalität oder Abweichung sind für die Kausalgeschichte eines gegebenen Phänomens nicht wirklich relevant. Darüberhinaus ist der ödipale Prozeß nach Freud eine wesentliche Phase der individuellen Entwicklung. Diese jedoch auf die Aggression des Christentums als Sohnes-Religion (warum nicht Tochter?) gegen das Judentum als Vater-Religion (warum nicht Mutter?) zu übertragen, erscheint mir in Substanz und Dynamik problematisch. Jeder Versuch, den Holocaust durch einen Faktor oder eine einzige Gruppe von Faktoren zu „erklären", muß notwendigerweise fehlschlagen.

Von individueller Fixierung zur Gruppe

Um eine Persönlichkeitstheorie auf Gruppenprozesse anzuwenden, sind einige methodische Schritte notwendig. Ich habe in der Einleitung darauf hingewiesen, daß die Position eines Persönlichkeits-Typus auf dem separant-partizipanten Kontinuum von der Fixierung, deren Potenz und deren Zeitpunkt - in der frühen oder der späten oralen Phase - determiniert ist. Zur Weiterentwicklung dieser Voraussetzung muß die Dynamik der Kristallisation des Selbst in Erinnerung gerufen werden. In der frühen oralen Phase - von Freud als primärer Narzißmus bezeichnet, von Fairbairn als „Mund-ego mit Brust" und von mir als omnipräsenter Pantheismus - leert der Mund die Brust und ist dadurch zeitweilig glücklich. Dennoch generieren Störungen in dieser Ernährung und damit verbundene Irritationen die Agonie des Begehrens und die Qualen der Angst. Daraus folgt laut Fairbairn die Annahme des Kindes, daß Füttern die nährende und tröstende Brust zerstört. Das scheint mir nicht haltbar: In dieser sehr frühen oralen Phase ist die „Mund-Einheit" noch nicht zur Problemlösung fähig. Darüberhinaus existiert noch keine Dichotomie von Ich und Objekt. Deshalb bestehen jedwede Qual, Angst und Begehren allein in mir als allgegenwärtig, und außer diesem, am Mund orientierten Selbst, existiert nichts. Eine Fixierung in der frühen oralen Phase führt daher zur Erfahrung eines leidvoll begehrenden (bösen) Ich und eines nährenden (guten) Etwas, das in diesem Bewußtseinsstadium unbestimmt außer mir und daher außer allem wahrgenommen wird. Vorhanden ist lediglich ein schmerzendes Selbst, und das nährende und beruhigende Gute, das ich vorher war, ist außer meiner Reichweite. Eine frühe orale Fixierung ist deshalb ein von einem guten, nährenden Objekt umgebenes „böses Selbst".

Das entgegengesetzte Extrem ist das vom bösen Objekt Mutter umgebene gute Selbst. Die späte orale Phase ist von einer partiellen Differenzierung des Kindes von der Mutter charakterisiert, die sich unter anderm im Beißen in die Brust in aggressiven Momenten ausdrückt.[12] Die Erfahrung der Entziehung durch die Mutter bietet eine verständliche Erklärung der Frustrationen und Ängste des entstehenden Selbst. Die fallweise nicht sorgende und nicht fütternde Mutter – bereits vom leidenden (guten) Selbst getrennt – ist immer anwesend und in Reichweite des Mundes: Ihre Verantwortlichkeit wird durch den rächenden Biß gekennzeichnet.

Es kann angenommen werden, daß der Übergang von der persönlichen Fixierung zur Gruppe und damit auf die Sozialcharaktere durch eine Projektion dieser Fixierungen und Persönlichkeitstypen auf die Gemeinschaft stattfindet, die von Priestern, Propheten oder charismatischen Führern geleistet wird. Werden diese Projektionen von der Gruppe akzeptiert und internalisiert, so werden sie zu Sozialcharakteren. Diese Sozialcharaktere werden der Jugend in der Sozialisation durch Eltern, Lehrer, etc. weitergegeben. Dadurch entsteht ein kontinuierlicher Zyklus, der vom Persönlichkeitstyp zum Sozialcharakter und zurück führt. Die an Tantalus orientierten Juden können daher durch eine kollektive Fixierung eines frühen, oralen „bösen Selbst", das von einem „guten Objekt" umgeben ist, charakterisiert werden. Der deutsche, separante, an Sisyphus orientierte Sozialcharakter ist dagegen durch eine kollektive Fixierung auf die späte orale Phase charakterisiert, die ein „gutes Selbst" von einem „bösen Objekt" umgeben sieht.

Diese Differenz wird in den später folgenden Überlegungen über den relativ geringen Widerstand der Juden gegen ihre Vernichtung von großer Bedeutung sein. Sie steht mit deren partizipanter Tendenz zur Selbstauslöschung in Verbindung. Auch kann deshalb das offensichtlich „Böse" von ihnen nicht so prompt wahrgenommen werden. Andererseits führt die separante Tendenz der Deutschen dazu, sich vom „Bösen" umgeben zu sehen, was die Möglichkeit der Xenophobie gegen alles Nicht-Deutsche eröffnet. Die Juden, die als Außenseiter unter den Deutschen leben, sind daher mit ihrem diametral entgegengesetzten Sozialcharakter eine auffällige Erscheinung des „Andersseins" und daher des „Bösen".

Eine weitere, wichtige methodologische Voraussetzung ist die matrimoniale Normativität der Germanen im Gegensatz zur patrimonialen Norm der Juden. Ich habe in einer anderen Arbeit zu zeigen versucht, daß die Rolle der Mutter bei der Unterdrückung des Inzest-Wunsches des Kindes in der oralen Phase vor allem eine separante ist.[15] Der älteste mytho-empirische Beleg für diese These ist der Hesiodische Mythos von der Kastration des Uranos; es ist – und das ist hier von besonderer Bedeutung – dessen Mutter Caia, die Chronos die Sündhaftigkeit des Uranos und dessen schändliches Verhalten gesteht. Dies ist das Bild vom „bösen", phallischen Vater, das in der frühen oralen Phase durch die sexuelle Erregung des Saugens an der Mutterbrust entsteht. Der Phallus des inzestuösen Vaters wird durch die Kastration vollständig verdrängt. Der wesentliche Punkt dabei ist, daß die Entmännlichung des Vaters durch den Sohn auf Verlangen der Mutter ausgeführt wird. Das bedeutet, daß der Sohn mit der Verdrängung seines inzestuösen Begehrens der Mutter in der frühen, oralen Phase den Phallus des Vaters aus der Mutter-Sohn-Beziehung entfernt. Der Mythos des Hesiod beschreibt den Vorgang der Kastration während Uranos' „Verkehr" mit Gaia: Die Mutter erlebt ihre Erregung durch den Sohn in der frühen oralen Phase analog der Erregung durch ihren Mann im Geschlechtsverkehr. Die

Verdrängung der inzestuösen Erregung des Sohnes durch die Mutter bedingt deshalb die symbolische Verdrängung des väterlichen Penis aus der Mutter-Sohn-Beziehung, was deren Verhältnis „sauber" und der Norm entsprechend gestaltet.

Die Tötung von Schlangen oder Drachen als mytho-empirisches Symbol der Verdrängung des inzestuösen Begehrens der Mutter und von deren Entsexualisierung ist so weit verbreitet, daß es genügt, hier einige repräsentative Beispiele zu nennen: Perseus tötete die sexuell reizende, „böse Mutter" Medusa, die mit phallischen Schlangenhaaren abgebildet wurde. Nach dieser Desexualisierung der „bösen Mutter" konnte er zur „guten Mutter" Danae zurückkehren und mit seiner schönen Frau Andromeda eine eigene Familie gründen.[17]

Apollo tötete die Riesenschlange Python, die ebenfalls von Gaia, der archetypischen Mutter, erschaffen war. Python lebte in den Höhlen des Parnaß, die wie alle Höhlen das Innere der Vagina repräsentieren. Im babylonischen Mythos der Kosmogonie ermordete Marduk Tiamat, das weibliche Ungeheuer des Chaos, und wurde dadurch zur höchsten Gottheit. Der altindische Gott Indra tötete den Drachen Ahi, was als jener symbolische Akt angesehen wird, mit dem das Gute die Oberhand über das Böse gewinnt.[18] Auch Erich Newmann erwähnt einige neolithische Fruchtbarkeitsriten und -mythen, in denen Mütter oder deren Symbole das sexuelle Verlangen ihrer Söhne erregen und sie daraufhin kastrieren.[19] Er mißt ihnen jedoch keinerlei mytho-empirische Bedeutung bei. Alle diese Quellen zeigen die normative Bedeutung der Verdrängung des Inzest in der Mutter-Kind-Dyade nicht allein für die Struktur der Familie, sondern auch als Grundlage der Entwicklung der Sozialisation.

Die mytho-empirische Evidenz dieser Kulturen zeigt, daß die Kastration der phallischen jungen Götter im Demetrius-Kult und anderen Fruchtbarkeitsriten mit einer maternalistischen Grundlage von Schöpfung und Kultur zusammenfällt. Fruchtbarkeit und Ackerbau waren in der alten, griechischen Kultur von wesentlicher Bedeutung. Nur durch die Unterdrückung der Inzest-Wünsche der Söhne (ihrer Kastration) können die libidinösen Energien in der normativ vorgesehenen Zeugung und einer kulturell akzeptablen Kreativität kanalisiert werden. Ein klassischer Versuch, diesen matriarchalen Ursprüngen der Kultur nachzugehen, ist Bachofens „Mutterrecht", das von griechischen wie von germanischen Quellen abgeleitet wird – den beiden grundlegenden separaranten Kulturen. Das für diese Untersuchung entwickelte Modell sollte jedoch eine universale Geltung, sowohl für matriarchalische wie für patriarchalische Kulturen, beanspruchen können. Die anthropologische Klassifikation von Gesellschaften als patrilineal oder matrilineal bezieht sich vor allem auf die Quellen und die Durchsetzung normativer Autorität. Dies fällt in unserem Modell mit der sozialen Initiation in der menschlichen Entwicklung zusammen. Zu diesem Zeitpunkt ist es der Vater, der die Initiationsriten vollzieht und den Jugendlichen in die Gesellschaft der Gruppe einführt. Die Normativität des Vaters kommt in seiner Rolle des Opfernden – die ich als Isaak-Syndrom bezeichnet habe – zum Ausdruck. Diese Initiation, die von der Auferlegung sozialer Verantwortlichkeit und dem Heraustreten aus dem Verzeihen der Kindheit gekennzeichnet ist, ist in patrimonialen Kulturen die Rolle des Vaters (oder seines Symbols). Während die früheste Opferung des Kindes in der oralen Phase, die es von seinen Inzest-Wünschen abhält, maternell geprägt ist, ist die folgende paternell bestimmt. Gewöhnlich ist diese normativ notwendige Opferung in der absoluten Autorität Gottes begründet: Es besteht – wie im mytho-empirischen Modell der Opferung Isaaks – eine symbolische Einheit des unnachgiebigen Vaters mit der metaphysischen Quelle absoluter Autorität. Diese, von der frühen oralen Phase an fortdauernde Opferung des Kindes durch seine Eltern ist ein integraler Bestandteil der Entwicklung und Sozialisation. Die maternelle Opferung führt zur Sublimation in kultureller Kreativität und Tätigkeit nach dem Muster des Sisyphus. Die Opferung durch den

Vater führt das in der Pubertät befindliche Individuum in seine normative Beschränkung. Das Isaak-Syndrom repräsentiert also die normative paternelle Aggression gegen die Kinder, die Antwort auf den ödipalen Druck der Kinder gegen ihren Vater; seine zentrale Bedeutung hat es jedoch im Hineinstellen der Jugendlichen in das diziplinäre System der Gesellschaft. Alle über sie hereinbrechenden Normen führen in einem bestimmten Maß zur Einschränkung ihres Wohlbefindens und ihrer Einheit zugunsten einer „Wohlfahrt", eines „Guten", „des Richtigen" und der „gerechten" Regeln der Gruppe. Auch diese patri- oder matrinormative Orientierung kann durch das Charisma von Propheten oder Führern vom persönlichen Bereich auf die Gruppe übertragen werden, ebenso wie im Prozeß der Sozialisation von der Gruppe auf das Individuum zurück. Das Maternelle ist mit dem separierenden Pol unseres Modells verbunden, das Paternelle mit dem partizipierenden. Es gibt Belege dafür, daß in matrinormativen, separierenden Kulturen – wie der griechischen und der germanischen – der Geschlechtsverkehr mit der Erde in ihrer Bedeutung als archetypische Mutter symbolisiert wird. Viele der griechischen Göttinnen waren Fruchtbarkeits- oder Erdgöttinnen. Besonders die Mysterien der Demeter und des Dionysos waren orgiastische Fruchtbarkeitsriten.[23] In den Tesmophori waren glitschige Schlangen und andere Phalli in heiligen Kellern aufbewahrt, um der Erde Fruchtbarkeit zu spenden. Die Fruchtbarmachung der Erde[24] und der Frauen wurde als Analogie gesehen.[25] Deshalb ist der symbolische Geschlechtsverkehr mit Mutter Erde in der esparierenden griechischen Kultur ein Zeichen des Inzest-Verbots.

Auch in den germanischen Mythen sind alle Göttinnen Personifizierungen der Mutter Erde.[26] Die Erde gebiert Kinder, und mit den Erdgöttinnen[27] wurden erotische Rituale ausgeführt. Die Germanen bezeichneten die Erde im Lied als „Mutter der Menschheit". Freya,[28] die germanische Erd-Mutter, wohnte dem Mond-Gott bei; sie lebte in Promiskuität und hatte gerüchteweise ein inzestuöses Verhältnis mit ihrem Bruder, Frey. Dies alles zeigt ein relativ schwaches Inzest-Verbot in der germanischen Mythologie.

Im Gegensatz dazu wird das Inzest-Verbot in patrinormativen, separierenden Kulturen – besonders in der jüdischen – durch die Autorität des Vaters garantiert und es erhält durch den Brauch der Beschneidung einen göttlichen Charakter. Das Ab-Schneiden eines Stücks des Penis symbolisiert den Pakt zwischen Vater und Sohn. Ein weiterer mytho-empirischer Beleg für die Bedeutung des Inzest-Verbots im Judentum ist die Geschichte Onans in der Genesis (38. 9.): Der Herr tötet Onan für das Verspritzen des Samens auf der Erde. Onans Sünde bestand nicht allein darin, daß er seine Frau, Tamar, nicht befruchtete, sondern in seiner symbolischen Ausführung eines Inzests durch die Befruchtung der Mutter Erde. Im Buch Zohar wird dieses Vergießen des Samens als die schwerste Sünde überhaupt angesehen, die niemals vergeben werden kann und die zur Zerstörung der Erde in der Flut führte.[31] Tatsächlich gefährdet in einer partizipanten patrinormativen Mythologie jede Verletzung des Inzest-Verbots, auch die bloß symbolische, die Sublimation der Sexualität durch Recht und Moral und ist deshalb die schwerste Sünde. Der Brauch der Beschneidung – der die Unterdrückung der profanen Sexualität (Inzest) symbolisiert – wird deshalb auf die Gruppe übertragen und konstituiert als Vertrag zwischen Gott und dem gesamten Volke Israel den jüdischen Sozialcharakter.

Wie bereits erwähnt, galt das Inzest-Verbot bei den Germanen nicht im selben Maß: Seine partielle Sublimation ist für den instrumentellen Sozialcharakter des „homo faber" ausreichend. Wir wissen, daß die germanischen Göttinnen – die Personifizierungen der Mutter Erde – vor allem als göttliche Mütter dargestellt werden, die die Menschheit in den Künsten des Hauses unterweisen: Im Spinnen und Weben, in der Bewahrung des Herdfeuers, im Säen und Ernten.[32] Diese geringe Sublimation des Inzests reicht zur Entwicklung abstrakter Gesetze und Moralvorstellungen nicht aus. Sie führte nur zu einer dünnen Schicht von Normativität, die beim ersten Anzeichen eines inneren Konflikts oder eines äußeren Schockerlebnisses auseinanderfällt. Aus dem Entfernen des dünnen Anstrichs der Matrinormativität folgte quasi automatisch der Rückfall in den nicht-normativen Äsir, wo alles erlaubt war. Dieser entspricht dem familiären Status vor dem patrinormativen Opfer, bevor individueller und Sozialcharakter durch Gesetze und Moral gebunden sind. Der Äsir ist auf das Blut der Familie und deren Heimstatt bezogen, weshalb Blut und Boden zu zentralen Werten werden. Deshalb können Verträge mit Außenstehenden die Stammesfamilie des Äsir nicht binden. Demzufolge war die Wirkung der Verträge mit Chamberlain, Daladier, Beneš, Dollfuß, Schuschnigg und Stalin in dem Moment beendet, in dem Hitler - die Inkarnation Odins, des Fürsten des Äsir - sie nicht mehr anerkannte.

●

Indikatoren und Identifikation von Sozialcharakteren

In der Einleitung wurde der Begriff des Sozialcharakters bereits beschrieben; hier sollen nun die Möglichkeiten seiner Indentifikation und die beobachtbaren Indikatoren analysiert werden. Zu diesem Zweck wird hier Spenglers Begriff der Morphologie einer Kultur[33)] oder der identifizierbaren Formen und Muster einer Kultur übernommen. Sie ähneln im wesentlichen den Mustern der Persönlichkeit, ihren auffallenden und eigenständigen Eigenschaften. Die Konfiguration ihrer Eigenschaften macht aus jeder Persönlichkeit eine einmalige Erscheinung. Ebenso besteht die Morphologie einer Kultur aus der Konfiguration ihrer besonderen Eigenschaften und jenen Mustern, in denen wir ihren Sozialcharakter identifizieren können. Sowohl dieser Sozialcharakter - das erkennbare Profil einer Kultur - wie ihre Morphologie - die in einem auffälligen Muster besteht - müssen von den Jung'schen Archetypen unterschieden werden: Letztere sind biologisch vererbte Bausteine des individuellen wie kollektiven Unbewußten, und der Erfahrung nicht zugänglich.[34)] Ich möchte im folgenden zwei Indikatoren-Paare beschreiben, die eine separante oder partizipante Morphologie einer Kultur konstituieren und der Identifikation ihres Sozialcharakters dienen.

Da dies nicht eine Untersuchung der Geschichte, sondern von Gruppenverhalten ist, beabsichtige ich nicht, die Entwicklung von Kulturen zu untersuchen oder zu finden, wie der Sozialcharakter mit Zeit und Ort wechselt. Dies kann mit Hilfe von Spenglers oder Toynbees Studien ausgeführt werden. Ich werde mich darauf beschränken, die Indexe des Sozialcharakters für eine gegebene Zeit und einen bestimmten Ort zu definieren. Ich habe ausdrücklich eine direkte Referenz in der Beschreibung meiner Indexe für die deutschen und jüdischen Sozialcharaktere vermieden, und zwar um nicht meine Maßstäbe mit beobachteten Vorgängen zu vermischen. Diese Indexe beziehen sich also mehr auf andere empirische Grundlagen als auf beobachtete Sozialcharaktere. Ich beabsichtige, in den folgenden Kapiteln zu begründen, daß der deutsche Sozialcharakter im extrem separanten Pol unseres Kontinuums liegt, wogegen der jüdische Sozialcharakter nicht weit vom partizipanten Pol gelegen ist.

Werkzeug- und Symbol-Orientierung

Die Klassifikation von Kulturen auf einem Kontinuum von Werk- oder Symbol-Orientierungen wird implizit in anthropologischen Studien vorgenommen. In Gesellschaften, in denen das Verhältnis zur Natur von Logik und Vernunft geprägt ist, dienen Werkzeuge der Einsparung von Muskelenergie und der Nutzung natürlicher Schätze, um so die Beherrschung seiner Umwelt durch den Menschen zu entwickeln. Neolythische Töpfer und Weber, mesopotamische oder ägyptische Bewässerungstechniker, römische Wasserleitungsingenieure, der homo faber der Industriellen Revolution, die Kommissare der Fünf-Jahres-Pläne, die Baumeister der Weltgesellschaft, die Initiatoren des „Großen Sprungs nach vorn" – sie alle wollen die Unterwerfung ihrer Umwelt unter bestehende oder zukünftige Bedürfnisse erreichen. Beschreibt man ihr Vorgehen in Begriffen ihrer kollektiven Fixierung, so behandeln sie die Objekte ihrer Umwelt entsprechend ihrer Projektionen von Ordnung und Funktion. Werkzeuge und Artefakte werden zu Mitteln einer Inkorporation des Objekts in das Selbst. Werkzeug-Orientierung führt zur Entfaltung der instrumentalen Natur eines Sozialcharakters, die es auf die Nutzung und Kontrolle der Objekte in einem gegebenen kulturellen Rahmen abgesehen hat. Deshalb ist das Ausmaß der technischen Entwicklung – wie es im Rahmen der Berechnung des Wirtschaftswachstums gemessen wird[36] – auch ein brauchbarer Hinweis auf separierende Werkzeug-Orientierung. Im Gegensatz dazu verzichtet die intuitive, selbstbezogene Symbol-Orientierung auf jede Instrumentalisierung in der Kultur. Sie benötigt keine strukturierenden „Erklärungen", um Freude an Kunstwerken zu finden. Eine partizipierende Symbol-Orientierung kann ästhetische Erfüllung etwa bereits im Eindringen in die Mandala-gleichen Regenbogenfarben eines Tropfen Wassers auf einer Kirsche finden. In separanten Kulturen wird Musik von spezialisierten Professionalisten aufgeführt, die ihre orchestrierte Kunst einem Publikum in Abendkleidung vortragen. Partizipante Symbol-Orientierung kann sich in den kehligen Tönen eines Sängers verlieren, dessen Qualität in seiner Fähigkeit besteht, seinen Zuhörern Stunden der Selbst-Vergessenheit zu ermöglichen. Die Naturdinge sind in einer partizipierenden Umgebung nicht Gegenstände des Angriffs und der Eroberung: Die Symbol-Orientierung führt zu einem symbiotischen Einfügen in die Umgebung, um jede ungerechtfertigte Gewalt gegen die übrigen Teilnehmer an der einen Einheit zu vermeiden.

Separante Werkzeug-Orientierung greift nach den Gegenständen hinaus und strukturiert Beziehungen in einer Form, die Ortega y Gasset (spanisch) als „alteraction" bezeichnet hat; dieses Verhältnis stellt er einer kontemplativen Reise in das eigene Selbst (ensimissmarre) gegenüber.[37] Tatsächlich haben die symbol-orientierte, quietistische Handhabung von Ideen und die aktivistische, ziel-orientierte Handhabung von Gegenständen keinen gemeinsamen Boden. Ein Dialog der beiden gleicht dem Gespräch des Falken mit der Schlange über das Vergnügen des Fliegens aus Maksim Gorkijs Fabel.

Die Religion von Werkzeug-orientierten Kulturen kann wahrhaft polytheistisch sein, weil die Pluralität von Raum und Zeit als wirklich angesehen wird, ohne zugrundeliegende Ganzheit: Darauf gründet der Glaube an ein Vielzahl von Göttern oder der Glaube, daß ein göttliches Prinzip die Vielzahl der Gegenstände aktiviert, indem es sich in diesen individuellen „Separata" verteilt. Deshalb sind die Olympier die Götter einer aktivistischen, Werkzeug-orientierten Gesellschaft von Handelnden. Die kollektive Fixierung der antiken Griechen am Objekt wird darin offensichtlich, daß die olympischen Götter die raumzeitliche Welt nicht erschaffen, sondern erobert und unterworfen haben.[38] Das entspricht der separanten Wunsch-Projektion, sich bereits existierende Gegenstände einzuverleiben und diese zu beherrschen. Die griechischen Götter handeln: Zeus bestimmt das Wetter; Apollo ist ein Bogenschütze; Hephaistos ein Schmied. Die olympischen Götter haben zum zyklischen Wechsel der Natur ein mimetisches und kontrollierendes Verhältnis. Sie repräsentieren Macht und handeln ohne einheitliches Telos oder End-Ziel. Die Handhabung und Kontrolle ihrer Umgebung genügt ihnen. Es entspricht dem Wesen der Werkzeug-Orientierung, daß die aktivistische Handhabung der Gegenstände nicht Mittel zu einem darüber hinausreichenden Zweck ist: Der Calvinist sieht harte Arbeit schon als Lohn an. Und Sisyphus muß – um Camus zu paraphrasieren – sein Glück im endlosen Rollen des Steines finden.

Am separanten Pol des entwickelten Kontinuums – in den protestantischen Kulturen Nord-West-Europas und Nord-Amerikas – ist die Werkzeug-Orientierung des Menschen „über die Natur" am deutlichsten, zieht man Wohlstand und ökonomisches Wachstum als Maßstab heran. Die Werkzeug-Orientierung der industrialisierten Gesellschaften ist eine unmittelbare Begleiterscheinung der Produktion und der dafür erforderlichen spezialisierten Fähigkeiten. Diese extrem separanten Kulturen haben eine rationelle Handhabung ihrer Umwelt entwickelt: Sie sind Werkzeug-orientiert, weil dies der Aufrechterhaltung ihrer kulturellen Ziele dient, der erfolgreichen Befriedigung materieller Bedürfnisse und einer Kontrolle ihrer physischen Umgebung.

Partizipante Symbol-Orientierung ist mit kulturellen Mustern verbunden, die eine nicht-rationale, intuitive Beschäftigung mit dem individuellen Selbst fördern, um die Grenzen zwischen Subjekt und Objekt aufzuheben. Nachdem bloße Kalkulation – Vernunft und Logik – und strukturierte Versuche der Naturkontrolle und der Ausweitung von Macht und Wohlstand – die Handhabung der weltlichen Umwelt – versagen oder sich als wertlos erweisen, entsteht eine Bereitschaft zur Hinwendung auf das Absolute und die innere, intuitive Offenbarung. Das ausdrucksvolle Symbol dafür ist das Mandala: Jung beschreibt ein tibetisches Mandala als Bild der konzentrischen Kreise der Kontemplation, des Verlassens der äußeren Ränder zeitlicher Begierden und Gegenstände bis zum Eindringen in das Zentrum eines einzig wahrhaft existierenden, zeitlosen, vollkommenen Zustands. In der Kontemplation des Mandala wird der Yogi seiner eigenen Göttlichkeit gewahr und kehrt so von der Illusion individueller Existenz in die universelle Totalität des Göttlichen zurück.[41] Das Mandala ist deshalb die extremste Form der Symbol-Orientierung. Im Hinajana-Buddhismus entspricht ihm das selbst-auslöschende Ziel des Nirvana. Indem man durch Kontemplation die Grenzen des Ego aufhebt, wird die Absonderung des Selbst gelöst, und das „verbannte" Individuum „erwacht" in einem universalen Selbst. Das Wachstum und die Wechselwirkungen des Samsara-Rads sind alle „dukkha" – Irritierung, Reibung und Leiden –, welche auch die sisyphischen Qualen der Werkzeugorientierung charakterisieren, da das Objekt seine Handhaber verspottet. In der endgültigen Analyse wird das Objekt nie voll unterworfen oder durch das gefrässige „Mund-Ego" verschlungen. Aber durch den Verzicht auf ihre Beziehung zum Objekt – welches sowieso illusorisch ist – folgen die Hinajana-Buddhisten ihrer kollektiven Fixierung auf das prädifferenzierte Selbst mit seiner Vision des Wohlergehens, der Vollkommenheit und Seligkeit.[44] Interessant ist festzustellen, daß eine der Erzählungen, die McClelland bringt, um das Errungenschaftsmotiv zu messen, eine indische Geschichte ist, die von vornherein ihre Moral angibt:

Die Welt ist eine Illusion. Frau, Kinder, Pferde und Kühe sind alle nur Bindungen des Schicksals. Sie sind vergänglich ... wir sollten nicht nach Reichtümern verlangen. Solange wir leben, ist es weise, statt Bindungen einzugehen, nur an Gott zu denken.[45]

In Kulturen, in denen ein überwiegender Teil der Bevölkerung am Straßenrand geboren wird, lebt und stirbt, mag dies die einzig mögliche Weltanschauung sein. Als kulturelles Muster bedeutet sie dennoch eine Verweigerung des Werkzeug-orientierten Handelns und eine Auslöschung der gegenständlichen Umwelt und Beziehungen zugunsten einer Bindung an das Innere. Ein derartiger Sozialcharakter ist so sehr mit dem inneren Fluß symbolischer Bedeutungen befaßt, daß ihm die externalisierten Symbole der separanten europäischen Kulturen – Fahnen, Nationalitäten und soziale Ideologien – trivial oder grotesk vorkommen müssen. Was kann ein buntes Stoffstück im Vergleich zur Ewigkeit bedeuten! Der kontemplative, symbolorientierte Sozialcharakter kann die äußere „Wirklichkeit" augenblicklich verlassen: Ich habe dies selbst an den selbstverlorenen Meditationen eines chinesischen Freundes beobachten können, der sich über das „Aufdrehen" durch Drogen seiner westlichen Freunde lustig macht. Seine partizipierende Kultur ermöglicht ihm diese intuitive Selbstvergessenheit, während der westliche, handlungs-orientierte, rationale Hintergrund an dieser zeitweiligen Flucht vor der ontologischen Einsamkeit hindert. „Do your own thing" war das Glaubensbekenntnis der Woodstock-Generation – keine leichte Aufgabe für einen am College ausgebildeten, protestantischen Amerikaner.

Wohlfahrtsstaat versus gesellschaftlicher Traditionalismus

Die Orientierung des separanten Sozialcharakters an der Handhabung von Werkzeug und der sozialen Planung steht in enger Verbindung zur Idee des Fortschritts: Hegel'sche wie Marx'sche Dialektik steuern im Zickzack auf eine „Neue Welt" zu, Spencer'sche Liberale konzentrierten sich auf eine bessere und reiche Zukunft, und die Unitarier glauben an einen ewigen Fortschritt der Menschheit, der diese immer weiter und höher bringt. Ich behaupte, daß jede Fortschrittsidee lediglich ein separantes Werturteil darstellt. Jeder Versuch einer objektiven Messung des kulturellen Fortschritts von Gesellschaften ist unhaltbar. Kroebers Beschreibung der „fortgeschrittenen" Kulturen als humaner und psychologisch reifer als die „zurückgebliebenen" Kulturen [46] erscheint mit als zynischer Witz: sind Napalmbomben etwa humaner als Giftpfeile? In den separanten „fortschrittli-chen" industrialisierten Gesellschaften bringen die Menschen einander nicht mit der Axt um, sondern indem sie Herzinfarkt oder Magengeschwür verursachen. An anderer Stelle[47] wurde der soziale Verfall und der Zusammenbruch der Werte analysiert, welche die unvermeidlichen Begleiterscheinungen von ökonomischem Wachstum, errungen-schaftsmotivierter Spezialisierung und dem gesellschaftlichen Druck nach Gleichschal-tung in „sozial organisierten" Gesellschaften sind. Das ist natürlich nur eine Ergänzung der umfangreichen Studien der anomischen Tendenzen und der Entfremdung des Indivi-duums in „fortschritt"-orientierten Gesellschaften. Jedoch die beste Illustration des Werturteils, das der Idee des Fortschritts inhärent ist, kommt von der folgenden südame-rikanischen Anekdote, die ihr Äquivalent in vielen anderen Kulturen hat: Pedro liegt in den Pampas und wärmt sich in der Sonne. Ein vorbeifahrender Yankee-Tourist hält sei-nen großen Wagen an, geht zu ihm hin und wirft ihm vor, daß er sein Leben müßig ver-geudet. „Warum lernst du nicht autofahren?", fragt der Ami, „ kauf einen Öltanker und bring Öl zum Hafen." „Und was weiter?", fragt Pedro. „Dann kaufst du noch einen Tanker, und noch einen, und noch einen, und dann kaufst du dir eine Ölquelle." „Und was dann?", fragt Pedro. „Dann wird dir das Geld zufließen und du brauchst nicht mehr zu arbeiten. Du kaufst dir eine schöne Villa, kannst auf dem Rasen sitzen und dich in der Sonne wärmen." „Aber genau das mache ich ja jetzt," antwortet Pedro.
Ein anderes Kriterium Kroebers[48] für sozialen Fortschritt ist der geringere Aberglaube, der „progressive" Kulturen von den von Magie beherrschten „zurückgebliebenen" Kul-turen unterscheidet. Der partizipante Sozialcharakter ist in seinem Sozialverhalten eher traditionell, da er den Begriff der Verbesserung der conditio humana durch „Sozialtech-nik" nicht akzeptiert: Alle menschlichen Beziehungen sind definitionsgemäß böse. Das partizipierende Ideal ist es, alle Verhältnisse, auch die zwischenmenschliche Interaktion, zu erfüllen. Deshalb ist jeder soziale Wohlfahrtsplan nur Trug, weil er ein Böses durch ein anderes ersetzen möchte. Der partizipante Sozialcharakter sieht sozialen Fortschritt daher als Illusion an. Das Unglück an den Straßenrändern von Kalkutta erscheint ihm weder besser noch schlechter als das ebenso unvermeidbare Unglück im Palast des Maha-rajah. Als Traditionalist glaubt er nicht an Wechsel oder soziale Wohlfahrt. Er sieht sich

in einer Umwelt von strukturell fest verankerten Gegenständen und Menschen, in die das Ritual der zeitlichen Existenz eingebettet ist. Der Traditionalist begegnet diesen Zyklen des Unglücks mit größtmöglicher Passivität, bis ihm die Befreiung des Nicht-Seins mit der Ewigkeit versöhnt. So opponiert etwa Di Lampedusas Don Fabrizio – der archetypische sizilianische Traditionalist – nicht gegen den Fortschritt, dieser hat in seinem quietistischen Referenzrahmen einfach keinen Platz.

Die beiden oben exemplarisch angeführten Indikatorenpaare zur Identifikation von Sozialcharakteren dienen der Illustration des dialektischen Verhältnisses, in dem im folgenden die Entwicklung der partizipierenden jüdischen Kultur in der Auseinandersetzung mit separanten europäischen Kulturen untersucht werden soll. Außer diesen beiden Indikatorenpaaren werden dazu noch die folgenden Gegensätze berücksichtigt:
- Wissenschaftliche oder mystische Weltanschauung.
- Das Verhältnis von Unterdrückern und Unterdrückten.
- Exaltiertheit und Lethargie.
- Zeit und Leere.
- Zielbewußtheit und Resignation.
- Homo Faber und Fatalismus.
- Adel und Geld-Adel.
- Erlösung und Utopie.

Wissenschaftler oder Mystiker

Der separante Sozialcharakter beschäftigt sich mit der logischen Beziehung von Objekten in einem räumlich-zeitlichen Rahmen. Er glaubt an die Meßbarkeit solcher Beziehungen, an Taxonomie, Variationen, Korrelationen und Matrizen, die alle Erscheinungen erklären können. Man muß nur die richtigen Indexe, Maßstäbe und statistischen Tests finden, um sie für gegebene Stichproben zur Erforschung des „inneren und äußeren Aufbaus der Dinge" anzuwenden. Mikro- und Makrobeziehungen werden in Modellen, Gruppen und anderen Formen von ersatzweisen kausalen Beziehungen definiert. Sogar das Irrationale, das Mystische und das Unterbewußte werden der Analyse und Beziehungsdynamik unterworfen, obgleich sie selber den Wert der Vernunft niedrig einschätzen. Dagegen akzeptiert der mystische Sozialcharakter die Existenz logischer Beziehungen, jedoch erscheinen sie ihm unwichtig. Die Inder der Upanishaden kannten die Mathematik, waren aber nicht motiviert, sie auf Bilanzen anzuwenden. Der partizipante Mystiker zieht Intuition der Logik vor und hält inaktive Beständigkeit für besser als das Samsara-Rad der Beziehungen.
Der Glaube an die Wissenschaft ist ein zuverlässiger Indikator von separanten Tendenzen, sogar in partizipanten Kulturen. So wie die Personen in Evelyn Waughs „Black Mischief" oder Annas' „König von Siam" erklären sich die Herrscher in den „entwickelten Ländern" als Anhänger der Wissenschaft. Kulturen, die die Metamorphose von einem partizipanten zu einem separanten Sozialcharakter beinahe beendet haben, erheben die Wissenschaft von einem Mittel zum Zweck zu einem Ziel an sich. In Japan z. B. ist „wissenschaftlich zu leben" ein Kulturziel geworden.[49] Tatsächlich ist das Mittel-Endziel Kontinuum in dem vorliegenden Zusammenhang relevant. Die Wahl der Ziele auf moralischer Basis ist ein Hindernis für die zielausgerichteten wissenschaftlichen, separanten Kulturen. Moral, sowohl in der verinnerlichten Form von Gewissen, als auch äußerlicher Kontrolle durch soziale Normen, ist eine Begrenzung der Aktionsfreiheit, und daher im wesentlichen partizipant. Die Vertreter der wissenschaftlichen Ausrichtung in separanten

Kulturen betrachten gewöhnlich moralische Einschränkung ihrer Aktivität als rückständig, mittelalterlich und reaktionär. Wissenschaftliche Ziele rechtfertigen die Mittel, und sog. „blutende Herzen" (mitleidige Seelen) und Moralisten werden als den Fortschritt der Menschheit aufhaltend angesehen. Einige typische Beispiele des Triumphs der Wissenschaft über „überflüssige" Proteste von Moralisten sind das „Manhattan Projekt" und die Kontrollgruppe von Syphilitikern, die unbehandelt gelassen und dem Verfall überlassen wurden, weil die Tötung der Spirozäten in ihrem Blut eine störende Variable dargestellt hätte, welche die Forschungsresultate beeinflußt haben würde.

So wie die wissenschaftliche Ausrichtung das offensichtliche Symptom des separanten Sozialcharakters ist, so ist Mystik der hervorstechendste polare Zug der partizipanten Kulturen. Man kann sie tatsächlich als das Hauptkriterium zur Einteilung der partizipanten Kulturen ansehen, da die meisten anderen Eigenschaften des Sozialcharakters mit ihr in Beziehung stehen. Die Intensität der Beschäftigung einer Kultur mit der endgültigen Bestimmung, ihre Uninteressiertheit an konkreten Objekten und das Ausmaß ihrer kollektiven Vorstellungen, die von einer „Unendlichkeit unwahrnehmbarer Existenzen" durchdrungen sind[50], alle diese sind ein Maßstab ihres Mystizismus. Für den mystischen Sozialcharakter ist die Trennung zwischen Subjekt und Objekt belanglos. Seine kollektive Fixierung ist an das undifferenzierte Ganze gebunden, das schon existierte, bevor sich das separate „Ich" herausbildete. Der mystische Sozialcharakter zeigt einen überwältigenden Wunsch, in einer gemeinsamen Einheit unterzutauchen."[51]

Der Mystiker verwirft Messung, Logik und geordnete Formulierung. „Das Tao, das definiert werden kann," sagt Lao-tse, „ist nicht das ewige Tao."[52] Die Definition ist konkret, separiert oder nach Rang geordnet. Form ist dem Mystiker fremd. Er wirkt und unterscheidet durch die amorphe Gestalt der Intuition. Bergson, ein leidenschaftlicher Vertreter der Intuition, spricht von „der mystischen Erfahrung, die in ihrer Unmittelbarkeit abseits jeder Interpretierung gefühlt werden muß."[53]

Die Kannibalen und die Unterdrückten

Eine politisch aggressive Kultur, die danach strebt, Menschen zu manipulieren und zu kontrollieren, um sie als Objekte zu behandeln, paßt zu unserer Beschreibung einer separanten Kultur. Diejenigen, die Solschenizyns Direktbericht vom Archipel Gulag über die durch das Stalin-Regime benützte Technik der Unterjochung gelesen haben, werden überwältigt von der Realität des Grauens, das in Koestlers Berichten nur aus zweiter Hand, und in den Alpträumen Orwells gar nicht vorhanden ist. Der realistische Terror Solschenizyns beruht auf der vollständigen Verwandlung von Menschen in Objekte durch die Stalinisten. In anderen Fällen der Unterwerfung von Menschen durch Menschen wurden die Opfer wenigstens als Menschen angesehen, wenn auch als schlecht und vom Teufel besessen, verräterisch oder wahnsinnig, aber trotz allem als Personen. Im Gulag waren die Insassen nicht Personen, sondern Objekte – Dinge. Die Manipulierung der Opfer durch das Regime war unvoreingenommen; nur bestimmt, totale Unterwerfung zu erreichen, sodaß die Person ein Stück Lehm wurde, das dem geringsten Druck seines Meisters nachgab. Die Ehefrau des Opfers mußte sich scheiden lassen und es denunzieren, seine Kinder wurden ihm weggenommen, um in besonderen Institutionen zu lernen, deren Lehrplan u.a. das Studium des Verbrechens des Vaters enthielt, nicht weil das Regime sich an einem Verräter rächen wollte, sondern weil man der Überzeugung war, daß diese Methode „bessere" Resultate zeitigen würde. Die Insassen des Gulag mußten nicht-denkende Marionetten werden in ihrem elenden Gehorsam, sodaß sie als „rehabilitiert" erklärt werden konnten. Solschenizyns Kerkermeister, die ihn vor seiner

Deportierung nach Deutschland mit einer fingierten Todesstrafe bedrohten, inszenierten damit keinen Akt eines „Theaters der Grausamkeit"; sie agierten nur nach ihren Regeln. Sie erfüllten ihre Pflicht, wie sie durch ihr Training gelehrt worden waren, um ein menschliches Wesen der Macht des Staates zu unterwerfen. Jedoch die größte separante Verwandlung des Menschen wurde durch die Nazis vervollkommnet. Der Autor war bei dem Prozeß Eichmanns in Jerusalem anwesend. Er war durch die Tatsache beeindruckt, daß es einen vollkommenen Zusammenbruch der Verständigung zwischen dem Angeklagten einerseits, und den Richtern der Anklage und den anderen dramatis personae andererseits gab. Sie hatten Eichmann des Abschlachtens von Personen angeklagt, während er seine Aufgabe als die Organisation des Transports von Dingen darstellte, die in den Krematorien von Auschwitz verbrannt werden mußten, als wären sie eine Ladung von Schinken zum Räuchern oder von Töpfen zum Glasieren gewesen. In der extremen Form neigt die separante Manipulierung von Menschen dazu, alle Dinge in einem Raum-Zeit Referenzrahmen in eine leblose Kategorie einzureihen. Menschen, Flora, Fauna, die Elemente werden alle zu Objekten einer unpersönlichen, rationalen und organisierten Unterjochung. Die Organisationsseite ist hier ausschlaggebend: Die Vernichtung des Selbstbewußtseins mit dem Ziel der Teilnahme an der universalen Einheit ist immer ein einsamer Vorgang, während die separante Verwandlung von Personen in Objekte, oder ihre Vernichtung, unweigerlich ein geplantes Projekt ist, das durch eine bürokratische Struktur und durch Organisationspersonal ausgeführt wird.

Der partizipante Sozialcharakter ist wesentlich machtlos: Er verteidigt sich gegen die tyrannisierende Brutalität politischer Raubtiere durch die Formung eines inneren Schutzmechanismus, durch seine Ausrichtung auf eine transzendente Einheit. Diese Zuflucht kann auf die kollektive Fixierung der partizipanten Person, auf ein seliges Vorbewußtsein gegründet sein, aber für die politisch Unterdrückten ist dieser Rettungsanker des inneren Wertbewußtseins oft die einzige Verteidigung dagegen, ein materielles „Ding" zu werden. Auf diese Weise entkommt der Partizipant seinem separanten Verfolger, der sich nicht mit der physischen Unterwerfung seiner Opfer begnügt, sondern danach trachtet, den „inneren heiligen Funken" in ihnen zu töten und sie zu leblosen Zahnrädern einer Organisation zu machen. Diese innere Zuflucht des partizipanten Charakters hat Montaigne treffend beschrieben: „Ich kann mich nur mit meinem Körper verbeugen, nicht mit meinem Verstand." Schriftsteller haben diese von innen kommende Verteidigung erfolgreich beschrieben. Kazantzakis läßt seine Griechen die Passion neu inszenieren, die der Höhepunkt des partizipanten Ideals des Märtyrertums ist, das Anteilhaben an der Göttlichkeit durch Selbstaufopferung als eine Verteidigung gegen die grausame Unterdrückung der Türken. Elia Kazan zeigt in seinem „Amerika, Amerika" eine armenische Familie, deren Lebenssinn das Bewußtsein ihres inneren Werts ist, das nicht von ihren Peinigern geteilt oder erreicht werden kann.

Curzio Malaparte beschreibt die Neapolitaner, die immer wieder von Fremden erobert wurden, die ihre Söhne versklavten und ihre Töchter vergewaltigten. Er zeigt, daß sie letzten Endes triumphieren: Keiner kann ihre innere Überzeugung ihres Eigenwerts überwinden, die durch einen Schild absoluter Verachtung für ihre Unterdrücker verteidigt wird.

Die kannibalischen Eigenschaften des separanten Sozialcharakters veranlassen ihn, Macht, Hochschätzung, Führertalent und schnelle Entscheidungsfähigkeit zu suchen. McClelland liefert uns eine europäische Grundlage dafür. Er stellt fest, daß totalitäre Regime und „Polizeistaaten" eine hohe „n"-Charakteristik haben, d. h. eine politische, autoritäre Komponente, charakterisiert durch „den intensiven Willen, andere zu beherrschen und zu kontrollieren, ungezügelt durch ein freundschaftliches Interesse an diesen anderen."[54] (Niedrig in seiner „n"-Klassifizierung). Dies ist genau die Charakteristik des politisch aggressiven Tyrannen, der danach strebt, Leute zu manipulieren, als ob sie leblose Objekte wären. Der separante Mensch glaubt nur an eine Ausübung der Macht durch organisierte und spezialisierte Strukturen, in denen nur der Erfolg zählt und der Mißerfolg, egal aus welchem Grund, die höchste Sünde ist. Separante Machteliten spannen vorhandene Ideologien und religiöse Dogmen für ihre aggressiven Ziele ein. Die politisch herrschsüchtigen Jesuiten benützen das Motto „perinde ac cadaver" (Kadavergehorsam), nicht so sehr als eine Regel für sich selber, sondern als Vorschrift für andere, vorzugsweise für ihre Opfer. Die Samurai wendeten Zen an, um Bushido, die Kriegskunst, zu entwickeln.

Der partizipante Sozialcharakter ist im allgemeinen das Mitglied von politischen Verlierern, einer Kultur, die so lange ungerecht behandelt wurde, daß Machtlosigkeit und Demut eine Weltanschauung und Lebensform geworden sind. Die partizipanten Grasfresser geben willig und mit kritiklosem Gehorsam nach, gegenüber dem geringsten Zeichen von Autorität. Koestler beschreibt Indien, eine typisch partizipante, politisch passive Kultur, wie folgt: ... (Indische Kultur) schätzt einen unkritischen Gehorsam, bestraft den Ausdruck einer unabhängigen Meinung und verkündet statt des Überlebens des Tüchtigsten das Nicht-Überleben des Demütigsten. Aus dem heiligen Schoß der indischen Familie können nur Jasager hervorkommen. Ihre Unterordnung unter den Willen des Anführers entsteht nicht durch Opportunismus oder Feigheit, sondern durch einen eingeprägten Reflex.[55]

Die partizipanten Kulturen des Mittleren Ostens wurden während Jahrhunderten durch Machtlosigkeit charakterisiert. Die Leser eines humanen Tagebuchs eines Landesstaatsanwalts in Ägypten, Taufiq-el-Hakim, spüren die totale Unterwerfung der Fellachen unter dem von der zentralen Regierung eingesetzten Lokaltyrannen. Er kann umbringen wen er will, Frauen vergewaltigen und Eigentum beschlagnahmen. Wenn jemand „oben" in Kairo zu neugierig wird, kann man ihn leicht mit einem Teil der Beute bestechen. Lawrence Durrels „Alexandrien Quartett" beschreibt die levantinische Stadtelite als äußerst passiv, ziellos zwischen dem Geruch von Dekadenz und dem Druck des aggressiven Westens schwankend. In der Tat hatte Sadat wortwörtlich recht, als er im Oktober 1973 verkündete, daß die Ägypter ihren ersten Teilsieg in 500 Jahren gewonnen hatten. Eine der eindrucksvollsten Beschreibungen von partizipanter Machtlosigkeit findet man in Di Lampedusas Beschreibung von Sizilien. „Eine Kultur, die vergewaltigt und durch tyrannische Eroberer während 25 Jahrhunderten bis aufs Blut ausgenützt wurde, ist in egozentrischer Trägheit dem Schlummer verfallen. (Die sizilianische Kultur) ist ein hundertjähriger Greis, der in einem Rollstuhl um die Große Ausstellung in London geschoben wird, nichts versteht, sich um nichts kümmert, ob es Stahlwerke von Sheffield oder die Spinnereien von Manchester sind; der an nichts denkt, als wieder einzuschlummern, auf besabberten Kissen, mit einem Topf unterm Bett."[56]

Der Partizipant ist uninteressiert an der mechanischen Objektmanipulierung separanter Industrien. Er strebt danach, sein Bewußtsein auszulöschen, die Wechselfälle persönlicher Beziehungen zu vermeiden und die weltlichen Erscheinungen der Vielfältigkeit durch den Tod zunichte zu machen, um dann wieder in der Einheit „von neuem zu erwachen". „Schlaf," sagt Lampedusa, „ist, was die Sizilianer wollen, und sie werden jeden hassen, der versucht, sie aufzuwecken ... Jeder Selbstausdruck des Sizilianers, sogar der gewalttätigste, ist in Wirklichkeit eine Wuncherfüllung; unsere Sinnlichkeit ist ein Verlangen nach Vergessenheit; unsere Schießerei und Messerstecherei ein Verlangen nach dem Tod; unsere nachdenkliche Miene ist die einer Leere, welche die Geheimnisse des Nirvana entdecken will."[57] Diese nahezu vollkommene Formulierung der partizipanten Suche nach Selbstauslöschung ist mit einer tiefen Abscheu gegen den separanten Zwang nach Führung, Administration und Bürokratie verbunden. Don Fabrizio sagt: „Die Sizilianer wollen nichts verbessern, einfach weil sie sich als vollkommen ansehen; ihre Eitelkeit ist stärker als ihr Elend; jede Invasion von Fremden stört ihre Illusion, daß sie die Vollkommenheit erreicht haben."[59] Wir sehen hier deutlich die innere Verteidigung der partizipanten Persönlichkeit gegen die Aggression der kannibalischen Separanten. Was wichtiger ist, ist der Ausdruck des Sehnens des partizipanten Sozialcharakters nach der Vollkommenheit des Nicht-Seins.

Überschwang und Lethargie

Der Weg der separanten Person zur Objektbezogenheit liegt in einem zwangsweisen Angriff auf ihre Umgebung, jedoch eine streng regulierte und kontrollierte Aggression. Auf diese Weise befreit sie die libidinöse Energie der Tantalus-Ratio und wendet sie gegen das Objekt. Dies kann in der brutalen Körperkontrolle und Manipulationstechnik des Hatha Yoga gesehen werden; in dem chih chih direkten Zugang zu Dingen, wie von Zen vorausgesetzt, und der ekstatische devekut durch die Hassid die Göttlichkeit erreicht, die in jedem Körnchen der Schöpfung enthalten ist. Überschwang spricht auch aus der großartigen Kunst der europäischen Romantiker, die das Leiden ersatzweise als Mittel suchten, um zeitlosen Ruhm zu erlangen, wie z. B. Berlioz in seiner Musik versuchte, die Trennung zwischen sich und der Unendlichkeit der Bestrebungen aufzuheben, indem er sein Wesen erweiterte und erhöhte, um die von ihm erstrebte Unendlichkeit schon auf Erden zu erreichen.[60] Dies ist die zentrale Vision des Separanten, die ihn in die Ewigkeit emportragen soll. Je grandioser und entfernter das Ziel, umso größer das Leiden – und was kann entfernter sein als die Unendlichkeit? Der Romantiker ist also ein wahrer Separant, in seine ekstatischen Trompeten stoßend und in höchster Begeisterung nach der Größe einer unmöglichen Vereinigung ausgreifend: Das Ego, das vergeblich das Objekt sucht, in immerwiederkehrenden sisyphischen Kreisen.

Das taoistische Ideal des „Wu Wei" (Nicht-Tun) verkörpert die Nichtbeteiligung des partizipanten Sozialcharakters. Passivität ist auch der Kern des Nirvana, wie dies von seiner Etymologie klar wird: Nire, das Ende von; vritti, Bewegung[61]. In ähnlicher Weise erklärt Patanjali den Raja Yoga als den „Prozeß, durch den man Befreiung (moksha) oder Isolierung (kaivalya) der Seele von ihrer Verwicklung mit der Materie und ihrer Vorgänge erlangt."[62] Das Ziel des partizipanten Raja Yoga ist citta vritti nirodha: Das Aufhören der Aktion des Verstands. Diese Befürwortung des Nichtstuns stammt von der kollektiven Fixierung des partizipanten Sozialcharakters auf eine allgegenwärtige Einheit. Wenn Pluralität eine Einbildung ist, was nützt dann die Manipulierung eines nichtexistierenden Objekts? Die Bemühungen des Separanten, an Menschen und Dingen teilzunehmen, ist eine nutzlose Eigenschaft. Die einzige Realität ist das Selbst, aber ohne sein raum- und zeitgebundenes Bewußtsein, das eine Illusion ist. Der reine Mensch (Purusha) ist, was übrigbleibt, nachdem auf Bewußtsein von Bewegung, Handlung und Pluralität verzichtet wurde. Die „Plenum-Leere" wird dann gefühlt als die innere Ausdehnung der Einheit, welche die unwirkliche Welt der Sinne in die Totalität von Nicht-Objekten und Un-Bewußtsein auflöst. Es ist ein taoistischen Prinzip, daß der wirkliche Verstand der Un-Verstand ist. (Wu-sin).

Die separante Vorstellung eines Objekts als real führt zu der grundsätzlichen Trennung von Selbst und Objekt, und weiterhin zu einer Menge falscher Gegensätze von gut–schlecht, stark–schwach etc. Diese Dualitäten erfordern Wahl und Urteil, die das Selbst in dialektische Konflikte verwickeln. Der Glaube des Partizipanten an Einheit verleiht ihm die Freiheit der Unendlichkeit, unbegrenzt durch Gegensätze oder absondernde Grenzen separater Objekte. Infolgedessen sind die Möglichkeiten im Universum des Partizipanten endlos, sodaß:

Etwas und Nichts erschaffen sich gegenseitig;
Das Schwere und Leichte ergänzen sich;
Das Lange und Kurze gleichen sich an;
Das Hohe und Niedrige neigen zueinander;
Vorher und Nachher folgen einander.[63]

(Tao Te Ching)

Für den Partizipanten ist die Lethargie des Nichthandelns eine Quelle von Freiheit und Stärke. Lao-tse preist das Nichthandeln und lehrt seine Jünger, „der Weise bleibt bei der Tat, die darin besteht, keine Tat zu unternehmen, und so wird Ordnung herrschen."[64] Wir können sehen, daß diejenigen, welche in ihrer inneren Ideenwelt untertauchen und einen gewissen Abstand von der umgebenden Gesellschaft wahren, ein gewisses Maß von Freiheit und sogar Macht erreichen. Ein Diogenes hatte nicht viel zu verlieren, als er Alexander aufforderte, sein Sonnenlicht nicht zu verstellen; ein Spinoza kann seine Freiheit bewahren, indem er sich weigert, sich in die unvermeidlichen Intrigen eines prinzlichen Hofs zu verwickeln, die ein Teil des gekrönten Hofphilosophen sind.

Der partizipante Sozialcharakter sieht die begrenzenden Formen als Hindernisse im Pfad der Vollkommenheit.[65] Diese müssen beseitigt werden, denn Formen sind der Kern der Pluralität und bringen die Qualen der Beziehungen mit sich. Außerdem sind Etikettierung, Bezeichnung und Benennung Hindernisse für die Teilnahme an der Einheit, weil:

Der Weg, der beschrieben werden kann, ist nicht der beständige. Der Name, den man nennen kann, ist nicht der beständige. Das Namenlose war der Anfang von Himmel und Erde.[66]

Lao-tse

In einem anderen Gegensatz können wir sehen, daß der Hinayana-Buddhismus moralische Normen auferlegt, in Übereinstimmung mit seinem partizipanten Ideal statischer Tatenlosigkeit. Der separante Hatha Yoga in der Form des Tantrismus mißachtet aber moralische Konventionen und vertritt die Verletzung der Normen. Das separante Zen-Erwachen führt zu einer Befreiung von allen Konventionen, einschließlich der Moralität. Schließlich beenden wir unseren Vergleich zwischen separantem Aufschwung und partizipanter Lethargie mit einer musikalischen Note: Es gibt eine ausgesprochene Ähnlichkeit zwischen den musikalischen Tonleitern der quietistischen Hassidim, der selbstauslöschenden, verschleierten Musik des Mittleren Ostens und den gregorianischen Gesängen. Diese Musik eignet sich gut für die partizipante Suche nach der Benommenheit des ewigen Schlafs und der Vergessenheit zeitlicher Auslöschung. Separante Musik dagegen bricht in ekstatischen Pomp und romantische Pracht aus. Das Requiem von Berlioz, Haendels Messias und Beethovens Kaiser-Klavierkonzert überwältigen die Hörer und überfluten alles in Hörweite in einem turbulenten Schwall, dessen Ziel es ist, den Himmel zu durchbrechen und jedes Körnchen der Schöpfung mit sich zu reißen.

Zeit und Leere

Beziehungen innerhalb einer Pluralität setzen Reihenfolge und Ordnung und daher Zeit voraus. Das Bewußtsein von Zeit ist die Essenz des separanten Sozialcharakters. Die auf die Zukunft eingestellte protestantische Ethik sieht eine fruchtbare und positive Ausnützung der Zeit als eine Seite der menschlichen Erlösung an, während für die materiellen Dialektiker die Erlösung im Determinismus besteht, oder, in ihrem Jargon, in „historischer Notwendigkeit." Für den Partizipanten, im Gegensatz, ist die Zeit nur eine Dimension des Endlichen, welche die Formen der Materie enthält und die Ordnung der Speichen des Samsara-Rads bestimmt. Die kollektive Objektfixierung des separanten Charakters bezieht Zeit auf Raum in einer dynamischen, aber untrennbaren Gestalt. Folglich ist unser separanter Typ wesentlich anders als Spenglers faustischer, kultureller Archetyp, welcher Zeit, Richtung und Schicksal den Vorrang über Raum und Kausalität gibt.[67] Für unseren separanten Sozialcharakter gehören Zeit und Raum, und daher auch Richtung und Kausalität, zu derselben objektiven Struktur. Daher besteht die Befreiung des partizipanten Sozialcharakters von den Banden der Zeit in der Freiheit von den Begrenzungen des Raums, weil beide zusammen die konkrete Realität darstellen, so wie zwei Atome ein Molekül der Materie bilden. Wenn eins der Atome zerstört wird oder sich abspaltet, zerfällt das Molekül. In subtilerer Weise wird unser Beispiel illustriert durch den buddhistischen Zustand des Jhana, der ein vereintes, punktzentriertes Bewußtsein ist, d. h. ohne Substanz, und in einem Augenblick (ekak sana) der Gegenwart, ohne Vergangenheit und Zukunft, d. h. zeitlos.[68] In ähnlicher Weise erreicht der partizipante Sufi sein Ziel, indem er sich von der Sklaverei der Zeitzyklen der objektiven Wirklichkeit befreit und seine eigene, subjektive Zeit gestaltet, welche die ewige Gegenwart der Zeitlosigkeit ist.[69] Der separante Sozialcharakter ist zukunftbezogen, weil man „einen Lebensplan haben muß", um seinen Wert vor Gott zu beweisen; oder weil „wir heute fasten , um morgen ein Fest zu feiern"; oder weil eine Folge von 5–Jahres-Plänen uns auf einen Idealzustand hinführt. „Denke daran," sagt Benjamin Franklin, „daß Zeit Geld ist"[70], und Geld ist ein Symbol von Gnade, Macht und Weisheit. Infolgedessen schätzt der Separante Pünktlichkeit und die Befolgung von Stundenplänen, und ist ein Sklave von Programmen und Terminen. Er muß „die unerbittlichen Minuten" mit sechzig Sekunden von Wettlauf füllen. Er haßt Zeitvergeudung und hat Schuldgefühle, wenn er verschläft, sogar an Feiertagen, und ist besorgt, wenn seine Uhr stehenbleibt oder ungenau geht.[71] Die von einer Routine beherrschte Tageseinteilung gibt dem Separanten Sicherheitsgefühl, daß er den umgebenden Raum kontrollieren und sein Schicksal bestimmen kann.

Der Partizipant hingegen hat ein stetiges Gefühl von zeitlichem Mißerfolg; er fühlt sich als Außenseiter, als unbeteiligter Beobachter der täglichen Routine. Aber er versteht besser die Nutzlosigkeit, sich an das Samsara-Rad zu klammern. Der separante, sisyphische Mensch hat nicht genügend Perspektive dafür, weil er in dauernden, zum Mißerfolg verdammten Versuchen verstrickt ist, Objekte zu überwältigen. Der Partizipant sehnt sich nach Unendlichkeit. Geschichte ist deshalb für ihn nicht der allmächtige Antrieb, der die Welt vorwärtstreibt. Geschichte und Zeit sind für ihn nur Strudel und kleine Wellen des Maya-Vorhangs, des Schleiers der Illusionen, welcher von dem Upanishad „Moksha", der Befreiung, aufgelöst wird. Die Maya-Illusion ist sowohl Zeit wie Form (rupa), die untrennbar verbunden sind. Infolgedessen enthält die Vision des Partizipanten von der Ewigkeit die Auflösung des verdunkelnden Nebels der Zeit, der Sequenz und Form, und die Entdeckung der hinter ihnen verborgenen Beständigkeit der Einheit.

Errungenschaft und Verzicht

Eine der hauptsächlichsten Eigenschaften des separanten Sozialcharakters ist das Erreichen kultureller Ziele, welche die Manipulierung der Umgebung enthalten. Der Wunsch, einen höheren sozialen Status als den der Eltern zu erreichen, d.h. mehr Geld zu verdienen, mehr Macht anzusammeln, ist ein Anzeichen der Motivierung des separanten Charakters. Überdies zeigt das ganze normative System sowie die kulturelle Metaphysik in der Kunst, den Mitteilungswegen, der Folklore und Erziehung die innewohnenden Werturteile einer gewissen Gesellschaft für oder gegen das Ziel der Errungenschaft.

Für McClelland, den hervorragenden Erforscher des Leistungsmotivs in separanten Gesellschaften, ist der mythologische Erztypus der Leistungsausrichtung der Gott Hermes: der Beschützer der aufwärtsstrebenden, auf Errungenschaft ausgerichteten Athenischen Kaufmann-Entrepreneurs und das Spiegelbild ihrer Bestrebungen, wie sie von sich und von anderen angesehen werden.[72] Der aktive Objektmanipulator, der die Welt verschlingen will, wird in folgendem Nachruf beschrieben:

„Er ist ... streitsüchtig, geschickt zu beweisen, daß das Schlechtere als das Bessere erscheinen soll. Er lügt frech Apollo an. Er versucht durch eine Mischung von Tricks, Bluffs und Schmeichelei Apollo davon zu überzeugen, ihn die gestohlenen Rinderherden behalten zu lassen, und mit Erfolg. Dies sind die Haupteigenschaften des unverschämten, glattzüngigen Egoisten, der die Athenische Agora unsicher machte."[73]

Diese negative Werteinschätzung in der obigen Beschreibung von Hermes, des listenreichen Emporkömmlings, unterstützt nicht McClellands Behauptung, daß das Griechenland der homerischen „Hymne für Hermes" (ca. 520 v.Chr.) eine errungenschaftsmotivierte Kultur war.[74] Wir können sogar behaupten, daß das gesamte Thema der Hybris, das heißt die Selbstüberhebung über sein Schicksal, des meden agan (nichts in Überfluß) und der Bestrafung derer, die den goldenen Mittelweg verließen, durch die eifersüchtigen Götter dem Erreichen von Erfolg und Errungenschaften entgegengesetzt war. Hermes kann sehr gut das archetypische Vorbild des Aufwärtsstrebers abgeben. Aber der separante, objektorientierte Aktivist bedarf eines ausführlicheren Modells. Tatsächlich beschreibt Weber in seiner Vorstellung des heilsuchenden Kalvinisten ausführlicher unseren objektmanipulierenden, aufwärtsstrebenden Aktivisten. Diese These sagt, daß Errungenschaft an sich nicht das Ziel ist, sondern daß Erfolg, Emporkommen und das Anhäufen von Reichtümern die transzendentale Gnade beweisen. Infolgedessen sollten die göttlichen Zeichen von Wert nicht ausgenützt werden, um den offensichtlichen Beweis der Rettung zu verstärken. Das ist das separante Ideal der Erfüllung, das durch Objektfixierung bestimmt ist, in welchem die Manipulierung der Umgebung einem das (illusorische, sisyphische) Gefühl der Einverleibung des Objekts gibt. Deshalb verfügt die protestantische Ethik Sparsamkeit und Vermeidung weltlicher Vergnügungssucht, damit man investieren und Macht, Geld und Güter erwerben und so mehr Objekte unter persönliche Kontrolle bringen kann. Dies ist auch in Wesleys Anweisung an seine Gemeinde enthalten: „Wir müssen alle Christen ermahnen, soviel wie möglich zu erwerben und alles, was sie können, zu sparen", d. h. reich zu werden.[75]

Das Erfolgsmotiv als ein Zug des separanten Sozialcharakters darf nicht mit dem halbinstinktiven Erwerbsimpuls verwechselt werden, der den meisten Lebewesen, und besonders dem immer habgierigeren Menschen, innewohnt. Weber drückt das treffend aus: „Die Jagd nach Gewinn und Geld, möglichst viel Geld, hat an sich nichts mit Kapitalismus zu tun. Der Impuls besteht und hat immer bestanden, gleich ob bei Kellnern, Ärzten, Kutschern, Künstlern, Prostituierten oder Bettlern."[76] Für den Separanten ist die Errungenschaft alleine nicht genug. Was entscheidet, ist die Unterwerfung des Objekts „da draußen", ob es noch eine Fabrik, noch eine Bank, eine Erfindung oder ein anderer Höhepunkt sei, die dadurch ein Teil des erweiterten Selbst werden. Die gotische Architektur mit ihren Bögen und Turmspitzen, die in den Himmel streben, ist die Verkörperung des Zielstrebigkeits- oder Errungenschaftsmotivs.

Dieses Motiv wird zweifellos der Jugend durch Sozialisierung eingeprägt. Es gibt reichliche Beweise dafür, daß die höhere Errungenschaftsmotivierung der aktiven Protestanten im Vergleich zu den partizipanteren Katholiken mit den verschiedenen Methoden der

Sozialisierung verbunden ist.[77] Protestantische Eltern und Sozialisierungsinstitutionen betonen Selbstbewußtsein, Unabhängigkeit und Selbsthilfe, während die Katholiken Nachdruck auf autoritäre Einschränkung von Aktivität und strenge Befolgung von Normen legen. Eine Untersuchung stellte fest, daß katholische Eltern mehr Geräte wie Laufställe und Laufgurte kaufen, die dazu bestimmt sind, freie Aktivität der Kinder zu beschränken.[78] Die geistreichen Untersuchungen Winterbottoms zeigen, daß hohe Erfolgserlebnisse mit Sozialisierung durch Eltern verbunden sind, besonders durch Mütter, die Konkurrenzneigung, Aktivität und Unabhängigkeit unterstützen.[79] In partizipanten Gesellschaften, in denen Religion eine große Rolle in der Erziehung spielt, ist natürlich die Sozialisierung darauf ausgerichtet, Inaktivität und Teilnahmslosigkeit gegenüber weltlichem Erfolg einzuprägen. Für den separanten Sozialcharakter ist Errungenschaft eine Pflicht, „eine Berufung", und muß mit Fleiß, Solidität und Umsicht verfolgt werden.[80] Diese Objektmanipulation steht im Kontrast zu Lethargie, dem passiven Schlummer des Nichtstuns, welche die Zeichen des partizipanten, quietistischen Ideals sind. Auf sozialem Niveau sind die Indikatoren für hohe Zielstrebigkeit verschiedene Maße des ökonomischen Wachstums, wie z. B. Kraft- und Energieproduktion, per capita Elektrizitätsverbrauch, Anzahl eingetragener Patente pro Jahr.[81] Jedoch sind die Errungenschaftscharakteristiken, die den separanten Charakter auszeichnen, ausführlicher und raffinierter. Der separante „achiever" ist „forsch, energisch, ruhelos und dynamisch".[82] Aber diese Dynamik ist nicht ziellos, sondern auf ein genau definiertes Objekt gerichtet. Der separante Erfolgsmensch ist meist ein Reisender[83], der buchstäblich „sein Land abmißt", als eine symbolische Handlung der Einverleibung der von ihm besuchten Plätze in seinem persönlichen Lebensraum. Der separante Streber ist ein sozialer Parvenu, ein Pyramidenkletterer.[84] Er strebt danach, die traditionellen Statusformen zu durchbrechen, um sich einen Platz an der Spitze zu sichern. Soziale Beziehungen, einschließlich Heirat, werden hauptsächlich mit Hinsicht auf ihre Aussichten geplant, einen unter die „richtigen Leute", den „jet set" und die „populären Kreise" zu bringen. Der patrizische Adel neigt dazu, einen bestimmten Status herabzusetzen oder zu mißachten; nicht so die Neureichen und Snobs, für die der erreichte Status eine Bestärkung ihres Glaubens an ihre Fähigkeit ist, ihre Umgebung zu kontrollieren. Der separante Emporkömmling ist von Erfolg und Mißerfolg besessen.

Für ihn sind die „Verlierer" der Inbegriff all derer, die „es nicht geschafft haben". In einer separanten Kultur nimmt der Verlierer den Platz der Hexe oder des „schwarzen Manns" ein, mit denen man „böse" Kinder erschreckt, die schlechte Noten nach Hause bringen. Erfolg ist natürlich relativ. Daher versucht auch der Parvenu seine Erfolge dadurch zu zeigen, daß er andere schlecht macht und ihre Erfolge wegerklärt. Der sisyphische Streber will immer höher, sodaß die Anstrengung kein Mittel mehr ist, sondern ein Teil des Ziels wird, weil er sich immer dessen bewußt ist, daß die Rettung durch absolute Errungenschaft nur eine Utopie sein kann. Trotz allem kann man den Felsen weiter aufwärtsrollen, wenn er auch manchmal zurückrollt. Der separante Charakter singt: „Wir werden überwinden!", während er seine Bürde trägt. „Sei ein König in deinen Träumen," predigte Andrew Carnegie. „Sage dir: Mein Platz ist an der Spitze". „Das kulturelle Manifest ist klar", sagte Merton, „man darf nicht klein beigeben, nicht aufhören zu streben, nicht sein Ziel herabsetzen, denn nicht Mißerfolg, sondern ein zu tief gesetztes Ziel ist das Verbrechen".[85]

Die sisyphische Essenz der Errungenschaft ist auf allen Ebenen der Analyse zu finden: der subjektiv-psychologischen, der Beziehungs-interaktiven und der sozialen. Auf der subjektiven Ebene kann das zielstrebige Motiv nie befriedigt werden: Der Appetit wächst mit jeder neuen Errungenschaft und Machtposition und mit jedem Titel. Frühere Errungenschaften werden nicht angesehen oder als selbstverständlich betrachtet, wäh-

61

rend zukünftige Ziele niemals völlig erreicht werden können, infolge ihrer Unbegrenztheit in einer separaten Kultur. Der separante Emporkömmling rudert verzweifelt gegen den Strom. Er macht die größte Anstrengung, vorwärts zu kommen, und der reißende Strom gibt ihm die Illusion des Vorwärtskommens; aber in Augenblicken der Nüchternheit, wenn er ans Ufer blickt, erkennt er die Wahrheit. Das Motto des Emporkömmlings, der verzweifelt auf die Unendlichkeit hinrast, ist „per aspera ad astra"; seine subjektive Erkenntnis der Entfernung ist ohne Anfang und Ende, ohne Anreise oder Ankunft.

Homo Faber und Fatalismus

Arbeit, Fleiß und Aktivität als Ziel an sich sind ebenfalls Züge des separaten Sozialcharakters, ganz abgesehen vom Errungenschaftsziel. Zielstreben beabsichtigt, das Objekt zu überwinden, zu kontrollieren und es in des Egos „Lebensraum" einzuverleiben, während Arbeit zum Ziel hat, Subjekte und Objekte in ein bedeutungsvolles Verhältnis zu bringen. Arbeit wurde Berufung und Glaubensbekenntnis für so verschiedene soziale Charaktere wie die nordwesteuropäischen Protestanten, die Sowjetrussen, die zionistischen Siedler und die maoistischen Chinesen, während sie dagegen für die partizipanten Katholiken ein Fluch blieb.

Der separate Homo Faber, der fleißige soziale Charakter, ist sehr passend von Fromm beschrieben worden:

In der Besprechung des produktiven Charakters wage ich mich jenseits der kritischen Analyse, indem ich die Natur des vollentwickelten Charakters untersuche, der das Ziel der menschlichen Entwicklung ist ... Die „produktive Orientierung" der Personalität bezieht sich auf eine grundlegende Einstellung, eine Art der Beziehung auf allen Gebieten der menschlichen Erfahrung. Sie bezieht sich auf geistige, emotionelle und sinnliche Reaktionen auf andere Personen, sich selber und auf Dinge. (Produktivität bedeutet, daß der Mensch) ... durch Vernunft geleitet wird, da er seine ganzen Fähigkeiten nur ausnützen kann, wenn er sie kennt und weiß, wofür sie einzusetzen ... Produktivität bedeutet, daß er sich als Verkörperung seiner Fähigkeiten und als ihr ausführendes Organ fühlt ... Man kann der Welt gegenüber produktiv eingestellt sein, indem man handelt und versteht. Der Mensch produziert Dinge, und in dem Prozeß des Schaffens übt er seine Macht über die Materie aus ... Seine Fähigkeit, logisch zu denken, befähigt ihn, durch die Oberfläche der Dinge zu ihrer Essenz durchzudringen, indem er eine aktive Beziehung zu ihnen schafft.[86]

Fromm zeigt den produktiven Homo Faber als eine bedeutungsvolle Beziehung zu dem Objekt schaffend, durch vernunftgeleitete Aktivität. Für Fromm ist die Produktivität das Allheilmittel für des Menschen Einsamkeit; er folgt so Hegel und Marx, indem er Aktion als die rettende ontologische Brücke zwischen Ego und Objekt sieht. Aber trotz allem fühlt Fromm das Dilemma der separaten Persönlichkeit, für die er eine Pseudo-Lösung gibt:

Die menschliche Existenz ist durch die Tatsache charakterisiert, daß der Mensch allein steht und von der Welt getrennt ist; da er dieser Trennung nicht gewachsen ist, muß er eine Beziehung und Vereinigung suchen ... das Paradox der menschlichen Existenz ist, daß er gleichzeitig die Nähe und die Unabhängigkeit suchen muß; die Vereinigung mit anderen und die gleichzeitige Aufrechterhaltung seiner Einmaligkeit und Besonderheit ... die Lösung für dieses Paradox ... ist Produktivität.[87]

Sisyphus würde sicher in ein sarkastisches Grinsen ausbrechen und bemerken, daß Fromm einen Segen mit einem Fluch verwechselt. Man sollte ihn fragen, ob er eine aktive Verbindung mit dem Objekt für vorteilhaft oder überhaupt möglich hält. Das Ego strebt wirklich danach, aus seiner ontologischen Einsamkeit auszubrechen, indem es nach dem Objekt ausgreift – aber hat es Erfolg? Sisyphus würde sich selber und uns versichern, daß die menschliche Fähigkeit, mit dem Objekt in Wechselbeziehung zu treten, begrenzt ist. Man kann sehr beteiligt an dem Objekt sein, aber wenn wir über eine dauernde, bedeutungsvolle, auf Vernunft basierende Beziehung sprechen, würde Sisyphus verzweifelt nur seinen armen Kopf schütteln. Der aktive Objektmanipulator fühlt oft, daß das „Weltall außer Kontrolle geraten ist". Die Physiker erreichen einen Punkt, an dem – ob auf der Mikro-Ebene der subatomischen Teilchen oder der Makro-Stufe der Milchstraßen – Vernunft und Bedeutung sich oft in Chaos auflösen. Die fieberhafte Produktivität des Menschen, die beabsichtigt, ihn mit dem Objekt in Harmonie zu bringen, beschleunigt stattdessen das Sterben der Atmosphäre, die Verschmutzung von Wasser, Versklavung an das Petroleum und die Auslieferung von Atomöfen an Tyrannen wie Khomeini und Muammar Gaddaffi; all dieses bringt die endgültige Explosion zustande, in der Ego und Objekt in einer makabren Einheit der Götterdämmerung verschmelzen.

Für die partizipanten Katholiken sind Aktion und Arbeit dem Menschen als Folge des Sündenfalls auferlegt worden. Infolgedessen vertrat die mittelalterliche Kirche die klar partizipante Ansicht, daß „Tatenlosigkeit und müßige Betrachtung helfen, Sünden zu vermeiden".[88] Die Reformation änderte die katholische Einstellung zur Arbeit radikal. Gemäß ihrer separanten Weltanschauung sah sie Arbeit als das hauptsächliche Mittel zur Erlösung an. Luther predigte, daß Arbeit dem Gebet gleichkommt[89], und Gebet ist das Mittel des Separanten, nach dem Ergreifen des Objekts zu streben. In unserem Zusammenhang würde das bedeuten, daß Arbeit dem Ego das Gefühl verschafft, daß die Göttlichkeit in ihm und der göttliche Kern im Objekt in einer Form verbunden werden können. Die Weltlichkeit war für die Calvinisten verdorben und chaotisch, und nur durch disziplinierte, anstrengende und andauernde Mühe könnte man sie in eine heilige Gemeinschaft umwandeln.[90]

Infolgedessen brachte die streng protestantische Kirche (Low Church) einen Charakter hervor, für den dauernde und systematische Arbeit[91] eine Pflicht, eine Art von Gebet, das Zentrum seines Glaubens und seine raison d'etre war. Wenn wir die lutherischen Deutschen, die Holländer, die Schotten (aber nicht die englische Anglikanische Kirche, die ihren Protestantismus nie ernst nahm und einen Gentleman als einen Mann mit lilienweißen Händen bezeichnete) und Bewohner des amerikanischen „Bible Belt" betrachten, beeindruckt uns die Tatsache, daß sie nicht imstande sind, sich gehenzulassen. Sogar wenn sie auf Urlaub sind, beschäftigen sie sich mit Fischen, Autofahren und Wohnwagen-Ausrüstung, sodaß ihre Beschäftigung nach außen hin nicht weniger anstrengend ist als ihre gewöhnliche Arbeit. Sie sind unruhig, wenn sie unbeschäftigt sind, und ihre kollektive Objektfixierung verursacht ihnen Schuldgefühle, wenn sie versuchen, sich sogar momentan zu entspannen. Spezialisierung ist das natürliche Resultat der intensiven Beschäftigung des Separanten mit dem Objekt und hat deshalb auch eine gründliche Kenntnis zur Folge. Aber gerade die Spezialisierung verstärkt das sisyphische Dilemma des Separanten. Die atomisierte Konzentration auf einen bestimmten Abschnitt eines Projekts verwandelt die Arbeit in eine mechanische, sich wiederholende Aktivität und die Arbeiter in unbeseelte „Spezialisten", die in eine mechanisierte Verknöcherung versinken, welche nur durch eine Art zwangshafter Selbstwichtigkeit gemildert wird.[92] Dies ist Webers apokalyptische Vision der „einsamen Menge" – des Sisyphus, wie er in den spezialisierten Überbauten der modernen Megalopolis Schrauben auf dem Montageband dreht und Knöpfe an den Rechenmaschinen drückt.

Der partizipante Sozialcharakter ist ein Fatalist. Er betrachtet jede zielausgerichtete Aktivität, die bestimmt ist, eine menschliche Beziehung zum Objekt zu erreichen, als sinnlos, weil es für ihn kein Objekt gibt, und man nicht im Leeren handeln und reagieren kann. Und tatsächlich hat der Mensch gelernt, daß ein partizipanter Sozialcharakter nicht durch Erlässe geändert werden kann. Das kommunistische Regime, dessen Essenz ein separanter Aktivismus ist, mußte in China den Geist des Konfuzius heraufbeschwören – welcher immer noch den chinesischen Sozialcharakter zu beeinflussen scheint – um die konfuzianischen partizipanten Prinzipien zu bekämpfen.

Für den partizipanten Hinayana-Buddhisten bedeutet Karma, der zeitweilige Zustand des Menschen in dem Elend des Samsara-Rads, buchstäblich Handlung.[93] Da Handlung und Aktivität eine Objektbezogenheit voraussetzen, schließen das taoistische Wu-wei, d.h. die Nicht-Handlung, sowie das buddhistische akarma (die nicht gezielte Handlung) das Objekt aus und befreien das Ego für den Empfang der Dinge, wie sie wirklich sind, ohne danach zu streben, den räumlich-zeitlichen Zustand zu verändern. Die Untätigkeit des Wu-wei bedeutet die Akzeptierung von Tatsachen und Ereignissen, nicht durch den Verzicht auf die Kontrolle über das Objekt, sondern weil jedes Sein außerhalb des Selbst entweder ein Teil des allgegenwärtigen Tao ist oder eine flackernde Illusion, die nicht der Aufmerksamkeit wert ist. Die Wirklichkeit des taoistischen Wu-wei ist ein Von-innen-nach-außen-Wachsen, ohne die Kontinuität der Einheit zu unterbrechen; infolgedessen ist Objektbezogenheit eine ontologische Unmöglichkeit.[94] Dieses Wachstum des Tao ist keine Wechselwirkung und deshalb kein Prozeß des Ausgreifens, sondern einer nachgiebigen Empfangsbereitschaft. „Nachgeben," sagt Lao-tse, „bedeutet, sich als Ganzes zu bewahren." Durch die fatalistische Unterwerfung unter die Wechselfälle der Umwelt hebt der Partizipant ihre Einflüsse auf, so wie man sich trainieren kann, das monotone Geräusch des starken Verkehrs oder das vorauszusehende Nörgeln einer Frau zu ignorieren.

Die fatalistische Akzeptierung der Umwelt erlaubt dem Partizipanten, sie zu ignorieren und seine innere Größe zu steigern. „Sizilien wollte schlafen," sagt Di Lampedusas Don Fabrizio: „trotz (äußerer) Versuchungen; denn warum sollte es hören, da es doch selber reich, weise, zivilisiert, ehrlich und von allen bewundert ist, in einem Wort, wenn es vollkommen ist ... dieses Gefühl der Überlegenheit, (welches jedes Sizilianers Auge blendet), das wir Hochmut nennen, (ist) in Wirklichkeit Verblendung."[95]

Und dennoch beabsichtigt Don Fabrizio, eine Zuflucht vom Elend der äußeren Welt zu erreichen – aber ohne Erfolg. Teilnahme ist ein Ziel, ein Ideal, das nach Definition unerreichbar ist. Dasselbe gilt für das Tao, das Nirvana und das Samadhi. Alle sind Idealzustände, deren Suche im Sozialcharakter des partizipanten Menschen eingeprägt ist, die aber unerreichbar sind. Der Partizipant ist daher ein Tantalus, der Vollkommenheit sucht in einer flüchtigen, ätherischen, immer ausweichenden Einheit – in derselben Weise wie der separante Sisyphus vergeblich seinem galoppierenden Objekt-Fels nachjagt.

Effendis und Snobs

Der separante Sozialcharakter strebt nach Mobilität, sowohl vertikaler als horizontaler, während der Partizipant ökonomische, religiöse, legale und traditionelle Hindernisse auf seinem Weg zur Mobilität finden wird. Viele Kriterien sind aufgestellt worden, um die soziale Mobilität innerhalb verschiedener Gesellschaften zu messen.[96] Aber ich bin hier nicht an Maßstäben interessiert, sondern an allgemeinen Zeugen, die mit sozialer Mobilität der Partizipanten und separanten Sozialcharakteren verbunden sind. Äußerlich mag eine große Ähnlichkeit zu Toenis' Kontrast zwischen einer traditionellen, integrierten und sozial stabilen Gemeinschaft einerseits und der industrialisierten, unpersönlichen, diffusen Gesellschaft[97]) andrerseits, und unserem partizipant-separanten Kontinuum bestehen, wie es auf die soziale Mobilität angewandt wird. Aber Toenis' ist eher eine makro-soziologische Beschreibung, die natürlicherweise Motivierung und Objektbeziehung – das Rückgrat unserer Analyse – nicht in Betracht zieht. Dies trifft auch auf Webers Beschreibung der traditionellen und partizipanteren Typen sozialer Aktivität zu, die im Gegensatz zu den werkzeugbezogenen, rationalen und separanteren Typen stehen.[98]) Die Hauptcharakteristik des separanten sozialen Aufwärtsstrebers ist sein unersättlicher Hunger nach dem Objekt. Sein Streben, das Objekt zu erreichen oder zu besitzen, ist vollkommen verschieden von dem Wunsch des „Erfolgsmenschen", seinen Wert durch materielle Güter zu beweisen. Der soziale Streber braucht seine Erwerbungen als Statussymbole. Er ist kein asketischer Hamsterer von Reichtümern, sondern ein angeberischer, auffälliger Verbraucher. Sein Endziel ist vertikale Mobilität. Deshalb ist er auf Menschen eingestellt, besonders auf solche, die ihm zu einem „Platz an der Spitze" verhelfen können. Er konzentriert sich auf andere Leute, nicht um einen Dialog oder einen Rapport mit ihnen zu erreichen, sondern wegen ihres sozialen Status' ihm gegenüber. Der Hunger des Separanten nach Bekanntschaften, der mit seiner kollektiven Objektfixierung zusammenhängt, ist nicht Bedarf nach Freundschaft und emotioneller Wärme, sondern eine Bestätigung seines „richtigen" Status.

Moral, d.h. normative Begrenzung der Wahl der Mittel, einen höheren Status zu erreichen, wird von dem sozialen Streber nicht beachtet. Moralität enthält innere Kontrollen, welche die freie und „natürliche" Haltung und das Benehmen des Pyramidenkletterers behindern, das ihm von dem letztlich populären Schrittmacher vorgeschrieben wird. Sozial-Darwinismus herrscht hier im Sinne des Überlebens des Stärkeren. Diejenigen, welche sich nicht den komplizierten und veränderlichen Erwartungen derer anpassen, die den Ton angeben, stürzen von der Pyramide und bleiben voll bitterem Neid zurück. Der Streber wird die soziale Leiter besser ersteigen, wenn er sich nicht durch Zuneigung zu Menschen behindert, denn das könnte sein Urteil trüben, wie man am besten die nächste Leitersprosse erklimmt. Der soziale Emporkömmling muß seine Einstellung bewahren, andere Menschen als Dinge, d.h. als leblose Objekte anzusehen. Schließlich wird der mobile Sozialcharakter eher durch eine industrielle, städtische und kommerzielle Umgebung produziert. Im Gegensatz dazu wird eine landwirtschaftliche, traditionelle, nichttechnische Umgebung weniger leicht einen „Vom Tellerwäscher zum Millionär"-Typ oder einen Snob hervorbringen, wie er in Somerset Maughams „The Razors Edge" beschrieben ist.

Die kollektive partizipante Fixierung auf statische Beharrung auf Nicht-Handlung tendiert dazu, soziale Mobilität durch das Brechen vorgeschriebener und durch Gottes Gnade geheiligter Statusformen zu begrenzen. So verhindert z.B. in Indien, einer der partizipantesten Kulturen, das starre Kastensystem noch immer die soziale Mobilität. Auch Tradition, Klasse, Status und die ganze bestehende soziale Struktur sind ebenfalls machtvolle Hindernisse der Mobilität. Dies betont Weber in seiner klassischen Ausführung:

Die Ableitung der Legitimierung einer Gesellschaftsordnung vom Glauben an die Heiligkeit der Tradition ist eine verbreitete und primitive Form. Die Furcht vor magischen Strafen bestätigt psychologische Hemmungen gegen jede Art von Änderung üblicher Gewohnheiten. Gleichzeitig wirken die vielen Interessen, welche an Aufrechterhaltung einer gewissen Ordnung interessiert sind, in der selben Richtung.[99])

Gesetze, Bräuche und ökonomische Verpflichtungen können praktisch Menschen an geographische Regionen binden. Das Feudalsystem im mittelalterlichen Europa, die Verkettung des russischen Muschiks mit den Ländereien eines Aristokraten vom 17.Jahrhundert an, unter den Zaren, und die lebenslange Pacht der mittelöstlichen Fellahin der Länder eines Effendis vermitteln Illustrationen dieser Bodengebundenheit. Schließlich ist auch erwähnenswert, daß in unzivilisierten Gesellschaften, in denen jedes Individuum an der gemeinschaftlichen Totem-Seele Teil hat, eine soziale Mobilität bedeutungslos ist.[100] Diese Gesellschaftsformen, die wahrscheinlich an den extremen Pol der Partizipation gehören, zeigen ganz klar das umgekehrte Verhältnis zwischen dem partizipanten Sozialcharakter und sozialer Mobilität. In ähnlicher Weise ist für den Hinayana-Buddhisten, für den Kampf innerhalb des Samsara-Rads sinnlos und abstoßend ist, die soziale Mobilität eine der Erscheinungen von dukkha, des schmerzlichen Leidens menschlicher Beziehungen. Der partizipante Taoist, der Hinayana-Buddhist und der Yogi der Upanishaden würden alle soziale Mobilität verabscheuen als die Essenz des unvermeidlichen Leidens durch Handlung und die trügerische Illusion der Objektbezogenheit.

Erlösung und Utopie

Es ist undankbar, sich mit Themen wie Utopie zu befassen, die schon so ausführlich dokumentiert worden sind. Wenn man wagt, frühere Analysen unbeachtet zu lassen, riskiert man das Erlebnis des unglücklichen Bewohners eines abgelegenen tibetanischen Dorfs zu wiederholen, der das Fahrrad aufs neue erfand. Wenn man, auf der anderen Seite, beschließt, sich in vorhergehende Untersuchungen zu vertiefen, beginnt man einen aussichtslosen Kampf mit Riesen wie Karl Mannheim. Ich sehe jedoch keinen anderen Ausweg, als mich zumindest begrifflich Mannheims Auffassung gegenüberzustellen. Mein separater Sozialcharakter scheint sehr verschieden von Mannheims utopischem Menschen zu sein. Der Revolutionär, der es unternimmt, eine existierende „Topie" (soziale Ordnung) infolge gewisser ideologischer Wunschvorstellungen zu stürzen, ist nach Mannheims Definition ein Utopist.[101] Unser Separant dagegen hat höhere Ambitionen. Er wünscht, eine vollkommene Harmonie zwischen Subjekt und Objekt herzustellen. Dies ist die wahre Utopie, wörtlich „nirgendwo", da sich noch nie jemand erfolgreich und vollkommen mit seinem Objekt in Übereinstimmung gebracht hat, obgleich der separante Sisyphus immer wieder versuchen wird, mit seinem Felsen zu einem Kompromiß zu kommen. Mannheims Utopie ist ein Zustand, der vom Standpunkt einer gegebenen sozialen Ordnung unerreichbar ist[102], während die Utopie des Separanten von jedem Standpunkt aus absolut unerreichbar ist, obgleich er nie aufgeben wird, danach zu streben. Für Mannheim sind Utopien räumliche Wunschvorstellungen, wogegen zeitliche Wunschvorstellungen die Erwartung des 1000-jährigen Reiches darstellen.[103] Unser Separant strebt nach vollkommener Harmonie mit dem Objekt in den Zeit- und Raumdimensionen, wenn diese selber in Harmonie sind. Mir scheint, daß vorliegende Auffassung der separanten Utopie mehr mit der konventionellen Bedeutung des Begriffes übereinstimmt, da er benützt wird, um sozio-politische Strukturen zu beschreiben, die von einem Plato oder Thomas More erträumt wurden.
Diese utopische Vision ist auf einen Punkt im Raum und in der Zukunft projiziert, aber der dazu führende Prozeß ist dialektisch. Die gegenwärtige Unterordnung wird durch eine widersprüchliche Umwälzung zu ihrer Antithese hingestoßen. Die Folge ist ein zeitweiser stabiler Zustand, der aber alsbald von einem neuen dialektischen Zickzack abgelöst wird, etc. ad infinitum. Dieser Prozeß muß laut der separanten Vision irgendwann, irgendwo in seinem Hin und Her den Stein des Weisen enthalten, der die Alchemie vollbringt, die Kluft zwischen Ego und Objekt zu schließen. Der objektmanipulierende Separante bedarf der Utopie genauso wie seines entschiedenen Glaubens, daß er schließlich

einmal einen modus vivendi mit seinem Felsen finden wird.

Sisyphus, der separate Utopist, egal wie er in der Politik genannt werden mag, läßt seine wilde Energie auf das Objekt los, indem er es für seine Zwecke in eine „gerechte Gesellschaft", eine „klassenlose Gesellschaft" oder eine „Great Society" formt, wobei er die Rolle des Visionärs spielt. Der Partizipant hingegen verabscheut Geschichte. Sie ist für ihn nicht Notwendigkeit, sondern Versklavung. Er strebt danach, sich vollständig vom Objekt freizumachen, indem er sein Bewußtsein auslöscht, das ihn an die konkrete Welt bindet. Seine Fixierung an die prä-differenzierte Allgegenwärtigkeit veranlaßt ihn, Erlösung in zeit- und raumloser Einheit zu finden. „Nichts verhindert die Erkennung Gottes durch die Seele so sehr wie Zeit und Raum ... wenn die Seele Gott erkennen will, muß sie sich über Zeit und Raum erheben ... wenn die Seele den Sprung jenseits von sich selbst unternehmen will, und bereit ist, sich selbst und ihre eigene Aktivität aufzugeben, kann sie es nur durch die Gnade erreichen," sagt Meister Eckart.[104] Dies ist der tantalische „Sprung des Glaubens" ins Unbekannte und Unerreichbare, da es ohne Zeit kein Maß gibt und ohne Raum niemand weiß, wie weit die Erlösung entfernt ist. Zwischen passiver Einheit und der Erlösung geht der Weg durch Selbstauslöschung, aber dies ist selbst eine Beziehung und eine Zeitspanne, sodaß man zurück auf ein Paradox kommt. Der Erlösung Suchende ist ein Tantalus, der eine Fata morgana verfolgt, während Sisyphus, am anderen Pol des Kontinuums, seinen Felsen als einen Stein der Weisen in der Utopie erscheinen läßt.

Im Wesentlichen ist für unseren Zweck kein innewohnender Unterschied zwischen den verschiedenen Arten der von Mannheim geschilderten Utopien erstellbar. Diejenigen, welche auf das 1000-jährige Reich warten und durch einen messianischen Ausbruch revolutionärer Energie angespornt werden, zielen nicht auf die Ewigkeit, sondern – wie ihre Zeitgenossen, die Anarchisten – streben sie danach, die Gegenwart in ein gesetzloses Paradies zu verwandeln. Aber diese Vision einer zukünftigen Weltordnung ist die Projektion eines ekstatischen Thomas Muenzer auf einen aktivistischen Gott, von dem er erwartet, daß er hilft, das Objekt genau nach den Angaben des chiliastischen Propheten zu formen. In ähnlicher Weise ist die Utopie eines Bakunin so paradox, widersprüchlich und chaotisch wie der Geist ihres Urhebers. Die liberale Utopie ist im revolutionären Prozeß des Fortschritts verankert: Sie ist der Optimismus von „morgen ist ein neuer Tag" und „es wird besser und besser, wenn man nur genug Geduld und Ausdauer hat". Der Kipling-Charakter projiziert sein „Wenn" auf das Objekt, und zum Schluß – trotz aller Quälereien – werden Menschen, Dinge und Tiere in eine Utopie geformt, wobei das Ego in der Verkleidung des Superman das passende happy end für die Kinderreime liefert.

* * *

1. H. Arendt: Eichmann in Jerusalem, op. cit., p.3
2. Ibid., p. 3.
3. G. Hausner: Justice in Jerusalem (Hebr.), Beit Hagetaor und Hakibutz Hameuchad, 1980.
4. H. Arendt: The Origins of Totalitarianism, Cleveland 1963, Meridian Books, p. 25.
5. Ibid., pp. 28-29.
6. H. Arendt: Eichmann in Jerusalem, op. cit., p. 8.
7. Siehe zum Beispiel G. L. Mosse: The Crisis of German Ideology, New York 1964, Grosset & Dunlap.
8. A. J. de Gobineau: Essai Sur l' inegalité des Races Humaines, Paris 1983, Gallinard.
10. P. de Legarde: Ausgewählte Schriften, München 1924, p. 209.
11. S. Friedländer: Antisemitisme Nazi: Histoire d'une Psychose Collective, Paris 1971, Seuil.
12. Freud selber bezweifelte die Gültigkeit psychopathologischer Diagnosen auf dem Gruppenniveau. S. Freud: Civilization and its Discontents, London 1961, Hogarth Press, pp. 141-142.
15. S. G. Shoham: Sex As Bait, St. Lucia 1983, Queensland University Press.
17. R. Graves: The Greek Myths, op. cit., Volume 1, p. 240.
18. G. Widengren: The Principle of Evil in Eastern Religions, Evanston 1967, Northwestern University Press, p. 25.
19. E. Newmann: The Origins and History of Consciousness, Princeton 1970, Princeton U. Press, pp. 50-51.
23. R. Briffault: The Mothers, London 1927, George Allen and Unwin, Vol. III, p. 123.
24. J. Hastings: Encyclopedia of Religion and Ethics, New York 1951, Scribner, pp. 129-130.
25. R. Briffault: The Mothers, op. cit., Volume I, p. 56.
26. Ibid., p. 64.
27. Ibid., pp. 58 und 65.
28. Ibid., p. 57.
31. I. Tishby: The Wisdom of the Zohar, Jerusalem 1961, Bialik Institute, Volume 11, p. 620.
32. R. Briffault: The Mothers, op. cit., Volume I, p. 65.
33. O. Spengler: The Decline of the West, New York 1950, A. Knoph, Vol. I, p. 104.
34. C. G. Jung: Psychological Types, London 1944, Kegan Paul, Trench, Trubner and Co., p. 507.
36. McClelland: Achieving Society, op. cit., pp. 67, 107.
37. J. Ortega y Gasset: Man and People, New York 1963, Norton, pp. 29-30.
38. G. Murray: Five Stages of Greek Religion, op. cit., p. 44.
41. C. G. Jung: Concerning Mandala Symbolism, London 1959, Routledge & Kegan Paul, Collected Works, Volume 9, pt. 1, p. 356.
44. Humphreys: Buddhism, op. cit., p. 81.
45. McClelland: Achieving Society, op. cit., p. 455.
46. Kroeber: Anthropology, op. cit., p. 109.
47. S. G. Shoham: Society and the Absurd, Oxford 1974, Basil Blackwell.
48. Kroeber: Anthropology, op. cit., p. 106.
49. Siehe A. Koestler: The Lotus and the Robot, London 1964, New English Library, p. 183.
50. Levy-Bruhl: How Natives Think, op. cit., p. 51.
51. Ibid., p. 24.
52. Lao Tzu: Tao Te Ching, op. cit., Vol. 1, p. 57.
53. Henry Bergson: The Two Sources of Morality and Religion, New York 1954, Doubleday/Anchor, p. 99.
54. McClelland: The Achieving Society, op. cit., pp. 169-170.
55. Koestler: The Lotus and the Robot, op. cit., pp. 172-173.
56. G. D. Lampedusa: The Leopard, New York 1960, Pantheon, p. 146.
57. Ibid.
59. Ibid., p. 151.
60. Guy Ferchault: „Hector Berlioz: Grande Messe des Morts," introductory to Berlioz's Requiem,

performed by the Bayerischer Rundfunk, conducted by Charles Munch and recorded by the Deutsche Grammophon Gesellschaft, p. 4.

61. Watts: Way of Zen, op. cit., p. 59.
62. Sources of Indian Tradition, op. cit., p. 278.
63. Lao Tzu: Tao Te Ching, op. cit., p. 58.
64. Ibid., p. 59.
65. Humphreys: Buddhism, op. cit., p. 121.
66. Lao Tzu: Tao Te Ching, op. cit., p. 57.
67. Ibid.
68. Suttanipata, London, Pals Text Society, no. 1076; zit. in H. W. Schumann: Buddhism, London 1973, Rider, p. 83.
69. Spengler: The Decline of the West, op. cit., Vol. 1, p. 308.
70. Siehe Watts: Way of Zen, op. cit., p. 63.
71. Seyyed Hossein Nasr: Sufi Essays, London 1972, Allen & Unwin, p. 37.
72. Zit. in Weber: The Protestant Ethic and the spirit of capitalism, op. cit., p. 48.
73. Siehe R. H. Knapp und H. Green: Time Judgement, Aesthetic Preference and Need Achievement, Journal of Abnormal and Social Psychology 58, 1960, pp. 140-142.
74. McClelland: The Achieving Society, op. cit., p. 302.
75. Zit. in ibid.
76. Siehe Sven Ranulf: Moral Indignation and Middle-Class Psychology: A Sociological Study, Copenhagen 1938, Levin & Munksgaard.
77. Zit. in T. Parsons et al.: Theories of Society, New York 1961, Free Press, pp. 1262-1263.
78. Max Weber: „On Protestantism and Capitalism"; in Weber: The Protestant Ethic, op. cit., pp. 13-31.
79. Siehe McClelland: The Achieving Society, op. cit., p. 320 et seq.
80. Ibid., p. 361.
81. Zit. in ibid., p. 46.
82. R. H. Tawnby im Vorwort zu Weber: Protestant Ethic, op. cit., p. 23.
83. Siehe McClelland: The Achieving Society, op. cit., pp. 51, 100, 151.
84. Ibid., p. 304.
85. Ibid., p. 316.
86. Ibid., p. 317, 318.
87. Merton: Social Theory and Social Structure, op. cit., pp. 192-193.
88. E. Fromm: Man for Himself, New York 1947, Holt, Rinehart & Winston, pp. 83-97.
89. Ibid., p. 97.
90. S. de Grazia: The Political Community, Chicago 1963, University of Chicago Press, p. 64.
91. Ibid., p. 60.
92. Martin Luther: An Open Letter to the Christian Nobility; in ibid., p. 61.
93. Weber: The Protestant Ethic, op. cit., p. 171.
94. Ibid., p. 182.
95. Ibid., p. 100.
96. Watts: Way of Zen, op. cit., p. 29.
97. Di Lampedusa: The Leopard, op. cit., p. 151.
98. Siehe zum Beispiel S.M. Lipset und H. L. Zetterberg: A Theory of Social Mobility; in R. Bendix und S. M. Lipset (ed.): Class Status and Power, London 1953, Routledge & Kegan Paul, p. 569.
99. F. Toenies: Community and Society: Gemeinschaft und Gesellschaft, East Lansing 1957, Michigan University Press.
100. Siehe Max Weber: The Theory of Social and Economic Organisation, New York 1964, Free Press, pp. 115-117.
101. Ibid., p. 131.
102. Siehe Levy-Bruhl: How Natives Think, op. cit., p. 74 et seq.
103. Karl Mannheim: Ideology and Utopia, New York 1936, Harcourt, Brace, pp. 192-193.
104. Meister Eckart: Schriften und Predigten; zit. in Mannheim: Ideology and Utopia, op. cit., p. 215.

Kapitel 2

Mytho-Empirizismus

„Nichts stirbt, bevor es sich ausgelebt hat."

H. G. Baynes: Mythologie der Seele.

Alle Dinge sind an ihrem Platz
Bis Haß sie niederschlägt;
Furien und Phantasmagorien
Verwüsten die kleine Stadt,
Doch alle erstehen wieder,
Aber Herz, Blut und Knochen,
Sogar die Pflastersteine,
Dach und Fundament,
Erinnern sich und ahnen voraus.
Erinnerungen, Prophezeiungen,
Das Lied des Pflügers,
Der Traum vom Frieden,
Dunkle Träume inmitten der Nacht;
Und auf der leichtsinnigen Stirn
Die Neigung, Chaos einzulassen,
Zu sagen, daß sie niedersteigen,
Zerbrochen zu werden,
Um wieder aufzustehen.

Gavin Muir, 1978: Der Bruch

In der Einleitung wurde darauf hingewiesen, daß Mythen als empirische Anhaltspunkte oder Mittel dienen können, Theorien zu prüfen. In diesem Kapitel wird gezeigt, wie Mythen die Bedeutung menschlichen Verhaltens bilden, und wie sie einzelne als auch Gruppen motivieren. Da Mythen projizierte Modelle menschlichen Benehmens auf allen Ebenen sind, dokumentieren sie frühere Erfahrungen und liefern eine Struktur für zukünftige Ziele. Mythen sind ein Ausdruck offenen Verhaltens und versteckter Dynamik, vom jetzigen Dasein wie auch von Transzendenz. Ihre Dimensionen können sehr verschieden sein, von Mikro-Mythen, wie die Namen von Personen und Lokalitäten, oder Sehnsüchten, bis zu Meta-Mythen, wie die von Sisyphus und Tantalus, welche die polaren Typen menschlichen Verhaltens auf individuellem und Gruppen-Niveau zeigen. Jede Gesellschaft und Kultur hat ihre eigene, einheimische Mythologie. Es gibt eine Kontinuität, angefangen von den heiligen Mythen der Vorgeschichte: „in ille tempore"[1] bis zu den modernen Mythen, so wie die der Detektive Sherlock Holmes und Hercule Poirot, oder des Meisterspions John Le Carrés Smiley, oder Supermans, der die Träume von Allgewalt der Niedergetretenen, der Pantoffelhelden der Megalopolis, verwirklicht.

Mythen können sich auf Individuen beziehen. Das Opfer Isaaks oder der Iphigenie, das eine opferbringende Verstrickung der Jugendlichen in das normative System der Gesellschaft bedeutet, sind Beispiele davon. So gibt es auch Gruppenmythen, wie z. B. die Abenteuer der olympischen Götter und die Heldentaten der germanischen Stämme des Äsir. Tatsächlich kann die Nazibewegung selber als ein kollektiver Mythos studiert werden.[2]

Das folgende Modell zeigt, auf welche Weise wir die Mythen auf die anderen Komponenten des theoretischen Systems beziehen, das unsere Überlegungen leiten wird.

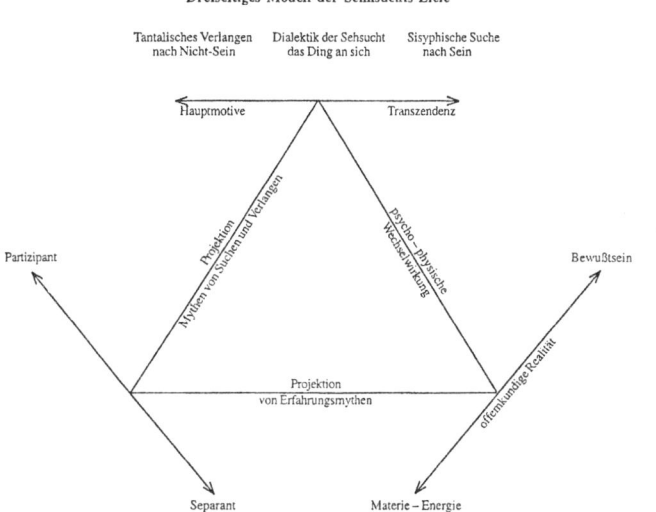

Dreiseitiges Modell der Sehnsuchts-Ziele

Tantalisches Verlangen nach Nicht-Sein — Dialektik der Sehsucht das Ding an sich — Sisyphische Suche nach Sein

An der Spitze dieses dreieckigen Modells sind die Dialektiken der Sehnsucht (der Suche), die das Ding-an-sich bedeuten. Sie stellen auch die Hauptmotive dar, weil wir zum Handeln durch die nichterreichbaren Ziele unserer zentralen Vektoren motiviert werden. Die transzendenten Projektionen dieser Ziele werden die metaphysischen Gottheiten des Menschen. Die Dialektiken der Sehnsucht sind ein Prozeß entlang einem Kontinuum zwischen dem tantalischen Verlangen nach dem Nicht-Sein und der sisyphischen Suche nach dem Sein. Das synthetische Resultat der Sehnsucht ist die Wirklichkeit entlang einem Kontinuum, das von dem zentralen Bewußtsein des Selbst zu dem ausbalancierten System von Materie und Energie reicht. Das Selbst befindet sich in einem unsicheren Gleichgewicht, dem synthetischen Resultat der Dialektik zwischen tantalischer Sehnsucht und sisyphischem Verlangen, wogegen die Struktur der Materie bewahrt wird, als eine Synthese von dynamisch-separanter und partizipanter Wechselwirkung zwischen Wellen und Energiepartikeln. Die psycho-physische Antithese wird „aufgelöst" oder überbrückt durch unsere Vorstellung des „Dings-an-sich", das dialektisch mitwirkt, um sowohl Bewußtsein des Selbst als auch Energie-Materie hervorzubringen. Daher sind das Selbst und Objekte an entgegengesetzten Polen desselben Kontinuums von ausbalancierten Systemen. Die mythologischen Projektionen der offenkundigen Realität sind hauptsächlich Erfahrungs– und Entwicklungsmythen. Dagegen sind die mytho-empirischen Verankerungen der Dialektiken der Sehnsucht einerseits die separanten Mythen des Suchens – und andererseits die partizipanten Mythen der Sehnsucht. Die Mythen des Tantalus und des Sisyphus sind Meta-Mythen, da sie das Dilemma des Menschen beschreiben, der weder seine separate Suche noch seine partizipante Sehnsucht verwirklichen kann. Diese Mythen sind auch eine Kombination von Erfahrungsprojektionen und Mythen der Sehnsucht und enthalten deshalb den ganzen Bereich der mytho-empirischen Erfahrung. Aber die meisten Mythen können entweder als Projektionen der Erfahrung oder als Mythen der Sehnsucht identifiziert werden. Experimentelle Mythen, die als mytho-empirische Verankerungen angesehen werden, können deshalb eine Grundlage für interpersönliche Beziehungen geben und können schließlich, falls richtig untersucht, zu einer Meta-Sprache werden. Der Mythos von Tantalus, der beschreibt, wie Tantalus bestraft wurde, indem er unter einem Felsen kauern mußte, ohne zu wissen, wann dieser fallen und ihn vernichten würde, ist ein Meta-Erfahrungsmythos, weil er das grundlegende, existentielle Verhältnis des Menschen darstellt, der dem Tode verfallen ist. Dieser Mythos ist auch eine mytho-empirische Verankerung der Heideggerschen „Angst", Kierkegaards „Furcht und Zittern" und unserer „Verzweiflung" als eine Charakteristik der menschlichen Existenz. Mythen als Erfahrungsprojektionen „enthüllen Dinge" wie sie sind[3] und bewahren Vorgänge von vor der geschriebenen Geschichte[4] und projizieren menschliche Entwicklungsphasen.

Die Mythen der Sehnsucht sind so zahlreich, daß sie unser ganzes Leben umfassen. Krimis, Zukunftsromane, Detektivromane zeigen alle den Mythos seiner immerwährenden Gerechtigkeit. Dies sind typische Sehnsuchtsmythen, weil wir genau wissen, daß leider in der Wirklichkeit Gerechtigkeit oft nicht die Oberhand behält und daß das Verbrechen sich oft lohnt. Auch Televisionsreklamen, die die makellose Haut der Modelle zeigen, sind Sehnsuchtsmythen, sowie die Walter Mitty-gleichen Heldentaten des außen harten, aber innen sanften Cowboys, der zum Schluß des Films in den Sonnenuntergang reitet, während der Nachspann des Filmes abläuft. Namen sind auch oft Sehnsuchtsmythen: Wir nennen unsere Kinder nach Propheten, Königen und Engeln. Unsere Familiennamen sind oft Synonyme für Hoffnung, Glück, Freude und Weisheit, und Lokalitätsnamen bezeichnen häufig Erfolg, Fortschritt oder Ruhm.

Der empirische Wert eines Mythos steht in direkter Proportion zu der Häufigkeit seiner Benutzung in verschiedenen Kulturen und zu seiner Wichtigkeit in einer bestimmten Kultur. Eine scheinbare Unstimmigkeit in einem Mythos schadet nicht unbedingt seinem mytho-empirischen Wert und kann in vielen Fällen diesen sogar hervorheben. Ein gutes Beispiel ist der kabbalistische Mythos von dem „Zerbrechen der Gefäße", der die wirkliche Reihenfolge menschlicher Geburt darstellt und einen unperfekten Gott zeigt, der katastrophische Vorgänge in der Kosmogonie nicht verhindern konnte. Dennoch war das Bedürfnis vorhanden, den Geburtsvorgang auf transzendente, mystische Form zu projizieren, und dies führte zum Anwachsen des Mythos und zu seinem Equivalent in anderen Kulturen, trotz der damit verbundenen theologischen Probleme.

Das Kontinuum der Mythen

Mythen können innerhalb eines Kontinuums klassifiziert werden. Am partizipanten Pol ist der oral-fixierte Typ des „schlechten Ich", das von „guten Objekten" umgeben ist, sowohl wie die ethischen Mythen der tantalischen Kulturen, in denen die Grenzen von Gesetz und Moral die Einschränkungen für das unbändige separante „Ich" vorschreiben. Am andern Pol finden wir das spät-oral fixierte „gute Ich", das umgeben und eingeschränkt durch „schlechte Objekte" und konkurrierende Lebensformen ist, sowie sisyphische Kulturen, Mythen von Ästhetik, Ordnung, Heldentum, Kampf und Herrschaft über Menschen und Natur. Deshalb sind jüdische Mythen partizipanter, und griechische und germanische Mythen befinden sich am extrem-separanten Pol des Kontinuums. Für die letzteren bedeuten Himmel und Hölle einfach verschiedene Ebenen der konkreten Welt. Blut als Quelle von Stammes- und Rassenidentität wird durch die sisyphische deutsche Kultur in Ideologie und Mythos verwandelt, dagegen aber von den tantalischen jüdischen Mythen und dem Sozialcharakter vermieden. Separante Schöpfungsmythen beinhalten die Umordnung schon vorhandener Materie, während partizipante Schöpfungsmythen den Übergang von Nicht-Sein zum Sein darstellen. Diese Transformation wird als „Tod" oder Verbannung von der Zeitlosigkeit und Grenzenlosigkeit der Vergeistigung und als „unschöne" Dynamik angesehen. Wie schon vorher hervorgehoben, sind partizipante Charakterzüge mit paternalistischem Moralisieren und der Einflößung von Normen durch „Ersatz-Opferung" verbunden.[5] Auf der andern Seite sind separante, normative Charakteristiken der materialistischen Organisation von pragmatischen Routinen verbunden, die zur Fortpflanzung und dem Großziehen einer Familie gehören. Daher sind tantalische Mythen patrinormativ, während sisyphische Mythen hauptsächlich matrinormativ sind. Die separanten Mythen – im Einklang mit ihrem entsprechenden Sozialcharakter – neigen zur Logik und Rationalität, ungleich den mehr intuitiven, irrationalen partizipanten Mythen. Es ist wichtig zu betonen, daß separante Mythen zeitgebunden, historisch und linear sind, während partizipante Mythen Zeit überschreiten und dazu tendieren, nicht-historisch und kreisförmig zu sein. Die sisyphischen Mythen sind diachronisch, bewegen sich von Punkt zu Punkt, während die tantalischen Mythen synchronisch sind, d. h. daß Zeitspannen sich entweder überschneiden oder nicht existieren.

Die Olympier

Griechische Mythen sind in eine polytheistische Religion eingebettet. Polytheismus ist die separanteste Form der Religion und bildet die metaphysische Projektion des menschlichen Lebenskampfes in einer Welt, die vom Wettbewerb vieler Kreaturen um den Lebensraum beherrscht ist. Die „wahren" polytheistischen Religionen bestehen aus Hierarchien einer Vielfalt von Göttern, entsprechend den Naturgewalten, sozialen Institutionen und der menschlichen Interaktion. In solchen Glaubensbekenntnissen repräsentieren die verschiedenen Götter der Hierarchie jeder eine bestimmte Sphäre, haben eine besondere Fertigkeit und üben die maximale Macht auf ihrem Gebiet aus. Jeder Gott ist ein Übermensch, der die projizierten separanten Ziele in allmächtiger, allwissender Weise verwirklicht, die für gewöhnliche Sterbliche unerreichbar sind. Der polytheistische Gott erfüllt die tiefstgefühlten Phantasien des Erfolgs der sisyphischen Persönlichkeit, denn „alles, was der Mensch tun kann, kann der Gott besser". Und tatsächlich finden sich oft Menschen im Wettbewerb mit den anthropomorphen Göttern. In typisch polytheistischen Religionen werden alle Objekte, Lebensformen und Beziehungen in einem Pantheon vorgestellt, sich drängend, kopulierend, sehr ähnlich wie die Menschen, deren projizierte Schöpfung sie sind. Gilbert Murray hat uns gelehrt, daß die griechische Religion verschiedene Entwicklungsstadien durchgemacht hat[6], vom prä-olympischen „Zeitalter der Unwissenheit", bis zur hellenischen Absorbierung orientalischer Glaubensformen. Viele Elemente partizipanter Glauben können in diesen Stadien identifiziert werden, z. B. der orphische Mystizismus und der Emanations-Neoplatonismus. Aber unser Modell soll die klassische extrem-separante und polytheistische Religion der mächtigen olympischen Götter sein. Diese Religion sah ein motivierendes Ziel in der Welt:

Es ist die Physis, das Wort, das die Römer unglücklicherweise mit „Natura" übersetzten, das aber „wachsend" oder „die Art, wie die Dinge wachsen" bedeutet – etwa das, was wir Evolution nennen: Ein Vorausblicken in Gottes Absicht, oder was die Römer „Providentia" nannten, eine Hinleitung aller Dinge in die Richtung des göttlichen Willens. Diese Richtung war nicht einfach die der Glückseligkeit, sondern zur Arete, oder der Vollkommenheit aller Dinge und jeder Species nach ihrer Art. Physis formt die Eichel zu einer vollkommenen Eiche und das blinde Hündchen zu einem guten Jagdhund. Sie läßt den Mann mächtig an Kraft und Weisheit wachsen, um die Funktion eines Mannes zu vollbringen. Wenn ein Mensch Künstler ist, ist es seine Funktion, Schönheit zu schaffen; wenn er ein Regierender ist, einen blühenden und gesunden Staat zu schaffen.[7]
Der separante Vektor von Wachstum und Entwicklung, der das griechische Leben beherrschte, war in Übereinstimmung mit seinem ewigen Zweck, der Tugend. In dieser

Religion war der Erfolg ein Gott und sogar mehr."[8] Diese separante Wertlegung der griechischen Religion auf Erfolg mußte nicht erst gefolgert werden, wie Weber das Erfolgsmotiv von der protestantischen Ethik folgerte, weil in dem griechischen Pantheon der Erfolg, „es zu schaffen", eine richtige selbständige Gottheit war.[9] Mehr noch, in der geselligen griechischen Gesellschaft, die den menschlichen Kontakt schätzte, war die „Freude, einen Freund kennenzulernen", ebenfalls ein Gott.

Die griechischen Götter waren Ideale, daher wurden die Hauptziele des griechischen Sozialcharakters auf sie projiziert. Zeus zum Beispiel herrschte über das Wetter, eine überaus wichtige Funktion für ein Agrarvolk, die seine Vorherrschaft im griechischen Pantheon erklären mag. In einer pragmatisch aktivistischen Gesellschaft ist Arbeit göttlicher Herkunft. Deshalb weidete Apollo seine Herden, und Poseidon baute die Mauern Trojas. Apollo war auch ein Kämpfer, eine Projektion der unüberwindlichen Aggression im Menschen. Poseidon war der Meeresgott, und deshalb äußerst wichtig für die seefahrenden Griechen. Jedoch interessiert er uns wegen einer anderen Eigenschaft: Er war ein ewiger Versager.[10]

Im Protestantismus sind Versager verdammt. In der modernen, erfolgsbezogenen Gesellschaft werden die Menschen indoktriniert, an per aspera ad astra zu glauben, und sind deshalb ungenügend vorbereitet, mit Mißerfolgen fertig zu werden. Dies traf nicht auf die separanten, pragmatischen Griechen zu, die aus Erfahrung wußten, daß Mißerfolg nur als relativer Erfolg angesehen werden kann und deshalb jedermanns Schicksal in einer vom Wettbewerb beherrschten Gesellschaft sein muß. Ein Gott mußte deshalb seine Wichtigkeit rechtfertigen und seine Erfahrung in einer erfolgsverbundenen Gesellschaft zugeben. Poseidon war ein archetypischer Sündenbock, und seine wahre raison d'etre schien zu sein, daß er ein Außenseiter und Versager war. Das beweist wiederum den grellen Pragmatismus der Griechen. Hephaistos war der Handhaber von Materialien und ein Handwerksmeister. Er schmiedete Waffen für die Krieger. Hier erreichte der separante Pragmatismus der Griechen seinen Höhepunkt. Als ständige Streiter projizierten sie einen hinkenden Waffenschmied auf Transzendenz, sodaß er nicht zu bewegungsfrei werden sollte und immer zur Hand sei, wenn man ihn brauchte. Das zeigt, daß für einen separanten Sozialcharakter nichts zu gewohnheitsmäßig und trivial ist, um es auf die Transzendenz zu projizieren, als ein normatives Benehmen oder eine Lebensweise. Hermes, der Grenzsetzer, wies jedem seine vorbestimmte Rolle im Leben zu. Für die Griechen, die daran glaubten, daß jedem ein bestimmtes Schicksal bestimmt sei, war dies eine besonders wichtige Funktion. Und schließlich war Dionysos ein neues Mitglied des Olympus; er kam vom Osten, von Thrakien, und war anfangs der Gott der Bauern und der niedrigen Volksklassen, die ihre angesammelte Energie in den dionysischen Festspielen auslassen konnten. Jedoch nahmen die pragmatischen griechischen oberen Klassen Dionysos schnell in den Olympus auf. Sie verstanden intuitiv und auch pragmatisch, daß den Instinkten, Wünschen und Gefühlen besser freier Lauf gelassen würde, um sie in normativ akzeptable Wege zu leiten statt in Gewalttätigkeiten. Dionysos wurde so der verantwortliche Gott für die Gestaltung des Ausdrucks starker Emotionen durch sozial annehmbare Sicherheitsventile. Die olympischen Götter pflegten immer jemanden oder etwas zu bekämpfen oder zu erobern.[11] Sie spielten, trieben Unzucht, lachten und stritten sich um Macht und Frauen. Sie klatschten, verleumdeten und machten einander lächerlich. Sie lebten die „dolce vita" der oberen Klassen, der Vornehmen, des „jet-sets". Alles war veräußerlicht, auf Vergnügen gerichtet, verherrlicht und aufgeblasen, wie eine Multimillionen-Filmproduktion des Lebens und der Liebeleien der Elite, projiziert auf die Ewigkeit. Die olympischen Götter spielten die idealen projizierten Rollen einer vollkommen separanten Gesellschaft: konkurrierend, grausam, jeder für sich, ohne Schuldgefühle, Recht oder Gnade. Die Griechen hatten keinen sonderlichen Respekt für ihre Götter, weil sie zuinnerst fühlten, daß sie jenes Verlangen nach Macht, Herrschaft und gutem Leben darstellen, das sie selber nicht für sich erreichen konnten und deshalb als absolute Formen auf die überlebensgroßen Götter projizierten.

Die Beziehungen zwischen Geschlechtern wurden ebenfalls in ihrem ganzen Ausmaß auf die Olympier projiziert: Ehebruch, Verführung, Verrat, Vergewaltigung und Notzucht, sowie romantische Liebe und Tragödien. Wir finden auch Konvenienz-Ehen und pragmatische Ehen. Zeus z. B. ehelichte Hera in einer politischen Heirat nach der Eroberung Thessaliens. Das griechische olympische Pantheon schien von männlichen Chauvinisten beherrscht zu sein, und doch war ein separater pragmatischer Realismus vorherrschend. Der Olympus war vor allem familienbezogen. Die Männer waren Lautmäuler, rühmten sich ihrer Energie und Tapferkeit, aber die griechischen Göttinnen, wie ihre weiblichen Ebenbilder, hatten meistens die Oberhand. Sie verstanden, ihre Männer durch Liebe, List und emotionelle Erpressung zu manipulieren. Die olympische Religion nahm sich eine geordnete Welt zum Beispiel; und tatsächlich bedeutet ‚Kosmos' griechisch ‚Ordnung'. Konflikt ging der Ordnung voraus, denn Dialektik mußte diese in eine Synthese auflösen. Ästhetik und Harmonie beherrschten die Griechen. Das separante Streben nach der Organisation der Umgebung in einer harmonischen Ordnung war auf die olympische Religion projiziert. Ordnung beherrschte auch den räumlichen Aspekt der Welt, während die Zeit als die vierte Dimension des Raum-Zeit Begriffs einer der wichtigsten Götter des Olympus war, weil Raum und Zeit die zwei Grundbegriffe einer separanten Weltanschauung sind.

Die Organisation der Welt durch die olympischen Götter war auf die Beherrschung des Kosmos begründet. Die mächtigeren Götter verteilten Herrscherrechte an ihre Untergebenen, die wiederum ihrerseits Feudalrechte an ihre Vasallen verteilten, bis die Welt in einem hierarchischen System von Einflußsphären organisiert war. Das „gute Ich", von konkurrierenden Objekten umgeben, projizierte das Streben nach Herrschaft über die Umgebung auf das olympische Pantheon, welches dieses Machtverlangen verwirklichte.

Die griechischen Götter in ihrer Grausamkeit repräsentierten auch eine Projektion des willkürlichen Menschenschicksals in seiner benachteiligenden Wechselwirkung mit der Umgebung. Diese Schwierigkeiten wurden als unvermeidliche Erscheinung der menschlichen Existenz gedeutet, die von den unberechenbaren Übermenschen des Olympus angeordnet waren.

Die abstraktere Macht, auf die sich die Autorität der olympischen Götter gründete, war die Beschränkung und der Zwang der Notwendigkeit. Murray erwähnt die Beschränkungen im Wachsen der Dinge. Dies ist genau unser Vektor der Entwicklung und des Wachstums, der für die separante olympische Religion als ein metaphysischer Aspekt aller Schöpfung absolut zu herrschen schien. Aristoteles verfügte: „Mach Halt vor einer Notwendigkeit, wenn sie sich nicht überzeugen läßt!"[12] Platon versicherte uns, daß „nicht einmal die Götter gegen die Notwendigkeit ankämpfen".[13] Das war die Vorherrschaft der Gewalt, die Begrenzung der Möglichkeiten von Menschen und Göttern durch die Härte eines Zwangs, ungemildert durch Mitleid. Mit Zwang kann man nicht diskutieren oder nach Mitleid verlangen. Die rohe Gewalt des separanten Vektors wurde auf Transzendenz durch oberste Autorität projiziert, als die Verwirklichung der Machtphantasien eines absoluten Tyrannen.

Wenn die separanten Herrscher ihre Autorität als durch den Zwang der Notwendigkeit unterstützt betrachteten, so sahen sich ihre Untergeordneten, die unter den Zwang der Normen kamen, als durch die Göttin des Schicksals beherrscht, die ihnen das vorbestimmte Schicksal zuschrieb. Die griechische Vorstellung von Schicksal war von einem deterministischen, metaphysischen Plan bestimmt, dem weder Objekt, Lebensform, Mensch oder Gott entrinnen konnte. Aischylos' Prometheus bedauerte die Unvermeidlichkeit des Schicksals wie folgt:

Prometheus:

Noch hat das alles-bestimmende Schicksal meine Befreiung nicht entschieden. Aber nach vielen Jahren, gebrochen von Unglück und Leid, werde ich befreit werden.

Führer:

Wer hält denn das Steuer der Notwendigkeit?

Prometheus:

Die Schicksalsgöttinnen und die niemals zu vergessenden Furien.

Führer:

Hat denn Zeus weniger Macht?

Prometheus:

Er kann auch nicht vermeiden, was schicksalbestimmt ist.[14]

Alles scheint dem Schicksal untergeordnet zu sein. Nicht einmal Zeus, die oberste Gottheit, ist von dem Zwang befreit. Er und alle anderen Olympier scheinen auf die Rolle des Ausführenden des Schicksals reduziert zu sein. Heraklit verfügte, daß die Furien sogar die Sonne bestrafen würden, wenn sie ihren vorgeschriebenen Lauf verlassen würde.[15] Dies war eine projizierte separate Vision einer vollkommen regulierten Ordnung, in der jede Kreatur die Grenzen ihrer zugeteilten normativen Rolle einhalten muß.

Das Gegenstück zu der separaten Ordnung und Kontrolle der Umgebung war das Prinzip des „nichts im Übermaß", das von den Griechen auf die Transzendenz projiziert wurde. Die Griechen fühlten intuitiv, was wir vorher induktiv ableiteten, nämlich daß die menschliche Psyche sich in einem unsicheren Gleichgewicht befindet, zwischen den separaten Kräften von Wachstum und Objekt-Manipulierung einerseits und dem partizipanten Wunsch, ins Nichtsein zurückzuschwinden.[16] Die Griechen wußten, daß die Zerstörung dieses Gleichgewichts zu geistiger Unstabilität, physischen Krankheiten und sogar zum Wahnsinn führen kann. Überdies konnte eine Dissonanz zwischen diesen gegensätzlichen Vektoren und die folgende Störung des Gleichgewichts einen Menschen zur sozialen Abirrung führen; das Resultat wäre Ächtung durch seine Mitmenschen, sowie der Zorn der Götter und Furien, welche die Beschützer der separaten, metaphysischen Koordination des Kosmos und seiner Lebensformen durch die „Regel des goldenen Mittelwegs" waren. Auf einem internationalen Niveau wurde der „goldene Mittelweg" als die Vorbedingung für eine gut funktionierende Gesellschaft gerühmt. Die pythagoräische Harmonie bedeutete ein geordnetes Verhältnis, eine Spannung im Gleichgewicht, die durch Übertreibung zerstört werden konnte. „Nichts im Übermaß" ist das Prinzip der Anpassung, das von Aristoteles der institutionellen Religion durch Averroes, Maimonides und den Hl. Thomas überliefert wurde. Dies ist auch das Prinzip, das von den anpassungs-basierten Soziologen von Durkheim bis Parsons und Merton und durch die ganze Schule der strukturell-funktionalen sozialen Richtung adoptiert wurde. Der Bourgeois klammert sich streng an die Vorschrift „Ordnung muß sein", wie an die reine Wahrheit. Der „goldene Mittelweg" liegt auch den meisten separaten Philosophien des Rechts zugrunde, mit ihrer Verehrung des Mittelwertes des „vernünftigen Menschen". Die separaten Griechen begründeten ihr „nichts im Übermaß" als ein metaphysisches Prinzip durch die Beobachtung, daß Extreme sich durch einen universalen Prozeß in der Mitte trafen und sich dadurch auflösten.

Man muß einen Mittelweg zwischen Extremen verfolgen, weil diese sonst zur Katastrophe führen. Auf diese Weise projizieren die aktivistisch-manipulativen Griechen die Idee auf die Transzendenz, daß die sich am Rand der Gesellschaft Befindenden am verwundbarsten sind. Heraklit, der separante Philosoph, der dauernden Kampf vertrat, lehrte, daß Mäßigung die größte Tugend ist.[17] So wurde „nichts im Übermaß" von einer Grundregel zum Überleben zu einer ethischen Struktur. Die erfahrungsgemäße Beobachtung der Griechen, daß Mittelmäßigkeit den Menschen vor Katastrophen schützt[18], wurde auf den Vorteil des Konformismus ausgedehnt. „Höre auf meinen Rat," riet Okeanos dem Prometheus, „schlage nicht gegen die Zügel aus."[19] Die ethische Vorschrift war also, sich nicht über den Durchschnitt zu erheben[20], nicht zu glücklich[21] oder zu erfolgreich oder zu berühmt zu werden.[22] Die unverzeihliche Sünde der Hybris war, sich über seine Bestimmung im Leben zu erheben. In „Iphigenie auf Aulis" gesteht Agamemnon seinem Diener:

„Ich würde gern mein Schicksal mit dem deinen vertauschen. Ich würde mit jedem tauschen, der sein Leben ohne Gefahr, ohne Namen und ohne Ruhm lebt. Ich glaube nicht, daß es ein Glück bedeutet, zu viele Ehren zu erhalten, denn Macht und Ehre sind vergängliche Vorteile, die denen, die sie genießen, Freude bringen können, aber unweigerlich auch Sorgen. Manchmal wird ihr Leben durch die Feindschaft der Götter verdorben, und manchmal werden sie durch die Niedertracht der Mitmenschen zerstört."[23]

Aus einem Fragment von Euripides' verlorengegangenem Schauspiel „Alkmeon" können wir entnehmen, „was den Durchschnitt übersteigt, ist nicht gut für die Menschen." Es war für Sterbliche nicht angebracht, sich gleicher Ehren wie die Götter zu erfreuen. Hybris war der Mißbrauch des Sicherheitsspielraums der sozialen Grenzen des Menschen.

Der objektverbundene Grieche wußte, daß in seinem konkurrierenden Verhältnis mit der Umgebung ein allzu hervorstechender Erfolg Eifersucht erzeugen würde. Umgebende „schlechte Objekte" quälten fortwährend das „gute Ich" in seiner Projektion auf die Transzendenz. Die archetypischen „anderen" waren als eifersüchtige Götter projiziert, die den allzu offensichtlichen Erfolg des Menschen krummnahmen. Die Norm verbot nicht den Erfolg, sondern nur die Sichtbarkeit des Erfolgs, sowie das Prahlen damit. In der erfolgsbezogenen separanten Welt war das Stichwort für das Überleben Vorsicht und Vermeidung der Extreme. Eine ebenso wichtige Verteidigungsstrategie, die auch als religiöse Maxime erlaubt war, bestand darin, seinen Erfolg nicht sehen zu lassen, weil die Eifersucht der Menschen, als die der Götter projiziert, diese dazu veranlassen könnte, „den Angeber auf seinen Platz zu verweisen." Die Macht des Verbots der Hybris war, daß es nicht auf ein Werturteil von Güte oder Schlechtigkeit, Recht oder Unrecht gegründet war. Hybris wurde dadurch begangen, daß man seine moira in irgendeiner Weise überschritt. Die Übertretung dieses Verbots wurde durch die Erinnyen bestraft. Der ehrenwerte griechische Bourgeois war derjenige, der innerhalb der Grenzen normativen Geleises blieb.

Die psychologische Basis der Hybris können wir in unserer Vorstellung der zentralen Persönlichkeit entdecken, die als ein zwischen separanten und partizipanten Komponenten ausbalanciertes System anzusehen ist. Daher, wenn eine Persönlichkeit zu sehr zu einem Vektor neigt, während der andere unterdrückt wird, kann sie in einer unkontrollierten, gewaltsamen Demonstration ausbrechen, welche die Person selber oder ihr soziales Interesse schädigen können. Solche „zwecklosen Niederlagen" oder „selbstzerstörerischen Ausschreitungen"[25] sind die Strafe des selbstregulierenden Mechanismus der Persönlichkeit für ihre Hybris oder asoziale Neigung. Die Hybris des Erfolgs ist auf diese Weise durch Abschreckung und das Lernen-durch-Vermeidung im Zaum gehalten. Hybris als übermäßiger Stolz oder als böswillige Gewalttat durch übertriebene Leiden-

schaft oder Lüsternheit zog sich als „Leitmotiv" durch griechische Mythologie, Drama und Geschichte. Laut Herodot erzählte man Xerxes:
Ihr seht, daß Gott seinen Blitzstrahl auf die lebenden Dinge schleudert, wenn sie über die anderen herausragen. Er duldet nicht dieses Herausragen. Die kleinen Dinge stören ihn nicht. Ihr seht, daß der Blitz immer in die höchsten Häuser und Bäume einschlägt, denn Gott setzt gerne eine Grenze für alles, was zu hoch wächst. So kann auch eine große Armee durch eine kleine vernichtet werden, wenn Gott sie in seiner Eifersucht mit Schrecken schlägt oder seine Blitze gegen sie schleudert. Denn Gott erlaubt niemandem außer sich, stolze Gedanken zu hegen.[26]
Aber Xerxes hörte nicht auf Artabanos' Warnung, sondern fuhr fort zu prahlen, daß „die Sonne kein anderes Land an unseren Grenzen sehen wird, sondern ich werde alle Länder zu einem Reich machen."[27] Für diese Hybris wurde er bestraft, indem er gezwungen war, einen Krieg zu führen, den er verlor. Koisos, König von Lydien, prahlte Solon gegenüber, daß sein Glück das aller anderen überträfe. Für diese Hybris verlor er seinen Sohn und wurde von Kyros gefangengenommen.[28] Polykrates, der Despot von Samos, war in allen seinen Kriegen erfolgreich und häufte viel Macht und Reichtum an. Aber er überschritt seine Bestimmung im Leben und wurde bestraft, indem er von Oroites, dem persischen Regenten von Sardis,[29] gefangen und gekreuzigt wurde. Alle diese Individuen erregten den Neid der anthropomorphen griechischen Götter dadurch, daß sie gewaltiger, erfolgreicher oder besser als andere waren oder sein wollten. Dafür wurden sie entsprechend bestraft, als eine Warnung für andere, nicht ihr vorbestimmtes Schicksal zu überschreiten. In der Tat schien Agamemnon in Angst vor dem Götterneid erstarrt zu sein.
Der Neid der Götter, als eine Projektion der separanten, erfolgsbezogenen Habsucht, Gier und daher der separanten griechischen Eifersucht, wurde durch Herodot bezeugt, der behauptete, daß Eifersucht eine nationale Charakteristik der Hellenen sei.[31] Die Projektion dieses Neids auf die olympischen Götter war natürlich, wie Ranulf feststellte: Wenn Neid ein so großer Teil des Charakters ist, daß der Gedanke der zu großen und dauernden Zufriedenheit der anderen unerträglich wird, was wäre dann trostreicher als zu glauben, daß Götter da sind, die ebenso neidisch sind und daher den Willen und die Macht haben, ein so provokatives Glück zu zerstören?

Der Stammeshäuptling

Die Familie oder die Sippe der germanischen Götter war der Äsir, der im Asgard wohnte, so wie die griechischen Götter auf dem Olympus. Das teutonische Pantheon hatte keine feste Anzahl von Göttern, aber ebenso wie die griechischen Götter hatte jeder germanische Gott die Verantwortung für die Organisation eines Gebiets der Natur oder einer Funktion des Lebens oder des Kosmos. Ebenso wie die hellenischen Götter waren die germanischen Gottheiten anthropomorphe Supermen und -weiber. Sie kämpften, konkurrierten untereinander, feierten Gelage und Ausschweifungen; sie jagten und bestellten den Boden. Die teutonischen Gottheiten waren daher wir ihre griechischen Gegenstücke die Projektion der durch die kollektive germanische, separante Kernpersönlichkeit bestimmten Lebensziele. Der Äsir wurde von Odin-Wotan als Hauptgott beherrscht, der seinen Stamm in endlose Gefechte und Kämpfe führte. Der Stamm war wie eine Wolfsmeute, die eine Spur von Blut und Kadavern hinterließ ... Die teutonischen Götter waren komplexe, archetypische Geister, die den ganzen Kosmos und alle Objekte und Lebensformen durchdrangen. Diese Geister konnten ihre Gastkörper wechseln und durch okkulte Riten beeinflußt werden.[33] In der teutonischen Mythologie gab es eine Vielzahl an Triaden von Geistern und Riesen, und es ist schwer zu sagen, ob dies der Einfluß der

christlichen Dreifaltigkeit war, oder ob das Christentum wie auch die teutonische Mythologie, die Heiligkeit der Zahl drei von antikeren Religionen übernahmen.[34)]

Der Ursprung der Welt, ihr Mittelpunkt, war die universale Esche, der Yggdrasill, das
separante, wachsende, sich immer vermehrende Lebenssymbol. Es schien immer dage-
wesen zu sein und nicht aus dem Nichts geschaffen. Diese Transformation von Dingen[35)]
und Lebewesen aus anderen Dingen und Lebewesen, anstelle ihrer Schöpfung aus dem
Nichts, bedeutet einen sisyphischen Schöpfungsmythos. Die Esche Yggdrasill wurde fortwährend von vielen Lebewesen angenagt und angefressen. Dies bedeutete den separanten Wettbewerb zwischen den Kreaturen und ihrer Umgebung. Außerdem kennzeichnete diese allmähliche Vernichtung der Yggdrasill-Esche die Götterdämmerung und den
Weltuntergang.[36)] Sie bedeutete das Erliegen der separanten Mächte des Wachstums im
Kampf mit dem partizipanten Verfall und die Vollendung eines sisyphischen Zyklus, auf
den die Wiederauferstehung der Götter und der Beginn eines neuen Zyklus folgen
würde.

Ethnologisch gesehen war Yggdrasill Odins Pferd. Daher wurden Menschenopfer an Bäu-
men als Opferpfähle aufgehängt. Odin selber erhängte sich an Yggdrasill als Galgen. Dies
mochte ein christlicher Einfluß[38)] gewesen sein, oder andererseits konnten beide Religionen den Brauch von der selben Quelle übernommen haben, in welcher ein Baum oder
Kreuz das Instrument war, einen anthropomorphischen Gott in einen Erlöser umzuwandeln. Odin und die Esche Yggdrasill, so wie Christus und das Kreuz, waren Beispiele von
sisyphischen Zyklen der Katastrophe und Wiederauferstehung, auf eine Mythologie projiziert als Wechselwirkung zwischen Mensch – Gott und dem Leben und Tod bringenden,
heiligen Baum. So wie Christus war Odin ein williges Opfer, als er sich an der Yggdrasill –
Esche erhängte. Unter den vielen Versionen der Auferstehung Wotans ist die niedersäch-
sische von besonderem Interesse: Die Esche Yggdrasill wird in einem Kirchhof in Hol-
stein anfangen zu wachsen. Ein weißer Ritter naht sich und schlägt sie ab. Aber ein
schwarzer Ritter kämpft mit dem weißen, und als er ihn besiegt, wächst die Esche aufs
neue, und der König wird mächtiger als je.[40)] Baynes sieht die Bedeutung des Mythos
darin, daß der schwarze Wotan den weißen Ritter des Christentums besiegen wird, sodaß
dann Yggdrasill von neuem in heidnischer Wildheit sprießen wird.[41)]

Jung erwähnt einen ähnlichen Mythos, nach welchem – als das Christentum impotent
wurde – Wotan, „der alte, einäugige Jäger", am Rand des deutschen Waldes in Lachen
ausbrach und seinen Zelter Sleipnir sattelte.[42)] Das war nicht eine Vorahnung, sondern die
machtvolle Voraussage eines wahren Mythos; nämlich, daß, als die Begrenzung und das
Gleichgewicht, die in den partizipanten Elementen des Christentums enthalten sind,
durch die kollektiv-separante Komponente des deutschen Sozialcharakters verworfen
wurden, Wotan auf seinem Sleipnir vorwärts stürmen und alles im Weg Stehende unterwerfen konnte.

Heimdal war der schicksalhafte Gott der Anfänge und Beendigungen. Er war für die
Anfangsstadien der Schöpfung der zweideutigen teutonischen Kosmogonie und für die
Auslösung der Götterdämmerung verantwortlich.[43)] Die Götter des Äsir waren daher vergänglich: Sie wuchsen, gediehen und unterlagen schließlich ihren Feinden. Das Fehlen
der Dauer, der immerwährende heraklitische Fluß, in dem der Äsir wirkte, sind deshalb
typisch sisyphisch. Die germanischen Götter wurden sogar zeitweise vernichtet; ihre
Wiederauferstehung bedeutete den Anfang eines neuen Zyklus von Wachstum, Herrschaft und Verfall.

Macht und Leidenschaft waren die einzigen Gründe für den Verkehr unter den Äsir-Göt-
tern. Deshalb herrschte Gewalt und gab es fortwährend Kriege. Der Schlachtruf: „Die
Schwerter zur Hand! Ergreift eure Schilde! Stürmt tapfer vorwärts gegen den kalten
Stahl! Glorie und Scham liegen jetzt in euren Händen,"[44)] tönte durch die ganze Edda. Es

ist daher typisch, daß so viele germanische Götter, außer in ihren besonderen Funktionen, auch Krieger waren. Erst als der Äsir sah, daß im Vanir, einer rivalisierenden Götterfamilie, grimmige Kämpfer waren, akzeptierte er diese als gleichwertige Bewohner von Asgard.[45] Die Dialektik der Synthese durch Konflikt ist charakteristisch für die Dynamik der germanischen Mythologie.

Es ist interessant, daß der Gott Týr, der Speerträger der Gerechtigkeit, eine sehr geringe Rolle in der germanischen Mythologie spielte.[46] Es ist ein Zeichen, daß in der extrem separanten teutonischen Mythologie den begrenzenden partizipanten Normen nur wenig Wichtigkeit beigemessen wurde.

Wir bemerkten früher die Willkürlichkeit der griechischen Götter. Die germanischen Götter, die noch separanter waren, waren auch noch willkürlicher. Der gute Gott Balder, zum Beispiel, wurde von dem bösen Loki aus keinem anderen ersichtlichen Grund erschlagen[47], außer, um die Willkürlichkeit von roher Gewalt und vorherrschender Manipulierung in menschlichen Beziehungen hervorzuheben, wie sie auf den Äsir projiziert wurden. Im übrigen wurde dieser sinnlose Mord von dem Äsir als natürlich angesehen, und er konzentrierte sich gleich auf die Aufgabe, den Tod Balders zu rächen. Dies löste eine Reihe von Vendettas aus, in denen Moralität oder Berechtigung keinerlei Rolle spielten. Abgesehen davon war die Macht des Äsir nicht durch einen „goldenen Mittelweg" gebunden wie die griechische Maxime „meden agan" oder ihr Verbot der Hybris. Der Äsir konnte nur durch eine gegnerische Macht in Schach gehalten werden. Die Götter Asgards benahmen sich ganz wie Menschen, nur noch mehr so – ihre Leidenschaften waren gigantisch. Aus diesem Grund verkehrten sie mit Riesen, welche ebenfalls aufgeblasene separante Projektionen von Übermenschen waren. Sie tranken, trieben Unzucht und fochten wie die idealen „blonden Bestien", Nietzsches „Herrenmenschen", uneingeschränkt durch christliche Moral. Nach unseren Begriffen waren die Äsir-Götter die transzendenten Projektionen der kollektiven Träume von Allmacht des separanten germanischen Sozialcharakters.

Die germanische Schöpfungssage enthält nicht die Erschaffung der Welt aus dem Nichts, sondern vielmehr die Neuordnung der Dinge und Formen aus der schon vorhandenen Materie. Der Vorrang und die Ewigkeit der Materie ist eine separante Charakteristik, weil die Konkretheit und Vielfalt der Dinge die Wechselwirkung zwischen Ego, Gegenständen und Lebensformen ermöglicht, welche die Essenz von Zeit und Raum ist.

Im Norden, im Niflheim, hingen Wolken und Schatten über dem urzeitlichen Abgrund. In der Mitte wallte der Urquell Hvergelmir, von dem zwölf Flüsse eisigen Wassers entsprangen. Muspelheim im Süden war das Land des Feuers und der giftigen Gewässer. Das Aufeinanderprallen der Wasser vom Norden und des feurigen Flusses vom Süden, das wiederum als Dialektik gesehen werden kann, erschuf die erste Kreatur, den Riesen Ymir. Die Götter, die Nachkommen Ymirs, begannen einen Krieg mit ihren Riesenvorfahren, in dem Ymir umkam, und sein Blut füllte den urzeitlichen Abgrund. Dieser Vatermord wirkte in der Erschaffung der Erde, da Midgard, das mittlere Reich zwischen Niflheim im Norden und Muspelheim im Süden, aus Ymirs Leiche gebildet wurde. Der Konflikt der Elemente und der wilde Kampf um Lebensraum charakterisierte die kollektive, spät-orale Fixierung und das dauernde Bedürfnis, sich gegen feindliche Objekte zu verteidigen.

Die Erschaffung der Erde von einem Urmensch-Leichnam ist eine Variation des Mythos der Erbsünde. Sowohl der Tod Ymirs wie die Vertreibung Adams aus dem Paradies waren mytho-empirische Projektionen der katastrophischen Verstoßung des abgetrennten Selbst von der Zusammengehörigkeit der frühen Oralität. Die Schlange, die Midgard umzingelte, diente einer ähnlichen Funktion wie die Schlange im Mythos der Erbsünde. Wie anderweitig ausgeführt[48], bedeutet das sexuelle Element im Erbsünde-Mythos das

Verbot der Blutschande, welche die Kristallisierung des abgesonderten Selbst begleitet. Da das Inzestverbot beiläufig zur Schöpfung und zur Sublimierung des verbotenen Geschlechtsverkehrs in Kultur ist, wird das Ende der Welt durch ‚inter alia', das Wiederaufkommen von Blutschande, gekennzeichnet sein.

So prophezeit die Sibylle in der Älteren Edda:
Brüder werden von Brüdern erschlagen werden,
Blutschande wird Familienbande brechen;
Wehe der Welt, die dem Huren verfallen wird.
Streitaxt und Schwert herrschen und spalten die Schilde;
Sturmwütendes Zeitalter der Wölfe wird regieren,
Bis die Welt untergeht.[50]

In der sisyphischen germanischen Mythologie gab es keine Ewigkeit. Sogar die Welt der Toten war nur eine tiefere Stufe des irdischen Lebens.
Da die germanischen Götter von Menschen abstammten, lebten sie auch in der Gemeinschaft von Menschen. Sie verhielten sich mit einem für den deutschen Sozialcharakter typischen Überschwang. Im schlimmsten Fall schienen sie sich wie junge „hysterische Herrenmenschen" zu benehmen, die ihre eigenen Lügen glaubten und sich durch die Erhabenheit ihrer Ziele geadelt glaubten.[51] Kein Wunder also, daß die Deutschen so bereitwillig Hitler vergötterten. Wir müssen auch auf die vielen Zwerge und Riesen in der germanischen Mythologie hinweisen. Dies bezeugt meiner Meinung nach eine objektbezogene spät-orale Fixierung. Es ist das Stadium, in dem das Kleinkind (der Zwerg) mit seinen schon fixierten Egogrenzen die ungeheure Größe seiner Eltern (der Riesen) erkennt. Laut der Edda waren die Riesen bestimmt, die Zwerge zu schützen;[52] sie waren allmächtig und „allwissend", aber manchmal abscheulich. Dies ist typisch für die Ambivalenz[53] des Kindes vis à vis der Mutter (oder ihrer Vertreterin), oder für die kollektive Objektfixierung, die zu einem separaten Gefühl eines „guten Ich" gegenüber einem allmächtigen, aber oft bedrohlichen „schlechten Objekt" (Mutter) führt.
Die sisyphische Natur der germanischen Mythologie kann auch in der wichtigen Rolle der Zeit gesehen werden, die durch Zyklen von Sonne und Mond verursacht wird. Der matrinormative deutsche Sozialcharakter und sein separantes Wesen ist auch offensichtlich, indem die lebens- und wachstumsspendende Sonne als Mädchen dargestellt wurde, während die schattenreiche Nacht durch einen Jüngling symbolisiert war.
Odin, Wode, Woden, Wotan war der teutonische Hauptgott, eine Projektion des Stammeshäuptlings. Er war, wie der Führer, ein Krieger, wortgewandt und überzeugend. Er war das rechtliche Oberhaupt des Äsir, und die Götter waren „Odins Leute". Er wurde als allmächtig angesehen, und dies war zweifellos die Projektion auf die Transzendenz eines der Ziele des Kernvektors des separanten deutschen Sozialcharakters.
Odin verlangte Menschenopfer, so wie es einem Kriegsherrn gebührt, der Krieg macht, aber nie Frieden stiftet, und Zwistigkeiten sogar unter Sippen verursacht.[58] Am Ende des Krieges opfern ihm die Sieger ihre Gefangenen. Diese Riten wurden durch Speerstoß, Aufhängen und Verbrennen ausgeführt, weshalb Odin auch als der Gott der Gehängten und der Galgen bekannt war.[59] Er stürmte durch Land nach Land in wildem Toben[60], auch seine eigenen Krieger tötend, als ein Zeichen ihres Verdienstes, seiner Ehrengarde zu dienen, während die Besiegten als Siegestrophäen geopfert wurden. Odin benützte die spöttische Rede. Er war ein rastloser, dynamischer Kämpfer, brutal und willkürlich. Er verbreitete Entsetzen und ritt in Wut und Wahn vor seinen dämonischen Heerscharen. Er war unbesiegbar und sicherte seinem Gefolge immerwährenden Sieg. Das ist das mytho-empirische Modell von Odin, dem Herrn der wilden teutonischen Heerscharen,

das auf die Mythologie projiziert und von Hitler bereitwillig inszeniert wurde.

Die Macht Thors war mit drei Objekten verbunden: Mjöllnir, der Hammer, sein Kennzeichen, der Felsen und natürlich auch die Schädel jedes Menschen, Gottes und Riesen spalten konnte; eiserne Fäustlinge, um Mjöllnir zu halten, und ein Gürtel, der seine Stärke verdoppelte. Dies ist typisch für den sisyphischen, objektmanipulierenden, separanten germanischen Sozialcharakter, der seine Stärke und oft seine Lebensfähigkeit von seiner Objektbezogenheit ableitet. Mjöllnir, der Hammer und Thor waren unzertrennlich. Er war so wichtig für seinen kriegerischen Charakter, daß der Hammer in der teutonischen Ikonographie und Skulptur die bedeutendste Eigenschaft Thors darstellte, und der Gott selber erschien oft als Anhängsel desselben. Thor war der Donner, er grollte, dröhnte und beherrschte die Lüfte. Die Teutonen widmeten ihre Kinder seinem Dienst. Herrmann Göring, wie Thor, war das idealisierte Beispiel des deutschen Kriegers. Hitler beschrieb seine Begegnung mit dem Reichsmarschall während der ersten, sensationell erfolgreichen Stadien des Zweiten Weltkriegs als „erfrischende Stahlbäder".

Loki war schön von Ansehen, aber von innen verdorben. Er zeugte den Wolf Fenrir, der an Dämmerung der Götter und Menschen schuld war, sowie an der weltumschlingenden Schlange, die Thor und Hel, den Gott der Toten, ermordete. Loki, der „üble Begleiter und Kumpel" des Äsir, brachte die Götter erst in Schwierigkeiten und bot dann an, ihnen herauszuhelfen. Er war ein Lügner und Betrüger und verführte den blinden Hod, Balder, den Gott des Lichts, zu töten, und trotzdem hatte er Anziehungskraft für die Frauen. Er hätte leicht die mythologische Projektion des vereinten Charakters von Goebbels und Heydrich sein können.

Es ist interessant festzustellen, daß Týr – früher ein Kriegsgott – ehemals eine führende Rolle spielte, aber da die meisten Äsir-Götter in einer oder der anderen Weise zu Krieg und Kämpfen Beziehungen hatten, geriet der nichtspezialisierte Týr in den Hintergrund. Er wurde später ein Gott des Gesetzes und des Rechts. Ähnlich wie andere, selbstopfernde, rechtschaffene Persönlichkeiten verlor er eine Hand als Köder, als er Fenrir, den Wolf, für den Äsir einfing. Als der Wolf Týrs Hand abbiß, lachten die anderen Götter[62], was ein Licht auf das Mitgefühl und die Kameradschaft der teutonischen Götter zueinander wirft. Die Tatsache, daß Fenrir die Hand des Gesetzes (Týr) abbiß, verleiht dem Wunsch des Äsir mytho-empirische Stütze, sich von den partizipanten Beschränkungen des Gesetzes loszusagen. Besonders bemerkenswert ist der niedrige Status Týrs im Äsir. Die geringe Bedeutung, die die germanische Mythologie den begrenzenden partizipanten Normen des Gesetzes und des Rechts beimißt, ist eine Projizierung der Erfahrungen und der Ziele des teutonischen Sozialcharakters.

Der Vanir war eine Nebengruppe der germanischen Götter, verantwortlich für Wachstum, Fruchtbarkeit und Natur. Zwischen dem Äsir, den Göttern des Kriegs und der Zwietracht, und dem Vanir brach ein Krieg aus, nach dessen Beendigung sich die beiden Seiten vermischten. Auf dieselbe Weise vereinigten sich die beiden Hauptfunktionen der separanten Kernkomponente, Zwietracht und Wachstum, um als mytho-empirische Grundlage für den völkischen Ethos von Blut und Boden zu dienen.

Das Ende

„Die Sonne verdunkelt sich. Die Erde versinkt im Ozean. Die strahlenden Sterne lösen sich vom Himmel. Dampf und Feuer wüten glühend, bis die lodernde Flamme den Himmel besiegt." So ist das Ende der Welt und der Dämmerzustand der Götter beschrieben in der Götterdämmerung oder in Ragna-Rök (der Untergang der Götter) in der Edda. Der Wolf Fenrir verschluckt die Sonne, separierende Lebensspenderin und matri-normatives Herrschaftssymbol über Fruchtbarkeit und Natur. Die Vernichtung der Kultur und der Familie sind durch das Auftreten der Schlange gekennzeichnet, dem urzeitlichen Phallus, der aus der Hölle entkommt und das Meer mit Unkeuschheit vergiftet, worauf das Land überflutet wird. Überdies bricht das Inzestverbot, das die „verbotene" Sexualität in Kultur sublimiert, zusammen: Das führt zum Zerfall der Zivilisation.

„Die Brüder werden einander bekämpfen und töten, die Söhne der Schwestern brechen die Blutsbande, hart ist es für jeden bei großer Unkeuschheit."[63] Schließlich werden die Asen von ihren Feinden bezwungen: Ihre Schwerter und Schilder werden gebrochen und „gespalten". Das chaotische „Windzeitalter, Wolfszeitalter" wird über alles herrschen, und die Welt wird versinken, während das Feuer Götter und Geschöpfe verbrennt. Das ist das Ende eines Sisyphus-Zyklus. Das Prometheische Feuer, Werkzeug zur Schmiedung der menschlichen Kultur, zerstört nun die Menschheit, ihre Werkzeuge und ihre Götter. Nach dem Untergang wird ein neuer Sisyphus-Zyklus und die Wiedererrichtung der Welt von einer neuen Sonne eingeleitet werden. Der gute Balder wird wie Christus vom Tode auferstehen und Lif (das Leben) und Lifthrasir (derjenige, der sich ans Leben klammert – holds fast to life –), das neue Menschenpaar, werden die Erde wiederbevölkern. Diese grandiose Katastrophe hat im kollektiven Unbewußten des germanischen Sozialcharakters immer gelauert und drängte sich mit den Nazis an die Oberfläche. Wir haben bereits erwähnt, daß Hitlers Politik der „verbrannten Erde" in der zweiten Hälfte von 1944 und im Jahre 1945 ein kopfloser Sprung in die Götterdämmerung war. Der relevanteste Punkt in diesem Kontext ist jedoch, daß die Katastrophe der Götterdämmerung von dämonischen Wesen verursacht würde, die in dem Desaster, zu dessen Entstehung sie beitrugen, selbst vernichtet werden würden. Überwältigende Evidenz dafür, daß die Nazis von unterirdischen mythologischen Kräften motiviert waren, kann man in der Warnung Hitlers an die Juden finden, den dämonischen Widergeist, in seiner Rede zum Reichstag am 30. Januar 1939: Würden die Juden planen, einen neuen Weltkrieg zu verursachen, würden sie dabei selbst vernichtet werden. Tatsächlich stellte er vor seinem Selbstmord, in seinem letzten politischen Testament, im Berliner Bunker sicher, daß seine Ankündigung und deren Erfüllung für die Nachwelt aufgezeichnet werden, als Realisierung einer monströsen Götterdämmerung des 20. Jahrhunderts, durchgeführt sowohl gegen die Deutschen als auch gegen die Juden, in Übereinstimmung mit dem Entwurf der teutonischen Mythologie.

Das zusammengesetzte (vielfältige) Profil

Das Bild des Sozialcharakters, welches in der germanischen Mythologie auftaucht, ist von extremer Grausamkeit. Die folgende Folterszene der Asen, für Loki ersonnen, hat wahrscheinlich nichts Ebenbürtiges an sadistischer Erfindungsgabe in der Weltmythologie: „Die Asen machten ein Netz nach Lokis Modell, und nach dem dritten Versuch erwischten sie ihn am Schwanz. Loki wurde dann auf drei flachen Steinen festgehalten, niedergehalten durch die Eingeweide eines seiner eigenen Söhne. Dort wurde er zurückgelassen, um zu leiden, unter dem Mund einer Schlange, die ihr Gift auf sein Gesicht tröpfelte."[64] Die Brutalität der teutonischen Mythologie wie auch, nebenbei bemerkt, die der germanischen Sagen, reflektiert die Härte des germanischen Sozialcharakters, seine archaischen Erfahrungen und separanten Kern-Ziele. Während die Grausamkeit der griechischen Olympier durch Humor und Ästhetik gemildert wurde, war die Grausamkeit der Asen verschärft durch ihren Sarkasmus, durch Streiche, die als humorvoll galten, und durch Schadenfreude am Mißgeschick ihrer Angehörigen. Ihr Dämonismus war auch in ihrem

Alltags- und Arbeitsverhalten offensichtlich. Loki, zum Beispiel, schnitt Sifs fließendes Haar „zum Spaß", Odin rötete die Runen, die er gravierte, mit Blut. Er mußte auch sein Auge an Mimir verpfänden, den Hüter des Brunnens, unter den Wurzeln von Yggdrasill, bevor er einen Schluck Wasser nehmen durfte.

Ein für diese Grausamkeit verantwortlicher Hintergrundfaktor könnte die Härte der nördlichen Natur sein, die Heimtücke der Nordsee und die Bösartigkeit des nordischen Wetters. Das disponiert für das separante Gefühl, umgeben zu sein von „bösen Objekten," bedrückt von der düsteren, feuchten, eisigen Nebelwelt von Niflheim, die sich im Norden auftürmt. Teutonische Kunst ist ebenfalls streng, steif und brutal, im Zusammenhang mit ihrer Mythologie und ihrem Sozialcharakter. Die Welt entsproß aus dem schrecklichen Yggdrasill, das Leben ist von Entbehrung, Mühsal und Angst gekennzeichnet. Kein Wunder, daß Heidegger, der deutscheste der Philosophen, das Dasein von Angst und Sorge durchdrungen sah.

Wir haben früher betont, daß Zwerge und Riesen eine spätere orale Fixierung bedeuten, wo die Eltern dem neu geformten Selbst (Zwerg) als Riesen erscheinen. Wie auch immer, der Überfluß an diesen Zwergen und Riesen in der teutonischen Mythologie verweist auf eine starke spät-orale Fixierung, als wäre es diesem Sozialcharakter schwer gefallen, aus dieser Entwicklungsperiode herauszukommen. Weiters konstituiert die starke Fixierung auf diese Periode den Hang zu Extremen in Realitätswahrnehmung und Verhalten. Der Zwerg stand für Kleinheit und der Riese für Größe; die mittleren Maßstäbe und Methoden fehlten. Daher vermied der germanische Sozialcharakter Durchschnittlichkeit und „goldene Regeln" und suchte Extreme. Alles oder Nichts, absolute Herrschaft oder Götterdämmerung.

Die Asen waren im Grunde amoralisch. Jeder konkurrierte mit jedem um Macht, Güter, außereheliche Geschlechtsverkehr und Amüsement. Alles ging. Es gab keine normativen Schranken im Gebrauch der Macht. Nur Macht konnte Macht beschränken. Die Götter brachen ihr Wort, wann immer es vorteilhaft war. Manna, eine Sterbliche, verweigerte Balder die Ehe, weil Götter geneigt waren, ihre Gelübde zu brechen[65], und Balder war der beste, oder eher der am wenigsten Korrupte der Asen. Erinnert uns dieser Aspekt des Charakters der Asen nicht an die Nazis, welche ihre Versprechen der Reihe nach brachen, im besonderen natürlich das Versprechen vom „Frieden in unserer Zeit", welches sie Joseph Chamberlain in München gaben? Wenn Moral und Versprechungen ihren verbindlichen Wert verlieren, ist keine Kommunikation möglich. Und wenn Kommunikation und Dialoge nicht möglich sind, regiert die Gewalt über alles. Im Hebräischen, der Sprache eines partizipanten dialogisch-gebundenen Sozialcharakters, entspringen Gewalt und nicht-kommunikatives Schweigen der gleichen Wurzel. Dies birgt in sich, daß dort, wo der Wunsch zur Kommunikation fehlt, Gewalt das Resultat ist. Ohne die Einschränkung durch Normen, ohne den Wunsch, in Verbindung zu stehen und zu verhandeln, ist daher totaler Krieg der Herr. Odin-Hitlers Horden kämpften daher ungehindert von Moral und mit rasender Wut, unbehindert von jeder Empathie für ihre realen oder symbolischen Gegner.

Die Asen wurden vom Okkulten geleitet, oft dominiert. Sie wendeten oft Magie an, um ihre Verwandten, die Menschen und die Natur zu manipulieren. Das Streben nach Allmacht und der Wunsch, seine Umwelt durch Magie zu manipulieren, war unter den Höherrangigen der Nazizeit sehr sichtbar. Hitler war offen abergläubisch; er verließ sich stark auf Quacksalber und glaubte an das Okkulte. Himmler suchte öfter den Rat von Astrologen, bevor er eine wichtige Entscheidung traf, und Goebbels war sicher, daß die Kriegsereignisse sich zu Deutschlands Gunsten wandeln werden, nachdem er von Roosevelts Tod erfahren hatte, ähnlich wie für Friedrich den Großen beim Tod der russischen Zarin. Die Prominenz des Okkulten in der germanischen Mythologie und ebenso im germanischen Sozialcharakter steht im Zusammenhang mit der Konkretheit der germanischen Konzeption der Seele, der Flygja. Anders als die abstrakte, partizipante Auffassung von Seele bei den Juden, wo sie aus dem Göttlichen heraustritt und eingebettet ist im Menschen und sich mit Absolutem beschäftigt, war die Flygja halb-materiell, fähig aus dem Körper auszutreten und alle möglichen Gestalten und Formen anzunehmen. Außerdem war sie – wie ihr körperlicher Gastgeber – sehr mit der Manipulation von Objekten, Lebensformen und anderen menschlichen Geschöpfen beschäftigt. Das sisyphische Streben, die Umwelt zu kontrollieren, wurde daher in die Flygja projiziert, die teutonische halb-konkrete Erweiterung des Körpers, die all jene Tricks, die der Körper gerne ausgeführt hätte, aber nicht konnte, vollbrachte.

Rasse spielte eine herausragende Rolle in der germanischen Mythologie. Blut, der Träger der Rasse, floß in Mengen. Das erste Wesen, der riesenhafte Ymir, wurde von den Söhnen eines anderen Riesen getötet und das Meer und die Flüsse entstanden aus seinem fließendem Blut, während sein Körper zur Erde wurde. Also hatten Blut und Boden als die Träger des germanischen Geschlechts, gepriesen von den völkischen Bewegungen, welche den Nazis vorangingen, ihre Wurzeln in der germanischen Mythologie.

Die Eigenschaften von Týr, als ein Gott des Kampfes, waren Wagemut und Tapferkeit. Soldaten sollten es Týr daher gleichtun und „Týr-heldenhafte" Männer von Tapferkeit im Herzen sein.[66] Tatsächlich war Mut die höchste Qualität unter den Asen, während Feigheit ein Anathema war. Diese hohe Wertschätzung von Tapferkeit und Verachtung für Mutlosigkeit fand in der deutschen militaristischen Wertskala vollen Ausdruck.
Besonders beachtenswert ist die zweiphasige Regression in der Mythologie der Edda: zuerst zur amoralischen Nicht-Verantwortlichkeit des Stammes für die Familienbande, und von dort zu der Übertretung der Inzesttabus, was die Zerrüttung der Kultur sowie auch der Kernfamilie bewirkte. Die erste Phase wurde in der Episode, die wir erwähnt haben, sichtbar, in welcher die Hand des Gesetzes (der Gott Týr) vom Wolf Fenrir abgebissen wurde, begleitet von der unschuldigen Fröhlichkeit der Asen. Das bedeutet, daß innerhalb der noch nicht opferbereiten (pre-sacrificial) heidnischen Stammesfamilie alles erlaubt und verziehen war, ohne die Einschränkung von Schuld, Moral oder Gesetz. Das war die Ablehnung der partizipanten Grenzen von Normen. Die radikalere Regression war die Ablehnung von Blutsbanden und Kultur als Ganzes, verbunden mit der Aufhebung der Inzesttabus.
In einer jüdischen Familie beschneidet man ein neugeborenes, männliches Kind, was den normativen Bund mit Gott bedeutet; in einer christlichen Familie tauft man und spricht Kinder durch das Zeichen des Kreuzes selig, was das Testament der opferbereiten Moral und der Gnade Jesu Christi bedeutet; in einer germanisch-heidnischen Familie wurde ein Kind gewaschen und mit Thors Hammer gesegnet,[67] dem Symbol von Gewalt und Krieg. Dies zeigt das Vertrauen auf amoralische Macht, vor der opferbereiten Einführung von Normen durch das „Isaak Syndrom" oder durch die Gnade des willigen Selbstopfers von Jesus. Hitler, charakteristischerweise, haßte Gesetze und Rechtsanwälte. „Ich werde dafür sorgen," erklärte er einmal, „daß niemand Rechtsanwalt werden will."[68]

Die separate heidnische Familie, unbehindert durch judäisch-christliche Normen, war also kollektiv auf das Objekt mit einem früh-oralen „guten Selbst" fixiert, umgeben von einem „schlechten Fremdobjekt". Daher war die heidnisch-germanische Familie schon an sich xenophobisch. Die Nazi-Regression zum Stammesheidentum mit der Parteielite, die neue Asen formierte, und das Ablegen der judäisch-christlichen normativen Schranken war entsprechend von fanatischer Xenophobie begleitet.

Die Aufhebung der Moral, sexuelle Sitten inbegriffen, die sich durch die Promiskuität der Göttinnen der Asen zeigte, speziell bei Freia, der weiblichen Hauptgottheit, wurde von den Nazis genützt, um die bourgeoise Kernfamilie zu unterminieren. Die Nazipartei versuchte die ausgedehnte Stammesfamilie der Asen neu zu erschaffen. Folglich waren „Gestüte" und ausgewählte Polygamie für „verdienstvolle Gruppen deutscher Männer"[69] unter den eugenischen Plänen, eine mächtige deutsche Rasse zu züchten, um das tausendjährige Reich zu unterstützen.

Wir haben den Ausbruch des Inzests, gleichzeitig mit der endgültigen Katastrophe von Ragna-Rök und dem Zerfall der Kultur, bereits erwähnt.[70] Der Sturz der Nazis in die Götterdämmerung war ebenso von unterirdischen Angriffen auf die Ursprünge der jüdischen Kultur begleitet. Indem sie die jüdischen Familien zwangen, sich voreinander zu entkleiden, nötigten sie sie, sich einem inzestuösen Schauspiel zu unterziehen. Die verborgene, oder sogar symbolische Absicht könnte gewesen sein, daß in Ergänzung zur physischen Vernichtung der Juden auch die Basis ihrer Kultur, z.B. das Inzestverbot, zerstört werden sollte.

Germanische Mythologie beinhaltet, wie alle Mythologien, eine Mischung aus archaischen Erfahrungen und kollektiven Bestrebungen, die Ziele der Hauptvektoren (core vectors) zu erfüllen. Eine Partei wie die Nazipartei mit einem Führer an ihrer Spitze, der auch versprach, die Mythen zu erfüllen, und auch den Anschein erweckte, es zu tun, konnte sich damit der Unterstützung eines Volkes versichern, welches auf einer Mythologie aufbaute und sich von einer erbarmungslosen und trügerischen Realität betrogen fühlte. Es ist daher charakteristisch, daß Goebbels bereits im Mai 1926 in den nationalsozialistischen Briefen erklärt hatte, daß er – wenn alles an einem Tag in einer Götterdämmerung zugrunde gehen würde – ein Hosianna für den Führer singen werde, gegenüber denen, die nach einer Kreuzigung schreien werden. Genau zu der Zeit, als alles zusammenbrach, Ende 1944, erklärte Goebbels Hitler-Odin zum Größten: „Er ist in jedem von uns. Er ist das Unerklärliche, das Geheimnis und der Mythos seines Volkes."[71] Tatsächlich waren das Zerbröckeln der Nazikriegsmaschine und der Zerfall des Dritten Reiches in Anbetracht eines glorreichen Mythos, der ohne Bezug auf die Realität gelebt und wieder erlebt werden konnte, nicht wirklich relevant.

Das auslösende Element, das es den Deutschen ermöglichte, ihre teutonische Mythologie auszuleben, war der kommunale Wahn, erweckt durch die Nazis, welcher die Realität verhüllte. Tal zitiert einen SS-Kommandeur, der schrieb: „Der Mythos ist eine Humanisierung des Göttlichen ... das Göttliche wurde die unerschütterliche Humanisierung des Mysteriums vom Reich."[72] War das Gleichgewicht der Realität erst zerrüttet, konnte der Glaube an die Mythen Priorität gewinnen gegenüber dem Erkennen und der Wahrnehmung der Vernunft. Wenn das Leben von Mythen anstelle von Realität verhängnisvoll ist, ist die Inszenierung von Mythen noch makabrer: Die theatralischen Bestandteile der Kundgebungen der Nazipartei, die Reden von Hitler und Goebbels, die archaische Sprache der Nazipublikationen und die mystischen, okkulten Sitzungen Himmlers mit seinen SS-Generälen hatten die Aura eines schwarzen Passionsspiels, in dem die Schauspieler zum sicheren Tod verdammt waren.

Das Volk des Buches

Der polare Gegensatz zwischen den jüdischen und germanischen Mythologien ist von Anfang an offensichtlich. Unsere Hauptquelle für die germanischen Mythologien ist die Edda, für die jüdische Mythologie hingegen ist die hervorragende Schatzkammer die Bibel selbst, sowie auch die frühen Midrashim und die Apokryphen.

Ein berühmter Mythos, welcher die tiefste und weitreichendste Auswirkung auf den jüdischen Sozialcharakter hatte, war der Bericht von der Übergabe der Gebote Gottes an das Volk von Israel durch Moses am Berg Sinai. Die göttlichen Gebote zentrieren sich auf zwei Elemente: den Monotheismus von Yahveh und seine Attribute – bzw. eher ihr Fehlen – und die göttliche Verordnung eines ethischen Systems, Gesetze, Moral und Sitten, um alle Aspekte des jüdischen Lebens genau zu lenken.
Das erste und zweite Gebot verordnen den Monotheismus: „Ich bin der Herr, Euer Gott... Du sollst keine anderen Götter neben mir haben."[73]
Im Deuteronomium ist die ausschließende Einheit von Gott noch ausführlicher erklärt: „Höre, o Israel: Der Herr, unser Gott, ist ein Herr."[74] „Erkenne daher diesen Tag und bedenke es in deinem Herzen, daß der Herr Gott ist im Himmel und auf Erden: Es gibt keinen anderen."[75]

Daher war der Kern des Bundes am Berg Sinai, daß das israelische Volk die Einheit Gottes anerkennen und die Möglichkeit eines anderen Gottes nicht zulassen sollte, geschweige denn dessen Verehrung.[76] Daß Moses den Monotheismus nicht erfunden hat, ist nicht wirklich relevant; wichtiger ist, daß er die Einführung eines strikt monotheistischen, partizipanten Glaubensbekenntnisses an den östlichen Küsten des Mittelmeers vermittelt hat, das jeden Polytheismus ausschloß und später mit dem separaten europäischen Glaubensbekenntnis und Sozialcharakter, welcher in den Nahen Osten eindrang, in Konflikt kam. Das entscheidende Merkmal des jüdischen Monotheismus ist, daß er einen ethischen Kodex festsetzt. Der Monotheismus von Plotin zum Beispiel war arithmetisch, ontologisch und philosophisch. Am Berg Sinai machte ein kosmischer, einzigartiger Gott einen Bund mit dem Volk von Israel, welches sich verpflichtete, einem System von Gesetzen und Moral zu gehorchen, das von diesem Gott geschaffen wurde.[77] Die mytho-empirische Bedeutung des Bundes zwischen Gott und dem Volk von Israel verbindet daher die Einheit Gottes mit seinen ethischen Geboten, die den Juden auferlegt und von ihnen akzeptiert wurden. Dies steht in Übereinstimmung mit unserem Entwicklungsmodell, wonach eine kollektive spät-orale Fixierung verbunden ist mit einer undifferenzierten Totalität, somit einer Einheit. Weiters ist ein aus einem „schlechten Ich" geborenes Ego, umgeben von einem amorphen, jedoch nahrhaften „guten Objekt", eher prädisponiert, solche Gebote zu akzeptieren, die von einer mildtätigen Macht auferlegt worden sind, welche aus der und in die Totalität der Einheit fließt. Die eher grobe, jedoch geeignete Annahme ist hier, daß die Fixierung auf eine prä-differenzierte frühe Oralität zwangsläufig auf das Göttliche sowie auf Einheit projiziert wird, wogegen eine post-differenzierte früh-orale Fixierung auf dualistische und polytheistische Gottheiten projiziert wird. Diese scheinbar vereinfachende Grundregel faßt einen Projektionsmechanismus ähnlich dem ins Auge, der das Dezimalsystem mit der Tatsache verbindet, daß wir zehn Finger an unserer Hand haben.
Der jüdische Gott schuf die Welt aus dem Nichts, während seine grenzenlose, körperlose Einheit vor der Schöpfung existiert hat und immer existieren wird. Das partizipante Nicht-Sein und die prä-differenzierte Totalität der Einheit ist im Judentum Ursprung und Haupttriebkraft der Schöpfung.

In separanten Mythologien – und, wie wir sahen, in der germanischen Kosmogonie – prädisponiert die früh-orale kollektive Fixierung für eine Auffassung der Welt, die immer schon da war: Alles, was Odin und die anderen Götter bei den Asen taten, war, bereits existierende Objekte neu zu arrangieren, die Natur neu zu modellieren und die Lebensformen aus der vorhandenen Materie zu animieren. Beide, tantalische und sisyphische Götter, sind übergroße Bilder der Perfektion, gerade weil sie die unerreichbaren Ziele der Hauptvektoren ihrer menschlichen Projektoren repräsentieren. Das sind die mytho-empirischen Ausgangsprämissen in bezug auf die Entwicklungsunterschiede zwischen den partizipanten jüdischen und den separanten germanischen Sozialcharakteren.

Maimonides weist darauf hin, daß die Einheit von Gott seine Abstraktheit verlangt, weil Pluralität von konkreten Differenzen und der Vergleichbarkeit von raum-zeitlichen Attributen bewirkt wird.[78] Das ausdrückliche Verbot eines „Götzenbildes" von Gott ist daher eine Begleiterscheinung seiner Einheit und seiner Abstraktion. Daher hat der Gott von Exodus die Welt geschaffen und kontrolliert sie, hat aber selbst keine raum-zeitlichen Attribute.

Der Gott der Bibel wird im „Nichts" enthüllt, sodaß sogar ein Ton seine Offenbarung stören könnte. Demgemäß sehen wir, daß dem Elias, als er den Herrn bat, sich ihm zu offenbaren, befohlen wurde: „Gehe weiter und steh auf dem Berg vor dem Herrn. Und, siehe da, der Herr ging vorüber und ein großer, starker Wind kam über die Berge und brach die Felsen in Stücke vor dem Angesicht des Herrn; aber der Herr war nicht im Wind: Und nach dem Wind ein Erdbeben: Aber der Herr war nicht im Erdbeben: Und nach dem Erdbeben ein Feuer: Aber der Herr war nicht im Feuer: Und nach dem Feuer eine leise kleine Stimme. Und so geschah es, daß Elias, als er sie hörte, sein Gesicht mit seinem Umhang verhüllte und hinausging und im Eingang der Höhle stand."[79] Nun, die Übersetzung der Bibel von König James ist so ungenau, daß die Bedeutung der Schrift oft verwirrt wird, inklusive den darin vorhandenen Mythen. Das hebräische Original sagt, daß Gott sich selbst offenbart: „Bekol Demama Daka", was bedeutet, mit „einer Stimme von dünner Stille." Die mytho-empirische Illusion liegt hier darin, daß – damit die Offenbarung wirkungsvoll wird – die Verdunkelung oder „Absperrung" der Raum-Zeitlichkeit erreicht werden muß, sodaß die Geräusche aller fremden Reize sich zu einer tatsächlichen Stille verdünnen. Der Midrash fügt die Interpretation hinzu: „... als Gott die Thora gab, zwitscherte kein Vogel, kein Federtier flog, kein Seraph pries Gott. Das Meer bewegte sich nicht. Die Welt war still, und dann sagte der Herr: Ich bin der Herr, Euer Gott."[80] Nur in der Stille des Nichts kann Gott offenbart werden. Welch ein Kontrast zu dem turbulenten, ungestümen und donnernden Zeus und Thor, deren Epiphanien nur innerhalb von Zeit und Raum und durch ihre Manipulation von natürlichen Phänomenen erscheinen.

Der Gott des Exodus ist synchronisch. Er steht außerhalb der Zeit, daher existiert er in allen Zeiten. Eine mytho-empirische Verankerung zu diesen Voraussetzungen kann im etymologischen Ursprung von Yahveh gesehen werden, der persönlichen Benennung des monotheistischen Gottes der Hebräer. Yahveh kommt aus der hebräischen Wurzel und bedeutet „zu sein." Es ist eine Gegenwart-Zukunft-Kombination, die eine Gegenwart andeutet, die sich endlos in die Ewigkeit fortsetzt. Das ist im Exodus auf folgende Weise klar dargelegt:
„Und Moses sprach ... "[81]

Ursprünglich war Yahveh die transzendentale Projektion des inneren Selbst, erlöst von den Fesseln der Zeitlichkeit, mit dessen Sequenzen von Vergangenheit und Zukunft, in eine fortwährende Gegenwart. Daher, nur wenn eine Ekstase aus den Zeitsequenzen der Raum-Zeitlichkeit durch die Offenbarung bewirkt wird, „scheint" die endlos dauernde Gegenwart ohne Unterbrechung weiter. Yahveh wurde später innerhalb von Raum und Zeit institutionalisiert und als ein theistischer deus ex machina verehrt, aber ursprünglich war er ein partizipanter Gott, offenbart als ein ewiges Jetzt (eternal now). Yahveh, der partizipante synchronische Gott, steht daher den separanten griechischen und germanischen Göttern in diametraler Opposition gegenüber. Chronos, der griechische Gott der Zeit, ist der Sohn von Uranos, dem Himmelsgott, der am Anfang der hesiodischen Kosmogonie erscheint. Die germanischen Götter sind noch stärker diachronisch, verstrickt innerhalb der Zyklen der Natur und dazu verdammt, zu einem gegebenen Zeitpunkt unterzugehen: Ragna-Rök, Dämmerzustand der Götter. Daher befinden sich die germanischen Götter nicht nur in der Zeit, sondern sind durch sie auch befristet.

Da er außerhalb der Zeitsequenzen steht, ist Yahveh unveränderlich. Das alte Testament erläutert: „Da ich der Herr bin, ändere ich mich nicht . . ."[82] Maimonides argumentiert, daß Änderung Potentialität beinhaltet. Aber Gott ist perfekt und kann nicht potentiell sein; daher muß er unveränderlich sein.[83]

Das bringt uns zur Grenzenlosigkeit von Yahveh. Gottes Allgegenwärtigkeit rührt aus seinem Überall- und daher Nirgends–Sein.[84] Er ist ortlos und daher grenzenlos. In unserem metaphysischen Kontext bedeutet dies, daß der jüdische partizipante Sozialcharakter beabsichtigt, die Allgegenwart der frühen Oralität wiederzuerlangen, durch die Projektion eines zeitlosen, ortlosen und grenzenlosen Gottes. Im Gegensatz dazu sind die separanten griechischen und germanischen Götter nicht nur in die Zeit gesetzt, sondern auch auf festgelegte Plätze – die Olympier im Olymp und die Asen in Asgard –, wo jeder/jede seine oder ihre Halle oder sein oder ihr Herrenhaus hatte.

Ein noch partizipanterer Aspekt der jüdischen Gottheit ergibt sich aus der mytho-empirischen Quelle der Kabbala. Obgleich esoterisch, ist dieser mystische Zug des Judentums ein wichtiger Teil des jüdischen Sozialcharakters und hatte deutlichen Einfluß, sowohl verborgen wie auch offenkundig, auf die jüdische Tradition und Weltanschauung.

Die kosmische Katastrophe des „Zersplitterns der göttlichen Gefäße" wurde bereits beschrieben. In der Kabbala wird dies verbunden mit der Verstreuung der „göttlichen Funken" betrachtet. Es wurde verstanden als die mytho-empirische Projektion der Geburt, die von den Neugeborenen als ein katastrophaler Übergang von zufriedener Selbstgenügsamkeit im Mutterleib zur Härte der Elemente, Lebensformen von Raum und Zeit in der Außenwelt erlebt wird. Diese Katastrophe war ein Unheil für beide, für Gott und die Menschen, weil Fragmente der Göttlichkeit (Seelen) in der Raum-Zeitlichkeit gefangen bleiben, und sie wurde durch ein anderes Unheil verschlimmert: durch den Fall der Menschheit in der Folge der Erbsünde. Die Vertreibung aus der Seligkeit Edens war die transzendentale mytho-empirische Projektion der Formung des individualistischen Selbst aus der totalistischen Masse der frühen Oralität. Diese Entwicklungs-Katastrophen ließen das Individuum im ontologischen Exil, wo es sich danach sehnt, die paradiesische Allgegenwart der frühen Oralität wiederzuerlangen. Dieses mytho-empirische Streben wird von den Kabbalisten auf die Transzendenz projiziert – in Form des tikkun, was im Hebräischen für „Wiedervervollständigen" steht. Dieser tikkun besteht aus dem kontinuierlichen Bemühen der Menschheit, der Göttlichkeit ihren ursprünglich perfekten Status wiederzuersetzen, indem sie den exilierten göttlichen Partikeln (Seelen) verhilft, zu ihrem Ursprung in Gott zurückzukehren.[85] Die Menschheit wiederum rettet sich durch diesen Prozeß der „Wiedervervollständigung" Gottes aus dem Exil. Erlösung wird also durch ein gemeinsames Unternehmen von Gott und der Menschheit erreicht. Der makelhafte Gott erlangt seine Vollkommenheit wieder; und die Menschheit erfüllt ihr Leben durch den ständigen Versuch, Gott wieder zu „vervollständigen", und zwar ohne Rücksicht darauf, ob sie sich letztlich aus der Verbannung retten kann oder nicht. Hier liegt die entscheidende Bedeutung der kabbalistischen Dynamik von tikkun in unserem Kontext.

Die Betonung liegt auf dem Prozeß von tikkun und nicht auf irgendwelchen großartigen Errungenschaften. Selbst wenn die tatsächliche offenbarende Enthüllung der Göttlichkeit unmöglich ist, kann das tantalische Streben danach das Leben der Menschheit mit Zweck und Bedeutung erfüllen.

Das Instrument des kabbalistischen tikkun ist eine spezielle Art des Gebetes mit kavanot, eine konzentrierte Meditation mit der Absicht, „den Heiligen (the Holy One), gepriesen sei Er, und seine Skekhinah"[86] zu vereinen. In der lurianischen Kabbala stellt ein Gebet mit kavanot den Namen Gottes, der durch die kosmische Katastrophe in die Silben des Yah-Veh zerrissen wurde, in der ursprünglichen Vollständigkeit der vier hebräischen Buchstaben wieder her.[87]

Das Gebet mit kavanot hat eine direkte Quelle in der Transzendenz, sodaß es schließlich die devekut, die partizipierende Enthüllung von Gott, beeinflussen kann. Es sollte betont werden, daß tikkun ein kontinuierlicher Prozeß ist, sodaß das Gebet der Menschheit mit dem meditativen kavanot auch kontinuierlich sein muß und nicht ein spontaner Ausbruch. Es muß den ganzen Tag und jeden Tag verrichtet werden. Die kabbalistische Erlösung von beiden, von Gott und der Menschheit, ist daher kein einmalig gewaltiges Geschehen, sondern ein ständiges gemeinsames Bemühen. Der Fortschritt hin zu tikkun ist dialektisch und nicht linear. Der technische Fachausdruck dafür in der Kabbala ist Ratzo-Vashov. Jede Wahrheit ist nicht absolut, mag sich aber vielleicht relativ auf eine andere, synthetisch höhere Wahrheit beziehen. Der Fortschritt in Richtung Erlösung durch einen dialektischen Prozeß von Konflikt und Synthese erklärt beides, die kosmische Katastrophe des Bruches der göttlichen Gefäße (the breaking of the divine vessels) und den Fall der Menschheit nach der Erbsünde. Die Mangelhaftigkeit Gottes sowie auch der Untergang der Menschheit waren notwendige Vorbedingungen für tikkun, d.h. für die Erlösung als einen fortwährenden dialektischen Prozeß. Das ist in gewissem Sinn die mytho-empirische Projektion der Rechtfertigung des Verbannungszustandes der Menschheit in der Raum-Zeitlichkeit als eine vorangehende Bedingung für den folgenden dialektischen Aufstieg zur Offenbarung. Tantalus mußte erst in die Ungnade des Tartaros gestürzt werden, um seine Vorstellung von Gnade zu entfalten; und ebenso mußte der Stein des Sisyphus zuerst hinunterrollen, um einen Prozeß der Kreativität zwischen der Menschheit-in-der-Sackgasse und ihrem unlenkbaren Stein lebensfähig zu machen.

Die tantalischen Partizipanten erlauben ihrer projizierten Gottheit, auch das Streben nach Offenbarung durch ihre Bemühungen zu erfahren. Die kabbalistische Vorstellung von der „Selbstunterhaltung" könnte die Projektion des individuellen Suchens im inneren Selbst nach offenbarenden Erlebnissen sein, und nach der Beteiligung der Göttlichkeit an diesen Erfahrungen innerhalb des „puren Selbst" des Individuums (sharing by divinity). Die Erfahrung einer offenbarenden Einzigartigkeit innerhalb der Pluralität von

Objekten und Lebensformen kann vermutlich von Gott nicht ohne die Dienste der Menschen nutzbar gemacht werden. Ihre Projektion auf die Göttlichkeit ist eine andere Mensch-Transzendenz-Symbiose (human-transcendence-symbiosis), welche die Schicksalsschläge im Leben der Menschen mit Bedeutung erfüllt. Die Projektion des unerreichbaren partizipanten Ziels, wieder zur Vollständigkeit der frühen Oralität und zur Unbegrenztheit des Nicht-Seins in utero nach Gott zu gelangen, wird in der Kabbala als der Einsof bezeichnet. Dies ist Unendlichkeit als Attribut der „absoluten Perfektion" einer prä-eingeschränkten (tzimtzum) und prä-manifestierten Göttlichkeit. „Absolute Perfektion" ist auch das Wesen des ha ahdut ha'shavah, d.h. die „ununterscheidbare Einheit", die wir auch der Prä-Differenziertheit der Früh-Oralität und in utero zugeordnet haben.

Das tantalische Wesen der partizipanten Offenbarung liegt darin, daß man sich zwar ständig nach ihr sehnen kann, sie aber niemals gänzlich erreicht. Ferner trägt sie zu einem sich ständig „entwickelnden" Gott mit einer entsprechenden Wandlung des Wesens, der Form und des Inhaltes seiner „Wiedervervollständigung" bei. Die kabbalistische Erlösung kann daher nicht innerhalb des Kontextes der gegebenen Zeit ins Auge gefaßt werden. Sie ist eher eine unendlich wellenförmige Dialektik einer ständig fluktuierenden Offenbarung oder der Suche danach.
Jeder menschliche Akt, sogar der weltlichste, könnte die Erlösung fördern oder erschweren. Daher scheint der fortwährende Prozeß dieser Wiedervervollständigung, eher als ihre Vollendung, die Essenz zu sein. Es kann auch deutlich werden, daß die kabbalistische Wiedervervollständigung, vom Menschen bewirkt, sowohl eine der Göttlichkeit ist als auch eine seiner selbst innerhalb des Zusammenhangs mit Gott. Es ist eine symbiotische Beziehung zwischen einer Gottheit unter Druck (stress) und einem sympathetischen (einfühlenden, teilnehmenden) menschlichen Separatum, welches der Göttlichkeit entsprungen ist. Das erfüllt die zeitliche menschliche Existenz mit einem Zweck. Durch ihr Nützlichsein für Gott erkennt die Menschheit ihre rechtmäßige Rolle als Juniorpartner, nicht nur in Raum und Zeit, sondern auch als ein integraler Bestandteil der Gottheit selbst. Dadurch wird der Mensch nicht nur ein passiver Manipulator, sondern ein notwendiger Vertreter der Gottheit; kein zweckloses Pünktchen in einer sinnlosen Welt, sondern nützlicher Teilnehmer innerhalb des kosmischen Plans. Die Aufgabe des Menschen in der lurianischen Kabbala ist eine unendlich größere: Die Katastrophe, die sich innerhalb der Gottheit ereignet hat, kann von den Menschen, und nur von den Menschen, wieder repariert werden. Gott scheint bei seiner Wiedervervollständigung ganz abhängig von den Menschen, und die Erlösung der Menschheit wird der erfolgreichen Vervollständigung der Gottheit folgen. Das zeigt die Macht der mytho-empirischen Verankerung des menschlichen Verhaltens. Der partizipante Sinn von Kraftlosigkeit und Demut wird hier auf einen geschädigten und abhängigen Gott projiziert, auch mit dem Risiko, ein sakrilegisches Bild einer von der Perfektion weit entfernten Gottheit zu entwerfen.

Das Buch

Nach dem Monotheismus ist das zweite bedeutende Element des jüdischen Mytho-Empirismus der Kodex von Gesetzen und Moral, auferlegt von Gott durch die Vermittlung von Moses. Diese direkte Übertragung Gottes ethischer Gebote auf Israel mittels einer kollektiven Offenbarung ist ein einzigartiges mytho-empirisches Phänomen.[88] Es schafft die Substanz des Bundes zwischen Gott und Israel, eine partizipierende und maßvolle. Durch Annahme der absoluten ethischen Gebote Gottes bürdeten sich die Juden willig eine komplizierte Sammlung von Gesetzen und Moral auf, was ihr Verhalten einschränkte und regulierte. Die beiden Steintafeln, auf denen die zehn Gebote geschrieben waren und die von Moses heruntergebracht wurden, als Folge seiner Begegnung mit Gott am Berg Sinai, sind ein Element, das üblicherweise im altertümlichen mittleren Osten gebraucht wurde, um einen offiziellen (feierlichen) Vertrag zwischen zwei Parteien zu besiegeln. Der ethische partizipierende Vertrag zwischen Gott und Israel war dazu gedacht, das jüdische Volk permanent zu verpflichten, bis ans Ende der Zeit, weil vorausgesetzt wurde, daß alle Generationen von Israel am Berg Sinai gegenwärtig sind und die Thora direkt von Gott erhalten haben. Wenn Zeit innerhalb von Gott synchron ist, dann ist die Übertragung der Thora auf alle zukünftigen Generationen Israels sowohl glaubwürdig als auch akzeptabel. Die Juden wurden deshalb von Gott auserwählt, die einschränkende Last von Gesetz und Moral zu tragen. Dies kam durch Unterlassung zustande; der Midrash erzählt, daß, bevor die Thora Israel angeboten wurde, Gott es auch anderen Nationen angeboten hatte, aber keine von ihnen hat sie angenommen.[90] Nur Israel hat sie akzeptiert, mit dem bedingungslosen „Alles, was der Herr gesagt hat, werden wir befolgen."[91] Dies könnte die mytho-empirische Basis der Tatsache sein, daß die großteils unbestimmte jüdische Weltanschauung einem ethischen System auf der Basis der Willensfreiheit eher zugänglich war. Die Griechen und die Teutonen wiederum, deren Mythologie und Religion die Welt als zum Großteil vom Schicksal bestimmt betrachten und der Wahlfreiheit für Menschliches nur wenig Platz lassen, akzeptieren die Berechtigung von einschränkender Moral nicht. Daher sind die Kinder von Israel ein „auserwähltes Volk" in einem negativen, einschränkenden Sinn. Von Gott auserwählt zu sein, bedeutete eher die Belastung durch Gesetze und die Verpflichtung durch Moral, als das Erhalten von Privilegien.

Die Last der Thora, die den Juden aufgebürdet wurde, war tatsächlich schwer. In der theokratischen Gesellschaft des altertümlichen Israel wurden Gesetzesbrecher schwer bestraft, oft auch mit dem Tod. Außerdem war die Einhaltung der Thora und ihrer Gesetze absolut. Kein Zweifel, mildernde Umstände oder Infragestellung wurden geduldet.[92] Nur der Tod befreite die Menschheit von ihrer Pflicht, die Gesetze der Thora zu befolgen.[93] Man konnte nicht einige Gebote befolgen und andere ignorieren, da die Übertretung eines leichten Gebotes zum Bruch eines schwerwiegenden Gesetzes führen könnte.[94] Überdies hätte die irdische Welt ohne die Thora nicht existieren können.[95]

Die Einhaltung der Thora war daher die raison d'etre für die Schöpfung der Welt. Wenn das israelische Volk die Thora nicht akzeptiert hätte, wäre die Welt in Chaos zurückgefallen.[96] Die Thora erfüllt ihre Befolger und Studenten mit Leben.[97] Daher besteht eine Symbiose zwischen der Befolgung der Thora durch den Menschen und der Substanz und Bedeutung, die sie seinem Leben gibt.[98] Die Thora war gleichgestellt mit der heiligen Anwesenheit, der Shechina. Daher hatten jene, welche die Thora studierten, die heilige Persönlichkeit in ihrer Mitte wohnen.[99] Die Thora wurde mit einer Woge lebensspendenden Wassers verglichen, das das Leben erhält und es läutert.[100] Sie heilt alle Krankheiten, aber die sie mißachten, gehen zugrunde. Die mytho-empirische Bedeutung der Thora scheint die des Mutterleibs zu sein. Jene, die damit durch eine lebensspendende Nabelschnur verbunden sind, erfahren die Seligkeit einer geschützten Existenz in utero. Die kollektive, partizipante Tendenz des jüdischen Sozialcharakters zur Vereinigung in die prä-differenzierte Totalität der Einheit wird auf die Transzendenz des sich dehnenden und absorbierenden Mutterleibs der Thora projiziert.

Man muß die Thora als ein Ende an sich studieren, und nicht als ein Mittel zum Zweck.

Man sollte die Thora nicht als Werkzeug zur Erreichung weltlicher Bestrebungen und Ziele benützen.[101] Wenn jemand die Thora für weltliche Bereicherungen an Macht, Gütern und Ansehen verwertet, hört sie auf, eine Quelle des Lebens zu sein und wird ein tödliches Werkzeug.[102] Das Studium der Thora als ein Ende an sich war der Ethos der Juden, seit unvordenklichen Zeiten bis zum neunzehnten Jahrhundert, und ist auch heute noch in einigen religiösen Bildungszentren (yeshivot) in Israel und der Diaspora erhalten. Tatsächlich verkündet der Student nach Beendigung eines Kapitels des Talmuds den Namen des Kapitels und gelobt, wieder zu ihm zurückzukehren. Das ist der Inbegriff von authentischem, partizipiantem Verhalten, das sich mit der fortwährenden, offenbarenden Bedeutung des Lebens in der Gegenwart und nicht mit Zukunftszielen auseinandersetzt. Man kann sich den talmudischen Schüler des Mittelalters vorstellen, umgeben von größtenteils ungebildeten Nichtjuden, die mörderische Vermutungen über diesen seltsamen Mann anstellten, der ständig mit dem Studium scheinbar bizarrer, unbegreiflicher und teuflischer Bücher beschäftigt war.

Der höchste Wert des Studiums der Thora, als eigentliches Ziel, verleiht dem Talmid Hacham, dem Studenten, das höchste Ansehen in der Gemeinde. Folglich war der Lehrer wichtiger als der Vater. Wenn beide, der Vater und der Lehrer, gefangengenommen wurden, mußte der Lehrer als erster freigekauft werden.[103] Ein Talmud-Student hatte Vorrang vor einem König, weil wenn ein Student starb, er nicht ersetzt werden konnte, aber wenn ein König starb, jeder aus dem israelischen Volk dazu geeignet war, seinen Platz einzunehmen.[104] Einer, der sich mit Studenten zankte, stritt sich daher auch mit der heiligen Persönlichkeit.[105] Jerusalem wurde wegen der sündhaften Verachtung der Talmud-Studenten zerstört.[106] Einer, der sich eine Mahlzeit in Gegenwart eines Studenten schmecken ließ, wurde als jemand betrachtet, der die Strahlen der heiligen Anwesenheit genossen hatte.[107] Der Zusammenhang war, daß durch das Studium der Thora der Student einen Teil von Gott an sich hatte. Tatsächlich verfügte Rabbi Akiva, daß die Gottesehrfurcht die Ehrfurcht vor dem Studenten beinhaltet.[108] Gott, die heilige Persönlichkeit, die Thora und ihre Studenten bildeten eine grenzenlose, überwältigende Einheit. Die Schüler mögen äußerlich häßlich gewesen sein, aber ihr Lernen machte sie von innen schön.[109] Im Kontrast zu den separanten griechischen und germanischen Sozialcharakteren, die Schönheit und Ästhetik schätzen, legte der jüdische Sozialcharakter mehr Wert auf geistige Integrität als Zeichen der Fähigkeit, an dem lebensspendenden, allgegenwärtigen Mutterleib der Thora teilzuhaben.

Der Student der Thora, der Talmid Hacham, ist bescheiden und selbst-verneinend. Er erklärt: „Ich brauche meine Besitztümer im Hier-und-Jetzt nicht, weil die irdische Welt ist nicht meine."[110] Der, der sich im Hier-und-Jetzt an die Thora versklavt, wird sich von der Zeit an selbst befreien.[111] Die Worte der Thora geben nur denen Kraft, die fromm im Geiste und selbstverneinend sind, denn es steht geschrieben: „Weisheit wird im Nichts gefunden werden."[112] Das ist typisch für die traditionelle jüdische Interpretation der heiligen Schrift. Hiob fragt: „Aber wo kann Weisheit gefunden werden?"[113] Wobei im Hebräischen מָאַיִן und vom Nichts מֵאַיִן gleich geschrieben werden, aber eine unterschiedliche vokalische Position haben. Dennoch wendet die Mishna die Verse in Hiob als einen mytho-empirischen Anker für die partizipante Lehre an, daß man durch Lernen der Thora sich selbst verneinen könnte und daher wieder mit dem prä-differenzierten Nichts verschmilzt. Dieser partizipante Mangel von Interesse an der Gegenwart und der Schwerpunkt auf der Einheit der Transzendenz bewirkte, daß die Juden sich von Magie und Okkultismus fernhielten.[114] Dies steht natürlich im Kontrast zu unseren germanischen Hauptfiguren, deren separantes Bestreben, ihre Umgebung mit allen erdenklichen Hilfsmitteln zu manipulieren, sie dazu brachte, unter anderem Zauberei, Magie und Okkultismus zu gebrauchen.

Yahveh ist ein Gott der Gerechtigkeit: „Gerechtigkeit und Urteilsvermögen sind der Wohnsitz der Herrscher," erklärt der Psalmist.[115] Ferner erläutert die Bibel die Bedeutung von Gleichheit vor dem Gesetz, was zu dieser Zeit selten war. Außer den Sklaven, die immerhin einige grundlegende Rechte hatten, gab es keine jüdische Diskriminierung zwischen Menschen oder gegen Arme und die Frauen.[116] Es gab keine speziellen jüdischen Privilegien für die Aristokratie oder grundbesitzenden Stände.[117] „Ihr sollt eine Art von Gesetz haben", heißt es im Leviticus, „sowohl für den Fremden als auch für einen eures eigenen Landes, denn ich bin der Herr, euer Gott."[118] Das ist in einer altertümlichen Welt, die normalerweise Rechtsschutz (legal protection) zum Gegenstand des Königs machte, aber notorisch Fremde diskriminierte, beachtlich.

Die Basis der jüdischen Religion war Moral, und ihre Rituale waren ihrem ethischen Kern untergeordnet. „Gerechtigkeit und Urteil zu üben", sagt die Bibel, „ist dem Herrn willkommener als Aufopferung."[119] Als ein Nichtjude, der zum Judentum übertreten wollte, zu Hillel dem Ältesten kam und ihn bat, den Geist der Thora in eine Nußschale zu geben, entgegnete Hillel, daß die Essenz der Thora im ethischen Grundsatz ausgedrückt werden könnte, daß, was einem selbst verhaßt ist, man auch anderen nicht zufügen sollte.[120] Dies wird, in positiver Form, im Gebot des Leviticus „Liebe Deinen Nächsten wie Dich selbst. Ich bin der Herr"[121] festgesetzt.

Der jüdische Sozialcharakter war daher auf partizipante ethische Gebote konzentriert, während der griechische und der teutonische Sozialcharakter eher mit den Objekten und Lebensformen, die sie umgaben, und ihrer separanten Manipulation im Einklang standen, ohne übertriebene Sorge wegen moralischer Einschränkungen.

Das Inzestverbot im Judentum ist absolut. Wurde man dazu genötigt, Sakrilege, Mord oder Inzest zu begehen, sollte man eher vom Leben lassen, als diesen drei schändlichsten aller Sünden zuzustimmen. In diesem Kontext ist wichtig, daß das Inzestverbot mit der Heiligkeit Gottes und des Lebens verbunden ist. Man gelangt so zur Ansicht, daß das strikte Inzestverbot im Judentum in die strikte Moralität sublimiert war, ein Thema, das anderswo ausführlicher behandelt wird.[122] Wie schon bemerkt, bildet Ethik den grundlegenden Rahmen der Thora. Daher die zentrale Stellung des Inzestverbots im Judentum. Eine mytho-empirische Bestätigung dieser Prämisse liefert Kapitel 18 des Leviticus, das sich hauptsächlich mit diesem Verbot beschäftigt. Eine Übertretung des Gebotes würde inter alia auf die Befleckung der gesamten israelischen Nation hinauslaufen.[123] Der Vernunftschluß daraus scheint zu sein, daß Moralität das Rückgrat der Nation ist. Inzest entkräftet die Sublimierung von libidinöser Energie in Moralität und somit auch das partizipante Rückgrat des Judentums. Gegensätzlich dazu haben wir gesehen, daß die Befolgung des Inzestverbotes in der germanischen Mythologie mit dem Betreiben inzestuöser Beziehungen einiger Götter und Göttinnen, der Asen, locker war.[124] Daher war die Sublimierung des Inzests, obgleich sie einflußreich genug war, die separanten griechischen und germanischen Kulturen zu entwickeln, nicht mächtig genug, eine strikte Moral, wie das jüdisch-ethische System, durchzusetzen.

Das Opfer

Die Einführung des Individuums in die normative Struktur der Gesellschaft wird von Initiationzeremonien und anderen stellvertretenden, opfernden Auferlegungen der Norm ausgeführt. Tatsächlich beinhalten die meisten Übergänge von der Kindheit zum Erwachsensein die Einschärfung der Bürde der Verantwortung durch schmerzvolle Initiations-Riten.[125)] Die Sozialisierung ins Netz der gesellschaftlichen Normen umfaßt eine schmerzhafte Wechselwirkung mit dem Vertreter normativer Autorität innerhalb der Familie, d.h. dem Vater oder dessen Stellvertreter. Der Freudianische ödipale Drang ist immer mit dem Erwerb von Moralität und sozialer Unterweisung (männlicher) Kinder assoziiert worden. Wir behaupten jedoch, wie dem auch sei, daß der eigentliche Prozeß normativer Abspaltung vom Vater oder seinem Stellvertreter eingeleitet wird, in einer Dynamik, die das diametrale Gegenteil des ödipalen Drangs ist. Diese Dynamik nimmt die Form schmerzlichen Drucks vom Vater auf den Sohn an und beabsichtigt, die normative Abspaltung des Jünglings vom Schoß der Familie in die Einsamkeit zu bewirken. Diesen Druck könnte man, treffenderweise, das Isaak-Syndrom nennen, nach dem biblischen Mythos, in dem Isaak von seinem Vater als Opfer angeboten wurde. Dieser Mythos kann in seinem psychologischen Kontext als grundlegende Familiendynamik aufgefaßt werden, was dem ödipalen Druck, der von Freud vorausgesetzt wird, entgegenwirkt. Wir haben uns dazu entschieden, diesen normativen Drang eher als das „Isaak-Syndrom" zu bezeichnen, anstatt den „Laius Komplex", weil die Akedah (die Bezeichnung des Mythos der Opferung Isaaks in der Bibel im hebräischen Original) deutlicher ist, dramatischer und eindrucksvoller als die Verfolgung von Ödipus durch seinen Vater Laius.[126)] In den folgenden Seiten wird versucht, den Mechanismus des Isaak-Syndroms zu erläutern: wie er normativen Druck innerhalb der Familie erzeugt, und seine Rolle als die Dynamik, welche die Sozialisierung innerhalb der Familie mit den Normen der breiteren Gesellschaft verbindet.

Zuerst eine Untersuchung des Akedah-Mythos' selbst. Als Abraham den Altar errichtete, seinen Sohn fesselte und das Messer nahm, um ihn zu töten, befahl ihm ein Engel des Herren, gegen den Jungen nicht Hand anzulegen, und zeigte ihm einen Widder, der im Dornengestrüpp gefangen war. Die Heilige Schrift berichtet dann: „Abraham nahm den Widder und bot ihn als Brandopfer dar anstatt seines Sohnes."[127)] Die original hebräische Version sagt aus, daß Abraham den Widder als Brandopfer „tahat" seines Sohnes darbot. „Tahat" muß nicht nur „anstelle" bedeuten – es kann auch „danach" bedeuten, z. B. Zacharias regierte tahat, d. h. nach Jeroboam[128)], und Jotham regierte „tahat", d. h. nach Azariah. Einige Interpretationen behaupten konsequent, daß Abraham Isaak geopfert hat und danach den Widder.[130)] Diese Interpreten führen traditionelle Quellen an, laut derer Abraham Isaak getötet hat und ein viertel Log (ein großes Flüssigkeitsmaß) seines Blutes auf den Altar ergossen wurde.[131)] Es wurde auch angenommen, daß Isaaks Asche am Altar verstreut worden ist[132)], seine Seele stieg ins Paradies auf als Lohn für seine großmütige Aufopferung.[133)] Diese Interpreten stützen sich auf den neunzehnten Vers des zweiundzwanzigsten Kapitels der Genesis, das ausdrücklich anführt, daß nach der Akedah „Abraham zu seinen jungen Männern zurückkehrte." Abraham kehrte allein zurück, und Isaak wurde nicht erwähnt und muß daher tatsächlich am Altar, am Gipfel des Berges Moria, als Brandopfer dargebracht worden sein. Diese Interpretation vom Akedah-Mythos ist von einer weiten Reihe von jüdischen sowie auch christlichen Gelehrten[134)] erläutert worden, bereits vom dritten oder vierten Jahrhundert v. Chr. an. Diese Interpretation ruft natürlich viele Probleme und Zweifel hervor, von denen sich die meisten auf die widersprüchlichen Tatsachen, die im zweiundzwanzigsten Kapitel der Genesis enthalten sind, beziehen, aber auch auf die Identitätsfrage des zweiten Patriarchen von Israel, wenn Isaak tatsächlich am Berg

Moria geopfert wurde. Man könnte erwidern, daß es sich hier nicht nur um einen Mythos oder einen Isaak handelt. Jedoch ist in diesem Zusammenhang die historische Genauigkeit des biblischen Mythos nicht Gegenstand der Untersuchung. Wenn Mythen eine Projektion der persönlichen Geschichte sind, wofür wir sie halten, dann ist der Akedah-Mythos als psychologisches Ursprungsmaterial von außerordentlicher Wichtigkeit, ungeachtet seiner historischen Richtigkeit. Daher könnte der Akedah-Mythos als ein Archetyp der verborgenen Elemente in der Vater-Sohn Beziehung dienen, in beiden Versionen, einer Versuchung Abrahams sowie auch einer vollzogenen Brandopferung Isaaks.

Die Interpretation, daß Isaak tatsächlich geschlachtet wurde, würde zum im Mittleren Osten weit verbreiteten Brauch in der biblischen Epoche passen, Kinder den Göttern zu opfern, speziell die Erstgeborenen.[135] Die Bibel erzählt von der Aufopferung des Kronprinzen durch den König der Moabiter, als sich die Schlacht gegen ihn wandte; durch die Opferung seines Sohnes hoffte er, sein Kriegsglück zu wenden. Die Juden imitierten die Kanaaniter und die Phöniker durch Opferung ihrer Kinder an Baal oder durch den Wurf in die rotglühende Brust eines metallenen Molochs. Diese Opferungen wurden unter anderem im Tal von Hinnom durchgeführt, das im Hebräischen mit dem Namen der Hölle bedeutungsgleich wurde.[136]

Später wurden die Götter betrogen und mußten mit Haustieren anstatt mit menschlichen Erstgeborenen auskommen. Die Opferung der Tiere wurde jedoch so ausgeführt, als seien sie Menschen. Die Kälber, die Dionysos geopfert wurden, waren mit Kinderkleidern und Schuhen bekleidet, sodaß die Gottheit glauben würde, wirkliche Kinder und nicht Tierersatz erhalten zu haben.[137] In großen Krisenzeiten jedoch kehrten die Eltern zur Opferung ihrer Kinder zurück, allmählich aber erhielten Substitutionen volle religiöse Zustimmung und wurden symbolisch für die archetypische Opferung des neugeborenen Sohnes, wie das Schmettern des Widderhorns zum jüdischen Neujahr und am Versöhnungstag symbolisch für die Opferung Isaaks ist.[138]

An anderer Stelle wurde schon die Bedeutung der Initiationsriten erläutert[139], aber mit dieser neuen Einsicht in das Isaak-Syndrom darf die Zeremonie als stellvertretendes Opfer betrachtet werden. Die Dynamik kann in diesem Fall als symbolische Auflösung des Ödipuskomplexes und auch des Isaak-Syndroms betrachtet werden. Der heranwachsende Sohn wird durch eine schmerzvolle Initiationszeremonie, die oft eine scheinbare Verstümmelung des Körpers und/oder Beschneidung beinhaltet, daran erinnert, daß ödipaler Drang unterdrückt werden sollte; anderenfalls wird die archetypische Erinnerung an die ursprüngliche Opferung heraufbeschworen. In der Pubertät übernimmt der Jugendliche volle Verantwortung und nimmt die Last der Einsamkeit auf sich, außerhalb des beschützenden Kokons der Familie. In der Zeremonie von bar mitzva zum Beispiel erklärt der Vater feierlich, daß er sich von jeder Verantwortung für die Taten oder Missetaten des Sohnes lossagt. Hier findet ein unterbewußter Pakt des Nicht-Angriffs statt: Der Sohn nimmt das normative System der Gesellschaft in sich auf, wie es durch die Autorität des Vaters vertreten ist. Er verpflichtet sich, in manchen Kulturkreisen figurativ, in anderen symbolisch, den Schoß der Familie zu verlassen, sodaß er nicht dem Risiko der ödipalen Versuchungen ausgesetzt ist. Und der Vater verpflichtet sich, auf das Isaak-Syndrom zu verzichten und behilft sich mit einer symbolischen Repräsentation des realen Opfers. Das hat einen doppelten Zweck: Es verhindert die Notwendigkeit eines tatsächlichen Opfers und dient beiden Parteien als symbolische Erinnerung, ihrem unterbewußten Pakt, im Sinne der Abmachung, treu zu bleiben. Normative Unterweisung ist daher mit einem verborgenen Opfervorgang und dem Verzicht auf Sanktionsrechte verbunden, der sich ebenso an den Gesetzgeber wie auch an den Empfänger richtet. Wird die Reziprozität gestört, so wird der Prozeß der normativen Unterweisung weniger effektiv und fehlerhaft. Die Beispiele dafür sind zahllos. Sie reichen von den Eltern, die von ihren Kindern verlangen, Regeln einzuhalten, die sie selbst nicht befolgen, über Lehrer, die Lippenbekenntnisse an Werte und Normen ablegen, bis hin zu sozialen Institutionen, die Vorschriften verkünden, welche die Machtelite nicht zu befolgen beabsichtigt und die von der Bevölkerung bereitwillig gebrochen werden, wenn sie ungestraft davonkommen.

Das Isaak-Syndrom betrachtet den Vater als streng autoritär. Die Midrash Interpretation des Akedah-Mythos erklärt, daß Gott Abraham befohlen hat, ins Land der Moria zu gehen, eine Entfernung von drei Tagen, sodaß er seinen Sohn nicht als Ergebnis übereilter Befolgung von Gottes Befehl, sondern nach dreitägiger Reflexion und in klarer und bestimmter Geistesverfassung opfern würde.[140] Die Tatsache, daß der Midrash eine geographische Nähe zwischen dem Berg Sinai und dem Berg Moria beschreibt, hat mytho-empirische Bedeutung, daher die Verbindung zwischen der Aufopferung von Isaak und dem Erwerb von Gesetz und Moral durch das israelische Volk am Berg Sinai.

Wellisch war der erste, der den Akedah– und den Ödipusmythos verglich. Er akzeptierte die freudianische Theorie der Entstehung des Superegos als eine Resolution des Ödipuskomplexes, wogegen die psychologische Bedeutung der Akedah für ihn ein völlig anderer Mechanismus war, welcher zur altruistischen Objekt-Liebe führt.[141] Hier werden der ödipale Drang und das Isaak-Syndrom als zwei Vektoren betrachtet, die der Dialektik der Sozialisierung und der normativen Unterweisung angehören.
Das Isaak-Syndrom sowie auch der ödipale Drang haben sich nicht in einer anderen Dynamik „aufgelöst", wie Freud und Wellisch glaubten. Sie werden von ihren gegensätzlichen Bedrängnissen (pressures) im dialektischen Gleichgewicht gehalten. Man kann von einem der beiden Vektoren abgestoßen oder angezogen werden, aber ein prekäres Gleichgewicht muß bewahrt bleiben. Es ist überflüssig zu diskutieren, wie Wellisch und Bakan es tun,[142] ob das Isaak-Syndrom (sie nennen es den Laiuskomplex) dem Ödipuskomplex vorangeht oder folgt. Die beiden sind keine aufeinanderfolgenden Entwicklungsphasen, sondern eher gegensätzliche, aber dennoch simultane Vektoren im Eingewöhnungsprozeß des heranwachsenden Jünglings in den Zwang der sozialen Normen und Verantwortungen.

Oft akzeptiert der Sohn (oder eine Gruppe symbolisch für den Sohn) bereitwillig die Lasten der sozialen Normen, wie „Bnei Israel", was im Hebräischen „die Kinder von Israel" bedeutet. Daher wird angenommen, daß Isaak seine eigene Aufopferung gemäß dem göttlichen, d.h. dem väterlichen Befehl begrüßt hat, wie es auch Jesus Christus tat, das archetypische Opfer. Es mag berücksichtigt werden, daß, während das Isaak-Syndrom und der ödipale Drang einander dialektisch entgegentreten, das Isaak-Syndrom und das willige Opfer einander ergänzen.

Die überzeugende Rationalisierung, dem Isaak-Syndrom eigen, ist, daß das Opfer in Übereinstimmung mit Gottes Willen gebracht wurde, daher heilig und über alle Zweifel erhaben ist. In der Bibel selbst, in den Traditionen des Mittleren Ostens, zeitgenössisch mit biblischen Quellen[143], und in einigen anthropologischen Studien, gehören die Erstgeborenen von Mensch und Tier Gott und sollten „gegeben" werden, d.h. sollten ihm geopfert werden, daß der Zorn Gottes nicht über die ganze Gemeinde hereinbricht.[144] Eine direkte Folge dieser Rationalisierung ist, daß durch Opferung des Erstgeborenen die Sünden des Volkes gesühnt werden. Dies wird durch die Opferung des Passahlamms symbolisiert, welche mit der Erlösung durch den Messias mit „dem Blut (sic) der Opferung Isaaks"[145] verbunden ist. Der Midrash erklärt ausführlich, daß die Basis zur Vergebung der Sünden aller Juden am Versöhnungstag und jedes Neujahr die Aufopferung Isaaks ist.[146] Das bringt eine andere Dimension in die einmalige Dynamik des Isaak-Syndroms: Es ist nicht nur der normativen Unterweisung der Jungen förderlich, es erfüllt nicht nur das verborgene, partizipante Streben des Vaters, durch seine Identifikation mit den immer jungen „sterbenden Göttern" an der ewigen Herrlichkeit teilzuhaben, sondern die Aufopferung tilgt auch die Sünden des Vaters, d.h. seine Schuld, durch unterbewußte kindesmörderische Triebe motiviert gewesen zu sein. Das Isaak-Syndrom ist daher einer der effektivsten psychischen Abwehrmechanismen, sowie auch ein selbstläuterndes Mittel für das Schuldbewußtsein. Tatsächlich sieht der Midrash im Akedahmythos die makellose Manifestation eines absoluten und uneingeschränkten Glaubens, der die Maßstäbe für einen Imperativ setzt, der nicht angezweifelt werden kann und sollte. Deshalb setzt auch Abraham seine Vorbereitungen für die Opferung fort, obwohl der Engel ihm befiehlt aufzuhören. Abraham fragt den Engel dann, ob er Isaak erdrosseln oder zumindest ein wenig von seinem Blut vergießen dürfe.[147] Dies ist das Bild vom frommen Doktrinär, der sich in einen Zwangsritualisten verwandelt hat. Die Vorschrift entwickelt ein Eigenleben, und der Befehl selbst wird heilig. Es ist interessant zu betonen, daß die menschlichste Figur in der Akedah-Episode niemand anderer als der Teufel ist. Der Midrash berichtet, daß, als Abraham im Begriff war, seinen Sohn zu schlachten, der Teufel erschien und ihn rügte: „Was ist mit dir passiert, alter Fuchs, du scheinst dein Herz verloren zu haben. Ein Sohn wird dir geschenkt, im Alter von 100 Jahren, und du bist im Begriff, ihn zu schlachten."[148] Als der Teufel sah, daß Abraham unerbittlich in seiner Absicht war, das Opfer zu vollbringen, ging er zu Isaak und sprach: „Lo, du armer Sohn einer armen Mutter! Wieviel Schmerz und Leid hat sie erduldet, bis sie dich bekommen hat, und nun ist dein alter Vater verrückt geworden und ist im Begriff, dich zu schlachten."[149] Die Tatsache, daß der Teufel derjenige ist, der sich auf Ethik, Mitleid und Gnade beruft, ist im gegenwärtigen Zusammenhang wichtig: Wenn absoluter und äußerster Gehorsam gegenüber den Geboten des Herrn (als Projektion des archetypischen Vaters) der Inhalt frommer Rechtschaffenheit ist, dann muß auch die geringste emotionale Erwägung vom Teufel kommen. Dies bewahrheitet sich noch mehr, wenn der Teufel mit der Stimme der unterbewußten Dynamik spricht, die Gottes Gebot mit den verborgenen kindesmörderischen Wünschen des Vaters identifiziert.

In dem Midrash ist die auffälligste Charakterisierung von Isaaks Rolle im Akedah-Mythos, daß er ein williges Opfer war.[150] Der unvollständige Targum beschreibt die Grenze von Isaaks aktiver Rolle in der Opferung folgendermaßen: „Abraham streckte seine Hand aus und nahm das Messer, um Isaak, seinen Sohn, zu töten. Isaak antwortete und sprach zu Abraham, seinem Vater: Binde meine Hände ordentlich, sodaß ich mich während meiner Schmerzen nicht wehren kann und dich störe und mich deines Opfers unwürdig erweise."[151] Josephus berichtet, daß Isaak mit Freude zum Altar lief, als er hörte, daß er geopfert werden würde.[152] Das symbolisiert die Legitimation Gottes, d.h. der väterlichen Autorität durch den Sohn. Manche Interpreten gehen sogar weiter und behaupten, daß Isaak sich selbst auf den Altar gebunden hat.[153]

Willige Opfer können ihre Willfährigkeit manchmal übertreiben. Ein grausames Beispiel dafür ist eine Gruppe deutscher Juden, die an Nazidemonstrationen mit dem Slogan „Raus mit uns" teilnahm. Gerade diese Art von gänzlicher Unterwerfung an Aufopferung, die vollständige Annahme der Opferrolle, bildet den gemeinsamen Nenner in der Geschichte von Isaak und Jesus. Isaak, die „zahme Taube", und Jesus, das Agnus Dei, boten sich beide als das perfekte, archetypische Opfer an. Andere hervorstechende Parallelen: Isaak und Jesus wurden beide wegen ihres Opfers geheiligt; von beiden glaubte man, daß sie getötet worden und durch ein göttliches Wunder wieder auferstanden sind; Jesus trug sein eigenes Kreuz und Isaak das Holz für seine Aufopferung auf den Schultern, wodurch sein eigener Körper mit dem Holz ein Kreuz bildete;[154] die Opferung Isaaks befreite und erlöste Israel von seinen Sünden, während die Kreuzigung von Jesus die Sünden der gesamten Menschheit beglich. Wie in der Akedah-Episode, gibt es auch über Golgotha einen Dialog zwischen dem Apostel Gottes und dem Jünger des Antichristen. „Wenn Gott für uns ist", sagt der hl. Petrus, „wer soll dann gegen uns sein? Er, der seinen eigenen Sohn nicht verschont hat, sondern ihn für uns alle hingab, wird er uns nicht jede Gunst gewähren?"[155] Nach der Logik von Aristoteles ergibt dies keinen Sinn. Warum sollten wir mehr Gunst erhalten, wenn Christus uns bereits die größte Gunst, sich für uns geopfert zu haben, gewährte? Laut der Dynamik des Isaak-Syndroms ergibt es dennoch Sinn: Wenn unsere geheime Schuld durch den Wunsch nach der Aufopferung unseres archetypischen Sohnes gesühnt wurde, mittels seiner eigenen Willfährigkeit unser Sündenbock zu sein, dann haben wir unsere Schuld abgebüßt und können fortfahren, die göttliche Vorsehung darum zu bitten, unsere Zukunftswünsche zu erfüllen.

Tatsächlich wurde Christus durch sein Leiden normativ rein.[156] Seine Aufopferung war der Verbreitung eines höheren Kodex der Sozialnormen, der Ankündigung von Idealen des menschlichen Charakters und moralischen Verhaltens dienlich. Durch seine Aufopferung (und auf gleiche Weise durch die Opferung Isaaks) verfügte er die Notwendigkeit, Sozialnormen zu befolgen und seinem eigenen Mandat, durch die Autorität Gottes des Vaters und seiner Kirche über andere zu richten, zu gehorchen.[157] Diese Macht, über die Welt und ihre Geschöpfe zu urteilen, wurde vom Vater an den Sohn delegiert, sodaß er Gottes Königreich auf Erden verkünden kann. Dieses Königreich bedeutet die Überwachung allen menschlichen Handelns durch Gott. Der gehorsame Sohn errang nicht die stellvertretende, sondern die direkte Autorität des Vaters, der ihm erlaubt, seine Gebote und Befehle seiner sachlichen Umwelt und den Lebensformen aufzuerlegen. Das normative System, dem Sohn durch Initiationsriten und stellvertretende Opfer eingeprägt, wird dem Sohn mit göttlicher, väterlicher Autorität auferlegt. Der Preis für diese separante Omnipotenz ist jedoch vollständige Anpassung. Perinde ac cadaver – „gehorchen wie ein Leichnam" – ist das Motto der Jesuiten. Man muß sich der Autorität des Königs Messiah vollständig ergeben, „seinetwegen", und damit man seiner würdig ist.[158]

Der autoritäre Zyklus wird nun deutlich: Völliger Gehorsam, d.h. der väterlichen Autorität ein williges Opfer zu sein, wie es von der normativen Gesellschaftsstruktur und deren Institutionen bekundet wird, legitimiert die eigenen Forderungen an andere. Wenn der „Menschensohn" sich willig den normativen väterlichen Befehlen der Gesellschaft opfert, wird auf ihn die Erhabenheit eines „Sohn Gottes" projiziert.

Die göttliche Legitimierung der väterlichen Autorität dient dazu, sie Gott dem Vater zuzuschreiben. Christus erklärt: „Der Vater ist größer als ich." Der Vater befiehlt, und der Sohn gehorcht.

Einen Schritt weiter von der Verherrlichung des Sohnes, der der väterlichen Autorität entspricht, liegt die Seligsprechung des normativen Systems als Ganzes, die Ausdehnung der Autorität des archetypischen Vaters zum Kern sozialer Gesetze und Befehle. Das trägt zur geheiligten Stellung des Rechtssystems unter Juristen und Gesetzgebern bei. Wenn Gott tot oder abwesend ist, wird das Gesetz zu Gott.

Die Anerkennung der Norm durch ein williges Opfer wird daher von einer offenkundigen oder stellvertretenden Opferung, durch Schmerz und Leiden erwirkt. Tatsächlich liegt die Substanz der Befolgung von Normen in der Zügelung unserer Leidenschaften und in der Aufgabe von begehrten Zielen. Die Anerkennung des normativen Systems ist mit einer Reihe von Verzichten und Entsagungen verbunden. Die Thora wird durch Leiden verdient. Moses, berichtet der Midrasch, erklärte dem Volk Israel, daß so, wie er die Thora durch Schmerz und Leiden gelernt hat, auch sie durch Schmerz und Leiden lernen würden und sie andere durch Schmerz und Leiden lehren.[159] Die Thora wird nur bestätigt, wenn man sich dafür umbringt.[160] Der Glaube, daß die Thora durch Schmerz bestätigt wird, veranlaßte führende Persönlichkeiten im Judentum zur Seligsprechung des Leidens. Rabbi Nachman von Bratzlev zum Beispiel unterstützte das Leiden als dialektische Beteiligung, die zu höherem Gottesbewußtsein führen könnte. Das Leben der Menschen, sagte Rabbi Nachman, ist ein Sumpf von Leiden und Schuld mit dennoch glücklichen Ergebnissen durch die Bekämpfung des Leidens und den dialektischen Zwang, es in Freude zu verwandeln.

Rabbi Nachman umschrieb eine Erzählung der Besht (den Gründern des Assidismus), in welcher ein Assid, der fühlt, daß er von Melancholie und Leiden überwältigt wird, sein Elend zum Tanz bittet.[161] Das ekstatische Wirbeln und hingebungsvolle Tanzen verwandelt die Schmerzen in Seligkeit. Schmerz, eine intensivere Wahrnehmung als Vergnügen, ist ein wirksameres Instrument, um den Offenbarungssucher von einer göttlichen Gnadenebene auf die andere zu versetzen. Das könnte ein anderer verschleierter Grund für Rabbi Nachmans ständige Suche nach Konflikten mit den mächtigen Herrschern der Assidim, wie auch für seine nahezu selbstmörderische Wallfahrt nach Palästina sein, während der er in die Napoleonischen Feldzüge geriet und herumstreifenden Straßenräubern und einer fremden Kultur ausgesetzt war. Rabbi Nachman suchte Schmerz und Leiden aktiv, denn für ihn war es ein „positiver" Weg, Gottes dialektische Zustimmung zu erlangen.

In ähnlicher Weise waren der leidvolle Hohn und der Verrat an Christus seinem Teilhaben an der Gottheit dienlich, daher kündigt die Not eines Mannes seine schließliche Wahl der Heimsuchung von Gnade an. Tatsächlich sind im Judentum die Pa'amei Mashiah, die Vorboten des Erlösers, unheilvolle, quälende und peinvolle Begebenheiten.

Es ist charakteristisch, daß das überwältigendste Unheil der jüdischen Geschichte von den Juden als Brandkatastrophe (holocaust) bezeichnet wurde. Das wurde dem Griechischen entnommen; der Holocaust ist ein Brandopfer an die Götter, als ein Zeichen aufopferungsvoller Norm, der, zumindest verborgen, eine Interpretation des Unheils als zugeteilten, normativen Wert bedeutet. Das könnte ein Anhaltspunkt für den relativ geringen Widerstand des europäischen Judentums gegen ihre Nazimörder sein. Für die Juden, zumindest unbewußt, bedeutet moralisch und rechtschaffen zu sein, Selbstopferung unterschiedlichen Grades.

Jeder einzelne opfert gemäß seinem Sozialcharakter. Die Teutonen opferten ihre Kriegsgefangenen, wogegen die Juden immer „kiddush hashem" praktiziert haben, d.h. sich selbst opferten für die Heiligkeit Gottes und sein Bündnis mit Israel.

Es wurde festgestellt, daß die teutonischen und jüdischen Mythen, die wir für Projektionen der Erfahrungen und des inneren Suchens ihres korrespondierenden Sozialcharakters halten, sich diametral entgegentreten. Wir haben auch versucht, unsere Behauptung zu begründen, daß Mythen, offenkundige sowie verborgene, die Einstellung und das Verhalten des Sozialcharakters beeinflussen. Daher trat, wenn die Hintergrundfaktoren die „geeigneten" Bedingungen lieferten, der Zusammenstoß zwischen Deutschen und Juden sowie auch zwischen ihren projizierten Mythologien auf.

* * *

1. M. Eliade: Myth and Reality, New York 1963, Harper Torchbooks.
2. Uriel Tal beschreibt in seinem Vortrag „Political Faith of Nazism Prior to the Holocaust" die Nazibewegung als einen politischen Mythos. Jacob und Shoshanna Schreiber Annual Lecture, Tel Aviv (14. Juni) 1978, Tel Aviv University Press, p. 29-30.
3. M. Heidegger: Being and Time, op. cit., pp. 17-19.
4. M. Eliade: Myth and Reality, op. cit.
5. S. G. Shoham: Sex As Bait, St. Lucia 1983, University of Queensland Press.
6. G. Murray: Five Stages of Greek Religion, New York 1955, Doubleday Anchor Books.
7. Ibid., p. 95.
8. Ibid., p. 12.
9. M. Weber: The Protestant Ethic and the Spirit of Capitalism, New York 1958, Scribner.
10. G. Murray: Five Stages of Greek Religion, op. cit., pp. 52-53.
11. Ibid., p. 45.
12. Zit. b. L. Shestov: Athens and Jerusalem, New York 1968, Simon and Schuster, p. 89.
13. Platon: Protagoras, 345D.
14. Aischylos: Prometheus Bound, pp. 100-104.
15. Heraklit, 94.
16. Dieses ausbalancierte introspektive System wurde von uns an anderer Stelle als die Tantalus-Ratio des Persönlichkeitskerns dargestellt. S. G. Shoham: The Myth of Tantalus, op. cit., Kapitel 1.
17. Heraklit, Fragments No. 12.
18. S. Ranulf: The Jealousy of the Gods and the Criminal Law at Athens, op. cit., Volume 1, p. 73.
19. Ibid., p. 57.
20. Ibid., p. 78.
21. Ibid., p. 39.
22. Ibid., pp. 174-175
23. Ibid., p. 78.
25. S. G. Shoham: The Myth of Tantalus, op. cit.
26. Herodot VII, 10, zit. in S. Ranulf: The Jealousy of the Gods and the Criminal Law at Athens, op. cit., Volume 1, p. 64.
27. Herodot VII, 8, zit. in ibid., p. 65.
28. Herodot I, 30-34, zit. in ibid., p. 65.
29. Herodot III, 39-47, 100-125, zit. in ibid., p. 65.
31. Herodot VII, zit. in ibid., pp. 236-237.
33. „Teutonic Mythology" in New Larousse Encyclopedia on Mythology, London 1969, Hamlyn, p. 277.
34. J. A. MacCulloch: Eddic Mythology, New York 1964, Cooper Square Publishers, p. 23.
35. H. R. Ellis Davidson: Gods and Myths of Northern Europe, Harmondsworth 1968, Penguin, pp. 26 et seq.
36. Eddic Mythology, op. cit., p. 33.
38. Ibid., p. 336.
40. H. G. Baynes: Germany Possessed, London 1941, Jonathan Cape, p. 73.
41. Ibid.
42. C. G. Jung: Wotan in „Civilization in Transition", London 1964, Routledge & Kegan Paul, p. 185.
43. Larousse: Mythology, op. cit., p. 268.
44. Lay of Bjarke, the Elder Edda, zit. in I. Eibl-Eibesfeldt: The Biology of Peace and War, London 1979, Thames L. Hudson, p. V.
45. Larousse: Mythology, op. cit., p. 270.
46. Ibid., p. 266.
47. Eddic Mythology, op. cit., p. 129.

48. S. G. Shoham: Sex as Bait, Kapitel 6.
50. Zit. in I. Eibl-Eibesfeldt: The Biology of War and Peace, op. cit., p. V.
51. V. W. Odanjnyk: Jung and Politics, New York 1976, Harper Colophon Books, p. 94.
52. Eddic Mythology, op. cit., p. 265.
53. Ibid., pp. 275, 277.
58. Eddic Mythology, op. cit., pp. 55–56.
59. H. R. E. Davidson: Gods and Myths of Northern Europe, op. cit.
60. Eddic Mythology, op. cit., p. 58.
62. Larousse: Mythology, op. cit., p. 266.
63. Eddic Mythology, op. cit., p. 339.
64. H. R. E. Davidson: Gods and Myths of Northern Europe, op. cit., p. 37.
65. Eddic Mythology, p. 132.
66. Ibid., p. 99.
67. Eddic Mythology, op. cit., p. 80.
68. R. Grünberger: A Social History of the Third Reich, Harmondsworth 1971, Penguin Books, p. 167.
69. Ibid., p. 318.
70. Eddic Mythology, p. 339.
71. H. Heiber: Goebbels, London 1983, Robert Hale & Co., p. 286.
72. U. Tal: Structure of German „Political Theology" in the Nazi Era, op. cit., p. 21.
73. Exodus, 20:2-3.
74. Deuteronomium, 6:4
75. Ibid., 4:39
76. Y. Kauphmann: The History of Israeli Religion, Jerusalem 1976, The Dvir Co., Volume 2, p. 67.
77. Ibid., Volume 1, p. 223.
78. Maimonides, Hayad Hahazaka Yesod, Kapitel 4.
79. 1. Buch der Könige, 19:11-13.
80. Exodus Raba, 29.
81. Exodus, 3:13-14.
82. Maleachi, 3:6.
83. Maimonides, The Guide for the Perplexed, op. cit., p. 199.
84. Leviticus Raba, 13.
85. G. Scholem: Major Trends in Jewish Mysticism.
86. Ibid., p. 276.
87. Ibid., p. 274.
88. Y. Kauphmann: The History of Israeli Religion, op. cit., Volume 2, p. 70.
90. Exodus Raba, 30.
91. Exodus, 24:3.
92. Leviticus Raba, 19.
93. Mishna Shabat, 30.
94. Mishna Avot, 4.
95. Jeremia, 33:25.
96. Mishna Shabat, 88.
97. Mishna Avot, 6.
98. Mishna Kiddushah, 82.
99. Mishna Avot, 3.
100. Hohelied Raba, 1.
101. Mishna Nedarim, 62.
102. Mishna Avot, 4.
103. Baba Mezia, 33.
104. Leviticus Raba, 6.
105. Mishna Sanhedrin, 110.
106. Mishna Shabat, 119.

107. Genesis Berabi, 64.
108. Mishna Pesachim, 22.
109. Hohelied Raba, 1.
110. Mishna Yoma, 1.
111. Baba Mezia, 85.
112. Mishna Sota, 21.
113. Hiob, 28:12.
114. Deuteronomium Raba, 8.
115. Psalmen, 89:19.
116. Exodus, 23:3.
117. J. Hastings: Encyclopedia of Ethics and Religions, op. cit., Volume 11, p. 566.
118. Leviticus, 24:21.
119. Sprüche, 21:3.
120. Mishna Shabat, 31.
121. Leviticus, 19:18.
122. S. G. Shoham: Sex As Bait, op. cit.
123. Leviticus, 18:29.
124. Eddic Mythology, op. cit., p. 120.
125. S. G. Shoham: Salvation Through the Gutters, op. cit., Teil III.
126. Wellisch und Bakan bezeichnen die kindesmörderischen Tendenzen des Vaters gegenüber dem Sohn als den Laius-Komplex, aber ihr Gebrauch unterscheidet sich von meinem im Schema und im Kontext: Vergleiche E. Wellisch: Isaak and Ödipus, London 1954, Routledge & Kegan Paul, pp. 27 et seq. und D. Bakan: The Duality of Human Existence, Chicago 1966, pp. 201 et seq.
127. Genesis, 22:13.
128. 2. Buch der Könige, 14:29.
130. Siehe Genesis Raba, 22:13 und S. Spiegel, „Meagadot Ha'akedah." In der Festschrift für A. Marx, New York 1940, The Jewish Theological Seminary, p. 497.
131. S. Spiegel: The Myth of the Akedah, op. cit., p. 491.
132. Ibid., p. 487 und Talmud Zevachim, p. 62, S. 1.
133. S. Spiegel: The Myth of the Akedah, op. cit., p. 473.
134. M. McNamara: The New Testament and the Palestinian Targum to the Pentateuch, Rome 1966, Pontifical Biblical Institute, pp. 164 et seq. und G. Vermes: Scripture and Tradition in Judaism, Leiden 1961, E. J. Brill, pp. 205-207.
135. E. Wellisch: Isaak and Ödipus, op. cit., p. 66.
136. Ibid., pp. 13-14. Ähnliche Praktiken waren im alten Griechenland und in Indien verbreitet. Ibid., p. 63.
137. Aelianus: De Natura Animalium, XII, 34.
138. E. Wellisch: Isaak and Ödipus, op. cit., p. 58.
139. S. G. Shoham: Salvation Through the Gutters, op. cit., Teil II.
140. Genesis Raba, 22:1.
141. E. Wellisch: Isaak and Ödipus, op. cit., pp. 89, 114.
142. Ibid., p. 10 und D. Bakan: The Duality of Human Existence, op. cit., p. 230.
143. Siehe die Erläuterungen von D. Bakan: The Duality of Human Existence, op. cit., p. 211.
144. S. Spiegel: The Myth of the Akedah, op. cit., p. 24.
145. Makhilta of Rabbi Ishmael, 1, pp. 57, 88.
146. Leviticus Raba, 29:9 und andere Quellen, zit. b. G. Vermes: Scripture and Tradition in Judaism, op. cit., p. 213.
147. Genesis Raba, 22:12.
148. Ibid., 22:7, 8.
149. Ibid.
150. S. Spiegel: The Myth of the Akedah, op. cit., pp. 21, 23.
151. G. Vermes: Scripture and Tradition in Judaism, op. cit., p. 194.

152. Ibid., p. 198.
153. Sifre-Deuteronomium, 32, zit. in G. Vermes, op. cit., p. 197.
154. Genesis Raba, 22:3.
155. Römer, 7, 31-32.
156. Apolinarius in J. Hastings: Encyclopedia of Ethics and Religions, New York 1957, Scribner and Sons, Abschn. Jesus Christus, p. 536.
157. Im Johannes-Evangelium finden wir die folgende Verkündung des Gehorsams zur väterlichen Autorität: „Was auch immer er (der Vater) tut, dies tut auch der Sohn auf die gleiche Weise." (V. 19).
158. Matthäus, 10:34.
159. Sifri Ha'azinu.
160. Genesis Berabi.
161. A. Green: Tormented Master, op. cit., pp. 111–112.

Kapitel 3

Der Hellenismus und die Juden: Der erste Zusammenstoß

„Odysseus ist ganz wie Hitler – oder wie Goebbels – er erweist sich als grausam und listig, während Homer in seinem primitiven Meisterwerk ohne Aufhören weiter brabbelt, indem er die Grundlage für die ‚Herrlichkeit des vergangenen Griechenlands' legte. Er mußte nicht viel trügerischer und schlauer sein, damit man ihn den Schwindler oder sogar den Lügner hätte nennen können. "

Kevin Ewart: Gods and Heroes.

„Die Juden sind nicht Gottes auserwähltes Volk, sie erfanden ihn. "

James Cameron

Raul Hilberg führt die historischen Wurzeln des Holocaust auf die Versuche zurück, die Juden zum Übertritt zum Christentum zu zwingen.[1] Diese Ursachen liegen aber noch weiter zurück, und zwar sind sie in dem Zusammenstoß zwischen Hellenismus und Judentum begründet, und das aus zwei Gründen. Erstens: Dieser Konflikt rief den Prozeß der Absonderung der Juden hervor und ihre Abstempelung als ein einzigartiger sozialer Charakter, der abseits der anderen stand. Später, mit dem Aufstieg des Christentums, bereitete dies die Juden dazu vor, als Opfer der Brandung, als Sündenböcke, als Definierer durch Gegensatz und schließlich als „Widergeist" angesehen zu werden. Der Zusammenstoß zwischen der extrem separanten hellenischen Kultur, die in den Mittleren Osten eindrang und ihn eroberte, und der partizipanten jüdischen Kultur bewirkte einen dialektischen Prozeß. Dieser Prozeß wechselte zwischen Symbiose und Abweisung und wurde zu einem zentralen Konflikt in der Geschichte der europäischen Kultur; eine Tatsache, welche die Nazis ermutigte, den Antisemitismus zu einem Hauptpfeiler ihrer Ideologie zu machen. Wie am Modell in der Einleitung gezeigt wurde, haben diese zwei Faktoren, zusammen mit einer Anzahl Hintergrund-Faktoren, den Anstoß zum Holocaust gegeben. Ausgangspunkt war sicher der Konflikt zwischen Hellenismus und Judentum.

Der Zusammenstoß der Kulturen ist vielfach in der Soziologie und Anthropologie dokumentiert worden, hauptsächlich in Verbindung mit der sozialen Änderung, die durch den Zusammenstoß und die Übertragung von Glauben oder Verhaltungsmaßregeln von einer Kultur zur anderen bedingt ist. Die Auswirkung dieser Konflikte hängt ab von: den Anfangspositionen der zusammenprallenden Kulturen in bezug auf ein bestimmtes Glaubenssystem oder eine Verhaltensnorm; der relativen Kraft der beiden Kulturen; der Länge der gegenseitigen Gegenüberstellung; der Homo- oder Heterogenität, dem Zusammenhalt oder der Streuung der in Kollision befindlichen Gruppen und der Stärke des anfänglichen[2] Zusammenprallens der zwei Kulturen. Dies ist keinesfalls eine komplette Liste der Variablen in der Bemessung von kulturellen Konflikten. Überdies können historische Studien unmöglich ohne Vorurteil die Faktoren erfassen, die in einem gegebenen sozialen Prozeß wirken. Daher werden hier nur die allgemeinen Tendenzen des kulturellen Konflikts zwischen Hellenismus und Judentum untersucht. Das sollte für vorliegende Makro-Analyse genügen.

Der Zusammenstoß zwischen Hellenismus und Judentum war gewaltsam und gipfelte in der den Juden erzwungenen Auferlegung der griechischen Religion im Jahre 167 v.Chr.

durch Antiochos IV. Epiphanes (der manifeste Gott) und in der Umwandlung des jüdischen Tempels in Jerusalem in einen Tempel des Zeus. Die hasmonäische Revolte gegen Antiochos begann als ein Guerillakrieg, intensivierte sich aber schnell durch die Unterstützung der jüdischen Bevölkerung. Der Aufstand, unter der geschickten Führung der hasmonäischen Brüder, wurde von Erfolg gekrönt und führte zur Anerkennung Jonathans, des jüngsten Bruders, als Hohepriester (und dadurch als Herrscher über den jüdischen Staat) durch Demetrios Soter. Am Laubhüttenfest im Jahre 152 v.Chr. begann Jonathan als Hohepriester zu walten. Man kann nur mutmaßen, was sich ereignet hätte, wenn Antiochos Epiphanes nicht beschlossen hätte, die griechische Religion und die griechischen Sitten seinen jüdischen Untertanen aufzuzwingen. Eine mögliche Hypothese ist, daß der Prozeß der Hellenisierung, der den Mittleren Osten so mächtig beeinflußt hatte, in einer Form von hellenisiertem Judentum in Palästina vor sich gegangen wäre, nicht unähnlich dem von Philo von Alexandria vertretenen Judentum. In einem anderen Maßstab, aber in einer ähnlichen Dynamik, wäre die Assimilierung der deutschen Juden, die zum Ende des letzten Jahrhunderts und am Anfang dieses Jahrhunderts schon bedeutende Dimensionen angenommen hatte, wahrscheinlich vollkommen geworden, wenn die nazistischen Rassengesetze sie nicht unterbunden hätten. Die Assimilation hätte sicherlich die Natur des „jüdischen Problems" in Deutschland und ganz Europa völlig verändert. Manche Propheten des jüngsten Tags oder der Erlösung (je nach Standpunkt) prophezeien, daß, wenn die pluralistischen Bedingungen und die tolerante Atmosphäre in den U.S.A. fortdauern würden, im 21.Jahrhundert die meisten dortigen Juden durch Assimilation verschwinden. Daher ist die Integration eines Sozialcharakters mit einem anderen hauptsächlich das Resultat eines langwierigen, ununterbrochenen und gewöhnlich friedlichen Assimilationsprozesses. Der Gegensatz zu dieser Synthese ist ein Zusammenstoß zwischen zwei polarisierten Einheiten. Der Konflikt, der beide Einheiten aus ihren verschanzten Positionen aufrüttelt und gewaltsam zum Zusammenstoß führt, wirkt auch als Katalysator zu einer Verbindung, die sowohl von der These als auch von der Antithese verschieden ist. Diese Lösung unterscheidet sich vollkommen von der Integration oder der Assimilierung eines Sozialcharakters mit einem anderen. Dies ist genau die Natur der Synthese des Christentums, das Resultat des Zusammenstoßes zwischen Judentum und Hellenismus.

Eine andere Hypothese ist wie folgt: An anderer Stelle wurde gezeigt, daß die menschliche Personalität ein System im Gleichgewicht zwischen den Zwängen der partizipanten und separanten Kernfaktoren ist.[3] Jede Persönlichkeit, so sehr sie auch zu einem Pol der Persönlichkeitsskala neigen mag, erreicht ein funktionelles Gleichgewicht, das ihr ermöglicht, ihre Rolle als ein wirksames Ganzes zu spielen. Wenn ein Vektor versucht, eine unverdient beherrschende Rolle anzunehmen, wird der entgegengesetzte Vektor versuchen zu kompensieren, indem er den gleichen Druck ausübt, um einen entsprechend größeren Anteil an der zentralen Dialektik der Persönlichkeit zu erreichen. Falls dies nicht geschieht, ist das koordinierende ITY – das früher als das ausbalancierte Persönlichkeitssystem beschrieben wurde – in Gefahr, zerstört zu werden[4] und strukturelle Schäden zu erleiden, die in extremen Fällen zum Zusammenbruch des Systems führen können. Es wurde schon aufgezeigt, daß die Dynamik der zentralen Persönlichkeit auch auf Prozesse des Sozialcharakters kaum angewendet wird. Deshalb mag diese Dynamik auch auf folgende Voraussetzung zutreffen.

Nach dem separaten griechisch-römischen Aufschwung vom vierten bis zum dritten Jahrhundert v.Chr. war Europa für eine partizipante Reaktion bereit. Das Christentum, mit seiner partizipanten Schuldbelastung und seinen aufopfernden Normen, die vom Symbol Jesu stammen, wurde vom Judentum abgewiesen, da die Juden von sich aus genügend partizipante Einschränkungen besaßen und keine zusätzlichen von außen nötig hatten. Dagegen wurde das Christentum bereitwillig von den extrem separanten griechisch-römischen Sozialcharakteren adoptiert, was ihre sisyphischen Ausschweifungen durch die Annahme eines sünden- und schuldbewußten Christentums kompensierte. Das Kreuz mit der Inschrift „In diesem Zeichen sollst du siegen" (in hoc signe vinces), das Konstantin am Himmel über der Milvian-Brücke am 28. Oktober 312 n.Chr. vor der Schlacht gegen Maxentius sah, war sicherlich ein Schwert in der Form eines Kreuzes. Dieses Kreuz tötete nicht nur Maxentius, sondern war auch gegen die Juden gerichtet, in einem unterbewußten Groll gegen deren Rolle als Vorläufer der schuldbeladenen Christenheit, die ihr amoralisches Heidentum zügelte. Solche Angriffe verstärkten nur die selbstauslöschende, selbstaufopfernde Neigung der Juden, die im Holocaust ihren Höhepunkt hatte. Der Schock des Holocausts rüttelte die Juden wach und brachte sie zu einer ausgesprochen separanten Weltanschauung, wie sie durch den Staat Israel dargestellt wurde. Golda Meir bedauerte die Metamorphose der israelsichen Juden von dem „Volk des Buchs" zu Waffenhändlern. Tatsächlich unterstützte ein Großteil der israelischen Bevölkerung ein aktivistisches Verhalten, das sich auf Macht, Politik und sozio-ökonomisches Wachstum gründete.

Der Zusammenstoß zwischen Judentum und Hellenismus war ein Treffen zwischen Sozialcharakteren, die nur wenig gemeinsam hatten. Die folgende, zufällig ausgewählte und unvollkommene Liste wird diese Voraussetzung illustrieren:

Jüdischer Sozialcharkter	Griechischer Sozialcharakter
monotheistisch	polytheistisch
abstrakt	konkret
undeterministisch	deterministisch
ethisch	ästhetisch
intuitiv	rational
meditativ	objekt-manipulativ
paternalistisch	maternalistisch
weltentrückt	im Hier-und-Jetzt verankert

Diese Parameter sind nicht „rein", da Orphismus und platonische Philosophie partizipante Elemente enthielten. Dagegen hatten z.B. die Sadduzäer deutlich separante Charakteristiken. Außerdem waren Alexander und seine Diadochen den partizipanten Kulturen von Indien und Persien ausgesetzt, bevor sie sich im Mittleren Osten niederließen, und die Juden in Palästina waren von polytheistischen Gesellschaften umgeben. Aber das innere Wesen des Hellenismus, obgleich für eine kurze Zeit der indischen Kultur ausgesetzt, blieb extrem separant, und die polytheistischen Gesellschaften Ägyptens und Mesopotamiens waren in ihren anderen Charaktereigenschaften den Juden nahe. Deshalb beschleunigte die Begegnung von Hellenismus und Judentum während dreier Jahrhunderte einen der schicksalschwersten kulturellen Konflikte in der europäischen Geschichte, weil ihre Folge nicht nur die Synthese des Christentums war, sondern weil sie den entscheidenden Prozeß des Anziehungs-Vermeidungs-Zyklus' der Juden in bezug auf die europäische Kultur in Gang setzte. Diese Schwankungen drückten Europa ihre unauslöschlichen Zeichen auf, bis zur makabren Wechselwirkung zwischen teutonischen Verfolgern und ihren Opfern und dem Finale des Holocausts.

Der römische Sozialcharakter war eine kulturelle Erweiterung des griechischen ohne wesentliche Unterschiede. Toynbee ordnete beide Kulturen unter der hellenischen Klassifikation ein. Jedoch war die römische Kultur eine aggressivere, kannibalische und separantere Version der griechischen. Die Götter waren praktisch dieselben, nur mit verschiedenen Namen. Die Römer liebten die griechische Kultur und sahen sich als die Bewahrer der griechischen Tradition und die Erben der Hellenen an. Aller Wahrscheinlichkeit nach sprach die römische Elite im ersten Jahrhundert v. Chr. unter sich griechisch. Infolgedessen kann der Zusammenstoß der jüdischen und hellenischen Kulturen auf die Periode der römischen Herrschaft über Palästina und der Zerstörung des Tempels durch Titus im Jahre 70 n.Chr. ausgedehnt werden.

Im allgemeinen waren die hellenischen Kulturen tolerant gegenüber anderen Religionen, einschließlich des Judentums. Im Polytheismus ehrte man aus Höflichkeit die anderen Gottheiten. Überdies machte die Anbetung eines oder mehrerer zusätzlicher Götter in dem Pantheon einer ganzen Anzahl von Göttern keinen großen Unterschied. Zwar stellte sich der Judaismus abseits, mit seinem strengen Monotheismus, den absondernden Speisevorschriften und der „unhöflichen" Weigerung, andere Götter zu ehren, aber die hellenische Tradition von religiösem Pluralismus erlaubte keine offizielle Diskriminierung der Juden. Ein unbestätigter Bericht erzählt, daß der jüdische Hohepriester Alexander außerhalb Jerusalems willkommen hieß und seinen Sieg über die Perser prophezeite. Der König brachte daraufhin ein Opfer im Tempel und gewährte den Juden weitgehende Privilegien. In Rom genossen die Juden gleiche Rechte vor dem Gesetz. Sie waren von der Anbetung des römischen Kaisers befreit und besaßen die Autonomie der Organisation ihrer eigenen Gemeinden, einschließlich der Rechtsprechung über ihre Mitglieder. Schon 161 v.Chr. erhielten die römischen Juden den Status von Peregrini, der ihnen Autonomie in Angelegenheiten des persönlichen Status zusprach, sowie das Recht, durch ihre eigenen Gerichte und nach ihren eigenen Gesetzen abgeurteilt zu werden. Dieser Status wurde im Jahre 110 v.Chr. auf alle römischen Provinzen erweitert. Diese Privilegien wurden ihnen auch von Julius Caesar zugesagt und von den folgenden Kaisern aufs neue bestätigt.[5] Zwar ergingen sich Juvenal und Martial in antisemitischen Ausbrüchen, und Seneca und Tacitus waren offen antisemitisch, besonders der Letztere, der charakteristischerweise die Deutschen verehrte, aber Antisemitismus war keine offizielle römische Praktik. Die jüdischen Aufstände wurden zwar von den Römern brutal unterdrückt, aber nicht infolge von unterschiedlicher Behandlung der Juden, sondern weil die römischen Kaiser bemüht waren, jede Revolte gegen ihre Autorität zu unterdrücken. Erst als das Christentum die hellenisch-jüdische Synthese, die Symbiose der separanten Verfolger und ihrer partizipanten Opfer, beschleunigte, waren antijüdische Gefühle allgemein verbreitet, und die Stigmatisierung der Juden wurde offiziell. Dies machte aus dem Juden eine Hauptfigur in der sozio-kulturellen und politischen Arena des christlichen Europas. Wenn die Juden die Widergeister, die Definierer-durch-Gegensatz und die Anhänger und Abkommen des Teufels waren, so stellten sie eine wichtige Macht und eine zentrale Sorge für einen Kontinent dar, dessen herrschende Religion die Antithese des Judentums war.

Schematisch wurde der jüdisch-hellenische Konflikt und seine christliche Synthese dargestellt, im weiteren werden der Konflikt und seine Folgen im einzelnen untersucht.

Die Wurzeln des Konflikts

Die Hauptschwierigkeit eines historischen Determinismus ist das Fehlen von Tatsachen, das hindert, zuverlässige Schlüsse über Ursachen zu ziehen, sodaß nur unpräzise Annahmen möglich sind. Deshalb können keine brauchbaren Hypothesen über die relativen Beiträge der charismatischen Eigenschaften von Moses und der in den damaligen Mittleren Osten vom Fernen Osten eingedrungenen tantalischen Einflüsse auf den partizipan-

ten Sozialcharakter des Judentums aufgestellt werden. Wahrscheinlich waren die nomadischen hebräischen Stämme den in den zwei Jahrtausenden v.Chr. im Fernen Osten vorherrschenden Kultur- und Glaubenssystemen ausgesetzt, als der jüdische Sozialcharakter erstmals in niedergeschriebener Geschichte erschien. Es gibt in der Tat Beweise, daß
die hochentwickelte Kultur, die in Mohenjo-daro am Westufer des Niederindus blühte,
Handels-, Religions- und Kunstbeziehungen mit Mesopotamien hatte. In sumerischen
Ausgrabungen gefundene Handelssiegel bezeugen die Existenz regelmäßiger Verbindungen mit Indien und Ägypten. Daher war Mesopotamien, das als der Ausgangspunkt der
nomadischen Hebräer (Ibrim) und der Geburtsort eines seiner mythologischen Anführer,
Abram von Ur in Chaldaea, angesehen wird, aller Wahrscheinlichkeit nach fernöstlichen,
partizipanten Einflüssen ausgesetzt.[6] Dasselbe gilt für Ägypten, wo die Juden eine unbekannt lange, aber einflußreiche Periode verbrachten, und wo sie ebenfalls fernöstlichen
Einflüssen ausgesetzt gewesen sein mußten.

Die Frage erhebt sich aber, warum der jüdische Sozialcharakter in seiner Entwicklungsperiode empfänglicher für die fernöstlichen Kultur- und Glaubenssysteme, wie sie in den
Veden und Upanishaden niedergeschrieben waren, gewesen sein sollte als für die separanten Eigenschaften der Sumerer und Babylonier. Warum sollte Moses durch das ägyptische „Buch der Toten" beeinflußt gewesen sein, als er die zehn Gebote entwarf[7], in wel-
chen er, wie auch in anderen Geboten der fünf Bücher, einige offensichtlich partizipante
Formen der ägyptischen Kultur einverleibt hatte? Die Antwort darauf kann natürlich nur
mutmaßlich sein: Der sich entwickelnde Sozialcharakter der Juden wurde von den
mythologischen Führern wie Abraham (Abram) und Moses geformt, die extrem die
Offenbarung suchende partizipante Persönlichkeiten hatten. Diese Führer mußten
manchmal harte Mittel und Strafen anwenden, um die partizipante Reinheit des „Gottes-
bundes" zu bewahren und gelegentliche objektbezogene Ausbrüche zu bekämpfen, wie
es der Zwischenfall der Anbetung des „goldenen Kalbs" war, der sich ereignete, als
Moses auf dem Berg Sinai seine Offenbarung erlebte. Als sich der jüdische partizipante
Sozialcharakter durch Generationen von Sozialisierung und geheiligte, normative Traditionen herauskristallisiert hatte, war er mehr an die partizipanten Kulturformen und
Glaubenssysteme angepaßt als an separante. Außerdem entwickelten sich im Laufe der
Zeit normative Gebote, die nicht nur die Annahme von entgegengesetzten und abwegi-
gen Normen, Glaubens- und Kulturformen verhinderten, sondern sogar die Berührung
mit diesen.

Nach dem Tod Mose wurde die Eroberung des verheißenen Landes durch Jehoshua
begonnen, der vom Ostufer des Jordan zum Westufer übersetzte. Die Richter, die nach
Jehoshua kamen, befestigten die jüdische Eroberung und gründeten eine Theokratie, die
auf partizipante Gesetze und Moral aufbaute und in den fünf Büchern Mose aufgezeichnet war, wie im vorhergehenden Kapitel erörtert wurde. Die Theokratie der Richter dauerte bis zum letzten Jahrhundert des ersten Milleniums v.Chr., als um ca. 1025 v.Chr. mit
der Krönung von König Saul eine Monarchie gegründet wurde. Seine und seines Sohnes
Herrschaft waren kurz. Das Haus Saul wurde gestürzt[8] und durch die Dynastie Davids
abgelöst, die bis zur Zerstörung des ersten Tempels durch den Babylonier Nebukadnezar
586 v.Chr. herrschte. Sowohl zur Zeit der Richter als besonders auch während der Herrschaft der ersten Könige gab es heftige Kriege und dauernde Gefechte mit Philistern ob-
skurer, nichtsemitischer Stämme. Sie besiedelten das südliche Ostufer des Mittelmeers
und wurden allmählich in die jüdische Bevölkerung assimiliert. Da keine klare Information über die mögliche Position ihres Sozialcharakters in unserem separanten-partizipanten Kontinuum vorhanden ist, kann keine Hypothese über die Einflüsse dieses Zusammentreffens auf den jüdischen Sozialcharakter aufgestellt werden.

Das abtrünnige nördliche „Königreich Israel", das Jerobeam Ben Nebat in Samaria nach

König Sauls Tod im Jahr 933 v.Chr. gründete, bestand ca. 200 Jahre, bis es durch die Assyrier vernichtet wurde. Viele seiner Könige, besonders die der Dynastie Omris, kehrten offen zum Polytheismus zurück, heirateten phönikische Frauen und opferten dem Gott Melkart (Baal). Dies hatte zweifellos einen separaten Einfluß auf den jüdischen Sozialcharakter, aber über seine Stärke und Dauer kann nur gemutmaßt werden, besonders, da manche judäische Könige ebenfalls eine Art Polytheismus adoptierten oder dazu gezwungen wurden.

Nach der Zerstörung des ersten Tempels führten die nach Babylon verbannten Juden ein halbautonomes Leben, bis Cyrus den König von Babylon, Besharuzur (Belshazzar), besiegte und ein persisches Königtum gründete. Im Jahr 538 v.Chr. erlaubte Cyrus den verbannten Juden, nach Jerusalem zurückzukehren, den Tempel neu aufzubauen und ihre religiöse Autonomie unter dem Schutz der persischen Könige wieder aufzunehmen. Das babylonische Exil und die Neuetablierung der jüdischen Besiedlung Judäas unter dem Schutz der Perser schwächte nicht die partizipante Komponente des jüdischen Sozialcharakters. Ganz im Gegenteil: Die kulturelle und religiöse Autonomie der jüdischen Verbannten in Babylon erzeugte eine intensive Sehnsucht nach geistiger Einheit eines idealisierten Lebens in einem freien Jerusalem mit dem wiedererbauten Tempel. Dieses tantalische Verlangen nach Erlösung in einem wiederaufgebauten Jerusalem wurde durch den charismatischen Eifer für das „Gesetz" von Ezra und durch die administrativen Talente Nehemias verstärkt, die die Befolgung „des Gesetzes" in der erneuten Besiedlung Judäas durchsetzten. Die kombinierten Bemühungen dieser beiden Führer flößten einen neuen partizipanten Purismus und neue Energie in den sozialen Charakter der rückkehrenden Verbannten ein. Es liegt in der Natur des tantalisch-partizipanten Sozialcharakters, daß ihm das Sehnen nach einem Ziel Stärke und Lebensfähigkeit verleiht. Die entscheidende Dynamik ist hier, daß der partizipante Sozialcharakter immer versucht, zur vollkommenen Einheit und dem prä-differenzierten Nicht-Sein zurückzukehren. Was ihn verstärkt, ist der „Mangel", das Exil. Diese Dynamik zeigt sich in der geistigen Haltung, die die Juden erreichten, als sie nach zweitausend Jahren der Sehnsucht, nach der Zerstörung des zweiten Tempels, motiviert waren, zurückzukehren und Jerusalem wieder aufzubauen.

Manche Autoritäten sehen eine Art Renaissance in den philosophischen, religiösen, literarischen und geistigen Leistungen dieser Periode, die ihren Höhepunkt im Buch Hiob, im Hohenlied, im Buch des Predigers Salomon, in vielen Psalmen und im Entwurf der endgültigen Form der fünf Bücher Mose erreichten. Dies war das Wesen des jüdischen Sozialcharakters, als Alexander im Jahre 332 v.Chr. Palästina eroberte. Was die griechischen Kenntnisse über die Juden anbelangt, so kann die lakonische Beschreibung Herodots zitiert werden, der ein weitgereister Historiker war. Er stellte fest, daß die Juden Syrer seien, die sich beschneiden ließen.[9] Was auch immer die vorherige gegenseitige Bekanntschaft gewesen sein möge, er konfrontierte die hellenische Eroberung, die partizipante jüdische Kultur mit der vorwiegend separaten Kultur der antiken Welt.

Zur Zeit dieses schicksalsschweren Zusammenstoßes hatte sich Yahveh schon lange von dem monotheistischen Gott Israels zum einzigen, ausschließlichen Gott der ganzen Schöpfung entwickelt. Im Gegensatz dazu nahmen die toleranten Griechen in ihr schon überfülltes Pantheon noch viele der Götter auf, mit denen sie während ihrer militärischen Unternehmungen in Berührung kamen. Für die Juden war die Transzendenz über allem wichtig. Ihre kollektive Fixierung auf die Einheit des prä-differenzierten Nicht-Seins veranlaßte sie, sich auf die Ewigkeit zu konzentrieren, wobei das Jetzt nur ein unbedeutendes Durchgangsstadium war. Die Griechen dagegen taten die Transzendenz ab, mit der Ungeduld eines Satyrs, der gescholten wurde, weil er einer Nymphe nachlief, statt anzuhalten und über Höllenfeuer und Verdammung nachzudenken. Für die Griechen war alles, was nicht das Hier-und-Jetzt anging, nicht der Rede wert.

Das jüdische Volk war das auserwählte Volk, weil ein einziger Gott es erwählt hatte, damit es seine Einheit anerkennen sollte. Dies ist eine Projektion der Vorstellung des partizipanten Menschen, daß er als einziger Vermittler für das Bewußtsein des Weltalls auserwählt wurde. Die Griechen hingegen beschäftigten sich nicht mit dem Problem der universalen transzendenten Einmaligkeit. Wenn eine Person wünschte, ihre Auserwähltheit und Vorzüglichkeit zu beweisen, war der beste Weg der Wettbewerb oder der Wettkampf. Der gewöhnlichste Weg, seinen Vorrang zu beweisen, war durch das Schwert zu begehen, denn wer konnte dem Sieg in der Schlacht widersprechen? Die Antwort der partizipanten Juden auf diese kriegerische Einstellung war: „Du sollst nicht töten." König David durfte aus folgenden Gründen nicht den Tempel Gottes errichten, wie er seinem Sohn Salomo erzählte: „Ich beabsichtigte, ein Haus zur Heiligung Gottes zu bauen, aber die Stimme Gottes suchte mich und sprach: Du sollst kein Haus in meinem Namen bauen, weil Du viel Blut in meinem Angesicht vergossen hast. Aber siehe, es soll Dir ein Sohn geboren werden, der ein Mann des Friedens sein wird, und ich werde ihm Frieden mit allen seinen Feinden geben; denn sein Name soll Salomo sein, und ich werde Israel Frieden und Ruhe in seinen Tagen geben, und er soll ein Haus in meinem Namen bauen; er wird mein Sohn sein und ich sein Vater, und ich werde den Thron seines Königreichs für immer über Israel setzen.

Nun mein Sohn, Gott ist mit Dir. Gedeihe und baue das Haus des Herrn, Deines Gottes, wie er Dir gesagt hat. Nur der Herr gibt Weisheit und Verstand und wird Israel in Deine Hand geben, auf daß Du das Gesetz Gottes, Deines Herrn, befolgest."[10]

Tatsächlich bedeutet Salomo, Shlomo in Hebräisch wörtlich „Mann des Friedens", und nur ein Friedenskönig, nicht ein Kriegsherr (sogar wenn er ein David war), durfte einen Tempel für Gott bauen, der die Welt für den Frieden erschaffen hatte und dessen Name Frieden ist.

Die Griechen vervollkommneten die separante philosophische Analyse ihrer objektiven Umgebung, während die Juden sich immer in ein scholastisches, selbstauslöschendes Studium vertieften, um dadurch an der Einmaligkeit Gottes teilzunehmen. Das Studium des Gesetzes hüllt den Juden in einen fortdauernden Prozeß ein, der zu Moses und Gott führt, weil die Verleihung der Thora am Sinai ein synchronischer, grenzenloser Vorgang vom Anfang bis zum Ende aller Zeit war. Infolgedessen wird das mosaische Gesetz jeden Tag aufs neue in Kraft gesetzt. Für die Griechen hingegen war synchronische Zeit eine Absurdität. Chronos regierte eine Welt von definierten Folgen diachronischer Zeit, und die Vergangenheit war tot.

Der jüdische Gott war allgegenwärtig, aber die Bürde des Gesetzes, der Gebote und Rituale, das opferbereite Schuldgefühl der Moralität wurde dem Juden als williges Opfer auferlegt. Daher war die Wahl der Juden eine negative: Es war die Wahl der normativen Begrenzung und Einschränkung. Aber diese Willigkeit, die Bürde der Thora und die moralische Schuld auf sich zu nehmen, gab den Juden Heiligkeit: „Und ihr sollt vor mir ein Königtum von Priestern und eine heilige Nation sein."[12] Dadurch waren die Götter der Nichtjuden und ihre Anbeter durch Ausschluß weltlich. Der Talmud bezeugt offene Verachtung für Nichtjuden, Anbeter von Sternen und Wahrsagern. Die lurianische Kabbala geht noch weiter, indem sie die Juden „das Heilige Licht" nennt, während die Nichtjuden für sie verdorbene Schalen - kosmischer Abfall - waren. Auf einem rationaleren Niveau sah Maimonides die Juden als die Macht der Wahrheit an, von den Nichtjuden, den durch Definierung trügerischen Mächten, belagert.

Das Verbot von Götzenbildern[14] führte zu einer jüdischen, antiästhetischen Weltanschauung. Es wurde schon erwähnt, daß der jüdische Gott sich in der „leisen Stimme des

Schweigens" bekundet.[15] Die separanten Griechen beteten ihre Götter als sichtbar an und verehrten ihre ästhetische Schönheit, während die partizipanten Juden ihren Gott[16] durch eine innere, dünne Stimme hörten. Laut der Kabbala, die in Hebräisch Torat Hanistar, d. h. die geheime Doktrine, heißt, sind die Lehren der geschaffenen Welt viel weniger heilig als die höhere, nicht offenkundige Thora Deatzilut. Die dramatische mytho-empirische Offenbarung Gottes im Buch Exodus war durch eine dichte Wolke verhüllt.

Äußere körperliche Häßlichkeit ist unwichtig, sagt der Midrash, weil ein Talmid Hacham, ein religiöser Student, sogar, wenn er äußerlich häßlich ist, innerlich schön wie eine Perle sein kann, weil er voll des Studiums der Thora ist.[17]
Das Judentum ist nicht nur unästhetisch, es ist positiv antiästhetisch. Die Mishna sagt: Wer sein Thorastudium unterbricht, um zu sagen: Welch ein schöner Baum! oder: Wie lieblich ist jenes Feld!, der gefährdet seine Seele.[18] Ästhetik ist der inneren Schönheit des Wortes und der ewigen Weisheit der Thora zuwider.
Manche jüdische Schriftsteller und Essayisten, die den westlichen Kulturen ausgesetzt waren, beschrieben die Verwahrlosung und den Schmutz des osteuropäischen, jüdischen Shtetls mit einer an Selbsthaß grenzenden Abscheu. Sie betrachteten es von einer kritischen westlichen Perspektive aus und verstanden nicht, daß sie dadurch den partizipanten, anti-ästhetischen Kern des Judentums angriffen. Die ursprüngliche Liturgie war dazu bestimmt, das Bewußtsein auszulöschen, um eine offenbarende Teilnahme an der Einheit zu erreichen, und nicht, um ein Gefühl der Harmonie und der ästhetischen Erhebung hervorzurufen. Die Größe der Synagoge ist unwichtig, und ihre innere Ausschmückung, wenn vorhanden, ist streng. Ihr Innerstes ist die Heilige Lade, und ihre Essenz das Buch, die Thorarollen.
Der Kern der partizipanten Offenbarung ist das Auftauchen der Seele, des Teilchens der Göttlichkeit aus dem weltlichen Körper, und ihr Wissen um Gott mit dem Endziele, in Ihm aufgenommen zu werden. Die Durchgangsstadien in diesem Offenbarungsprozeß enthalten das Ausschließen des individuellen Bewußtseins von äußerlichen Wahrnehmungen, das Verwischen objektiver Eindrücke und die Auslöschung des abgesonderten Selbst. Eine Möglichkeit, dies zu erreichen, ist die dauernde Selbstverneinung des Individuums gegenüber der Transzendenz. Die selbstgewollte, opferbereite Schuld gegenüber der absoluten Gerechtigkeit ist in dem täglichen jüdischen Gebet offenbar und erreicht einen Höhepunkt der Selbstanklage in der ganztägigen Andacht am Jom Kippur. Abgesehen von der kathartischen Bedeutung, der diese rituelle Darstellung der Schuld dienen kann, verstärkt sie das opferbereite Festhalten an dem normativen religiösen System. Die Furcht vor Strafe mag den Menschen von der Ausführung einer gewissen Handlung abhalten, aber Schuldgefühl kann die wirksame Hinderung sein, diese Tat überhaupt ins Auge zu fassen. Daher ist die Wahl zu leiden eine unvermeidliche Konsequenz der jüdischen Annahme der göttlichen Gesetze und der göttlichen Moral. „Nur Euch habe ich von allen Völkern der Erde erkannt," sagt Gott durch den Mund von Amos; „deshalb werde ich Euch für alle Eure Übertretungen bestrafen."[19] Deshalb bedeutet ein Jude zu sein, dauernd die Rolle eines Schuldigen durch Opferwilligkeit zu übernehmen. Das Paradox des gesalbten Opferlamms kann so angesehen werden, daß es seinen grausigen Höhepunkt im Holocaust erreichte, als die Juden – so scheint es – die Rolle des Brandopfers auf sich nahmen, um unterbewußt ihre normative Überlegenheit und ihren moralischen Wert zu verstärken. Im Buch Leviticus tröstet Moses Aaron (nachdem Gott seine beiden Söhne getötet hatte, weil sie „fremdes Feuer vor dem Herrn opferten"[20]), indem er ihm sagte: „So sprach der Herr und sagte „Ich werde durch jene heilig, die vor mich treten."[21] In der groben und vereinfachten König James-Übersetzung ist dieser Satz beinahe

sinnlos. Im ursprünglichen hebräischen Text sagt Gott zu Aaron durch den Mund Mose „בקרבי אקדש", was bedeutet, daß er einen größeren normativen Gehorsam von denen verlangt, die ihm näher sind. Deshalb mußten die Kinder Aarons strenger bestraft werden. In Analogie dazu werden die Juden, wenn sie bestraft werden, durch ihr Leiden eine geheiligte Nähe zu Gott fühlen.

Die Geschichte der Juden vom letzten Drittel des ersten Jahrhunderts in Palästina und danach in Europa während nahezu zweitausend Jahren kann als eine Sequenz sporadischer Episoden des Märtyrertums beschrieben werden, die schließlich zu dem bitteren Ende des Holocaust führte.

Das Martyrium der Juden hatte schon im Jahre 168 v.Chr. mythologische Ausmaße erreicht, und zwar unter der Herrschaft Antiochios', mit dem Mord Hannas und ihrer sieben Söhne. Antiochios verlangte von einem Sohn nach dem anderen, daß er die Statue des Zeus anbeten und Schweinefleisch essen sollte, um sein Leben zu retten. Jeder Sohn wurde dagegen von seiner Mutter ermutigt, den Namen des Herrn zu heiligen (Kiddush Hashem), und nicht Götzendienst zu begehen. Darauf wurden alle Söhne und ihre Mutter gemartert und getötet. Dies war das höchste Opfer einer Mutter, das alle mütterlichen Instinkte überwand, um die normative Gültigkeit der göttlichen Gebote zu wahren. Das bedeutete die Herrschaft der Gebote: ein Leben ohne Gesetz – d. h. ohne die Thora – ist nicht lebenswert. Umgekehrt: Der Tod durch die Befolgung der Norm heiligt den Namen Gottes, unterstützt das Gesetz und verherrlicht die Aufopferung des willigen Opfers.

Eine mytho-empirische Unterstützung für die Verbindung zwischen Selbstaufopferung und der Legitimierung absoluter Norm im Judentum findet man in der Mishna und dem Midrash im Beispiel der zehn gemarterten Thoragelehrten, die beschlossen, eher zu sterben, als Hadrians Erlaß gegen das Studium und die Lehre der Thora zu befolgen, nach der Unterdrückung Simon Bar Kozebas (Bar Kochbas) im Jahre 135 n. Chr. Rabbi Akiba Ben Joseph, dem führenden Gelehrten seiner Zeit, wurde die Haut durch eiserne Kämme abgerissen, während er das Königreich Gottes mit Liebe aufnahm. Seine Studenten fragten ihn, wie er eine solche Folter aushalten konnte. Rabbi Akiba antwortete, daß er sein ganzes Leben bedauert hatte, daß er nicht dem Gebot folgen konnte: „Du sollst den Herrn, deinen Gott, von ganzem Herzen lieben"[22], sogar unter der Drohung des Todes. Jetzt, wo die Gelegenheit dazu kam, wie konnte er sie nicht mit Freuden empfangen? Rabbi Akiba sagte darauf das Glaubensbekenntnis: „Höre, Israel, der Herr, unser Gott, ist der einzige Gott." Er wiederholte „Der Einzige", bis seine Seele entfloh.[23] Diese Vereinigung der willigen Annahme der Rolle des Opfers, das Festhalten am Gebot Gottes im Anblick des Todes ist erstaunlich. Eine andere Version von Rabbi Akibas Martyrium erzählt, daß er mit jedem Riß seines Fleisches durch die Eisenkämme wiederholte: „Er ist der Fels, sein Werk ist vollkommen, denn alle seine Wege sind gerecht, ein Gott der Wahrheit und ohne Ungerechtigkeit, gerecht und wahr ist er."[24] Dieses Bestehen auf Gottes normativem Gebot durch Märtyrertum reinigte und verstärkte Rabbi Akibas Gerechtigkeit.

Als der Hohepriester Ismael gefoltert wurde, fragte der römische Caesar, ob er immer noch an seinen Gott glaube[25], und Ishmael antwortete: „Obwohl er mich tötet, vertraue ich auf ihn."[26] Diese Glaubenserklärung des sterbenden Hohepriesters, wie sie im ursprünglichen Hebräischen lautet: „Auch wenn er mich tötet, würde ich mich nach ihm sehnen"[27], zeigt eine positive Verbindung zwischen Tod durch Gottes Willen und dem partizipanten Sehnen nach ihm. Es scheint, daß das Sehnen, an Gott teilzuhaben, durch des Menschen Tod erfüllt wird.

Chanina Ben Tradion studierte und lehrte die Thora mit einer Thorarolle in seinem Schoß, als die Römer kamen und ihn anklagten, trotz des Verbots Hadrians mit seinen Lehren fortgefahren zu sein. Seine Verteidigung war, daß „der Herr, mein Gott, es geboten hat"[28]. Die Römer verurteilten ihn daraufhin zum Tod durch Verbrennen, seine Frau zum Tod und seine Tochter zur Verbannung in ein Freudenhaus. Dann rollten sie ihn in die Thorarolle und verbrannten ihn.[29] Die normative Annahme der absoluten Gebote Gottes ist hier in die Mythologie übersetzt durch das gemeinsame Brandopfer der Thora und des willigen Opfers des Menschen, um in aufopfernder Gemeinschaft an der Totalität der Einheit teilzuhaben. Die Folge ist hier: normative Annahme – Selbstopfer – Anteil an der Einheit.

Diese Behauptung der Normbefolgung durch Selbstaufopferung wurde von den Juden den ersten christlichen Märtyrern weitergegeben. Aber mit dem Sieg des Christentums und besonders nach seiner Annahme durch die germanischen Stämme, die über Europa hinwegstürmten, wurde das Kreuz, das mythologisch-empirische Zeichen der aufopfernden Gerechtigkeit, zu einer Heimsuchung. Martyrium wurde für die Christen ein abstraktes Symbol, während die Juden ihr tatsächliches Märtyrertum bis in die Mitte des 20. Jahrhunderts fortsetzten. Die Wahl der Juden zum Opfer scheint noch heute weiterzugehen, nur daß der universale Sündenbock nicht mehr das Weltjudentum ist, sondern die Zionisten, und daß der verpönte Ausdruck „Antisemitismus" gegen den „berechtigten" Ausdruck „Antizionismus" vertauscht wurde.

Die zentrale Bedeutung des Kiddush Hashem, die Heiligung Gottes Namens, liegt darin, das Gebot Gottes über das Menschenleben zu setzen und, wenn die Wahl besteht, sein Leben für das göttliche Gesetz hinzugeben. Daher, als die Juden am Scheiterhaufen verbrannt wurden, sagten sie den Psalm „Kommt, laßt uns dem Herrn singen und den Fels unserer Rettung loben" (nicht „in freudigen Jubel ausbrechen", wie fälschlich in der König
James-Übersetzung angegeben).[30] Dies erstaunte und beängstigte verständlicherweise ihre Verfolger und lieferte zusätzlichen Beweis für den Pakt der Juden mit dem Teufel.[31] Die jüdische Religion wurde deshalb als diejenige angesehen, die den Gottesnamen durch Opferwilligkeit heiligte. Sie war nicht nur eine Bestärkung des göttlichen Gesetzes, das sowohl den Pakt zwischen Gott und Mensch, wie auch zwischen Mensch und Mensch enthielt, sondern auch ein Mittel zur kollektiven Erlösung. „In jenen Tagen," so sagt das Buch Enochs, „werden die Gebete und das Blut der Gerechten von der Erde aufsteigen vor den Herrn der Geister ... und die Herzen der Gerechten werden erfreut sein, weil ihre Gebete erhört wurden, und das Blut der Gerechten wurde von Gott angenommen."[32] So wurde das Opfer der Gerechten ein Mittel zur Erlösung. Dieser Gedanke erreichte seinen Höhepunkt in den Sprichworten des Nachmanides, dem Weisen des 13. Jahrhunderts: „Das Blut der Gerechten und der Unschuldigen, die sich für Deinen Namen opferten und starben und ihr Haupt unter das Schwert legten, sie brachten Dir Brandopfer und Menschenopfer dar mit einem wunderbaren Duft. Und sie freuten sich.
Ich werde mich Gott opfern
Und mein Blut, mein Mark und meinen Kopf darbieten.
Das Erbe Sinais, vom Vater auf den Sohn vermacht,
Auf daß ihre Seele eine Gabe
Und ein Opfer sei, von Gott empfangen zu werden."[33]

Jedoch nicht nur das Opfer des Lebens ist eine würdige Bestärkung von Gottes Normen; ein gebrochenes Herz, ein gebrochener Mut[34] und eine partizipante, sich selbst hintanstellende Demut sind es ebenfalls. Daß diese Einstellung von den Juden den ersten Christen vermacht wurde, kann man in der Tatsache sehen, daß die allverschlingende Kirche, nachdem sie zur Macht kam, ihren Gegnern Demut predigte, und besonders den Juden. Selbstauslöschende Demut war der Annahme transzendenter Normen dienlich, infolge der ursprünglichen Neigung zum „schlechten Ich" – „guten Objekt" – Selbstbild. Das leidende, früh-orale „schlechte Ich" heiligte alles, was von dem ätherischen, unbestimmten „guten Objekt" ausging.

Selbst-Hintanstellung und Demut sind auf die Weise ein Teil des jüdischen Sozialcharakters geworden und mögen zu der relativen Passivität der Juden beigetragen haben, ihre Rolle als Opfer zu akzeptieren. Es stimmt zwar, daß die jüdischen Märtyrer von der Zeit Antiochios' IV., Hadrians und des Mittelalters bis zum Holocaust eine Wahl hatten: Sie konnten Zeus oder Cäsar anbeten oder zum Christentum übertreten und so ihr Leben retten. Aber da willige Selbstopferung – als logische Folge von Norm und Wertbewußtsein – in den jüdischen Charakter eingeprägt war, hätten sie auf jeden Fall ihre Naziverfolger weniger leidenschaftlich bekämpft, ungeachtet der objektiven Möglichkeiten, sich retten zu können.

Die Anti-These

Eine der grundlegenden Maximen des hellenistischen Sozialcharakters war: Nichts im Übermaß. Daraus entwickelte sich eine pragmatische Überlebensregel; die Kompromisse der Demokratie, die Zweckdienlichkeit der Anpassung an Mittelwerte und die Verachtung der Extremisten, Abirrenden und Sonderlinge; dies alles vergrößert die Lebenskraft der polis, des griechischen Stadt-Staates. Die separante, pragmatische Organisation der Verhältnisse zur objektiven Umwelt ebenso wie zu den Mitmenschen führten zu Konformismus und zur Verdrängung individueller Interessen zugunsten von Wohlfahrt und „Fortschritt" der Gruppe. Das Separierende kann in der Gruppe am besten verwirklicht werden. Deshalb werden Konformität mit der Gruppe und der Wunsch, deren empfindliche Balance nicht zu stören, zu höchsten Werten.

Die pragmatischen Griechen verstanden, daß extremes Verhalten im „Guten" wie im „Bösen" „das Boot zum Kentern bringen" und die effektive Wirksamkeit der geliebten polis gefährden würde. Deshalb ächteten sie den zu gerechten Aristides, den zu ehrgeizigen Alkibiades und verurteilten Sokrates, den Betreiber intellektueller Nachforschungen und daher Unruhestifter, zum Tod durch den Schirlingsbecher.

Die Erfahrung lehrte den Griechen, daß zu geringe Motivation und Initiative zur Stagnation führen, während ein Übermaß davon erstickt und paralysiert. Die Regel des Mittelweges einer Kurve wurde so zum Rückgrat der separanten, der griechischen „Weltanschauung". Diese Grundregel der Hellenen – die auch in der Maxime „Wenn du in Rom bist, verhalte dich wie ein Römer" enthalten ist – wurde an die europäische Bourgeoisie weitergeben, was in deren Konformitäts- und Anpassungsdruck auf das Individuum zum Ausdruck kommt.

Das jüdische Normensystem war im Gegensatz dazu ideal, unpragmatisch, von partizipanter Absolutheit und seiner Natur nach unerreichbar. Die Taryag Mitzvot – jene 613 Gebote, die dem jüdischen Leben auferlegt sind – stellen die extreme Form eines idealen Systems dar, das vom einzelnen unmöglich zur Gänze erfüllt werden kann, selbst wenn er es versucht. Dies führt zur Legitimierung einer unrealistischen Eigensinnigkeit des jüdischen Sozialcharakters. Die Legitimierung idealer Normen, die im jüdischen Sozialcharakter enthalten sind, ist im direkten Gegensatz zum pragmatischen griechischen Sozialcharakter mit seiner Grundregel „meden agan". Die jüdische Konzentration auf eine ideale Norm führt zu der extremen Einstellung, daß „das Gesetz den Berg durchstoßen soll", was bedeutet, daß „das Gesetz herrschen soll", sogar wenn es sozial schädlich oder der Ausführung entgegengesetzt ist. Sie trägt zu einem unrealistischen Festhalten an normativen Idealen bei, die das Leben der Juden erschweren und oft ins Verderben führen.

Dies ist mit dem Gefühl einer partizipierenden Einzigartigkeit jedes einzelnen Juden verbunden, die er als Teil des einzigen vor Gott auserwählten Volkes beanspruchte. Deshalb neigt jeder Jude dazu, sich als „Virtuose" zu sehen. Er ist individuell hervorragend, paßt jedoch nicht leicht in ein System, eine Organisation oder die griechische Phalanx, deren Macht in der Fähigkeit ihrer Individuen, unisono zu handeln, besteht. Das Festhalten des partizipanten Sozialcharakters an idealen und daher extremen Normen führt, zusammen mit dem Gefühl der Einzigartigkeit, zu einem Mangel an Realitätsgefühl ebenso wie zu einer ungenügenden Organisationsfähigkeit. Die katastrophale Fehleinschätzung der Gegner durch jüdische Führer, der innere Streit und die Fraktionskämpfe, die zur Zerstörung der beiden Tempel führten, könnten zum Teil eine Folge dieser Faktoren sein. So erging es zum Beispiel der totgeborenen Revolte des Zedekiah gegen Nebukadnezar und das Babylonische Reich (596–586 v. Chr.), der die Stärke der ägyptischen Unterstützung überschätzte.

Auch die beiden größten Aufstände gegen das Römische Reich – 67 bis 70 und 132 bis 135 v. Chr. – waren von einem selbstmörderischen Festhalten an absolut-ideale Normen geprägt, verbunden mit einer Mißachtung der gegnerischen Stärke. Eine beinahe wunderbare Ausnahme bildet der Hasmonäische Aufstand, der allerdings nicht gegen ein Reich, sondern gegen einen unberechenbaren Seleukiden-Herrscher gerichtet war. Darüberhinaus war dieser Aufstand von einer seltenen Einigkeit unter der Führung der Hasmonäischen Brüder gekennzeichnet.

In den Jahren ihres Exils in Europa führte das Anklammern der Juden an ihre absoluten, idealen Normen zu ihrem Kiddush Hashem-Märtyrertum und zu der dialektischen Verstärkung des religiösen Normensystems der Überlebenden. Während der Gründung der Nazi-Herrschaft wie auch während des Holocausts selber schätzten die Juden die sich ankündigende Gefahr vollkommen falsch ein und mißachteten in typisch partizipanter Weise die deutlichen, von den Nazis ausgesandten Zeichen über ihre mörderischen Absichten. Das opferwillige Festhalten an der Norm zeigte sich auch im Holocaust als ein Zeichen ihres selbstauslöschenden partizipanten Sozialcharakters, obgleich viele von ihnen nicht mehr religiös waren. Sogar im modernen Israel gibt es eine seltsame Mischung von virtuosen militärischen Erfolgen, wie z.B. das Entebbe-Unternehmen, sowie außergewöhnliche Erfolge in der Landwirtschaft und Wissenschaft, und auf der anderen Seite eine verkrüppelnde Bürokratie und ein administratives Unvermögen. Außerdem bewiesen die Wahlen von 1984 eine Polarisierung zu extrem normativer, religiöser und politischer Einstellung. Daher war der jüdische Sozialcharakter während der meisten Jahrhunderte die direkte Antithese zu dem griechischen Motto „meden agan". Es ist bemerkenswert, daß die Nazis auch nicht diese griechische Maxime beachteten, sondern sich in frenetische Raserei und schließlich in die Götterdämmerung stürzten. Sie gaben die Pragmatik, Kompromißbereitschaft und die Mittelwerte auf. Im Holocaust war daher der Zusammenstoß zwischen einem extrem partizipanten jüdischen Charakter einerseits und einem separanten deutschen Sozialcharakter, der Amok lief, ohne von dem begrenzenden, pragmatisch lebensfähigen „nichts im Übermaß" eingeschränkt zu sein, andrerseits unvermeidlich. Aus diesem Grund war das Schicksal der Nazis und ihre Selbstzerstörung zusammen mit dem der Juden besiegelt. Dies war der offenbarste Beweis der irrationalen Natur der Nazi-Orgie von Mord und Vernichtung, die sie verhinderten, ihre Feldzüge und die Administration ihres neugebildeten Reichs in wirksamer Weise zu organisieren. So war die Nazi-Götterdämmerung unweigerlich mit ihrer manischen Verfolgung der Juden verstrickt.

Aus der bisherigen Charakterisierung der Griechen ergibt sich die Frage, wie deren Betonung des Mittelweges und damit die Bedeutung von Konformität und Mittelmäßigkeit mit der erstaunlichen Blüte des alten Griechenland in Zusammenhang gebracht werden können: besonders mit jener Hochblüte Athens im Zeitalter des Perikles, die von epochalen Neuerungen in der bildenden Kunst, im Drama, der Philosophie und Wissenschaft charakterisiert ist.

An anderer Stelle[35] wurde darauf hingewiesen, daß Kreativität auf die Überwindung des Durchschnitts angewiesen ist: Jugend, Kunst und wissenschaftliche Neuerung rebellieren gegen versteinerte gesellschaftliche Normen und Konformitätsdruck, die von den Instanzen der Sozialisation – von den Eltern über die Schule bis zu den Kirchen – auferlegt werden, und entwickeln dadurch die zur Kreativität notwendige Energie. Der Kampf des Sisyphus, der seinen Stein den Berg hinaufwälzt, ist die Voraussetzung seiner kreativen Verbindung zum Stein. So kann die Rebellion gegen Normen unter Umständen zu Originalität und Kreativität führen. Dem Innovator Sisyphus geht es nicht um den Erfolg, den Stein auf den Berg zu bringen: Es ist dieser Kampf selbst, der schöpferische Energie hervorbringt.

Im protestantischen Europa nahm die Vorbestimmung den Platz des griechischen Schicksals ein: Auch der Kampf gegen die Vorbestimmung, die keine Hoffnung auf einen Erfolg zuläßt, ist ein ausreichender Antrieb zur Erneuerung.

Hier ist es freilich notwendig, daran zu erinnern, daß es keine monolithischen Kulturen gibt: Jede Kultur trägt separante und partizipante Züge von unterschiedlicher Intensität. Sogar die extrem separante griechische Kultur hatte partizipante Züge, wie die Orphischen Mysterien, und die separante-griechische Philosophie führte auch zu bedeutenden partizipanten Abweichungen, zum Beispiel durch Parmenides und Platon.

Hier muß angemerkt werden, daß des Philo Judäus von Alexandria Überlieferung der Platonischen Philosophie zum wichtigsten Katalysator der christlichen Synthese von Judentum und Hellenismus wurde. Als die christliche Synthese dann von den Juden abgelehnt, von Europa aber übernommen wurde, wurde der separante Aristotelismus zur offiziellen Kirchenphilosophie. Diese Entwicklung kann als empirischer Beleg unserer Hypothese gelten, daß der ursprüngliche Sozialcharakter die daraus hervorgegangenen Individuen und Gruppen zur Übernahme dementsprechender kultureller Muster führt.

„Moira", die griechische Schicksalsgöttin, war im Normensystem der Griechen eine zentrale Gewalt, da sie jedem sein Lebensschicksal zumaß. Moira ist daher die Bestimmung des Menschen, und es ist das Beste, wenn der Mensch sich mit seiner Bestimmung abfindet. Will er aus dieser Bestimmung heraustreten – also Hybris begehen –, so wird er von der Rache der Furien bestraft werden. Moral oder Unmoral individueller Taten sind für das Schicksal irrelevant, solange sie im Rahmen dieser Bestimmung bleiben.

Das führt zu der bereits erörterten Maxime „nichts im Übermaß" zurück: Durchschnittswerte sind pragmatische Erscheinungen der Notwendigkeit, das Maß seines Daseins zu akzeptieren, weil alles Übermaß die sozialen Strukturen auflöst. Hybris kann also sowohl im Hinblick auf das mittlere Maß wie auf das Schicksal begangen werden: Das Triumvirat der Zentralwerte ist daher das wesentliche Prinzip des griechischen Normensystems.

Die höchsten Interessen der separanten Griechen waren: die Ordnung der polis und der Gesellschaft, die Kontrolle ihrer Umwelt, die Konformität der Individuen entsprechend der sozialen Normen, kurz, die Erhaltung eines Systems, von dem sie wußten, daß seine Balance gefährdet ist. Die Göttin der Justiz, Dike, repräsentierte daher ein regulierendes und organisierendes Prinzip und war die Hüterin des „geregelten Laufs der Dinge". Sie urteilte über das Angemessene und verkörperte den Eigentumsbegriff und das separante Organisationsprinzip, die das funktionale Verhältnis von Individuum und Gesellschaft beherrschen. Dike forderte keine idealen, abstrakten und unerreichbaren Normen göttlicher Gerechtigkeit, sondern Prinzipien, die vor den Auflösungseffekten von Extremen und Hybris bewahren. Dike ist den jüdischen Begriffen von Recht und Moral diametral entgegengesetzt, der freiwilligen Opferung, die ein absoluter und einziger Gott verlangt.

Die ordnenden Prinzipien Moira, Ananke, meden agan (nichts im Übermaß) und Hybris, die dem Interesse des Gemeinschaftslebens dienen, erscheinen (und sind oft) für das Individuum arbiträr und unterdrückend. Dieses Gefühl arbiträren Zwangs wurde von den Griechen auf ihre Götter projiziert, die von Moira und Anake ebensowenig ausgenommen blieben. Der unvermeidliche Zusammenstoß von Verlangen, Wünschen und Wohlbefinden des Individuums mit diesen harten, arbiträren und mitleidlosen Kräften ist im wesentlichen Grundlage der griechischen Tragödie. Griechische Tragödien sind bar des Romantizismus idealer Selbst-Opferung und der Dialektik von Liebe, Schuld und Tod. Das tragische Element des griechischen Normen-Systems ist dem Prinzip der Hybris inhärent. Einerseits ist die griechische Kultur an Wettkampf, Erfolg und Macht orientiert. Andererseits wird das menschliche Streben gezügelt, nicht, weil Erfolg nicht „gut" oder „fair" ist, sondern weil es den Neid der Götter erregt.[36] Deshalb ist Erfolg bei den Griechen ein gefährlicher Konflikt zwischen Annäherung und Vermeidung. Man muß ihn anstreben, wenn man dabei aber das eigene Maß überschreitet, das von den eifersüchtigen Agenten der sozialen Kontrolle festgelegt wird, wird man bestraft. Die Griechen wurden nicht wegen moralischer Verfehlungen bestraft, sondern weil ihre eindrucksvollen Erfolge Eifersucht erregten. Diese Kontrolle menschlichen Handelns durch externe Mechanismen erzeugten einen strikten Determinismus, der die Konstruktion rationaler Systeme in Philosophie und Wissenschaft fördert, nicht aber die Entwicklung von Moralität und Schuldgefühlen, die auf einer undeterminierten inneren Kontrolle basieren.
Im jüdischen Glauben ist zwar ebenfalls alles vorhergesehen, dem Individuum wird aber Handlungsfreiheit gewährt.[37] Der Mensch hat die Wahlfreiheit zwischen gut und böse, und er wird dementsprechend belohnt oder bestraft. Deshalb kann nur im Judentum Hiobs Problem der Bestrafung vor Gerechten entstehen.
In griechischen Dramen werden die Menschen nicht deshalb bestraft, weil sie moralisch schlecht sind, sondern weil sie eine äußerliche, arbiträre Grenze überschreiten. Deshalb ist Aristophanes' Kritik des Euripides, daß er das Alltägliche und Gemeinplätze dramatisierte[38], ein Mißverständnis. Die Tragödie entsteht genau aus dem arbiträren Eingreifen von Moira, Ananke und Hybris ins tägliche Leben. Das Leben des Euripides war selbst tragisch: In den ersten 18 Jahren seiner dramatischen Arbeit gewann keines seiner Stücke, trotz deren hervorragender Qualität, einen Preis. In seinen beiden Ehen war er unglücklich. Im Alter von 71 Jahren verließ er Athen, auf der Flucht vor seinen Kritikern, vor häuslichen Problemen und vor dem Spott der Komödiendichter, besonders vor Aristophanes. Er wurde als geehrter Dramatiker am Hofe von Archelaus, des Königs von Makedonien, aufgenommen, dort jedoch bei der Rückkehr von einem nächtlichen Fest von einer Meute königlicher Hunde in Stücke gerissen.

Für die Griechen bedeuteten Ordnung, Gleichgewicht, Harmonie und Ästhetik das Gute: Deshalb bedeutete das griechische Aisthesis Ordnung, Anstand und gutes Benehmen ebenso wie Ornament, Dekoration und Verschönerung. Den Hellenen waren Ordnung und Schönheit eins, weshalb Harmonia auch eine Tochter Aphrodites war. Die Geometrie, das systematische Maß der Umwelt, war die Königin der griechischen Wissenschaften: Am Eingang zur Platonischen Akademie verwehrte eine Aufschrift denen, die sie nicht beherrschten, den Eintritt. Ein guter griechischer Maurer würde weder Zement noch Mörtel benutzen: Die aufeinanderruhenden Marmorsäulen und -platten wurden mit geometrischer Präzision zu tragenden Elementen der gesamten Konstruktion.

Die zyklische sisyphische Natur der griechischen Kultur weist auf eine maternalistische Dominanz hin. Die Olympier waren familienbezogen, ebenso wie der germanische Äsir. Hera war die „große Mutter", Göttin der Frauen und der Geburt und die Gemahlin des Zeus; Pallas Athene die Göttin der Weisheit, der Geschicklichkeit und des Krieges – lauter separante Funktionen. Besonders bedeutend ist in diesem Zusammenhang noch Demeter, die Göttin der Landwirtschaft, Fruchtbarkeit und Zeugung. Demeter und ihre Tochter Kore formten eine weibliche Dyade: Der männliche Hades repräsentierte das notwendige Böse, das Kore, das arme Mädchen, zur Zeugung verführte.

Die große griechische Mutter-Frau war deshalb der Quell des Lebens, des Wachstums und der Ordnung und symbolisierte die Sublimation des Inzests zu instrumenteller Zivilisation. Die griechischen Göttinnen tragen die Verantwortung für die separanten Bereiche von Krieg, Fruchtbarkeit und Handel. Deshalb war der griechische Sozialcharakter matrinormativ.

Begegnung, Symbiose und Zusammenstoß.

Alexander verfolgte eine ökumenische Vision: Er wollte alle Nationen und Gesellschaften des Makedonischen Reiches in eine religiös-kulturelle Gemeinschaft unter der wohlwollenden Hegemonie der Griechen integrieren. Mit seinem Tod wurde auch dieser Traum zu einer Fußnote seiner stürmischen Herrschaft. Diese Vision führte jedoch zu einer Offenheit der erobernden Makedonier gegenüber den eher partizipanten Kulturen des Mittleren und Fernen Ostens, die sie zu Teilen ihres Reiches gemacht hatten. Deshalb war unter der Herrschaft der Diadochen die Makedonische Kultur bereits von partizipanten Einflüssen durchsetzt. Allein in Judäa trafen die Hellenen auf einen exklusiven Monotheismus, der nicht zu religiösem Pluralismus zu bekehren war und auf den Zwang dazu mit Gewalt reagierte. Diese Auseinandersetzung, und nicht die relativ friedliche Integration des Hellenismus in die übrigen Kulturen, trug zur christlichen Synthese bei.

Chirickover weist darauf hin, daß der Hellenismus das griechische Element vom Ethnischen ins Kulturelle transponiert hat: Ein griechisch sprechender Ägypter oder Syrer, nach griechischer Art gekleidet, in einem Ephebion erzogen und Bewohner einer Stadt, die nach dem Muster der griechischen Polis konstruiert war, wurde als Grieche angesehen.[39]

Es wurde bereits erwähnt, daß die Griechen vor der Eroberung Judäas durch die Makedonier nur wenig von den Juden wußten. Ein Schüler des Aristoteles nahm zum Beispiel an, daß die Juden Abkömmlinge der Kalanoi waren – indischer Philosophen, die wiederum von persischen Weisen abstammten.[40] Momigliano bestätigt, daß es, abgesehen von solchen irrigen und abwegigen Bemerkungen, in Texten des prähellenistischen Zeitalters keine Beschreibung der Juden gibt.[41] Die Ptolemäer, die Ägypten erobert hatten, errichteten ihre Herrschaft in Judäa also ohne jedes Wissen von der Kultur und Religion der Bewohner. Gegen Ende des vierten Jahrhunderts v. Chr. wurden viele Juden nach Ägypten deportiert, und damit begann eine ständig wachsende jüdische Diaspora im Hellenistischen Ägypten. Die Ptolemäer gestatteten den Juden eine weitgehende interne und religiöse Autonomie: Ihre Herrschaft über Judäa dauerte – mit der Ausnahme kurzer seleukidischer Besetzungen in den Jahren 295, 219–217 und 202 v.Chr. – bis in das Jahr 198 v. Chr., als Antiochos der Große die Herrschaft der Seleukiden über Judäa errichtete. Dreiundzwanzig Jahre später bestieg Antiochos IV. den Seleukiden-Thron und begann den gewalttätigen „Kulturkampf" von Hellenen und Juden. Der Widerstand der orthodoxen Juden gegen ihre Hellenisierung – also gegen ihre „Zivilisierung" – erzürnte Antiochos IV. nicht nur, er überraschte ihn auch. Seine Überzeugung, daß die griechische Kultur die höchste Entwicklungsstufe sei, wurde durch die freiwillige Anpassung beinahe aller Kulturen der Region an griechische Religion, Sprache, Kleidung, Literatur, Sport und Ästhetik bestärkt. Im Ptolemäischen Ägypten waren ein Museum und eine Bibliothek eingerichtet worden, die Alexandria zu einem der bedeutendsten gelehrten Zentren der hellenistischen Welt machten. So wurde der königliche Hof in Alexandria unter Philadelphus zum blühenden Zentrum griechischer Kultur. Die Ägypter sahen zwischen ihren und den griechischen Göttern bloß eine namentliche Differenz: Diese Konvergenz bestand vom Anfang der Ptolemäischen Herrschaft an durch die Identifikation von Ammon und Zeus.[42]

Die Seleukiden waren sogar in noch größerem Maß zur Vermischung mit der einheimischen Bevölkerung bereit.

Die persische Gattin des Begründers ihrer Dynastie, Aphame, wurde als Königin und Mutter des Seleukiden-Hauses anerkannt. Die Soldaten Alexanders und seiner Diadochen siedelten sich im Mittleren Osten an und heirateten oft Einheimische, wodurch die zweite und dritte Generation bereits zu eigenständigen, hellenisierten Orientalen wurde. Ein anderer Faktor der Hellenisierung war die Errichtung polis-ähnlicher Städte, von Hellenen und den übrigen Einwohnern gemeinsam bewohnt. Diese Städte wurden zu Schmelztiegeln einer hellenisierten orientalischen Kultur.[43] Freilich muß hier betont werden, daß am Anfang nur der Adel und die Bürger die griechische Sprache und Kultur übernahmen. Erst später, unter den Römern, wurde der Prozeß der Hellenisierung in ländliche Regionen getragen. Die Absorption der separanten-griechischen Religion und Kultur blieb allerdings oft an der Oberfläche und ließ tiefere Schichten der partizipanten „Weltanschauung" unberührt. Diese Vermischung der Kulturen entsprach ihrem Wesen: Die griechische Kultur drang in interpersonelle und inter-Gruppe-Beziehungen ein, während die eher partizipante orientalische Kultur das Innenleben und die transzendente Orientierung der Einheimischen weiter beherrschte. Dieses Verhältnis wird an den Juden am deutlichsten.

Die Ptolemäische Herrschaft in Judäa war von einer wachsenden jüdischen Autonomie gekennzeichnet, in der dem jüdischen Hohepriester und dem Ältestenrat zunehmend auch säkulare königliche Befugnisse zugestanden wurden. So hatte der Hohepriester das alleinige Recht, die Juden vor dem Ptolemäischen König zu repräsentieren. Das Ausmaß jüdischer Autonomie kann am Beispiel des ptolemäischen Militärlagers in Transjordanien illustriert werden, das von einem jüdischen Prinzen namens Tobias kommandiert wurde.[44]

Die jüdische Aristokratie war einem starken Hellenisierungsprozeß ausgesetzt, dessen Ausmaß aus einem Brief Tobias' an Appolonius, den Finanzminister, hervorgeht. Dieser Brief beginnt mit den Worten: „Dank den Göttern."[45] Dieser Satz eines monotheistischen, in einer Theokratie unter Führung des Hohepriesters lebenden Juden ist ein bemerkenswertes Zugeständnis an griechische Kultur und Götter. Das Haus Tobias, dem dieser Prinz angehörte, begann eine starke Hellenisierungsbewegung und erhielt dafür eine Reihe von Zugeständnissen. Diese gingen soweit, daß jüdische Führer ungestraft Repräsentanten des Königs, die ihre Dörfer unautorisiert aufsuchten, aus diesen verweisen konnten.

Es gab eine klare Dichotomie: Während Adel und Bürger hellenisiert waren, hielt das Volk im großen und ganzen an jüdischen Sitten und an jüdischer Religion fest. Mit der Besetzung Judäas durch den Seleukiden Antiochos III. wurde die autonome Herrschaft durch den Hohepriester Simon den Gerechten und den Ältestenrat durch ein königliches

Edikt sogar weiter ausgebaut. Der Tempel wurde restauriert und den Juden wurde es gestattet, gemäß den „traditionellen Gesetzen ihrer Väter" zu leben.[46] Das veränderte sich mit der Krönung Antiochos' IV. schlagartig, der Politik und Kultur seines Reiches radikal hellenisieren wollte. Vor einer Beschäftigung mit den Folgen dieser erzwungenen Hellenisierung soll hier die Dynamik kultureller Konflikte erörtert werden, für die der Zusammenstoß von Judentum und Hellenismus nur ein spezieller Fall ist.

An kolonisierten Kulturen und besonders an Migranten in ihren Gastländern kann oft ein langsamer Wechsel von den kulturellen Mustern ihres Herkunftslandes zu denen des Gastlandes beobachtet werden, wenn dieser Prozeß ohne Gewaltanwendung vor sich geht und sich über einen ausreichend langen Zeitraum erstreckt. In Massenimmigrationsländern wie den Vereinigten Staaten, Australien oder Israel, in denen die Migranten diesen Wechsel rascher vornehmen, führt dies zu Konflikten, Abirrungen, Kriminalität und Entfremdung, die oft auch in Verbitterung oder Rebellion münden.[47] Diese Regel könnte man auf das jüdisch-hellenistische Verhältnis anwenden. Hätte Antiochos IV. die Juden nicht zur Hellenisierung gezwungen, so hätte der Prozeß der Hellenisierung sich wahrscheinlich fortgesetzt und vielleicht sogar dauernde Folgen gezeigt. Weiters wäre die Hasmonäische Dynastie nicht an die Macht gelangt, und ohne gewaltsame Auseinandersetzung wäre auch das Christentum nicht entstanden. Solche „was wäre, wenn"-Hypothesen aufzustellen, ist freilich müßig, weil Antiochos IV. die Juden brutal hellenisierte und sich gewalttätigem Widerstand gegenüberfand.

Dieser Prozeß wird nun im Detail analysiert. Die Hellenisierungsbemühungen Antiochos' wurden von Rivalitäten zwischen den Fraktionen im Jerusalemer Tempel unterstützt. Der Hohepriester Onias III. war gegen die Hellenisierung. Antiochos favorisierte deshalb seinen Bruder Jason, der von der „hellenistischen" Partei unterstützt wurde: Er enthob Onias seines Amtes und erwarb das Hohepriesteramt um 380 Silberstücke für Jason. Jason ließ ein Gymnasium errichten, in dem die jüdische Jugend nackt Sport betrieb, und er erhielt von Antiochos die Erlaubnis, Jerusalem zur griechischen polis unter dem Namen Antiochia umzubauen. Gymnasium und Ephebion wurden am Tempelberg errichtet und die dort Sport betreibenden Jungen einer Operation unterzogen, die ihre Beschneidung „reparieren" sollte. Das war nicht nur ein Akt ästhetischer Assimilation, sondern ein symbolischer Bruch der Juden mit ihrem Gott, weil die Beschneidung den Bund repräsentierte. Auf seinen Besuchen wurde Antiochos als Gründer von Antiochia mit einem von Jason angeführten Fackelzug begrüßt. Die hellenistischen Reformen Jasons veränderten jedoch die Form der Verehrung und der Opfer im Tempel nicht. Daraus entstand ein Konflikt zwischen Jason und Menelaus – einem noch entschiedeneren Vertreter des Hellenismus, dem Antiochos das Amt eines Hohepriesters verlieh – ‚in dem ein Großteil der Bevölkerung Jason unterstützte, und nur die extremen Hellenisten unter der Führung des Hauses Tobias unterstützten Menelaus. Menelaus gewann diesen Konflikt auf Grund der Unterstützung durch Antiochos.

Hier sind nun die allgemeinen Rahmenbedingungen von Kulturkonflikten anwendbar: Während die von Jason vertretene gemäßigte Hellenisierung von den Juden mehr oder weniger akzeptiert wurde, führten die extrem hellenistischen Maßnahmen Menelaus' zu einer nationalen Erhebung, zu Haß auf die Griechen und ihre Vertreter, der das Feuer der Rebellion gegen die Seleukiden und die erzwungene Hellenisierung entzünden half. Die Nero-gleiche Zurschaustellung des Konflikts durch Antiochos verschärfte ihn: Antiochos bestand auf der Zeus-Verehrung durch die Juden, mit dem Ziel, seinem Königreich eine religiöse Synthese von Zeus, Yahveh und dem syrischen Baal aufzuzwingen, die schließlich in der gottgleichen Verehrung seiner Person bei Verbot aller übrigen Religionen münden sollte. Zu diesem Zweck ließ er die Statuen des Zeus und seiner eigenen Person im Tempel aufstellen. Das war der stärkste Affront gegen einen abstrakten jüdischen

Gott und ein Zeichen des Triumphes der konkreten, separanten objekt-manipulativen griechischen Götter. Diese extremen Maßnahmen waren die Auslöser einer Rebellion, deren erfolgreicher Höhepunkt 164 v. Chr. war, als Judas Makkabi den entweihten Altar des Tempels reinigte und als die traditionelle jüdische Theokratie wiedereingeführt wurde. Es hat symbolische Bedeutung, daß Antiochos IV. an seiner Hybris und dem Außerachtlassen der Maxime „nichts im Übermaß" scheiterte, indem er sich selbst über die Götter stellte und die Vermischung der Kulturen stärker beschleunigen wollte, als die sozialen Faktoren es zuließen. Der griechische Pragmatismus, der in der Zurückhaltung eine erfolgreiche Form des Lebens und Regierens sah, hatte sich bewahrheitet. Die Exzesse des Antiochos waren ebenso eine Verletzung der griechischen Kultur wie ein gewalttätiger Affront gegen die jüdische: er führte die überwiegend ländliche jüdische Bevölkerung zurück zu ihren partizipanten Sitten und Normen unter der Herrschaft der Hasmonäer. Diese Rückkehr mag auch einen Immunisierungsprozeß zur Folge gehabt haben, der zur Ablehnung der christlichen Synthese durch die Juden beitrug.

Die Katalyse

Welcher Prozeß wirklich zur Bildung der christlichen Religion führte, ist unbekannt: Die Personen Christus und die Apostel sind hinter den vielen Legenden und späteren Zuschreibungen verborgen. Deshalb muß dieser Prozeß, der zur Synthese von Hellenismus und Judentum führte, Gegenstand von Mutmaßungen bleiben. Dennoch kann das gut dokumentierte und erforschte Werk des Philo Judäus von Alexandria (25 v. Chr. bis 45 n. Chr.) als Illustration dazu dienen, wie Judentum und Hellenismus sich zur christlichen Synthese entwickelt haben könnten. Außerdem bietet die Person Philos sich der mytho-empirischen Methode geradezu an, weil er die Personen der Bibel als symbolische Projektion von Ideen begriff.

Philo übernahm die allegorische Interpretationsmethode, nach der jeder Text über seine oberflächliche, offenbare Bedeutung hinaus noch eine geheime, innere Bedeutung hat.[48] Diese Methode ist das Instrument der Synthese: Denn welche offensichtliche Bedeutung ein Text immer haben mag, kann es doch immer eine kontradiktorische innere Bedeutung geben, die zu einem anderen, auf den ersten Blick widersprechenden Text nun mehr paßt. Die allegorische Methode erlaubte Philo, die Rationalität griechischer Philosophie mit dem jüdischen Offenbarungsglauben in Einklang zu bringen:[49] Sie erlaubte ihm, die Attributlosigkeit des jüdischen Gottes für Griechen zu konkretisieren und etwas von den Grundlagen griechischer Religion zu abstrahieren, um sie den Juden - deren Theologie bilderfeindlich war - verständlich zu machen.

Philo vertrat die Harmonisierung der Gegensätze griechischer Philosophie und jüdischer Offenbarung, weil er beide als gottgegeben ansah.[50] Dennoch blieb seine Loyalität zu seinem Ursprung nicht verborgen: Heftig lehnte er Heraklits Lehre von der Synthese der Gegensätze ab. Er behauptete, Heraklit habe seine Theorie von der Harmonie der Gegensätze von Moses „wie ein Dieb" geraubt.[51]

Philo war Platoniker, was die Regel von den Sozialcharakteren auf ein Individuum zu übertragen erlaubt. Der partizipante Philo war für Platonische Ideen empfänglicher als für die orthodoxe, separante, aristotelische Philosophie, die die hellenistische „Weltanschauung" über den makedonischen Hof - an dem Aristoteles als Erzieher tätig war - beeinflußt hatte. Aristoteles und die Peripatetiker entsprechen mit ihren wissenschaftlichen Grundlagen, ihrer induktiven Methode und dem Primat der Materie dem griechischen Sozialcharakter tatsächlich mehr als der Platonismus. Im Gegensatz dazu entsprach Platon dem Philo eher – einem partizipanten Juden, der sich mit der Harmonisierung von Judentum und Hellenismus beschäftigte. Die Platonische Dialektik wurde von Philo als vereinigendes Prinzip angesehen, und das platonisch-pythagoräische Bild der Natur als eine zur Einheit synchronisierte Multiplizität kam dem Monotheismus nahe. Er veränderte Platons These von der Ewigkeit und Ungeschaffenheit der Ideen[52] zum Begriff einer Idee, die von Gott geschaffen war, um so dem Schöpfer seinen Platz zu schaffen.[53] Platons Elitismus – möglicherweise aus seinem Haß gegen das athenische vulgum, das seinen Mentor getötet hatte, entsprungen – entsprach Philo, der zu einem als einzig vom monotheistischen Gott erwählten Sozialcharakter gehörte.

Philos Adaptierungen der Platonischen Philosophie zu seiner eigenen Lehre könnte einer wesentlichen Komponente der christlichen Synthese den Weg gebahnt haben. Er übernahm Platons Begriff eines abstrakten Schöpfer-Gottes, verwarf aber die Idee einer Weltseele. Die Platonischen Ideen verstand er sowohl als Modelle der Schöpfung als auch als unabänderliche Naturgesetze. Summe der Ideen – als Modell oder Gesetz und als Teil der Schöpfung – war der logos, der nach Philo von Gott selbst mit körperlosen Kräften erfüllt war. Der logos wurde damit zur Totalität der Ideen im platonischen Sinn ebenso wie zur Totalität der göttlichen Möglichkeiten. Der logos war das erste abstrakte Modell eines von Gott geschaffenen Universums – also die älteste und erste göttliche Schöpfung. Der logos war Mittler zwischen Gott und Schöpfung und direkte Quelle dieser Schöpfung. Es war also nur mehr eine Frage von Zeit und Gelegenheit, bis die Rolle des Gottessohnes als Mittler zwischen Gott und der Schöpfung von einem menschlichen Heiligen ausgefüllt wurde. Tatsächlich weist der Märtyrer Jesus und seine dramatisierte Auferstehung alle Eigenschaften im Übermaß auf, um diese Rolle des Sohnes als Konkretisierung des Logos auszufüllen – der Erstgeborene des monotheistischen, jüdischen Gottes. So sagt das Johannes-Evangelium in seinem ersten Kapitel, daß Jesus Christus der fleischgewordene logos ist.

Vor seiner Bekehrung zum Christentum klagte der Märtyrer Justinian über die Überforderung seines Denkens durch Platons Begriff der Körperlosigkeit von Ideen.[55] Vielleicht hat ihn die Totalität der Ideen im logos an den Schritt herangeführt, an Christus als dessen Inkarnation zu glauben.

Die Trinität kann ebenfalls der Illustration einer Entwicklung dienen, in der separante hellenistische Vorbedingungen mit partizipanten jüdischen Mustern im Christentum synthetisiert wurden. Göttliche Trinitäten waren in der antiken, polytheistischen Welt nichts Ungewöhnliches und traten oft als Nukleus der göttlichen Familie – Vater, Mutter und Sohn – auf. In Ägypten bestand die Triade der ältesten Götter aus dem Vater Osiris, der Mutter Isis und dem Sohn Horus. In Babylon war der Vater Ea, der Sohn Tammuz und Ischtar die Magna Mater. Im griechischen Pantheon gab es einen Überfluß an göttlichen Triaden: Uranus, Gaia und Kronos; Kronos, Rhea und Zeus; Zeus, Hera und Apollo. Diese familiären Trinitäten bedeuteten die separierenden Personifikationen von Zeugung und Wachstum. In der Synthese mit dem Judentum wurde das separierende Element von Zeugung und Geburt aus der göttlichen Triade entfernt: Die Gottesmutter Maria steht außerhalb der Triade. Ihr Sohn Jesus hielt sich sogar fern von ihr, und bei der Hochzeit in Kanaa wies er sie von sich[56]. Die separierende Zeugung galt als notwendiges Übel, die in einem partizipanten patrinormativen Glauben gering geschätzt wurde: Sie wurde vom Heiligen Geist symbolisch durchgeführt, was die wirkliche Gottesmutter aus der Trinität ausschloß. So absorbierte das Christentum die familiäre Göttertriade, indem sie die separierende, maternelle Komponente aus ihrer Mitte verstieß und ihr das Paradoxon einer Trinität in der Einheit aufzwang. Dieses Paradoxon ist ein monumentaler Beweis der Kraft kultureller Synthesen: Die separierende, familiäre Triade wurde mit der partizipierenden Einheit des Monotheismus vermengt, obwohl zwanzig Jahrhunderte theologischer, scholastischer und philosophischer Haarspaltereien das logische Absurdum einer Trinität in der Einheit nicht vertuschen konnten.

Es wurde bereits festgestellt[57], daß der partizipante Offenbarungsprozeß die individuelle Seele auf die Suche nach der Teilnahme an der Totalität der Einheit führt. In einer separaten Perspektive wird die Offenbarung vom „enthousiasmos" begleitet und bedeutet die Aufnahme Gottes in das Individuum. Philo vertrat diesen Weg der Einverleibung Gottes in das Individuum, der für das Christentum eine Übernahme jenes „Verschlingens des Gottes" bedeutete, das aus den Kulten des Dionysos, Bacchus, der Attis und der Isis bekannt war. Murray weist überdies darauf hin, daß die prähellenischen Stämme Fleisch und Blut des heiligen Stieres verzehrten, um diesem gleich zu werden.[58] Diese Dynamik wurde in die christliche Kommunion übernommen. Durch die Synthese Philos erscheint das Christentum für Juden und Hellenen annehmbarer.

Die große jüdische Gemeinde, der Philo in Alexandria angehörte, war sehr kultiviert und in der Gesellschaft des Ptolemäischen Reiches gut verankert. Ihre Hellenisierung in allen Lebensbereichen des Alltags und der Kultur war offensichtlich. Bereits unter der Regierung des Ptolemäers Philadelphus war die Bibel von siebzig jüdischen Gelehrten ins Griechische übertragen worden (daher der Name Septuaginta für diese Übertragung). Die allegorische Interpretation der Schriften erlaubte die Einführung der Voraussetzungen der griechischen Philosophie in die Weltanschauung der Juden von Alexandria. Eine Minderheit von Juden verließ die Gemeinde sogar und assimilierte sich zur Gänze an den Hellenismus. Der Großteil der Juden von Alexandria hielt jedoch an den zentralen Prinzipien des jüdischen Glaubens fest und hielt sie für überlegen gegenüber der Religion der Griechen. Philo, der sich als gläubigen Juden bezeichnete, nannte Griechisch „unsere Sprache", und seiner Meinung nach waren Juden, die nicht griechisch sprachen, Barbaren.
Während die Bedeutung der Juden im Ägypten der Ptolemäer noch zunahm – so waren zwei Juden Kommandanten in der Armee Philomators, und später gab es auch unter Cleopatra III. jüdische Kommandanten –, litten die ägyptischen Juden zur gleichen Zeit unter Pogromen und Verfolgungen, die eine große Zahl von Opfern forderten. Obwohl sich also die Lebensbedingungen der jüdischen Diaspora in Ägypten deutlich von denen der Juden in Judäa unterschieden, waren die Konflikte zwischen Judentum und Hellenismus ähnlich. Es gab eine kulturelle Interdependenz zwischen den ägyptischen Juden, der Diaspora in Syrien und Mesopotamien und den Juden von Judäa und Jerusalem. So könnten die Zusammenstöße von Judentum und Hellenismus in Judäa als Katalysator einer Synthese in Ägypten gewirkt haben. Ebenso könnte die von Philo entwickelte Synthese von den frühen Christen in Judäa übernommen worden sein. Ähnliche Synthesen mögen freilich auch in Ägypten und Judäa oder in Syrien zur gleichen Zeit entstanden sein. Die Voraussetzungen dazu waren vorhanden, sie brauchten nur mehr katalysiert werden. Philos Synthese-Bemühungen unterstützten die Verbreitung des Christentums auf Grund seines Prestiges, sie sind aber nur ein Beispiel. Zeichen einer Synthese können auch unter den Essaeern entdeckt werden, bei der Sekte der „Rollen vom Toten Meer" und natürlich unter den ersten Juden-Christen. Christus hat eine Synthese ausgelöst, die in drei Jahrhunderten der Konfrontation von Juden und Hellenismus vorbereitet worden war.

Die Folgen

Die Römische Herrschaft über Judäa setzte die Begegnung von hellenistischer Kultur und Judentum fort. Die Dynamik der Zusammenstöße von Römern und Juden war den gewalttätigen Auseinandersetzungen von Hellenen und Juden verblüffend ähnlich. Die Hellenisierung Palästinas wurde durch die Maßnahmen des König Herodes beschleunigt, der seinen römischen Herren damit zu gefallen suchte. Um nur ein paar Beispiele dafür zu nennen: Herodes baute die Stadt Samaria wieder auf und nannte sie zu Ehren von Kaiser Augustus Sebaste; er ließ dort auch einen Augustus-Tempel errichten. In Jerusalem ließ er ein Hippodrom erbauen, in dem entgegen jüdischen Traditionen griechisch-römische Spiele veranstaltet wurden. Er selbst umgab sich mit griechischen, römischen und hellenistischen Künstlern, Dichtern und Philosophen und repräsentierte einen hellenistischen Lebensstil. Nach Herodes' Tod wurde das Land von fortdauernder Unruhe heimgesucht: In dieser Periode nahmen die oberen Schichten und ein großer Teil der Sadduzäer einen hellenistischen Lebensstil an und waren gegen jeden Aufstand gegen die römische Herrschaft. Im Gegensatz dazu waren die städtischen Unterschichten und die Landbevölkerung den jüdischen Traditionen treu.

Die römischen Prokuratoren beuteten die Bevölkerung rücksichtslos aus, eine Ausnahme ist die kurze Regierungszeit König Agrippas, des Enkels Herodes', in Judäa (41–44 n. Chr.): Er bemühte sich redlich, von der jüdischen Bevölkerung akzeptiert zu werden. Die Römer trampelten über kulturelle und religiöse Werte der Juden hinweg, die sie als „trübsinnig", „fanatisch", „ausschließend" und „intolerant" ansahen.[60] Deshalb waren Gewalttätigkeiten zwischen Juden, römischen Soldaten und deren heidnischen Verbündeten an der Tagesordnung. Zum Aufstand kam es, als der Prokurator Florus öffentlich den Tempelschatz plünderte (64 n. Chr.). Nach anfänglichen Erfolgen wurde diese Revolte von Vespasian und seinem Sohn Titus brutal niedergeschlagen. Mit dem endgültigen Sieg der Römer – dem Schleifen des Tempels (70 n. Chr.) und der Eroberung der letzten Festung der Zeloten, Masada (73 n. Chr.) – verloren die Juden nahezu jede Kontrolle über Palästina. Judäa wurde zur Senatsprovinz und die Juden zu einer ethnischen Gruppe unter anderen.

Der Verlust der Möglichkeit separater politischer Aktivität brachte die vorherrschenden, partizipanten Züge der Juden zu neuer Blüte. Unter der Führung von Rabbi Jochanan Ben Zakkai – einem Gemäßigten, der gegen die selbstmörderische Revolte der Zeloten aufgetreten war – wurde Jabneh zu einem neuen Zentrum religiöser Gelehrsamkeit. Der Sanhedrin – das Führungsgremium der jüdischen Gemeinde – wurde von einer Versammlung reicher, mächtiger und einflußreicher Juden zu einer Runde von Gelehrten. Thorastudium, Gebet und Unterricht beherrschten das Leben in Jabneh um Synagoge und Schulen, die in den folgenden Jahrhunderten zu den Zentren transzendenten jüdischen Lebens wurden. Rabbi Gamliel, der Nachfolger Jochanan Ben Zakkais, wurde von den Römern offiziell als Patriarch anerkannt und war als Haupt des Sanhedrin ein Substitut des Hohepriesters. Diese intensiven spirituellen Aktivitäten, verbunden mit einem sozialen, kulturellen und ökonomischen Wiederaufbau, konnten auch von erneuten Unruhen in Judäa nicht unterbrochen werden: Letztere waren Randerscheinungen eines über Nordafrika und den Mittleren Osten verbreiteten jüdischen Aufstandes, der von Kaiser Trajan gewaltsam niedergeworfen wurde (115 bis 117 n. Chr.). Erst eine Katastrophe erschütterte ganz Judäa samt dem spirituellen Zentrum Jabneh: das Gemetzel, das auf die Niederwerfung des Bar Kochba-Aufstandes durch Kaiser Hadrian (132 n. Chr.) folgte. Sogar der Name Judäas wurde durch „Syria Palestina" ersetzt. Hadrian erließ Dekrete gegen den jüdischen Glauben und seine Ausübung, die denen von Antiochos IV.

drei Jahrhunderte zuvor ähnlich waren. Hadrians Nachfolger, Antoninus Pius, erneuerte die Toleranz gegenüber den Juden, und in Galiläa wurde wieder ein spirituelles Zentrum gegründet, wo es bis Mitte des vierten Jahrhunderts n. Chr. florierte.

Die Ergebnisse von Austausch und Zusammenstoß zwischen Juden und Römern glichen den von Juden und Hellenen und stellten zugleich den Höhepunkt dieser Entwicklung dar. Der angegriffene Sozialcharakter neigt in erster Linie dazu, sich auf seine zentralen Charakteristika zurückzuziehen: Äußere Schichten und eben erworbene soziale Züge sowie gesellschaftliche Masken werden abgelegt, und der Sozialcharakter des Opfers sucht in seiner archaischen, mythisch-religiösen Basis Zuflucht. Ein anderes Ergebnis des jüdisch-römischen Zusammenstoßes war die Stärkung der christlichen Synthese: Die kleinen christlichen Sekten, die während der ersten beiden Jahrhunderte nach Christus entstanden sind, hatten einen ansehnlichen Zulauf auf Grund der vernichtenden Zerstörung Jerusalems und des Tempels sowie eines großen Teils Judäas infolge der beiden Aufstände (67 und 132 n. Chr.) der Juden gegen die Römer. Die Christen und die Neubekehrten behaupteten, die Zerstörung des Tempels und die Massenvernichtung der Juden vorausgesagt zu haben. Ihrer Meinung nach bewiesen diese Ereignisse, daß Gott den Alten Bund und dessen Anhänger verlassen hatte, und daß sie selbst, die Christen, nunmehr das „wahre" Volk Israel waren.

Ein Zeichen der Rückkehr der Juden zu ihrem partizipanten Sozialcharakter war der Mangel an Realismus in der Einschätzung der militärischen Kräfteverhältnisse und in ihrer Strategie. Die jüdischen Aufstände hatten gegen die gut ausgebildeten römischen Legionen keine Erfolgschance[61], war der Bestand des Kaiserreiches doch von der Fähigkeit der wirksamen Unterdrückung von Revolten abhängig. Die separanten Römer verfügten über professionell ausgebildete Soldaten und eine gute Planung ihrer Feldzüge. Durch Geheimdienste und Aufklärungsarbeit waren sie über Kampfmoral und Stärke ihrer Gegner bestens informiert. Die partizipanten Juden vertrauten dagegen auf die absolute Geltung ihrer Ansprüche und neigten zum Extremismus. Ein Großteil der Führer der Aufständischen hielt sich für einzigartig – entsprechend ihrer transzendenten Projektion in einen einzigen Gott –, und sie verbrauchten ihre Kräfte oft in Auseinandersetzungen untereinander. Dieser innere Konflikt stand in offenem Kontrast zur monolithischen Stärke von griechischer Phalanx und römischer Legion.

Der Aufstand Zedekiahs gegen das Babylonische Reich (588–586 v. Chr.) war ebenso selbstmörderisch. Der König von Juda hielt sich nicht an den Rat von Jeremia:
„Jirmijahu sprach zu Zidkijahu:
So hat ER, der Umscharte Gott, der Gott Israels gesprochen: Trittst du hinaus, hinaus zu den Obern des Königs von Babel, dann darf deine Seele noch leben, diese Stadt wird nicht im Feuer verbrannt, du lebst fort, du und dein Haus. Trittst du aber nicht hinaus zu den Obern des Königs von Babel, dann wird diese Stadt in die Hand der Chaldäer gegeben, sie verbrennen sie im Feuer, und du selber kannst ihrer Hand nicht entschlüpfen."[63]

Den Zeloten des Aufstandes der Jahre 66–70 n. Chr. rieten die Weisen zum Frieden mit den Römern und sagten ihnen ihre Niederlage voraus.[64] Rabbi Joschua Ben Hannania riet von dem Aufstand des Jahres 132 n. Chr. mit der Metapher ab, daß ein Hahn (die Juden) einen Löwen (die Römer), in dessen Maul er wohne, nicht bekämpfen könne.[65] Dieser Rat wurde bis zum Tod des Rabbis befolgt, mit dem dann der Aufstand ausbrach. Dieser Widerstand der parzitizpanten Weisen gegen die Aufstände wird als realistische Einschätzung der militärischen Situation durch sie interpretiert. Diejenigen, die diese

Interpretation stützen, weisen auf den Realismus der Hasmonäischen Brüder und deren einzigartigen Erfolg als Beispiel hin: Sie hatten gegen das zu Ende gehende Königreich der Seleukiden mit Unterstützung der Römer gekämpft. Ein anderer Faktor, der diesen Widerstand der Weisen begründet hatte, mag in deren Anschauung zu finden sein, daß das separate Ziel der Unabhängigkeit, der zeitlichen Macht der Könige und der Schönheit des irdischen Tempels für die Gefolgschaft unter Gottes Befehlen und zum Studium der Thora unnötig seien. Sie hielten das Studium der Thora für bedeutender und größer als den Tempelbau.[66] Das entspricht dem partizipanten Glauben an göttliche Gesetze und Moral, der allein zur Offenbarung führt, und für den weltliche Tätigkeit und die separanten Ziele von Macht und Reichtum eher hinderlich als hilfreich sind.

Das Königreich Gottes kann in der Teilnahme an der Thora verwirklicht werden, in der das irdische Königreich der Menschen bedeutungslos ist. Die Weisen von Jabneh und die Patriarchen Galiläas verfolgten in den Jahren nach dem Scheitern des Bar Kochba-Aufstandes wahrhaft partizipante Ziele. Sie maßen den Problemen weltlicher Autonomie, Herrschaft und Unabhängigkeit weit geringere Bedeutung zu als der Teilnahme an der göttlichen Einheit, die durch das Studium, die Kontemplation und Verinnerlichung ihrer Gesetze, Gebote und Vorschriften erreicht werden konnte. Dennoch sind die Extremismen der Zeloten und ihre äußerliche Orientierung an separante Macht ein komplementäres Element der partizipanten „Weltanschauung" der Weisen: Ihr verdecktes partizipantes Innere führte sie wie ein „innerer Feind" zur Verfolgung unerreichbarer Kriegsziele und sicherte so die Zerstörung weltlicher politischer Machtstrukturen und damit die Dominanz des spirituellen Wesens des Judentums. Je größer ein Opfer war, umso größer war auch die Glorie des Namens Gottes. Mißt man dann die Heiligkeit des Gottesnamens am Ausmaß der Zerstörung und an der Zahl der getöteten Juden, so hat der Bar Kochba-Aufstand seinen Namen tatsächlich erhoben: Kein anderes historisches Ereignis – außer dem Holocaust – hat so viel jüdisches Leben gekostet.[67]

Die Beschränkung auf Gesetz und heilige Regeln der Thora gab den Juden ein Gefühl von Freiheit und Hoffnung. Diese Hoffnung war auf einen Messias gerichtet, der die Erlösung der Juden in Gott bringen würde. Neben anderen Gründen für die Ablehnung Jesus' durch die Juden stand deren partizipierende Sehnsucht nach einem zeitlosen Messias im Einklang mit ihrem partizipanten Sozialcharakter. Während der sich in der Geschichte manifestierende Messias einem konkreten, separanten Religionsbegriff entsprach, hatte er für den partizipanten Juden und seine unstillbare Sehnsucht keine motivierende Kraft. Diese Sehnsucht nach spirituellem Glanz, der unerreichbar blieb, ließ die Juden selbst zeitlos und durch zeitlichen Wandel weniger verwundbar werden. Die zeit- und ortgebundenen hellenistischen Kulturen waren eher historisch orientiert und daher den Verheerungen der Zeit stärker ausgesetzt. Hier sind auch die Gründe für die Kritik ultra-orthodoxer Juden am Zionismus zu finden. Für sie sind Juden, die von Gott eine zeitliche Rückkehr nach Zion erzwingen wollen, ein Anathema zur spirituellen Erlösung durch den Messias. Wenden wir diese Dynamik auf den Holocaust an, so erscheint die Abwendung von Macht und Gewalt durch achtzehn Jahrhunderte hindurch als Vorbereitung des relativ passiven Verhaltens der Juden angesichts ihrer Vernichtung. Es ist zweifelhaft, ob ein gewaltsamer Widerstand gegen die Vernichtung durch die Nazis Erfolg gehabt hätte; die partizipante Abscheu vor Gewalt, die als heidnischer Charakterzug angesehen wurde, verminderte zudem die Wahrscheinlichkeit, daß die Juden dazu greifen würden.

Das Studium der Thora und die Befolgung ihrer Gebote hüllte den gläubigen Juden in ein göttliches Netz. Sie war ihm auch Schutz und bewahrte ihn vor der Angst vor zeitlichen Katastrophen, die der spirituellen Vollkommenheit des Gerechten nichts anhaben konnten. Die Talmidei-Hachamim, die religiösen Studenten, lösten die Tempelpriester ab: Der Talmud sagt, daß ein Geschenk an einen Talmid Hacham dem ersten Opfer im Tempel entspricht[68]. Die religiösen Studenten wurden so zu spirituellen Figuren, die die Autorität der Tempelpriester verkörperten, und die Kontinuität des Thora-Studiums ersetzte die Notwendigkeit der konkreten Existenz eines Tempels.

Mit der Zerstörung des Tempels und der Auflösung jüdischer Machtstrukturen verloren auch die eher separanten Essaer ihre raison d' être und verschwanden.

* * *

1. R. Hilberg: The Destruction of the European Jews. op. cit., p. 4.
2. S. G. Shoham: Culture Conflict as a Frame of Reference for Research in Criminology and Social Deviation in Criminal Culture, New York 1968, J. Willy and Sons, pp. 55–82.
3. S. G. Shoham: The Myth of Tantalus, op. cit., Kapitel 2, 3 und 4.
4. Ibid., Kapitel 5 und 6.
5. J. Parkes: The Conflict of the Church and the Synagogue, New York 1961, The World Publishing Co., p. 8.
6. G. V. Childe: The Most Ancient East, London 1928, p. 169.
7. S. Dubnow: The History of the Jews, Tel Aviv 1951, Dvir, Vol. 1, p. 47.
8. 1. Buch der Chronik, 23:7-12
9. S. Dubnow: The History of the Jews, op. cit., Vol. 2, p. 4
10. 1. Buch der Chronik, 23:7-12.
12. Exodus, 19:6.
14. Exodus, 20:4.
15. 1. Buch der Könige, 19:12.
16. Heinrich Graetz: Essays, Memoirs and Letters, Jerusalem 1969, Bialik Institute, pp. 58–59.
17. Hohelied Raba.
18. Mishna Avot, 3:7.
19. Amos, 3:2.
20. Leviticus, 10:1.
21. Ibid., 10:3.
22. Deuteronomium, 6:5.
23. Berachat, 61.
24. Deuteronomium, 32:4.
25. Avoda Zara, 8.
26. Sanhedrin, 14.
27. Hiob, 13:15.
28. Deuteronomium, 4:5.
29. Sanhedrin, 17.
30. Psalmen, 95:1.
31. M. Stern: The Second Temple in the History of the Jewish People, op. cit., Volume 1, p. 276.
32. Ibid., p. 277.
33. H. H. Ben-Sasson: History of the Jewish People, op. cit., Vol. II, p. 147.
34. Psalmen, 51:18, 19.
35. S. G. Shoham: Rebellion, Creativity and Revelation, Northwood 1986, Science Rev. Ltd.
36. S. Ranulf: The Jealousy of the Gods and Criminal Law at Athens, London 1933, Williams & Norgate Ltd.
37. Rabbi Akiba in Mishna Avot, 3:14.
38. Aristophanes: The Frogs, Zeilen 906–907.
39. A. Chirickover: Jews and Greeks in the Hellenistic Period, Jerusalem 1982, Dvir, p. 24.
40. M. Olender: Barbarophilie et sagesse grecque: Le Temps de La Reflexion, Paris 1980, Gallinard, p. 465.
41. Ibid., p. 467.
42. H. A. Wolfson: Philo, Cambridge Mass. 1968, Harvard University Press, pp. 6–7.
43. A. Chririckover: „The Hellenistic Age", The History of the People of Israel, Tel Aviv 1983, Massada Amoved, p. 34.
44. A. Chirickover: The Jews and Greeks in the Hellenistic Period, Jerusalem 1982, Dvir, p. 50.
45. Ibid., p. 55.
46. A. Chririckover: „The Hellenistic Age", The History of the People of Israel, op. cit., p. 60.
47. S. G. Shoham: Culture-Conflict and Crime in Crime and Social Deviation, Chicago 1966, Henry Regnery and Co., p. 73 et seq.
48. H. A. Wolfson: Philo, op. cit., Vol. 1, p. 115.

49. Ibid., p. 142.
50. Ibid., p. 143.
51. Ibid., p. 141.
52. Plato: Timaeus, 29A, 52, 27D.
53. H. A. Wolfson: Philo, op. cit., Vol. 1, pp. 204–205.
55. H. A. Wolfson: Greek Philosophy in Philo an the Church Fathers; in A. Toynbee (ed.): The Crucible of Christianity, op. cit., p. 312.
56. Johannes, 2:4.
57. S. G. Shoham: Rebellion, Creativity and Revelation, op. cit., Kapitel 9.
58. G. M. Murray: Five Stages of Greek Religion, New York 1955, Doubleday, pp. 20–21.
60. J. Parkes: The Conflict of the Church and the Synagogue, Cleveland und New York 1961, World Publishing, p. 23.
61. Y. Harkabi: Facing Reality, Jerusalem 1981, The Van Lear Foundation, p. 9.
63. Jeremia, 38:17, 18.
64. Y. Harkabi: Facing Reality, op. cit., p. 9.
65. Ibid., p. 21.
66. Ibid., p. 13.
67. Ibid., pp. 27–29.
68. Ctubot, 105.

Kapitel 4

Sythese, Ablehnung und Annahme

„Wiltu den Kernen haben, so mostu die Scholen brechen"

Meister Eckart: Sermon II

„Weil ich mich abseits hielt, war ich ein Fremder für meine Mitbewohner im Gasthof"

Acta Thomae: Hymn of the Pearl

„. . . alles ist des Teufels Werk?" „Was, wenn Gott selbst eine Lüge des Teufels ist?" „Wie ist es möglich, sich gemäß den Geboten eines Gottes zu verhalten, der seit fünfzehn Jahrhunderten zu keinem Normalen mehr gesprochen hat"?

John Gardner: Freddy's Book

Tertullian proklamierte, daß Athen niemals mit Jerusalem übereinstimmen konnte.[1] Nun hat es gerade das getan, zum Teil durch seine Begegnung mit dem Judentum, aus dem später das Christentum wurde. Die hellenisch-jüdische Begegnung schuf eine ganze Reihe von interkulturellen Einflüssen: Manche Juden assimilierten sich vollkommen mit dem Hellenismus; manche Hellenisten traten zum Judentum über; und manche dualistische Glaubensbekenntnisse und Weltanschauungen, die gegensätzliche partizipante und separate Überzeugungen enthielten, entstanden. Darunter war die Qumran-Sekte beachtenswert, welche die Schriftrolle über den Krieg der Söhne des Lichts gegen die Söhne der Finsternis[2] verfaßte, sowie die Gnostiker. Letztere boten einen interessanten Dualismus, in welchem der böse Aldabaoth (eine Verfälschung des hebräischen El-Tzevaoth, ein Synonym für Yahveh) herrschte und die Welt erschuf, wogegen der transzendentale „Herr des Lichtes" „verborgen", „namenlos" und „fremd" war.[3] Die Synthese, die hier Gegenstand dieses Kapitels ist, wird von der Dreieinigkeit repräsentiert: dem jüdischen Vater, Gesetzgeber und Moralisten; dem hellenistischen Heiligen Geist, Fruchtbarkeit repräsentierend, der die Mutter von Jesus (welche aus früher erklärten Gründen nicht in die Dreieinigkeit einbezogen war) geschwängert hat; und dem Sohn, eine biopsycho-soziale Synthese seiner Eltern sowie auch von Christus, dem Gesalbten. Der letzte repräsentiert, mehr als jedes andere mytho-empirische Symbol, die synthetische Substanz des Christentums. Die Dreieinigkeit als der vorderste Begriff des Christentums ist eine Projektion auf die Transzendenz der synthetischen Substanz des neuen Glaubens, ein dialektisches Produkt von Judentum und Hellenismus. Die Synthese wird, wie dem auch sei, vom Dogma der Trinität, drei in einem, weitergeführt. Sie wird zu einer separierenden Repräsentation von Ursprung und Wachstum, wozu der Gegensatz die partizipierende Einheit des Monotheismus ist. Die Synthese der Trinität war sowohl für die stammes- und familienorientierten polytheistischen Glaubensbekenntnisse wie auch für das monotheistische Judentum akzeptabel. Die christliche Dreieinigkeit wurde von den Juden abgelehnt, die weiterhin in ihrem partizipanten Sozialcharakter verharrten, als Folge ihrer traumatischen Begegnung mit den hellenistischen Kulturen. Die letzteren, die den Höhepunkt separanter Energien überschritten hatten, erlebten ein „Versagen der Nerven", wie es Gilbert Murray[4] so treffend ausgedrückt hat, und waren daher für die Synthese des Christentums zugänglich.

Da vorliegende Arbeit streng determinativ ist und davon ausgeht, daß alles beeinflußt und von allem beeinflußt ist, wird die Ansicht vertreten, daß die Synthese des Christentums alle Ebenen menschlichen Bemühens erfaßt hat. Auf der metaphysischen Ebene war die griechische Philosophie mit der jüdischen Theologie verbunden. Auf der politischen Ebene wurde das kannibalische, separante Ideal eines Alexanders, die Welt unter einer Regierung zu vereinigen, im Streben der christlichen Kirche einverleibt, die Welt für einen einzigartigen, universalen Gott zu gewinnen. Der jüdische Beitrag zu dieser Synthese im Bereich der Kunst und Liturgie, die gregorianischen Gesänge, haben immer noch ein orientalisches Aroma, das Erinnerungen an einen Nomaden wachruft, der am Rücken seines Kamels monoton klagend die Wüste durchquert.

Die Synthese von separanten hellenischen Elementen und partizipantem jüdischem Christentum nahm viele Formen an. Die griechische Philosophie hielt man für die Magd, aber die Weisheit der offenbarenden Theologie für die Gebieterin[5]. Da die griechische Philosophie Gottes Geschenk an die Griechen war, so, wie die Heilige Schrift den Juden offenbart wurde, machte die Synthese der beiden Christus nicht nur zum offenbarenden Erlöser, sondern auch zum obersten Philosophen.[6] Ferner strukturierte und konkretisierte Platons Ideenlehre, mit ihrer Betonung auf Formen, einige der eher abstrakten jüdischen Ideen im Christentum.

Die Beimischung von jüdischen, normativen Schuldgefühlen und die Suche nach Gnade als Folge der partizipanten Anklammerung ans Nichtvorhandensein bewirkten eine Mäßigung des strengen, griechischen, normativen Realismus, der auf der tyrannischen Trinität von Moira, Ananke und Hybris beruhte. Sie bahnte auch den Weg für die paulinische Erklärung eines Mannes, der gleichzeitig göttlichen, himmlischen und spirituellen Geistes war[7], und für Augustinus, der die Inkarnation Gottes predigte und sich dennoch nach der Würde der göttlichen Spiritualität sehnte.

Das willige Opfer

Trotz aller historischen Einzelheiten von den Leiden und der Kreuzigung Jesu Christi hat seine selbstwillige Aufopferung mytho-empirische Stellung erlangt als eine Manifestation der jüdisch-partizipanten Tradition normativen Gehorsams mittels Opferung. Diese Tradition, eingeführt durch die mytho-empirische Opferung Isaaks, ist offensichtlich einer der jüdischen Beiträge zur christlichen Synthese. Die weithin bekannten Verse aus Jesaja 53, im besonderen Vers 4 und 5:

> „Zweifellos hat er unseren Kummer getragen und unsere Sorgen angenommen: Dennoch achteten wir ihn verwundet, betroffen von Gott und betrübt. Aber er wurde für unsere Vergehen verletzt, er wurde für unsere Sünden geschlagen: Die Strafe unseres Friedens war auf ihm; und durch seine Striemen sind wir geheilt."

sind Beweis für diese Tradition im Judentum. Christus wird daher zum mytho-empirischen Begriff des Selbstbildes jedes Juden, der sich den drosselnden Einschränkungen der Normen unterwirft und dadurch Tilgung seiner Sünden (Schuld) erreicht, so, wie

Isaak das Durchmachen der schmerzvollen rites-de-passage aller Jünglinge repräsentiert, was zu normativer Verantwortung führt. Weiters hebt die menschliche Selbstopferung Jesu den Bedarf an Tieropfern auf.[8] Die Kreuzigung des Fleisches Jesu macht die Christen spirituell rein, weil nur das Fleisch sündigen kann.[9] Aber wer „im Geiste" wandelt, „wird den Gelüsten des Fleisches nicht erliegen."[10] So sind durch die Opferung des Fleisches Jesu die Sünden abgebüßt (die Erbsünde miteingeschlossen), und es herrscht Gnade. Dies ist die partizipante Anklammerung an das Nicht-Sein des Geistes und die Ablehnung der Raum-Zeit-Gebundenheit, in welcher sich separante Bedürfnisse, Leidenschaften und Begierden, und daher auch Sünde und Übel, befinden.

Die jüdische, partizipante Seligsprechung des Leidens wurde ins Christentum eingebaut, nicht nur durch das Martyrium Christi, sondern auch als Folge von Pietät und Rechtschaffenheit. Die Liebe von Jesus, dem reuigen Sünder, ist eine Variation des jüdischen Themas über den größeren Wert des gemarterten Büßers als den des Rechtschaffenen. Der Grund dafür könnte sein, daß Normen durch Schmerz verinnerlicht wurden. Dies wird mytho-empirisch in dem schmerzvollen, normativen Initiations-Ritus dargestellt und in unserer Erkenntnis, daß viele unserer täglichen Kreuzigungen mit der Ergebenheit an soziale Normen verbunden sind. Daher sind die Schmerzen der Anpassung eine Folge unseres Sinns für Rechtschaffenheit und des frommen Gefühls, daß wir „gerecht" und „moralisch" sind.

Die mytho-empirische Bedeutung der Kreuzigung ist, daß Gott tatsächlich seinen Sohn opfert, ungleich dem glücklichen Ausgang der Isaak-Episode.[11] Das bedeutet Gottes Aufbürdung seiner normativen Gebote auf alle seine Nachkommen. Überdies könnte seine Gnade mittels der Annahme von Gottes partizipanten beschränkenden Normen durch die willigen Opfer auf die Menschheit übertragen werden. Nur innerhalb der Grenzen von Gottes normativer Domäne kann der Mensch seine Gnade empfangen und diese auch erkennen. Kiddush Hashem, die Seligsprechung des Namens des Herrn, war ein traditioneller jüdischer Brauch, um die Gebote Gottes, des archetypischen Vaters, aufrechtzuerhalten, sodaß seine Gnade seinen Kindern erwiesen werden konnte. Ein junger Märtyrer verkündigte daher zur Zeit der Verfolgung von Antiochos Epiphanes: „Ich sowie meine Brüder geben Körper und Leben hin für die Gesetze unseres Vaters, indem wir Gott anflehen, unserer Nation Barmherzigkeit zu erweisen".[12] Hier ist das Märtyrertum um der Väter und Gottes willen direkt mit der Erweisung göttlicher Gnade verbunden: Der Märtyrer wird zu unserem Mann in Gott, unser Gesandter, der um Barmherzigkeit fleht, der vor Gott durch seine Selbstopferung für seine Gesetze einen locus standi erwirbt. Dies könnte mit der Aussage eines anderen Apokryphen verbunden sein, der Voraussetzung von Moses, das Märtyrertum eines Vaters und seiner sieben Söhne wiedergebend, die es vorzogen „eher zu sterben, als die Gebote des Herrn der Herrn, dem Gott unserer Väter, zu überschreiten ..., sodaß sein Königreich überall in seiner Schöpfung offenbar wurde."[13] Der Verlauf ist offensichtlich: bereitwillige Aufopferung für Gottes Normen (wie vom Menschen projiziert), Anerkennung des Märtyrers innerhalb der überwältigenden Vollständigkeit des Gesetzes, d.h. der Thora, der Substanz des Göttlichen. Der Märtyrer, der Sohn des Menschen, der zum Sohn Gottes wird, trägt hiermit zur Erweisung göttlicher Gnade und zur Offenbarung Gottes innerhalb der partizipanten Grenzen des Gesetzes bei. Überdies wird, sobald der aufopferungsvolle Sohn des Menschen ein unerläßlicher Teil von Gott wird, die Selbstaufopferung ein mächtiges partizipantes Mittel im tantalischen Trachten der Menschen. Baynes sagt: „Die erlösende Kraft der Kreuzigung, das wichtigste Symbol des Christentums, ist auf ihre versöhnende Umarmung zurückzuführen, die Gott und Mensch einhüllt ... in ein ungeteiltes transformierendes Bildnis.[14] Diese Tradition jüdischen Martyriums und des Erwerbs von Gnade durch Selbstvernichtung wurde den frühen Christen vererbt. „Denn Christus hat auch für euch gelitten", sagt Petrus „euch ein Beispiel hinterlassend, damit ihr in Seinen Fußstapfen folgen solltet … als Er geschmäht wurde, schmähte Er nicht; als Er litt, drohte Er nicht."[15] Als aber das Christentum institutionalisiert wurde, besonders als die germanischen Stämme durch Europa zogen und es mit einer weiteren und wirksameren Schicht von alles umfassender Separantheit erfüllten, wurde das Kreuz des Märtyrers auf das Schwert des Verfolgers und des Kreuzfahrers projiziert. Die Juden trugen die Botschaft der selbstauslöschenden Demut und der passiven Widerstandslosigkeit in die Ghettos und schließlich in die Todeslager der Nazis.

Die Auferstehung Jesu, zweifellos verbunden mit Zügen des separanten heidnischen Glaubens, steht mit periodischen Fruchtbarkeitsriten, orphischen Mysterien und zahlreichen Mythen von erschlagenen Göttern, die sich aus ihren Gräbern erheben, im Zusammenhang. Diese Mythen und Rituale, die in Tarsus weit verbreitet gewesen sein müssen, wurden höchstwahrscheinlich durch den Apostel Paulus, in der Form des Mythos der Wiederauferstehung Christi, mit dem Christentum vermischt. Eine historische Auferstehung ist separant und sisyphisch, nicht aber die Hoffnung auf das Kommen des Messias' am jüngsten Tag, da diese die Auferstehung der Würdigen sinnvoll macht und sie an göttlicher Seligkeit teilhaben läßt. Diese ständig entweichende Auferstehung, nach der sich die Juden sehnten, ist tantalisch und partizipant. Die Vorstellung eines historischen, wiederauferstandenen Messias' machte das Christentum für viele heidnische Kulte, die getötete und wiederauferstandene Götter verehrten, annehmbarer. Den Juden war diese Vorstellung bei der Anerkennung des Christentums hinderlich, denn sie sehnten sich nach einem zeitlosen Messias, der die Toten in die kommende Welt aufsteigen läßt, wo sie weder essen noch trinken noch Kinder zeugen könnten. Dort würde es „kein Verhandeln oder Eifersucht oder Haß oder Streit" geben. Alles, was die Rechtschaffenen tun, ist mit ihren Kronen auf ihren Häuptern zu sitzen und sich am Glanz der göttlichen Gegenwart zu erfreuen."[16] Das ist tatsächlich eine zeitlose, partizipante Vorstellung der geistigen Teilnahme an der göttlichen Einheit.

Und der Logos wurde Fleisch

Jesus, der Jude, war ein Pharisäer von Galiläa; aber Jesus, der Sohn Gottes, war Heide, das Gegenstück der Titanen, welche gemischter, menschlicher und göttlicher, Herkunft waren. Sie stammten von Mithra, Horus, Apollo, Orpheus, Osiris, Atis, Adonis und Dionysos ab, welche alle starben und wieder auferstanden. Der heidnische Ursprung des jungfräulichen Geburtsthemas wurde sogar von Tertullian, dem bedeutendsten Kirchenvater, anerkannt.[17] Der Sohn Gottes ist der Messias, Gottes Vertreter auf Erden, der vorübergehend allmächtig ist und seine Macht separant ausübt, um sich die Schöpfung untertan zu machen: „Denn Er hat alle Dinge unter Seine Füße gesetzt".[18] Diese Vermittlung (mediation) führt zu einer greifbaren separanten Beziehung zu Gott, im Gegensatz zur eher partizipanten jüdischen Auffassung einer direkten Beziehung zwischen Mensch und Gott.

Die Inkarnation Gottes in seinem Sohn vermenschlicht und verkörpert ihn. Jesus war Gottes Wort[19], das zu Fleisch wurde, und dieses Fleisch konnte bei der Kommunion gegessen und sein Blut konnte getrunken werden. Dies ist das spät-orale separierende Streben, die Objekte zu „verzehren", projiziert auf Transzendenz. Es legitimiert auch die Vorstellung vom „Götzenbild" Gottes in seinem Sohn, der Mutter von Christus und seinen Aposteln. Die Verschnörkelung der christlichen bildenden Künste im Gegensatz zur Dürftigkeit und Nüchternheit der jüdischen Kunst könnte mit dieser Dynamik im Zusammenhang stehen.

Der heilige Augustinus, der gegen die arische Ketzerei der nicht-göttlichen Substanz des Sohnes und Christus' eintrat, verwies auf den Rückschluß, daß, wenn „der Mensch Menschen zeugt und der Hund Hunde", dies bedeute, daß ein untergeordnetes Geschöpf Nachkommen wie sich selbst zeugen kann, und Gott, der allmächtige Vater, selbstverständlich einen göttlichen Sohn zeugen kann.[20] So wurde das separante Prinzip der Fortpflanzung, die Zeugung eines weiteren Gottes durch einen heidnischen Gott, ins Christentum eingeführt. Die Vorstellung von einem Gott steht im Mittelpunkt des partizipanten jüdischen Monotheismus, aber daß Vater Gott Sohn Gott zeugt, ist separanter Familialismus. Jesus, der Gottessohn, ist ein sisyphisches, griechisch-polytheistisches Element im Christentum. Tatsächlich ist die Beschreibung des Kirchenvaters von der Kristallisation des Logos-Sohnes aus der Substanz Gottes[21] unserer Vorstellung von der Kristallisierung des separierenden Ichs in der späten Oralität, aus der Einheit der Früh-Oralität, auffallend ähnlich. Gott, der früh-orale allgegenwärtige „Vater", zeugt den spät-oralen separanten Gott-der-Sohn, welcher der Pluralität von Objekten und Lebensformen ausgesetzt ist. Logos und Christus, der Gottessohn, sind daher Projektionen der Entstehungsphasen des individuellen Selbst auf Transzendenz. Der immanente Logos ist daher in der „Hülle" eines Körpers verschalt.[22] Da der Herausbildungsprozeß des Selbst und der Übergang von früher zu später Oralität nicht unverzüglich vor sich geht, ist auch die mytho-empirische Erklärung der Entstehung des Logos und des Gottessohnes stufenweise. Die sogenannte Zweiphasentheorie der christlichen Kirchenväter über die Entstehung des Logos betrachtet den Logos zuerst als einen Gedanken von Gott, dem Vater. Der Sohn Gottes ist noch in der undifferenzierten Phase der frühen Oralität. Die zweite Phase tritt ein, wenn der Logos ein differenziertes Wesen wird, in Zeit und Raum personifiziert. Das ist die metaphysische Projektion der Herausbildung des differenzierten Selbst, das mit der Welt der Schöpfung konfrontiert wird. „Die verständliche Welt ist nichts anderes als der Logos Gottes, der bereits mit dem Werk der Schöpfung beschäftigt ist."[23] Es ist auch eine mytho-empirische Projektion des gegenwärtigen Egos im Übergang von früher zu später Oralität, in welchem Schichten der „Ego-Grenze" das differenzierte Selbst formen und in diesem Prozeß umliegende Objekte und Lebensformen identifizieren, d.h. „hervorbringen".

Die Auswirkungen dieser Dynamik sind weitreichend. Das entstehende Ich (Ego) projiziert seine Entwicklung in ein selbstständiges Selbst auf Transzendenz. Das entstehende Selbst ist daher bestimmt, den Kosmos durch seinen Körper in einzigartiger Weise wahrzunehmen. Er ist der Geist (Logos), der Sohn Gottes und sein Vertreter auf der irdischen Welt. Diese These könnte helfen, die Bereitschaft eines großen Teils der Bevölkerung Europas und der Weltbevölkerung zu erklären, die Vorstellung eines Gottessohns als die erwählte Inkarnation der Göttlichkeit auf der irdischen Welt zu akzeptieren. Die Aussage des heiligen Johannes: "am Anfang war das Wort"[24] (der logos) kann, bei Betrachtung einer der griechischen Bedeutungen von „Logos", wörtlich interpretiert werden, und zwar „Logos" als „sichtbare Form, durch die der innere Gedanke dargestellt wird".[25] Der göttliche Gedanke, der Gottes Werkzeug zur Schöpfung der Welt war, nahm also die Form eines Logos an. Dieses Verständnis vom Logos als der Gottessohn, ausgedrückt von Tertullian[26], macht ihn nicht nur zum Vermittler zwischen Gott und Schöpfung, sondern auch zum eigentlichen Schöpfer der Welt und ihrer Lebewesen.

Die separant sisyphische Beschaffenheit des Logos geht aus ihrem Rahmen hervor, aus „der Ordnung aller Dinge in Übereinstimmung mit dem Willen des Vaters, das Steuer des Universums bestmöglich haltend."[27] Daher ist der Logos der Koordinator des Universums, der Vollstrecker von Gottes Willen in der Geschichte. Außerdem predigte Jesus, der Gottessohn, dem Volk „als habe er Autorität, und nicht wie die Schriftgelehrten", als habe er unabhängige Autorität (Markus I:22). Das steht im völligem Widerspruch zur jüdischen selbsttilgenden Scholastik, in welcher jede Aussage, wenn sie akzeptierbar sein soll, mit der Thora verbunden sein muß. Jesus repräsentiert also die separante Komponente eines Menschen, projiziert auf einen allmächtigen Gott. Er ist das charakteristische, spätorale Separatum, das versucht, seine Umwelt zu dominieren.

Eine wichtige philosophische und verhaltensorientierte Folge dieser Interpretation vom Logos ist, daß er so auch als eine mytho-empirische Projektion von grundlegenden, wahrnehmenden und semantischen Prozessen gesehen werden kann. Es wurde in diesem Werk und auch anderswo[28] die Ansicht erläutert, daß die dialektischen Tendenzen der partizipanten und separaten Komponenten in unserem „reinen Selbst" (Ani) sind, das schwer zu definierende „Ding in sich", mythologisiert auf Transzendenz als Göttlichkeit. Dieses „reine Selbst" kann mit seiner Umwelt nicht direkt in Verbindung treten; das wechselwirkende Atzmi formt daher die Vorstellungen von Gegenständen und Lebensformen als visueller Nährboden der Kommunikation. Diese visuellen Vorstellungen dienen als kommunikative Verbindung zwischen dem unkommunikativen „reinen Selbst" und den Objekten und Lebensformen, die es umgeben. Ohne diese Vorstellungen kann es keine derartige Verbindung geben. Die transzendentale Projektion dieser Dynamik könnte die Verbindung zwischen Gott und der erschaffenen Welt durch das Medium des Logos sein. Dies wird folgendermaßen schematisch dargestellt:

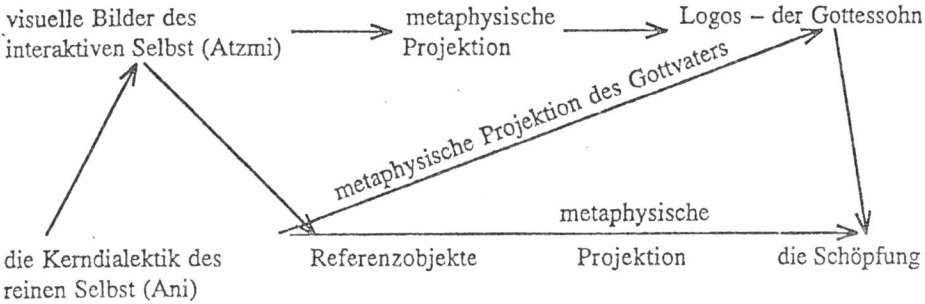

Die athanasische Doktrin der Dreieinigkeit verfügt: „Der Vater ist Gott, der Sohn ist Gott und der Heilige Geist ist Gott, und dennoch gibt es nicht drei, sonderen einen Gott". Die logische, scholastische und theologische Erklärung für dieses offensichtliche Paradox, das Heraklits „Gesetz der Gegensätze" übertritt, erstreckte sich von Basils Argument, daß die drei Götter der Dreieinigkeit eins waren, so wie Petrus, Johannes und Jakobus Menschen waren, bis zu Augustinus' Anspruch, daß die drei Mitglieder der Dreieinigkeit ein Gott waren, so wie drei goldene Statuen ein Gott waren.[29] Diese eher formalistischen Argumente, in der die heidnischen, polytheistischen, familiären griechischen Götter mit den monotheistischen, partizipanten jüdischen Göttern in der Dreieinigkeit synthetisiert wurden, sind für die vorliegende Arbeit besonders interessant. Dies könnte alles leichter verstanden werden, wenn man den entwicklungsbedingten Übergang der einheitlichen, abstrakten, partizipanten, väterlichen Allgegenwart der frühen Oralität zur pluralen, konkreten, separierenden, mütterlichen Objektbeziehung der späten Oralität nützt. Das Verbindungsglied, wie anderswo gezeigt[30], zwischen der Allgegenwart der frühen Oralität und der Pluralität der späten Oralität, ist das separierende Selbst in seiner übergänglichen Entwicklungsphase. Die resultierende Trinität aus undifferenzierter Allgegenwart, dem verbindenden Glied des entstehenden Selbst und der differenzierten Pluralität der Objekte und Lebensformen wird mytho-empirisch auf die Transzendenz projiziert als die heilige Dreieinigkeit Gott Vater, Sohn (der vermittelnde Logos) und Heiliger Geist (das separierende, mütterliche Element). Trotzdem findet sich das grundlegende Bewußtsein der Einheit beständig in der Allgegenwart der frühen Oralität, das „reine Selbst", das Ani des kristallisierten Selbst, und ist die Empfindung von Einzigartigkeit und separanter Wahl, die vom interaktiven Selbst (Atzmi) gefühlt wird, wenn es den Objekten und Lebensformen ringsum gegenübertritt. Die Beständigkeit drückt sich in der geistigen Einheit der Seele aus, von der man sagt, daß sie im inneren Selbst der Menschen anwesend ist während des gesamten Übergangs von früher zu später Oralität. Also durchdringt die Entwicklungsdynamik der partizipanten Einheit die separante Dreieinigkeitsumbildung von undifferenzierter Allgegenwart zur Formation der separierenden Pluralität von Objekten und Lebensformen in der Spät- und Post-Oralität. Die Auswirkungen dieser Synthese des einheitlichen jüdischen Begriffs von Transzendenz und der hellenischen Götter, Eltern und Nachkommen (die eigentliche fruchtbare Dreieinigkeit), vermischt mit der Trinität, sind kolossal. In Theologie und Philosophie bedeutet sie das Gegenteil des kartesianischen und leibniz'schen Begriffs von Gott als der epistemische Vermittler zwischen Mensch und Objekt. Vorliegendes Konzept unterbreitet eine mytho-empirische Grundlage für das Denkmodell, nach dem der Mensch, der Logos, der epistemische und theologische Vermittler zwischen Gott und der Schöpfung ist. Die Dialektik zwischen Pluralität (Dreieinigkeit) und Einheit scheint das wichtigste zusammenführende Prinzip zwischen abstrakter Einheit und separierender Pluralität zu sein. Es könnte auch als lebensfähigste Dynamik für ein modus vivendi zwischen Geist und Fleisch, Seele und Körper dienen, welche eine mytho-empirische Basis zum Verständnis und zur möglichen Lösung des psycho-physischen Dilemmas bietet. Da diese Dynamik sowohl epistemische Prozesse wie auch Denkprozesse repräsentiert, könnte sie auch als erster Referenzrahmen für das Verständnis von inneren, geistigen Abläufen sein. Der Logos, als der Vermittler zwischen Transzendenz, der inneren Dialektik des „Dings an sich", und der Schöpfung, dient als Filter der menschlichen Wahrnehmungen. Daher sind Platons Ideen, die geistigen Entwürfe Kants und die Theorie des Strukturalismus einige solcher Filter, die die Wahrnehmung der Menschen leiten und vergeistigen. Da diese vermittelnde Funktion des Logos mit der gesamten bio-psycho-sozialen Konfiguration des Individuums wie auch mit dem Sozialcharakter der Gruppe verbunden ist, steht sie auch mit den Konzepten, visuellen Vorstellungen, Ideologien, Erfahrungen und dem Streben der Menschen in Beziehung. Sie bildet auch die mythologisierenden Komponenten der menschlichen Kultur. Tatsächlich könnte die mythologisierende Komponente behilflich sein herauszufinden, wie eine bestimmte Erkenntnis wahrgenommen wird, die Vorstellung, in der sie aufgenommen, und die Strukturen, in denen sie integriert wird, zu bestimmen.

Die mythologisierende Kraft dieser trinitären Dialektik ist im Neo-Platonismus und im Gedankengut vieler christlicher Konfessionen sowie auch in den Ausführungen der modernen jüdischen, religiösen Denkweise, beeinflußt von Franz Rosenzweig[31], offensichtlich.

Die familiäre Trinität bedeutet also die Entwicklungsphase vor den aufopferungsvollen Initiationsriten, die den Heranwachsenden in die harte Normativität stößt. Daher sucht das Christentum, mehr als das Judentum, Zuflucht in Vergebung und Gnade, im Einklang mit der mütterlichen Nachsicht, die im Schoß der Familie gefunden wurde. Ferner war die familiäre Trinität für eine größere Bereitschaft des heidnischen familiären Polytheismus' bei der Annahme des Christentums nützlich. Dennoch war die christliche Familie, die separante Fruchtbarkeit repräsentierte, von jüdisch-partizipantem Puritanismus umgeben. An anderer Stelle wurde die sexuelle Bedeutung der Erbsünde[32] betont; also konnte Gott, der Sohn, nicht durch einen sexuellen Akt gezeugt werden. Die Frau ist kein Mitglied der Heiligen Dreieinigkeit, aber der Heilige Geist ist unbefleckt. Das Buch der Offenbarungen macht deutlichen Gebrauch von der sexuellen Metaphorik: Ein Drache, bereit, die Frau und ihr neugeborenes Kind zu verschlingen, wird dargestellt. Als er von Jesus und seinen Engeln überwältigt wurde, überlebt der Drachen-Schlangen-Phallus, aus dessen Mund verräterisches Wasser strömt, die Frau. Die Kraft der Reinheit Christi siegt im Kampf gegen die sündhafte, sexuelle Schlange, die ständig lauernd bereit ist, die Nachkommen der Frau wieder in Versuchung zu führen.[33] Neumann betont, daß Jesus der Bräutigam der Mary-Mother-Church ist, die seine Mutter verkörpert.[34] Wie schon erwähnt, ist die Strenge der aufopferungsvollen Normativität direkt mit der Kraft des Verbots von mütterlichem Inzest verbunden.[35] Das Christentum ist viel weniger streng als das Judentum. Dies wurde durch die Bereitschaft des hl. Paulus und der erst kürzlich bekehrten Christen, das gesamte jüdische System der täglichen Vorschriften aufzugeben, bewiesen.

Polaritäten

Die gesamte jüdische Interpretation des Verbots von Götzenbildern bewirkte eine abstrakte, attributlose Vorstellung von Gott und die Vermeidung jeder plastischen Repräsentation von göttlichen Erscheinungen. Deshalb war die jüdische Synagoge wesentlich nüchterner als die christliche Kirche, welche die Künste verschwenderisch benützte, um religiöse Themen darzustellen. Die Altäre, Kirchtürme und Dome waren Bereiche der Heiligkeit, und das Läuten der Glocken verwies die Zeit in deren heiliges Inneres. Andererseits hatte die Synagoge Platz für ein Buch in ihrer heiligen Bundeslade. Die christliche Kirche heiligte separaten Raum und separate Zeit, während die partizipanten Juden ihre Anbetung durch einen Strom von Worten, Symbolen und Abstraktionen leiteten. Die christlichen Rituale und Liturgien legten Wert auf äußere Formen, Ästhetik und Harmonie, wogegen jüdische Anbetung weniger strukturiert und eher verinnerlicht war; die Liturgie war gedämpft, um eine partizipante Abstumpfung der Wahrnehmung zu bewirken. Die christliche Taufe ist ebenfalls ein separanter Ritus, der dem Christentum wahrscheinlich von den eleusinischen Mysterien überliefert wurde. Ein Teil des Mysteriums fand am Meer statt und umfaßte Reinigungsriten mit Wasser, wonach verkündigt wurde, daß „Königin Brimo ein heiliges Kind Brimos geboren hat"[36]. Dies könnte zum Gebrauch von Wasser bei der christlichen Taufe geführt haben. Wie dem auch sei, das separanteste und tatsächlich sisyphische, objektbezogene Symbol des Christentums ist das Kreuz. Dies bedeutet, daß die schmerzvolle Interaktion der Menschen mit ihrer Objektbelastung auch ein Symbol für Gnade und Offenbarung werden kann. Die Kommunion ist Beweis der kollektiven Fixierung auf Objekte und der separanten Natur des Christentums. Der Körper und das Blut Christi werden von jedem Teilnehmer der Kommunion oral absorbiert, in einer Neuinszenierung des alles-sühnenden normativen Opfers. Die partizipante, aufopfernde Komponente ist auch in der Eucharistie sichtbar; sie wird zu einem der Hauptelemente der christlichen Synthese. Die Aufnahme von Jesus, dem opfervollen Agnus Dei, durch jedes Individuum bei der Kommunion verstärkt ihre oder seine Befolgung der Gebote Gottes und macht ihn normativ lebensfähig.

Das partizipante Judentum hob also die absolute Macht des Gesetzes hervor, wogegen das eher separante Christentum in Gnade und Liebe Zuflucht suchte, die ersehnte Beziehung zwischen Menschen auf Gott projizierte.

Rivalität und Konflikt

Die ersten Anhänger von Christus lebten in einer Kommune. Sie beteten und aßen zusammen und verbrachten viele Stunden von den Wundern des Erlösers erzählend, seine moralischen Lehren studierend und sein kommendes Königreich erwartend. Sie betrachteten sich als traditionstreue Juden und fanden im Alten Testament Unterstützung für ihre Auffassung von Jesus als Erlöser. Die jüdischen Christen oder die Religionsgemeinschaft der Beschneidung beherrschten die Anhänger Christi bis zur Zerstörung des zweiten Tempels im Jahre 70 n. Chr. Tatsächlich dauerte die Herrschaft der jüdischen Christen bis zur Niederschlagung der zweiten Revolte der Juden durch Hadrian (135 n. Chr.). Daher wurde die Erklärung des heiligen Paulus 49 n. Chr., daß Beschneidung, der Sabbat und die Anbetung des Tempels überholt seien, von der Mehrheit der jüdischen Christen als ketzerisch betrachtet, und Paulus wurde praktisch ausgestoßen. Jedoch nach der Revolte 130–135 n. Chr. und Hadrians Verwandlung von Jerusalem in eine griechische Stadt erwiesen sich die heidnischen Christen oder die „Glaubensgemeinschaft der Nichtjuden" (Church of Gentiles) als siegreich, und das jüdische Christentum wurde schwächer und ging bald ganz verloren.

Die frühen Christen des ersten und zu Beginn des zweiten Jahrhunderts n. Chr. waren zu wenige, und sie waren auch politisch zu unbedeutend, um die Aufmerksamkeit des jüdischen Establishments auf sich zu ziehen.[38] Jedoch zur Zeit der zweiten Revolte gegen die Römer waren sie zahlreich genug, um politisches Gewicht zu haben, und als sie sich nicht an Bar-Kochba, den Rebellenführer, und Rabbi Akiva, den geistigen Mentor der Revolte, anschließen wollten, wurden sie von den Rebellen verfolgt.[39] Nach der Niederwerfung der Juden durch die Römer 135 n. Chr. und der Berufung eines nichtjüdischen christlichen Bistums in Jerusalem, zu dem den Juden der Beitritt untersagt war, wurde der Riß zwischen Juden und Nichtjuden dauernd.

Die Zeit war somit reif für die anti-jüdischen Ermahnungen der christlichen Kirchenväter: Wenn Jesus tatsächlich der Messias war, argumentierte Justinus, und wenn die Juden ihn ablehnten, könnten sie unmöglich Gottes auserwähltes Volk sein. Das „wahre" Israel des Alten Testaments waren die Christen, und die Juden waren Betrüger, samt ihrem Messias, dem Antichrist.[40] Im apokryphischen Evangelium von Petrus gaben die Juden zu, daß Jesus der Messias war und ihre Priester ihn aus Neid an Pilatus ausgeliefert haben.[41] Deshalb: „Sein Blut sei auf uns und unseren Kindern"[42]. Hippolytos forderte, daß, da die Juden Jesus Galle zu essen und Essig zu trinken gaben, sie mit ewigem Elend bestraft werden sollten[43]. Diese sowie auch andere Adversus Judaeos-Ausführungen der ersten Kirchenväter, speziell von Tertullian, Cyprian und Origenes, begründeten die feindselige Haltung der christlichen Kirche gegenüber den Juden als Betrüger und Verleugner des Erlösers.

Eine der Hauptursachen des Konflikts zwischen den ersten Christen und Juden war ihre Rivalität bei der Bekehrung der Heiden und ihre Konkurrenz um Konvertierte. „Konvertierte", sagte Rabbi Helbo, „sind wie eine Wunde auf der Haut Israels"[44]. Dennoch gibt es zahlreiche Anhaltspunkte dafür, daß das Judentum eine missionarische Religion ist. Der Talmud sagt sogar ausdrücklich: „Gott verbannte die Juden unter den Nichtchristen, um ihre Anzahl durch Bekehrte zu vergrößern"[45]. Einige Gelehrte gaben an, daß es zur Zeit der Zerstörung des ersten Tempels (586 v. Chr.) ungefähr 150.000 Juden gab, während die jüdische Bevölkerung der altertümlichen Welt in der Mitte des ersten Jahrhunderts v. Chr. ungefähr acht Millionen betrug. Dieser auffallende Zuwachs kann, laut jener Gelehrten, nicht durch natürliches Wachstum erklärt werden, sondern vielmehr durch

Anhängerschaft und freiwillige oder energische Bekehrung[46]. Beispiele von Massenbekehrungen zum Judentum im ersten Jahrhundert v. Chr. sind unter den Phöniziern, den Syrern und dem König Chadiyeb in Mesopotamien festgehalten[47]. Tatsächlich stand die Vertreibung der Juden aus Rom 139 v. Chr. in Verbindung mit ihrem eindrucksvollen Erfolg bei der Bekehrung der Bewohner des Römischen Reichs zum Judentum. Viele Mitglieder des römischen Adels und sogar des kaiserlichen Hofstaats, besonders Poppea und Mitglieder der Familie des Domitian, übernahmen den jüdischen Kultus[48]. Als die ersten Christen begannen, Nichtjuden zu bekehren, speziell nachdem Paulus die Beschneidung und die Befolgung der täglichen religiösen Pflichten und den Sabbat abgeschafft hatte, fanden sie sich manchmal selbst dem missionaren Glaubenseifer der Juden gegenüber.

Anfänglich wollten die frühen Christen ihre Brüder, die Juden, bekehren, zur Erleuchtung bringen, was bedeutete, zuzugestehen, daß Christus der langerwartete Messias war. Die Enttäuschung, Frustration und letztendlich die Wut der Christen, die sich in den kommenden Jahrhunderten fortsetzte, war das Ergebnis der Weigerung der Juden, das Christentum, welches für sie und die Apostel ein natürlicher, legitimer Sprößling des Judentums war, anzuerkennen. Paulus aber, mit dem Weitblick eines ausgezeichneten Politikers, erkannte, daß die Zukunft des Christentums bei den Heiden und nicht bei den Juden lag. Aber seine Vision wurde, wie die vieler Neuerer, erst nach seinem Tod akzeptiert. In der zweiten Hälfte des zweiten Jahrhunderts waren die missionarischen Bemühungen der Christen hauptsächlich an die Heiden gerichtet. „Unser Volk (die Juden) scheint von Gott verlassen worden zu sein", sagt Klemens der Zweite, „und nun verstärkt sich wahrer Glaube unter jenen, die dachten, sie seien bereits religiös"[49]. Justinus, der Märtyrer, erklärte: „Es gibt keine Gläubigen aus all den Völkern, Barbaren und Griechen, Nomaden und denen, die in Zelten leben"[50]. Mit der Aufgabe der Beschneidung, des Sabbats, der Diätvorschrift und anderen Gesetzen der Thora wurde das Christentum weniger partizipant einschränkend und mehr separant erweiterbar, aggressiv und offen für die Aufnahme einer weiten Reihe ethischer Gruppen und Weltanschauungen.

Die Ablehnung des Christentums durch die Juden bedeutet eine bedeutsame Erklärung im Zusammenhang mit vorliegender theoretischen Einstellung. Es wurde behauptet, daß Dialektik eine hauptsächlich partizipante Dynamik ist, daß sie aber nicht zu tatsächlicher Partizipierung führt, weil eine Synthese immer von den zwei Ausgangskomponenten verschieden sein muß. Die bedeutendste separante Dynamik ist das, was von uns als das „Prinzip des geringsten Interesses" benannt wurde. Dies stellt eine Partizipierungs-Verschmelzung wie folgt dar: Zwei separante Partner befinden sich im Konflikt, da beide versuchen, den anderen zu überwältigen. Zwei partizipante Partner werden sich ebenfalls gegenseitig abstoßen, weil jeder von dem andern akzeptiert zu werden sucht, wobei der andere als ein Buber-ähnliches „universales Du" auf die Transzendenz projiziert wird. Aber wenn einer der Partner partizipant und der andere separant ist, wie die Juden und die Christen, wird die Dynamik wie folgt funktionieren: Der partizipante Jude verstärkt seine Selbstvorstellung und normative Identität durch seine strenge Befolgung des „Gesetzes". Er kann keinesfalls seine partizipante normative Selbstvorstellung verstärken, indem er dieses Gesetz verletzt, da dies seinem grundsätzlichen Sozialcharakter zuwiderlaufen würde. Falls der separante Christ sein Einverständnis anbietet, unter der Bedingung, daß der Jude das „Gesetz" negiert, kann der Jude dies nur tun, indem er sich zum Nicht-Sein entscheidet, denn die jüdische Weltanschauung erklärt, daß Judentum und Thora eines sind. Auf der anderen Seite verstärken Leiden und Verfolgung die jüdische normative Opferbereitschaft und daher die partizipante Einmaligkeit. Als die Judeo-

Christen eine kleine Sekte waren, erregten sie keine Aufmerksamkeit und wurden von der Mehrheit als eine der esoterischen Sekten angesehen, die immerwährend in Judäa und Galiläa auftauchten. Aber während des jüdischen Aufstandes und nach dem jüdischen Aufstand gegen die Römer 132–135 n. Chr., dem die Christen feindlich gegenüberstanden, weil die messianischen Prätentionen des Anführers Bar Kochba mit denen von Jesus konkurrierten, trennten sich die Wege, und die Christen wurden als Verräter angesehen. Eine typisch jüdisch-partizipante „Maßnahme" wurde gegen die anwachsende Christensekte unternommen, indem zu den achtzehn Segnungen ein Gebet hinzugefügt wurde, daß das Verschwinden der ketzerischen Sekte erbat. Jedoch im dritten Jahrhundert und noch mehr vom vierten Jahrhundert an, als die Christen die Juden zum Übertritt drängten und sie wegen ihrer Abweisung des Erlösers und seines Evangeliums verfolgten, wirkte das „Prinzip des geringsten Interesses" mit voller Kraft. Je mehr die Juden unterdrückt wurden, umso weniger waren sie bereit, das Christentum anzunehmen. Die partizipante jüdische Dynamik bewirkte, daß der separante Druck, die Feindseligkeit und Quälerei der Christen dazu beitrug, die jüdische normative Opferbereitschaft zu verstärken, sodaß die Juden Leiden mit partizipanten Wertgefühlen und Einmaligkeit gleichsetzten, eine Gleichung, die ihren makabren Höhepunkt im Holocaust erreichte.

Widerwillen und Gegenabweisung

Als die Juden das Christentum verwarfen, wurde die christliche Gegenabweisung durch zwei Ursachen genährt: Erstens diente das Stigma und die Wahl als Sündenbock dazu, die vorhergegangene Abweisung des Christentums durch die Juden wegzuerklären. Zweitens war da das separante „Prinzip des geringsten Interesses", das die Kluft zwischen gleichartigen Eigenschaften vertiefte, als eine Sicherung gegen eine Partizipierung, als die anfänglich gemeinsame Erbschaft der Juden und Christen offensichtlich war. Charakteristischerweise verachteten die separanten Christen die partizipanten Juden mit ihrer ständigen Sorge um Nicht-Sein und Tod. „Das Judentum", so erklärte Ignatius, „ist nichts als Grabsteine und Begräbnisdenkmäler für die Toten."[51] Als die Juden zum stigmatisierten „Widergeist" wurden, mußte jeder Beweis der jüdischen Wurzeln des Christentums vernichtet werden. So wie die neue Ausgabe der sowjetischen Enzyklopädie jede Spur der liquidierten alten Bolschewiken auslöschte, wurde das Israel des Alten Testaments durch die christliche Kirche behandelt. Wenn jemand auch nur andeutete, daß die Juden einen Anteil an dem Bund mit Gott gehabt haben könnten, war er ein Lästerer und Ketzer.[52] Wenn die Juden der Antichrist waren, könnten sie niemals einen Anspruch auf Rechtschaffenheit haben. „Deshalb ist es bewiesen," so behauptete der Bischof von Antiochia, Theophileis (168–181), „daß alle anderen im Irrtum lebten, und daß nur die Christen die Wahrheit besaßen."[53] Die Juden waren Betrüger, die die Wahrheit entweder absichtlich oder aus Unwissen fälschten, denn, sogar wenn sie die Bibel lasen, verstanden sie sie nicht. „Eure heiligen Schriften," sagte Justinus zu Trypho, „sind nicht eure, sondern unsere, denn obgleich ihr sie lest, könnt ihr deren Sinn nicht verstehen."[54] Justinus argumentierte, daß es sogar im Alten Testament schon Beweise gäbe, daß Gott die Juden verworfen habe. Deshalb seien die Christen schon immer Gottes erwähltes Volk gewesen, und diese Wahl stammte nicht nur von Sinai und von Abraham, sondern von der Schöpfung der Welt.[55] Und schließlich, wenn Jesus der Messias war und ist, mußten die Juden den Antichrist erwarten. Die Juden mußten überzeugt werden, sich zu bekehren, wenn nicht freiwillig, dann mit Gewalt, denn die Schwächung des Antichrist würde das Wiederkommen des Messias herbeiführen. Die Anwendung von Gewalt bezeichnete die separante Umwandlung des Kreuzes zu einem Schwert, das Wahrzeichen der Kreuzzüge und

Pogrome. Dies mußte das unvermeidliche Schicksal der Juden sein, die den Sohn Gottes verwarfen und durch die Aufhetzung ihres Vaters, des Teufels[56], sich gegen Christus verschworen und ihn getötet hatten.

Die separante Transformation Jesu wurde u.a. durch eine Vereinigung des Erlösers mit dem Kreuz als Objekt vollbracht. Jesus wurde als in jedem der vielen Kreuze anwesend gesehen, die sein Martyrium und seine Erlösung symbolisierten. Da Jesus seine Autorität verkündet hatte, und da die Macht von ihm ausging, bedeutete die sisyphische Objektbezogenheit mit dem Kreuz, daß dieses zu einem Werkzeug und zu einer Waffe wurde. Wenn einmal die Autorität Gottes auf ein Objekt übertragen wurde, kann es entweder zum Segen oder zum Töten geschwungen werden, je nach der Absicht seines sisyphischen Trägers. Die Vereinigung des Sohnes Gottes mit einem Objekt machte diesen akzeptabler für die sisyphischen, objektgebundenen Heiden. Der heilige Paulus mußte dies intuitiv verstanden haben, als er seine Bekehrungsanstrengungen vorzugsweise auf die separanten Heiden konzentrierte, da er wußte, daß die Juden einen Menschen nicht als Gott akzeptieren konnten, der in der Form eines Kreuzes konkretisiert war.

Paulus, der Apostel der Heiden

Ohne die erneuernden Ideen, den weitsichtigen Scharfsinn, das missionarische Talent Paulus' und die hellenisierten Juden von Tarsus wäre das Christentum eine beschränkte, esoterische jüdische Sekte geblieben und wahrscheinlich graduell verschwunden, als die jüdische Bevölkerung Palästinas abnahm. Doch die Abschaffung der Thora, die Verkündung des Königreichs des Gottessohns und das Predigen christlicher Gnade und Erlösung durch Jesus an die Nichtjuden legten das Fundament des Christentums als eine Weltreligion. Am Anfang versuchte Paulus, das Christentum den Juden zu predigen, indem er seine jüdische Herkunft ausnützte: „Und zu den Juden kam ich als Jude, damit ich ihr Vertrauen gewinnen würde." (I. Korinther 11:20). Es wurde ihm jedoch schnell klar, daß die neue Religion, die auf einen Erlöser, einen Gottessohn, gegründet war, wenig Aussicht hatte, durch die legalistischen, scholastischen Juden akzeptiert zu werden (Römer 11:32). Nach mehreren Zusammenstößen mit den jüdischen Gemeinden, die er auf seiner Missionsfahrt nach Kleinasien antraf, lieferte er sein endgültiges Urteil über die Juden: „Das Wort Gottes müßte euch erst verkündet werden; aber da wir sehen, daß ihr euch abwendet und euch dadurch unwert des ewigen Lebens gezeigt habt, wenden wir uns an die Heiden." (Apostelgeschichte 8:46). Als Politiker und Manipulator zog Paulus verständlicherweise die separantere Version des Christentums vor, das uneingeschränkt durch die Thoragesetze war. Und in der Tat nahmen die Heiden mit ihrem separanten Sozialcharakter vorzugsweise die paulinische Auffassung des Christentums an, eher als den ursprünglich judeo-christlichen Glauben. Die Abschaffung der Gesetze des Gottesbundes und besonders der Beschneidung, der Diätgesetze und der Sabbatvorschriften durch Paulus und seine Betonung der Gnade und Erlösung durch das Opfer Jesu machte das Christentum sisysphischer und daher annehmbarer für die Heiden. Im Rahmen des partizipanten Judentums wurde das Leiden Jesu am Kreuz als ein williges Selbstopfer ausgelegt, das durch die Autorität Gottes, seiner Gesetze und seines Auftrags geschah. In Paulus' Anschauung dagegen wurde Christus in der heidnischen Tradition zum Opfer gebracht, und dies reinigte die Opferbringenden von ihren Sünden, sodaß sie Gott gefällig und von der Verdammung gerettet wurden.[57] Diese Beseitigung der Thora bezeichnete eine separante Entwicklung des Christentums, die mit dem Verlust der partizipanten Begrenzungen der Gesetze begann, die Umwandlung des Kreuzes in ein Schwert im Heiligen Römischen Kaiserreich sowie die Verwerfung der begrenzenden Riten und Ritualien des Katholizismus durch Luther umfaßte und in der unkontrollierbaren sisyphischen Raserei der Nazis gipfelte. Durch die Verwerfung allen christlichen Mitleids und der Gnade wurden die letzten Hindernisse auf dem Weg zur Erneuerung des teutonischen Heidentums aus dem Weg geräumt.

Paulus predigte, daß die Gesetze der Thora ihre Aufgabe erfüllt hätten, noch bevor der Messias kam; aber nach dem Kommen Jesu wurden die Gesetze, Riten und Ritualien nicht mehr benötigt. Sowohl Gesetze als auch Sünden gab es nicht mehr, denn die Gnade Gottes herrschte über allem durch das sühnende Opfer Christi, des Messias'. Deshalb war nicht Gesetz, sondern Vertrauen zu Christus nötig für die Erlösung: „Denn Sünde soll keine Herrschaft über Euch haben," verkündete Paulus, „denn Ihr steht nicht unter der Herrschaft des Gesetzes, sondern der Gnade." (Römer, 4:14).

Es ist auch hervorzuheben, daß Paulus nach dem Verlassen der Thora zwei neue, separante Ritualien einführte: Die Taufe der Neugeborenen, die anscheinend von der griechischen Reinigung der Neugeborenen am Meeresstrand inspiriert war, und die Messe, in welcher der Körper und das Blut Christi in den Körper der Glaubenstreuen einverleibt wurden. Wie früher ausgeführt, bedeutet dies eine spät-orale Fixierung auf das Objekt und die umgebenden anderen sowie den Wunsch, sie in sich selbst einzuverleiben. Überdies wurde für die Juden die Erbsünde am Berg Sinai durch einen partizipanten, abstrakten Gott und durch die Annahme seines Gesetzes aufgehoben. Dagegen – so ist es durch Paulus bestimmt – war für die Christen die Erbsünde durch den Gottessohn gesühnt, der eine sisyphische Wiedererscheinung des abstrakten Gottvaters war. Dies mag ein Grund für die tiefverwurzelte Abneigung der Nichtjuden gegen die Juden und für die Gegenabweisung und Stigmatisierung der Juden durch die Christen sein. „Warum sind die Christen unrein?", fragt die Mishna. „Weil sie nicht am Berg Sinai waren, als die Schlange Eva verunreinigte, indem sie ihr das Lustgefühl einflößte." Die Juden wurden von ihrer Verunreinigung am Sinai befreit, während die Christen nicht dort anwesend waren und deshalb verunreinigt blieben.[58] In seiner Römer Epistel brachte Paulus ein entgegengesetztes Argument: Das am Sinai gegebene Gesetz wurde aufgehoben, daher verunreinigte und verdammte die Erbsünde immer noch die Menschheit, bis Christus kam und durch seine Aufopferung diejenigen rettete und reinigte, die ihn annahmen. Aber die Juden, die ihn abwiesen, waren immer noch befleckt.

Diese Einstellung mag zu erklären helfen, warum die Nazis, obwohl sie das Christentum ablehnten, so begeistert die Stigmatisierung der Juden als beschmutzt und sexlüstern (d.h. die Reinheit der arischen Rasse verseuchend) übernahmen. Diese Stigmatisierung erleichterte, wie wir im Kapitel 10 darlegen, die Ausschließung der Juden aus der Menschheit. Aus diesem Grund konnte man, wenn diese „nicht-menschlichen Ratten" vernichtet wurden, sich nicht mit ihnen gefühlsmäßig, intellektuell oder moralisch identifizieren.

Die schuldigen Gottesmörder

Die offizielle christliche Einstellung war, daß die Juden den göttlichen Erlöser, Christus, getötet hatten, und daß sie sich dafür schuldig fühlen müßten. Das bedeutete Eulen nach Athen tragen. Die jüdische Vorstellung eines strengen Urteils, das Isaak-Syndrom, und die willige, aufopfernde Annahme göttlicher Norm und Autorität ist auf einem Schuldgefühl gegründet. Wir zeigten früher, daß Kiddush Hashem, die Heiligung des Namens Gottes durch Selbstaufopferung, das jüdische Gefühl der partizipanten Schuld verstärkt, was wiederum das Leiden als Zeichen göttlicher Auswahl und Einmaligkeit rechtfertigt.

Tatsächlich war Paulus' Darstellung von Christi Gnade und Liebe beabsichtigt, um die Sühne der ewigen Schuld zu betonen, die der Menschheit durch den Gott des Alten Testaments nach der Erbsünde aufgeladen wurde. Infolgedessen war Schuld die Hauptcharakteristik des jüdischen Sozialcharakters. Jedoch hatte die christliche Anschuldigung der Juden des Gottesmords einen anderen Grund und wirkte durch eine vollkommen andere Dynamik. Was die Logik anbelangt, könnte man fragen, warum sich die Juden schuldig fühlen sollten, wenn doch Christus freiwillig starb, um die Menschheit zu erlösen. Die Antwort kann nicht in einem logischen oder theologischen Zusammenhang gegeben werden. Man muß eher den Schlüssel zu diesem Paradox in der grundliegenden Dialektik und der Kerndynamik des sozialen Charakters suchen. Es wurde behauptet, daß die Juden durch ihre willige partizipante Aufopferung, wie sie durch Isaak und Jesus symbolisiert wurde, mittels des Christentums begrenzende normative Schuldgefühle in die separanten europäischen Nationen einflößten.

Die amoralischen Griechen, die hedonistischen Römer und die ungezähmten germanischen Stämme in ihrer Annahme des leidenden, Schuldgefühle erregenden Erlösers, der am Kreuz starb, akzeptierten eine normative Unterdrückung ihres lustvollen Heidentums. Die zum Christentum übergetretenen Heiden projizierten deshalb ihre neuerworbenen Schuldgefühle auf die Juden, die scheinbare Quelle dieser Einschränkungen. Auf diese Weise wurden ihre unterdrückten separanten Energien in einen normativ berechtigten Haß gegen die Juden sublimiert. Je mehr die separanten zentralen Neigungen der neubekehrten Christen unterdrückt waren, umso heftiger war ihre übertragene Wut auf die Juden.

Diese Kerndialektik zwischen jüdisch-partizipanten und christlich-separanten Sozialcharakteren wirkt auf einer tieferen, ontologischen Ebene als die Entwicklungsdynamik der „jüngeren Christen" im Vergleich mit der „älteren" jüdischen Religion. Außerdem kann eine Erklärung, die sich auf psycho-sexuelle Freudianische Entwicklungsstadien stützt – so wie die ödipale Aggression der „Sohn-christlichen" Religion gegen die „Vater-jüdische" Religion –, innewohnende begriffliche Schwierigkeiten bereiten, wenn man sie auf nicht-sexuelle, nicht-familiäre Dynamiken zwischen Sozialcharakteren anwendet.

Die Mißgeschicke und Verfolgungen, die die Juden erlitten, bewiesen, daß Gott sie verlassen hatte. Daher waren die triumphierenden Christen daran interessiert, die Juden in diesem unglücklichen Zustand zu lassen, als Beweis der göttlichen Mißgunst. Die Absonderung und Niedergeschlagenheit der Juden machte sie zum passenden Werkzeug für die Definition durch Gegensatz. Wenn die Christen das Wiederkommen Jesu erwarteten, mußten die Juden logischerweise auf das Erscheinen des Widergeistes, des Antichrist, warten. In der Tat waren die Juden der Antichrist. Aber da sie benötigt wurden, um die Rechtschaffenheit der Christen hervorzuheben, mußten sie in Versklavung und Elend gehalten, aber nicht tatsächlich vertilgt werden. Ihre miserable Existenz diente als eine fortwährende Erinnerung, sowohl für sie selbst, als auch für die frommen Christen, daß sie Christus verworfen hatten. Das nächste Kapitel zeigt daher die stigmatisierende Absonderung der Juden als Basis für den christlichen Antisemitismus und als vorbereitenden Faktor für den Holocaust.

* * *

1. B. Martin: Great 19th Century Jewish Philosophers, New York 1970, MacMillan, p. 27.
2. Y. Yadin: The War of the Sons of Light against the Sons of Darkness, Jerusalem 1956, The Bialik Institute.
3. H. Jonas: The Gnostic Religion, Boston 1963, Beacon Press, pp. 48 et seq.
4. G. Murray: Five Stages of Greek Religion, New York 1955, Doubleday, pp. 119 et seq.
5. H. A. Wolfson: The Philosophy that Faith Inspired; in The Crucible of Christianity, op. cit., pp. 310–311.
6. Ibid., p. 309.
7. J. Kloisner: From Jesus to Paulus, Tel-Aviv 1939, Masada, Vol. 1., p. 11.
8. P. Rokeach: Jews, Pagans and Christians in Conflict Jerusalem, Leiden 1982, Magness Press und E. J. Brill, p. 32.
9. Galater, 5: 16–25
10. Ibid., 5:16
11. Wir haben in Kapitel 2 darauf hingewiesen, daß in älteren und zeitgenössischen Versionen der Akedah-Episode Isaak tatsächlich geopfert wurde, und es gab keinen Widder, der ihn im letzten Moment ersetzte.
12. 2. Buch der Makkabäer, VII 37–8.
13. Kapitel 9.
14. H. G. Baynes: Germany Possessed, op. cit., p. 116.
15. Petrus II, 21–24.
16. Berachot, 17a
17. Tertullian: Apologeticum, 21:14, London 1960, Loeb Classical Library.
18. 1. Korintherbrief, 15:27.
19. Philipper, 3:9–20.
20. Augustinus Contra Maximum, 116.
21. H. A. Wolfson: Greek Philosophy in Philo and the Church Fathers; in The Crucible of Christianity, op. cit., p. 312.
22. Ibid., p. 315.
23. H. A. Wolfson: Philo, op. cit., Vol. I., p. 246.
24. Evangelium nach Johannes, 1:1.
25. H. G. Liddell und R. Scott: Greek-English Lexicon.
26. Zit. in H. A. Wolfson: Greek Philosophy in Philo and the Church Fathers; in The Crucible of Christianity, op. cit., p. 312.
27. Klemens von Alexandria zit. in The Crucible of Christianity, op. cit., p. 314.
28. Kapitel 2 in diesem Werk und Kapitel 10 in S.G. Shoham: Rebellion, Creativity and Revelation, London & New Brunswick 1983, Science Rev. & Transactions.
29. The Crucible of Christianity, op. cit., p. 314.
30. S. G. Shoham: The Myth of Tantalus, op. cit., Kapitel 1–4; Sex as Bait, op. cit., Kapitel 6.
31. F. Rosenzweig: Der Stern der Erlösung, Jerusalem 1970, Bialik Institute
32. S. G. Shoham: Sex as Bait, op. cit., Kapitel 6.
33. Offenbarung, 12.
34. E. Neumann: The Great Mother, Princeton 1974, Princeton University Press, p. 312.
35. Kapitel 2 in diesem Werk.
36. P. Schmitt: The Ancient Mysteries, Their Transformation and Most Recent Echoes; in J. Campbell: The Mysteries, New York 1955; Pantheon Books, p. 14.
38. J. Parkes: The Conflict of the Church and the Synagogue, Cleveland 1961, Meridian Books X.
39. Ibid., p. 93.
40. Ibid., pp. 97, 98, 99.
41. Ibid., p. 103.
42. Apocryphal New-Testament, p. 196.
43. Adversus Judaeos zit. in J. Parkes: The Conflict of the Church and the Synagogue, op. cit., p. 104.

44. Nida, 13 b.
45. Pesachim, 87 b.
46. L. H. Feldmann: Conversion and Synchretism in the History of the People of Israel, op. cit., Vol. 11, pp. 188 et seq.
47. Ibid., pp. 190–191.
48. Ibid., p. 193.
49. J. Danielou: Christianity as a Missionary Religion; in The Crucible of Christianity, op. cit., p. 284.
50. Ibid., p. 295.
51. Ignatius: Epistle to the Philadelphians, Kapitel IV, 1; in Parkes: The Conflict of the Church and the Synagogue, op. cit., p. 84.
52. Ibid., p. 84.
53. Ibid., p. 98.
54. Ibid., p. 97.
55. Ibid., p. 100.
56. Johannes, VIII, 44
57. Hebräer, IX, 16–28
58. Shabat, 145 b.

Kapitel 5

Vom Kainsmal gebrandmarkt

Die menschliche Rasse möchte endlich von diesem Volk befreit sein, das während Jahrhunderten und Jahrtausenden mit dem Kainszeichen gebrandmarkt um die Welt wanderte.

Wenn sie auch behaupten, daß die Juden das auserwählte Volk seien, glaubt es nicht! . . . Ein auserwähltes Volk geht nicht mit so viel Blutvergießen in die Welt, es geht nicht unter die Völker, um die Bauern von ihrem Land zu verjagen. Ein auserwähltes Volk schlachtet und foltert nicht Tiere zu Tode. Ein auserwähltes Volk lebt nicht vom Schweiß anderer. Wir müssen gegen das jüdische Volk kämpfen, gegen diese Weltorganisation von Verbrechern, die Christus schon bekämpft hat, der größte Antisemit aller Zeiten.

Rede Julius Streichers vom 22. Juni 1935

In vorliegenden Modell zum Antisemitismus, dargestellt in der Einleitung, wurden Gruppen von prädisponierenden Faktoren vorausgesetzt, die mit den Hintergrund-Faktoren zusammenwirken, um Antisemitismus zu erzeugen. Einer dieser prädisponierenden Faktoren betrifft den dialektischen Konflikt des separanten deutschen Sozialcharakters mit dem partizipanten jüdischen Sozialcharakter und wird später behandelt werden. Im vorliegenden Kapitel ist die andere Gruppe prädisponierender Faktoren Gegenstand der Analysen; sie behandelt die stigmatisierende Definition der Juden als schmutzig und degeneriert im Gegensatz zum Wert und zur Tugend der Antisemiten. Sartre, Arendt, Parkes und andere haben einige Aspekte der Definition durch Gegensatz und der Stigmatheorien verwendet, um bei der Erklärung von Antisemitismus behilflich zu sein. Da bereits eine ganze Theorie der Stigmatisierung formuliert wurde[1], die auf die gegenwärtigen Voraussetzungen angewandt werden kann, wird nun folgendes Modell in diesem Kapitel als Richtlinie für weitere Überlegungen dienen.

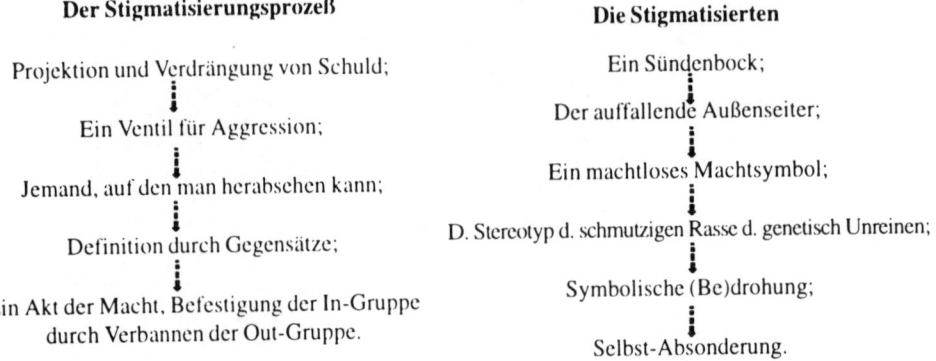

Der Stigmatisierungsprozeß	Die Stigmatisierten
Projektion und Verdrängung von Schuld;	Ein Sündenbock;
Ein Ventil für Aggression;	Der auffallende Außenseiter;
Jemand, auf den man herabsehen kann;	Ein machtloses Machtsymbol;
Definition durch Gegensätze;	D. Stereotyp d. schmutzigen Rasse d. genetisch Unreinen;
Ein Akt der Macht, Befestigung der In-Gruppe durch Verbannen der Out-Gruppe.	Symbolische (Be)drohung;
	Selbst-Absonderung.

Wir werden einige Beispiele für unser Modell liefern, anfänglich zu didaktischen Zwecken. Mit fortgeschrittener Arbeit werden wir weitere Beispiele darstellen, um zu zeigen, wie die Elemente des Modells miteinander zusammenhängen.

Die mittelalterlichen Christen projizierten durch die Stigmatisierung der Juden die partizipanten Schuldgefühle, die ihrem separaten Sozialcharakter eingeprägt worden waren, auf sie. Da sie den Ursprung der Sünde unmöglich Jesus Christus und den Aposteln anlasten konnten, verlagerten sie ihn auf die Juden, ihre damaligen Nächsten. Die relativ strengeren Normen des Christentums, die dem separaten Sozialcharakter europäischer Kulturkreise und besonders den germanischen Stämmen auferlegt worden waren, unterdrückten einen beträchtlichen Teil ihrer Aggression. Daher suchten sie ein normativ anerkanntes und sogleich verfügbares Ziel als Befreiung von dieser Aggression: die ketzerischen Juden mitten unter ihnen. Die europäischen Sozialcharaktere waren im Grunde ziel- und fortschrittsorientiert, litten aber – wegen der Stagnation wirtschaftlicher Aktivitäten im Mittelalter und dem tatsächlichen Mangel an sozialer Mobilität – unter der Stockung ihres Leistungsschwungs. Daher diente die Degradierung der Juden als Ersatz für konkrete Leistungen. Die unterworfenen und zweitrangigen Juden, der Antrichrist, die physisch und verhaltensmäßig abwichen, kennzeichneten für die Christen die Umrisse ihrer Rechtschaffenheit. Letztendlich diente der Haß gegen die Juden dazu, die christlichen Gemeinschaften zusammenzuhalten. In Orwells „1984" ist diese Dynamik gut erklärt worden: Haß gegen den „Feind des Volkes" dient dem Zusammenhalt „des Volkes".

Die Auswahl der Juden zum Stigmaobjekt und Sündenbock wurde vor allen Dingen von ihrer „Andersartigkeit", das ist die Auffälligkeit und Verschiedenartigkeit ihrer Erscheinung, Diätvorschrift und Religion, bestimmt. Wie in dieser Stigmatisierungstheorie[2] erwähnt, ist das ideale Stigmaobjekt ein Machtsymbol, das in Wirklichkeit machtlos ist. Die Juden, die furchteinflößenden Gottesmörder, die Protegés der Weisen und machtvollen Ältesten von Zion, konnten sich in Wahrheit nicht einmal gegen die Schläge eines einfachen Bauern oder des Stadtgesindels verteidigen.

Der Standpunkt der stigmatisierenden Christen war, daß die Juden verdammt waren, da ihre Erbsünde durch das Selbstopfer Christi nicht gesühnt wurde, weil sie ihn abgelehnt hatten. Diese Verdammung wurde durch Geschlechtsverkehr und Vererbung übertragen. Die Andersartigkeit der Juden war nicht verständlich und somit furchterregend und gefährlich. Letztendlich förderte die Selbst-Absonderung der Juden, infolge ihrer anderen Form der Anbetung und ihrer Diätvorschrift, ihre weitere Absonderung, ihre Ghettoisierung, die Verweigerung des Rechts auf Beweglichkeit und später ihre tatsächliche physische Kennzeichnung durch stigmatisierende Etiketten auf ihren Kleidern. Daher war auch das Ghetto ziemlich oft durch die Selbst-Absonderung der Juden an sich gestaltet, und das umliegende christliche Milieu verewigte das Ghetto durch die Sichtbarmachung des Symbols einer umgrenzten Örtlichkeit und Einrichtungen wie spitzer Hüte und gelber Abzeichen. Es kann nützlich sein, sich daran zu erinnern, daß für die Inquisition jede exzentrische Art von Kleidung oder ungewöhnliches äußeres Erscheinen ein partieller Beweis der Ketzerei war, d.h. die Juden mußten so auffällig wie möglich gemacht werden. Die Institution des Ghettos hatte einen Doppelzweck: erstens ein „Nicht wir" im Unterschied zum „Wir" zu lokalisieren und zu identifizieren, und zweitens diese Sündenböcke, die wie alle verschmutzten Außenseiter der Behälter des frei fließenden Bösen um „uns" und unter „uns" waren, so sichtbar wie möglich zu machen, damit sie „uns" nicht durch Ansteckung beschmutzen.

Es besteht kein Zweifel daran, daß die systematische Stigmatisierung der Juden, die zur physischen, legalen und politischen Absonderung führte, von der Kirche eingeleitet wurde, nachdem das Christentum von weltlichen Mächten als offizielle Religion betrachtet worden war. Die Synagoge hingegen war ein spirituelles Zentrum, frei von Macht, und wurde mit verbundenen Augen der triumphierenden Kirche ausgeliefert; diese Szene ist auf den Wänden vieler Kathedralen dargestellt.

Die Bedeutung dieser stigmatisierenden Einstellung der christlichen Kirche gegenüber den Juden als mitwirkendes Element in der Entstehung des Holocausts war, daß der grundlegende Haß gegen die Juden, der von der mittelalterlichen Kirche herrührte und tief in den Massen verwurzelt war, von den Nazis übernommen und zu monströsen Ausmaßen hochgetrieben wurde. Zur Auswirkung der offiziellen Herabsetzung der Juden durch die Kirche sagt Trachtenberg: „Unterstützt durch die offizielle Politik der Kirche, von all ihren populären Anweisungsorganen aktiv verbreitet, durch den legislativen Erlaß von weltlichen und geistlichen Autoritäten an Gewicht gewonnen, wurde die Vorstellung von den Juden, die aus dieser Literatur hervortritt, zu einer grundlegenden Überzeugung des Mittelalters – eine Überzeugung, die tiefsitzenden und unbegründeten Haß hervorrief und von der die individuellen, spezifischen Beschuldigungen ihre Fähigkeit bezogen, die Gehässigkeit der Massen hervozurufen."[3] Die Nazis übernahmen, mutatis mutandis, die kirchliche Politik, Haß gegen die Juden zu erregen, indem ihnen, ohne Rücksicht auf die groteske Unwahrheit, unmenschliches, teuflisches Verhalten und tückische Widerwärtigkeit nachgesagt wurde. Ein Chronist des zwölften Jahrhunderts schreibt charakteristischerweise, daß es nicht seine Sache sei, ob das, was er berichtet, wahr sei oder nicht ... so wird es berichtet und so muß es akzeptiert werden.[4] Tatsächlich beruhte der Glaube der mittelalterlichen Christen an die Schuld der Juden zur Gänze auf dem Bedürfnis zu stigmatisieren und stand mit der tatsächlichen Wahrheit der Anschuldigung in keinem Zusammenhang. Heise sagt: „Wenn wir heute folgern müssen, daß diese Anschuldigungen kaum eine Spur von objektiver Wahrheit enthalten, ist es nicht weniger völlig sicher, daß das einfache Volk (in toto) und tatsächlich auch der größte Teil der gebildeteren Laien ... von der Schuld der Juden fest überzeugt waren."[5] In gleicher Weise waren die Protokolle der Weisen von Zion ein Bestseller in Nazi-Deutschland. Der mittelalterliche, das Blut der Christen saugende Jude wurde in Deutschland als wirtschaftliche Metapher zur Beschreibung der Juden verwendet, die dem deutschen Volk den Sinn des Daseins raubten. Die Beschmutzung christlicher Mädchen durch die Juden wurde von den Nazis in die genetische Verschmutzung rassisch reiner, deutscher Fraulichkeit durch jüdische Gene verwandelt. Die Nazis wiederholten und vermehrten die Degradierungsverfahren, die von der mittelalterlichen Kirche gegen die Juden verwendet wurden; sie änderten nur ihre Dynamik, um sie ihren Ideologien und Zielen anzupassen. Diese äußerliche Ähnlichkeit zwischen den Stigmatisierungsverfahren, die von den Christen und den Nazis verwendet wurden, brachte die Juden zur Annahme, sie könnten sich herausreden oder die Verfolgung der Nazis geduldig durch Handeln, Bestechung und Abwarten bewältigen, so wie sie mehr als fünfzehn Jahrhunderte christliche Verfolgung bewältigt hatten. Auch ihnen waren die Unterschiede nicht bewußt. Für die Christen war die Verschmutzung der Juden metaphysisch, daher reinigte und sühnte sie die Konvertierung zum Christentum und die Anerkennung von Jesus als Messias. Für die Nazis waren die Juden biologisch und rassisch verschmutzt, sodaß nichts sie läutern konnte. Die Christen verfolgten die Juden, aber sie sorgten auch dafür, daß die meisten von ihnen in ihrem niedrigen Dasein am Leben blieben, als ständige Erinnerung an ihren Verrat an Christus und als ein geeignetes negatives Image, um den Wert der Christen zu kennzeichnen. Anders die Nazis: Die rassisch heterogenen Deutschen konnten unmöglich ein akzeptables, positives Image der rassisch reinen Arier konstruieren; daher mußten sie sich auf das negative Bild des Stürmer-Juden stützen, das alles, was der Deutsche nicht war, repräsentierte. Diese Definition durch Mangel machte die ständige Gegenwart des jüdischen Widergeistes als Kontrast zu den reinen Deutschen notwendig. Aber falls die Nazis an irgendeinem Punkt während des Zweiten Weltkriegs verstanden haben, daß sie verlieren und sich Walhalla durch die totale Katastrophe einer Götterdämmerung nähern, beschlossen sie, die Juden in ihr mythisches Verhängnis mitzunehmen. Daher war der größte Triumph, den Hitler in seinem letzten Testament erwähnte, daß er seine höchste Pflicht als Anführer der germanischen Asen erfüllt hatte, indem er die Juden ausrottete – Erzfeinde und Anathema des mythisch-teutonischen Pantheons.

Es sollte hervorgehoben werden, daß das negative Stigma gegen die Juden in Westeuropa ausgeprägter war als in Ostbyzanz. Wissenschaftler haben versucht, Gründe für diese Diskrepanz aufzuzeigen, später werden einige davon erwähnt. Zuzüglich solcher Gründe war der stärker germanisierte Sozialcharakter Europas nach dem Einbruch der germanischen Stämme im vierten und fünften Jahrhundert n. Chr. ein wichtiger Faktor. Dieser Einbruch erfüllte das westliche Christentum mit einer mehr separanten Infrastruktur. Daher das Bedürfnis des westlichen Christentums, mehr stigmatisierenden „Dampf" durch Aggression gegen die Juden abzulassen, das partizipante machtlose Machtsymbol. Dies prädisponierte die westlichen Christen, die Schuld, die durch ihre Religion in ihnen verwurzelt war, auf die Juden zu projizieren.

Bevor aber gegenwärtige Voraussetzungen weiter dargelegt werden, sollten einige historische Tatsachen revidiert werden: Bis zum fünften Jahrhundert n. Chr. war beinahe das gesamte westliche römische Reich unter der Herrschaft der verschiedenen germanischen Stämme und deren Könige. Die Angelsachsen in Großbritannien; die Franken in Gallien; die Burgunder in der Provence; die Wisigoten in Aquitaine und Spanien; die Vandalen in Nordafrika und auf den Mittelmeerinseln; die Ostgoten in Italien und in Teilen der Rheinprovinz, in Rätien und Nordnoricum (welche mehr oder weniger dem damaligen Deutschland, Teilen von Österreich und der Schweiz entsprachen), die von Anfang an deutsch waren.[6] Dem östlichen Imperium gelang es, sich in der entsprechenden Zeitperiode gegen die Slawen, die es vom Norden bedrohten, und gegen die Perser, die es vom Osten aus angriffen, zu behaupten.[7] Von größerer Bedeutung für unsere gegenwärtige Erörterung ist die Tatsache, daß die Deutschen das östliche Imperium niemals ernsthaft durchdrungen haben. Die Revolte der Wisigoten (37–38 n. Chr.), die drohten, Byzantium zu plündern, wurde vom östlichen Kaiser Arkadios geschickt nach Illyrien und von dort nach Italien abgeleitet. Eine ähnliche Gefahr durch die Ostgoten, Mitte des fünften Jahrhunderts, wurde wieder nach Italien gelenkt. Im sechsten und siebenten Jahrhundert machten die Byzantiner den Lombarden, die sich zwischen dem Byzantinischen Imperium und dem französischen Königreich etablierten, den Weg frei. Somit standen die Lombarden zwischen etwaigen zukünftigen lüsternen Angreifern und dem Byzantinischen Imperium. Daher ist es den Deutschen niemals gelungen, ihren extrem separanten Sozialcharakter in der Art, in der sie die kulturelle Infrastruktur des westlichen Imperiums durchdrungen haben, ins östliche Imperium einzuflößen. Deswegen war das östliche Imperium für kulturelle Einflüsse von seinen benachbarten Slawen, Awaren, Bulgaren, Persern und Sarazenen offen.[8] Später führte das gewaltsame Erscheinen des Islams zu einer mehr partizipanten orientalischen und auch pluralistischen Gesellschaft.

Dieser Pluralismus hatte einen verhältnismäßig toleranten Zug des Christentums und eine geringere Prädisposition, Randgruppen, einschließlich der Juden, zu stigmatisieren, zur Folge. Daher scheint das Leben der Juden im östlichen Imperium für beachtliche Zeitspannen sehr friedlich und ihre wirtschaftliche Situation verhältnismäßig günstig gewesen zu sein. Auch war Korruption so vorherrschend und „byzantinisch", daß jede feindliche Absicht eines Herrschers oder dessen Statthalters durch die üblichen Beste-chungsgelder oder „Geschenke" besänftigt werden konnte. Die verschiedenen Parteien der östlichen Kirche waren sehr oft in theologische Streitfragen und Machtkämpfe ver-wickelt, sodaß weder die Kirche noch die östlichen Herrscher geneigt waren, die Juden zu verfolgen. Mit dem Aufstieg von Justinian (527 n. Chr.) wurde eine Reihe diskriminieren-der Gesetze und Verordnungen erlassen. Aber diese waren in der Hauptsache nicht nur gegen die Juden, sondern gegen alle Nicht-Christen des Imperiums gerichtet.[9] Es ist eine Tatsache, daß Justinian später in seiner Regierungszeit (527 n. Chr.) versuchte, in die Anbetungsweisen in jüdischen Synagogen einzugreifen, aber die meisten der diskrimi-nie-renden Edikte wurden nicht durchgeführt.[10] Am Anfang des siebenten Jahrhunderts wur-den die östlichen Herrscher fanatisch feindlich gegen die Juden. Das stand höchstwahr-scheinlich mit ihrer Angst vor ihren, ihnen hoch überlegenen, Feinden in Verbindung. Tatsächlich wurde das östliche Imperium bald von den Persern und später von den Mos-lems verwüstet. Die stigmatisierende Juden-Hetze im östlichen Imperium war trotz allem relativ schwächer als in Westeuropa, unter anderm auch wegen des größeren ethnischen und religiösen Pluralismus und seiner mehr partizipanten Infrastruktur und folglich sei-ner geringeren Distanz zum partizipanten Judentum. Der belangvollste Faktor für diese gegenwärtige Theorie war das Fehlen eines gewaltsamen separanten germanischen Bestandteils im Sozialcharakter der Gruppe, der das östliche Christentum gefährdete, was zu einem geringeren Drang, Sündenböcke aus Randgruppen zu machen, führte, selbst wenn es sich um die auffälligen Juden handelte.

Die verhältnismäßig langsamere Infiltration des westlichen Römischen Imperiums durch germanische Stämme wurde durch die Ankunft von Attila, dem Hunnen, und seinen Mongolenherden in Europa (372 n. Chr.) zu einer tatsächlichen Lawine. Diese Invasion zwang zuerst die Wisigoten, dann die Ostgoten und die anderen germanischen Stämme, nach Zentral-, Süd- und Westeuropa zu ziehen. Mit Beginn des sechsten Jahrhunderts war ganz Europa unter germanischer Herrschaft. Die Ostgoten regierten Zentraleuropa und Italien; die Wisigoten herrschten in Spanien und Südwestfrankreich. Das Königreich der Burgunder war zwischen Ostro- und Wisigoten eingezwängt. Das Königreich der Franken umfaßte Nordwestfrankreich und Westdeutschland. Die Anglo-Sachsen eta-blierten sich in Großbritannien, und die Vandalen auf den größeren Inseln des Mittel-meers und in Nordafrika. Die skandinavischen Länder und Nordostdeutschland waren seit undenklichen Zeiten Domäne germanischer Stämme. Die Eroberung ganz Europas durch germanische Stämme lieferte nicht nur den Hintergrund für den Ethos der Nibe-lungensage, sondern flößte auch Schichten der separanten Aggression in den Sozialcha-rakter des mittelalterlichen Zentral- und Westeuropa ein. Die germanischen Stämme wurden zum Christentum bekehrt, und in den lateinischen Gebieten übernahmen sie die lateinische und später die romanische Sprache. Dieser kulturellen Verschmelzung mit den lateinisierten Sozialcharakteren nicht standhaltend, blieb die separante Komponente als der germanische Beitrag zur Synthese stark. In den germanophonen Gebieten muß das neue Blut, eingeflößt durch die eingewanderten „Blutsbrüder", die separante Ten-denz des einheimischen Sozialcharakters verstärkt haben. Als Ergebnis gibt es vielleicht keine bessere Zusammenfassung als die folgende von Pirenne[11]:

„Wahrscheinlich gab es niemals ein bedrückenderes Schauspiel als jenes, welches von der westlichen Welt während der zwei Jahrhunderte, die der germanischen Invasion folgten, geboten wurde. Die Barbaren, zu schnell mit der Zivilisation in Kontakt gebracht, über-nahmen in ihrer Eile, ihre Vorteile zu genießen, auch ihre Auswüchse, und die Römer, nicht länger von der starken Hand des Staates beherrscht, erlangten die Brutalität der Barbaren. Es gab ein allgemeines Gelüste mit der unvermeidlichen Begleiterscheinung von Verrat und Grausamkeit."

Die Haupthypothese im gegenwärtigen Kapitel ist, daß die offenere Brutalität und der separante Kannibalismus, die von den germanischen Stämmen nach Zentral- und Westeuropa gebracht wurden, größere Gewalt und Stigmatisierung der Randgruppen verursachten, besonders der Juden, die als Sündenböcke verwendet wurden. Die Schlüsseldynamik zur Erklärung dieser größeren Gewalt gegen die Juden war nicht so sehr das Christentum per se. Wir sahen, daß das östliche christliche Imperium nicht so radikal antisemitisch war wie das mittelalterliche Zentral- und Westeuropa. Die Kirchenväter und die frühen Christen waren theologisch und scholastisch anti-semitisch; aber die Auto-da-fé Pogrome, die Folterungen der Inquisition, die Kreuzzüge, in denen das Kreuz zu allererst zum Schwert gegen die Juden wurde, wurden möglicherweise alle durch die Beimischung der Grausamkeit und der separanten Gewalt der Asen in den theologischen Antagonismus des Christentums heraufbeschworen.

In „Mark of Cain"[12] wurde gezeigt, daß die Prädisposition, gezeichnet zu sein, inter alia mit dem abweichenden Verhalten und Wert und der Auffälligkeit und Abgesondertheit jener, die stigmatisiert sind, im Zusammenhang steht. Wir werden in diesem Kapitel zu zeigen versuchen, daß die Juden diese und andere Attribute aufwiesen, die sie dazu prädisponierten, stigmatisiert und Sündenbock zu sein. Was ihre Abweichung betrifft, waren die Juden eine nicht-christliche und somit eine nicht-angepaßte, „ketzerische" Gruppe mitten in einem totalitären religiösen System. Ihre religiöse Abweichung wurde durch ihre unterschiedliche Diät, Sprache und Kleidung verstärkt, was sie physisch und kulturell auffällig machte. Die Wertabweichung der Juden entstand hauptsächlich aus der Bedeutung, die sie spiritueller Vortrefflichkeit beimaßen. Der „Talmid Hacham", der Student der Thora, durfte sein Lernen nicht zur Erlangung weltlicher Vorteile verwenden, sondern er hatte die Achtung und das Studium der Thora als Ziel an sich zu betrachten. Die christliche Kirche andererseits war am Erwerb weltlicher Besitztümer sehr interessiert und konkurrierte oftmals mit Herrschern und Königen um politischen und materiellen Gewinn. Daher war die partizipante jüdische Betonung von politisch-machtlosem Spiritualismus völlig wertabweichend. Diese machtlose Vergeistigung der Juden, die für sie höchste Tugendhaftigkeit und eine Vorbedingung zur Teilnahme an der Vollständigkeit des Nicht-Seins der Thora war, stellte für die macht-basierte christliche Kirche Zeugnis der besiegten, degradierten und verblendeten Synagoge dar, die auf vielen Kathedralen abgebildet war. Die Juden wurden, entweder durch legale Dekrete oder durch rassischen Druck, gezwungen, Gewerbe wie „Zinswucher" zu betreiben, was dazu tendierte, verboten zu werden oder von den Christen als amoralisch oder niedrig betrachtet zu werden. Dies trug zweifellos zur jüdischen Abgesondertheit bei. Die Juden versuchten, ihre politische Machtlosigkeit und soziale Unsicherheit durch Ansammeln von soviel Geld wie möglich zu kompensieren, besonders, da ihr Eigentumsrecht von Land und Gütern beschränkt wurde. Dies wieder weckte die Eifersucht ihrer christlichen Nachbarn und intensivierte ihren stigmatisierenden Antagonismus.
Die Stigmatisierung und Ablehnung der Juden durch die Christen wurde naturgemäß von einer Gegen-Ablehnung der Christen durch die Juden begleitet. Das leitete einen Zyklus von Ablehnung und Gegen-Ablehnung ein, was immer schon eine umfassende Grundlage in Schrift und Tradition hatte; z. B. von Talmon passend dargelegt: „In den Augen der Christen war jeder Jude ein Judas Iskarioth und ein Shylock, und in den Augen der Juden war jeder Christ, der sie verfolgte, ein Abkömmling von Amalek, ein Sohn von Edom."[13]

Und das Kreuz wurde zum Schwert

Die Hauptthese der gegenwärtigen Arbeit ist, daß, wann und wo immer die germanische separante Komponente in einem gegebenen europäischen Sozialcharakter prominenter wurde, die Anti-Judenheit dieses Sozialcharakters gewalttätiger, aktivistischer und pragmatischer wurde. Die Bekehrung zum Christentum zügelte die germanische aktivistisch-separante Natur mit partizipanten Werten und Beschränkungen. Daher war ihr Bedürfnis nach einem sicheren Ventil und einem Ablaß für ihre angestaute Gewalttätigkeit umso größer. Auch ihr Bedürfnis nach einer stigmatischen Projektion ihrer kürzlich erworbenen Schuldgefühle war größer, was zu einer heftigen Entfaltung der Aggression gegen den offensichtlichen Ursprung dieser Schuld, die Juden, führte.

In der Regel ging es den Juden sozial, wirtschaftlich und rechtlich unter der Herrschaft der mehr partizipanten Moslems wesentlich besser. Die Juden stiegen in den Moslemländern des Mittelalters, spirituell und kulturell, in beispiellose Höhen der Vortrefflichkeit. In Osteuropa, speziell in Polen, gab es eine germanische Einwanderung gleichzeitig mit der jüdischen Einwanderung, aber der eher fügsame partizipante slawische Sozialcharakter sorgte für relativ geringe Gewalttätigkeit und toleranteren Umgang mit den Juden, zumindest im Mittelalter bis zur Mitte des 17 Jahrhunderts. Sogar das gräßliche Judenmassaker von Bogdan Chmelnitkij und seinen Kosaken- und Tatarenhorden (1648–53) gehörte hauptsächlich dem großen Umfang der ukrainischen Revolte an, die primär gegen die polnischen Adeligen und die katholischen Priester gerichtet war. Die Juden litten einfach am meisten, weil sie zur Selbstverteidigung am wenigsten fähig waren. Der wichtigste Punkt hier ist, daß Chmelnitkij die Juden nicht wegen ihres Judentums per se angriff, sondern als Verbündete der Polen. Als die Schweden 1655 Polen besetzten, wurden die Juden, ironischerweise, von den Polen als Feindsympathisierende gewalttätig angegriffen. Die aktive Verfolgung der Juden in Europa, als systematische Politik des Christentums, wurde erst deutlicher, nachdem die germanischen Invasionen separante Komponenten aggressiv in den verschiedenen europäischen Sozialcharakteren abgelagert hatten. Tatsächlich betrieben die Kirchenväter und Bischöfe des Mittleren Ostens, des Römisch-Byzantinischen Imperiums und Nordafrikas fanatische Polemik gegen die Juden. Doch waren diese meist nicht von Taten begleitet. Als die germanischen separanten Züge in den Kern des mittelalterlichen europäischen Sozialcharakters eindrangen, wurden sie gewalttätiger, suchten nach einem Ventil für ihre Aggressionen und verwandelten das Kreuz aufopfernder Gnade in ein Schwert der Verfolgung und des Mordes. Die Schwierigkeiten und methodologischen Unzulänglichkeiten der umfassenden Verallgemeinerung, die den gegenwärtigen Makroüberblicken und Hypothesen eigen sind, sind hinderlich. Aber es scheint, daß der Konflikt zwischen Juden und Christen bis zum fünften Jahrhundert meistens ein Kampf doktrinärer Polemik war.[14] Die Christen waren im vierten und im frühen fünften Jahrhundert in ungefähr drei Dutzend verschiedene und weit divergierte Bekenntnisse, Glaubensgruppen und „Ketzer" (je nach Gesichtspunkt) geteilt.[15] Diese Art von Pluralismus ist nicht geneigt, gewalttätigen Dogmatismus zu fördern, und sorgt in Wirklichkeit für tolerantere Behandlung der Mitglieder von ausgeschlossenen Glaubensbekenntnissen (im Unterschied zu einer doktrinären Haltung) inklusive der Juden. Es ist wahr, daß die Zerstörung jüdischer Synagogen und ihre Beschlagnahmung und Verwandlung in Kirchen von Zeit zu Zeit vorkam und Leute wie Chrysostomus ein Pogrom gegen die Juden anstifteten. Aber das waren eher Ausnahmen als die Regel, und Christen und Juden erreichten üblicherweise einen betriebsfähigen modus vivendi. Das gemeine Volk dieser Ära ließ sich, in der Regel, in seiner täglichen Routine nicht übermäßig durch theologische Dogmen und Doktrinen stören.[16] All das hat sich, ab dem siebenten Jahrhundert, als die römische Kirche monolithischer wurde, geändert. Die germanisch-separanten Einflüsse waren im europäischen Sozialcharakter integriert, und der ganze Verlauf des Lebens im Mittelalter wurde gewalttätiger und barbarischer.[17] Somit wurde das gesamte gemeine Volk im täglichen Umgang mit den Juden antagonistisch. Tatsächlich waren die politischen, wirtschaftlichen, kulturellen und sozialcharakterlichen Wandlungen, die im fünften und sechsten Jahrhundert durch die germanischen Einwanderungen in Europa stattfanden, die radikalsten, die man sich vorstellen kann. Odoaker, der nomadische Barbare von Noricum, entthronte den weinerlich ergebenen Augustus und überredete den Senat, ihm den Titel eines römischen Patriziers sowie auch die eigentliche Macht der italienischen Regierung zu verleihen.[18]

Theoderich der Ostgote (475–526) wurde, charakteristischerweise, von seiner Mutter gedrängt, in den Krieg zu ziehen, wie es sich für den separanten teutonischen Sozialcharakter, mütterlicherseits verankert, geziemte … „Laßt alle sehen," sagte die Mutter, während sie ihm den Umhang gab, den sie für ihn bestickt hatte, um ihn über seine Rüstung zu geben, „wie er froher in die Schlacht zieht als zum Fest".[19] Keine sanfte Behandlung für den früh-oral fixierten sisyphischen Teutonen durch seine kriegerische Mutter. Getrieben von der Vision eines siegreichen Odins wandte er sich von den Verlockungen des dekadenten römischen Imperiums ab und, wie ein wahrer Sohn Wotans, stampfte, tötete, zerstörte und eroberte er ein neues Land für seine wandernden Horden. Während dieses Prozesses warf der ungebildete Theoderich „der Große" Papst Johannes ins Gefängnis, wo er nach wenigen Monaten in seiner Gefangenschaft starb. Er drehte einen Strang um den Kopf des römischen Philosophen Boethius, bis seine Augen aus ihren Höhlen barsten und köpfte Symmachus, seinen Schwiegervater.[20] „Alles Arbeit eines Tages", wie man sagt.

Clodwig, König der Franken (482–511), war schlau, kalt, kalkulierend und manipulierend; „er erreichte Wohlstand durch das Schwert und erwarb Soldaten mit den Früchten der Eroberung."[21] Clovdwig wurde erst Christ, nachdem ihm der christliche Gott die Schlacht von Tolbiac gewinnen half. Alle Bewohner des Äsir würden diesen Handel gepriesen haben und hätten sich unter ähnlichen Umständen sicherlich selbst taufen lassen. Es macht den Anschein, als hätte er Jesus Christus als weitere Gottheit betrachtet, die sich dazu eignete, den germanischen Asgard zu bewohnen. Was seine Auffassung von Menschenrechten betraf, verabschiedete er eine Synode der gallikanischen Kirche und meuchelmordete kaltblütig alle merowingischen Prinzen, denen er etwas anhaben konnte. Als ihm vom Leiden und der Kreuzigung Christi erzählt wurde, entgegnete er: „Wäre ich an der Spitze meiner tapferen Franken gestanden, hätte ich seine Verwundungen gerächt."[22] Dieser separante, fleischfressende, objektmanipulierende Sisyphus konnte einer normativen partizipanten Selbst-Opferung nicht ins Auge sehen. Für ihn konnte das selbsttilgende, aufopferungsvolle Kreuz nur die Form eines schlagenden Schwerts annehmen. Diese Illustrationen liefern ein charakteristisches Muster für die Anführer der germanischen Stämme, die Europa überrannten und besiegten, von der Nordsee bis Nordafrika, von der Donau bis zu den britischen Inseln.

Die massive Invasion Europas durch germanische Stämme begann im fünften Jahrhundert. Zu dieser Zeit und lange während des sechsten Jahrhunderts waren die teutonischen Horden zu sehr damit beschäftigt, ihre militärischen Feldzüge zu gewinnen und ihre Macht zu festigen, um den Juden, oder in diesem Fall jeder Minderheitengruppe, übermäßige Aufmerksamkeit widmen zu können. Auch machte eine Reihe rivalisierender Splitterparteien im Christentum religiöse Angelegenheiten für die kürzlich bekehrten Nomaden zu verwirrend, speziell für jene, die den „falschen" Glauben angenommen hatten. Die siegreichen germanischen Anführer waren anfangs den Juden gegenüber freundlich gesinnt. Dies war ein separanter, manipulativer Schritt, der dazu bestimmt war, eine vermutlich unterdrückte Minderheitengruppe zu gewinnen. Die Behandlung der Juden durch die verschiedenen germanischen Eroberer war alles andere als einheitlich und wechselte oft von einem Extrem zum anderen. Als sich die germanische Herrschaft in Europa einmal fest etabliert hatte und der separante teutonische Einfluß sich im europäischen Sozialcharakter völlig integrierte, wurde die stigmatische Haltung den Juden gegenüber deutlicher. Die Integration des germanisch-aktivistischen Separantismus' ins europäische Christentum war der kirchlichen Tendenz, weltliche Macht zu sammeln, sich in ihren Beziehungen mit Eroberern und Königen aggressiver zu benehmen und religiöse Zwecke mit der, für die teutonischen Asen charakteristischen, rasend kriegerischen Gesinnung zu verfolgen, förderlich. Der germanische Sozialcharakter war nicht sehr geneigt, scholastischen Haarspaltereien oder der Polemik theologischer Doktrinen nachzugeben. Ihre Methode, weltliche sowie auch religiöse Kontroversen zu beheben, war das Schwert. Dies zeigte sich in der gewaltsamen Heimsuchung durch die Kreuzfahrer, deren erstes Opfer die Juden wurden. Die makabre Symbiose war hier zwischen den Kreuzfahrern, welche die Juden an Odin, in seiner Gestalt als schwertschwingender Jesus Christus, opferten, und den Juden, die die Kreuzigung neu inszenierten und den Namen des Herrn durch Selbst-Opferung heiligten, wie es von Jesus und Isaak bestimmt war.

Mit der Germanisierung Europas wurde die Stigmatisierung der Juden intensiver. Die Definition von christlichem Wert im Vergleich mit den niedrigen und degradierten Juden bestand bis zum fünften Jahrhundert meist aus dogmatischer Verurteilung, sozialer Degradierung und legaler Diskriminierung. Aber die Benutzung von Definition durch Gegensatz durch den Separanten muß konkreter und sichtbarer sein. Abstrakte Formeln sind für ihn weniger bedeutungsvoll. Wenn der Jude niedrig und degradiert ist, muß er dazu gebracht werden, auch so auszusehen, greifbar und offenkundig; und wenn er verdammt ist, bedarf es nicht weniger als physischen Verderbens, um es zu demonstrieren. Das Bedürfnis, die Schuld, die das Christentum den Juden auferlegte, zu verlagern und zu projizieren, war unter germanisierten Europäern wesentlich stärker. Die Erben des plündernden Stammesethos', der Asen, spürten ein dringendes Bedürfnis, den normativen Einschränkungen von Gesetz und Moral zu entkommen. Daher mußten die Juden, der offensichtliche Ursprung dieser Einschränkungen, gestraft werden, sofort und kräftig. Das Christentum brachte ein partizipantes Element in das verfallende Römische Reich, sodaß selbst die stigmatisierende Herabsetzung durch legalistische Erwägungen begrenzt war. Daher setzte der Theodosianische Kodex die unterschiedlichsten Maßnahmen gegen die Juden sowie die Privilege, die ihnen in streng legaler Weise zugestanden wurden, fort. Da das Problem der zahlreichen Ketzer die Herrscher und die Kirche im vierten und fünften Jahrhundert viel mehr beunruhigte als das der Ungläubigen, erging es den Juden in mancher Hinsicht besser als den Ketzern, im Gesetz und auch in ihrer tatsächlichen Behandlung durch Kirche und weltliche Obrigkeiten.[23] Wie dem auch sei, die ursprüngliche partizipante Einschränkung, die das Christentum in das zerfallende Römische Reich brachte, wurde von der separanten Gewalt, die Europa von den germanischen Stämmen eingeflößt wurde, mehr als ausgeglichen. Daher war der Rechtsschutz, der den Juden durch die römischen Gesetzbücher geboten wurde, praktisch nicht existent. Es herrschte separante, rohe Gewalt; und der einzige „Schutz", den die Juden gegen die mittelalterlichen Horden hatten, war Bestechung und Schmeichelei.[24]

Jüdisch-christliche und syrische Einwanderer brachten das Christentum nach Rom, während Ulfila der Gote das Christentum aus dem Byzantinischen Reich einführte und die gotischen Stämme bekehrte. Es könnte ein Zufall gewesen sein, daß das Christentum, das von Ulfila verbreitet und von den Goten übernommen wurde, arischen Gepräges war. Es könnte aber auch einen tieferen Grund gehabt haben. Die arische und mehr menschbetonte Vorstellung von Christus entsprach den germanischen sisyphischen Heiden, da Christus dann, neben Odin, ein Anführer der Asen werden konnte. Die Hypothese, daß die germanischen Stämme die arische Ideologie blindlings übernahmen, verliert Halt, wenn man berücksichtigt, daß die Franken und Burgunder den christlichen Glauben anfänglich auch in seiner arischen Form übernahmen. Die römische Bevölkerung dagegen nahm den eher abstrakt partizipanten und weniger anthropomorphen Katholizismus an.

Im fünften und sechsten Jahrhundert fanden es die germanischen Kaiser nützlicher, sich zum Katholizismus zu bekehren. Die pragmatischen Teutonen schlossen sich den Gewinnern an. Clodwig, der König der Franken und ein kürzlich bekehrter Katholik (496), gebrauchte sogar die Ausrede, die Wisigoten seien immer noch „Ketzer", d.h. die Arier sollten gegen sie Krieg führen (507).

Der hl. Augustinus bekehrte die Anglosachsen (596) und der hl. Bonifatius die trans-rheinischen Germanen mit Takt und Vernunft. Aber Charlemagne zwang den kontinentalen Sachsen das Christentum mit Gewalt auf. So wurde ihr heidnischer Separantismus durch Zwang gezügelt, und ihre angeborene stürmische Aggressivität wurde durch christliche Schuldgefühle gebrochen, was eine größere Wahrscheinlichkeit der Freisetzung ihrer angestauten Aggression durch den stigmatisierenden Prozeß bedeutete.

Ein Hauptfaktor war, daß die Zügelung des aktiven Separantismus' der germanischen Stämme im mittelalterlichen Europa stattfand, welches eine partizipante Phase durchlebte, der der Zerfall des Römischen Reichs und die Annahme des Christentums folgten. Tatsächlich wurde der partizipante Rückgang der Macht des Römischen Reiches von einer „Mutlosigkeit"[25] begleitet, einer passiven und lähmenden Lethargie, die von der christlichen Selbstprüfung und ihren einschränkenden Normen verstärkt wurde. Die fröhlichen heidnischen Germanen versanken in einem mittelalterlichen, von einer morbiden und trostlosen partizipanten Lethargie gelähmten Europa; außerdem erkannten sie die Übermacht europäischer Kultur und ließen sich daher von deren normativen Bürden einschränken.
Das Bild eines partizipanten Systems tritt aus einigen meisterhaften Schilderungen des mittelalterlichen Lebens deutlich hervor. Jede alltägliche Handlung war von feierlichen Formen und Ritualen umgeben, die ihr eine mystische und transzendente Aura verliehen.[26] Die Bevölkerung war ans Land gebunden, und vertikale sowie horizontale soziale Bewegung stand beinahe still. Das Leben war daher eher partizipant statisch als separant dynamisch.[27] Alles war von Gott bestimmt, und jede Handlung mußte im Licht des christlichen Dogmas betrachtet werden. Da der Teufel hinter jeder Ecke lauerte, war Untätigkeit besser als Tätigkeit, und die innere Einkehr sorgte für Quietismus. Die partizipant eingeschränkte und rituell mystifizierte Stimmung, die das Europa des vierten und fünften Jahrhunderts in seiner christlichen Diözese prägte, wurde von den germanischen Eroberern übernommen oder ihnen auferlegt, aber nur äußerlich. Angetrieben von dem barbarischen Verhalten des mittelalterlichen Lebens der kommenden Jahrhunderte drängten sich ihre separanten Energien in die leidenschaftlichen Wogen der Kreuzzüge und in die gewaltsamen Peinigungen der Juden.

Die Kirchenväter, die Bischöfe und frühen Päpste des vierten Jahrhunderts waren relativ stärker partizipant eingeschränkt. Als der germanische Separantismus durchdrang, begannen die Bischöfe sich in Machtkämpfe mit Königen über Territorien, Wohlstand und politische Kontrolle der Völker zu verwickeln. Die Päpste waren mehr von Kämpfen mit den Eroberern, notorischen Kriegen der Investituren und vom Ausbruch der wilden Gewalt der Kreuzzüge in Anspruch genommen als an spirituellen Angelegenheiten interessiert.

Die Kirchenväter richteten ihre Polemik, die als ödipale Wut betrachtet werden könnte, hauptsächlich gegen die jüdische Stammkirche. Die christlichen Polemiker des vierten Jahrhunderts waren ebenfalls hauptsächlich mit theologischen und doktrinalen Zusammenstößen mit dem Judentum als Glauben beschäftigt; tatsächliche Gewalt gegen die Juden blieb eher eine Ausnahme als die Regel. Demgemäß erklärte Eusebius ausführlich die Übermacht des Christentums über das Judentum, und Hilarius von Poitiers behauptet charakteristisch: „Vor Erhalt der Gebote waren die Juden von einem verschmutzten Teufel besessen, den die Gebote eine Zeitlang fernhielten, der aber, nach der Ablehnung Chisti, sofort zurückkehrte."[28] Daher war die christliche Heiligkeit der Verunreinigung und dem Stigma der Juden gegenübergestellt. Außerdem war dieses Stigma innerhalb einer einschränkenden Doktrine gut eingeschlossen und im legalistischen Dogma eingebaut. Mit der krassen Ausnahme von Chrisostom von Antioch waren die meisten christlich stigmatisierten Haltungen gegenüber den Juden im vierten und fünften Jahrhundert auf einer abstrakten, theologischen Ebene und nicht mit dem tatsächlichen Alltagsleben verbunden. Daher beeinträchtigte diese Polemik den funktionierenden modus vivendi zwischen Juden und Christen nicht sehr. In ähnlicher Art ließ sich Gregor der Große[29], der römische Patrizier, der gegen Ende des sechsten Jahrhunderts (590–604) den Stuhl von St. Peter bestieg, auf eine tiefe und extensive Polemik gegen die Juden ein, aber schützte sie mit legalen Verteidigungen dennoch vor Verfolgung und Gewalt. Die Juden mußten, als deutlicher Gegensatz zur Übermacht der Christen, zweifellos in ihrer niedrigen und untergeordneten Position gehalten werden, aber ihr Friede und ihr physisches Wohlergehen sollten geschützt werden. Dies befand sich in Übereinstimmung mit der eher partizipanten und disziplinierenden Betrachtung der Bereiche von richtig und falsch, Erlaubnissen und Verboten, was Gregors Auffassung von der Kirche als universaler Regulator der Beziehungen von Mensch zu Mensch und Mensch zu Gott charkterisierte. Gregor war vom Leben nach dem Tode partizipant besessen, versuchte jedoch auch das irdische Leben auf der Vorstellung von Gottes Gerechtigkeit aufzubauen. Er bestand auf die genaue Anwendung der im theodosischen Kodex verwahrten, einschränkenden Bestimmungen gegen die Juden, ihre erzwungene Bekehrung oder die Entweihung ihrer Synagogen. Dieser partizipante legalistische Schutz der Juden wurde von den germanischen Horden weggefegt. Legale Einschränkungen verschwanden, und die Juden sowie auch andere machtlose Elemente im mittelalterlichen Leben waren Mord, Tyrannisierung und Plünderung ausgesetzt.

Die Kämpfe zwischen Bischöfen und Königen, Eroberern und Päpsten ereigneten sich hauptsächlich wegen der Einflößung separanter weltlicher Machtbestrebungen in das ursprünglich partizipante Amt des Klerus. Naturgemäß wurden diese Konflikte vorherrschend, als die germanisch-sisyphischen aktivistischen Stämme in den religiösen und politischen Strukturen Europas einmal integriert waren. Im nördlichen Frankreich und in Belgien, zum Beispiel während der merowingischen Periode, waren die Bischöfe offiziell zwar vom Klerus der Diözese eingesetzt, in Wirklichkeit wurden sie aber von den merowingischen Königen ernannt.[30] Die berühmte Krönung Karls (Karl der Große Charlemagne) durch Papst Leo III. in der Basilika des Laterans zu Weihnachten im Jahre 800 wurde vom Papst durchgeführt, indem er die Krone auf das Haupt des fränkischen

Monarchen setzte, ihn zum Kaiser ernannte und sich dann sofort zu Boden warf, um seinen äußersten Gehorsam gegen Karl den Großen Charlemagne zu demonstrieren.[31] Aber der neu gekrönte Kaiser ließ sich nicht täuschen. In seinem germanischen Hunger nach Macht war er darüber verärgert, seine Autorität direkt vom Papst zu beziehen. Als er daher seinen Sohn Ludwig (Louis) 813 zu seinem offiziellen Thronfolger ernannte, wurde die Krone vom Papst auf den Altar gestellt, und Louis setzte sie, den direkten Autoritätsfluß vom Papst an das gekrönte Haupt unterbrechend, selbst auf seinen Kopf; der Kaiser schien sich selbst gekrönt zu haben. Eineinhalb Jahrhunderte später, als Otto I. das Imperium wieder zum Leben erweckte, indem er sich von Papst Johannes XII. die kaiserliche Krone aufsetzen ließ (962), stellte er ein heiliges römisches Reich, das ursprünglich germanisch war, wieder her. Der König von Deutschland erwarb einfach den zusätzlichen Titel eines Kaisers; der Papst konnte seine Krönung diesem nicht wirklich verweigern[32], und so war er mit der tatsächlichen Macht ausgestattet. Der Titel des heiligen römischen Kaisers bewies dies, indem er die temporale Vorherrschaft, die dem Titel des Kaisers eigen war, mit der heidnischen sisyphischen Kraft (Energie, Wirkung) von Rom verband. Diese separierende Kombination war in einen äußeren partizipanten Hauch von Heiligkeit gehüllt, die zu verleihen der untergeordnete Papst nicht verweigern konnte. Außerdem machte der theoretische Bedarf nach offizieller Legitimation durch den Papst es nötig, daß der Kaiser das päpstliche Amt kontrollierte, zumindest soweit es seine eigene Krönung betraf. Tatsächlich mußten die germanischen Staatsmänner jedesmal, wenn es notwenig war, ihre kaiserliche Krone zu empfangen oder zu schützen, die Alpen überqueren, um ihre Macht in Rom hervorzukehren. Die deutschen Kaiser hatten eine allmächtige separate Auffassung von ihrer Macht, die einen Konkurrenzkampf mit der partizipanten und anderen weltlichen Autorität des Papstes nicht zuließ. Es ist richtig, daß die Kaiser die offizielle Investitur durch den Papst beantragten und selbstverständlich auch erhielten, aber das päpstliche Eingreifen in die temporalen Angelegenheiten des Imperiums wäre undenkbar gewesen. Die separanten germanischen Kaiser waren an kirchlichem Dogma nicht wirklich interessiert. Sie mischten sich nicht in kirchliche Doktrinen, solange der Papst und die Bischöfe die temporale Macht des Staates gänzlich anerkannten, so wie sie ihrerseits auch nicht in die Angelegenheiten des Staates eingriffen.[33] Die untergeordnete Position der Kirche in Deutschland selbst ging aus ihrem Namen „Reichskirche" hervor, welcher die Beherrschung der Kirche durch das Reich und die Vorherrschaft des Staates über die Kirche kennzeichnete. Dies demonstriert die relative Unterordnung der partizipanten weltfernen christlichen Doktrinen im überwiegend aktivistisch-pragmatisch separanten, germanischen Sozialcharakter. All dies änderte sich drastisch, als das päpstliche Amt ebenfalls von der separanten Auffassung der Macht beeinflußt wurde. Charakteristischerweise waren die vier deutschen Päpste, Klements II. (1046-1048), Damasius II. (1048-1049), Leo IX. (1049-1054) und Viktor III. (1055-1057), ernannt vom deutschen Kaiser Heinrich III., diejenigen, welche rebellische Komplotte gegen die Macht des Kaisers planten, die unter der Herrschaft von Heinrich IV., im Investiturstreit, ihren Höhepunkt erreichten.

Ein anderer Protagonist dieses Kampfes war der Mönch Hildebrand, ein Protegé von Kaiser Heinrich III., der, als er zum Papst gewählt wurde (1073), den Namen Gregor VII. annahm. Im Kampf der Investituren ging es nicht nur um die Rechte der Ernennung zu kirchlichen Ämtern und darum, ob Kaiser und Könige Bischöfen und Päpsten Autorität verleihen sollten oder nicht und vice versa. Im Grunde drehte sich der Konflikt um säkulare Macht, politische Autorität und Eigentumsrechte. Die maßgebenden Ausdrücke der kaiserlichen sowie auch der päpstlichen Forderungen waren „Kontrolle", „Privileg", „kirchliches Eigentum", „Lehensansprüche", „Stellung", „Lehenstreue", „Krieg und Frieden", „Gehorsam gegen Verweis", „interne Herrschaft", „Tyrannei", „Autorität", „Geld", „Macht", „Schwert", „Gewalt". Dies waren die Kennworte und Symbole eines Krieges um Kontrolle, Macht und weltliche Güter, in dem die partizipante Spiritualität der Religion durch Abwesenheit glänzte. Mit dem Eindringen des germanischen Separantismus' in alle mittelalterichen Institutionen nahm selbst ein Konflikt von scheinbar religiöser Natur die Form eines Kampfes um weltliche Macht, Besitztümer und politische Zugehörigkeit an, ähnlich den Kriegen zwischen den anthropomorphen Göttern des Äsir.

Auch Canossa (1077) war für den separanten germanischen Sozialcharakter typisch: Wenn Sieg unmöglich war, war äußerster Gehrosam gegen die überlegene Macht politisch nötig. Heinrich IV. wußte, daß er alles verloren hatte, wenn er nicht Gregors Gnade erhielt. Daher war seine demütige Reise nach Canossa sein letzter Ausweg sowie auch ein manipulativer Schritt. Heinrich behielt tatsächlich recht. Nach seiner Absolution durch Papst Gregor gelang es ihm, seine Macht wiederzuerlangen und ihn später zu entthronen. In der sisysphischen germanischen Weltanschauung mußten religiöse Konflikte auch durch die auf Macht gegründeten Entscheidungen am Schlachtfeld betrachtet werden. In der germanischen Politik sowie in der Religion war der Sieger nicht nur mächtig, sondern auch gerecht.

Für die separanten Teutonen wurden religiöse Konflikte greifbar gemacht und auf Kämpfe um Macht und Objekte innerhalb von Zeit und Raum übertragen. Die Vorstellung der Stadt Gottes als ein spirituelles partizipantes Reich war für den sisyphischen germanischen Sozialcharakter zu abstrakt und vergeistigt. Die Stadt des Menschen mußte gewonnen und beherrscht werden, als konkreter Beweis für Gottes Gnade. Für die germanische Weltanschauung und religiöse Haltung war die göttliche Universalität von Gott, dem Sohn, daher nicht so wichtig wie das wirkliche, konkrete Grabmahl des Erlösers zu erobern. Das war die Substanz der Kreuzzüge. Jesus wurde gänzlich verwandelt, von einem normativ bereitwilligen Opfer in einen gepanzerten Christus, der an Odin und Thor erinnerte. Urban II. (1088–99) wurde ebenfalls verwandelt, vom Vertreter Christi in den Stabschef des Kreuzes. Das christliche Europa vereinte sich, um den Krieg des Kreuzes zu führen. „Westlicher Feudalismus", sagt Pirenne, „handelte wie ein Mann und durch eigenen Antrieb."[36] Das ist die Besessenheit, die eine Menschenmenge für Aufgaben der Gewalt, Besitzergreifung und Zerstörung vereinigt. Viele Jahrhunderte später wird Goebbels seine Zuhörer ermahnen, damit aufzuhören, Würmer zu sein und sich als feuerspeiender Drache zu vereinigen. Den kämpfenden Kreuzfahrern wurde versprochen, daß ihre toten Kameraden wiederauferstehen würden, um an ihrer Seite zu kämpfen: Die Jungfrau selbst würde ihre Sünden vergeben.[37] Dies ist eine Abänderung des Themas der Wiederauferstehung der teutonischen Helden in Walhalla und der walkürischen Jungfern, die die sterbenden Krieger trösteten und ihnen Gnade erteilten. Die kreuzfahrenden Horden, die in kriegerischer Wildheit durch Europa zogen, setzten daher Teile der germanischen Mythologie wieder in Szene. Das erste Ziel der christlichen Soldaten waren natürlich die Juden. Ein zeitgenössischer Beobachter der Kreuzzüge schrieb daher folgendes: „Siehe da, wir ziehen hin, um das heilige Grabmal zu finden und rächen uns an den Israeliten; und hier sind die Juden, die ihn ohne Ursache töteten und kreuzigten. Laßt uns zuerst an ihnen Rache nehmen und sie vernichten, sodaß sie nicht länger ein Volk sind und der Name Israel nicht mehr genannt wird, oder sie müssen werden wie wir und sich zu unserem Glauben bekennen."[38] Bis auf wenige krasse Ausnahmen, wie zum Beispiel die Schützung der Juden durch den hl. Bernhard im zweiten Kreuzzug, unternahmen die kirchlichen und feudalen Autoritäten tatsächlich nichts, um die Ströme jüdischen Blutes, die sich über ganz Europa ergossen, aufzuhalten.

Wir werden nun einige typische Fälle untersuchen, als eine erste Einschätzung unserer Hypothese hinsichtlich christlich-jüdischer Beziehungen im Mittelalter. Im Deutschland des neunten und zehnten Jahrhunderts bestand der archaische germanische Ethos immer noch weiter. Die Einwohner betrachteten sich als Teil eines Stammessystems, und die Erzherzöge wurden als nationale Anführer anerkannt.[39] Heinrich der Vogelfänger (919), dessen Reinkarnation Himmler selbst zu sein glaubte, der Vater von Otto I., der heilige römisch-deutsche Kaiser, regierte Deutschland als seine Stammesdomäne. Seine Regierung war von ständigen Kriegen gegen die Slawen und Magyaren und einer starken Identifizierung und Solidarität mit seinen Untertanen gekennzeichnet. Daraus ergab sich eine relative Aufhebung von Gesetzen und Moral, da Handlungen für den Stamm, die Gruppe und den König ausgeführt wurden, wie einige Jahrhunderte später für Vaterland, Reich und Führer. Eines der charakteristischen Merkmale von Mitgliedern seperanter Machtgruppen ist, daß, je stärker sie sich mit ihrer Gruppe identifizieren, sie sich desto mehr in der Interessensförderung ihrer Gruppe und im Umgang mit Randgruppen als von Gesetzen und Moral uneingeschränkt betrachten. Im höchsten Maße drückte sich dies im Dritten Reich aus, in dem die arische Rasse alle Rechte hatte und Gesetz und Moral nur auf ihre Mitglieder angewandt wurden.

Ein weiteres Merkmal des germanischen Stammesethos war seine Verherrlichung von Natur und Bodenständigkeit und seine Abneigung gegen Verstädterung. Der Verfall der Städte kennzeichnete nicht nur Deutschland, sondern das gesamte germanisierte mittelalterliche Europa. Dies kann mit der germanischen völkischen Bewegung und deren Blut – und – Boden – Ethos in Verbindung gebracht werden und ziemlich sicher auch mit der heutigen Ideologie der Grünen in Westdeutschland. Daher könnte auch angenommen werden, daß dieser Teil des germanischen Sozialcharakters, der zum Niedergang des Urbanismus im mittelalterlichen Europa viel beigetragen haben muß, die stigmatische Feindschaft und Abneigung gegen die Juden, die meistens Stadtbewohner waren, verstärkt hat, als die Städte wieder hergestellt wurden. Eine andere Folge des germanischen Festhaltens an Stammessitten war, daß ihre christlichen Festtage sowie Weihnachten oder Ostern einen heidnischen Anstrich hatten, mit Trinken, Singen, Tanzen und Promiskuität,[40] was Erinnerungen an die Festlichkeiten der Asen erweckt. Zu solchen Zeiten muß der Widerwillen gegen die Juden, als Quelle der partizipanten Einschränkung und folglich der Schuld, die mit der Zulassung dieser halb-heidnischen Ausschweifungen empfunden wurde, umso stärker gefühlt worden sein. Zweifellos trug diese Dynamik zur stigmatischen Projektion von Schuld auf die Juden bei und daher zu ihrer Verbannung von den Straßen zu Ostern und zu anderen Festtagen.[42]

Im neunten und zehnten Jahrhundert waren die Juden in Deutschland recht zahlreich, aber sie konnten, wegen der religiösen Beschaffenheit des Treueids, nicht ins feudale System integriert werden. Daher waren die Juden von dem Schutz (Sicherheit), den das feudale System auf allen Ebenen jenen bot, die es umfaßte, ausgeschlossen.[43] Da die Juden auch bei der Sklavenhaltung eingeschränkt wurden, konnten sie keine erfolgreiche Landwirtschaft betreiben. Andere Einschränkungen bei den ihnen erlaubten Gewerben verursachten, daß die Juden Handel, Sklavenhandel und Wucher trieben; besonders als letzteres den Christen kirchenrechtlich untersagt wurde. Die Juden waren in diese Gewerbe, die bedrückend und verächtlich waren, gezwungen worden, nicht aus Vorliebe, sondern durch stigmatische Absonderung und Zwang, was zu einem Zyklus von Rassentrennung, Stigmata und Gewalt führte. Ferner mußte der jüdische Steuereinnehmer und Geldverleiher den Großteil der Steuern und Zinsen dem feudalen Patron abgeben. Aber für das gemeine Volk war der Jude der Missetäter, nicht der Herr. Wenn Gewalt gegen die

Juden ausbrach, erwiesen sich die Schutzurkunden, die die Juden von den Lehnsherren zu hohen Preisen erwarben, meistens als wertlos und praktisch unwirksam. Die Judenverfolgung in Deutschland selbst war die verhältnismäßig schlimmste, doch bevor das Niedermetzeln der Juden im ersten Kreuzzug begonnen hatte (1096), erreichte die Nachricht der bevorstehenden Angriffe die Juden von Speyer, Worms, Mainz, Köln und anderen Städten. Charakteristischerweise schenkten sie diesen „Gerüchten" keinen Glauben, so wie die europäischen Juden es verweigerten zu glauben, daß es die Nazis mit ihren Mord- und Ausrottungsplänen „ernst" meinten. Es scheint daher klar, daß die Juden von ihren Lehnsherren in eine Position ökonomischer Verwundbarkeit manipuliert waren und als Mittelsmänner in der ausbeuterischen Beziehung zwischen den Grundbesitzern und den Bauern natürliche Zielscheiben des Zorns der letzteren wurden. Die Juden wichen dieser Opferrolle nicht wirklich aus, sondern akzeptierten sie eher mit partizipantem Fatalismus. Weiterhin waren sie blind gegenüber den bevorstehenden Gefahren und verabsäumten es mit makaberer Regelmäßigkeit, Warnungen der drohenden Angriffe auf sie zu beachten und zu glauben. Ihre partizipante Naivität verleitete sie auch dazu, dem Schutz ihres Lehnsherren zu vertrauen, der sich nur äußerst selten als wirksam erwies. Natürlich ließ ihnen ihre Situation kaum eine andere Möglichkeit, als sich in geringschätzige Gewerbe drängen zu lassen, und es war auch unmöglich, anderen Schutz zu finden als den, der ihnen von ihren aristokratischen Schirmherren geboten wurde. Die einzige Alternative war die Bekehrung zum Christentum, was für den gläubigen Juden schlimmer als der Tod war, da ihn dies für alle Ewigkeit von der Auferstehung nach der Ankunft des Messias ausschloß. Das Wissen um das Fehlen von Alternativen und Möglichkeiten wurde von den Juden während der gesamten Diaspora geäußert und erreichte im Holocaust ein Crescendo der Hoffnungslosigkeit.

Vor der Besetzung Galliens durch die Franken waren die Juden dort cives Romani religione Judaei und wurden kaum diskriminiert. Nachdem die Franken sich in Gallien etabliert und den Katholizismus übernommen hatten (Clodwig der Franke bekehrte sich im Jahr 496), dauerte es nicht sehr lange, bis eine konkrete Stigmatisierung gegen die Juden begann und aktive diskriminierende Maßnahmen ergriffen wurden. Vor der Integration der separanten germanischen Franken in die soziale Infrastruktur und die Sozialcharaktere der Galier gab es zweifellos Einschränkungen und Polemiken gegen Juden, aber ihre tatsächlichen Folgen waren nicht so hart. Ein Beispiel ist der hl. Hilarius von Arles. Der Bischof von Arles war ein strenger Doktrinär, der gegen alle Feinde der Kirche ermahnte, einschließlich der Juden, als der jedoch starb, hörte man „die hebräischen Wehklagen der Juden" bei seinem Begräbnis, Seite an Seite mit denen anderer Einwohner.[44] Als die separanten germanischen Einflüsse einmal vom gallischen Sozialcharakter aufgenommen waren, wurden die Maßnahmen gegen die Juden weniger abstrakt und konkreter und wurden effektvoller ausgeführt. Daher waren die wiederholten Ratssitzungen von Orleans, gegen Mitte des sechsten Jahrhunderts, in ihren Erlässen gegen Juden zunehmend härter. Es wurde für Juden immer schwieriger, nicht-jüdische, insbesondere christliche Sklaven zu halten, bis das Konzil von Macon es gänzlich verbot. Wie schon erwähnt, war es Juden verboten, sich während christlicher Festlichkeiten in den Straßen zu zeigen. Childebert I. ordnete die allgemeine Taufe der Juden (558) an, so wie auch Chilperich (582). Dies lief den kirchlichen Gesetzen eindeutig zuwider, aber die fränkischen Könige verachteten solche Gesetze. Ihre Handlungen kamen dem Gesetz gleich. In ihrer separanten Weltanschauung konnte eine Handlung von einer Gegenkraft abgehalten werden, aber die Juden waren kraftlos. Die Absonderung der Juden wurde überdies durch den erneuten Ausschluß vom Staatsdienst, eingeführt von Clothar II. (614), vollzogen. Das Konzil von Meaux verbot den Bau von Synagogen, und Dagobert (692) vertrieb schließlich alle Juden aus dem fränkischen Königreich.

Den Juden erging es im wisigotischen Spanien am schlechtesten, besonders im siebenten Jahrhundert mit der Ankunft der moslemischen Eroberer in Nordafrika, die eine Bedrohung für die Iberische Halbinsel darstellten. Die Härte der Judenverfolgung durch die Wisigoten stand in direktem Verhältnis zu der bevorstehenden moslemischen Bedrohung und dem Ausmaß ihrer Erfolge.[45] Hier wurde die Stigmatisierung und das Abstempeln der Juden zum Sündenbock auch von einer xenophobischen Verlagerung der Angst angetrieben. Das Auslassen stigmatisierender Aggression gegen die Juden war eine Alternative zur Bekämpfung der sich nähernden Moslems. Ein anderer möglicher mitwirkender Umstand war die partizipante Nähe der Juden zu den mittelöstlichen Moslems und die verständliche Sympatie der Juden für die Moslems, die die Gegner ihrer Verfolger waren.

Die Wisigoten eroberten in der zweiten Hälfte des fünften Jahrhunderts den Großteil Spaniens, aber ihr Ariertum trennte sie von der katholischen Mehrheit. Das Brevier von Alarich II. (507) enthielt eine wesentlich reduzierte Variante der Einschränkungen des Theodosian-Erlasses gegen die Juden. Die anti-jüdische Gesetzgebung wurde strenger, nachdem Reccared zum Katholizismus übertrat. (589).

Die dritte Ratsversammlung von Toledo verbot den Juden, christliche Diener sowie Sex mit nicht-jüdischen Frauen zu haben, und verordnete, daß alle Kinder solcher Verbindungen getauft werden sollten; sie verbot den Juden auch Staatsämter, den Einfluß auf Christen zu haben. Die Ratsversammlung von Narbonne fügte auch die Verbote gegen die Juden hinzu, am Sonntag zu arbeiten, oder bei ihren Begräbnissen Psalmen zu singen. Sisebut (612–620) verordnete zwingendere Gesetzgebungen gegen die Juden; da diese jedoch nicht wirkungsvoll durchgeführt wurden, befahl er allen Juden, sich taufen zu lassen oder Spanien zu verlassen. Viele Juden hatten keine andere Wahl, als sich formell taufen zu lassen, befolgten aber im geheimen weiterhin die Vorschriften des Judentums. Wurden sie entdeckt, so bestrafte man sie schwer und nahm ihnen ihre Kinder, um sie in Klöstern oder christlichen Heimen aufzuziehen. Erwig, der seine Aufmerksamkeit auf Juden richtete, denen es gelungen war, der Taufe zu entgehen, erließ durch den Bischof des Konzils von Toledo, daß solche geheime Juden öffentlich verprügelt und ihre Haare ausgerissen werden sollten, bevor sie ins Exil geworfen wurden. Egica, Erwigs Nachfolger, ging noch weiter: Alle Juden wurden zu Sklaven erklärt, ihr Eigentum wurde konfisziert und ihre Kinder wurden, ab dem siebenten Lebensjahr, von Christen erzogen und später mit Christen verheiratet. Diese Maßnahmen müssen mit der drohenden Eroberung Spaniens durch die Moslems 711 in Verbindung gebracht werden, die die Juden aufrichtig begrüßten und wahrscheinlich auf jede mögliche Weise unterstützten. Aber dies war das Ergebnis ihrer Verfolgung und Abstempelung zu Sündenböcken durch die Wisigoten und nicht dessen Ursache. Es ist charakteristisch, daß H. S. Chamberlain, der rassistische Ideologe des Antisemitismus, der Hitler und den Nazismus inspirierte, schrieb: „Unter der Herrschaft des westgotischen Königs Egica, der ihnen viele Vergünstigungen zukommen ließ, luden die Juden die Araber, ihre Verwandten, ein, von Afrika zu kommen, und verrieten dadurch ihren edlen Beschützer."[46] Daher waren die Abstempelung zum Sündenbock, Tyrannisierung, Auspeitschung, Ausreißen der Haare, Konvertierung, Kinderraub, Sklaverei und das Exil eigentlich „Geschenke der Wohltat". Tatsächlich wurde „Newspeak" viele Dekaden vor Orwell praktiziert. Was jedoch für unseren Kontext wichtig ist, ist, daß der stigmatisierende Verfolger seinem Opfer den Versuch, der Rolle des Sündenbocks zu entkommen, verübelte. Die makabre Symbiose zwischen Tyrann und Opfer muß aufrecht erhalten werden. Die „gerechte" Empörung können wir Chamberlains Beschwerden entnehmen. Unterstehe sich der Jude, der immerwährende aufopferungsvolle Leidtragende, sich seiner Rolle als Sündenbock und Empfänger der Gewalt der Stigmatisierenden, zu entziehen!

Tatsächlich hatten die Juden Grund, den Mohren bei der Eroberung Spaniens zu helfen, was immer auch an der Darstellung des jüdischen „Verrats" an den Wisigoten wahr ist, denn unter der Regierung der Moslems erlebten sie eine „goldene Ära". Von Beginn an war der Konflikt zwischen Islam und Judentum verhältnismäßig weniger scharf. Nachdem sie von den kürzlich zum Islam bekehrten moslemischen Stämmen angegriffen wurden, erlitten die jüdischen Stämme der arabischen Halbinsel im Kampf große Verluste, da sie nicht geneigt waren, den Islam anzunehmen. Dennoch waren danach die Bedingungen für die Juden während des gesamten moslemischen Imperiums erträglich. Einige von ihnen erlangten politischen Einfluß; einer großen Zahl ging es ökonomisch sehr gut, und manche wurden ausgesprochen reich. Es sollte erwähnt werden, daß 90% der Juden, zwischen 632 und 711, unter moslemischer Regierung lebten. Nach 711 wurde dieser Prozentsatz mit der moslemischen Eroberung Spaniens noch höher. Die bedeutenden spirituellen Errungenschaften der Juden im Mittleren Osten, in Nordafrika und Spanien unter moslemischer Regierung erreichten neue Höhen, was großteils auf ihre kulturelle und religiöse Autonomie und ihren relativen Wohlstand unter den Moslems zurückzuführen sein könnte. Auch „Der Pakt von Omar", der ein diskriminierender Kodex von Gesetzen gegen Juden und Christen war, beinhaltete, inter alia, Bestimmungen für höhere Besteuerungen von Nicht-Moslems und verordnete, daß alte Synagogen wieder hergestellt, aber keine neuen gebaut werden durften. Diese Gesetze wurden nicht wirklich befolgt, und ihr Vollzug war eher sporadisch und locker. Auf der anderen Seite verordnete die Doktrin von Dhimma, die auf das „gebildete Volk" (hauptsächlich Juden und Christen) angewandt wurde, daß sie als Entgelt für die von jedem erwachsenen Mann (über 15) bezahlten Steuern und die Bodensteuer Schutz für ihre Person und ihren Besitz erhalten würden.[47] Diese Doktrin diente als gesetzmäßige Basis für die Freiheit der Religion und der Einrichtung kommunaler, religiöser und bildender Institutionen der Juden, die sich beinahe völliger Autonomie erfreuten. Der Islam und das Judentum litten nicht an dem Eltern-Kind Konflikt, der verborgene sowie auch offene Aggression in die christlich-jüdischen Beziehungen einflößte.

Was den Osten Europas betrifft, so waren die Slawen in der Regel nicht so räuberisch separant wie die germanischen Stämme. Wie schon in diesem Kapitel erwähnt, war das östliche, byzantinische Imperium mehr pluralistisch ethnisch und zugänglicher für orientalisch partizipante Einflüsse. In Rußland herrschte das östlich-orthodoxe Christentum vor. Dies sorgte für mehr ethnische und religiöse Toleranz gegenüber Minderheiten.

Die Juden begannen wegen der unerträglichen Verfolgungen im Westen nach Osteuropa zu strömen. Östliche Herrscher wie Boleslaw der Fromme (1264) und Kasimir der Große, beide Polen, erkannten den kulturellen und gewerblichen Nutzen, den das Land aus ihrer Anwesenheit ziehen konnte, und forderten die Juden auf zu kommen. Die Monarchen in Osteuropa gewährten den Juden Privilegien und Schutz. Zu dieser Zeit waren die Hauptwidersacher der Juden die deutschen Siedler, die sich vor der Bedrohung fürchteten, die die Juden für ihre Position als Kern der polnischen Bourgeoisie darstellten. Das Ausmaß jüdischer Einwanderung nach Osten war eine Folge der Härte ihrer Verfolgung im Westen. Daher mehrten sich die Greueltaten gegen die Juden, die dem schwarzen Tod folgten (1348-1349) - für die Vergiftung der Wasserbrunnen wurden die Juden verantwortlich gemacht -, sowie die Verfolgung im fünfzehnten Jahrhundert den Strom in den

Osten. Abgesehen von den gelegentlichen Verfolgungen und Vertreibungen der Juden aus Provinzen und Städten, war ihre Situation in Polen, Litauen und Rußland in der entsprechenden Zeitperiode relativ sicher und wirtschaftlich angenehm. Die schrecklichen Morde und sadistischen Qualen der Juden während der Revolte von 1648–53 durch die Kosaken und die spätere Besetzung Polens durch die Russen (1654–55) wurden bereits erwähnt. Aber diese Massaker gehörten dem politischen Umbruch an, in den die Juden nur stellvertretend verwickelt waren, weil sie mit einer der kriegführenden Splitterparteien identifiziert wurden. Die Rebellen verglichen die Juden also mit dem polnischen Adel. Dies war auch im Massenangriff auf die Juden 1768 der Fall. Die Polen andererseits beschuldigten die Juden, sich mit den schwedischen Eroberern verschworen zu haben, und ermordeten Tausende von ihnen als Verräter. Die Juden waren in diesen Kriegen ungeschützt, da sie machtlos und kriegerisch untrainiert waren. Außerdem erwies sich der Schutz, der ihnen von ihren adeligen Schutzherren zu Phantasiepreisen verkauft wurde, in schweren Zeiten meist als wertlos. Das Massaker und die Verfolgung der Juden in Osteuropa während der berücksichtigten Zeitabschnitte hing also meist mit internen Kämpfen zusammen und war nicht gegen die Juden als Juden gerichtet.

Mit der Reformation erreichte das germanische Christentum seinen separaten Höchststand. Luther war der germanische Antisemit und ein stigmatisierender religiöser Revolutionär. Luther war tatsächlich ein Sprecher des deutschen Adels und drückte deutschnationalistische Bestrebungen aus.[49] Luthers Triumph bestätigte den Sieg der Territorialkirche, die das Prinzip cuius regio, eius religio (Wer ein Staatsgebiet regiert, bestimmt dessen Religion) aufrecht erhielt.[50] Für Deutschland teutonisierte Luther die Religion und machte sie zum metaphysischen Ebenbild des germanischen Blut-und-Bodens. Für die Deutschen war er tatsächlich ein völkischer Held.

Die Reformation war eindeutig eine Revolte gegen einschränkende Gebote und partizipante Regeln und Verbote.[51] Luther verachtete und verweigerte die Einschränkungen des Gesetzes.[52] Wenn jemand den Glauben hat, verfügte er, ist er erlöst, und das Gesetz wird überflüssig. Nicht nur partizipante Gesetze, sondern auch einschränkende Moral sind belanglos, denn der Mensch wird nach seinem Glauben und nicht nach seinen Taten gerichtet. Luther wertete auch jüdisch-katholisches Gewissen und Schuld ab: „Gewissen", so sagte er, „ist eine Bestie und ein schlimmer Teufel."[53] Gemäß seinem germanischen Separatismus lehnte Luther also alle partizipanten Einschränkungen ab, die von Gesetz, Moral oder Schuld stammten. Dabei ähnelte er Adolf Hitler, der, wie schon erwähnt,[54] alle Normen und Einschränkungen der Autorität haßte. Aber wenn Gesetze, Moral und Gewissen abgewertet und angeschwärzt werden, was kann dann als bevorzugtes Mittel zur sozialen Kontrolle dienen, wenn nicht Stigma? Tatsächlich waren Stigma, Verderbtheit und Laster Luthers wichtigste Mittel zur Definition des Wertes im Vergleich zum Wertlosen. Luthers Welt war vom Teufel und seinen bösen Abbildern bewohnt. Er wurde als schwarz und schmutzig betrachtet, im Gegensatz zu den Würdigen, die weiß und rein waren (Reinheit kommt Göttlichkeit gleich). Stigmatische Aggression, Gewalt und Schmutz wurden auf den Teufel geworfen. Luther warf Tinte auf den Teufel; drohte damit, in sein Gesicht zu scheißen, und furzte ihn tatsächlich an.[56] Keine Abstraktionen für den separaten Luther! Sein stigmatischer Auslaß von Aggression war äußerst konkret und überließ der Vorstellung nur sehr wenig. Aber der objektbezogene sisyphische Luther brauchte einen sachgemäßen greifbaren Teufel, um einen Kontrast zu den sauberen Gläubigen zu zeigen, der ihm als Sicherheitsventil für angestaute Aggression und als Instrument sozialer Kontrolle dient. Diese Inkarnation des Teufels, der Anti-Christ, war in Form der Juden verfügbar.

In der frühen Phase seiner Revolte gegen die Kirche versuchte Luther, die Juden für seine Seite zu gewinnen, aber als seine Annäherungen abgelehnt wurden, wurden die Juden zu Empfängern von Stigma und zur Abstempelung zum Sündenbock bestimmt, zur „Verkörperung des Teufels". Luther schrieb ein Buch „Über die Juden und ihre Lügen".[57] Immer offen und freimütig, gab er den Gebrauch, den er vom Teufel in Gottes Namen machte, zu: „Dank sei dem guten Gott, der den Teufel und seine Verruchtheit so nutzen kann, daß es alles zu unserm Guten dienen muß." Gott nimmt (den Teufel) und sagt: „Teufel, du bist tatsächlich ein Mörder und ein sündhafter Geist, aber ich werde dich zu meinen Zwecken verwenden; du sollst mein säuberndes Messer sein, und die Welt und alles, was von dir abhängig ist, soll mein düngender Kot für meinen geliebten Weingarten sein."[58] Luthers Wahl eines Sündenbocks und Behälters des „Übels" war nicht einmal symbolisch, sondern direkt. Der böse Jude säuberte den Lutherischen „Weingarten" von seinem wertlosen Unkraut und beschützte die „Reinen und Würdigen", indem er sie von den Unsauberen außerhalb seines „Weingartens" trennte. In diesem Prozeß konnten sich die Würdigen vereinigen, zusammenhalten und ihren esprit de corps gegen den Widergeist stärken. Die teuflischen Juden waren Meister, sie wollten die Christen vernichten. Daher verteidigten sich die Christen nur im Kampf gegen die Juden.[59] Hier war Luther Hitlers Vorläufer. Die Weisen von Zion wurden als allmächtige Angreifer des Ariertums betrachtet, gegen welche die Nazis sich verteidigen mußten, so wie Luther die Deutschen genötigt hat, sich durch den Angriff auf die teuflischen Juden zu verteidigen. Der Kampf gegen die Juden, die Inkarnation des Teufels, sollte kompromißlos zu Ende gebracht werden. Sie und ihre Synagogen sollten verbrannt werden. Laut Luther tilgte die Bekehrung zum Christentum nicht die Sünden, die die Juden begangen hatten. Trachtenberg berichtet, daß Luther in einer Predigt, gehalten am 25. September 1539, „die Entscheidung, daß selbst individuelle Juden durch die Taufe keine dauerhafte Veränderung erfahren", rechtfertigte. Jemand erzählte von einem konvertierten Juden in Köln, der wegen seiner offenbaren Frömmigkeit und christlichen Ergebenheit schließlich von der Kathedrale zum Dekan ernannt wurde; als man nach seinem Tod sein Testament öffnete, stellte man fest, daß er die Errichtung einer Katzen- und einer Mausfigur auf seinem Grab angeordnet hatte, um darauf hinzuweisen, daß ein Jude genauso wenig Christ werden könne, wie diese beiden Tiere in freundlicher Form miteinander leben können. Der gleiche Gedanke wurde in der Kathedrale Freising zum Ausdruck gebracht, auf dem Bild einer „Judensau" mit der Inschrift: „So sicher wie die Maus niemals die Katze ißt, so sicher kann der Jude niemals ein wahrer Christ werden." „Es ist nicht erforderlich," entschied Luther, „noch ist es tatsächlich möglich, den Teufel und seine Kreaturen zu bekehren." Das Sprichwort „so verloren wie eine jüdische Seele" ist gänzlich gerechtfertigt. Dies kann als historischer Vorläufer der rassistischen Nazitheorien betrachtet werden, gemäß welcher keine Bekehrung oder Taufe einen Juden von seiner Rasse befreien konnte. In gleicher Weise predigte Luther, daß die Juden sich niemals von ihrem teuflischen Stigma reinigen können. Folglich, „um die Angelegenheit ein für allemal zu regeln, sollten die Juden aus der christlichen Gesellschaft ganz und gar vertrieben werden. Ein Ende dem Fluch der Menschheit."[60] Die „Originalität" der Nazis lag daher in der tatsächlichen Ausführung des Holocaust, denn den Antrieb dazu gab Luther vier Jahrhunderte vorher. Es ist nicht überraschend, daß der Aufstand der Bauern, der Luthers Predigten folgte, gewalttätig und stark antisemitisch war.

Die Verbannung der Juden aus Sachsen im Jahre 1537 war das Ergebnis von Luthers Beratung mit dem Herzog von Sachsen. Man kann mit Sicherheit davon ausgehen, daß die Judenverfolgungen, die das gesamte sechste Jahrhundert kennzeichneten, von der Reformation angetrieben waren. Die Verschlimmerung der stigmatischen Verfolgung der

Juden, die der Germanisierung des Christentums durch Luther folgte, ist klar erkennbar, ebenso wie die Abstempelung der Juden zum Sündenbock zehn Jahrhunderte vor der Reformation mit der Germanisierung Europas dramatisch anstieg.

Der Sündenbock: „Und Er ist von unseren Sünden beschmutzt ... und durch Seine Wunden sind wir geheilt."

Im vorherigen Abschnitt wurde gezeigt, wie die stigmatische Judenverfolgung mit der Germanisierung Europas zunahm. Wie die Juden in späteren Zeitabschnitten weiterhin abgesondert und zum Sündenbock abgestempelt wurden, ist Gegenstand vorliegenden Teils. In der ursprünglichen Abstempelung zum Sündenbock wurden die Juden als Behälter der Sünden, Ungerechtigkeiten und Verschmutzung des „wahren Israel" (der Christen) benutzt, um sie dann ins Exil und Verderben zu stürzen. Zwischen den Vertreibungen, während der sühnenden Kreuzzüge erlitten die jüdischen Sündenböcke Mord und Plünderung. Die machtlosen Juden waren handlicher und ihre „reinigende" Schlachtung nützlicher als die der ungläubigen Moslems, die nicht nur weit entfernt, sondern auch verbissene Kämpfer waren. Ungleich dem Angriff auf die wehrlosen jüdischen Sündenböcke konnte ein Gefecht mit den Moslems verhängnisvoll sein.

Die Kreuzzüge brachen mit typisch separantem Aktivismus und germanischem Wüten aus. Das Kreuz wurde zum Schwert verwandelt. Die ersten Kreuzfahrer fegten wie eine Heuschreckenplage durchs Rheintal (April–Juni 1096) und bekämpften und mordeten die Juden. Der Schutz, der den Juden von Bischöfen und städtischen Fortkommandanten zugesagt wurde, erwies sich meist als wertlos. Einige Bischöfe jedoch, hauptsächlich die von Köln und Mainz, beschützten die Juden, und Letztgenannter mußte sogar vor den blutrünstigen Kreuzfahrern flüchten, um sein Leben zu retten. Der zweite Kreuzzug, der sich gewaltsam von Deutschland in den Süden Frankreichs ausbreitete, war nicht so blutig, da Bernhard von Clairvaux, der ihn veranlaßt hatte, die Belästigung der Juden verurteilte. Im dritten Kreuzzug griff das Morden an den Juden auf England über. Der Krönung Richard Löwenherz' (3. September 1189) folgten religiöse und militärische Anarchie, nachdem der König gleich nach seiner Krönung einen Kreuzzug unternahm. Die Ausschweifungen gegen die Juden verbreiteten sich von London aus wie ein Lauffeuer und gipfelten im makabren Massenselbstmord der Juden von York, die vom Pöbel im königlichen Schloß belagert wurden.

Abgesehen von den offenen und erklärten Zielen der Kreuzzüge, diente sie der Ablenkung von sozialen, politischen und wirtschaftlichen Fehlschlägen, von denen das mittelalterliche Europa befallen war. Die Kirche profitierte durch die Beanspruchungen der kriegerischen Energien von Königen und feudalen Lehnsherren in Kreuzzügen, für Komplotte und Intrigen gegen Päpste und Bischöfe blieb keine Zeit. Der Pöbel gewann Kriegsbeute, und ihre Schulden an die Juden verfielen; das ganze germanisierte Europa fand im Ausbruch separanter Gewalt, legitimiert durch das Symbol des Kreuzes, Befreiung von bedrückenden partizipanten Einschränkungen.

Die Kreuzzüge gaben das Tempo für die Verfolgung der Juden an, die sich mit voller Gewalt im ganzen germanisierten Europa fortsetzte, besonders in Deutschland selbst. Die zweite Hälfte des 13. Jahrhunderts war von der, beinahe ununterbrochenen Ermordung und Verfolgung der Juden gekennzeichnet, speziell in der „Ära ohne Kaiser" (1254–1273), als die Juden in der Mitte des gesetzlosen, gewalttätigen Kampfes zwischen Adel, Bauern und der städtischen Bevölkerung gefangen waren. Die Besteigung des kaiserlichen Throns durch Rudolf von Habsburg (1273) kennzeichnete eine Epoche relativer Stabilität, aber mit seinem Tod (1290) verwüsteten sieben Jahre Bürgerkrieg Deutschland, und wieder zahlten die Juden hohen Blutzoll. Nach dem Bürgerkrieg zog an der Spitze einer Pöbelarmee ein Verbrecher namens Rindfleisch von einer deutschen Stadt zur nächsten, und innerhalb von sechs Monaten mordete und zerstörte er nicht weniger als 140 jüdische Gemeinden. In dem halben Jahrhundert zwischen 1298 und dem „schwarzen Tod" (1348–49) wurden Hunderte jüdischer Gemeinden vernichtet, aber das Schlimmste stand noch bevor. Die Juden wurden als offensichtliche „Ursache" der Seuche betrachtet, „da sie beabsichtigten, das Christentum durch Vergiften der Wasserbrunnen auszurotten." Der mörderische Wahnsinn gegen die Juden tobte in ganz Europa, aber das düsterste Schicksal ereilte wieder die deutschen Juden. Mehr als 350 Gemeinden wurden in den Jahren 1348–49 durch Ertränken, lebende Verbrennungen und durch Hängen und Vivisektion grausam vernichtet. Die Deutschen erwiesen sich wieder als die systematischsten und radikalsten blutrünstigen Tyrannen. „Die Deutschen etablierten sich also", sagt Cecil Roth, „gerade zu der Zeit des schwarzen Todes in ihrer historischen Rolle als Juden-Hetzer par excellence dieser Welt. Sie begingen Greueltaten, die an Wut, System und Ausmaß alles übertrafen, was Europa bisher kannte."[61] Diese prophetische Beschreibung des germanischen Sozialcharakters als einen separant mörderischen wurde sechshundert Jahre vor dem Holocaust geschrieben.

Sogar in Regionen, in denen germanischer Separantismus von lateinischen und mediterranen Zügen gemildert wurde, war die Judenverfolgung weit verbreitet (wenn auch weniger gewaltsam als in Deutschland selbst), speziell in Gebieten wie Spanien, die von nichtchristlichen Feinden bedroht waren und wo das Bedürfnis, stigmatischen Haß zu projizieren, groß war. In der Zeitspanne zwischen den blutigen Kreuzzügen und den Grauen des schwarzen Todes, für den die französischen Juden ebenfalls verantwortlich gemacht und entsprechend bestraft wurden, folgten seitens der habgierigen Monarchen des 12. und 13. Jahrhunderts eine Reihe von Erpressungen, die sich mit Vertreibungen französischer Juden abwechselten. Das Ende des 13. Jahrhunderts erlebte auch die Zerstörung des alten jüdischen Zentrums im Königreich von Neapel durch Mord, Vertreibung und erzwungene Taufen.

Die Kriege des christlichen Europas gegen die Juden beschränkten sich nicht auf ihre Person, ihre legalen und menschlichen Rechte und ihr Eigentum, sie betrafen auch ihre spirituelle Essenz: den Talmud. Tatsächlich, welch geeigneteres Ziel könnte das germanisierte Europa gehabt haben als das Buch – die Quelle der Einschränkungen, die ihm durch die partizipanten jüdischen Komponenten des Christentums auferlegt waren. Die abstempelnde Projektion von Schuld erforderte daher die Zerstörung des Talmuds, dieses Kompendiums von Schuldgefühle verursachenden und daher „beschmutzenden" Einschränkungen. Im Jahre 1240 wurde ein Verfahren über den Talmud abgehalten, und der Papst befahl seine Beschlagnahmung und Verbrennung. Die Dominikaner (Domine Canes, die „Hunde Gottes") versuchten 1509 abermals, Kaiser Maximilian dazu zu bringen, den Talmud zu verbrennen. Dies wurde mit großen Schwierigkeiten, durch die tapfere Haltung und Argumentation des christlichen Juristen und Humanisten Johannes Reuchlin, verhindert.

Wie der mytho-empirische Sündenbock wurden die Juden mit der projizierten Verunreinigung der Christen belastet und in die Wildnis gesandt. In vielen Fällen bedeutete dieses Exil, ohne nominellen Schutz der feudalen Lehnsherren und außerhalb der mittelalterlichen Stadtmauern Plünderung, Vergewaltigung, Verletzung und Tod ausgesetzt zu sein.

Sie konnten jedoch dem Exil durch „Läuterung" mit dem Taufwasser entrinnen. Folglich wurden vom 13. bis zum 16. Jahrhundert die Juden vieler europäischer Länder vor die Wahl gestellt: Bekehrung oder Sündenbock – Exil.[62] Die Juden von Deutschland, Frankreich, England, Böhmen, Italien und natürlich Spanien wurden, nach abscheulichen Verfolgungen, und nicht bevor sie von Kaisern, Päpsten, Königen, Herzögen und Bischöfen zur Gänze ausgebeutet waren, ins Exil verbannt.

Die Juden, in ihrer Tradition willige Opfer, akzeptierten das Gesetz des Landes und die Autorität des Königs immer als legitim.[63] In ihrer tantalischen, unrealistischen Einschätzung von Machtstrukturen und den Absichten der Menschen glaubten sie nie daran, daß tatsächlich ein Unglück drohte und daß ein auto-da-fé inszeniert oder eine Vertreibung erwogen wurde. Sie schrieben Fürsprechern beinahe magische Kräfte zu und glaubten an ihre eigene Fähigkeit, Bitten, Geld und Verzögerungstaktiken einzusetzen, um die drohende Katastrophe zu verhüten. Es ist eine Tatsache, daß einige jüdische Gemeinden einen professionellen Unterhändler hatten, um bei dem „Paritz", dem feudalen Lehnsherren, Fürsprache einzulegen und um durch Verhandlungen und Bestechungen die erwarteten Verfolgungen abzuwenden. Diese Kombination von illusorischer Sicherheitsempfindung und unrealistischem Vertrauen auf die Wirksamkeit der Fürsprachen ihrer Vertreter wiederholte sich mit fataler Ähnlichkeit im Holocaust mit den Nazis und ihren Kollaborateuren.

Ablehnung und Selbst-Absonderung

Bereits zur Zeit des prä-konstantinischen Konzils von Elvira war die Mischehe zwischen Christen und Juden verboten, „da es zwischen einem Gläubigen und einem Ungläubigen keine Gemeinschaft geben kann."[64] Diese Haltung gegenüber den Juden prägte die Absonderungspolitik der christlichen Kirche für viele kommende Jahrhunderte. Die germanischen Stämme, die Europa erobert hatten, verschlimmerten durch ihren separaten Charakter, der Außenseiter vermied und Nichtkonformisten verabscheute, die Absonderungspolitik gegenüber den Juden, und die Juden waren natürlich die auffälligsten rassisch-religiösen Außenseiter.[65]
Als die Germanen des 11. und 12. Jahrhunderts die Geheimnisse des Handels und der Finanzen lernten, begannen sie die Juden, die immer ihre Geldleiher und Bankiers waren, als gefährliche Konkurrenten zu betrachten und behandelten sie entsprechend.

Die Juden konnten sich nicht mit den Nicht-Juden verbinden und mußten abgesondert leben, aus religiösen Umständen, die ihrerseits sozial-ökonomisch absondernde Faktoren mit sich brachten. Die Diätvorschriften beispielsweise machten es für einen Juden unmöglich, in das Haus eines Nicht-Juden zu einer Mahlzeit eingeladen zu werden und sein Essen und seinen Wein zu teilen. Die Juden als fidel inimici – „Feinde des Glaubens" – konnten nicht Teil des religiös gebilligten und anhaltend feudalen Systems sein. Ferner waren die Juden von kriegerischen Künsten ausgeschlossen, und sie schlossen sich selbst aus, was zum Stereotyp des jüdischen, physischen Schwächlings beitrug. Das Bild des jüdischen Ritters war so unmöglich lächerlich wie die Vorstellung eines kämpferischen Turniers zwischen Studenten des Talmuds. Beide, Christen und Juden, waren programmiert, die Andachtsformen und Rituale des andern zu verachten und zu meiden.[66] Da die jüdischen Gemeinden intern kohäsiver waren, entwickelten sie, wie Weber betont, ein zweispuriges Moralsystem, „interne Ethik", die auf den Umgang miteinander angewandt wurde, und lockerere moralische Maßstäbe, d.h. „externe Ethik", für den Verkehr mit Nicht-Juden.[67]

Die Formalisierung des Stigmas gegen die Juden war bereits in den Konstantinischen Gesetzen ersichtlich, die zu Beginn des vierten Jahrhunderts eingeführt wurden. Diese Gesetze wurden unter der Regierung seines Sohnes Constantius II. (337–361) strenger: Mischehen zwischen Christen und Juden waren verboten, und Juden war es untersagt, nicht-jüdische Sklaven zu haben, was die ökonomische Lebensfähigkeit ihrer landwirtschaftlichen und industriellen Unternehmen sehr beeinträchtigte. Der Grund dieser Verordnung war, daß es dem niedrigen Juden nicht erlaubt sein sollte, Mitglieder der höherstehenden Religion, d.h. Christen, als Sklaven zu halten. Dieses Verbot schützte auch vor der Möglichkeit, daß der Sklave zum Judentum übertrat. Die Gesetze Konstantins brandmarkten die Juden als „Die Sekte, die ins Verderben führt", „Die verächtliche Sekte" und „Die Versammlung von Gotteslästerern".[68] Ähnliche Gesetze, aber von fortwährend zunehmender Härte, wurden im germanisierten Europa erlassen. Das absondernde fränkische Gesetz bestätigte das Verbot von gemischten Ehen, die Annahme jüdischer Gastlichkeit oder den Verkauf christlicher Sklaven an Juden (Versammlung von Rheims). Im wisigotischen Spanien wurden gemischte Ehen zwischen Juden und Christen als gleichbedeutend mit Ehebruch betrachtet und demgemäß behandelt. Die Juden waren von öffentlichen Ämtern und öffentlichen Auszeichnungen ausgeschlossen. Sisebut (612–620) befahl, alle christlichen Sklaven, die Juden gehörten, freizulassen und machte jede jüdische Bekehrung von Christen durch den Tod strafbar. Die am sorgfältigsten ausgeführte rassensegregierende und diskriminierende Gesetzgebung wurde in Deutschland erlassen. Sie enthielt Vorschriften für das Verbot religiöser Argumentation zwischen weltlichen (laienhaften) Christen und Juden. Wenn ein Jude vor Gericht eine Zeugenaussage machte, mußte er barfuß auf einer Schweinehaut stehend seinen Eid leisten. Christen war es nicht erlaubt, von einem Juden Nahrungsmittel zu kaufen, in ein jüdischen Haus eingeladen zu werden oder die Hilfe eines jüdischen Arztes zu erbitten. Kein christlicher Diener konnte in einem jüdischen Haushalt im Dienst stehen; gemischte Ehen wurden annulliert, und Geschlechtsverkehr zwischen Christen und Juden war durch Verbrennen und Begraben bei lebendigem Leib strafbar.[69]

Die rassische Trennung von Juden beabsichtigte, die Verunreinigung durch verderbliche Einflüsse (Ansteckung) zu verhindern und ihre soziale Sichtbarkeit zu vermindern. Daher mußten Eingänge zu jüdischen Geschäften über Seitenstraßen und nicht über die Hauptstraßen erreichbar sein: Synagogen sollten unauffällig sein, und ihr Andachtsdienst wurde überprüft, ansonsten könnte Blasphemie gegen das Christentum um sich greifen. Die Synode von Metz (888) verbot, neben andern Erlässen im germanisierten Europa, das gemeinsame Feiern und Essen mit Juden und Christen, „ansonsten fällt der Schatten der Frucht des Teufels über die Abkömmlinge von Gott".

Das vierte Konzil des Lateran ging noch weiter, mit der Verordnung, daß Juden durch die gelbe „Juden-Marke" physisch gekennzeichnet sein sollten. Dasselbe Konzil verordnete, daß Jesus der Hostie und dem Wein des Sakramentes physisch einverleibt sei. Folglich, sagt Parkes, war die runde hostienähnliche „Juden-Marke" eigentlich ein Weg, die Juden dazu zu zwingen, das Symbol der Hostie auf ihren Kleidern zu tragen, da sie deren Einnahme verweigerten. Im Kontext dieser Stigma-Theorie können wir die Juden-Marke als eine Projektion des germanisierten separanten Sozialcharakters vom Bild der Hostie zurück auf den Juden betrachten. Das schuldbeladene Symbol der Hostie wurde dem Juden wie ein Schandmal aufgeprägt.

Die Juden wurden auch als häßlich, unordentlich und einen foetor judaicus (jüdischen Gestank) verbreitend abgestempelt. Nun, Gerüche, Geschmäcker und Ästhetik variieren mit Kultur und Sozialcharakter. Für den germanisierten separanten Europäer, verankert mit seiner sachlichen und menschlichen Umgebung, waren Ästhetik, „Ordnung muß sein" und die harmonische und funktionale Organisation seiner Umgebung äußerst wichtig, und „Reinheit war nächst zur Göttlichkeit". Auf der anderen Seite war für den partizipanten Juden seine geistige Beziehung zu seiner Umgebung das, was zählte, während die Pracht der Dinge, die ihn umgaben, und der Prunk seiner Wohnung und Kleider überflüssig waren. Oft bekommt man den Eindruck, daß die Juden als Zeichen ihrer partizipanten Herabsetzung physischer Objekte in bezug auf ihre physische Umgebung vorsätzlich unästhetisch waren. Die Synagogen waren, gemäß dem partizipanten Verbot von Götzenbildern, relativ nüchtern. Andacht und Liturgie waren nicht separant pompös, harmonisch und prächtig, sondern eher selbstgenügsam und beabsichtigten, eine separante Wahrnehmung auszulöschen und ein Teilhaben an der Totalität des Nicht-Seins zu bewirken. Dieses bewußte Übergehen der Ästhetik brandmarkte die Juden als häßlich, schmutzig, unordentlich, schlampig und übelriechend.

Das osteuropäische jüdische „Jiddish", das eigentlich ein mittelalterlicher süd-germanischer Dialekt war, wurde von den Juden übernommen und mit vielen hebräischen Worten und einheimischen jüdischen Ausdrücken verändert und verfälscht. Die Deutschen, denen eine partizipante selbstironische Art von Humor abgeht, sahen in „Jiddisch" eine Karikatur ihres geliebten Deutsch. Dies trug auch zu ihrer Verachtung und Aggression bei. Die Juden unterschieden sich also in allen möglichen Hinsichten von ihrer christlichen Umgebung: in Religion, Kleidung, Sprache, Diätvorschriften und Gewohnheiten, Moral und anderem. Daraus entstand das Stereotyp des Juden, als des mittelalterlichen Außenseiters par excellence.
Da es den Juden nicht erlaubt war, Sklaven zu haben, und sie die religiöse Treue von Sklaven nicht erlangen konnten, zogen sie mit Begeisterung in die sich entwickelnden mittelalterlichen Städte. Da sie unter der stigmatischen Xenophobie der eng zusammenhaltenden ländlichen Bevölkerung sehr gelitten hatten, waren sie glücklich darüber, in der Stadt Finanz und Handel erschließen zu können. Die Bischöfe, Prinzen und unternehmenden städtischen Autoritäten, die, zumindest anfänglich, an der kaufmännischen Fertigkeit der Juden interessiert waren, gaben ihnen Schutzurkunden, die ihnen einige Rechte und Autonomie bis zu einem gewissen Grad zusicherten. Diese erwiesen sich aber nicht als Schutz gegen die örtliche Gewalt des Mittelalters und die „Pogrome" der Kreuzzüge.

Auf Grund der Eigenheiten ihrer religiösen Bedürfnisse, gemeinschaftlicher Andacht und Diätvorschriften, sonderten die Juden sich selbst in „jüdische Straßen" der Städte ab. Diese Absonderung, die von den Juden freiwillig eingeführt wurde, wurde später von den Autoritäten erzwungen. Also erließ das Konzil von Breslau 1267, daß die Juden auf ihr Ghetto beschränkt und nirgendwo anders in der Stadt leben sollten. Andere deutsche Städte folgten mit der zwangsmäßigen Ghettoisierung ihrer Juden. In Venedig wurde die Einfriedung der Juden in ein Ghetto 1516 erlassen. Papst Paul IV. befahl in seiner berüchtigten Bulle von 1555 die Einschränkung römischer Juden auf ihr Ghetto, begleitet von stigmatischen Regelungen wie dem Tragen eines gelben Hutes, dem Ausschluß von akademischen Berufen, dem Verbot, Grundeigentum zu besitzen, und der Belegung mit dem Interdikt, einen Juden „Signore" zu nennen. Diese Verfahrensweise erzwungener Ghettoisierung, angewiesen vom päpstlichen Amt, verbreitete sich überall in Europa.

Die Selbst-Absonderung, durch die erzwungene Ghettoisierung veranlaßt, bewirkte eine jüdische Solidarität gegen die Christen. Von außen betrachtet war diese Solidarität so stark, daß sie die Legende der „Weisen von Zion" und ähnliche Überzeugungen über das teuflische Zusammenhalten und die Kraft der Juden hervorbrachte. Von innen jedoch war dieses Zusammenhalten kaum vorhanden, da die Rabbis untereinander über die Materien von Halacha (religiöse Doktrin) diskutierten, was endlosen Streit innerhalb der Gemeinschaften hervorrief, und die prominenten Mitglieder der Gemeinschaften mißbrauchten häufig ihre Macht über die weniger Machtvollen. Später wird gezeigt, daß diese internen Konflikte, die die jüdischen Gemeinschaften bis ins zwanzigste Jahrhundert kennzeichneten – die partizipanten Juden waren allzeit bereit, über religiöse Doktrin und vorhandene oder imaginäre Rechte und Irrtümer zu diskutieren –, von den Nazis ruchlos ausgenützt wurden, um ihre Arbeit der Deportation und Verbannung der Juden aus Europa zu erleichtern.

Die physische Ghettoisierung der Juden war mit der verstärkten Verfolgung ihrer spirituellen Vortrefflichkeit gekoppelt. Dies war ein Resultat des jüdisch partizipanten Sozialcharakters; je mehr ihr physisches Wohlbefinden und ihre Sicherheit gefährdet werden, desto mehr wird ihre spirituelle Vortrefflichkeit in unerreichte Höhen aufsteigen, um ihre Einzigartigkeit als das Volk des Gottes-Bundes zu stärken. Die spirituelle Vollständigkeit des Juden sollte sein irdisches Dasein als offene Wunde ausgleichen.

Der Talmud und die Thora dienten beide als spirituelle Grenzlinie und als eine Gesamtheit, an der der Jude teilhaben und somit die Schicksalsschläge seines Lebens im temporalen Ghetto bis zur Bedeutungslosigkeit reduzieren konnte. Diese Dialektik schloß sogar ein, daß ein weltliches Exil und physische Absonderung der partizipanten spirituellen Vollständigkeit zuträglich waren. Der Talmid Hacham, der Student der Thora, und der talmudische Schüler waren die Ideale und spirituellen Figuren, denen man im Ghetto nacheiferte. Der Talmid Hacham sollte sein Lernen nicht „zu einem praktischen Zweck machen", was soviel bedeutet wie, daß Lernen und materieller Gewinn nicht zusammenpassen. Maimonides verordnete streng, daß Studenten der Thora und Talmidei Hachamim keine Vergütung für ihr Lernen verlangen sollten, und stützte diese Aussage auf die vorsätzliche Armut der talmudischen Weisen selbst.[70] Man könnte tatsächlich eine umfassende Verallgemeinerung riskieren und sagen, daß das jüdische Streben nach Geld und Macht als Sicherheitsanker nachdrücklicher wurde, wann immer ihr Vertrauen auf spirituelle Vortrefflichkeit als eine raison d'être schwächer wurde.

Der Talmid Hacham durfte auch nicht nach Macht und Autorität streben. Dies beruhte auf dem Midrash, der aussagte, daß ein Talmid Hacham, der sich seines Lernens rühmte, wie ein verrotteter Kadaver sei.[71] Der Talmud legte dem Talmid Hacham die Warnung der biblischen Sprüche auf, daß „jeder, der im Herzen stolz ist, dem Herrn ein Greuel ist".[72] Daher sollte der Talmid Hacham die rettende Weisheit der Thora in bescheidener „geburtshelfender" Art verbreiten, was bedeutete, daß er Studenten und andere Mitglieder der Gemeinschaft als ebenbürtig betrachten und versuchen sollte, ihnen das Gefühl zu vermitteln, daß sie selbst die enthüllende Bedeutung des Gesetzes und die Weisheit des Buches vorausgeahnt hätten. „Der Schamhafte kann nicht lernen", sagt die Mishna, „noch kann der Ungeduldige lehren". „Und wer immer seinen Freund lehrt", sagt die Mishna, „ist gleichbedeutend mit seinem Schöpfer und bringt ihn in seine Welt".[73] Der Talmid Hacham, der im jüdischen Ghetto und „Shtetel" ein Ideal darstellte, mit dem man sich identifizieren konnte, war ein selbst-auslöschender Partizipant. Dies war tatsächlich ein Kontrast zum großteils ungebildeten christlichen Heiden, dem kriegerischen, trinkenden und hurenden Ritter, und dem Mann des Kreuzes in der Kirche, der die schwertschwingenden Kreuzfahrer unterstützte. Als der separante Ethos des germanisierten Europas versuchte, sich stigmatisch durch den Vergleich mit dem partizipanten jüdischen

Talmid Hacham zu definieren, tendierte er dazu, auch eine Verallgemeinerung, intellektuelles Streben und Lernen als ein Greuel an sich zu schmälern. In extremo drückte sich dies in einem faulen Witz von Lueger, dem antisemitischen Bürgermeister Wiens im finde-siècle, aus: „Wissenschaft ist, was ein Jude dem anderen nachmacht", und im Ausspruch Hans Johsts – des Nazi-Arbiter Elegantiarum –: „Wenn ich das Wort Kultur höre, greife ich zu meinem Revolver."

Die Juden im Ghetto fühlten sich selbst, wegen ihrer einzigartigen Absorption in die Vollständigkeit der heiligen Anwesenheit, als höherstehend. So stellte Maimonides fest, dessen Rolle in der Gestaltung jüdischer Doktrine vom 12. Jahrhundert bis zum heutigen Tage unübertroffen ist: „(Gott) hat uns von allen anderen Völkern unterschieden und uns unter die Flügel der Shechina (der heiligen Anwesenheit) geleitet. Daher stammen wir vom Schöpfer ab".[74] Diese Genealogie der Juden machte sie nicht nur unter allen Nationen einzigartig, sondern zeigte auch deren göttlichen Ursprung und machte sie somit heilig. Die Juden betrachteten sich als geweihte Elite innerhalb des Mutterleibs der Shechina, was sie in Göttlichkeit einhüllte und sie von den Nicht-Juden unterschied. Diese elitistische Abgesondertheit brachte den Juden die stigmatische Feindseligkeit der Christen ein. Die jüdische Art partizipanter Einzigartigkeit wurde von den Christen als die Hybris einer selbstgefälligen Religion gebrandmarkt.

Judas, Amalek und der Widergeist

Das mittelalterliche Europa war eine christliche Theokratie, gestützt von weltlicher Macht, mit den kraß auffallenden jüdischen Gottesmördern in ihrer Abgesondertheit.

Die Juden mußten in ihrer niedrigen Position gehalten werden, als lebender Beweis ihrer Minderwertigkeit, die aus ihrer Ablehnung Christi rührte. Von größter Wichtigkeit für die gegenwärtige Prämisse ist die Tatsache, daß die Rolle der Juden als Definierer durch Vergleich ihre diskriminierende Behandlung, aber auch ihre ununterbrochene Existenz und ihre soziale Sichtbarkeit notwendig machte. Die Christen verstanden, was von Jean Genet in seinem Stück „Die Schwarzen" brillant dargestellt wurde, daß „Weißheit" Dunkelheit braucht, nicht nur, um ihre Konturen zu definieren, sondern auch ihre Essenz. Als die rechtschaffene weiße Königin Felicity der schwarzen Hure droht: „Ich werde dich vertilgen lassen", antwortet sie daher ironisch: „Du Narr, stell dir nur vor, wie wirkungslos du ohne diesen Farbton wärest, der dich deutlich hervortreten läßt".[75] Tatsächlich konnten es sich die Christen nicht leisten, die Juden auszurotten; sie brauchten sie; nützlich, verachtet, verfolgt und niedergeschlagen, um durch den Kontrast ihre eigene Göttlichkeit, ihren Wert und ihren Wohlstand zu definieren. Die Juden, zwangsweise der „ewigen Knechtschaft" als Strafe für ihren Gottesmord verfallen, waren „lebende Zeugen" der christlichen Erlösung. Das war die Politik von Päpsten wie Gregor I. (590–604), Gregor IX. (1227–1241) gegenüber den Juden; auch von Innozenz IV. (1243–1254), der das Morden der Juden glühend verurteilte, nicht so sehr aus Altruismus oder Philosemitismus, sondern aus dem selbstverständlichen Grund, daß ein toter Jude kein „lebender Zeuge" sein konnte. Das war auch der Geist der Erlässe des Konzils von Trient (1569), die die Vernichtung der Juden verboten, sodaß der theologische Erzfeind der Christen in seiner verächtlichen Demütigung allzeit gegenwärtig sei, um die vergleichende Erhabenheit der Kirche zu bestätigen. Das könnte auch den Überfluß an Skulpturen und Gemälden in Kirchen und Kathedralen erklären, wenn man die Kirche mit der Synagoge vergleicht. Diese separate sisyphische und plastisch konkrete Gegenüberstellung unterscheidet die triumphierende, festlich stolze Kirche, die ein kreuzähnliches Schwert schwingt, scharf von einer unterworfenen verblendeten Synagoge mit ihrer stürzenden Krone und dem Besitz von zerbrochenen Gebotstafeln oder sogar dem pejorativen Symbol des enthaupteten Ziegenkopfes. Diese Definition durch Vergleich verlieh dem widerwilligen Abkömmling (Christentum) ein gewisses Maß an Stabilität gegenüber seinem jüdischen Vorfahren. Als der Nazi-Wahnsinn zum Verzicht auf alle Einschränkungen führte, wurde Stabilität nicht gebraucht, und der jüdische Widergeist konnte beseitigt und vertilgt werden. Auch als die Nazis ihren Mythos beschritten hatten, waren sie gemäß ihrem kollektiven Unterbewußten fest entschlossen, ihren Widergeist mitzunehmen, um im Falle des speziellen Bedarfs im Himmel von Walhalla oder in der Hölle von Nifelheim, durch Vergleich, ihre Tugend oder ihre Schändlichkeit definieren zu können. Dies ist einem ägyptischen König, der seine Kleider, Juwelen und andere Gebrauchsgegenstände in sein Grab mitnimmt, oder einem Hindu, der seine Frau in seinen Begräbnisscheiterhaufen mitträgt, nicht unähnlich.

Für die Christen war die lange Verbannung der Juden ein ausschlaggebendes Zeichen der gerechten Bestrafung für ihren Gottesmord und ihre Ablehnung der christlichen Lehre. Nach Ablauf des ersten christlichen Jahrtausends und der elenden Verbannung der Juden innerhalb desselben waren nicht nur die Christen, sondern sogar einige Juden davon überzeugt, daß dies ihre immerwährende Ungnade und ihre schreckliche Bestrafung für den Mord am Messias bedeutete.[76]

Für die Juden wurde die Verbannung durch die Exegesen ihrer partizipanten Weisen in einen Vorboten und Begleiter der Buße verwandelt. Die Juden verwendeten ihre Verbannung und das Fehlen separanter Machtstrukturen, um auf ihre partizipante spirituelle Vortrefflichkeit zu hoffen und sie zu vergrößern. Tatsächlich scheint das spirituelle Zentrum von Yavneh aufgeblüht zu sein, nachdem die jüdische Führung einmal auf alle Ansprüche auf weltliche Macht verzichtet hatte und die Sehnsucht nach Zion im babylonischen Exil in ein großartiges System des umfassenden Studiums des Talmuds verwandelt wurde, der geläuterter, inhaltsschwerer und einflußreicher war als der Talmud Jerusalems. Die Juden im Exil entsagten daher dem separanten Jerusalem der Menschen, und durch die Sehnsucht nach einem partizipanten Jerusalem Gottes vertieften sie sich in die spirituelle Aufnahme der Thora.

Die Kabbalisten des 13. Jahrhunderts sahen in der Verbannung der Juden die Folge einer kosmischen Katastrophe, in der die Göttlichkeit selbst verwundet wurde. Daher war das Leiden der Juden eine weltliche Parallele zum Schmerz des verwundeten Gottes. Die Rolle der Juden sollte eine Wiederherstellung (Tikkun) Gottes bewirken, indem sie sich selbst für die Seligsprechung seines Namens (Kiddush Hashem) aufopferten. Dies begründete die Legitimierung des Leidens als ein williges Opfer für Gott. Die Mishna sagt: „Gott gab Israel drei gute Geschenke, und alle wurden durch Leiden hervorgebracht: Zuerst wurde in der Thora geschrieben: Gesegnet[77] sei der Mensch …"[78] Das Lehren der Thora wird demnach als mit Leiden übereinstimmend betrachtet. Von unmittelbarer Bedeutung für die gegenwärtige These ist die Auslegung des Talmuds, daß der Bund zwischen Israel und Gott aus Qualen, die Sünden läutern, hervorging. Das Leiden der Juden im Exil war daher durch seinen doppelten Zweck, der Erwirkung des Bundes zwischen ihnen und Gott und der Tilgung ihrer Sünden, gerechtfertigt.[79] Die Sehnsucht der verbannten Juden nach dem Jerusalem Gottes, wenn sie beteten „und wir werden deine Rückkehr nach Zion als Vergebung bezeugen", könnte, so dachte man, von sich aus göttliche Offenbarung bewirken. Dies war die Substanz des „Berg Nevo-Syndroms", demnach man das verheißene Land aus weiter Ferne sehen mußte, um spirituelle Vortrefflichkeit zu erlangen. Die partizipanten tantalischen Juden konnten mit separaten, sisyphischen weltlichen Angelegenheiten nicht gut umgehen – und die ultra-orthodoxen Juden standen dem Zionismus daher ablehnend gegenüber. Sie behaupteten, daß weltliche Macht und ein unabhängiger Staat für die Studenten der Thora nicht notwendig sei. Nur der Messias könne die Juden zurück nach Zion führen, da sie ohne ihn zweimal ihre Unabhängigkeit verloren hatten. Tatsächlich scheinen sie nun, die weltlichen Angelegenheiten des großteils säkularen (vom jüdisch ultra-orthodoxen Standpunkt aus) Staates Israel schlecht zu handhaben. Diese Rechtfertigung der Verbannung als Begleiterscheinung der Offenbarung und daher auch der spirituellen Begeisterung hat auch einen etymologischen Aspekt: Die hebräischen Wörter für Exil (Galut) und Offenbarung (Hitgalut) kommen aus der gleichen Wurzel. Also wurden die Schmerzen der Verbannung von den Juden gern akzeptiert, wenn die ihr zugrundeliegende transzendentale Dynamik sie Gott näher brachte.

Für die partizipanten abstraktions-verankerten Juden war der Teufel ein Symbol, eine Metapher, „wenig mehr als eine Allegorie".[80] Für die separanten objekt-verankerten Germanen war der Teufel konkret, eine „sehr reale Figur, an einem Ende der Moralskala und des Weltschemas, tatsächlich so real wie es Jesus am anderen war."[81] Die Konkretheit des Teufels wurde durch Luther noch mehr betont: Lutheranische Volkskunde besagt, daß der Teufel und Luther einander mit Tintenflaschen bewarfen. Dies war charakteristisch für die stigmatischen Tendenzen Luthers, denn er fuhr damit fort, den Teufel mit den Juden zu identifizieren. Er sagte[82], daß die Juden somit nicht nur Satan waren, sondern auch den Tod repräsentierten. Daher sollten ihre Synagogen mit den Feuern der Hölle verbrannt und Pech und Asche über sie verstreut werden.

Die Juden wurden von den mittelalterlichen Christen als die „Menschwerdung des Teufels"[83] definiert, als Fleisch gewordener Satan. Daher attackierten die Kreuzfahrer, als sie die Juden niedermetzelten, nicht nur einen Haufen verängstigter Männer, Frauen und Kinder, sondern auch den mächtigen Widergeist, den Herrn der Dunkelheit selbst. Sie verteidigten sich eigentlich gegen einen Feind, der weit mächtiger war als sie selbst. Das Ziel der Juden war es, das Christentum zu zerstören. Endgültiger, unwiderlegbarer Beweis dafür kam mit dem „schwarzen Tod", und die Christen waren überzeugt davon, daß die Juden ihn verursacht hatten, indem sie die Brunnen „vom germanischen Meer bis zu den italienischen Bergen" vergifteten.[84] In der Essenz kam dies dem von den Nazis verbreiteten Image der Juden als Angreifer gleich. Hitler erläuterte daher, daß Antisemitismus ein „Kampf gegen die satanische Macht, die uns den Krieg erklärt hat", sei.[85]

Der germanisierte separante mittelalterliche Jesus war ein „mächtiger Krieger", der den jüdischen Satan bekämpfte. Jesus wurde rein geboren, aus einer sexlosen unbefleckten Empfängnis; im Vergleich waren die Juden verunreinigt, ihre Synagogen waren Bordelle,[86] und sie selbst waren sexuell unzüchtig und lasziv. Diese Analogie mit der „schmutzigen Sexualität", die den Juden von den Nazis zugeschrieben wurde, ist wieder auffallend. Der Stürmer und andere Veröffentlichungen der Nazis schildern ausnahmslos den häßlichen, sexuell lüsternen und priapeisch wollüstigen Juden, der das reine unschuldige keusche Mädchen schändet und beschmutzt. Historisch wurde der Jude als der Sohn des fleischgewordenen Teufels betrachtet und so diametral Jesus gegenübergestellt, dem Sohn des fleischgewordenen Gottes. Eine direkte Folge und Begleiterscheinung dessen war die pseudo-darwinistische und rassistische Theorie der Nazis, gemäß der der Jude ein atavistisches teuflisches Ungeheuer war, das den perfekten rassistischen Wuchs des

Homo Germanicus niemals erreicht hatte und niemals erreichen konnte. Das Stigma hat hier seinen bio-rassistischen Ausdruck im entstellten o-beinigen, hakennasigen, kleinäugigen Stürmer-Juden angenommen, der durch Vergleich zum Definierer arisch biologischer Perfektion wurde. Ferner wurde die Bereitschaft der Juden, für den Namen ihres Herrn zu sterben (Kiddush Hashem), von den Christen als Beweis ihres Martyriums für des Teufels Glorie betrachtet.

Die Juden waren nicht schwach. Horden von „Rot-Juden" würden mit der Ankunft des Anti-Christ von den Küsten des Kaspischen Meeres ausschwärmen, um die Welt zu erobern.[87] Einige Jahrhunderte später dachte man, daß die Weisen von Zion nicht nur die Wall Street-Kapitalisten, sondern auch die roten Bolschewiken kontrollierten. Beide, die Juden des Mittelalters und auch die des 20. Jahrhunderts, waren machtlose Macht-Symbole und daher ideale Zielscheiben für Stigma und Abstempelung zum Sündenbock.[88]

Die Logik hinter dem mittelalterlichen Antisemitismus war, daß es zwischen Gott und Satan keine Neutralität geben konnte. Wenn die Juden Gott verlassen hatten, waren sie stattdessen im Bund mit dem Teufel, nicht nur passiv, sondern auch aktiv und in gänzlicher Verpflichtung. So fiel Herzog Heinrich von Bayern 1449 ein, daß „Wer nit am Got gelaubt, der ist des Teufels" – wer immer nicht an den christlichen Gott glaubt, gehört zum Teufel, ... ihr (der Juden) Vater ist der Teufel.[89] Das war charakteristisch für die extremen Polaritäten des deutschen Sozialcharakters, die es vorzogen, in Schwarz und Weiß zu denken. Auch die Nazis tendierten zu Entweder/oder-Alternativen und verschmähten in ihrem Furor Teutonicus Kompromisse und Mittelwege.

Das mittelalterliche französische „Le Mystère de la Passion" beschrieb die Juden als Agenten und Soldaten des Teufels, die Gott (Jesus) für ihn ermordeten. Satan „stattet die Juden mit Mut aus; um ihn durch ihre Verbrechen zu morden und um ihn (Christus) zu hassen, so wie wir es tun".[90]

Das größte künstlerische Talent in Dichtung, Schauspiel, Musik und Malerei wurde im Dienste des Antisemitismus herangezogen, um die Juden als kollektive und verräterische Repräsentanten von Judas darzustellen ... Der Genius von Bosch zum Beispiel wurde zur Schöpfung des bewegendsten Jesus eingesetzt: unschuldig, naiv, leidend und die schwere Last eines übergroßen Kreuzes tragend, und dennoch Verzeihung und Gnade ausstrahlend. All die anderen Gesichter, die ihn umgeben, sind häßliche, gierige Juden, die obszöne Grausamkeit aussenden. Die Gesichter von Christi-Spöttern und Peinigern zeigen sich mit hinterhältigem Grinsen und abscheulichen, boshaften Seitenblicken, sodaß die Unmenschlichkeit den Betrachtenden überwältigt und ihn mit Mitleid für das Opfer und gerechter Wut auf die Juden erfüllt, die die Rechtmäßigkeit und Qual des Agnus dei verhöhnen. Man sollte daran erinnern, daß die mittelalterliche Bevölkerung großteils ungebildet war; daher hatten die visuellen Schilderungen der Juden als Widergeist maximale Wirkung auf die christlichen Massen.[91]

Mit der Bekämpfung der Juden glaubten die Christen, gegen den Teufel und seine Nachkommen Krieg zu führen. Sie verteidigten sich gegen den jüdischen Widergeist, so wie die Nazis sich im erbitterten Kampf gegen eine allumfassende Verschwörung seitens der Juden verteidigten, die beabsichtigten, die arische Rasse zu zerstören. Dies ist ein eindeutiger Fall vom „guten Typ" gegen den „bösen Typ", den die separanten, germanisierten Christen und später die politische Theologie der Nazis brauchte, um ihre objekt-verankerte Weltanschauung zu systematisieren. Der germanische Bedarf nach einem greifbaren sachlichen Juden-Teufel rührte, inter alia, aus der Kerndynamik ihrer separanten kollektiven Vorstellung eines „guten Wir", umgeben von „bösen Objekten". Der partizipante Jude andererseits war, wie früher in dieser Arbeit erläutert, mit einem kollektiven „schlechten (bösen) Wir", das von „guten Objekten" umgeben war, verankert. Dies bewirkte eine Dynamik zwischen Tyrann und Opfer, die eine makabre Symbiose zwischen Nazi und Jude erzeugte, die die Deportationen und Massenmorde des Holocaust begünstigte.

Christliche und jüdische Theologie waren durch den Mythos vom Antichrist in einen dialektischen Knoten verstrickt. Wenn der Messias bereits gekommen ist, argumentierten einige christliche Theologen, dann müssen die Juden auf den Antichrist warten. Da das Kommen des Antichrist ein Umstand war, der dem zweiten Kommen Christi voranging, waren Juden und Christen wieder in eine verhängnisvolle und makabre Dyade verwickelt.

Vom Antichrist nahm man an, er sei jüdischer Abstammung, und wenn er käme, würden die Juden an der Spitze seiner Legionen marschieren.[92] Da der Antichrist und die Juden dem zweiten Kommen dienlich waren, sollten sie nicht vernichtet werden, ehe sie ihre Rolle des Widersachers im Tausendjährigen Reich erfüllt hatten. Es besteht eine gewisse Ähnlichkeit zwischen dem Kommen des Antichrist, der Zerstörung der Welt und deren Wiederherstellung mit dem zweiten Kommen, der germanischen Götterdämmerung und der daraufhin erfolgenden Wiederherstellung Asgards. Es gibt aber einen äußerst wichtigen Unterschied: Die Christen brauchten die Juden für die metaphysische Dialektik bei der Ankunft des Antichrist, des jüngsten Gerichts und des Tausendjährigen Reiches. Sie wußten, daß sie sich den durch göttliche Gewalt gestellten Bedingungen der Erlösung unterwerfen mußten, und wenn die Juden Teil der Dramatis Personae waren, die zum zweiten Kommen führten, so konnten sie Gottes Willen nicht durch deren Tötung vereiteln.

Die teuflische Verschmutzung der Juden konnte durch ihre Taufe gesühnt werden. Hierdurch erkannten sie die Heiligkeit Jesu Christi an, und durch die Spülung mit Taufwasser wuschen sie den ewigen Fluch, Gottesmörder zu sein, von sich. Nicht so im Holocaust; kein Taufwasser konnte die rassische Verschmutzung der Juden wegwaschen und sie vor dem Tod retten.

Christliches Blut, der Körper Jesu und die Kreuzigung der Juden

Die Ritualmordlügen im christlichen Europa traten in vielen Gegenden auf, vom 12. Jahrhundert bis zum 20. Jahrhundert. 1144 wurden Juden in Norwich, England, beschuldigt, ein christliches Kind getötet zu haben, um sein Blut für religiöse Rituale zu verwenden, und noch im Jahre 1939 wurde zwei jüdische Hausierer, Steinberger und Leidermann, beschuldigt, zwei christliche Kinder getötet zu haben, um deren Blut zu schänden. Es wurden in den betreffenden Zeitabschnitten in Europa ungefähr 150 solcher Ritualmordlügen gegen Juden gezählt, aber Trachtenberg behauptet, daß ihre tatsächliche Anzahl größer gewesen sein muß.[94] Blutverleumdungen gegen Juden wurden vom berüchtigten alexandrinischen Antisemiten Apion bereits im zweiten Jahrhundert v.Chr. verbreitet und sogar vor ihm von den Griechen Demokrit und Molon. Im mittelalterlichen Europa „gediehen" die Blutverleumdungen sowohl in Anzahl als auch in resultierender Grausamkeit.

Unter den genannten Gründen für den Gebrauch christlichen Blutes durch die Juden waren folgende: Die Gottesmörder brauchten immer frisches, reines christliches Blut, um ihr eigentliches Vergießen vom Blut Jesu zu wiederholen. Das beste Blut war das von Neugeborenen, sofort nach der Taufe. Der Körper des Kindes wurde, der Kreuzigung Christi höhnend, gekreuzigt. Die Juden verwendeten christliches Blut für schwarze Magie und ließen sich vom Teufel taufen, der wieder getauftes Blut, das christlichen Kindern entzogen wurde, brauchte.

Zum Passahfest bestrichen die Juden ihre Türstufen mit christlichem Blut. Letztendlich wollten die Juden auf „Nummer sicher" gehen, und bevor sie starben, bestrichen sie sich selbst mit reinem christlichen Blut, denn „wer weiß, schließlich könnte Jesus doch der Messias sein".[95]

Bereits im Jahre 1236 gründete der gebildete und weltoffene Kaiser Friedrich II. ein Komitee, das kategorisch festlegte, daß der Gebrauch von Blut durch die Juden sachlich absurd und durch ihre eigenen Gesetze streng verboten war. Diese Entscheidung wurde von Papst Innozenz IV. aufrechterhalten, doch war die Meinung des Komitees von keinem Nutzen, da für Stigma und Abstempelung zum Sündenbock Vertrauen zu Symbolen eher als sachliche Wahrheit ausschlaggebend war.

Es sollte betont werden, daß die Christen selbst dem Gebrauch tierischen Blutes in der Küche nicht abgeneigt waren. Der „schwarze Pudding" (Blutwurst) zum Beispiel, eine Wurst, die aus Blut und Talg zubereitet wird, ist in vielen Teilen Europas eine hochgeschätzte Delikatesse. Auch die katholische Doktrin der Transsubstantion verfügt, daß die Eucharistie nur Brot und Wein zu sein scheint, aber tatsächlich der Körper und das Blut Christi ist. Den Juden ist es strengstens untersagt, Blut zu essen oder es für kulinarische oder rituelle Zwecke zu verwenden. Der gesamte eigentliche Inhalt der Regeln, die sich auf die koschere Schlachtung der Tiere beziehen, steht mit dem Erfordernis, dem Tier soviel Blut wie möglich zu entziehen, im Zusammenhang. Vor dem Essen wird das Fleisch gesalzen, um jegliche noch vorhandene Blutüberreste zu absorbieren. Daher war die Ritualmordverleumdung gegen die Juden tatsächlich purer Nonsens, aber, wie in „The Mark of Cain" gezeigt, ist die Wahl der zu stigmatisierenden Sündenböcke nicht rational und logisch, sondern vielmehr symbolisch und mystisch.[96]

Die Dynamik der Ritualmordverleumdung beinhaltete, wie im Kontext des Stigmamodells gesehen wurde, wieder eine Definition durch Vergleich: Wenn die Christen das Blut Christi tranken, verwendeten die Juden sicherlich eine beschmutzte (entweihte) Eucharistie, die dem Prinzip der Transsubstantion des Teufels entsprach. Daher mußten die Juden sich des reinen Blutes unschuldiger christlicher Kinder bedienen. Wenn dieses reine Blut von Juden getrunken wurde, wurde es zum beschmutzten und verschmutzenden Blut des Teufels. Die Juden führten also eine Kommunion mit ihrem Herrn, dem Teufel, aus, um der christlichen Eucharistie zu spotten. Der stigmatisierende separante Tyrann projizierte also seine eigenen Rituale in herablassender Weise auf das Opfer, ohne zu ermitteln, ob sie für dessen Kultus überhaupt anwendbar waren. Er kehrte einfach seine eigenen Praktiken um und unterstellte seinem Opfer die entsprechenden. Auf gleiche Weise projizierten die Christen in separanter allmächtiger Weise den Glauben an die Doktrin der Transsubstantion auf die Juden, wie sie mit der Hostie, die bei der Kommunion gegessen und wirklich zum Körper Christi wurde, verbunden ist.[97] Daher mußten sie die Hostie auch entweiht haben, um sie zu beschmutzen und durch sie eine „schwarze Kommunion" mit ihrem Vater und Mentor, dem Teufel, durchzuführen. Dies war die stigmatische Definition-durch-Vergleich, Basis der „Hostienverleumdungen", laut welcher die Juden beschuldigt wurden, die Hostie entweiht zu haben. Das gleiche gilt für die Beschuldigung der Nazis, daß die Juden deutsches Blut beschmutzten. Der germanische völkische Ethos, der die Heiligkeit des deutschen Blut-und-Bodens hervorhob, brachte als Folge die Beschmutzung des reinen deutschen Blutes durch den verfluchten Juden mit sich. Für die Nazis manifestierte sich die Reinheit der arischen Rasse in der Reinheit des deutschen Blutes, sodaß die Beschmutzung eines deutschen Mädchens (die Trägerin der genetischen Reinheit der arischen Rasse) durch den rassisch verschmutzten Juden eine direkte Folge der christlichen Ritual-Mord-Verleumdungen war und durch die gleiche stigmatische Dynamik funktionierte.

Die Entweihung der Hostie durch Durchstechen und sie so zum Bluten bringen[98] wurde als Neuinszenierung des Gottesmordes der Juden gesehen, an dem sie alle schuldig waren.[99] Im vorliegenden Kontext war das Grundprinzip dieser Dynamik, daß die objektverankerten Christen die Transsubstantion und die Einnahme des Körpers und des Blutes Gottes in ihr körperliches System als die Substanz ihres separaten Glaubens betrachteten. Sie schluckten tatsächlich den greifbaren Gott, und dies sicherte ihren „Besitz" von Göttlichkeit. Die Juden wiederholten durch „Töten" der Hostie und Beschmutzung des Blutes Christi nicht nur ihren Mord an Gott, sondern beraubten die Christen auch ihres wichtigsten religiösen Anhaltspunktes – ihrer konkreten oralen Macht über die Göttlichkeit in ihnen selbst. Die Juden hatten daher die Doppelrolle der Definierung durch Vergleich und des Sündenbocks, der den Zorn der Christen aufnahm, weil ihnen ihre objekt-bezogene Macht über einen konkretisierten Gott entzogen wurde. Wieder waren die Beschuldigungen, Folterungen und späteren Morde (durch lebendige Verbrennung) an Juden in Deutschland besonders heftig.[100] Die vermeintliche Entweihung der Hostie verletzte den tiefsten Kern der extrem sisyphischen, ojekt-verankerten religiösen Ausrichtung der Deutschen.

Wir haben bereits erwähnt, daß während des schwarzen Todes, der in der Mitte des 14. Jahrhunderts ungefähr die Hälfte der Bevölkerung Europas (manche Quellen behaupten, bis zu 2/3) vernichtet hat, die Anschuldigung über die Vergiftung der Wasserquellen durch die Juden besonders häufig war. Der „Beweis" dafür war die relativ niedrige Sterblichkeit unter den Juden, die tatsächlich auf ihre strengen Rituale der Körperhygiene zurückzuführen war, für die Christen aber als eindeutiger Beweis dafür galt, daß die Juden ihre eigenen Quellen nicht vergiftet hatten; wie auch „Geständnisse" der Juden, wie das des Chirurgen von Chillon am Genfer See, der „enthüllte", daß unter anderem christliche Herzen und geweihte Hostien vergiftet wurden, um sie dann in jene Brunnen und Flüsse zu werfen, die die Christen mit Wasser versorgten.[101] Andere Juden gaben unter Folter zu, daß die Juden von Basel den Juden von Straßburg, Feiburg und Breisach Gift lieferten, um es in christliche Brunnen zu werfen.[102] Es ist charakteristisch, daß nicht nur der Arzt von Genf, sondern auch andere Juden zugegebenermaßen entweihte Hostien und menschliches Blut verwendeten, um das Gift für die Wasserbrunnen zu brauen. Hier schließt sich der Kreis mit allen Mustern von rituellen Morden, die mit dem wahrgenommenen Bedürfnis der Juden, mit dem Teufel zu kommunizieren, verbunden waren, in stigmatischem Kontrast zur christlichen Kommunion mit Gott. Logik und Begründung sind für stigmatische Anprangerung nicht nötig. Tatsächlich sind kausale Folgen nicht relevant dafür. Wie schon in „The Mark of Cain" gezeigt, prädisponierten Auffälligkeit, Abgesondertheit, mangelnde religiöse Anpassung und soziale Trennung und Divergenz der Juden sie für die Rolle der teuflischen Herkunft.[103] Wieder wurden die weltlichen machtlosen Juden für magisch allmächtig gehalten. Sie wurden als Verschwörer dargestellt, sehr ähnlich dem Jahrhunderte später angeblich stattgefundenen Treffen der Weisen von Zion in der Stadt Benfeld im Elsaß 1348, wo sie die Vergiftung der gesamten christlichen Bevölkerung Europas planten.[104] Daher warnten die Stadtväter von Brandenburg 1349 die Juden, daß, wenn der schwarze Tod ihre geliebte Stadt erreichte, sie verantwortlich gemacht und teuer dafür zahlen würden. Vom gleichen Geist war Hitlers Warnung an die Juden durchdrungen, daß, wenn sie wieder einen Weltkrieg verursachten, sie dafür büßen würden. Es scheint, daß die Hauptprädisposition der Deutschen, die Juden als machtlose Machtmythen abzustempeln, bereits im Mittelalter voll etabliert war. Alles, was die Nazis tun mußten, war, die Ritualmordverleumdung und die Anschuldigung der Entweihung Christi Reinheit aufzugreifen und sie der Verunreinigung der genetischen Reinheit der arischen Rasse und der sich daraus ergebenden Zerstörung anzupassen. Das Selbstverteidigungsthema, der Tyrann, der die Attacken des Opfers abwehrt, gehört auch dazu. Die Ratältesten im Brandenburg des 14. Jahrhunderts verteidigten sich gegen die Möglichkeit, daß die Juden ihre Brunnen mit der Seuche vergiften, so wie sich die Nazis gegen die Attacken des Weltjudentums auf Deutschland verteidigten und einen defensiven Krieg erklärten.

Das willige Opfer und die makabre Symbiose

Die partizipanten Juden waren prädisponiert, Normen durch Leiden zu legitimieren. Daher charakterisierte der Kiddush Hashem das Martyrium der Juden im mittelalterlichen Europa, die Heiligung des Namens des Herrn, durch bereitwillige Aufopferung. Diese jüdische Tradition, zu der sich die frühen christlichen Märtyrer auch bekannten, „erbrachte die konstante Bereitschaft der Gläubigen, eher ihr Leben zu opfern, als ihrem Glauben abzuschwören".[105] Die jüdische Tradition des Kiddush Hashem war seit undenklichen Zeiten im partizipanten, aufopferungsvollen Ethos des Judentums verwurzelt. Der mytho-empirische Beweis dafür ist im Akedah-Mythos enthalten – der Opferung Isaaks, um, wie durch Abraham vermittelt, die Absolutheit der Gebote Gottes aufrechtzuerhalten. Ein anderes mytho-empirisches Beispiel für Kiddush Hashem ist natürlich die Selbst-Opferung von Jesus Christus, um seinen Glauben aufrechtzuerhalten. Viele historisch aufgezeichnete Beispiele, so wie auch die Mythen von Kiddush Hashem, kommen aus der Zeit der hasmonäischen Revolte gegen Antiochos Epiphanes. Das berühmteste Beispiel für prä-mittelalterliches jüdisches Martyrium, enthalten in den Gebeten vom Jom Kippur und dem 9. Av, war der Fall der „zehn Märtyrer", die von Hadrians Legionen während der zerstörerischen Revolte von Bar Kochba im zweiten Jahrhundert n. Chr. brutal gefoltert und ermordet wurden. Tatsächlich setzten die jüdischen Märtyrer des mittelalterlichen germanisierten Europas ihre heilige Tradition fort, für ihren Glauben zu sterben, während sie „L'echu Neronena l' Adonay'", „laßt uns im Namen Gottes freuen", singen. „Glücklich werden wir sein", verkündeten sie, „wenn wir Seinen Willen befolgen, und glücklich ist jeder, der erschlagen und ermordet wird und für die Heiligung Seines Namens stirbt. So einer ist für die Welt, die kommt, bestimmt und soll in den selben Regionen verweilen wie die rechtschaffenen Männer, wie Rabbi Akiva und seine Gefährten, die Säulen der Welt, die um seines Namens willen erschlagen wurden."[107] Selbstopferung für den Namen des Herrn war das Fundament des jüdischen Glaubens, und daher waren die Märtyrer die Säulen der Welt.

Die Selbstopferung der Juden während ihrer Verfolgung durch die Kreuzfahrer und während der Pogrome, die mit dem schwarzen Tod einhergingen und ihm folgten, um den Verrat ihres Glaubens zu vermeiden, wurde bereits erwähnt. Von spezieller Bedeutung ist die moralisch-normative Motivierung in der jüdischen Heiligung des Namens des Herrn sowie auch eine transzendentale Motivierung. Sie nahmen sich selbst als ein Brandopfer wahr, ein Opferlamm, auserwählt zu ihrer Vervollkommnung. Ferner wurde angenommen, daß ihre willige Aufopferung die Kreuzfahrer dazu bringen würde, zu sehen, wie irrig ihre Wege und wie falsch ihre mörderische Verfolgung der unschuldigen Juden war.[108] Der jüdische Kiddush Hashem war nicht nur eine Manifestation des Glaubens an Gott, sondern eine unwiderrufliche Demonstration ethischen Wertes und ein missionarischer tour-de-force, der das Wachrütteln der irrenden Tyrannen aus ihrer gewalttätigen Verranntheit anstrebte und ihnen so ermöglichen sollte, ihre sündhafte Blindheit sowie auch die Unschuld ihrer Opfer zu erkennen. Juden wurden dazu angehalten, im Falle einer zwangsweisen Bekehrung nicht nur sich selbst, sondern auch ihre Kinder zu töten, damit diese nicht von Christen aufgezogen werden konnten.[109] Das Martyrium der Marranen, der heimlichen Juden in Spanien, die sich nur äußerlich zum Christentum bekehrten, erreichte unübertroffene Höhen an aufopferungsvollem Glauben, als sie von der Inquisition gefoltert wurden. Sie wurden angewiesen, sich die vier hebräischen Buchstaben des Namens des Herren vor Augen zu führen, damit ihr Schmerz erträglich werde. Als man sie, als Alternative zu weiterer Folter und Tod, vor die Wahl wahrhafter Bekehrung zum Christentum stellte, standardisierte die marranische Tradition im Spanien des 15. Jahrhunderts eine Antwort an die Inquisitoren: „Was verlangen sie von mir? (Meinen Glauben und meine Ehre zu zerrütten) Aber ich bin ein Jude! Als Jude werde ich leben und als Jude soll ich sterben! Ein Jude! Ein Jude! Ein Jude!"[110] Ein makabres Paradoxon ist, daß für die Juden Selbst-Aufopferung eine Lebensweise war. Irdischer Tod, durch Kiddush Hashem, war ein Vorbote des ewigen Lebens innerhalb der Grenzenlosigkeit der Thora.

In vielen Beispielen, in denen Opfer ihre Familien und sich selbst töteten, wurde ihre bereitwillige Aufopferung von einem rituellen Gebet eingeleitet. Am 27. Mai 1096 töteten die bestürmten Juden aus Worms einander, während sie riefen „Siehe, oh Gott, was wir tun, um deinen geheiligten Namen zu beseligen."[111] Einige Tage später, mitten im Massenmord, wetzten zwei junge Mädchen, Bela und Madrona, in Mainz die Schlachtmesser, entblößten ihre Hälse und erlaubten ihren Müttern, sie zu opfern, während sie zum Herrn beteten, „der ihnen befahl, seinen reinen Glauben nicht zu verfälschen und innerhalb von ihm in Vollständigkeit zu verweilen."[112] Dies war ein Nachleben der archetypischen normativen Opferung Isaaks durch Abraham mit einer Umwandlung der Geschlechter in den dramatis personae: Mutter und Töchter anstelle von Vater und Sohn. Weiters erfuhren Bela und Madrona nicht das happy end der Genesis mit dem Opferwidder, der, anstelle von Isaak, von Gott gesandt wurde; weder Bella und Madrona aus Mainz, noch Janusz Korczak und seine 200 Waisen, als sie am 5. August 1942 den Viehwagen bestiegen, der in das Todeslager Treblinka fuhr. Yossel Rackover, einer der Märtyrer aus dem Ghetto Warschau, schrieb in seinem Testament folgendes: „Ein deutscher Panzer näherte sich, und ich warf eine brennende Flasche auf ihn. Der Panzer brannte, und sechs Nazis flüchteten aus ihm brennend und kreischend. Sie brannten genau wie die Juden, die sie zuvor verbrannt hatten, – nur die Juden kreischten nicht, sie begrüßten den Tod als einen Erlöser. Ich bin stolz, ein Jude zu sein, und ich wäre unglücklich, einer Nation von Mördern anzugehören. Ich glaube, daß Jude sein Held sein bedeutet, Märtyrer und Heiliger. Ich bin glücklich, der unwürdigsten Nation der Erde anzugehören, denn ihre Thora ist der Ausdruck der gerechtesten Gesetze und Moral. Nun wurde diese Thora durch den Haß und den Zorn der lästernden Nazis geläutert und durch den Tod meiner Freunde und bald auch durch mein eigenes Opfer geheiligt, da die letzte Flasche Benzin hier neben mir liegt."[113] Yossel Rackover, das selbsttilgende, das fromme Agnus Dei, opferte sich der immerwährenden Herrlichkeit eines gerechten, moralischen und rechtschaffenen Gottes, der den Holocaust als einen unermeßlichen Opferaltar zur Heiligung seines Namens inszenierte. Kiddush Hashem tatsächlich, – Credo Quia Absurdum.

Die auffallend trostlosen Bedingungen des mittelalterlichen jüdischen Lebens, die im gegenwärtigen Kapitel aus den Überlegungen hervorgehen, sind die mitleiderregende Hilflosigkeit und Wehrlosigkeit des „auserwählten Volkes". Diese Tatsache wiederum hält die Prämisse aufrecht, daß das ideale Objekt für Stigma und Abstempelung zum Sündenbock ein machtloses Machtsymbol ist. Daher waren die Juden zum Leiden auserwählt. Hier ist es zwecklos, über Ursache und Wirkung zu diskutieren; ob nun die partizipante Seligsprechung des Leidens im Judentum angesichts ihrer Verfolger der aufopferungsvollen Demut förderlich war oder ob die Normativität des Leidens eine Rationalisierung nach der Tatsache der Verfolgung der Juden war, macht keinen Unterschied. Wichtig ist, daß Leiden und rechtschaffene Norm sich in jüdischer Tradition aufeinander beziehen: „Und Gott sah, daß es gut war"[114], sagt der Midrash, „ist das Maß der Tugend; und Gott sah alles, … Es war sehr gut[115], ist das Maß des Leidens; denn Leiden bringt die Menschheit zur Welt, die kommen wird."[116] Diese Zentralität des Leidens entstand, weil das Judentum kollektiv auf die frühorale Phase fixiert war, in der die Totalität der Einheit aus einem grenzenlosen, leidenden, „schlechten Selbst" (bad me) bestand. Aufopferungsvolles Leiden würde das Mittel zur Verständigung zwischen Mensch und Göttlichkeit sein. Die Opferung Isaaks brachte Israel zur Annahme des Bundes mit Gott, und das Leiden Jesu am Kreuz befähigte Christus nicht nur, an der Göttlichkeit teilzuhaben, sondern verwandelte ihn in Gott. Das Bündnis der Juden mit Gott wurde also durch Leiden bewirkt.[117] Der Midrash deutet den Bibelvers „Wen der Herr liebt, den straft er, wie ein Vater seinen Sohn liebt"[118] als durch Leiden erlangte Liebe.[119] Das Leiden der Juden deutete sowohl auf die Liebe Gottes wie auch auf eine Erleichterung des Lernens hin, d.h. auf das Teilhaben an der Thora, die eine Manifestation Gottes ist. Dies kann aus einem Kommentar der Midrash über den Psalmvers 94:12 angenommen werden.[120] Daraus ergibt sich somit, daß das Bündnis zwischen Gott und der Menschheit und die Übertragung der heiligen Gesetze auf das Volk von Israel durch Leiden zustandekamen. Ferner war es ein wirksameres Mittel, sich dem Leiden hinzugeben, als Tier-, Hab- und Gutsopfer darzubringen, Sünden abzubüßen und so zu Gott zu gelangen.[121] Im partizipanten Judentum war Leiden vorgeschrieben. „Wenn jemand Leiden ablehnt", sagt der Midrash, „ist er doppelt belastet".[122] Moral wurde durch Qual gelernt[123] und Erlösung durch Folter verkündet. Das waren die Paamei Hageula, die Verfolgungen, die der Erlösung vorangingen. Der Holocaust muß das Crescendo und Fortissimo gewesen sein, die oftmalige Vervielfältigung aller opfervollen Qualen der Juden seit Generationen.

Demut, von Christus und den frühen Christen so verherrlicht, scheint ein normativer jüdischer Zug gewesen zu sein. Die Mishna preist „die Demütigen, die nicht demütigen; die, die verstoßen sind, und nicht verstoßen … die, die in ihrer Qual glücklich sind."[124] Der partizipante jüdische Gott schätzt die Flüchtlinge und Gejagten. Er liebt die willigen Opfer auf dem Altar, die ans Kreuz genagelten und in den Vernichtungslagern verbrannten Opfer.

Die essentielle Demut und offenkundige Wehrlosigkeit der europäischen Juden brachte sie dazu, ihren christlichen Unterdrückern einen selbstauslöschenden Zug zu präsentieren. Sie entwickelten in Fürbitten und Verhandlungen eine große Geschicklichkeit und Begabung, da zu vielen Anlässen die Lebensfähigkeit und das Überleben der gesamten jüdischen Gemeinde von der Fertigkeit und dem Scharfsinn des Fürsprechers gegenüber den Autoritäten abhing; säkular oder religiös. Charakteristischerweise erließ das Zentralkomitee der deutschen Juden im Jahre 1530 und 1630 abermals Verhaltensregeln für die Mitglieder ihrer Gemeinde, sodaß sie nicht „den Zorn der Nichtjuden erregen und ihren Haß auf uns hervorrufen."[125] Diese selbst-tilgende Tendenz der Juden machte sie zum idealen Empfänger für Stigma, und daher entstand eine makabre Symbiose zwischen dem stigmatisierenden Tyrannen und dem stigmatisierten Opfer. Um das Stigma zu rechtfertigen, mußte der Tyrann das Opfer als einen satanischen Widergeist darstellen, und das Opfer mußte, um zu überleben, in vielen Fällen mit heimlicher Überzeugung, die abfällige Bezeichnung akzeptieren. Der blutrünstige Tyrann fand daher im Juden ein willfähriges Opfer. Die makabre Symbiose zwischen Folterer und Gefoltertem wurde in der Psycho-Pathologie beschrieben und von Orwell in seiner apokalyptischen Novelle „1984" meisterhaft dargestellt. Im Verlauf seiner Folterung mag das Opfer sein innerstes Wesen enthüllen. Ein partizipantes, selbst-tilgendes Opfer mag seinen Energieabfluß auf den Tyrannen lenken. Winston, das Opfer in Orwells Novelle, konnte daher fühlen, daß er den „großen Bruder liebte", und ebenso fühlten einige Opfer der Nazis eine makabre Anziehung zu ihren Verfolgern. Einige assimilierte deutsche Juden verteidigten das Stigma, das ihnen von den Nazis aufgeprägt wurde, sogar gänzlich und begleiteten dies mit einem „Raus-mit-uns"-Selbsthaß.

Könige, Sklaven und Geldverleiher

Die mittelalterlichen Juden wurden als kaiserliches und königliches Eigentum betrachtet. Dies war eine politische Folge der „Schutzbriefe", die den Juden von Kaisern, Königen, Prinzen und in vielen Fällen von Päpsten und Bischöfen ausgestellt wurden.
Karl der Große (Charlemagne, 768–814) und sein Sohn Ludwig (Louis) der Fromme (814–840) begrüßten die wirtschaftliche Bedeutung der Juden und ihre internationalen Handelsverbindungen in der Entstehung des karolingischen Reichs und gewährten ihnen spezielle Privilegien.[126] Diese besonderen Schutzmaßnahmen, und besonders die Berufung eines Gerichtsbeamten als „Vorsteher der Juden", und die Einrichtung spezieller jüdischer Gerichte mit Zuständigkeit in Angelegenheiten von persönlichem Status und jüdischem Gesetz bewirkten die weitere Abtrennung und Absonderung der Juden. Diese Auffälligkeit war der Wahrscheinlichkeit förderlich, daß die Juden stigmatisiert und zum Sündenbock abgestempelt wurden, wie aus Agobards Brief „Über die Überheblichkeit der Juden"[127] ersichtlich ist.

Karls (Charlemagnes) Weitherzigkeit war von wirklicher Größe. Er strebte auch nach römischem Adel. Er kleidete sich in eine lange römische Tunika und darübergeworfenen Schal und trug anstelle der hochgeschnürten Stiefel eines teutonischen Anführers die niedrigen Schuhe eines römischen Adeligen.[128] Wir haben auch Beweise, daß Judith, die zweite Frau von Ludwig (Louis) dem Frommen, eine Schwäche für die Juden hatte.[129] Das Karolingische Reich war daher eine glänzende Ausnahme von der habgierigen und abgebrühten Erpressung, die von den mittelalterlichen Herrschern gegenüber den Juden praktiziert wurde und die „ihre" Juden als die höchsteingeschätzten Wertgegenstände ihres Staatsschatzes betrachteten. Die legale Grundlage für den Status der Juden als „servi camerae nostrae" – „Sklaven des Staatsschatzes" – war der Grundsatz ipsi judaei et omnia sua regis sunt, d.h. „Die Juden selbst und all ihr Eigentum sind Besitz des Königs." Die mittelalterlichen Herrscher und besonders die deutschen Kaiser und Könige deuteten diese Satzung wortgetreu. Friedrich Barbarossa (1152–1190) füllte seine Truhen mit Gold, das er von „seinen Schatzkammer-Sklaven" als Gegenleistung für die Schutzbriefe, die er den Juden gewährte, erhalten hatte. Die jeweiligen deutschen Fürstentümer preßten ihre Juden bis zum letzten Tropfen aus, wann immer sie Geld brauchten, um einen verbündeten Alliierten zu belohnen, einen Feind zu bestechen oder sich von einigen chronischen Schulden zu befreien.[130] Es war Brauch, von einem Juden als Preis für einen „Schutzbrief" den zehnfachen Wert seines Grundstücks zu verlangen und sich dann auf weniger als das zu einigen, als „besondere Begünstigung" für ihn und als Zeichen der „grenzenlosen Gnade" der Staatsmacht.

Juden wurden als Sicherheit für Anleihen verpfändet: Im Jahre 1251 verpfändete Konrad die Juden von Rothenburg für 3000 Mark, und 1276 verpfändete Rudolf von Habsburg 5 Juden für 300 Mark. 1298 erkaufte Albert I. für den Preis von 10% der jährlichen Einkünfte „seiner" Juden das Recht, zum König gewählt zu werden. Ludwig von Bayern (1314–1347) hatte sogar die Erfindungsgabe, die Steuer zu erneuern, die den Juden von Kaiser Titus anstatt des Zehntels, das sie dem Tempel in Jerusalem opferten, auferlegt wurde. Diese Tradition von zynischer Erpressung im Austausch gegen dubiosen Schutz gipfelte in der Erpressung der Juden durch die Nazis, indem sie ihnen geringfügige Privilegien und Begnadigungen anboten, und in Eichmanns notorischem „Blut für Geld"-Angebot: Ungarische Juden gegen Geld und Autos.

Die Juden waren das Eigentum des Herrschers und hatten somit keine Rechte. Sie wurden nach den Launen ihrer Eigentümer verschenkt, verpfändet und eingetauscht. Der mittelalterliche Herrscher hatte ein persönliches Interesse, von „seinen" Juden den größtmöglichen Geldbetrag zu erpressen. Eine allgemein übliche Erfindung war es, den Schutzbrief, der der jüdischen Gemeinde gegeben wurde, auf Abruf zu annullieren oder sein Auslaufen eigenmächtig zu veranlassen, sodaß dessen Erneuerung neuerliche Zahlungen notwendig machen würde. Die Ermordung der Juden war daher ein konkreter Verlust für die Herrscher, und dies war, mehr als alles andere, die Motivierung für die seltenen Fälle, in denen die mittelalterlichen säkularen und geistlichen Autoritäten „ihre" Juden wirkungsvoll schützten. Sie waren keine „Juden-Freunde", sie beschützten einfach „die Gänse, die goldene Eier legten."
Die Juden mußten für jeden Besitz hohe Steuern zahlen. Im Jahre 1226 wurde den Juden und dem Vieh in Deutschland eine Kopf-Steuer auferlegt. Der Teil, der von den Juden bezahlt wurde, war so hoch, daß er im 13. Jahrhundert 12% der Staatssteuern ausmachte. Manchmal waren die Steuern, die den Juden auferlegt wurden, in ihrer Willkür nahezu lächerlich. Um beispielsweise Straßburg zu betreten, mußten die Juden für Leibwächter bezahlen, die ihnen niemals zur Verfügung gestellt wurden. Manchmal erreichten Juden sehr einflußreiche Positionen an einem Herrscherhof, besonders als Resultat ihrer finanziellen Talente. Diese „Hof-Juden und Hof-Bankiers" erregten Eifersucht, Wut und abfälliges Stigma, besonders wenn sie ihre Position nützten, um ihre eigenen Interessen zu fördern oder sich ostentativ benahmen. Antisemiten waren allzeit bereit, Vorfälle, die mit der Person oder der vermeintlichen Berüchtigtkeit eines „Hof-Juden" verbunden waren, auszunutzen. Der tragische und umstrittene Fall des „Jud Sueß" Oppenheimer (1699–1738), eines „Hof-Juden" des Herzogs von Württemberg, wurde von den Nazis geschickt ausgenützt, um einen jüdischen Finanzberater als „blutsaugenden" Ausbeuter der deutschen „Blut-und-Boden"- Nation und wollüstigen Beschmutzer der sauberen deutschen Mädchen und Frauen zu porträtieren.

Im 11. und 12. Jahrhundert forderten die entstehenden städtischen Zentren die Juden auf, sich anzusiedeln, um ihre wirtschaftliche und kaufmännische Entwicklung zu steigern. Daher gab Rüdiger, der Bischof von Speyer, den Juden 1084 besondere Rechte und bestimmte innerhalb der Stadtmauern ein jüdisches Viertel. In gleicher Weise gab

Heinrich IV. den Juden von Worms 1090 einen großzügigen Freibrief. Als die christliche Bourgeoisie mehr Erfahrung gesammelt hatte und in finanziellen Angelegenheiten habgieriger wurde, begann sie, sich über ihre jüdischen Konkurrenten zu ärgern. Die Juden wurden nicht nur wirtschaftlich entwicklungsfähig, sondern zu einer tatsächlichen Bedrohung für die wachsenden Unternehmen, zum Beispiel der Lombard-Bankiers, die im 15. Jahrhundert einen ständig anwachsenden Teil des europäischen Bankwesens kontrollierten. Als sich ihre wirtschaftliche Nützlichkeit verringerte, wurden die Juden gegen Pogrome, Verfolgung und Vertreibung immer ungeschützter. Wie andere „Hofjuden" zogen jüdische Ärzte, wenn sie erfolgreich waren und bei Hof auffielen, Neid und stigmatische Herabsetzung auf sich. Folglich wurde eine Reihe von jüdischen „Hofärzten" beschuldigt, ihre Dienstherren vergiftet zu haben und beendeten, wie andere unglückliche „Hofjuden", ihr Dasein am Galgen. Es ist also nur zu natürlich, daß auch die Nazis jüdische Ärzte der böswilligen Mißhandlung ihrer christlichen Patienten beschuldigten.

Viele der Herrscher und Bischöfe, die den Juden Schutzurkunden gaben, vergaßen ihr Versprechen, die Juden zu verteidigen, bereitwillig, wenn ihnen ein Teil der Beute zugesichert wurde. Auch viele der Adeligen und Städter waren sehr erfreut, die Juden samt ihren Schuldscheinen, Darlehensverträgen und Tributurkunden brennen zu sehen. Die stigmatische Absonderung der mittelalterlichen Juden wurde durch die ihnen aufgezwungene Spezialisierung auf Geldverleih und Wucher verstärkt. Die verschiedenen Innungen und beruflichen Organisationen akzeptierten die Juden nicht. Sehr wichtig war die Verfügung der Kirche an die Christen, für Zinsen kein Geld zu verleihen. Somit hatten die Juden das beinahe vollständige Monopol auf Geldverleih samt allen dazugehörigen negativen Begriffsinhalten wie „Kredithaie" und „blutsaugende Vampire". Jüdischer Wucher erregte glühenden Haß unter den Schuldnern, die zu allen Bevölkerungsschichten gehörten. Kaiser, Könige, Lehnsherren und kirchliche Autoritäten, alle brauchten Geld, um Kriege zu führen, Kirchen zu bauen und dem Adel pompöse Feste geben zu können. Dieser Haß brachte natürlich Gewalt und Pogrome gegen die machtlosen Kreditgeber hervor, die den doppelten Zweck der Aggressionsbefreiung und des Verfalls der Schulden erfüllten. Schließlich erließen die Kirche und der Staat im 14. und 15. Jahrhundert Gesetze, die es den Juden verboten, Geld gegen Zinsen zu verleihen, und beraubten sie somit ihres Hauptlebensunterhalts. Diese Verbote waren üblicherweise von der Vertreibung der Juden begleitet. Wenn dies geschah, erwiesen sich die christlichen Wucherer gewöhnlich in der gefühllosen Zinserpressung von ihren Religionsbrüdern als viel schlimmer als ihre jüdischen Vorgänger.[131]

Talmon hat die unglückliche Position des Mittelsmanns zwischen dem mittelalterlichen Lehnsherrn, den Nichtjuden und den Städtern bereits hervorgehoben.[132] Von den jüdischen Steuereintreibungen profitierten hauptsächlich die feudalen Grundbesitzer, dennoch waren für die ausgepreßten Nichtjuden die „Blutsauger" die Juden. Dies war ein klassischer Fall von durch einen verlagerten Groll genährtem Abstempeln zum Sündenbock. Die Juden waren Vordermänner, die von der Aristokratie als Empfänger von Wut und Haß verwendet wurden, der auf sie gerichtet sein würde und sollte. Als die Wut der Nichtjuden und Bürger gegen die Juden ausbrach, war dies oft zum Vorteil des feudalen Lehnsherrn. Durch Tötung und Verbannung der Juden erlangten nicht nur die Nichtjuden, sondern auch die Aristokratie Vorteile durch den Verfall ihrer eigenen Schulden. Dies war eine typisch sisyphische Manipulation der Juden, die anfänglich durch ihre Geschicklichkeit in irdischen Angelegenheiten gut gelebt zu haben schienen. Sie häuften durch ihren Geldverleih, durch Steuereintreibung und internationalen Handel oft großen Wohlstand an, doch dieser Wohlstand machte sie auffällig und anfällig für die Abstempelung zum Sündenbock durch die Nichtjuden, mit stillschweigendem oder sogar aktivem Einverständnis der Grundbesitzer. Im Grunde wurden die partizipanten Juden daher in ihrem ungenügenden Verständnis der Realität zu ausgebeuteten Opfern.

Machtlose Machtsymbole

Hannah Arendt hat nach einer Erklärung der Verbindung zwischen Machtlosigkeit und Abstempelung zum Sündenbock gesucht und beklagte die Tatsache, daß es keine Theorie gab, die diese beiden in Wechselbeziehung brachte.[133] Das gegenwärtige Kapitel versucht nun, genau diese Verbindung zwischen jüdischer Machtlosigkeit und Antisemitismus zu begründen; „The Mark of Cain"[134] lieferte das Modell und die Theorie für diese Assoziation.

Abstempelung von ethnischen und religiösen Minderheiten zum Sündenbock ist in der Geschichte, auch in der jüngeren Geschichte, im Überfluß vorhanden. Perser in Indien, Armenier in Griechenland und der Türkei und Tamilen in Sri-Lanka. Die den Juden widerfahrene Stigmatisierung und Abstempelung zum Sündenbock durch das germanisierte Christentum und die Nazis wurde wegen ihres Ausmaßes und ihrer Intensität archetypisch, auch weil dies einer der beiden Hauptfaktoren zur Heraufbeschwörung des Holocausts war. Der andere war die Dialektik zwischen dem partizipanten jüdischen und dem separanten germanischen Sozialcharakter, womit sich Kapitel sieben beschäftigen wird.

Damit ein Stigma auf sozialer Ebene wirksam arbeitet, muß ein Stereotyp der stigmatisierten Gruppe geschaffen werden. Im gegenwärtigen Kapitel wurde gezeigt, daß von den europäischen Stigmatoren ein abträgliches Stereotyp der Juden geschaffen wurde; von dem „Sohn des Teufels" des mittelalterlichen Juden zu den „Kohn Sorten" (den Kohntypus), die die frühen Nazis beschrieben[135], und dem Untermenschen, dem unter-menschlichen jüdischen Degenerierten, beschrieben in Streichers „Stürmer".

Im Modell, das am Beginn dieses Kapitels dargelegt wurde, muß das Stigma von verschiedenen Seiten, vom Blickwinkel des Brandmarkenden und vom Blickwinkel des Stigmatisierten und Abgestempelten, betrachtet werden. Es wurden viele Beispiele des Stigmatisierenden und der Definition seines Wertes, im Gegensatz zu der Schändlichkeit des Stigmatisierenden, gebracht. H.S. Chamberlain schliff diese Definition durch Vergleich zur Perfektion, als er behauptete, daß Jesus, der blauäugige Galiläer, unter Juden geboren und aufgezogen wurde, um zu zeigen, daß das Christentum, im Gegensatz zum irrigen Judentum, die wahre Religion sei.[136] Daher war des Juden Jüdischheit für sie durch die Stigmatisierenden definiert. Diese „Funktionalität" der Juden, als Definierer durch Vergleich, machte ihr abträgliches Stereotyp unbedingt erforderlich. Eine der zugrundeliegenden Ursachen für die Ablehnung der Bemühungen der Juden um Assimilation durch die Stigmatisierenden könnte sehr wohl diese Notwendigkeit gewesen sein, das mißliche und widerliche Stereotyp aufrecht zu erhalten.

Die Juden wurden sowohl von den Christen als auch von den Nazis als Ursache von Schwierigkeiten und Unglück angesehen. Streichers Stürmer wiederholte beharrlich, „die Juden sind unser Unglück", und konzentrierte so, mit der Intensität eines orwell'schen Alptraums, Feindschaft und Haß auf die Juden. Die Funktion des antisemitischen Stigmas als Sicherheits-Ventil ist von Mosse zutreffend beschrieben: „Der Massenenthusiasmus, der über ein Jahrhundert völkische Agitation explosiv gemacht hat, und der, wenn nicht aufgelöst, seinen eigenen Urhebern gefährlich werden könnte, wurde von den realen, sozialen und wirtschaftlichen Mißständen weg – und in den Antisemitismus gelenkt. Der Jude war dazu bestimmt, die Hauptlast zu tragen, und wenn dies auch in der völkischen Bewegung die Norm war, sorgte Hitler dafür, daß es haften blieb. Hier lag dann der Quell von Hitlers Erfolg: seine Fähigkeit, die revolutionären Sehnsüchte und Mißstände eines großen Bevölkerungssektors in eine anti-jüdische Revolution zu transformieren. Nicht der große Kapitalist oder der wirtschaftliche Mittelsmann, sondern der Jude wurde zur Inkarnation des Feindes gemacht. In seiner geschickten und findigen Unterscheidung zwischen jüdischem und deutschem Kapitalismus rettete Hitler die Struktur des deutschen Kapitalismus vor dem sicheren Ruin und bewahrte sie tatsächlich. Inzwischen wurden die Juden als wirtschaftliche Macht beseitigt und hinterließen ihre Investitionen, Inventar und Wohlstand. Im Verlauf wurde auch die Schuld für den wahren Ursprung der deutschen Krise verschoben: das Versagen der deutschen kapitalistischen Struktur, der verlorene Krieg und die Frustration des vergangenen Jahrhunderts."[137]

* * *

1. S. G. Shoham & G. Rahav: The Mark of Cain, St. Lucia, Queensland 1982, The University of Queensland Press.
2. Ibid., Kapitel 4–7.
3. J. Trachtenberg: The Devil and the Jews, New Haven, Yale University Press, p. 14.
4. Ibid.
5. Zit. in ibid.
6. H. Pirenne: A History of Europe, London 1936, G. Allen & Unwin
7. M. Avi-Yonah: In the days of Rome and Byzantium, Jerusalem 1970, The Bialik Institute, p. 202.
8. Siehe H.A.L. Fisher: A History of Europe, London 1940, Edward Arnold & Co.
9. M. Avi-Yonah, op cit., pp. 212–213.
10. Ibid., p. 215.
11. A. Pirenne: A History of Europe, op. cit., p. 36.
12. S.G. Shoham & G. Rahav: The Mark of Cain, op. cit., Kapitel 4–9.
13. J. L. Talmon: The Myth of the Nation and Vision of Revolution: The Origins of Ideological Polarization in the 20th Century, Tel-Aviv 1982, Am-Oved, p. 224.
14. J. Parkes: The Conflict of the Church and the Synagogue, op. cit., p. 157.
15. Ibid., pp. 194–195.
16. Ibid., p. 190.
17. J. Huizinga: The Waning of the Middle Ages, Harmondsworth 1979, Penguin Books, Kapitel 1
18. E. Gibbon: The Decline and Fall of the Roman Empire, Kapitel 36 & 38.
19. C. Kingsley: The Roman and the Teuton. Lektionen IV und V.
20. Ibid.
21. E. Gibbon: The Decline and Fall of the Roman Empire, Kapitel 38.
22. Ibid.
23. J. Parkes: The Conflict of the Church and the Synagogue, op. cit., p. 184.
24. Ibid., p. 335.
25. Diese Phrase wurde von G. Murray verwendet, um den Verfall Griechenlands zu beschreiben, der tatsächlich eine partizipante Phase war, gefolgt von der separanten Aufwallung Mazedoniens: Five Stages of Greek Religion, op. cit., Kapitel 5.
26. J. Huizinga: The Waning of the Middle Ages, op. cit., p. 9.
27. Ibid.
28. Hilarius von Poitiers, Kommentar zu Matthäus XIII 22, PL IX, p. 993; in J. Parkes: The Conflict of the Church and the Synagogue, op. cit., p. 160.
29. Ibid., pp. 158–159.
30. Ibid., p. 88.
31. Ibid., p. 174.
32. H. Pirenne: A History of Europe, op. cit., p. 139.
33. H.H. Milman: The History of Latin Christianity, Vol. IV, Buch VI, p. 145.
36. H. Pirenne: A History of Europe, op. cit., p. 193.
37. E. Gibbon: The Decline and Fall of the Roman Empire, Kapitel VIII.
38. Zit. in W.S. Seiferth: Synagogue and Church in the Middle Ages, Frederick Ungar Publishing Co., p. 68.
39. H. Pirenne: A History of Europe, op. cit., p. 135.
40. J. Parkes: The Conflict of the Church and the Synagogue, op. cit., p. 332.
42. S. Grayzel: A History of the Jews, New York 1968, New American Library, p. 227.
43. J. Parkes: The Conflict of the Church and the Synagogue, op. cit., p. 324.
44. H. H. Ben-Sasson: History of the Jewish People, op. cit., Vol. 2; The Middle Ages, p. 36.
45. J. Parkes: The Conflict of the Church and the Synagogue, op. cit., p. 368.
46. Zit. in ibid., p. 369.
47. H. H. Ben-Sasson: History of the Jewish People, op. cit., p. 32.
49. R. Schechter: Cosmic Enemy, Tel Aviv 1979, Achshaw, p. 15.
50. E.F. Ricejr.: The Foundations of Early Modern Europe, London 1970, Weidenfeld & Nicolson, p. 165.

51. R. Schechter: Cosmic Enemy, op. cit., p. 21.
52. Ibid., pp. 34–35.
53. H. Grisar: Luther, London 1913–17, Kegan Paul, Trench & Trubner, Vol. V., p. 104.
54. Siehe die Einleitung dieser Arbeit
56. R. Schechter: Cosmic Enemy, op. cit., p. 17.
57. R. Schechter: Cosmic Enemy, op. cit., p. 18.
58. R. Schechter: op. cit., p. 23.
59. J. Trachtenberg: The Devil and the Jews, New Haven, U. Press, p. 218.
60. J. Trachtenberg: The Devil and the Jews, op. cit., p. 219.
61. C. Roth: The Spanish Inquisition, New York 1964 (erstmals publ. 1937), Norton, p. 20.
62. R. Hilberg: The Destruction of the European Jews, op. cit., p. 3.
63. H. H. Ben-Sasson: History of the Jewish People, op. cit., Vol. 2, pp. 110–111.
64. J. Parkes: The Conflict of the Church and the Synagogue, op. cit., p. 174.
65. A. J. Toynbee: A Study of History, op. cit., Vol. I, p. 166.
66. J. Katz: Exclusiveness and Tolerance, New York 1969, Schocken, p. 174.
67. Ibid., pp. 55–56.
68. H. H. Ben-Sasson: History of the Jewish People, op. cit., Vol. I, p. 337.
69. M. Loewenthal: The History of the Jews in Germany, Tel Aviv, Massad, p. 65.
70. H. H. Ben-Sasson: History of the Jewish People, op. cit., Vol. 2, pp. 114–115.
71. Avot B'rabi Natan, 11, Midrash.
72. Die Sprüche Salomos, 16:5.
73. Tosefta Berachot.
74. Antworten des Maimonides, 293; zit. in H. H. Ben-Sasson: History of the Jewish People, op. cit., Vol. II., p. 151.
75. Jean Genet: The Blacks, New York 1960; Grove Press, p. 164.
76. James Parkes: The Jews in the Medieval Community, New York, Hermon Press, p. 32.
77. Die unrichtige King James-Version übersetzt: „Keuschest"
78. Psalms 94:12; Berachot 13.
79. Talmud Berachot, 5:A.
80. J. Trachtenberg: The Devil and the Jews, New Haven, Yale University Press, p. 19.
81. Ibid., p. 19.
82. R. Schechter: Cosmic Enemy, Jerusalem 1979, Achshaw, pp. 22–23.
83. J. Trachtenberg: The Devil and the Jews, op. cit., p. II.
84. Aus einer Rede Hitlers, 10. November 1940.
85. Ibid., p. 23.
86. Ibid., p. 21.
87. Ibid., p. 40.
88. Siehe S. G. Shoham und G. Rahav: The Mark of Cain, op. cit., Kapitel 4.
89. J. Trachtenberg: The Devil and the Jews, op. cit., p. 22.
90. Zit. in J. Trachtenberg: The Devil and the Jews, op. cit., p. 22.
91. Siehe R. Bonfille: The Jews and Satan in Christian Consciousness in the Middle Ages.
92. Ibid., p. 39.
94. J. Trachtenberg: The Devil and the Jews, op. cit., p. 126.
95. K. Heiden: Der Führer, Boston 1944, Houghton Mifflin Co., p. 259.
96. S. G. Shoham & G. Rahav: The Mark of Cain, op. cit., Kapitel IV.
97. J. Trachtenberg: The Devil and the Jews, op. cit., p. 17.
98. J. Trachtenberg: The Devil and the Jews, op. cit., p. III.
99. J. Parkes, op. cit., p. 113.
100. H. H. Ben-Sasson: History of the Jewish People, op. cit., Vol. II, p. 104.
101. J. Trachtenberg: The Devil and the Jews, op. cit., p. 104.
102. Ibid., p. 104.
103. S. G. Shoham und G. Rahav: The Mark of Cain, op. cit., Kapitel 4 und 5.
104. Ibid., p. 103.

105. J. Katz: Exclusiveness and Tolerance, New York 1962, Schocken, pp. 82–83.
107. H. H. Ben-Sasson: History of the Jewish People, op. cit., Vol. II, pp. 43–44.
108. Ibid., p. 147.
109. Ibid., p. 198.
110. M. Loewenthal: The History of German Jews, op. cit., p. 35.
111. Ibid., p. 35.
112. Der Autor setzte seine eigene Übersetzung für die mißliche König James-Version von Ezechiel 16:6 ein.
113. Yossel Rackover speaks with his God; The Holocaust, Tel Aviv 1983, pp. 82–83.
114. Genesis, 1:24.
115. Genesis, 1:31.
116. Genesis Raba, 9.
117. Berachot, 5.
118. Die Sprüche Salomons, 3:12.
119. Midrash, Mechilta Parashat Ythro.
120. Genesis Raba, 92.
121. Mechilta, Ythro.
122. Midrash, Tana Debei, Eliyahu.
123. Berachot, 11a.
124. Shabat, 88.
125. History of the Jewish People, op. cit., Vol. II, p. 287.
126. J. Parkes: The Jews in the Medieval Community, op. cit., p. 41.
127. J. Parkes: The Jews in the Medieval Community, op. cit., p. 5.
128. Thomas Hodgkin: Italy and her Invaders, Vol. VIII, pp. 190–195.
129. Ibid., pp. 50–51.
130. M. Loewenthal: The History of the Jews in Germany, op. cit., p. 57.
131. H. H. Ben-Sasson: History of the Jewish People, op. cit., Vol. II, p. 173.
132. J. L. Talmon: The Myth of the Nation and the Vision of the Revolution, London 1981, Secker & Warburg, p. 169 et seq.
133. H. Arendt: The Origin of Totalitarianism, New York 1958, The World Publishing Co., pp. 5–6.
134. S. G. Shoham & G. Rahav: The Mark of Cain, op. cit.
135. G. L. Mosse: The Crisis of German Ideology, New York 1964, Grosset & Dunlop, p. 242.
136. H. S. Chamberlain: Die Grundlagen des XIX. Jahrhunderts, 9. Auflage, München 1909.
137. G. L. Mosse: The Crisis of German Ideology, op. cit., p. 292.

Kapitel 6

Deutschland erwache!

„Mord ist auch ein schöpferischer Akt": so ein deutscher Theaterdirektor über die Aufführung des Schauspiels „Eine jüdische Seele" durch das Haifaer Theater in Deutschland im Mai 1985.

„Es gibt Leute in der Bewegung des deutschen Glaubens, die intelligent genug sind, nicht nur zu glauben, sondern zu wissen, daß der Gott der Deutschen Wotan ist, und nicht der christliche Gott." C. G. Jung: Wotan.

„Wenn das Vaterland ruft, kennt Preußen nur eine Antwort – Gehorsam." Feldmarschall Hindenburg.

„Nietzsche war der Ideologe des Dritten Reichs, obgleich er im Namen der europäischen Kultur sprach. Alle späteren deutschen Ideologen bezogen von Nietzsche die schlafend liegenden zerstörerischen Eigenschaften, die von ihm geweckt wurden. Für sie war Nietzsches Herrenrasse in dem deutschen Volk wahr geworden." Rivka Schechter: Ein Kosmischer Feind.

„Die, welche zuviel von Rasse reden, haben keine mehr", Oswald Spengler: Der Untergang des Abendlandes.

Es wird die Behauptung aufgestellt, daß der Holocaust aller Wahrscheinlichkeit nach in Deutschland geschehen konnte, sowohl infolge des deutschen sozialen Charakters als auch infolge des jüdischen sozialen Charakters und der Beziehung zwischen beiden. Kapitel 3, 4 und 5 handelten von dem jüdischen sozialen Charakter, Kapitel 7 wird die Dialektik zwischen den beiden Charakteren behandeln. Es soll nochmals betont werden, daß soziale Charaktere Änderungen erleben. Alle sisyphischen und tantalischen Sozialcharaktere haben Elemente des entgegengesetzten Charakters in sich. Manchmal wird ein Element stärker und das andere schwächer, aber die Struktur des sozialen Charakters ist elastisch genug, um im Prinzip konstant zu bleiben. Wohl mag ein sozialer Charakter erschüttert werden, so wie es den Juden in Palästina (und später in Israel) geschah, weil sie eine eher separante Ideologie und Weltanschauung vertraten. Aber, wie der Präsident des Jung-Instituts einmal dem Verfasser sagte: Die Juden haben einen Archetyp, der in vielem ähnlich unserem sozialen Charakter ist, nämlich sich als Opfer zu sehen. Nach der Gründung des Staates Israel, und besonders nach dem 6 Tage-Krieg, nahmen die Juden eine fälschlich heroische Stellung ein, aber nach dem Jom Kippur-Krieg kehrten sie zu ihrem ursprünglichen Archetyp zurück. In gewissem Maße wurden die Deutschen nach dem Zweiten Weltkrieg etwas partizipanter. Aber die ostdeutsche Armee marschierte lange Zeit immer noch und sah immer noch aus wie die Nazi-Wehrmacht, und die westdeutsche Grüne Partei hat das völkische „Blut und Boden"-Ethos wieder erweckt. Während der Verfasser dieses Buch schrieb, fand er ein in Hebräisch geschriebenes Buch von Rivka Schechter mit dem Titel „Ein kosmischer Feind."[1] Dieses Buch, das von beruflichen Historikern relativ ignoriert wurde, hat wichtige Bezüge zu dieser Theorie. Obgleich Schechters Argumente und Werturteile oft anders und manchmal entgegengesetzt sind, ist ihr Buch wichtig, sodaß oft darauf Bezug genommen werden wird. Im vorherigen Kapitel wurde festgestellt, daß die europäische Christenheit eine religiöse

Grundlage für den Antisemitismus und Material für ein Stigma lieferte. In diesem Kapitel wird versucht zu zeigen, daß Luther, Lagarde, Nietzsche, Wagner, Fichte, Treitschke, Langbehn, Moeller und Chamberlain die ideologischen, philosophischen und künstlerischen Grundlagen für den Nazismus schufen. Luther löste die katholischen Einschränkungen von der deutschen Religiosität; Nietzsche tötete den christlich monotheistischen Gott und ermöglichte das Aufkommen des deutschen Heidentums zur Begleitmusik von Wagners Nibelungenring. Lagarde vertrat die „radikale Lösung" des jüdischen Problems, und Chamberlain, ein ausgewanderter Engländer, legte das Fundament für die Idee der unübertrefflichen deutschen Rasse. Hitler und die Nazis waren daher nicht die ersten mit dieser Ideologie und der Politik, die sie trieben, die zum Holocaust führte. Ihre Neuerung bestand in dem enormen Ausmaß, der Organisation und der wahnsinnigen Zieltreue, mit denen sie das Massenmorden ausführten. Die Wurzeln des Holocaust waren daher tief in der deutschen kulturellen Infrastruktur zu suchen, lange bevor der Nazismus aufkam. Die Juden und die europäischen Liberalen und Humanisten verstanden nicht, die historischen, soziologischen und politischen Zeichen zu lesen. Heinrich Heine war eine seltene Ausnahme. Er schrieb in einer prophetischen Vision:

„Aber am meisten wären die Naturphilosophen zu fürchten, wenn sie aktiv an einer deutschen Revolution teilnehmen und sich mit dem Werk der Zerstörung identifizieren würden..."

„Der Naturphilosoph wird zu fürchten sein, weil er sich mit den primitiven Mächten der Natur verbunden hat und die dämonischen Kräfte des alten deutschen Pantheismus heraufbeschwören kann. Nachdem er dies getan hat, erweckt sich in ihm das alte deutsche Verlangen nach einer Schlacht, nicht, um zu zerstören, auch nicht, um zu siegen, sondern um des Kampfes selbst willen. Das Christentum und sein größtes Verdienst, die brutale Kampfeslust der Deutschen zu zähmen, vermochten aber nicht, diese ganz zu unterdrücken. Und wenn das Kreuz als mäßigender Talisman versagt, wird die Wildheit der alten Kämpfer, die wahnsinnige Raserei wieder hervorbrechen, von der die nordischen Dichter gesagt und gesungen haben: Der Tag wird kommen, wenn der Talisman gerottet ist und zu Staub zerfällt. Dann werden die alten steinernen Götter wieder auferstehen, werden den Staub der Jahrhunderte von ihren Augen reiben, und Thor mit seinem Riesenhammer wird sich erheben, um die gothischen Kathedralen zu zerstören. Wenn Ihr ein Fußgetrampel und ein Waffenklirren hört, Ihr Nachbarskinder, Ihr Franzosen, seid auf der Hut, lächelt nicht über meinen Rat, den Rat eines Träumers, der Euch vor den Kantianern, Fichtianern und Naturphilosophen warnt. Belächelt nicht die Phantasie von einem, der in der Wirklichkeit den gleichen Ausbruch der Religion voraussieht, wie er schon auf dem Feld des Intellekts stattgefunden hat. Deutscher Donner ist wahrlich ein Teil des deutschen Charakters. Er ist nicht flink, er stampft langsam voran. Aber er kommt unentwegt, und wenn Ihr ein Getöse hört, wie nie zuvor in der Weltgeschichte, so sollt Ihr wissen, daß endlich der deutsche Donnerkeil gefallen ist. Dann werden Adler tot vom Himmel fallen und die Löwen in den entferntesten Wüsten Afrikas den Schwanz einziehen und sich in ihr Lager verkriechen. Dann wird in Deutschland ein Drama gespielt werden, mit dem verglichen die Französische Revolution als ein Idyll erscheinen wird. Im Augenblick scheint alles ziemlich ruhig zu sein, und obgleich hier und dort einige Menschen einen kleinen Aufruhr machen können, bildet Euch nicht ein, daß sie die wirklichen Schauspieler seien. Sie sind nur kleine Hündchen, die sich in der leeren Arena nachlaufen, bellen und nacheinander schnappen, bis zur bestimmten Stunde, wenn die Gladiatoren einmarschieren, um auf Leben und Tod zu kämpfen.

Und die Stunde wird kommen, wenn die Nationen sich wie in einem Amphitheater um die Deutschen gruppieren werden, um dem fürchterlichen Kampf beizuwohnen. Ich rate Euch, Franzosen, verhaltet Euch sehr ruhig und spendet keinen Beifall. Wir könnten

Euch in unserer rohen Art unhöflich zum Schweigen bringen. Denn wenn wir in unserer früheren unterwürfigen, schwächlichen Verfassung Euch oft überwinden konnten, um wieviel leichter wird es für uns in dem Übermut unserer neuen Begeisterung sein. Ihr wißt selbst, wozu in solchem Fall Menschen fähig sind, und Ihr seid nicht mehr in der Lage, Euch zu verteidigen. Seht Euch vor! Ich meine es gut mit Euch, deshalb erzähle ich Euch die bittere Wahrheit. Ihr müßt ein freies Deutschland mehr fürchten als die ganze Heilige Allianz mit den Kroaten und Kosaken...

Da Ihr, trotz Eurer romantischen Neigung, als ein klassisches Volk geboren seid, kennt Ihr wohl den Olympus. Unter den fröhlichen Göttern und Göttinnen, die sich an Nektar und Ambrosia wohltun, könnt Ihr eine Göttin finden, die inmitten solcher Vergnügungen und Zeitvertreibe immer einen Waffenrock, einen Helm auf dem Kopf und einen Speer in der Hand trägt: Sie ist die Göttin der Weisheit."[2]

So viel ist über die überragende und geheimnisvolle Persönlichkeit Nietzsches geschrieben worden, daß es vermessen wäre, sich hier in seine Philosophie zu vertiefen. Überdies sind seine philosophischen Darlegungen oft widersprüchlich, und sein großes poetisches Werk „Also sprach Zarathustra" ist oft zweideutig. Aber Nietzsche trug mehr als jeder andere deutsche Philosoph dazu bei, das Kreuz, „diesen verfaulten Talisman", zu zerbrechen, sodaß Thor und seine Brüder wieder auferstehen konnten, geschmückt mit Naziadlern und Hakenkreuzen. Nietzsche verehrte auch die heidnische „Blonde Bestie", den Übermenschen, und, vor seinem Bruch mit Wagner, des Komponisten künstlerische Wiedererweckung der germanischen Mythologie. Daher kann keine Rechtfertigung Nietzsches seinen direkten Anteil an der Ablehnung der christlichen partizipanten Schranken durch die Nazis und deren zügellosen Heidentums widerlegen.

Kant, der vorherrschende deutsche Philosoph des 18. Jahrhunderts, wurde kaum außerhalb beruflicher philosophischer Kreise gelesen, aber es ist doch möglich, daß er einigen Einfluß auf die Entwicklung der deutschen Rassen- und Totalitärideologie hatte. Kant behauptete, daß geographisch bedingte Rassencharakteristik mit einer „inneren Lebenskraft" verbunden sei. Diese Annahme kann wohl die völkischen Ideologen dazu inspiriert haben, das Blut-und-Boden-Ethos mit der deutschen Volksseele zu verbinden. Überdies lehrt Kants Kategorischer Imperativ, „nur nach einem Grundsatz zu handeln, von dem wir wünschen, daß er ein allgemeines Gesetz werden solle," oder so zu handeln, „als ob der Grundsatz unserer Handlung durch unseren Willen ein Naturgesetz werden würde." Es kann angenommen werden, daß man sich im Rahmen des Führerprinzips auf den kategorischen Imperativ stützen kann, um den eigenen Willen der Mitgliedschaft und den Referenzgruppen aufzuzwingen. In der Tat verordnete Hitler den Deutschen: „Mein Wille ist Euer Glaube."

Hegel, der im späten 18. und frühen 19. Jahrhundert ein sehr einflußreicher Philosophieprofessor an den Universitäten von Jena, Nürnberg, Heidelberg und Berlin war, vertrat eine separate Geschichtsphilosophie, die auf Vernunft gegründet war. Er verehrte den Staat als die „göttliche Idee auf Erden" und vertrat den Krieg, weil dieser „die höhere Bedeutung hatte, daß durch ihn die moralische Gesundheit der Völker bewahrt wird." Infolgedessen stand der Kriegsheld über jenen moralischen Vorschriften, die für gewöhnliche Menschen galten. Und endlich offenbarte sich das Prinzip der historischen Entwicklung im modernen Zeitalter durch den deutschen Genius: Deutschland über alles. In diesen hegelianischen Grundsätzen gibt es nichts, womit ein guter Nazi nicht einverstanden gewesen wäre.

Die Rolle der drei völkischen Propheten Lagarde, Langbehn und Moeller van den Bruck in der Definition der ideologischen Grundsätze der Nationalsozialisten ist gründlich erforscht und dokumentiert worden, und ihre Verkündungen und Lehren werden ausführlich besprochen werden.

„Wolf", wie Adolf Hitler in Winifred und Siegfried Wagners Haus in Wahnfried genannt wurde, nahm die Librettos und die Musik von Richard Wagners Opern und die germanischen Mythen, die sie repräsentierten, völlig in sich auf und ließ das deutsche Volk diese Mythen lebendig wiedererleben bis zur Götterdämmerung.

Houston Steward Chamberlain heiratete Wagners Tochter. Diese Vereinigung symbolisierte die Paarung der germanischen Mythologie, die von Wagner als eine moderne Weltanschauung und Lebensform wiedererweckt worden war, und Chamberlains Rassentheorie. Als Hitler den kranken Chamberlain besuchte und seine Hände küßte, war er der zukünftige Anführer des Äsir, der dem Propheten der Rassentheorie huldigte. Mythologie, Rassentheorie und die politische Religion der Macht wurden so vereint, um eine sisyphische Orgie von mythischer Raserei, heidnischer Wildheit und unvermeidlicher Zerstörung und Tod hervorzubringen.

Die unnachahmbaren Deutschen

Die Einmaligkeit der Deutschen, was diese Arbeit anbetrifft, bestand darin, daß sie an den extremen Pol des Kontinuums des sozialen Charakters gesetzt werden können. Aber die Einmaligkeit des deutschen Sozialcharakters kann auch in anderer Hinsicht festgestellt werden. Der Kultus des Volks führte zu einer Idolisierung der Gruppe, Gesellschaft, Nation und des Staates und zur Unterwerfung des Individuums durch eine größere Einheit.[4] Der Nationalismus war in vielen anderen Gesellschaften Europas weiterhin im Aufstieg, aber Deutschland war dadurch charakterisiert, daß seine nationale Einheit erst durch Bismarck erreicht wurde, der den deutschen Nationalismus zu einer besonderen Intensität brachte. Es wurde festgestellt, daß der separate sisyphische Sozialcharakter sich durch die Neigung auszeichnet, daß der Einzelne durch seine zugehörige Gruppe wirkt.[5] Ein scharfer Beobachter des Aufstiegs des Nazismus urteilte über den deutschen Sozialcharakter wie folgt: „Der Deutsche hat zwei Charaktere. Als Individuum wird er sein rationiertes Brot am Sonntagmorgen an die Eichhörnchen im Tiergarten verteilen. Er kann eine freundliche, rücksichtsvolle Person sein. Aber als Teil der deutschen Einheit ist er fähig, Juden zu verfolgen, seine Mitmenschen in einem Konzentrationslager zu foltern und umzubringen, Frauen und Kinder durch Bomben zu töten und die Länder anderer Nationen zu überrennen, dies ohne die geringste Rechtfertigung, und wenn sie protestieren, sie niederzuschlagen und zu versklaven." Diese Eigenschaft des deutschen Sozialcharakters kann von Goethes traurigem obiter dictum abgeleitet werden: „Ich habe oft bitteren Kummer gefühlt bei dem Gedanken, daß das deutsche Volk in dem Einzelnen so schätzenswert und in seiner Allgemeinheit so erbärmlich ist."[6]
Die Deutschen neigen zur Heldenanbetung. Dies ist offenbar bei Nietzsche, Wagner und Stephan George[7] und kann sehr wohl auf dem Heldenkult der germanischen Mythologie aufgebaut sein. Wahrscheinlich trug diese Ausrichtung der Deutschen auf den Helden in Kunst, Philosophie und Mythologie zu der Bildung des Führerprinzips in der Nazihierarchie bei. William Shirer, der Hitlers Aufstieg zur Macht von nah verfolgte, bemerkte über die frühe Vergötterung Hitlers durch das deutsche Volk:
„Er wurde – schon vor seinem Tod – ein Mythos, eine Legende, nahezu ein Gott, mit dem Attribut der Göttlichkeit, das die Japaner ihrem Kaiser zuschreiben."[8] Für viele Deutsche ist Hitler eine entfernte, unwirkliche Figur, kaum menschlich. Er ist für sie unfehlbar geworden. Sie sagen, wie viele Völker in der Geschichte von ihren jeweiligen Göttern sagten: „Er hat immer recht."
Was die extreme Polarität des deutschen Sozialcharakters anbelangt, bemerkt Shirer:

„Der deutsche Charakter ist merkwürdig gegensätzlich. Den Deutschen fehlt als Volk das Gleichgewicht, das z.B. von den Griechen, Römern, Franzosen, Briten und Amerikanern erreicht wurde. Die Deutschen werden dauernd durch innere Widersprüche zerrissen, die sie unsicher, unzufrieden und enttäuscht machen und sie von einem Extrem zum anderen hetzen. Die Weimarer Republik verfolgte eine so extrem liberale Demokratie, daß die Deutschen sie nicht akzeptieren konnten. Jetzt haben sie sich stattdessen zu einer extremen Tyrannei gewendet."[9] Es wird später noch mehr zu diesem Thema zu sagen sein. Der deutsche Sozialcharakter neigt zu Übereinstimmung und Gehorsam. Shirer sagt: „Sie beten freudig und beinahe masochistisch die Autorität an, die sie von der Anstrengung befreit, persönliche Entscheidungen, Wahl und Gedanken auf sich zu nehmen, und die ihnen den Luxus erlaubt, jemand anderen die Entscheidungen und Risken auf sich nehmen zu lassen. Der durchschnittliche Deutsche strebt nach Sicherheit. Er lebt gern nach einem Schema und verzichtet gern auf seine Unabhängigkeit und Freiheit - zumindest in diesem Entwicklungsstadium -, wenn seine Herrscher ihm dies geben können."[10] Eine grimmige Mahnung an diesen Charakterzug wurde durch die deutsche Stewardess des TWA-Flugzeugs geliefert, das von libanesischen Schiiten im Juni 1985 entführt wurde. Sie gehorchte automatisch dem Befehl der Highjacker, Geiseln mit jüdisch klingenden Namen „auszusuchen".

Die Einmaligkeit des deutschen Sozialcharakters war auch mit der besonderen Naziideologie verbunden, die in Deutschland adoptiert und offensichtlich war, und die sowohl in ihrer Form als auch Natur ungleich allen anderen faschistischen Bewegungen Europas war. Mosse sagt:
„Ein Vergleich des deutschen Faschismus mit seinen Parallelbewegungen in anderen westeuropäischen Ländern ist aufschlußreich, weil er beweist, daß trotz der Verbreitung des Faschismus über ganz Europa die deutsche Form einmalig wurde. Sie war einmalig nicht nur in der Weise, in der sie den revolutionären Antrieb verdrängte, sondern auch in dem zentralen Platz, den sie in der Ideologie des Volks, der Natur und der Rasse einnahm. Der revolutionäre Schwung produzierte eine ideologische Reaktion über den ganzen Kontinent, aber die deutsche Krise war sui generis, denn sie war tiefer in der nationalen Struktur verwurzelt. Nirgendwo anders war die Ideologie so tief und über so lange Zeit eingepflanzt. Nirgends sonst war die faschistische Dynamik in einer so wirksamen Ideologie verwurzelt."[11]
Der einmalige Sozialcharkter der Deutschen wurde von vielen verschiedenen Beobachtern festgestellt, von Tacitus bis zu Thomas Mann. Seine zentrifugale Natur war lange Zeit noch offenbar in dem Totalitarismus der im Nazistechschritt marschierenden Ostdeutschen. In der Tat ist diese Polarität des deutschen Sozialcharakters wahrscheinlich seine offensichtlichste Eigenschaft - abgesehen von seinem extremen Separantismus - und wohl die folgenschwerste. Tacitus äußerte sich über den deutschen Mangel an Mäßigkeit und die Neigung zum Extrem. Dürer malte den deutschen Ritter als zwischen dem Tod und dem Teufel schwankend. Albert Speer beschreibt in seinen Memoiren die Schwankungen der Deutschen zwischen einem tiefen Sinn für Verantwortung und Nihilismus, einer extremen Suche nach Allmacht und Götterdämmerung.[12] Und schließlich bestätigt Craigs zeitgenössische Revision des deutschen Sozialcharakters diese „häufige Abwechslung von Selbstverneinung und Hybris".[13]
Der Ausdruck „Hybris" ist hier sicher das Schlüsselwort: der griechische Grundsatz „meden agan", „nichts im Übermaß", zeitigte die Mäßigung des griechischen separanten Sozialcharakters in einem ausbalancierten System. Die Deutschen hatten keinen solchen stabilisierenden Charakterzug in ihrem kulturellen und normativen System; deshalb beherrschte die Hybris den teutonischen Sozialcharakter und trieb ihn von Mal zu Mal

von einem Extrem zum anderen, von der Scylla zur Charybdis und zurück. Diese Polarität des deutschen Charakters spiegelte sich natürlich in der deutschen Mythologie wider, und war auf sie projiziert.

Dieser extrem deutsche Sozialcharakter zeitigte zwei verschiedene dynamische Prozesse. Der erste führte zur Unterdrückung irgendeines partizipierenden Elements. Infolgedessen drängt sie hervor, wenn diese unterdrückte tantalische Komponente eine Gelegenheit findet, eine Götterdämmerung herbeizuführen. Diese Schwankungen zwischen Katastrophen und Wiederauferstehung ereigneten sich oft in der deutschen Geschichte der letzten Zeit während der zwei Weltkriege. Nach der deutschen Niederlage im 1. Weltkrieg gewann das partizipierende Element die Oberhand und führte dazu, daß die vorherrschende separante Komponente des deutschen Sozialcharakters darauf reagierte, indem sie diesen tantalischen „inneren Saboteur" bekämpfte. Nach außen trug diese Dynamik zum Nazi-Antisemitismus bei, weil der partizipante Jude beschuldigt wurde, der anderwertig unbesiegbaren deutschen Armee „mit Dolchstoß in den Rücken gefallen" zu sein. Auf diese Weise wurden die Einschränkungen des Judeo-Christentums beseitigt, und der separante Furor Teutonicus konnte die Deutschen in eine erneute Götterdämmerung stürzen. In ähnlicher Weise bezeichnete das westdeutsche „Wirtschaftswunder" nach dem 2. Weltkrieg eine sisyphische Hochflut nach der tantalischen Niederlage.

Diese Neigung zu Extremen zwischen einer tantalischen „inneren Sabotage" und einem sisyphischen Aktivismus und Gewalthandlungen hat einen labilen Sozialcharakter zur Folge. Die Deutschen neigten daher dazu, einen äußeren Hilfsanker von Folgsamkeit und zwanghafter Ordnung („Ordnung muß sein") anstelle eines von innen ausgewogenen Systems zu setzen. Als die Nazis die einschränkenden partizipanten Normen beseitigten, wurde der deutsche Sozialcharakter immer haltloser. Separante brutale Gewalt beherrschte ihn, die ihn dazu brachte, Probleme und Konflikte durch Gewalt und Eroberung zu lösen. Als diese Methoden scheiterten, nahm das Gefühl der herannahenden Katastrophe überhand.

Else Frenkel-Brunswick war ein Mitglied der Gruppe von Behaviorismus-Wissenschaftlern, die nach dem 2. Weltkrieg versuchten, die „Autoritäre Persönlichkeit"[14] zu beschreiben, die (vermutlicherweise) für die Nazischrecken verantwortlich gewesen sein sollte. Sie sah die „Intoleranz der Zweideutigkeit" als eine Komponente der Autorität. Dieser Parameter, der sich auf die Neigung bezieht, Dinge, Personen und Situationen in schwarz und weiß zu sehen, ignoriert oder unterdrückt die dazwischen liegenden grauen Schattierungen und ist mit der Abneigung der autoritativen Persönlichkeit gegen zentrale Maßnahmen verbunden. Dies ist auf den deutschen sozialen Charakter anwendbar, da seine Neigung zu Extremen mit seiner selektiven Nicht-Anerkennung zentraler Maßnahmen verbunden werden kann. Diese Abneigung gegen Mittelwerte führt zu einer „Entweder/oder"-Schwankung zwischen totalem Sieg und Götterdämmerung, zu dem totalitären Faschismus der Preußen und dem extremen Marxismus der Ostdeutschen. Die westdeutsche Friedensbewegung schickt ihre Jugend zu Demonstrationen gegen Kernwaffen, mit von Blut tropfenden Hemden. Als die Nazis eine „Lösung" des jüdischen Problems suchten, mußte diese endgültig sein – keine Halblösung!

Als Grundregel kann man eine positive Korrelation beobachten zwischen der tantalischen Teilnahme einer Kultur und der Menge Schmutz, die sie duldet. Eine separante sisyphische Kultur verabscheut Schmutz, legitimiert Ordnung und befiehlt, daß „Sauberkeit der Weg zu Gottesfurcht ist". Dies mag mit dem Bedürfnis des separanten Sozialcharakters verbunden sein, seine Ideen von Ordnung und Sauberkeit der Umwelt aufzuzwingen und dadurch in gewisser Weise seine Umgebung zu beherrschen. Auf einer tieferen Analysenebene versucht das „gute Ich" des separanten Sozialcharakters, das von

„schlechten/schmutzigen" Objekten umgeben ist, immer die Umgebung von ihrer Schlechtigkeit/Verschmutzung zu reinigen. Die Deutschen neigen daher zwangsweise dazu, sauber und ordentlich zu sein. Überdies, da man einmal die Juden als Untermenschen und rassenunrein erklärt hatte, also als verseuchte Objekte, mußten sie „gereinigt" werden wie Schmutz und Müll und wie Ungeziefer ausgerottet werden.

Der Zwang der Deutschen, ihrer Umgebung ästhetische Ordnung aufzuerlegen, kann an der Sorgfalt der Wartung ihrer Gebäude und Umwelt gesehen werden. Das Blut-und-Boden-Ethos des 18. und 19. Jahrhunderts war in Deutschland stärker als im übrigen Europa, und die deutsche Grüne Partei ist heute die stärkste ökologische Bewegung in Europa. Die Bayern schmücken ihre Kneipen und Häuser mit völkischen Themen aus; Straßenschilder und Häuserfassaden sind stilgerecht entworfen; und vor allem ist die Landschaft tadellos sauber gehalten. Günther Grass' Beschreibung der Revolutionäre, die darauf achten, nicht auf den Rasen zu trampeln, ist eine gelungene Bemerkung über den deutschen Sozialcharakter.

Die separanten Deutschen begeistern sich für Uniformen: Sie geben ihnen ein Gefühl der Einheit und monolithischen Gleichheit, ein Gefühl, zu einer mächtigen Masse zu gehören. Sie marschieren zur Musik einer Militärkapelle, und wenn sie auch dickwanstig, breithüftig und engschultrig sind, fühlen sie sich wie Halbgötter in dem kriegerischen Marsch des Äsir, wie „Würmer, die zu Drachen verwandelt sind".

Die Vorliebe für Rituale ist noch eine Eigenschaft des deutschen sozialen Charakters. „Gute Manieren" sind oft ein Ersatz für Ethik, wenn die äußerliche menschliche Wechselwirkung als wichtiger betrachtet wird als die inneren Beziehungen. Die deutsche Vorliebe für Rituale führt dazu, sie schwerfällig zu machen, mit einem überernsten Zielbewußtsein.[15] Rituale beherrschen und regulieren die Beziehungen zwischen alt und jung, Männern und Frauen, Vorgesetzten und Untergebenen. Die Nazis nützten diese deutsche Neigung voll aus. Die Parteikongresse in Nürnberg waren Meisterstücke des Rituals, indem sie heidnische Riten innerhalb einer Kathedrale aus Eis, mit mächtigen Scheinwerfern, von Albert Speer gebaut, nachahmten.

Der preußische Charakter, der beträchtlich zur Formung des deutschen Sozialcharakters beitrug, fordert eine harte Disziplin. Keitel, Hitlers Oberbefehlshaber, antwortete auf die in den Nürnberger Prozessen an ihn gestellte Frage über die Möglichkeit, gegen einen Befehl Einspruch zu erheben: „Nein, ein Offizier kann nicht vor seinem Führer, seinem obersten Befehlshaber, stehen und widersprechen! Wir können nur Befehle erhalten und gehorchen. Für Amerikaner ist es schwer, den preußischen Disziplinkodex zu verstehen".[16] Diese unterdrückende Disziplin veranlaßt die Deutschen, zu Hause „wie Hunde zu kriechen", aber außerhalb ihres Heims, der Heimat oder des Landes wird diese normative Strenge durch großsprecherische Arroganz, Frechheit und Taktlosigkeit ersetzt.[17]

Die Deutschen neigen dazu, ihre Arbeit mit zwanghafter Gewissenhaftigkeit auszuführen. Sie sind „workaholics". Die „protestantische Ethik" drängt sie zum Erfolg, während Mißerfolg für sie Wertlosigkeit bedeutet. Da der objektgebundene separante Deutsche nicht so leicht von einem inneren partizipanten Wertkriterium gestützt wird, wird seine Stimmung durch einen objektiven Erfolg Auftrieb erhalten, während ein Mißerfolg seine Stimmung in einen Abgrund von Verzweiflung stürzt.

Die Deutschen mit ihrer Leistungsmotivierung und ihrer harten Behandlung von Objekten neigen zum Sarkasmus. Es fehlt ihnen oft die bescheidene, über sich selbst lachen könnende partizipante Humor-Komponente.

Obgleich die deutsche Sprache sehr ausdrucksvoll ist, machen ihre harten Konsonanten und die starke Betonung ihrer Wörter (wie sie in Thors donnernder Rede zum Mythos wurde) sie zum Mittel einer Trennung und Absonderung, die eine sprachliche Schranke zwischen dem Sprecher und seiner Umgebung errichtet. Und doch ist es gerade diese

Eigenschaft, die die Sprache in öffentlichen Ansprachen wirkungsvoll macht. Eine Menge ist, anders als ein Einzelner, eine Pluralität und deshalb durch Definition eine sisyphische Einheit. Aus diesem Grund ist eine separante Sprache ein geeignetes Werkzeug, um eine Menge anzufeuern und sie zu manipulieren, wie Hitler und Goebbels so geschickt demonstriert haben.

Ein Mythos zum Leben gebracht

Es wurde früher gezeigt, daß Mythen unter anderem Projektionen eines kollektiven Verlangens darstellen. Als solche dienen sie als Antriebskraft im kulturellen und politischen Leben der Gruppe. Aber wenn eine Gruppe wirklich nach ihrem Mythos zu leben versucht, wird das Gleichgewicht zwischen Mythos und Wirklichkeit gestört, und der Aufruhr, der durch die Deplazierung des mythischen Sehnens in die aktuelle Geschichte entsteht, kann die soziale und kulturelle Struktur des Systems zerstören. Dieser Prozeß hat durch die völkische Bewegung begonnen, wurde aber erst gänzlich durch die Nazis vervollständigt, die von der germanischen Mythologie besessen waren, wie es in ihrem Streben, diese in ihren politischen und militärischen Feldzügen neu zu inszenieren, sichtbar wird.

Es wurden schon die allgemeinen separanten Züge der deutschen Mythologie beschrieben, die nun kurz zusammengefaßt werden. Dann werden einige zusätzliche Züge der deutschen Mythen betrachtet, die ihren direkten Ausdruck im kollektiven und individuellen deutschen Verhalten finden und die direkte Beziehung zur Hauptthese haben.

Die deutsche Mythologie präsentiert eine Kosmologie der Zeugung von Ordnung aus dem Chaos, von wildem Wuchs, gewaltsamem Zerfall und von Auferstehung da capo: ein charakteristischer sisyphischer Zyklus. Sogar ein humanistischer Schriftsteller wie der verstorbene Heinrich Böll erklärte bei dem PEN-Kongreß in Jerusalem 1974, daß man, um aufzubauen, erst zerstören und alles auf null reduzieren müsse.

Es ist wichtig festzustellen, daß die Götterdämmerung und das Weltende durch das Schicksal (symbolisiert durch die Nornen) herbeigeführt werden, das sogar stärker als die Götter ist.[18] Diese Zerstörung wird von Loki verursacht, der als Gegner der Götter wirkt – der „Götterfeind" in ihrer Mitte.[19] Als solcher wirkt er als eine Art fünfte Kolonne, als ein „innerer Saboteur". Dieses interne zerstörende Element in dem germanischen Äsir wird verschiedentlich der „schlaue Gott", der „betrügerische Gott" und der „bogentragende Gott" genannt.[20] Die Dynamik besteht in einer unterdrückten Kernkomponente, die hinterlistig aus ihrem Kerker aufsteht, den Äsir in einen Tumult stürzt und ihn ins Verderben führt. Es wird später gezeigt werden, daß die separanten Kräfte Deutschlands, die durch die Niederlage im 1. Weltkrieg unterdrückt waren, eine Triebkraft für den Furor Teutonicus bildeten, nachdem die Nazis die normalen Sicherheitsventile für seinen Ausdruck blockierten.

Die auf dem Schlachtfeld gefallenen Krieger werden sofort in Walhalla wiedererweckt. Daher ist die Lieblingsbeschäftigung der Deutschen der Krieg, weil er dem Ritter Ehre im Leben und Auferstehung nach dem Tode sichert. So erhalten die Hauptgötter des germanischen Äsir, zusätzlich zu ihren besonderen Funktionen, den Titel des Kriegshelden. Wotan-Odin, der oberste Gott, ist vor allem ein Kriegsgott und kennzeichnet die tiefen Wurzeln des deutschen Kriegsethos. Abgesehen davon versieht er noch andere separante Funktionen: Er zeugt Stürme, ist herrscherisch und manipuliert, er ist ein dynamischer Wanderer und beherrscht seine Umgebung durch Gewalt und Magie.

Es ist typisch, daß Nietzsche, der das Ethos des heidnischen Übermenschen vertrat, den Blitz und die Raserei als seine Attribute ansah.[21] Der Übermensch zeigt den mobilen

Aktivismus einer Äsir-Gottheit und die dem deutschen Sozialcharakter innewohnende Wildheit. Das Mensch-Gott-Bild des Übermenschen und Odins fand seine Inkarnation in Hitler, der die germanische Mythologie in die Wirklichkeit versetzte. Wie Odin, so wurde auch Hitler als unfehlbar angesehen.[22] In der Schlacht zu sterben, bedeutete, Odin in Walhalla zu „besuchen". Für den Führer zu töten und getötet zu werden, war eine „freudenvolle Pflicht" für einen Nazi. Odin wurde auf einem Scheiterhaufen verbrannt[23] und wurde so zum mythologischen Vorläufer für die Verbrennung von Hitlers Leiche im Führerbunker. Baines verglich Hitler mit dem Anführer einer Wolfsmeute[24]. Dies war er nicht! Hitler spielte die Rolle Odins „als Wirklichkeit", wie es in der von den Nazis neuinszenierten germanischen Mythologie vorgeschrieben war. Der frühe Hitler schien für nicht-deutsche Beobachter linkisch zu sein, und sie neigten dazu, ihn als lächerlichen Clown abzutun. Ihr furchtbarer Irrtum kam von ihrer Unkenntnis des deutschen sozialen Charakters und von der Tatsache, daß die Figur des Führers, seine Reden, Manierismen und sein Betragen in der germanischen Mythologie verwurzelt waren.

Thor besaß einen „mordgierigen Hammer",[25] die ideale Waffe, die immer ihr Ziel traf und immer unbeschädigt zurückkam. Die entsprechende dramatis persona in der lebenstreuen Inszenierung der deutschen Mythen durch die Nazis war Reichsmarschall Göring, der immer den Feldmarschallstab in der Hand hielt – Thors Hammer. Wie Thor schuf er die „perfekte Waffe", die „unbesiegbare" Luftwaffe, und gab den Deutschen in Hitlers Gleichnis ein immer gewalttätigeres „Stahlbad".

So wie ihre mythologischen Gegenstücke im Äsir, legen die Deutschen großen Wert auf ihre kollektive und individuelle Ehre. Sie sind rachsüchtig gegen die, die ihre Ehre beflecken, so wie der Vertrag von Versailles es tat. Sie sind außergewöhnlich grausam, nicht nur gegen Außenseiter, sondern, wenn es ihnen nötig erscheint, auch gegen die Ihren. Hitler verfügte, daß jeder Deutsche, der in einer rivalisierenden oder feindlichen Kultur aufwuchs, erbarmungslos getötet werden solle, damit sein „überlegenes Blut" nicht in feindliche Hände falle.

Mythen sind Projektionen von Erfahrungen und Sehnsüchten, im Gegensatz zu Märchen, die einen Weg zur normativen Erziehung darstellen. So sind die deutschen Märchen außergewöhnlich gewalttätig, rachsüchtig und grausam.

Jeder Deutsche sollte an den gemeinsamen Stammes/National-Zielen Anteil nehmen, so wie in der Familie des Äsir. Wenn man für das Gemeinwohl schafft, ist alles erlaubt und entschuldbar. In der Stammesfamilie der germanischen Mythologie gab es weder Zurückhaltung noch Schuldgefühle. Die germanischen Stämme brachten Kriegsgefangene den Göttern des Äsir zum Opfer und benützten das europäische Judentum als ihren Sündenbock.[26]

Zurück zum Heidentum

Die Deutschen rühmten sich ihrer Vergangenheit als wilde Stämme. In ihrem Unterbewußtsein sehnten sie sich nach den germanischen Ur-Wäldern und nach ihren wandernden, tosenden Göttern. Das völkische Ethos fand ein zugeschnittenes Ideal in den germanischen heidnischen Stämmen. Diese waren von einer unschuldigen Wildheit, unberührt von moderner Kultur und dekadentem Stadtleben. Sie waren siegreich in ihren Kämpfen gegen das verdorbene, von innen verrottete römische Kaiserreich. Und schließlich, was am wichtigsten war, waren sie sozial reinblütig und nicht durch „niedrigere Rassen" verunreinigt.

Die völkischen Propheten wie Lagarde, Langbehn, Moeller van den Bruck idealisierten die deutsche Vergangenheit. Für sie war die heidnische Stammesordnung das absolute

Ideal, und die Deutschen sollten danach streben, sie als Vorbild und Basis für die deutsche Aristokratie und als Quelle für ihre Wurzeln zu nehmen. Aber nicht nur die völkischen Ideologen, sondern auch intellektuelle Riesen wie Nietzsche und Spengler waren von der edlen Wildheit und der Romantik der „blonden Bestie" des germanischen Heidentums eingenommen. Für Chamberlain waren die deutschen heidnischen Sippschaften die „rettenden Engel, die der Menschheit eine neue Morgendämmerung brachten"[27] und die ein Muster für die rassische Vorherrschaft der Deutschen darstellten. Dieses Sehnen nach dem Eden der Vergangenheit der wilden Stämme hatte die Verwerfung alles Städtischen und seiner sublimierenden „unnatürlichen" Kultur zur Folge. Die Familienstammesordnung und die matrinormative Versöhnlichkeit für alles und jeden innerhalb der Sippschaft führten zu einer automatischen Freisprechung von „uns" und „wir" und einer entsprechenden Verurteilung des „nicht wir". Dieser inhärente Fremdenhaß mag vielleicht die Rassenzentriertheit und Stammesmoralität der völkischen Bewegung, die deutschen Nationalisten im 1. Weltkrieg und die Nazis im 2. Weltkrieg erklären, mit ihren Schlagwörtern „nur Deutschland zählt" und „die ganze Welt ist gegen uns". Die Juden dagegen waren ganz im Gegensatz städtisch-lichtscheu, in dem entwurzelten Intellektualismus versunken und rassisch unrein.

Das völkische Ethos der „Rückkehr zum Heidentum" enthielt die Verwerfung des Judeo-Christentums als späterer und „fremder" Zusatz zu dem wurzeltreuen Germanismus. Die Moralität und bourgeoise Kultur waren ebenfalls „unnatürliche Elemente", künstlich auf den deutschen heidnischen und stammestreuen Sozialcharakter aufgepfropft und von der völkischen Bewegung verworfen. Man ist der Auffassung, daß die völkische Bewegung das separante Element in dem deutschen Sozialcharakter veranlaßte, die partizipanten Grenzen des Judeo-Christentums zu beseitigen. Als dies tatsächlich in der Naziperiode geschah, explodierte der deutsche Sozialcharakter in einer Orgie von Selbstzerstörung, weil kein Sozialcharakter ohne ein Gleichgewicht zwischen seinen separanten und partizipierenden Komponenten lebensfähig bleiben kann.

Es muß betont werden, daß das Streben nach einer Rückkehr zum Heidentum nicht auf die völkischen Ideologen beschränkt war. Gewisse Züge davon waren schon direkt oder indirekt in den Werken einiger überragender Persönlichkeiten der deutschen Literatur enthalten. Goethe predigte die volle Verwirklichung des „deutschen Menschen", und sein „Faust" enthält eine offene separante Befürwortung einer Manipulierung der Umgebung ohne eine christliche Grenzsetzung. Aber die leidenschaftliche Verurteilung des Christentums und die Befürwortung des Heidentums kamen von Nietzsche. Er klagt das Christentum an, die Ideale von Gesundheit, Schönheit und Mut – die separanten Lebensziele – verdorben zu haben.[28] In der Tat sieht das Christentum durch seine Konzentration auf das Leben nach dem Tode die Gegenwart als belanglos an.[29] Der christliche Gott stellt sich der Natur entgegen,[30] da er Schwäche, Duldsamkeit und physischen Verfall gegen das Leben selber rühmt und die Leidenschaften und Kräfte, die das Leben erhalten, verneint.[31] Das Christentum bekämpft den Übermenschen, beschützt Schwächlinge und führt zur Degenerierung der menschlichen Rasse.[32] Somit ist es eine direkte Fortsetzung des „katastrophalen Judentums", das viel zum Niedergang der Menschheit beigetragen hat.[33] Nietzsche macht sich über die falsche, vom Christentum gepredigte Gleichmacherei lustig, da die unnatürliche Befürwortung von Mitleid und Erbarmen nur zu Schwäche führt.[34] Er sieht das normative, aufopfernde Schuldgefühl, das das Wesen des partizipanten Judeo-Christentums ist, als die Wurzel allen Übels und fordert die Rückkehr zur Natur und zur Kraft des Stammes-Heidentums. Die völkischen Ideologen und die Nazis mußten Nietzsches Worte nicht verdrehen, wie manche Zeitgenossen behaupten: Die Aussprüche des Philosophen selbst unterstützen deren elitäre, amoralische, machtbasierte Ideologie.

Ein Vierteljahrhundert vor Nietzsche verkündet Paul de Lagarde den Tod des christlichen Gottes.[35)] Lagarde verurteilte auch Erbarmen, Schuldgefühle und Gleichheit. Er predigte eine aktivistische Religion, die vor allem deutsch sein sollte. Daher mußten alle jüdischen Elemente aus dem Christentum entfernt und Jesus arisiert werden.[36)] Langbehn ging noch weiter und schlug vor, Christus vollkommen zu beseitigen und die germanische Religion auf die Heiligkeit des Volkes zu gründen, mit welcher sowohl individuelle Deutsche als auch die Welt durch Bande von „organischer Lebenskraft" verbunden seien.[37)] Das sehnsüchtige Verlangen der völkischen Bewegung nach dem heidnischen Stammesleben zeichnete sich durch amoralische Unschuld aus. Die hier präsentierte These besagt, daß das völkische und nationalsozialistische Suchen nach der Rückkehr zum Heidentum der Sippen das kollektive Verlangen der Deutschen darstellte, sich von den moralischen Normen freizumachen, die durch das archetypische Opfer Isaaks symbolisiert wurden, d.h. sich freizumachen von den Schuldgefühlen der Ursünde und der Notwendigkeit des Christusopfers für die Sünden der Menschheit. Gesetzliche Norm und Ethik waren dem heidnischen Kern des deutschen Sozialcharakters fremd. Dies hebt J.J. Rabinowitz in seinen genialen Studien hervor. Er zeigt, daß im Gegensatz zu den Ansichten solcher Gelehrter wie des Deutschen Brunner, des Geschichtsforschers des europäischen Gesetzes, die formellen, legalen Institutionen von Hypotheken, Gerichtsvollstreckungen gegen das Eigentum von Schuldversäumern und viele Formen von Verkaufsverträgen nicht aus den „germanischen Urwäldern" stammten, sondern von den mittelalterlichen Juden übernommen wurden.[38)] Die Juden waren natürlicherweise in der legalistischen Formulierung bewandert durch ihre dauernden Talmudstudien. Daher erforderte die Wiedererweckung der deutschen Macht die Abschaffung des jüdischen Legalismus und der christlichen Kommunion von Brot und Wein sowie die Rückkehr zu der heidnischen Reinheit von Blut und Rasse. Mit diesem Ziel erweckte und dramatisierte Wagner die deutsche Mythologie und schälte - angeblich - spätere unechte Schichten weg.[39)] Rosenberg war der Vorläufer der Reinigung der „blutroten deutschen Volkskunst und Kultur" von der Dekadenz und Erniedrigung durch das Christentum und den Humanismus.[40)] Frau Dr. Ludendorff, die Frau des Generals, schrieb in ihren offiziell von dem Naziregime unterstützten Büchern, daß die deutsche Religion den Juden Jesus loswerden und „nachhause zu unserer Rassenreligion" zurückkehren müsse.[41)]

Dauernder Krieg

Der deutsche Sozialcharakter ist dauernd und beinahe zwangsweise mit Kampf, Konflikt und Zwistigkeit beschäftigt und mit der Triebkraft, die diese unterstützen. Das separante deutsche Ideal ist der Krieg, der Sieger, der für seine Sippe, seine Nation und Kultur immer mehr Land, Vermögen und Sklaven gewinnt. Krieg erfordert totale Hingabe an „unsere Seite", Stolz auf „unsere Armee" und äußersten Haß des Feindes, der anderen „nicht wir". Das Feudalsystem, das nach den germanischen Invasionen in Europa vorherrschte, brachte viele Kriege, Schlachten und Gewalttätigkeit zwischen Feudalherrschern und Rittern mit sich. Die Feudallorde, ihre Untergebenen und die meisten Männer in der mittelalterlichen Burg waren Berufssoldaten. Sie übten sich fortwährend in der Kriegskunst, im Töten und Verstümmeln in den Ritterturnieren. Die Gewalt und Brutalität des mittelalterlichen Europas spiegelte sich in dem Ethos des germanischen Äsir wider, dessen Götter dauernd mit inneren Zwistigkeiten beschäftigt waren, aber sich sofort zusammenfanden, wenn ein äußerer Feind sie angriff. Heldentum hatte für die Deutschen den höchsten Wert. Eine verlorene Schlacht und der Tod im Krieg waren keine Katastrophen, wenn der Kampf mutig und heldenhaft geführt wurde, besonders da die in der Schlacht getöteten Helden sofort in Walhalla wiedererweckt wurden. Überdies schließt das sisyphische Ethos die Erreichung eines Zieles aus; daher werden Prozesse wie Kampf, Schlachten und Kriege ein Ziel an sich.

Tacitus beschreibt die Deutschen in seinem berühmten „De origine et ritu Germanorum"[42] als Friedensverächter und kriegliebend. Wenn ein Stamm eine Zeitlang vom Kampf ruhte, schlossen sich seine Krieger anderen Stämmen und ihren Kämpfern an. Dies ist die sisyphische Auffassung vom Leben als einem fortdauernden Kampf und von allen nicht zu „unserer Sippe" Gehörenden als tatsächliche oder potentielle Feinde. Die Deutschen lieben „die blutige, siegreiche Lanze und die Ehre der Wunde". Diese Auffassung ging an die schlagenden Studentenbünde und die Nazis über, die keine Gelegenheit verpaßten, ihre Narben an sichtbaren Stellen ihres Gesichtes zu zeigen.

Die Deutschen kämpfen in Gruppen. Ihr esprit de corps ist beispielhaft; sie werden nie die Leichen ihrer getöteten Kämpfer auf dem Schlachtfeld lassen. Waffen sind heilig, und kein deutscher Soldat wird jemals ohne seine Waffen zu finden sein. Das wichtigste Geschenk, das eine Frau ihrem Mann geben kann, ist ein Schwert oder eine Lanze. Dies ist das Symbol einer matrinormativen Familie, in der die Frau der Waffe eine separante Legitimierung gibt, damit sie ein sisyphisches Mittel wird, um die feindliche Umgebung zu bekämpfen. Das wird auch durch die germanischen Initiationsriten bewiesen, an deren Ende der junge Mann eine Lanze und ein Schild erhält. Wir können dies dem jüdischen Ritus gegenüberstellen, in dem der Jüngling bei seiner Bar-Mitzva seine Gebetsriemen erhält, die ihm zum Gebet dienen werden und seinen Bund mit Gott und seine Annahme des Gesetzes symbolisieren.

Im Gegensatz dazu spornt man deutsche Jungmänner an, gefährliche Spiele zu spielen. Je gefährlicher das Spiel, umso größer der dazu nötige Mut und daher die Ehre des Spielers. Natürlich ist der verachtetste Charakterzug eines Deutschen die Feigheit.

Deutsche Krieger sonnen sich im Ruhm eines mutigen Anführers. Daher verehren sie seinen Namen, seine Ehre und seine Heldentaten, sodaß seine Größe auf sie widerspiegelt. Krieger schreiben ihre eigenen Heldentaten dem Anführer zu, um seinen Namen zu verherrlichen. Diese Gewohnheit übernahmen die Nazis, deren rühmliches Verhalten und deren Mut der Allgewalt und Unfehlbarkeit des Führers zugeschrieben wurden.

Erst nachdem er einen Mann getötet hatte, durfte der germanische Jungmann seinen Schädel rasieren, was das Wahrzeichen eines Töters war. Krieger durften auch einen Mann gemeinsam töten, als eine Ritualzeremonie der Gemeinschaft durch Terror. Die SS benützte diese Technik, um eine Kameradschaft ihrer Rekruten zu schmieden, durch die gemeinsame Aufnahme, durch grausame Handlungen, Gewalttaten und Folterung. Diese hatten zum Ziel, ihnen ein „Stahlbad" zu geben und sie gegen die jüdisch-christliche Barmherzigkeit, gegen Schuld- und Mitgefühl unempfindlich zu machen.

Die teutonischen, mythologischen Projektionen zeigen natürlich einen immerwährenden kämpfenden Äsir. Alle teutonischen Götter zeichnen sich im Krieg aus, und ihre sisyphischen Kriegstugenden werden über alles geschätzt. Aber wenn auch der konstant kampflustige Deutsche sein sisyphisches Ziel nicht immer erreichen kann, gibt es einen anderen, der es fertigbringt, nämlich den Juden. Der abscheuliche, teuflische „wandernde Jude" und die Weisen von Zion, im Bunde mit dem Antichrist und dem universalen Widergeist, können Allgewalt und totale Herrschaft über weltliche Macht und Geld ausüben. Die mutigen und kämpfenden Deutschen können nie eine so absolute Macht erreichen wie der Jude durch seine Verbindung mit der globalen Gemeinheit; daher ist der Jude der absolute Feind.[43]

Hegel verteidigt den Kampf auf Grund dessen, daß das individuelle Bewußtsein, das sich von der universellen Allgemeinheit losgesagt hat, immer mit seiner Umgebung im Konflikt stehen muß, um sich zu behaupten. Daher folgt, daß der einzelne, der nicht kämpft, sein Lebensrecht nicht behaupten kann, sodaß er der Sklave des Kriegers und dieser sein

Herr wird. Lagarde rühmt die deutsche Liebe des Krieges, nicht als Weg zum Ziel, sondern als eine Lebensform[46], die sich in ihrer kriegerischen Leistung zeigt. Deshalb wird der kriegerische Mensch überleben, wo der Schwächling umkommt, und er wird zum Vorläufer des Übermenschen. Das Endziel der Menschheit kann nur durch dauernden Kampf und Krieg erreicht werden, der als heilig und als ein Ziel an und für sich erklärt werden soll. „So lebt euer Leben des Gehorsams und des Krieges", – so muß das Leben dem Willen, der Macht und dem Krieg untergeordnet werden. Außerdem kann nichts erhabener sein als der Tod in der Schlacht. Dieses Kriegsethos als oberster Lebenswert, wie er sich in der germanischen Mythologie widerspiegelt und in Nietzsches „Zarathustra" so wirkungsvoll lyrisch ausgedrückt war, wurde voll und ganz von den Nazis adoptiert und verwirklicht. Überdies mußte der kämpfende deutsche Übermensch sich gegen die schwächenden jüdisch-christlichen Lehren von Mitleid, Moralität und Schuldgefühl verteidigen. Die Nazis behaupteten, daß sie in Wirklichkeit von den Juden angegriffen worden seien und daß deshalb deren Ausrottung eine Selbstverteidigung bedeute.

Langbehn betrachtete den Krieg als eine Kunst und den Krieger als den größten der Künstler. Sisyphus wird also ein Ares oder ein gepanzerter Odin, der seine Schöpfungskraft in seinen Felsen einströmen läßt, der sich in eine Kanonenkugel verwandelt. Das deutsche völkische Ethos und die Nazis, von der teutonischen Mythologie geleitet, lenkten ihre ganze sisyphische Schaffenskraft in den Krieg. „Künstlerische Empfindsamkeit und starke Gefühle", die nicht „durch Mitleid verwässert" waren, sagt Langbehn, führten die Deutschen zum Krieg. Das Schwert, der Bogen und die Geige leben in den deutschen Volksgesängen der alten Helden beisammen.[47]

Derartig sind die deutschen Soldaten, von den archaischen Stammeskriegern angefangen bis zur Wehrmacht, die überragenden Künstler.

Moeller van den Bruck lobt den Tod der göttlichen jungen Krieger, die, gesund in Körper und Geist, in der Schlacht sterben und in Walhalla wieder auferstehen, ewig jung bleiben, unberührt von physischem und geistigem Verfall. Die deutsche Jugend wird nicht dem Moloch des Kriegs und Todes geopfert, sondern erwartet ihre jugendliche Seligkeit in Walhalla, wo sie – wie anders? – sich dem dauernden Krieg in der Gesellschaft der weisen Krieger des Äsir hingeben können.

Heinrich von Treitschke, der Historiker und Philosoph, rechtfertigte Krieg als ein Mittel, Sicherheit zu bewahren, aber er sagte ihm auch einen ästhetischen Wert zu.[48] Und doch ist Treitschkes Einstellung zum Krieg pragmatisch. Im Gegensatz zu den völkischen Ideologen und den Nazis sieht er den Krieg als ein Mittel zum Zweck, nämlich eine Synthese von Wachstum und Leben durch Kampf. Nicht so Chamberlain, Rosenberg und Himmler. Für sie ist Krieg, ein grausamer und fortwährender Krieg, eine Lebensform für den nordischen Übermenschen. Er ist ein Mittel, die dekadenten Südländer, die niedrigen Sklaven und, natürlich, auch die Juden zu vernichten.

Ein Volk, ein Reich, ein Führer

Der extrem separante deutsche Sozialcharakter ist auf die Gruppe ausgerichtet und funktioniert am besten durch sie. Hegel erklärte diese Dynamik und drängte das Individuum, seine separante Identität aufzugeben und in der Gruppe zu verschmelzen. Das Individuum ist bedeutungslos im Vergleich zur Gruppe, und wenn beider Interessen auseinandergehen, muß das Individuum zum Wohl der Gruppe geopfert werden.[49] Hier kann man das philosophische Gegenstück zu dem außergewöhnlichen esprit de corps der Nazis sehen, die ihren Stolz und sogar ihre Lebensberechtigung von dem Erreichen ihrer Ziele durch ihre Gruppenbestandteile ableiten. Diese Auffassung hatte natürlich auch die umgekehrte Erscheinung zur Folge, sodaß ein Deutscher, der die physische und geistige Unterstützung seiner Gruppe verlor, auch seine Selbstachtung und im äußersten Fall sogar seine Lebensberechtigung verlor. In der Tat zitiert Baines den folgenden Fall: „Ein Deutscher, der unter unfähig machenden Neurosen litt, entdeckte, daß sich seine Minderwertigkeitskomplexe auf magische Weise in eine Führeranbetung verwandelten, als er sich den Nazis anschloß, sodaß er einer der begeistertsten Parteimitglieder wurde. Als Student und Intellektueller erwarb er schnelle Auszeichnung in der Partei und wurde schließlich als Abgesandter nach London geschickt. In London fühlte er sich wie eine treibende Eisscholle, die in den Golfstrom hineingeraten war. Von dem nordischen Mythos nicht mehr umgeben, begann sein Nazikomplex zu schmelzen. Aber seine ganze bewußte Orientierung machte es ihm unmöglich zuzugeben, was mit ihm geschah. Infolgedessen, um die Antinazi-Einflüsse zu unterdrücken, die seine Überzeugung untergruben, peitschte er sich zu immer größeren missionarischen Anstrengungen auf. Doch wurde der Konflikt zu drückend, um endlos unbewußt zu bleiben. Als er in seiner Depression zu mir kam, fand er, daß seine Führeranbetung verschwunden, aber seine alten Minderwertigkeitsgefühle zurückgekehrt waren."[50]

In dem organischen deutschen Blut und Boden-Staat kann es keinen Platz für freie, von der Norm abweichende Individuen oder Minderheiten geben.[51] Viele zeitgenössische Gelehrte, angefangen von den frühen Arbeiten der „Autoritäten-Persönlichkeitsgruppe"[52] und Erich Fromm[53] bis zu den neuen Studien von Mosse[54] und Craig[55], haben die Neigung des deutschen sozialen Charakters beschrieben, sich nach dem Diktat der Autorität zu richten. Die Tendenz der Deutschen ist, jeder Art von Autorität zu folgen, wenn sie auf Macht gestützt ist, ihnen Uniformen und formelle Organisation gibt, die ihnen ein Gefühl der Macht verleihen, und von einem „starken Mann" geleitet wird.[56] Diese deutsche Gleichschaltung, die Tendenz, den einzelnen zu zwingen, dem Diktat der Gruppe zu folgen, brachte das „Radfahrer-Syndrom" mit sich, das so charakteristisch für die Nazi-Hierarchie war, d.h. unterwürfig gegenüber dem Vorgesetzten zu sein und die Untergebenen zu treten. Der demütige Konformismus, der dem „Führerprinzip" innewohnt, trug zu vielen katastrophalen Entscheidungen des deutschen Oberkommandos bei. Die Generäle wagten nicht, Hitler zu widersprechen, obwohl sie keinen Zweifel hatten, daß seine Befehle zur Katastrophe führen würden.

Die Neigung der Deutschen war, sich nach Gruppennormen zu richten und somit wirkungsvoller durch ihre Gruppenbestandteile zu handeln. Ihre kollektive separate Ausrichtung auf die Gruppe als Mittel zum Selbstausdruck und der Selbsteinschätzung prädisponierte sie zum Nationalismus. Diese Neigung wurde durch die relativ späte Einigung Deutschlands im letzten Drittel des 19. Jahrhunderts verstärkt. Das heftige Verlangen nach der Einigung zusammen mit der nationalzentrierten völkischen Ideologie fachte den deutschen Nationalismus zu besonderer Intensität an.

Die vielen unabhängigen Fürstentümer und Herzogtümer, in die Deutschland vom 13. Jahrhundert an zerspalten war, waren glühend nationalistisch, eben weil sie nicht in einem Staat vereinigt waren. Diese Zersplitterung führte auch zu einer negativen Einstellung gegen andere Gruppierungen und gegen die Juden als die „Fremden in unserer Mitte". Diese „negative Integrierung" der deutschen Nation durch Fremdenhaß und Antisemitismus wurde dem Zweiten Reich vererbt, das von Bismarck 1871[57] gegründet wurde. Der innere Zusammenhalt des Zweiten Reiches mußte unter anderem durch die Brandmarkung und den Haß anderer Gruppen erreicht werden, da die Einigung von 1871 nicht organisch war, sondern eher eine Ausdehnung des preußischen Herrschaftsgebietes auf Kosten des übrigen Deutschland darstellte.[58]

Die „Blut und Eisen"-Vereinigung Deutschlands durch Bismarck verstärkte die Industrialisierung und Verstädterung, die erst spät anfingen, im Vergleich mit anderen industriellen europäischen Staaten. Der preußische Militarismus trug viel zur Stärkung der vereinigten deutschen Armee bei. Er gab auch den Bauern, der Bourgeoisie und den Intellektuellen die Möglichkeit zum sozialen Aufstieg, da sie durch einen Offiziersposten in der Armee beträchtlich an Status gewinnen konnten.[59]

Der Nationalismus des Zweiten Reiches war traditionsgebunden, konservativ und autoritär.[60] Er bedeutete ein Zusammentreffen von preußischem Militarismus, der Steifheit des Adels und des Interesses der Industriellen, die mit der Entwicklung der deutschen Industrie immer reicher wurden. Dies alles vereinigte sich gegen demokratische Gleichheit und die sozialistische Gefahr[61], – Ideen, die hauptsächlich von den Juden zu kommen schienen und durch diese unterstützt wurden.

Der deutsche Nationalismus hatte keine kontinuierlichen Wurzeln, weil es in den sechs Jahrhunderten vor 1871 kein vereintes Deutschland gab. Daher schloß Joseph Tennenbaum[62], daß die Vertreter des Nationalismus in Deutschland sich auf die Wurzeln der Stammessitten, den archaischen germanischen Ethos, den einzigartigen deutschen Sozialcharakter und die arische Rasse stützten.[63]

Infolge dieses Fehlens einer historischen Grundlage mußte Hegel das noch staatenlose Deutschland in der dünnen Luft der Metaphysik verankern. Daher war für ihn der Staat eine göttliche Idee und ein „moralisches Ganzes".[64] Der Staat konnte nicht unmoralisch sein, und wenn man den Nazistaat der Unmoral anklagte, weil er die europäischen Juden umbrachte, war nach Hegels „Philosophie des Rechts" dies ein Widerspruch in sich selbst. Die Standardverteidigung der Nazis war charakteristischerweise, daß der Judenmord eine Staatshandlung war. Sie in Frage zu stellen war nicht nur unmöglich, sondern auch unangebracht.

Der wahrscheinlich begeistertste nationale Philosoph vor der deutschen Vereinigung war Johann G. Fichte. Er predigte: „Die Vaterlandsliebe muß den Staat regieren und ist über allem die endgültige und absolute Autorität". Die Liebe von Mann und Frau ist vergänglich, sagt Fichte, aber die Vaterlandsliebe ist ewig.[65] „Der individuelle Mensch sieht in seinem Land die Verwirklichung seiner irdischen Unsterblichkeit". Heinrich von Treitschke sah den Staat als die notwendige äußere Form, die sich das Innenleben eines Volkes gibt. Der Staat ist nicht nur eine formell-legale, sondern eine real-legale Persönlichkeit, die ihre innere Wirklichkeit von ihrer Natur und durch die Natur erhält. Zudem ist die Statur jedes Individuums in der Politik, Wissenschaft und Kunst davon abhängig, daß es fähig ist, einen Mikrokosmos seiner Nation darzustellen.

Lagarde flößte den alten religiösen Begriffen von Erneuerung, Heil und Auferstehung neue nationalistische Begeisterung ein. Sein politisch-religiöses Credo sagte, daß Wiedergeburt nur mit wirklicher Bedeutung innerhalb der deutschen Nation erfaßt werden kann, als eine metaphysische Verkörperung des deutschen völkischen Ethos'.[66] In einem „organischen Staat", sagt Lagarde, „wie er von Gott und der Nation vorgestellt wird, ist Einheitlichkeit ein Gesetz, und da kann es keinen Platz für Liberale und Juden geben, die mit ihren schwächenden Ideen von Gesetzesordnung und mosaischer Ethik den deutschen Staat untergraben." Moeller van den Bruck predigte eine ästhetische Form des Nationalismus, und Wagner benützte die deutsche Mythologie, die herkömmliche deutsche Vorliebe für Musik und den Speicher der deutschen separanten Energie, um einen explosiven dramatischen Ausdruck teutonischer Mythen und Mores als moderne nationale Ideale zu erreichen. Und schließlich sahen Chamberlain und Rosenberg die schöpferische Kraft und die persönliche Erfüllung des individuellen Deutschen nur durch seine Bindung mit dem lebenspendenden deutschen Staat gewährleistet.

Die nationale deutsche Einheit wurde durch Krieg und Kampf erreicht: Nationalismus im Zweiten Reich war mit Antagonismus gegen andere europäische Nationen und dem Haß gegen die „einheimischen Fremdlinge", die Juden, verbunden.

Das völkische Ethos war vor allem auf die Idee der arischen oder besser gesagt der germanischen nordischen Rasse gegründet. „Wenn man die Statue eines Caesar, Augustus, auch eines Cicero und vordem noch eines Sokrates betrachtet", sagte Hitler in einem seiner langwierigen Monologe, „so frage ich Sie, haben diese Köpfe irgendeine Ähnlichkeit mit den einheimischen Einwohnern von Italien oder Griechenland? Würden sie nicht eher heute einen Platz in dem preußischen Senat oder dem britischen House of Lords einnehmen können? Nein, die waren nicht Eingeborene, sondern die letzten zurückkehrenden Wanderer mit nordischem Blut nach der letzten Eiszeit."[67] Hier nimmt Hitler die Briten in den germanisch rassischen Äsir auf – was ihn vielleicht veranlaßte, die von Dunkirk fliehenden britischen Truppen nicht zu energisch anzugreifen und keine groß angelegte Invasion von England nach dem Fall Frankreichs zu beginnen. Wie früher festgestellt wurde, mögen diese Entscheidungen letzten Endes zu der deutschen Niederlage im 2. Weltkrieg beigetragen haben. Sie können durch Hitlers Überzeugung geprägt gewesen sein, daß die Briten schließlich ihre germanische Herkunft anerkennen und sich mit ihren Brüdern unter dem teutonisch rassischen Dach zusammentun würden. Der Gedanke der Rasse war eng verbunden mit der Idee des Blutes als dem Träger und Vererber der germanischen Eigenschaften. Daher, als Hitler nach seiner Verurteilung zu Gefängnis 1922 vor der Deportierung nach Österreich stand, schrieb er dem Grafen Lerchenfeld, dem bayerischen Ministerpräsidenten: „Was bedeuten Gesetze und politische Grenzen und Staatsbürgerschaft im Vergleich mit der organischen Kraft des deutschen Blutes?"[68]

Das deutsche völkische Ethos drückte sich auch durch den deutschen Boden aus, dem das deutsche Volk „seinen Geist und sein Schicksal eingeprägt hat."[69] Das separante deutsche völkische Ethos wurde so durch Rasse, Genetik und Fortpflanzung ausgedrückt und durch Blut und den objektgebundenen Sisyphus-Charakter des nationalen Bodens symbolisiert.

Mit Lagarde erreichte das deutsche Volk eine metaphysische Struktur, und das völkische Ethos wurde zu einem Ausdruck Gottes.[70] Die völkischen Ideologen bildeten nicht nur eine esoterische Gruppe im Deutschland des 19. Jahrhunderts.

Ein führender Philosoph wie Nietzsche, der unter anderem die bio-rassische Elite des Übermenschen vertrat, ein verehrter Dichter wie Hölderlin, der den Ruhm der Heimat besang, und die Wagnerischen Multimedien des deutschen Mythos und des Dramas trugen alle zum Eindringen des völkischen Ethos in die Philosophie, Kunst und Kultur und daher auch in die Politik des 19. und 20. Jahrhunderts bei.

Das deutsche Volk wurde in der völkischen Ideologie als die allmächtige Einheit betrachtet, durch die das deutsche Individuum seine eigene organische Identität erreichen konnte, geboren und aufgewachsen durch germanisches Blut und deutschen Boden. Dadurch war das völkische Ethos der notwendige und genügende Ersatz für den fehlenden vereinten deutschen Staat. Der Einzelne konnte sich so als ein Teil des deutschen Volkes fühlen und durch dieses wirken, obgleich während sechs Jahrhunderten bis 1871 kein vereintes Deutschland existiert hatte. Überdies verstärkte das Verlangen nach einem Staat das Gefühl der völkischen Identität. Man kann hier eine wichtige Parallele in dem jüdischen Gefühl der Identität in der Diaspora durch die Teilnahme an der Totalität der Thora sehen. Die Juden und die Deutschen erscheinen hier wieder als an entgegengesetzten Polen eines Kontinuums stehend: Der damals staatenlose Deutsche hält sich an die lebenspendende Blut-Rasse und die objektive Wirklichkeit des deutschen Bodens. Er wirkt am besten als ein Mitglied des deutschen Kollektivs, des Volkes, und sein Verlangen nach einem geeinten Staat Deutschland dient als eine sisyphische Motivierung für einen heftigen Nationalismus. Die staatenlosen Juden hingegen sind in der physischen

Absonderung der „Judenstraße" oder des Ghettos zusammengedrängt, aber sie haben Teil an der partizipanten Gesamtheit des Gesetzes, der Thora. Das Sehnen des Diaspora-Juden nach der Erlösung Zions verstärkt sein tantalisches Festhalten an der heiligen Anwesenheit und dem Jerusalem Gottes. Langbehn erkannte diese Polarität und billigte sie schweigend. Er duldete die orthodoxen Juden, die ihr einzigartiges, anderes Leben führten, abgeschlossen von ihrer deutschen Umgebung. Sein Zorn und seine Verachtung richteten sich gegen die assimilierten Juden, die das reine deutsche Blut verunreinigten und deshalb wie die Pest bekämpft werden mußten.[71] Die Bemäkelung des reinen deutschen Bluts wurde auf diese Weise zur Ursünde. Tatsächlich war für Rosenberg das Mysterium des nordischen Bluts eine andere Art der christlichen Sakramente.[72] Die separante Religion des Blutes, das die vererbliche Reinheit der arischen Rasse darstellte, würde auf jeden Fall mit dem direkt entgegengesetzten partizipanten jüdischen Widergeist in Konflikt kommen. Eine jüdische Assimilierung und die Möglichkeit des Eindringens jüdischen Blutes in die deutsche Nation war ein besonderer Frevel, weil es die Kraft und vererbliche Potenz der teutonischen Rasse schwächen würde.

Für die separanten Deutschen war die Änderung und Vermischung ihrer lebenspendenden, befruchtenden Potenz gleichbedeutend wie für die partizipanten Juden das Verlassen der Gemeinde. Das partizipante Judentum sieht das Verlassen der umfassenden geistigen Einheit der Thora durch Bekehrung zu einer anderen Religion als eine äußerste Katastrophe an, und die Familie des Abtrünnigen muß um diesen wie um einen Toten trauern.

Da die Rassenreinheit das Hauptmittel der arischen Germanen war, war die beste Art, sie zu bekämpfen, ihr Blut zu verunreinigen und damit ihre Potenz zu untergraben. Nach Wilhelm Marr, der den Ausdruck Antisemitismus erfand, war genau dies das Ziel der Weltjudenheit. Da die Juden keine weltliche Macht hatten, planten sie hinterlistig, die deutsche Rasse zu degenerieren, indem sie sich mit ihr mischten, um sie dadurch zu untergraben und zu schwächen. Dadurch würde das Judentum das Germanentum überwältigen.[73] Dies bedeutet eine Variation des Themas des jüdischen Angreifers, gegen den die deutschen Opfer sich verteidigen mußten. Man sieht die völkische Abscheu gegen die Vermischung des „reinen" deutschen Bluts als eine Kerndynamik des deutschen Sozialcharakters an. Die Notwendigkeit, das „Wir" durch das „Nicht-Wir" zu definieren, ist mit dem separanten Bedürfnis verbunden, sich gegen das Eindringen von Außenseitern in die Blut-Rassenidentität der „Wir"-Gruppe zu schützen. Die partizipanten Juden wünschten leidenschaftlich, sich vollkommen in die deutsche Gastnation zu assimilieren, nachdem sie das Ghetto und die umfassende Einheit der Thora verlassen hatten. Jedoch ihr Streben, von den Deutschen anerkannt zu werden, wurde durch die separante Dynamik des „wenigsten Interesses" zunichte gemacht. Diese Dynamik stößt einen Einzelnen oder eine Gruppe ab, je mehr diese wünschen, sich mit der anderen Person oder Gruppe zusammenzuschließen. Je stärker und je offensichtlicher ihr Verlangen war, sich zu assimilieren und deutsch zu werden, umso eher wurden die Juden zurückgewiesen. Gerschom Scholem bemerkte richtig, daß die deutsch-jüdische Beziehung nach der Emanzipation hauptsächlich eine einseitige Liebesaffäre war.[74]

Die zweite Komponente des völkischen Ethos ist der deutsche Boden. Der separante, objektgebundene deutsche Sozialcharakter sah den deutschen Boden als eine organische Komponente des deutschen Volkes an. Betont wurde die pastorale natürliche Leidenschaft anstelle der unpersönlichen Stadt, die durch „Fremde", insbesondere Juden und die degenerierte Bourgeoisie, beherrscht war. Der völkische Held war daher der Bauer als die Antithese des Städters. Er war die Verkörperung des deutschen Blut und Bodens und das Fundament des deutschen Volkes. Die völkische Bewegung, sowohl die Bauernschaft als auch die Landeigentümer, die Junker, dankten Hitler mit ihrer begeisterten Unterstützung.[75] Jedes deutsche Individuum war auf diese Weise mit dem deutschen Volk verbunden durch seine Bande zu dem deutschen Boden, den er kultivierte. Nietzsche predigte die Rückkehr zur heidnischen Natur. Sein Zarathustra rief: „Meine Brüder, bleibt dem Boden treu."[77] Spengler[78] sagte, daß die „Seele einer Nation" nur durch ihr Land ausgedrückt werden kann, und für Rosenberg war der deutsche Boden die Inkarnation Gottes auf Erden. Daher verankert sich der separante deutsche Sozialcharakter in dem offensichtlichsten und größten konkreten Objekt: der Erde. Erde und Natur sind nicht moralisch. Sie sind nur der Willkür der Elemente und der Macht der Eroberer unterworfen. Das war im Einklang mit der völkischen Anbetung von Macht und mit dem mythologischen Verhalten der teutonischen Götter des Äsir. Es ist deshalb charakteristisch, daß sowohl der Kaiser wie die Nazis in der Notwendigkeit, ihren Lebensraum zu erweitern, d.h. in der „Befreiung" oder der Eroberung mehr europäischen Bodens, den hauptsächlichen casus belli für beide Weltkriege sahen. Es ist bemerkenswert, daß im modernen Deutschland die Grüne Partei mit ihrer Anbetung der Natur und der Gänze und Reinheit des deutschen Bodens in Wirklichkeit die völkische Tradition und die Naziideologie vertritt. Die partizipanten Juden hingegen hatten keine Bindung an den Boden als Objekt an und für sich. Ihre Bindung an Zion und das Gelobte Land war vergeistigt und symbolisch, nicht konkret. Daher war ihr ununterbrochenes Überleben während vieler Jahrhunderte im Exil als eine deutliche ethnische Einheit nicht durch das Fehlen eines eigenen Bodens beeinträchtigt.

Kunst ist deutsch

Die völkischen Ideologen „verdeutschten" jede große Kunst in derselben Weise wie die russische Enzyklopädie viele Erfinder und Erfindungen „russifizierte", die alles andere als russisch waren. Sie betrachteten den Holländer Rembrandt, der im weiteren ethno-rassischen Sinn teutonisch war, als repräsentativ für den deutschen Genius. Sie behaupteten, daß alle großen Künstler überall und zu allen Zeiten nordische Teutonen waren.[79] Woltman, der sich auf Gesichtsmorphologie berief, „bewies", daß die Renaissance-Künstler, einschließlich Michelangelo und Dante, von den Goten und Langobarden abstammten.[80] Das völkisch-sisyphische Ethos mußte Kunst und Ästhetik verehren, als ein Gegengewicht zu der judeo-christlichen Konzentration auf partizipante Einschränkung durch Gesetz und Ethik. Im Sinne der völkischen Einstellung konnte ein großes Kunstwerk und ein großer Künstler nur deutsch oder nordisch sein. Daraus folgte auch, daß die Deutschen ihr künstlerisches und ästhetisches Evangelium verbreiten und die partizipante Dekadenz der Juden bekämpfen mußten, und zwar in der einzigen Weise, die sie kannten, nämlich durch Gewalt, Krieg und Eroberung. Chamberlain bedauerte, daß die germanischen Stämme nicht mehr Territorium der alten Welt erobert hatten, sodaß die moderne Welt eine größere germanische Vorzüglichkeit und weniger Degenerierung und Chaos gehabt hätte[81]. Rosenberg und Hitler versprachen dies zu korrigieren, nachdem der Nationalsozialismus an die Macht käme, indem sie Europa eine deutsch-begründete Kultur[82], von tausend Jahren aufzwingen würden, die aus der Ästhetik und dem Ethos der ursprünglichen teutonischen Blut-und-Boden-Wurzeln stammen sollte. Deutsche Kunst, Musik und Architektur passen sich nicht partizipierend an ihre Umgebung an, sondern bringen gewaltsame und radikale Änderungen darin hervor. Die deutsche gotische Schrift zerteilt den Schreibraum durch eckige Trennungen und stößt ihre scharfen Spitzen nach allen Richtungen. Die Musik Bachs baut eine kosmische Brücke von Mensch zu Gott, und Beethovens Symphonien sind Paläste der Verherrlichung des menschlichen Unternehmungsgeistes. Die gotischen Kathedralen wollen mit ihren

Turmspitzen in den Himmel stoßen. So beabsichtigte Albert Speer mit seiner durch Scheinwerfer beleuchteten „Eiskathedrale" nach Walhalla hinaufzureichen. Die düsteren Geschichten E.T.A. Hoffmanns, die mit einem guten Maß von teutonischer Mythologie, Grausamkeit und Fantasie gespickt waren, hatten einen formenden Einfluß auf Wagner, der daraufhin die deutschen Mythen in einen explosiven Ausbruch von Musik und Drama umformte. Thomas Mann sagte von Wagners Kunst: „Wir können wohl sagen, daß Wagners Kunst mit ihrem Begriff der Verschmelzung aller Künste in seinem ‚Kunstwerk der Zukunft' ein Dilettantismus im n-ten Grad ist, das Produkt einer unglaublichen Geistes- und Willensstärke, Dilettantismus zum Status des Genies erhoben."[83] Auf einem unendlich niedrigeren Niveau der Kunst, aber mit größeren dramatischen Folgen, war der künstlerische Dilettantismus Hitlers in einen separaten manipulativen politischen Genius sublimiert.

Die geborene Herrenrasse

Die direkte Konsequenz des Blut-und-Boden-Ethos' ist der Gedanke der Einmaligkeit der germanischen Rasse, geboren aus dem germanischen Blut und Boden. Die weitere Ableitung davon und von der separanten Weltanschauung des „Wir sind gut – die anderen schlecht" des deutschen sozialen Charakters ist die Überzeugung, daß die germanische Rasse nicht nur einmalig, sondern auch allen andern Rassen überlegen ist. Die deutsche Rassentheorie entsprang der verdrehten Voraussetzung des Sozialdarwinismus. Darwin versuchte zu erklären, warum gewisse Arten eher überleben als andere und warum sie lebensfähiger sind. Die Sozialdarwinisten behaupteten, daß eine bestimmte Rasse (i.e. die arische) lebenstüchtiger sei als andere.[84] Haeckel in der 2. Hälfte des 19. Jahrhunderts und Schallmeyer am Anfang des 20. Jahrhunderts trugen zu der wachsenden Popularität des Sozialdarwinismus und des Rassismus bei. Der Anthropologe Ammos und der Industrielle Tille gingen sogar noch weiter und bezeichneten die arische (germanische) Rasse als „sozio-aristokratisch, durch bio-genetische Auslese bestimmt".[85] Die Rassentheoretiker hoben hervor, daß nur das Kollektiv wichtig sein kann, nicht das Individuum.[86] Dies stand in Übereinstimmung mit der separanten Weltanschauung, daß der einzelne sich nur durch die Gruppe verwirklichen kann. Der Partizipante dagegen glaubt an die Einmaligkeit des Individuums, an dessen Seele als einen Teil der Göttlichkeit, während für ihn die Gruppe eine Abstraktion, das Kollektiv eine Konstruktion und die Rasse oder die Nation eine projizierte Illusion von irregeführten Individuen sind. Die Nazis adoptierten die Rassentheorien in toto. Sie wurden vorgeschriebener Lesestoff in den deutschen Schulen, wurden politisiert und durch das Rasse- und Siedlungshauptamt durchgesetzt, um am 15. September 1935 durch den Erlaß der Nürnberger gesetzestreuen Bürgerschaft zum bindenden Gesetz in Deutschland erhoben zu werden. Die Reinheit der germanischen Rasse wurde zu einer Religion erhoben, und ihre Verunreinigung wurde zur Todsünde erklärt.[87] Arthur Dinter beschreibt in seinem Buch „Die Sünde wider das Blut", das 1920 in über 100.000 Exemplaren verkauft wurde, wie ein jüdischer Finanzberater systematisch deutsche Frauen schwängerte, um die germanische Rasse zu verunreinigen. Im Mittelalter bestand die Todsünde in der Schändung der Hostie und der Vergiftung von Brunnen, im 19. und 20. Jahrhundert in der Schändung deutschen Blutes durch die Befruchtung „blonder deutscher Jungfrauen". In „Mein Kampf" vertrat Hitler die Verwerfung der christlichen Fixierung auf die Erbsünde. Stattdessen sollte man sich darauf konzentrieren, das Kapitalverbrechen der Vermischung und Verunreinigung der deutschen Rasse und des deutschen Bluts zu sühnen. Haeckel, der rassistische Vertreter des Sozialdarwinismus, predigte die „Phylogenese des menschlichen Geistes", nach der jedes Atom seine eigene Seele habe.[88)] Deshalb sei die Psychologie ein Zweig der Physiologie und, noch wichtiger, habe jeder Mensch die genetischen Züge seines besonderen Ethos' und seiner Kultur, so wie seine Gene seine Haut- und Augenfarbe bestimmten. Das völkische Ethos kann nur den Deutschen vererbt werden. Diese Ansicht war auch in Jungs Theorie vom kollektiven Unterbewußtsein enthalten, das nach seiner Überzeugung biogenetisch von Generation zu Generation übermittelt wird.

Der Sozialdarwinismus erlaubt, der Natur „nachzuhelfen", durch die Aufzucht verbesserten menschlichen Erbmaterials. Dies erklärt die Aufstellung der SS-„Gestüt-Farmen", wo „blonde Bestien" von rein arischem Blut gezüchtet werden sollten, um das tausendjährige Reich zu bauen. Gleichzeitig sollten die Schwachen, Außenseiter, Schwachsinnigen und Juden mit ihren verdorbenen Genen ausgerottet werden, während diejenigen mit „interessanten Eigenschaften", wie z. B. Zwillingszwerge, als menschliche Versuchstiere für kontrollierte genetische Versuche verwendet werden sollten. Ermöglicht wurde dieser wildgewordene Sadismus durch die Verachtung judeo-christlicher Einschränkungen durch die Nazis.

Arthur de Gobineau, ein französischer Patrizier, systematisierte als erster eine Rassentheorie. Sein „Aufsatz über die Ungleichheit der menschlichen Rassen" (1853) gewann in Deutschland viel mehr Einfluß als in Frankreich, und zwar aus guten Gründen: Gobineau gab an, daß die Deutschen rassisch allen anderen Gruppen überlegen seien. Die Hauptvoraussetzung von Gobineaus Theorie war, daß Rasse der bestimmende Faktor für die Lebenskraft einer Kultur oder Gesellschaft ist. Er betrachtete die germanischen Völker als Erben des Blutes (sic) der Hellenen und Römer.[89)] Die indo-europäische Rasse war physisch und geistig anderen Rassen überlegen, deshalb sollte sie die Welt beherrschen. Chamberlain leitete auch die Auszeichnung der germanischen Rassen von zwei separanten Eigenschaften der Teutonen ab: Energie und Zeugungskraft.

Nach Chamberlain waren die Juden wie die Arier eine „reine Rasse". Aber er benützte die Juden als einen sozialen Widergeist, als ein stigmatisches Definitionsmittel durch den Gegensatz. Die Deutschen waren die „gute" reine Rasse, und die Juden die „schlechte" reine Rasse, durch die die überlegene „Qualität" der Deutschen definiert wurde. Chamberlain verstand, daß der Begriff der biologischen Reinheit Unsinn war. Daher gründete er seine Idee der Rasse auf Auswahl mit Rücksicht auf seine eigene Wahl der deutschen Rasse, obwohl er britisch war.[92)] Dieser Begriff der Rassenwahl ist natürlich verworren. Auf dieselbe Weise hätten die Juden sich aussuchen können, „reine" Deutsche zu sein. Jedoch störte die „Logik" der Rassentheorie die Nazis nicht, und sie adoptierten Chamberlains Schriften als sakrosankt, mit allen ihren Widersprüchen, aktuellen Falschheiten und verwirrten Argumentationen. Der begeistertste Anhänger Chamberlains war Rosenberg, der insbesondere Chamberlains praktische Lösung des Rassenkonflikts betonte, nämlich, daß die zwei reinen Rassen, Deutsche und Juden, sich bis zum Tod bekriegen sollten. Rosenberg hatte einige originelle Ideen, aber seine meisten Werke waren armselige Wiedergaben Chamberlains. Aber er hatte einen entscheidenden Vorteil gegenüber diesem, wenigstens in den frühen Tagen des Nazismus: Er besaß Hitlers Aufmerksamkeit. Rosenberg war während einiger Zeit des Führers Hofphilosoph. So hat sich der rassenideologische Kreis geschlossen, vom völkischen Trio Lagarde, Langbehn und Moeller van den Bruck über Nietzsche und Chamberlain bis Rosenberg, Eckart und Hitler.

Es ist sinnlos zu behaupten, daß die biogenetische Reinheit der Rasse Unsinn ist, denn, wie W.T. Thomas so richtig postulierte, wenn Menschen eine Situation als Wirklichkeit definieren, wird diese in ihren Konsequenzen zur Wirklichkeit. Die Folgen der Rassenpolitik waren real genug! Die SS als Elite der Aristokratie des nordischen Bluts wurde mit der Durchführung dieser Politik betraut, um die „Richtigkeit der Rassendoktrinen in der

Welt zu beweisen, nicht nur durch die Geschichte, sondern auch durch unsere Rolle als Ausführende der Geschichte".[94] Rusha, der Direktor des Büros für Rasse und Neusiedlung, das von Walter Darré geleitet wurde, formte eine ganze administrative Maschinerie, um rassische „Unreinheit" zu definieren und sozial unzulängliche Individuen zu entfernen. Als einmal eine ganze bürokratische Organisation aufgestellt war, um rassische Unreinheit zu diagnostizieren und zu klassifizieren, wurde es völlig überflüssig, die Rassentheorien anzuzweifeln. Wenn eine Absurdität einmal Gesetz geworden ist und eine effektive Maschinerie geformt wurde, um sie durchzusetzen, ist sie keine Absurdität mehr, sondern so real wie ein Schlag auf den Kopf.

Die Überreaktion der Nazis in ihrer Behandlung der „Rassenverunreinigung" kam auch von ihren eigenen Ängsten. Der Zustrom slawischer Bevölkerung vom Osten, der die Elbe erreichte und von den deutschen Einwohnern absorbiert wurde, wie auch die Aufnahme von Mittelmeer-lateinischen und anderen „minderwertigen" Rassen in Deutschland machten den Begriff einer „reinen" germanischen Rasse praktisch absurd.[95] Die Rassenreinheitspolitik wurde gerade wegen ihres so fadenscheinigen theoretischen und faktischen Unterbaus so streng und grausam durchgeführt.

Erziehung zur Macht

Die völkische Bewegung schlug tiefe Wurzeln im deutschen Erziehungssystem durch die Lehrer der Grund- und Mittelschulen, die entweder zu der rechtspolitischen Bourgeoisie gehörten oder ihr anzugehören strebten[96]. Eine natürliche Folge der völkischen Bewegung im deutschen Erziehungssystem war die Diskriminierung jüdischer Schüler und Lehrer und ihre Zurückweisung. „Der Wandervogel", die Jugend, die von den völkischen Idealen geformt und geleitet wurde, war durch ein sisyphisches Wandern durch die deutsche Landschaft charakterisiert. Der „Wandervogel" wurde im Geist der deutschen Mythologie und des Glaubens an das deutsche Volk, der Liebe zur Natur, der Nacheiferung deutscher Helden, einer separanten Konzentration auf Blut und Boden und eines Gefühls der Familienzugehörigkeit zur nordischen Rasse erzogen. Alles, was nötig war, um den „Wandervogel" in einen Hitlerjugend-Burschen zu verwandlen, war ein kleiner Wechsel der Uniform.

Die völkische Erziehung war autoritär. Sie forderte unbedingten Gehorsam und zielte darauf, „weichliches" Verhalten und Gefühle von Mitleid und Erbarmen zu unterdrücken. Die daraus folgende Kraft, Erbarmungslosigkeit und Grausamkeit waren wichtig für die Erweiterung des deutschen Mensch-Gott-Lebensraums, für die Versklavung der niedrigeren Rassen und für die Verbannung und letztlich die Ausrottung der Juden. Das völkische Erziehungssystem adoptierte grundsätzlich Nietzsches negative Einstellung gegenüber der jüdisch-christlichen Sklavenmoral – die partizipante selbstverleugnende Antithese zum amoralischen heidnischen Übermenschen.[97] Vor allem sollte die starke, furchtlose Blonde Bestie nicht durch die zurückhaltende, verkrüppelnde normative Moralität gefesselt sein, die sie hindern würde, ihre Ziele der Herrschaft, Ausbreitung und Treue zum Ruf des Blut-und-Bodens zu erfüllen. Die Moral liegt im Tun, der Umsetzung des Willens zur Macht in die Tat. „Recht ist, was der Führer tut". Dies war die direkte Antithese des Juden, der durch einschränkende Normen paralysiert war, und dessen Tat durch Regeln und Moral eingeengt und durch den einen oder anderen Grundsatz der Thora und seine Auslegung eingeschränkt war. Die „Sklavenmoral" und die Selbsteinschränkung der Juden widerte die völkischen Deutschen an und beunruhigte sie, die ihre Gefühle den Nazis vererbten. Sie sahen sich von den tantalischen Juden bedroht, die sich während Jahrtausenden in seltsame Moralvorschriften und Einschränkungen eingezäunt hatten, die sie wie ein Kokon beschützten, sodaß sie trotz Verfolgung und Pogromen überleben konnten. Dieser partizipante Verzicht der Juden bedeutete deshalb eine versteckte Macht, die sowohl die Juden beschützte als auch ihre Umgebung bedrohte, indem sie den deutschen separanten Aktivismus behinderte. Die nach außen hin nachgiebigen Juden besaßen ein geheimnisvolles Stehvermögen und eine höllische Macht. Die Juden waren das Agnus Dei Triomphalis, der scheinbar kraftlose, aber im wesentlichen mächtige Widergeist, gegen den die nordischen Rassen sich verteidigen mußten.

* * *

1. R. Schechter: Cosmic Enemy, Tel Aviv 1979, Achshav.
2. H. Heine: Religion and Philosophy in Germany; zit. in The New Statesman and Nation, 22. Juni 1940.
4. J. Talmon: The Myth of the Nation and the Vision of Revolution, Tel Aviv 1982, Am Oved Publishers, p. 14.
5. S. G. Shoham: The Myth of Tantalus, op. cit., Kapitel II.
6. W. L. Shirer: Berlin Diary, New York 1941, A. A. Knoph, p. 435.
7. E. R. Bentley: A Century of Hero Warship; zit. in G. H. Salbine: A History of Political Theory, New York 1851, H. Holt & Co., p. 866.
8. W. L. Shirer: Berlin Diary, op. cit., p. 436.
9. Ibid., p. 435.
10. W. L. Shirer: Berlin Diary, op. cit.
11. G. L. Mosse: The Crisis of German Ideology, New York 1964, Grosset & Dunlop, p. 315.
12. A. Speer: Inside the Third Reich, London 1971, Sphere Books, pp. 181–195.
13. Gordon H. Craig: The Germans, New York 1981, Putman.
14. T. W. Adorno; Else Frenkel-Brunswick; D. J. Lewinson; R. Newitt Sanford: The Authoritarian Personality, New York 1964, John Wiley & Sons, Teil Eins; E. Frenkel-Brunswick & R. N. Sanford: Some Personality Correlates of Anti-Semitism, The Journal of Psychology, 1945, 20:27 – 279.
15. G. L. Mosse: The Crisis of German Ideology, op. cit., p. 57.
16. G. M. Gilbert: Nuremberg Diary, op. cit., p. 31.
17. V. W. Odajnyk: Jung and Politics, New York 1973, Harper, p. 194.
18. J. A. MacCulloch: Eddic Mythology, op. cit., p. 337.
19. Ibid., p. 147.
20. Ibid., p. 147.
21. F. Nietzsche: Thus Spoke Zarathustra, op. cit., p. 8.
22. Shirer: Berlin Diary, op. cit., p. 436.
23. Eddic Mythology, op. cit., p. 69.
24. Baines, op. cit., p. 71.
25. Eddic Mythology, op. cit., p. 78.
26. Tatsächlich betont Rivka Schechter in einem unveröffentlichten Manuskript die Menschenopfer-Komponente in der mörderischen Nazi-Geschichte.
27. H. S. Chamberlain: Die Grundlagen des 19. Jahrhunderts, München 1932, Vol. 1, pp. 507–508.
28. F. Nietzsche: Der Antichrist, Tel Aviv 1973, Schocken Publ. House, para. 63.
29. Ibid., para. 43.
30. Ibid., para. 16.
31. Ibid., para. 17.
32. Ibid., para. 5.
33. Ibid., para. 24.
34. Ibid., para. 26.
35. F. Stern: The Politics of Cultural Despair, Berkeley 1961, University of Calif. Press, p. 38.
36. Ibid., p. 42.
37. G. L. Mosse: The Crisis of German Ideology, op. cit., p. 43.
38. J. J. Rabinowitz: Jewish Law, New York 1956, Bloch Publishing Co., p. 183.
39. R. Taylor: Richard Wagner, London 1983, Granada Publ. Ltd., Kapitel 3.
40. A. Rosenberg: Selected Writings, London 1970, Jonathan Cape, pp. 36–37.
41. M. Ludendorff: Erlösung von Jesu Christo.
42. Es soll hier keine Kontroverse entstehen, ob Tactius' Bericht historisch verläßlich oder idealisiert ist. Sogar, wenn das letztere zutrifft, hat Tactius' Beschreibung der Deutschen noch immer einen mytho-empirischen Wert in seiner Beschreibung der zeitgemäßen Ansicht über die Deutschen (98 n. Chr.)
43. Rivka Schechter zieht es vor, die Juden – vom deutschen Standpunkt aus – als den „Kosmischen Feind" zu benennen.

46. R. Schechter: Cosmic Enemy, op. cit., pp. 152–153.
47. J. Langbehn: Rembrandt als Erzieher, Leipzig 1890, p. 214.
48. R. Schechter: Cosmic Enemy, op. cit., pp. 117–118.
49. R. Schechter: Cosmic Enemy, op. cit., p. 39.
50. H. G. Baines: Germany Possessed, op. cit., p. 179.
51. R. Schechter: Cosmic Enemy, op. cit., pp. 165–174.
52. T. W. Adorno et al: The Authoritarian Personality, New York 1964, Wiley & Sons.
53. E. Fromm: Escape from Freedom, New York 1941, Holt, Rinehart & Winston; E. Fromm: The Anatomy of Human Destructiveness, Greenwich 1973, Fawcett Crest.
54. G. L. Mosse: The Crisis of German Ideology, op. cit.
55. G. H. Craig: The Germans, New York 1982, Putman.
56. H. G. Baines: Germany Possessed, op. cit., p. 74.
57. M. Zimmermann: Crisis of German National Consciousness, Jerusalem 1983, The Magnes Press, p. 25.
58. R. Von Thadden: How German was Prussia; in ibid., p. 117.
59. Z. Bacharach: Racism – The Tool of Politics, Jerusalem 1985, p. 28.
60. J. L. Talmon: The Myth of the Nation and Vision of Revolution, op. cit., p. 14.
61. Z. Bacharach: Racism – The Tool of Politics, p. 20.
62. J. Tennenbaum: Race and Reich, New York 1956, Trivayne Publ., p. 8.
63. Z. Bacharach: Racism – The Tool of Politics, p. 131.
64. Zit. in ibid., p. 6.
65. G. L. Mosse: Friendship and Nationhood; in M. Zimmermann: Crisis of German National Consciousness, op. cit., p. 46.
66. F. Stern: The Politics of Cultural Despair, op. cit., p. 50.
67. O. Wagner: Hitler: Memoirs of a Confident, New Haven 1985, Yale Univ. Press.
68. K. Heiden: Der Führer, op. cit., p. 115.
69. G. L. Mosse: The Crisis of German Ideology, op. cit., p. 18.
70. F. Stern: The Politics of Cultural Despair, op. cit., p. 56.
71. G. L. Mosse: The Crisis of German Ideology, op. cit., p. 44.
72. A. Rosenberg: Selected Writings, op. cit., p. 83.
73. Z. Bacharach: Racism – The Tool of Politics, op. cit., p. 95.
74. G. Scholem: Explications and Implications, Tel-Aviv 1975, Am-Oved, pp. 96–117.
75. J. E. Firghusson: The Plough and the Swastika, London 1977.
77. F. Nietzsche: Thus Spoke Zarathustra, op. cit., para. 3.
78. O. Spengler: Decline of the West, op. cit., p. 107.
79. R. Schechter: Cosmic Enemy, op. cit., p. 218.
80. G. L. Mosse: The Crisis of German Ideology, op. cit., p. 103.
81. Ibid., p. 69.
82. A. Rosenberg: Selected Writings, op. cit., pp. 191–196.
83. R. Taylor: R. Wagner, op. cit., p. 37.
84. Z. Bacharach: Racism – The Tool of Politics, op. cit., p. 41.
85. Ibid., p. 42.
86. G. L. Mosse: The Crisis of German Ideology, op. cit., p. 75.
87. A. Bein: Modern Anti-semitism and its effect on the Jewish Question, in Y. Gutman and L. Rothkirchen: The Catastrophe of European Jewry, Jerusalem 1979, Yad Vashem, p. 64.
88. Z. Bacharach: Racism – The Tool of Politics, op. cit., p. 37.
89. A. de Gobineau: Selected Political Writings, London 1971, Jonathan Cape.
92. H. S. Chamberlain: Foundations of the 19th Century, London 1911, The Bodly Head.
94. The Roles of Department RII in the Race Department, decree of 13th May 1935 BA/NS 2/Fol. 138.
95. J. Delarue: The History of the Gestapo, London 1964, Macdonald, pp. 78–79.
96. G. L. Mosse: The Crisis of German Ideology, op. cit., p. 150.
97. G. L. Mosse: The Crisis of German Ideology, op. cit., p. 152.

Kapitel 7

Die Dialektik der Beherrschung und der Unterwerfung

„Faustus kann nicht gewinnen, ohne daß der Teufel im Hintergrund lauert, um zur Mitternacht bezahlt zu werden"

Don Taylor: Johannes' Testament.

„Nur die Unschuldigen können sich wirklich schuldig fühlen"

Romain Gary: Der schuldige Kopf.

In diesem Kapitel wird die Dialektik des jüdischen und des deutschen Charakters zu jeder Zeit und an jedem Ort behandelt. Es wird die Evolution und Entwicklung des sozialen Charakters beschrieben, der nur äußerlich die von Spengler, Toynbee und anderen kulturellen Relativisten jener Zeit erforschten Kulturzyklen berührt. Dieses weite Feld zu erforschen, ist äußerst schwierig, und es ist gefährlich, in dieselben Fallen zu stolpern, in die manche dieser Geistesriesen gefallen sind.

Die Ausbalancierten, die Unbalancierten und die Gebrochenen

Um lebensfähig zu sein, muß ein sozialer Charakter das Gleichgewicht zwischen seinen polaren Komponenten finden; d.h. er braucht einige Komponenten des entgegengesetzten Pols, um sich dialektisch aufzubauen. Daher braucht der deutsche sisyphische soziale Charakter einige, wenn auch oberflächliche Einschränkungen und Gegengewichte, um zu funktionieren. Im Gegensatz dazu benötigt der jüdische tantalische soziale Charakter einige Elemente des sisyphischen Realismus, um materiellem und politischem Druck zu widerstehen.

Deshalb trieben die Deutschen auf die Götterdämmerung hin, da sie die judeo-christlichen partizipanten Einschränkungen total verneinten und dadurch den Tod von einigen Dutzend Millionen, den jüdischen Holocaust eingeschlossen, verursachten. Zweimal in ihrer Geschichte, im 6. Jahrhundert vor Christus und im 1. und 2. Jahrhundert nach Christus, verloren die Juden ihre politische Unabhängigkeit infolge ihrer zeitweiligen separanten Unfähigkeit, die politische Lage zu erfassen und die Macht ihrer Gegner richtig einzuschätzen. In den dreißiger Jahren des 20. Jahrhunderts und im 2. Weltkrieg scheinen die Juden wiederum ihre sisyphischen Fähigkeiten verloren zu haben, die reale Lage zu verstehen, sodaß sie nicht die klaren Zeichen der kommenden Katastrophe und die „Gerüchte" von der Massenvernichtung der Juden beachteten.

Wie schon erwähnt, wenn die „schwächeren" strukturellen Komponenten des sozialen Charakters zerstört oder abgelehnt werden, wird der gebrochene soziale Charakter durch seine Grundmythen beherrscht. So lebten die Deutschen in ihrer teutonischen Mythologie und die Juden in ihren selbst-aufopfernden Opfer-Mythen, die zur gegenseitigen Zerstörung und zur Selbstzerstörung führten. Wir müssen jedoch hervorheben, daß die abgelehnten oder unterdrückten Komponenten immer noch einen kollektiven, unterbewußten Einfluß auf den sozialen Charakter ausüben. So beneideten die Juden insgeheim ihre Unterdrücker und identifizierten sich sogar mit ihnen wegen ihrer Macht, ihrer operativen Tüchtigkeit und ihrer militärischen Erfolge, während die Deutschen durch ihren tantalischen „inneren Saboteur" zur Götterdämmerung hingezogen wurden.

Es kann angenommen werden, daß durch den sozialen Charakter der Deutschen und der Juden beide dazu neigten, unbalanciert zu werden, infolge der Schwäche oder Ableugnung ihrer strukturellen, polaren Komponenten. Die Juden verließen das Ghetto und versuchten verzweifelt, die europäische Kultur anzunehmen. Da die Europäer sie abwiesen, kehrten sie zu ihrer partizipanten Schwäche zurück und wurden ein leichtes, wehrloses Opfer für die Nazis. Die Deutschen hingegen fanden ihren Ausdruck im trügerischen Größenwahn der teutonischen Mythologie. Beide Fälle führten zur Selbstvernichtung. Was die makabre Symbiose zwischen Deutschen und Juden so explosiv gestaltete, war die Tatsache, daß in der Mitte des 20. Jahrhunderts das deutsche Stürzen in die Götterdämmerung und die Abschwächung der jüdischen Manövrierfähigkeit, in separanter Weise zu überleben, zur gleichen Zeit und im selben Raum zusammentrafen.

Es ist wichtig zu erwähnen, daß, als die Deutschen sich „von den Juden der ganzen Welt angegriffen" sahen, ihr brutaler Grundcharakter, der die Grausamkeit des Äsir widerspiegelt, noch intensiver wurde. In gleicher Weise scheinen die Juden unter dem Angriff der Nazis, meist unbewußt, sich in ihre Kerncharakteristik der Selbstverneinung zurückgezogen und sich der Katastrophe als normativem Ausdruck der Gerechtigkeit unterworfen zu haben.

Die Grunddialektik eines sozialen Charakters besteht in dem Gegensatz zwischen dem Erfüllungswunsch und der Unmöglichkeit seiner Verwirklichung. Die Natur dieser Suche, viel mehr als die Verwirklichung, definiert den sozialen Charakter als entweder tantalisch oder sisyphisch und bestimmt seinen Platz im partizipanten-separanten Kontinuum. Der partizipante Jude sehnt sich nach Befreiung von dem „Jetzt", die in ein raum- und zeitloses „Nichts" führt. Die jüdische Suche nach der Seligkeit ist vollkommen geistig und kann nicht innerhalb der menschlichen Geschichte verwirklicht werden. Die Ankunft des Messias wird von Gott bestimmt und kann nicht durch den Menschen herbeigeführt werden. Deshalb war das orthodoxe Judentum Europas meist gegen den separanten Aktivismus der Zionisten, weil der Bau des „dritten Tempels" von Gott und nicht von den Menschen angeordnet werden soll. Die Juden beten jeden Tag: „Wir werden Deine (Gottes) Rückkehr nach Zion sehen ..." Das Sehnen der Juden war auf ein geistiges Jerusalem von Gott gerichtet, das sich zeit- und raumlos materialisieren sollte. Die Deutschen hingegen konnten sich ihr kommendes Reich nur innerhalb der Geschichte vorstellen. Sogar, als die Götterdämmerung schon kurz bevorstand, planten Hitler und seine Architekten den Tempel des Tausendjährigen Reichs, der ein Turmbau von Beton und Stahl sein sollte, „höher als St. Peters Basilika". Diese innerste Sehnsucht eines sozialen Charakters besteht aus seinen ursprünglichen Motiven. Wenn der soziale Charakter sich sehr einem seiner Pole nähert, wird dieses polare Verlangen als „das Gute an sich" angesehen, während die entgegengesetzte polare Suche als Fluch erscheint. Der europäische Jude sah in der gothischen Kathedrale die aufgetürmte Hybris, in der der Teufel wohnte, während für die Deutschen der Satan in der Synagoge lauerte.

Tatkraft und Untätigkeit

Der Deutsche ist ein Mensch der Tat. Wie alle extrem Separanten will er die Umwelt beherrschen. Er konkurriert mit anderen in der Erreichung seiner separanten Ziele. Da der Gott der Deutschen eine Projektion ihrer machtbegründeten Ziele ist, konkurrieren sie auch mit Gott. Die gotische Kathedrale mit ihren riesigen Ausmaßen und den enormen Turmspitzen, die alle Bauten der Umgebung überragt, zeigte keine Demut, sondern forderte den Himmel heraus. Die germanische Kathedrale war eine Variation des Turmbaus von Babel, ein Beispiel der Hybris. Die jüdische Synagoge dagegen war bescheiden, streng und anspruchslos. Das partizipante Kreuz, das die normative Selbstaufopferung Jesu bedeutet, wurde allmählich durch das Schwert der Kreuzfahrer zum allesverzehrenden Hakenkreuz der Nazis. Der separante Homo Faber kennt den Funktionswert der Gruppe und der Mannschaft in der Ausführung von Aufgaben, insbesondere im Krieg, sowie die ungemeine Wirksamkeit der Phalanx, der Armee-Einheit und der Schutzstaffel, die gemeinsam ein Marschlied singen. Die Juden dagegen sind schlechte Mannschaftsarbeiter. Jeder von ihnen ist einmalig, ein Virtuose, und wie der jüdische Ausspruch belegt: „Je zwei Juden haben drei Meinungen."

Der separante Sozialcharakter schätzt keine abstrakten Ideen, wenn diese nicht in die Tat umgesetzt werden können. Langbehn, Lagarde und selbstverständlich Nietzsche sahen als menschliches Ziel das Tun, die Produktion und die Schöpfung. „Der Idealismus des Tun" wurde ein Ziel an sich. Jedermann tat seine Pflicht des Wirkens, d.h. indem er Judenzüge nach Auschwitz schickte, obwohl der Krieg schon verloren war und die Vernichtungslager kurz vor der Einnahme durch die Alliierten standen. Im separanten Ethos braucht die Arbeit kein Ziel außer sich selbst, weil Arbeit an und für sich „frei macht". Für den Partizipanten ist Arbeit entweder ein notwendiges Übel oder ein Fluch. Im Gegensatz zum germanischen Homo Faber steht der jüdische Talmid Hacham, d.h. der Student, der Wissen um seiner selbst liebt. Die Thora-Schüler wiederholen die Masechtot des Talmuds oft. Dieses Streben nach Wissen an und für sich motivierte viele der emanzipierten Juden, deren Eltern gerade das Ghetto verlassen hatten. Sie schwärmten in die deutschen Universitäten, um sich in Wissenschaften, Philosophie und Künste zu vertiefen, in der selben Weise wie ihre Vorväter „in dem Meer des Talmuds". Der Separant erreicht seinen Status und sein Selbstbewußtsein innerhalb einer Institution oder Rangordnung, durch Titel, Büroraum und Uniform. Der Partizipant dagegen erhält seine Würde, Einmaligkeit und Erfüllung durch Manipulierung von Ideen, Streben nach Wissen und durch Gegenüberstellung mit der Wahrheit, wie er sie definiert.

Heidegger, der Nazi-Direktor der Universität Freiburg, ermahnte seine Studenten im Rahmen des aktivistischen Credo der Deutschen, daß ihre Pflichten Arbeit und Militärdienst seien. Sie sollten „immer danach streben, bereit sein, immer härter werden ... oder untergehen"[2]. Hitler wiederholte dies in seiner Drohung an die Deutschen: Der Sieg oder die Götterdämmerung. Hans Frank versuchte in seiner Zelle, das Nazi-Ethos in ein Schlagwort zu fassen: „Der Ehrgeiz trieb uns alle an", sagte er, „uns alle"[3].

Für einen Aktivisten kann es keinen moralisch falschen Erfolg und keinen gerechten Mißerfolg geben. Ein guter Mensch wie Adolf Hitler, der „nach Definition gut ist", weil „der Führer nicht irren kann", kann nur Gutes tun. Dies bedeutet eine a priori Heiligsprechung von Taten, wenn sie „von unserem Führer oder unter seiner Autorität" ausgeführt werden.

Der Partizipierende hingegen heiligt nicht Taten, sondern Ideen, moralische und abstrakte Gesetze. Es kann keine guten Taten geben, die unmoralisch oder ungesetzlich sind.

Der deutsche Ausdruck „Ordnung muß sein" bedeutet den separanten Wunsch, die eigene Ansicht von der Ordnung der Dinge der Umgebung aufzuzwingen. Durch die Anordnung seiner menschlichen und physischen Umgebung nach einem vorbestimmten System fühlt der Separant, daß er der Umgebung seinen Willen aufgezwungen hat. Er gewinnt ein Gefühl der Sicherheit durch die Auferlegung seiner Ansicht von Ordnung, Folge und Position auf die Umgebung. Daraus folgt, daß vorliegendes Modell die Auffassung von Hobbs unterstützt, daß Ordnung durch Angst geboren wird. Diese Abhängigkeit von Ordnung zur Verhinderung von Angst, und die Neigung, dieser aufoktroyierten Ordnung zu folgen, führt zu einer zwangsweisen Führung. Dies mag auch erklären, wie auch Hilberg[4)] schon feststellte, daß das Personal der Vernichtungslager fortfuhr, seine Mordmaschinen zu bedienen, obwohl es ihnen klar war, daß der Krieg verloren war und das Dritte Reich sich auflöste.

Der Separant ist „Feld-abhängig". Er arbeitet am besten in einer physischen Umgebung, die seiner Auffassung von Ordnung entspricht und deshalb bekannt ist. Der Partizipierende hingegen ist „Feld-unabhängig". Er benötigt keine objektiven Anker, um zu handeln. Er wird durch Intuition, nicht durch Logik, geleitet, durch gleichzeitige Vorgänge und nicht durch kausale Verbindung. Wenn die objektive Realität untragbar wird, wie sie es für die Juden im Holocaust tatsächlich war, nehmen Illusion und Phantasie den Platz unerträglicher Realität ein.

„Schau nicht zurück, Frau Lot" und „Die Hast ist des Teufels"

Der Separant glaubt an die Zeit. „Zeit ist Geld", sagte Benjamin Franklin, und „Geld ist Macht", wiederholt der sisyphische „amerikanische Traum". Zeit und Geschichte bedeuten die Verbindung des Separanten zu seinem Dasein in der Welt, und wer außerhalb steht, existiert nicht. In Orwells „1984" regierten die Menschen, die die Zeit bestimmten, das Schicksal der anderen. In der Tat wurden Personen im Sowjet-Rußland ungeschichtlich und dadurch unpersönlich und deshalb aus dem Sowjet-Lexikon gestrichen. Geschichte wird vom Volk und von Machtgruppen gemacht. Daher gehen die separante Zeit und die Bestimmung von Geschichte und Macht zusammen. Der Separant konzentriert sich auf die Zeit infolge seines Suchens nach Allmächtigkeit, wie sie sich in der Bestimmung der Geschichte zeigt. So vergötterten die Nazis natürlicherweise Zeit und Geschichte als Hauptinstrumente der Macht.

Der Separant organisiert seinen Tag durch eine strenge Zeiteinteilung. Dies gibt ihm ein Gefühl der Sicherheit und Kontrolle über sein Leben. Der Verfasser erinnert sich an ein Zusammentreffen mit einem Hippie mit wirren Haaren, verschmutzten Kleidern und mit von Drogen getrübten Augen. Aber sein hochgeschätzter Besitz war eine Weckeruhr, die sein Leben ordentlich einteilte. Geschichte ist grausam und fatal, weil sie, wie Kronos, ihr Namensvetter, ihre Abkömmlinge umbringt. Die Zukunft wird in einem Nu zur Vergessenheit, in die Vergangenheit gebannt. Das separante Credo, wie Hegel es ausdrückte, ist, daß die Weltgeschichte auch das Weltgericht ist. Aber sie ist ein Henkergericht, denn die Zeit in ihrem diachronischen Verlauf ist selbstvernichtend. Der sisyphische soziale Charakter schützt sich vor dem tödlichen Zeitablauf durch das Verbot, in die Vergangenheit zurückzuschauen und die Opfer der Zeit zu erblicken. So wie in der mythologischen Geschichte von Lots Frau und von Orpheus und Eurydike, als ihnen in separanter Weise verboten war, zurückzublicken. Man muß immer in die Zukunft schauen, an Fortschritt glauben, Fabriken, Unternehmen und Projekte bauen: Sie alle sind Altäre für die diachronische Zeit. Eines der beliebtesten Lieder der „Wandervögel", dieser völkischen Vorläufer der Hitlerjugend, war: „Immer vorwärts marschieren in den Sonnenaufgang."

Für den orientalischen Partizipanten ist die diachronische separante Zeit menschenfresserisch und ein Teufelswerk. Für ihn ist die Zeit synchronisch oder sie verläuft kreisförmig. Die jüdische geheiligte Zeit ist zeitlos. Der Mensch muß sich von den Fesseln der Zeit befreien, wie Ibn Gabirol sagte: „Zeit bedeutet Sklaverei". Jüdische Weise, wie der Rabbi von Bretzlav, die die Offenbarung suchten, verstanden, daß Zeitsequenzen das hauptsächliche Hindernis für ihr Ziel bedeuteten. Er riet seinen Jüngern, Zeitfolgen zu ignorieren, weil Zeit Unwahrheit bedeutet.

Dinge und Un-dinge

Der Separant klammert sich an Objekte als Instrumente zur Erreichung weiterer Ziele. Sie sind für ihn funktionelle Werkzeuge. Für den Partizipanten können Objekte Symbole oder heilige Vorstellungen repräsentieren; wenn sie als Werkzeuge dienen, werden sie ausgeschmückt personifiziert und werden auf diese Weise eine Erweiterung des Selbst und nicht ein unpersönliches Mittel zum praktischen Zweck.

Die separante Realität des deutschen Charakters zeigt sich in allen seinen Aspekten – den pragmatischen, philosophischen und mytho-empirischen. Sogar seine Symbole neigen dazu, auf visuellen Bildern zu basieren. Die Abstrahierungen des deutschen Idealismus erscheinen zwar täuschend partizipierend, sind aber in Wirklichkeit auf Macht gegründet: Kant sieht dieses offenbare Phänomen als einen Machtausdruck, der von dem verborgenen Noumenon stammt, welches daher auch machtvoll separant ist. Überdies ist das menschliche Schaffen in der Erscheinungswelt durch machtbasierte noumenale Dynamik gesteuert und kontrolliert. Vom mytho-empirischen Standpunkt aus waren die Götter des germanischen Äsir sehr von ihren objektgebundenen Werkzeugen, Waffen und Ornamenten abhängig. Thor hatte seinen allgewaltigen Hammer, Freia ihr magisches Halsband; Odin wurde durch Runen verjüngt, Heimdall war untrennbar mit seinem Horn verbunden, und Ull besaß einen magischen Knochen, der sich in ein das Meer überquerendes Schiff verwandeln konnte. Der Ring Draupnir machte seinen Besitzer auf der Stelle reich. Loki besaß Schuhe, die ihn nach Belieben jenseits der Erde und See tragen konnten. Die germanischen Götter schienen ihre Kraft von ihren magischen Objekten erhalten zu haben, und ohne diese waren sie verhältnismäßig hilflos.

Die Objekt-Abhängigkeit der Deutschen machte sie zu Realisten, zu praktischen Handhabern von Dingen und Lebensformen als einer Lebensphilosophie und als ein Mittel, ihre Existenzprobleme zu lösen. Die Praxis, direkte Aktion und zuverlässige Ausführung waren die Visitenkarte des deutschen Stolzes und seiner Weltanschauung, ob die Aufgabe nun Bierbrauerei oder die Vernichtung der europäischen Juden war.

Die separanten Deutschen predigten Verbundenheit mit der Natur, die von der völkischen Bewegung bis zum Extrem getrieben wurde. Daher erklärte Lagarde, daß nur die Bauern, die naturnahe waren, und nicht die Bourgeoisie und insbesondere nicht die städtischen Juden die innere Lebenskraft fühlen können, die das Ewige darstellt.[5] Kunst konnte nur authentisch sein, wenn sie von der eigenen Landschaft inspiriert war.[6] Die Kunst der Juden, die keine eigene Landschaft hatten und die meist Stadtbewohner waren, mußte daher degeneriert, dekadent und krankhaft sein. Eine städtische Kunst verfälschte die Natur und mußte gezügelt oder ausgerottet werden. Die zeitgenössische Grüne Partei wiederholt die Nazi-Abscheu gegen städtische Kultur und kommt auf die Anbetung eines „sauberen und gesunden Lebens" zurück, das „unbeschmutzt durch die Laster der Stadt ist."

Die separanten Deutschen beteten den Körper an, respektierten seine schöne Haltung und Ausgewogenheit und liebten Uniformen. Die partizipanten Juden hingegen vernachlässigten ihren Körper und ihr Aussehen, weil für sie die innere Schönheit und die geistige Ausgewogenheit wichtiger waren. Charakteristisch war für die reich gewordenen Juden, daß sie Kleider und Juwelen prahlend und in extravagant-linkischer Weise zur Schau stellten, weil sie nicht den separanten Sinn des Ästheten besaßen.

Sinnbilder von Macht und Demut

Die Statue der Venus von Milo, die Protome Alexanders von Makedonien und die Bronzi Di Riace, die Statue zweier griechischer Krieger aus dem 5. Jahrhundert vor Christus, die in der Meerenge von Messina gefunden wurden, waren Verherrlichungen der Kraft und Schönheit des menschlichen Körpers. Die machtausgerichtete Nazikunst war – laut Hitler – dazu bestimmt, „die Seele des Volkes bloßzulegen ... sie in Steinen sprechen zu lassen".[7] Hitlers Lieblingskünstler waren daher Josef Thorak, der riesige realistische Figuren von mächtigen „gesunden" Männern und Frauen produzierte, die bestimmt waren, Autobahnen und öffentliche Institutionen zu schmücken, sowie Adolf Ziegler, der das arische Ideal der weiblichen Form als Triptychon darstellte. „Die vollkommenste Form", so erklärte Graf Klaus Baudissin, der Nazi-Direktor des Folkwang-Museums, „die schönste Form der modernen Zeit wurde weder in den Studios unserer Künstler hervorgebracht, noch war sie für eine Kunstaustellung bestimmt ... Sie ist der Stahlhelm, wie ihn unsere Sturmtruppen zu tragen pflegten."[8] Im Extrem verwandelt das separante Ethos Macht in Ästhetik: Krieg ist schön.

Das partizipierende Judentum dagegen verbietet Ebenbilder, und die Mishna erklärt, daß „wer sein Thorastudium unterbricht, um zu sagen: Wie lieblich ist dieser Baum, wie schön diese Furche, ist nach dem Thora-Gesetz des Todes wert."[9] Der Maharam von Rothenburg (1212–1293) verbot die Illustrierung von Gebetbüchern, denn „ein Mensch, der diese Bilder anschaut, kann seine Gedanken nicht auf den himmlischen Vater ausrichten."[10] Plastische Kunst, die konkrete Objekte darstellt und verherrlicht, behindert die wichtigste raison d'etre und Pflicht der Juden, das Thorastudium, und stört diese „in direktem Verhältnis zu ihrer Schönheit, Überzeugungskraft und ihres künstlerischen Werts", sagt Cohen[11]. Im Judentum ist der Grundsatz vom „Siyyag Latorah", der die Verteidigungsgrenze des Gesetzes bestimmt, mächtig und vorherrschend. Das Essen von Geflügel zusammen mit Milch ist als Grenzvorschrift verboten, um das Mischen des Fleischs von Säugetieren mit Milch, das selber eine Verteidigung der Thoravorschrift gegen das Kochen eines Lamms in seiner Muttermilch bedeutet, zu verhindern. In ähnlicher Weise ist das Verbot von Ebenbildern, die einen partizipanten Gott konkret machen, erweitert durch das allgemeinere Verbot von Kunst, die das Thorastudium behindert, und zwar durch eine zusätzliche äußere „Verteidigungsgrenze", die alle Ästhetik verneint. Im Extrem bedeutet dies, daß ein frommer Jude sich von jeder Ästhetik fernhalten muß. Die wirklichen Eiferer gingen so weit, absichtlich unästhetisch zu werden, um ihr Verlangen nach einem abstrakten, ewig-zeitlosen Gott zu beweisen.

Rabbi Nachman von Bretzlav drückte seine Bewunderung für die frühen Chassidim aus, die „mit ihren schmutzigen Kleidern in den Gottestempel eilten". Das klingt beinahe, als wäre ihre schmutzige Kleidung eine Vorbedingung für ihre spirituelle Seligkeit. Mit der jüdischen Aufklärung und der Bekanntschaft der Shtetl-Juden, die das Ghetto verlassen hatten, mit der westlichen Kultur wurde der Antiästhetismus des Shtetl- Juden zur Verachtung ihrer eigenen ethnischen Identität. Diese Verachtung wurde manchmal nahezu zum Selbsthaß, wie er in den Schriften von Mendele Mocher-Seforim zur Ausdruck kommt in seiner Beschreibung von jüdischen Bettlern. Er erreichte seinen Höhepunkt in der Verachtung der deutschen Juden für die Ostjuden, die von Osteuropa nach Deutschland strömten: Ihr vernachlässigtes Aussehen und ihre schlechten Manieren, daß sie sogar während des Gebets auf den Boden der Synagoge spuckten, waren Anlässe des Anstoßes.

Ein Resultat dieser polar entgegengesetzten Haltungen gegen die Ästhetik war, daß die Kirche als visuell großartig und als der Brennpunkt der künstlerischen Vorzüglichkeit angesehen wurde. „Die Kirchenmauern wurden zur (plastischen) heiligen Schrift des Volkes."[12] Die Synagoge dagegen hatte nur bescheidene plastische Verzierungen. Ihre Kraft lag in ihrer intensiven Geistigkeit. „Wie liebe ich Deine Thora", so sangen die Juden in der Synagoge, „ich singe Dir den ganzen Tag."

Auch die Juden erlebten zweifellos während verschiedener Zeiten Ausbrüche separanter

Kraft und kriegerischer Gewalt, hauptsächlich zur Zeit Jehoshuas und im modernen Israel. Aber der Kern des Judentums ist grundsätzlich partizipierend und nicht gewaltsam. Die Hände sind die Esaus, die Stimme ist die Jakobs. „Nicht durch Gewalt oder Macht, sondern durch meinen Geist spricht der Herr der Heerscharen".[13] Das nachgiebige Ethos der Juden wurde von dem separanten, gewaltsamen, germanisierten Europa nicht verstanden. Da die Separanten ihre Umgebung nur im Rahmen von Machtstrukturen verstanden, sahen sie hinter den äußerlich schwachen Juden eine verborgene Macht, nämlich die des allgewaltigen Antichrist oder der Weisen von Zion, die eine Weltverschwörung planten. Die Juden verzichteten ihrer Tradition gemäß auf Gewalt als Mittel, ihren Wert zu beweisen. Dies trug zu ihrer nicht-gewaltsamen Reaktion auf ihre Verfolgung und Austilgung durch die Nazis bei.

Das Judentum basiert auf Vergeistigung, sodaß sie das weltliche Dasein und die weltlichen Güter nur als Mittel betrachteten, um den Geist zu nähren. Yeshivoth – die religiösen Schulen – waren der Ort für Shakla Vetaryah, d.h. für dialektische Argumentation und Debatten, die fortwährenden Wechsel und Neuerung hervorbrachten.[14] Für die partizipierenden Juden war der Geisteskünstler, der Illui, das Ideal, wohingegen Taten, die Meisterung der Umgebung und die Praxis sekundär oder ganz unwichtig waren. Für die separanten Deutschen dagegen war der Meister, der Handwerker hochverehrt. Der Holzschnitzer, der Schmied und der Baumeister wurden hochgeschätzt wegen ihrer Fähigkeit, ihre Umgebung zu meistern und schöpferisch umzubilden. Jedoch was Geist und Norm anbelangte, erwartete man von ihnen, daß sie sich streng an das Feudalsystem und das Kirchendogma hielten. Keine Meinungsverschiedenheiten waren erlaubt, und die geringste Abweichung wurde bestraft. Daher wurden die Juden geistige Erneuerer, aber praktische Konformisten, während die Deutschen dazu neigten, aktive Neuerer in der Manipulierung der Objekte zu sein, sich aber an geistige Normen hielten.

Für die Deutschen war der Häuptling und Krieger der Führer. Diese Norm war in der Hegelianischen separanten Philosophie der Dialektik von Herren und Sklaven enthalten. Für die Juden war der Führer der Zadik, der Weise, dessen wichtigste Fähigkeit es war, als Katalysator für eine revolutionäre Näherung seiner Glaubensherde an die göttliche Gegenwart zu dienen. Anders als die Deutschen, die Größe in der Gegenwart anstrebten, sehnten sich die Juden nach weltlicher Bescheidenheit als Mittel zum Eingehen in ein partizipantes „Nichts" der Thora.

Die Thora und das Volk

Der partizipante Kern des Judentums besteht in dem Sehnen nach einer Verbindung zwischen jedem einmaligen, im Bilde Gottes geschaffenen Individuum und dem ungeteilten Ganzen der Thora. Die Bindung zwischen verschiedenen Individuen und zwischen dem Individuum und Gott kann durch die Einheit der Thora, den Bund Gottes zustande kommen. Daher sagt der Talmud „Der Mensch wurde durch sich selbst geschaffen", und: „Wer einen Menschen tötet, vernichtet eine ganze Welt, und wer einen Menschen rettet, hat eine ganze Welt gerettet."[15] Im Judentum ist die Einmaligkeit einer Person gleich der Einmaligkeit der ganzen Welt. Massen und Gruppen zählen nicht – jedes Individuum spiegelt in seiner Person die Kompliziertheit und Einmaligkeit der ganzen Schöpfung wider.

Die Wahrung der Verbindung zwischen Mensch und Gott ist die fortwährende Erneuerung des Bundes durch die dauernde Treue zur Thora. „Die Gabe der Thora," so sagt Kiddushei Hashem, „war eine einmalige Handlung vor tausenden Jahren, aber ihre Annahme wurde nie unterbrochen, denn ein Jude muß sie jeden Tag aufs neue annehmen." Diese tägliche Annahme wird durch das dauernde Studium der Thora erreicht. Die Mishna sagt: „Zwei, die dasitzen und die Thora nicht studieren, sitzen in Gesellschaft der Spötter, während mit zweien, die die Thora studieren, der Geist Gottes ist."[16] Das Thorastudium verbindet Individuen durch ihre gemeinsame Annäherung zu der heiligen Gegenwart. Der partizipierende, selbstverneinende Einfluß des Thorastudiums offenbart sich in der folgenden eindrucksvollen Darstellung der Mishna: „Das Wort der Thora verwirklicht sich nur für die, die sich selbst verneinen, so wie es in Hiob (28:12) geschrieben steht: ‚Wo wird Weisheit gefunden'"? Dies ist die Drash Inversion des fragenden Meayin (von wo) zum behauptenden Meayin, was bedeutet, daß die Weisheit der Thora durch eine partizipierende, offenbarende Selbstverneinung gefunden werden kann. Dieses Ziel kann nur durch das Thorastudium an und für sich erreicht werden, und nicht als ein Mittel zu einem weltlichen Zweck.[18] Der vorbildliche Thorastudent ist ein asketischer Partizipant, der auf weltliche Güter und Annehmlichkeiten verzichtet.

Die nordische Religion hingegen predigt den Wettbewerb in der Gegenwart, in dem die Sieger die Auserwählten sind. In der Ewigkeit gibt es nur den Tod, und wer sich danach sehnt, ist ein Defaitist und dekadent. Die nordisch-germanischen Religionen verneinen das jüdisch-christliche Prinzip der Gleichheit vor Gott; das Individuum hat nur Wert innerhalb der Gruppe, und der Führer ist allgewaltig. Hitler hat das Führerprinzip nicht erfunden; dies regierte schon in den deutschen Urwäldern der germanischen Stämme. Die jüdisch-christliche Demut steht in scharfem Widerspruch zu dem protzenden Stolz und der ständigen Beschäftigung mit der Verteidigung ihrer Ehre der germanischen Götter. Die Griechen schränkten den Stolz und die unbändige Verfolgung der Ehre mit dem Grundsatz meden agan und dem Verbot der Hybris ein. Nicht so die deutschen Aristokraten und ihre Nachahmer. Sie zogen ihr Schwert bei jeder echten oder eingebildeten Beleidigung. Die Deutschen, und besonders die Nazis, wiesen mit Vorliebe ihre Duellnarben vor, als Zeichen ihrer Ehre und Männlichkeit. Frau Ludendorff, die Frau des Generals und Propagandisten deutschen Geistes, verspottete Jesus als einen verlassenen Sohn Gottes, der dazu auch noch von zu Hause weggelaufen war, und den kein Deutscher anbeten solle. Jesus befahl zwei Fischern, ihre Arbeit zu verlassen. Kein Deutscher solle ermutigt werden, seine Arbeit unvollendet zu lassen. Arbeit und Praxis sind die Berufung der Deutschen. Der deutsche Gott offenbart sich durch Blut, Boden, Rasse und Nation.

König und Verbannung

Der partizipierende soziale Charakter hat Schwierigkeiten, seine Umgebung zu kontrollieren und einen modus vivendi mit ihr zu finden. Die Inder, die ein extremes Beispiel darstellen, verschmelzen Subjekt und Objekt. Sie urinieren und entleeren sich in den heiligen Ganges. Wenn sie sterben, werden ihre Leichen in den Fluß geworfen, aber die Lebenden trinken weiter sein Wasser. Der Partizipant hat kein wirkliches Verständnis für die Macht und die Grenzen der Werkzeuge. Im besten Fall mißbraucht er sein Auto oder seine Ölbohrung; im äußersten Fall mißt er den mechanischen und elektronischen Instrumenten eine magische Macht bei. Das Zusammentreffen von Illusion und Realität im partizipanten sozialen Charakter ist am besten durch folgendes arabisches Volksmärchen erläutert: Ein Fellache wurde von seinen Kindern geärgert. Er schickte sie in den nahen Obstgarten: Sie sollten Feigen pflücken, obgleich es Winter war und er wußte, daß es im Winter keine Feigen gibt. Er täuschte die Kinder, um sie loszuwerden, aber als die Kinder losliefen, begann der Fellache zu denken, daß es vielleicht doch Feigen geben könnte, und lief ihnen nach.

Der partizipante Jude konnte meist seine politische Unabhängigkeit und Macht nicht wirkungsvoll ausnützen. Es wurde schon dargelegt, daß der erste Tempel am Anfang des 6. Jahrhunderts vor Chr. zerstört wurde, infolge eines mißglückten Aufstands gegen Babylon, der durch eine vollkommen unrealistische Einschätzung der Macht des babylonischen Reichs begonnen wurde. Eine ungewöhnliche Ausnahme von diesem Modell war der Triumph der Hasmonäer über die Seleukiden und ihren König Antiochos Epiphanes. Aber diese schwer errungene Unabhängigkeit wurde im 1. Jahrhundert nach Chr. durch einen tragischen Aufstand in fataler Weise, infolge der Blindheit der Rebellen für ihre militärische Schwäche, an die Römer verloren. Das gleiche ereignete sich beim Aufstand Bar Kochbas gegen Hadrian und die Macht des römischen Reiches im 2. Jahrhundert nach Chr. Der neugegründete Staat Israel wird ebenfalls von wirtschaftlicher Unfähigkeit, nutzloser Bürokratie und inneren Zwistigkeiten verfolgt. Die Israelis sind besonders talentiert für außergewöhnliche Unternehmen, wie die Zerstörung des irakischen Atomwerks, das Rettungsunternehmen von Entebbe und die Bombardierung des PLO-Hauptquartiers in Tunis. Aber es fehlt ihnen die Geduld für Routineaufgaben, die eine effektive Zusammenarbeit einer Mannschaft oder einer Fabrikbelegschaft verlangen. Der individuelle partizipierende Jude ist oft ein Virtuose, aber dauernde und erfolgreiche Aktionen werden durch separante Gruppenarbeit erreicht. Daher sind die Juden einfallsreich, aber nicht so effektiv wie ihre separanten europäischen Gegenstücke. Dies mag erklären, warum viele der brillanten Ideen, die im amerikanischen Silikonvalley ausgeführt wurden, von israelischen Ingenieuren erfunden wurden. Aber einen Expreßbrief durch die israelische Post zur Zeit zu erhalten, ist immer noch ein Ereignis.

Die partizipierenden Juden sind schlecht in der Planung auf lange Sicht und neigen dazu, ihre Energien auf kurzfristige Gewinne zu konzentrieren. Die Deutschen hingegen sind auf langfristige Planung eingestellt. Nach dem 2. Weltkrieg brachten sie das „Wirtschaftswunder" fertig, hauptsächlich durch Investitionen auf lange Sicht und durch die Erkenntnis, daß die Zukunft des Individuums von der Gesundheit ihrer Fabriken, Gesellschaften und Institutionen abhängig sein würde.

Die Juden bemühten sich, Reichtümer anzuhäufen, um ihr Wohlergehen zu sichern, aber auch in diesem Fall schätzten sie die Macht ihres Reichtums nicht realistisch ein, denn diese erkaufte ihnen niemals Sicherheit. Ihre protzige Zurschaustellung erregte Neid und Feindseligkeit und stachelte ihre Verfolger nur an. Außerdem hinderte das falsche Sicherheitsgefühl der europäischen Juden viele von ihnen, zur Zeit vor der Nazi-Verfolgung zu flüchten.

Den Juden fehlte im allgemeinen auch der Sinn für Organisation. Daher waren sie nicht fähig, einen trotz allem möglichen Widerstand gegen die Nazis zu organisieren. Im Gegensatz dazu konnten die letzteren infolge der Natur ihres separanten sozialen Charakters eine unbarmherzig wirkungsvolle Mordmaschine errichten. Manche Forscher sind der Ansicht, daß die Vertilgung der europäischen Judenheit nicht ohne das besondere organisatorische Talent der Nazis in der Errichtung der Vernichtungslager möglich gewesen wäre.[19]

Die Juden waren außergewöhnlich geeignet, ein strukturelles partizipantes Element für das Anwachsen der deutschen separanten Energie zu liefern. So erzeugte das kulturelle Gleichgewicht zwischen den neuerlich emanzipierten Juden und ihrer Gastgebernation einen Ausbruch von hervorragender fin-de-siècle-Kunst, Wissenschaft, Literatur und Musik in Wien und Berlin, deren Pracht in der Geschichte der westlichen Zivilisation ihresgleichen nur in dem Goldenen Zeitalter des Perikleischen Athen hatte. Jedoch besaßen die Deutschen, ungleich der ähnlich separanten Griechen, nicht deren Einschränkungen gegen Ausschreitungen. Die Abneigung der Deutschen gegen Gleichgewicht, Einschränkungen und Mittelwerte unterbrach bald die kulturelle Symbiose mit den Juden und führte zum Holocaust und zum 2. Weltkrieg, der in vielerlei Hinsicht ein kultureller

Selbstmord war, ähnlich wie die selbstzerstörerischen Feldzüge des 5. Jahrhunderts vor Chr.

Der partizipierende Jude ist ein Individualist, der häufig im Konflikt mit seiner Gemeinschaft seht, statt mit ihr oder durch sie zu arbeiten. Er mag vorgeben, mit der Gruppe einverstanden zu sein, vertritt aber in Wirklichkeit seine eigenen Ansichten. Die Juden mögen nach außen als geeint erscheinen, sind aber unter sich zerspalten. Sogar während Zeiten der Gefahr sind sie unwillens, ihre früheren Streitereien und Zwistigkeiten zu vergessen, und geeint zu handeln. Der SS-General Von dem Bach-Zelewsky sagte in Nürnberg aus, daß er erstaunt war, daß die Juden unter der vereinten Führung der Weisen von Zion so schlecht organisiert und anscheinend unfähig waren, ihren Verfolgern einen geeinten Widerstand zu bieten.

Die separanten Deutschen, obgleich nicht hervorragend als Individuen, verwandeln sich zu Löwen, wenn sie sich Gegnern gegenübersehen, weil sie vereint und durch eine Gruppe wirken. Jeder von ihnen behauptet seinen sozialen Status, indem er den anderen verteidigt. Statussymbole, Rangordnung und Uniform unterstützten diese Hierarchie. Wenn ein General den Rang eines Unteroffiziers respektierte, behauptete der dadurch seinen eigenen Rang und seinen Platz in der Rangordnung. Das Führerprinzip ist im deutschen Sozialcharakter verankert. Da die Juden einer einmaligen und abstrakten Einheit Gottes verbunden waren, sorgten sie nicht für einen konkreten Staat. Außerdem waren die europäischen Juden vom Feudalsystem ausgeschlossen und fühlten deshalb keine Treuepflicht für ein bestimmtes Land; besonders nicht, da sie oft gezwungen waren, durch Verfolgung und Exilierung von einem Land zum andern zu wandern. Im Gegensatz dazu stand die Anhänglichkeit zu Blut und Boden der Deutschen, die Treue zur Heimat. Die Heimat war für die Juden ein fremder Begriff. Dies ließ sie mehr zum Internationalismus, Humanismus und Sozialismus neigen, welche nationale Grenzen überschritten. Die Juden sorgten sich deshalb nicht wegen eines weltlichen Exils, solange sie ihre Sehnsucht nach dem Zion des Geistes und dem Jerusalem Gottes behalten konnten. Ein bedeutender Teil des europäischen orthodoxen Judentums war gegen den Zionismus. Für sie bedeutete der Aufbau eines weltlichen Jerusalem eine Gotteslästerung, denn eine solche Erlösung konnte nur durch den Messias erfolgen. Die Mishna sagt, daß das Thorastudium sogar wichtiger ist als der Wiederaufbau des Tempels und bedeutender als Priesterschaft und Königreich.[20]

Wenn ein Jude die Thora studierte, war er nicht mehr im Exil, denn er hatte Teil an der vollkommenen Einigkeit, und das Sehnen nach dem Jerusalem Gottes kann an sich schon eine göttliche Offenbarung herbeiführen. Die Shakla Vetaryah, die dialektische Debatte während des Thorastudiums, führte zur Vereinigung des Individuums mit der Thora und näherte es dadurch der göttlichen Gnade.

Dem heidnischen Äsir ist alles erlaubt und vergeben

Die Gruppe der Drachen in dem Gleichnis Goebbels' funktioniert auf einer niedrigeren Stufe der Differenzierung und Verfeinerung als das Individuum (der Wurm). Die Gruppe ist hauptsächlich auf Macht gegründet und wirkt am besten als ein in sich ausgewogenes Kräftesystem und als eine koordinierte Angriffsspitze, gerichtet gegen innere Gegner, oder, im Kriegsfall, gegen äußere Feinde. Das Zusammenhalten der Gruppe und ihr esprit de corps werden im allgemeinen durch Haß gegen wirkliche oder eingebildete Feinde gefestigt. Im 5. Kapitel wurde gezeigt, daß der Antisemitismus ein gutes Beispiel für genau diesen Mechanismus darstellte, den die Nazis benützten, um ihre kollektive Ideologie zu untermauern. Die Antithese des separanten Drachen, der sich auf brutale

Kraft verläßt, ist das jüdische Leitmotiv, das jenes Individuum, die ganze Welt in sich birgt. Die Gruppe ist nicht imstande, Gnade oder Mitleid zu fühlen. Liebe ist vor allem eine Gemütsbewegung zwischen zwei Individuen, und Agape ist das Streben nach einem einzigen Gott.

Die Deutschen fühlten, daß, je tiefer ein Individuum in der Überlieferung der germanischen Stämme verwurzelt war, es desto mehr Kraft aus der archaischen Macht des Volkes ziehen konnte. Der Kern des deutschen Sozialcharakters stammt von dem Heidentum der germanischen Urwälder. Dieses Urgefühl, obwohl zeitweise überdeckt von vielen aufeinander folgenden Schichten des Christentums, wallte jedesmal wieder auf, wenn ein machtvoller Drang diese Schichten durchbrach. Die heidnischen Blut-und-Boden-Drachen wurden nie durch christliches Schuldgefühl oder bourgeoisen Liberalismus gezähmt. Nietzsche bemerkte sehr richtig, daß in jedem Deutschen – und nicht sehr tief innen – ein Heide lauert. In der Tat predigt die völkische Bewegung eine Rückkehr zu der großen heidnischen Mutter Natur und der arischen Vergangenheit, ihren Mysterien, ihren Fruchtbarkeitsriten. Die neo-heidnische deutsche Religion sagt in ihrer sechsten These:

Unsere Religion beginnt, wo das Christentum aufhört. Der Glaube an einen persönlichen Gott, an Offenbarung und Seligkeit ist Aberglaube und nicht Religion. Der biologisch aufgeklärte Mensch sucht die Lösung seiner moralischen und religiösen Probleme im Kosmos, in der Natur und in der realen Welt, in Blut und Boden, Volk und Heim, Nation und Vaterland ...

Unsere Religion ist nicht mehr der Christus-Gott, der Versailles nicht verhindern konnte. Unsere Religion ist, was in uns lebt, der große, heilige, brennende Wunsch, 1000 Jahre des deutschen Kummers reinzuwaschen und die Sünden der fremden, jüdisch-christlichen Religion gegen die deutsche Seele wiedergutzumachen.[21]

Diese Verkündung von Heidentum und Nationalismus zusammen mit Nietzsches Forderung, zu der Amoralität der Olympier zurückzukehren, enthielt den radikalen Wunsch, die kollektiven Kultuszeremonien, die Verantwortung und Schuldgefühl lehrten, aufzuheben. Das Ziel des Nazi-Heidentums war es, die Aufopferung Isaaks und Christi zunichte zu machen und die familiäre, alles zulassende Freiheit des teutonischen Äsir zurückzugewinnen. In Asgard war alles erlaubt, ja man applaudierte sogar, solange man über den Gegner triumphierte, ihn unterwarf, oder besser noch, ihn tötete.

Der moralische Sieger und das ungerechte Opfer

Nietzsches Übermensch war amoralisch. Er verneinte die Sklavenmoral des Christentums. Seine Blonde Bestie war heidnisch. Die Nazis adoptierten diesen amoralischen Übermenschen in einer vereinfachten Ausgabe. Sie präsentierten den „Neuen Deutschen", der die vom Führer befohlene geheiligte Revolution durchführte, ohne die Einschränkung der „jüdischen Moralität" und ohne das christliche Schuldgefühl. Ein anderes Beispiel war Wagners Siegfried, der keine partizipierende moralische Behinderung kannte. Der siegreiche deutsche Held war durch Definition moralisch und durch die Geschichte gerechtfertigt. Nur die Schwachen und Besiegten konnten unmoralisch sein. Der nächste natürliche Schritt war der soziale Darwinismus, wie ihn die Nazis interpretierten. Der Gedanke des Überlebens des Stärksten bedeutete, daß Individuen, die durch die natürliche Auslese ausgerottet wurden, durch den Evolutionsprozeß als wertlos befunden waren. Daher wurden die Kräftigen als gerecht, lebensberechtigt und heroisch angesehen, siehe Nietzsche, Wagner und Darwin, während die Schwachen, Degenerierten unmoralisch waren. „Du große Natur," so predigte der Sozial-Darwinist Alexander

Tille, „hast nur eine Moralität. Du verleihst Lebenskraft nur den Fähigen, während wir auch für die Bedürfnisse der Untüchtigen sorgen. Wir haben Institutionen, die die Krüppel, die Lahmen, Blinden, die Geisteskranken, die Schwindsüchtigen und Syphilitiker ernähren, damit sie sich vermehren können und ihre Krankheiten kommenden Generationen vererben. Wir behaupten, daß die stärkere Rasse eine moralische Pflicht hat, die schwächere und niedrigere Rasse auszurotten. Wer seine Existenz nicht behaupten kann, muß seinen Untergang hinnehmen."[22] Klages, der Nazi-Graphologe erklärte, daß jeder, der für die judeo-christliche Sklavenmoral war, schlechtes Blut in die nordische Rasse brachte. Er sei ein Verbrecher gegen das Leben und solle entsprechend behandelt werden.[23] Darum konnten die Deutschen, die Nazi-Partei und das Dritte Reich nur lebenswürdig und moralisch sein, wenn sie siegreich waren. Eine Methode, dies zu erreichen, war die Abschaffung jeder einschränkenden partizipierenden Moralität. Indem er unmoralisch war, wurde der Deutsche ein Gott in der Familie von Asgard. Der Übermensch war moralisch, soweit er seine Umgebung unbestraft unterwerfen konnte.

Der Kern der judeo-christlichen Moralität hingegen war, mit den Leidenden zu fühlen und zu versuchen, dieses Leiden unter den Bedingungen des Nächsten zu lindern. In Kirkegaards Gleichnis identifiziert man sich mit dem leidenden Christus und fühlt seinen schmerzvollen Ausruf mit: „Eli, Eli, lama Shabachtani!". Der Ausgangspunkt jeder moralischen Handlung ist das Mitgefühl für das Leiden des Mitmenschen und der Versuch, ihm zu helfen, bedingungslos und ohne ihn abzuurteilen. Camus' Dr. Rieux diskutiert in einem rührenden Dialog mit seinem Freund Taroux darüber, was man bei einer Pestepidemie – die symbolisch für die menschliche Situation gemeint ist – tun sollte. Für Rieux, den heilenden Arzt, war der einzige Weg, den Schmerz der Heimgesuchten mitzufühlen und der Versuch, ihren Zustand zu lindern, sogar wenn man wußte, daß zum Schluß die Pest überhand nehmen würde. Im Judeo-Christentum waren Mißerfolge annehmbar und moralisch. Camus' Richter-Büßer in seinem „Der Fall" erlebte eine Umwälzung in seinem Leben, als er seine abgründige Immoralität erkannte, als er den Notschrei eines ertrinkenden Mädchens nach Hilfe unbeantwortet ließ. Wie anders war der überragende Goethe, der, während er seinen monumentalen „Faust" schrieb, zur selben Zeit in seiner amtlichen Tätigkeit das Todesurteil eines Mädchens unterschreiben konnte, das unverheiratet schwanger wurde. Der kategorische Imperativ Kants, des berühmtesten der Philosophen, sagt u.a., daß ein Mensch wünschen solle, daß seine persönliche Norm zum universalen Gesetz werde und entsprechend handeln müsse.[24] Dieses Prinzip enthält ein Element des Zwanges: wenn man glaubt, daß die Ausrottung der europäischen Juden das richtige sei, würde man sich wünschen, daß dies ein universales Gesetz werden solle. Hier ist es erwähnenswert, daß Adolf Eichmann in seinem Prozeß in Jerusalem zitierte, daß Kants kategorischer Imperativ ihn in seinem Handeln geleitet habe.[25] „Die Wahrheit," so erklärte Martin Heidegger in seiner Nazi-Periode, „ist nicht für alle, sondern nur für die Starken."[26] Die Schwachen sind immer im Unrecht, und die Opfer können niemals im Recht sein.

Krieg als schöpferische Kraft und das Ethos des Friedens

Ein Kunstwerk ist meist die Schöpfung des einzelnen, während Kriege von Gruppen ausgefochten werden. Außer in den seltenen Fällen, in denen der Heroismus des einzelnen den Ausgang einer Schlacht entscheidet, werden Kriege durch die Macht und die synchronisierte Aktion – oder das Fehlen dieser – von Armee-Einheiten, d.h. Gruppen, gewonnen oder verloren. Mit Ausnahme der Generäle und obersten Befehlshaber ist die Rolle des einzelnen in einer Streitmacht ziemlich beschränkt. Die meisten Soldaten sind in der modernen Kriegsführung kleine Rädchen, deren Rolle sich auf Routine und technische Aufgaben beschränkt. Die gesamte Kriegsmaschine muß abgestimmt und synchronisiert sein, um effektiv zu wirken. Aber die Individuen, aus denen sie sich zusammensetzt, können nicht die Führung der Schlacht übersehen, und gewiß nicht die der ganzen Kriegsführung, wenn sie ein Gewehr abschießen oder einen Tank lenken. „Die Armee," sagt Herman Wouk in der Caine Mutiny, „wurde von einem Genie erfunden, um von Idioten angeführt zu werden." Die Armee war ein ausgezeichnetes Instrument zum Ausdruck ihres Selbst für die separaten Deutschen. Ihr Marschieren zur Musik einer Militärkapelle gab dem Deutschen ein Machtgefühl, das von der Gruppe zu ihm und von ihm nach Walhalla floß. Das Soldatenspielen erhob die Deutschen in das Reich des Äsir. In der Armee wurden ihre Mythen zur Wirklichkeit. Die Deutschen wurden von General Beck als militärfromm charakterisiert, d.h., sie waren von einem Gefühl der Ehrfurcht für alle Militärangelegenheiten erfüllt[27], unwichtig, ob sie für Bismarck, den Kaiser, Hitler, die NATO oder den Warschaupakt marschierten. Die Deutschen waren ein Beispiel für Langbehns und Chamberlains Auffassung, daß Krieg eine schöpferische Kunst sei, und für Nietzsches Gleichung, daß der Lebenswille mit dem Willen zum Krieg gleichzusetzen sei.

Eine direkte Fortsetzung von Marschall von Moltkes Behauptung, daß der Krieg ein göttlicher Bestandteil der Weltordnung sei, zu Alfred Rosenbergs Anbetung des Krieges als die „Romantik des Stahls" und als der „Aufstand des Bluts" ist hier denkbar.

Man weiß mehr oder weniger, wie Kriege beginnen, aber niemand kann voraussagen, wie sie enden werden. Dies ist ein Resultat der sisyphischen Dialektik des Krieges: Das Ende ist immer eine Synthese und daher unvermeidlicherweise verschieden vom ursprünglichen Ziel des Krieges. Das war aber oft unbedeutend für die Deutschen, die den Krieg zu einem Ziel an und für sich erhoben. Für den separaten Deutschen waren die komplizierten Vorgänge des Krieges, die Überwindung des Feindes ein zentraler Teil seines kriegerischen sozialen Charakters, sogar, wenn sie zu seiner eigenen Vernichtung führten.

Für den Juden hingegen war Friede die zentrale Komponente seines Ethos und seines Sozialcharakters. „Friede" ist die übliche Begrüßung der Juden bei ihrer Ankunft und beim Abschied. Überdies ist der Name Gottes Friede. „Der Friede ist groß," sagt Levitikus Raba, „weil der Name des Herrn Friede ist".[28] In der archaischen Welt des Blutvergießens und der Gewalttätigkeit verboten die zehn Gebote den Mord. König David sah ein, daß er nicht würdig war, den Tempel zu bauen, und deshalb baute ihn sein Sohn Salomo (dessen Name wörtlich in Hebräisch Friede bedeutet). Jesaja erreichte unvergleichliche Vollkommenheit in seiner poetischen Prophezeiung, daß „sie ihre Schwerter zu Pflugscharen und ihre Speere zu Sicheln machen sollten, daß ein Volk nicht sein Schwert wider ein anderes erheben und sie hinfort nicht kriegen sollen" (Jesaja 2:4). Das Buch der Psalmen verlangt von uns, „Frieden zu suchen und ihn zu bewahren" (Psalmen 34:14). Für die Juden muß der Friede aktiv verfolgt werden und nicht ein passives Verlangen sein. Der ganze Schöpfungsakt war ein Mittel, den universalen Frieden herbeizuführen. „Gott hat die Welt nur geschaffen," sagt der Numerus Raba, „damit der Friede in die Welt kommt."[29] „Die ganze Thora ist Friede," sagt der Midrash, „und wem soll ich sie geben (sagt Gott), einer friedliebenden Nation."[30] Gott, die Thora und Israel sind vereinigt in einer Dreifaltigkeit des Friedens. Und schließlich, wenn der Messias kommt, wird er seine Sendung mit der Herbeiführung des Friedens beginnen."[31] Dieses Ethos vom Frieden hatte zweifellos einen befriedenden Einfluß auf den partizipierenden Sozialcharakter der Juden. Mit Ausnahme von einigen kriegerischen Ausbrüchen, hauptsächlich in den Feldzügen Jehoshuas, einigen der Richter, König Davids, der Hasmonäer und der Generäle des modernen Israel, war der Großteil der jüdischen Geschichte durch eine vergeistigte, friedliebende und politisch untergeordnete Haltung ausgezeichnet. Die Dialektik zwischen dem deutschen sisyphischen, aktiven sozialen Charakter und dem tantalischen, passiven, friedlichen Ethos der Juden ist die grundlegende Dynamik, die der deutschjüdischen Wechselwirkung zugrunde liegt und die zum Holocaust führte.

Die Dialektik und die Kern-Ethik vom „Wir" und „Sie"

Die polaren Gegensätze zwischen dem deutschen und dem jüdischen Sozialcharakter hatten entsprechende Parallelen in ihrer Gruppendynamik. Wie in Kapitel 6 gezeigt, hatten die sisyphischen Deutschen eine „Wir sind gut/die andern schlecht"-Einstellung gegenüber ihrer Umgebung. Dagegen hatten die tantalischen Juden, die als Gemeinschaft auf die Totalität eines prädifferenzierten Nicht-Seins ausgerichtet waren, eine „Wir sind schlecht/die andern gut"-Einstellung gegen ihre objektive und menschliche Umgebung. Dies bereitete von vornherein die Deutschen und Juden auf ein Tyrann-Opfer Verhältnis vor. Die separanten Deutschen hatten das Ziel, ihre Umgebung zu unterwerfen und „einzuverleiben", um ihre Allgewaltigkeit zu demonstrieren, während die partizipanten Juden den Wunsch hatten, von ihrer Umgebung „aufgesaugt" zu werden, um die Allwesenheit der totalen Einheit zu gewinnen. Wie man im nächsten Kapitel sehen wird, erleichterte die Assimilation der emanzipierten Juden später ihre Vernichtung durch die Nazis. Diese Kerndynamik ermutigte die deutsche Neigung, ihre Umgebung als schuldig anzusehen, wenn sich ihre Erwartungen nicht erfüllten, während die Juden in ähnlichen Umständen dazu neigten, sich selber anzuklagen. Die gemeinschaftliche Fixierung der Deutschen führte zu ihrer Anbetung der Kraft, des Wachstums, der Jugend, der körperlichen Ertüchtigung und des biologischen und sozialen Überlebens. Die partizipanten Juden mit ihrer kollektiven Fixierung auf Einheit verehrten die Weisheit des Alters und suchten sich über die materielle Welt zu erheben.
Der separante Deutsche, der sich auf physischen Wuchs, Schönheit und Gesundheit fixierte, schützte sich auf diese Weise gegen die Möglichkeit einer Verfälschung seines genetischen Erbguts durch fremde Einflüsse. Dieser „schlechte Einfluß" wurde durch den Juden personifiziert, den Erzfeind, der reinrassige deutsche Jungfrauen schwängerte, wie die völkische Bewegung und später die Nazis behaupteten. Dies war eine Fortsetzung der Darstellung der Juden in der christlichen Kathedrale. Dort wurden die Juden gezeigt, wie sie Urin saugten, den Kot der Judensau fraßen oder die Statue der Heiligen Jungfrau stahlen, um darauf zu urinieren. In einer modernen Fassung sollten sie beabsichtigt haben, die deutsche Rasse zu entweihen und zu beschmutzen. Die christliche Ritualmordlüge wurde in die Vergiftung des reinen deutschen Bluts verwandelt, und zwar durch die bösartige Wüterei der Juden mit der reinen deutschen Weiblichkeit. Daher mußte dieser Höhepunkt der deutschen Überlegenheit, der SS-Kämpfer, beweisen, daß seine zukünftige Frau von „echt nordischem Blut" stammte.[32] Eine deutsche Frau, die sich von ihrem jüdischen Mann scheiden ließ, „kehrte dadurch zum deutschen Blut-Bund zurück, und alle Einschränkungen gegen sie wurden aufgehoben."[33] Für die partizipanten Juden war der Bund die Thora, während der separante Deutsche ihn in dem Blut fand, das in den Venen der deutschen Weiblichkeit floß, und das die Geburt und das Wachstum von schönen, furchtlosen Kriegern sicherte, die den deutschen Boden und daher auch die ganze Welt beherrschen würden.
Tacitus wies auf die matriarchalischen und mutternormativen Charakterzüge der Deutschen hin. Erich Neumann zeigte, daß die Magna Mater immer im europäischen Unterbewußtsein versteckt lag. Obwohl die männlichen Gottheiten des Äsir und des Vanir vorrangiger erschienen als die weiblichen Gottheiten, waren es die letzteren, die die Männer

zu manipulieren verstanden und die zum Schluß meist ihren Willen durchsetzten. Die Walküren waren diejenigen, die beschlossen, welche Helden in der Schlacht getötet werden sollten, und die dadurch das Schicksal des Krieges entschieden, der eine zentrale Rolle in dem deutschen Sozialcharakter spielte. Die germanischen Mütter feuerten ihre Söhne zur Tapferkeit in der Schlacht an, und die Frauen der germanischen Stämme demonstrierten mit entblößten Brüsten, was geschehen würde, wenn der Krieg verloren und sie in die Sklaverei verkauft werden würden. Die Entschlossenheit und Ausdauer der deutschen Weiblichkeit waren offensichtlich in dem Beispiel Cosima Wagners, die wie eine Walküre ihren Vater, den Komponisten Franz Liszt, heimlich beerdigte, damit seine Beisetzung nicht die geplanten Bayreuther Festspiele stören sollte.

Der jüdische Sozialcharakter war eher patrinormativ. Nach der Erfahrung mit den Mythen stammte dies von dem Akedah-Mythos, der den doktrinären Charakter Abrahams als den des archetypischen Vaters aufwies, der eine absolute Norm durch Aufopferung und symbolisches Opfer festlegte. Dieser Urtypus von Vater wurde durch Projizieren auf die transzendentale Ebene zu einem einmaligen monotheistischen Gott, nach dessen Bild jeder Jude geschaffen war. Dies schuf ein Gefühl der „Einmaligkeit" der Juden, durch das sie erwählt wurden zu leiden, und dadurch erhielten sie den Beweis ihres normativen Wertes. Die völkischen Deutschen und später die Nazis sahen darin einen Wert-Wettbewerb, denn sie sahen sich selbst als das auserwählte Volk, und zwei auserwählte Völker konnten unmöglich in einer Heimat zusammenwohnen. Die Wahl zwischen diesen zwei Anwärtern auf den Titel des auserwählten Volkes konnte vom Standpunkt der Nazis aus nur durch Gewalt entschieden werden, da Gewalt der einzige modus operandi war, der der SS – dem direkten Erben des Äsir – paßte. Und in der Tat erwiesen sich die Weisen von Zion machtlos gegenüber den Hinrichtungskommandos der SS-Einsatzgruppen. Überdies weigerten sich die Verbündeten des Weltjudentums, die amerikanische Airforce und Roosevelt (von den Nazis „Rosenfeld" genannt), sogar, die Verbrennungsöfen von Auschwitz zu bombardieren.

Aufopferung, Bruch und Götterdämmerung

Im Extremfall befahl die aufopfernde Norm der Juden, daß es unter gewissen Umständen besser war, den ehrenvollen Tod einem Leben in der Sünde vorzuziehen. Dies war das Wesen des Kiddush Hashem, die Heiligung des Namens Gottes, nach dem die Juden eher bereitwillig in den Tod gingen, als ihren Glauben aufzugeben. Nicht nur Bekehrung, sondern auch Mord und Blutschande waren schlimmer als der Tod, und wenn ein Jude der Wahl gegenüberstand, eine dieser drei Hauptsünden zu begehen oder zu sterben, befahl ihm sein Glaube, den Tod zu wählen. Daher war das Leiden ein Grundsatz der jüdischen Gerechtigkeitsnorm. Tatsächlich verordnete der Talmud, daß die strenge Einhaltung des Bundes mit Gott von Schmerz und Leiden begleitet sei.[35] Im ursprünglichen Hebräisch ist Opfer und Opfergabe, Korban, ein Wort, dessen Wurzel die Näherung (zu Gott) bedeutet. Daher brachte die freiwillige Selbstaufopferung den Juden näher zu seinem allumfassenden Gott. Der jüdische partizipante Gedanke der normativen Selbstaufopferung wurde später in das Agnus Dei Triumphalis, den kämpfenden Christus, umgeformt, den Konstantin der Große am Himmel erblickte. „Durch dieses Zeichen sollst du siegen," war die Inschrift auf dem Kreuz am Himmel, und Konstantin gewann tatsächlich vier entscheidende Schlachten im Jahre 312. Von der Zeit an verwandelte sich das jüdische Opferlamm Gottes in die separate siegende opferfordernde Gottheit. Wie schon ausgeführt wurde, liebten die mittelalterlichen Christen den Jesus am Kreuz und wiederholten das Opfer Christi an vielen ihrer Landsleute. Lagarde und die deutsche völkische

Bewegung predigten die Verneinung des Selbstopfers Christi. Das heidnische Germanentum brauchte kein normatives Opfer, um sich verdienstvoll zu fühlen. Der völkische deutsche Held behauptete sich durch seine außergewöhnlichen Taten und durch Gewaltsamkeit. Er strebte danach, seine Widersacher zu unterwerfen, sie zu besiegen und sie zu „Opfern" seines Ruhms zu machen, damit er selber nicht von ihnen „geopfert" wurde. Die Nazis strebten danach, das christliche Schuldgefühl mit seinen partizipanten Einschränkungen abzuschaffen. Klages bedauerte „die in Vergessenheit geratene antike, natürliche, germanische Weisheit", die durch die verkrüppelnde Einverleibung der christlichen Schuld verursacht worden war. Deshalb war es nötig, das jüdische Element des Christentums zu eliminieren, das Studium des Alten Testaments aus dem Schulunterricht zu nehmen und zum Schluß zu der germanischen Mythologie und den teutonischen Ritualen zurückzukehren, was zu einer wahrhaft deutschen sozialen Religion führen würde. Wenn die Hemmungen des judeo-christlichen Einflusses beiseitegeräumt werden würden, würde jede Handlung rechtmäßig anzuerkennen sein, wenn sie das Interesse des deutschen Blutes, der Rasse und des Führers wahrte. Alle anderen Erwägungen der „Sklavenmoralität", der Schuld- und Mitleidsgefühle wären im besten Fall überflüssig und schlimmstenfalls Sünden gegen die Vitalität des arischen Blutes. Auf diese Weise waren die Nazis gezwungen, in den alleserlaubenden Schoß der mythologischen Äsir-Familie zurückzukehren, um jedes moralische Schuldgefühl auszuwischen, das sie hindern hätte können, an dem Morden und Schlachten des Zweiten Weltkriegs teilzunehmen, eingeschlossen die Vernichtung der europäischen Juden.

Mythos wurde definiert als die Projektion von Erfahrung und Wunsch auf eine transzendentale Ebene. Die Nazis elimininierten nicht nur die partizipanten Bestrebungen aus ihrem Ethos, sie begannen auch eine aktuelle Neubelebung der germanischen Mythologie. Dies bestand in der Nachahmung der Raserei, Kampfeslust, Intrige, dem Wetteifern und Schlachten des Äsir und Vanir in ihrem alltäglichen Leben. Es bedeutete auch die Zerstörung aller moralischen Schranken und Grenzen durch Schuld- und Mitleidsgefühle in den sozialen Bindungen der Nazis und insbesondere in ihrer Einstellung ihren Gegnern und Opfern gegenüber. Bestrebungen, Sehnsucht und ihre Projektion als Mythen sind die wichtigsten Antriebe des menschlichen Verhaltens durch ihr dialektisches Zusammenwirken mit der Realität. Diese Synthese macht die Existenz der Gruppe und des Individuums lebensfähig, aber wenn die Mythen allein als wirkliches Leben inszeniert werden, d.h. ohne die Grenzsetzung ihrer polar entgegengesetzten Komponente, wie es die Nazis taten, wird ihre Lebensfähigkeit fragwürdig und eine Götterdämmerung nahezu unvermeidlich.

Der extrem separante Sozialcharakter der Deutschen führte zu einem labilen Gleichgewicht zwischen dem vorherrschenden separaten Kern und der schwachen, unsicheren partizipanten Komponente. Die zentrale Masse, Kompromisse und die Synthese – der griechische meden agan –, die so wichtig für eine gesunde Realität und eine erfolgreiche Manipulierung der Umgebung sind, fehlten den Deutschen daher oft. Deshalb waren sie oft erfolglos in der Verfolgung ihrer separanten Absichten. Die nationale Einheit wurde erst spät erreicht, ebenso die Industrialisierung, und der Erste Weltkrieg wurde verloren. Diese Niederlage bedeutete, daß für eine gewisse Zeit der mächtige separante Vektor durch den scheinbar schwachen partizipanten Vektor überwunden wurde. In der Tat suchte sich der mächtige Vektor zu befreien, um mit erneuter Kraft hervorzubrechen und in relativ kurzer Zeit wieder zu erhalten, was ihm vorenthalten war. Er spornte den deutschen Sozialcharakter an, nach größerer deutscher Einheit zu streben, die Schande von Versailles zu rächen und den partizipanten Rat zu Toleranz und Kompromiß zu mißachten, da er von den Juden und den „Roten" gegeben wurde. Eine Methode, diese partizipante Einschränkung zum Schweigen zu bringen, war, im Rahmen ihres sozialen Charakters die Juden und ihren einschränkenden Einfluß aus ihrer Mitte zu entfernen. Durch das Auslöschen dieser schwachen partizipanten Komponente aus ihrem deutschen Sozialcharakter – durch die Entfernung und Eliminierung jeder jüdisch-christlichen Komponente – zerstörten die Nazis das labile Gleichgewicht im deutschen sozialen Charakter und beschleunigten die Götterdämmerung. Der unterworfene separante Vektor spornte die „Blonde Bestie" der heidnischen Deutschen an, sich von den partizipanten Verrätern zu reinigen, die die ruhmreiche deutsche Armee mit dem Dolchstoß in den Rücken verraten hatten, um diese Erniedrigung ohne Schuldgefühl oder Mitleid zu rächen. Überdies mußte der „Feind in unserer Mitte", d.h. die Juden, eliminiert werden, sogar um den Preis des Verlustes des Zweiten Weltkriegs, weil der zertretene, erniedrigte separante Vektor ein immer deutlicheres Ziel benötigte, um seinen Mißerfolg zu erklären. Die Nazimordmaschine verfolgte deshalb die Austilgung der Juden mit immer intensiverer Aktivität, je näher die Niederlage Nazideutschlands rückte.

Die makabre Dialektik der Symbiose, Abweisung und Gewalt begann mit der europäischen Christenheit. Für das germanische Europa bedeuteten die Juden die christliche Schuld, die sie einverleiben mußten, und die Zügelung einer separanten gewalttätigen inneren Neigung. Die Reaktion war logisch: „Schlagt die Juden," riefen die Kreuzfahrer, als sie versuchten, den zügelnden partizipanten, schuldigen Juden aus ihrem inneren Wesen zu entfernen. Gewalt gegen die Juden war die dialektische Verdrängung des christlichen Europas und war der Zorn gegen die partizipanten Spannungen, die ihm durch den Judaismus auferlegt wurden. In gleicher Weise beschuldigten die völkische Bewegung und die Nazis den partizipierenden Juden in dem Kern ihres eigenen Wesens und sozialen Charakters der Sabotage des nationalen Plans für die Größe, das Wachstum und den Ruhm der Nation. Die Verschiebung der Gewalttätigkeit von ihrem heiligen inneren Selbst auf den partizipanten Saboteur war selbstverständlich und natürlich. Der partizipante „innere Saboteur" im deutschen Sozialcharakter wurde als der partizipante Saboteur nach außen verschoben, als das (machtlose) Machtsymbol, das Wall Street und die deutsche Wirtschaft kontrollierte und das gleichzeitig seine Befehle von dem „Widergeist" in Moskau erhielt. Die Deutschen fühlten sich daher von den Juden angegriffen. Sie reagierten auf die einzige Weise, in der die - jetzt ungehemmten - normativen Einschränkungen sie lehrten zu reagieren, d.h. mit Gewalt, Zerstörung und Mord.

* * *

2. Zit. in M. Friedman: The Worlds of Existentialism, New York 1964, pp. 530–533.
3. G.M. Gilbert: Nuremberg Diary, op. cit., p. 61.
4. R. Hilberg: The Destruction of the European Jews, op. cit.
5. P. Lagarde zit. in G.L. Mosse: The Crisis of German Ideology, op. cit., p. 84.
6. Ibid., p. 18.
7. F.V. Grünfeld: The Hitler File, London 1974, Weidenfeld and Nicolson, p. 260.
8. Ibid., p. 248.
9. Mishna Avot, 3:7.
10. Tosphot Yoma, 54/A.
11. Haim H. Cohen: The Laws of Graven Images; in Festschrift Reuben, R. Hecht, Jerusalem 1984, Koren Publishers, p. 226.
12. H. H. Ben-Sasson: History of the Jewish People, op. cit., Vol. II, p. 105.
13. Zachariah, 4:6.
14. H. H. Ben-Sasson: History of the Jewish People, op. cit., p. 228.
15. Sandhedrin, 37.
16. Mishna Avot, 3.
18. Mishna Avot, 4.
19. vgl. R. Hilberg: The Destruction of the European Jews, op. cit.
20. Mishna Megila, 16, Avot, 6.
21. E. Bergmann: The 25 Thesis of the German Religion; Publication No. 39 of The Friends of Europe, p. 21
22. A. Tille: Darwin und Nietzsche – Ein Buch der Entwicklungsethik, Leipzig 1895, pp. 120, 219 et seq.
23. L. Klages: Briefe über Ethik 1918; in H. Pross: Die Zerstörung der deutschen Politik, Frankfurt a/M 1959, pp. 87–88.
24. Immanuel Kant: Grundlagen zur Metaphysik der Sitten, Band IV, pp. 354, 356, 358. Siehe R. Schechter: Kant, Freedom from Everything and the 3rd Reich.
25. H. Arendt: Eichmann in Jerusalem, op. cit.
26. Zit. in M. Friedman: The Worlds of Existentialism, New York 1964, Randon House, p. 532.
27. Zit. in R. Grünberger: A Social History of the 3rd Reich, Harmondsworth 1971, Penguin Books, pp. 17–18.
28. Leviticus Raba, 9:9.
29. Numerus Raba, 11:17.
30. Yalkut Shimoni, ITRO para. 273.
31. Leviticus Raba, 9:9.
32. Z. Bacharach: Racism – The Tool of Politics, Jerusalem 1983, The Magnes Press, p. 83.
33. Ibid., p. 80.
35. Berachot, 11: A.

Kapitel 8

Emanzipation, Kultursymbiose und Sozialismus

„Hören Sie, Herr Doktor, Judentum ist keine Religion, es ist ein Unglück."
Heinrich Heine: Die Bäder von Lucca.

„Der Deutsche und der Jude stehen sich gegenüber als zwei aneinandergrenzende Extreme"
Walter Benjamin.

„Ich hatte das Glück, im Lande Kants und Goethes geboren und erzogen zu sein, ihre Kultur, ihre Sprache und ihr Wissen als mein eigen zu haben. Mein Deutschtum ist mir heilig, so wie meine Vorfahren . . . Ich vereinige in mir die deutschen und jüdischen Nationalgefühle."
Franz Oppenheimer, Erinnerungen.

„Wir sind Deutsche und wir wollen Deutsche bleiben und hier in Deutschland, auf deutschem Boden unsere gesetzlichen Rechte erringen, ohne Rücksicht auf unseren jüdischen Charakter."
Eugen Fuchs: Um Deutschtum und Judentum.

Das Zusammentreffen von Hellenismus und Judentum brachte die Synthese von Jesus Christus und der Christenheit hervor. Diese Synthese wurde von den Europäern angenommen und von den partizipanten Juden abgelehnt. Während des Mittelalters und später, direkt nach der Emanzipation der europäischen Juden, gab es kaum ein offenes Zusammentreffen zwischen dem christlichen Europa und seinen Juden. Die Beziehung war eher eine zwischen christlichen Bullies und ihren Opfern während der Kreuzzüge, der Auto-da-fés und der Pogrome. Kuhmäßig waren die Juden immer mehr in physischen als geistigen Ghettos eingesperrt. Die Abweisung des Christentums durch die Juden wurde während vieler Jahrhunderte mit einer gewalttätigen Gegenabweisung der europäischen Christen beantwortet. Diese Gewalttätigkeit hatte ihre Wurzeln im Separantismus des germanischen Europa, das Gewalt jedem anderen Mittel vorzog, um mit „Außenseitergruppen" fertigzuwerden. Die Verneinung des Christentums durch die Juden war die Folge ihrer Ablehnung der griechischen und römischen Religionen. Ihr strenger und partizipanter abstrakter Monotheismus war nicht bereit, zwischen der Todsünde der durch die zehn Gebote verbotenen Anbetung anthropomorpher polytheistischer Götter und der Anbetung eines verkörperten Gottes-Sohnes zu unterscheiden. Aber es gab noch einen Hauptgrund für die Abweisung des Christentums durch die Juden.
Die „Tochterreligion" versuchte sich der „Mutterreligion" aufzuzwängen, zuerst durch Bekehrung und später durch Zwang. Auch dies wiesen die Juden ab, und zwar durch die Dynamik des „Prinzips des wenigsten Interesses".[1] Dies ist eine separante Dynamik, die als die Tendenz von Individuen oder Gruppen, Verhalten, Gefühle und Glaubenssysteme zurückzuweisen, die ihnen durch andere aufgezwungen werden sollen, ausgelegt werden kann. Diese Abweisung trug auch zu einer stärkeren Verschanzung der Juden in ihrer partizipierenden Isolierung bei. Nach ihrer Emanzipation strömten die Juden aus ihrer Absonderung der „Judengassen" und Ghettos heraus in die Universitäten, Theater, literarischen Kreise, Orchester und Malerstudios. Sogar wenn wir nur die deutsche Kultur

des Fin-de-siècle in Wien, Berlin und Prag betrachten, können wir sehen, daß dies zu einer kulturellen Blüte führte, die man nur mit dem Zeitalter des perikleischen Athen vergleichen kann. Freud und Marx allein änderten auf radikale Weise die menschliche Gesellschaft und ihre Werte. Der Beitrag von Wissenschaftlern, Philosophen, Künstlern und Staatsmännern jüdischer Abkunft, deren Väter erst vor kurzem die Ghettos von Mittel- und Osteuropa verlassen hatten, revolutionierte die deutsche Literatur, Poesie, Dramatik, Musik, Malerei, Politik und Wissenschaft. Diese „kulturelle Revolution" wurde von der völkischen Bewegung und den Nazis als eine jüdische Anmaßung angesehen, die sie heftig abwiesen. Leuger, der antisemitische Wiener Bürgermeister, definierte Wissenschaft als „etwas, das ein Jude von einem anderen kopiert". Johst, der Nazi arbiter elegantiarum, rief einmal aus, daß, wenn er das Wort Kultur hörte, er nach seinem Revolver greife. Bücher wurden verbrannt, und „degenerierte Kunst" wurde konfisziert, versteckt und mit Gewinn an ausländische Kunstsammler verkauft oder vernichtet. Auch dabei wurde die Verwerfung der „jüdischen Kultur" durch das Gefühl verstärkt, daß die Deutschen sich von einer kulturellen Flut überwältigt sahen, die ihrem separanten Sozialcharakter und Ethos fremd war. Wagner bedauerte ganz offen die Anwesenheit der „Juden in der Musik", und Stefan George und sogar Thomas Mann kritisierten offen oder andeutungsweise ihre jüdischen Kollegen. Diese Abweisung der „jüdischen Kultur und Politik" durch die völkische Bewegung und die frühen Nazis diente der Verstärkung ihrer eigenen Ideologie und dazu, ihre Reihen gegen die jüdischen „Degeneraten und Bolschewiken" zu schließen. Aber der Isolierung der Juden durch die Christen folgte kein Völkermord, da die Synthese des Christentums den griechischen Begriff des „Meden agan" – „nichts in Übermaß" – enthielt und dadurch die explosive, mörderische Wildheit des Holocaust verbot. Nicht so die Edda-Mythologie der völkischen Bewegung und der Nazis. Die Kriegsherren der Inkarnation des Äsir, Hitler, Göring und Himmler, kannten keine Grenzen in ihrem schlachtliebenden Voranhetzen.

Der jüdische Anteil an der deutschen Kultur führte zu einer dialektischen Entwicklung, die weit entfernt von ihrer anfänglichen partizipanten Motivierung war. Die fieberhafte Verwicklung der Juden in Kunst und Wissenschaft nach ihrer Emanzipation gab ihnen anscheinend eine schwächere Befriedigung als die allumfassende Vertiefung der Ghetto-Juden im Thora-Studium, dem religiösen Ritual und dem Gebet. Die jüdische Kunst in der deutschen fin-de-siècle-Kultur hatte daher eine Eigenschaft von Pessimismus und Entfremdung. Dies lieferte der völkischen Bewegung und den Nazis eine Interpretation der jüdischen Kunst als „dekadent und degeneriert" als anfängliche Grundlage. Außerdem war eine kulturelle Symbiose zwischen den beiden von Anfang an problematisch, da sowohl der jüdische als auch der deutsche Sozialcharakter in ihrer Polarität von Partizipierung und Trennung extrem waren.

Die Emanzipation der westeuropäischen Juden begann ungefähr Mitte des 18. Jahrhunderts und erreichte ihren Höhepunkt 1872.

Die übliche Reaktion auf die Emanzipation war ein standhafter deutscher Nationalismus der Juden und eine demonstrative Treue gegenüber den deutschen und austro-ungarischen Monarchen. Im März 1935 ging die „Reichsvertretung der deutschen Juden" so weit, zu verlangen, in der Nazi-Wehrmacht zu dienen, im Namen von 12000 deutschen Juden, die ihr Leben für Deutschland im Ersten Weltkrieg gaben, weil „im Angedenken an diese Toten und als Vertreter der Lebenden in unserer und unserer Kinder Namen erklären wir: Wir deutschen Juden erwarten, daß uns nicht das Recht entzogen wird, in der Armee zu dienen".[2] Eine ähnliche Einstellung veranlaßte die deutschen Juden zu glauben, daß die Nazis „nicht wagen würden, die im 1. Weltkrieg dekorierten Helden anzurühren".

Eine zusätzliche Reaktion auf die Emanzipation war die Assimilierung. Während der

20 Jahre von 1810 bis 1830 brach eine wahre Epidemie jüdischer Taufen aus, die in Sprüngen bis zur Nazi-Machtergreifung andauerte.

Viele der deutschen Juden beschuldigten die Ostjuden, den Antisemitismus hervorgerufen zu haben. Diese Ostjuden sollten doch auswandern und sich in Palästina ansiedeln. Aber die deutschen Juden hatten alle Möglichkeiten und Entwicklungswege für sich offen, und der beste Beweis dafür war, daß einige von ihnen sogar beim Kaiser zu Tisch eingeladen waren.

Die Juden, die ihre frühere Identität ablegen wollten, erlebten eine fieberhafte Assimilation. Ihr Versuch, im deutschen Volk und seiner Kultur unterzugehen, war ebenso intensiv wie ihr früheres Verlangen, an der Gesamtheit der Thora teilzuhaben. Beides war durch den partizipanten jüdischen Sozialcharakter motiviert, der den separanten Deutschen fremd war und deshalb abgewiesen wurde. Überdies trug das „Prinzip des geringsten Interesses" zur Ablehnung der jüdischen Assimilation durch die Deutschen bei. Die letzteren waren abgestoßen und oft bestürzt durch die übermäßige jüdische Begierde, deutscher als die Deutschen zu sein. Ebenso wie übereifrige Liebhaber lernten die Juden auf schmerzhafte Weise, daß sie umso weniger von ihren „Geliebten" umarmt wurden, je mehr sie zeigten, wie sehr sie anerkannt zu werden wünschten. Daher war die Liebesaffäre der Juden mit der deutschen Kultur, wie Scholem richtig bemerkte, eine einseitige.[3]

Diese unerwiderte Vorliebe der Juden für die deutsche Kultur war auch ihrer extremen Urbanität zuzuschreiben. Die Juden waren vor allem Stadtmenschen und paßten deshalb nicht in die komplizierten Beziehungen und Verbindungen des Feudalsystems. Dieser Zustand wurde durch eine interne Abwanderung der Juden aus Kleinstädten nach Berlin noch verstärkt. Zu Beginn des 20. Jahrhunderts waren 4.8% der Berliner Bevölkerung jüdisch, während der durchschnittliche Anteil der Juden für ganz Deutschland 0.9% war.[4]

Die deutsche Kultur, die von den Juden so intensiv absorbiert und idolisiert wurde, war hauptsächlich die städtische bourgeoise Mittelklassenkultur, die von der völkischen Bewegung und den Nazis verachtet wurde. Die Deutschen begeisterten sich für ländlich verwurzelte Echtheit und verwarfen Stadtkultur, Liberalismus, Bolschewismus und die Juden als Feinde des deutschen Bluts und Geistes.

Einige wenige Deutsche und viele Juden unterstrichen die „besondere Beziehung" oder „Symbiose" zwischen Deutschen und Juden, zwischen Judentum und deutscher Kultur. Karl Wolfskehl erklärte: „Die deutschen Juden und die Deutschen, wie sehr gehören sie doch zusammen, einer kann nicht ohne den anderen existieren!"[5] Hermann Cohen, der führende Neokantianer, predigte, daß von Zion die Thora käme und von Griechenland die Wissenschaft. Deutschland sei der rechtliche Erbe Griechenlands, und daher sei die Synthese von Judentum und Germanismus die höchste Evolution der menschlichen Kultur. Der hier vertretenen Auffassung gemäß ist die Argumentation, daß das partizipante Judentum und der separante Hellenismus die hauptsächlichen Grundlagen der europäischen Kultur lieferten, richtig. Die deutsche Kultur, als das direkte Erbe der klassischgriechischen Kultur, und das Judentum gründeten ein ausbalanciertes System, das die höchste Kundgebung europäischer Kultur darstellte. So wie Europa – so die Argumentation – der führende Exponent der Weltkultur war, so war die jüdisch-deutsche Symbiose der erhabenste Ausdruck des menschlichen Geistes. Und tatsächlich empfanden viele jüdische Intellektuelle diese jüdisch-deutsche Symbiose als ihre eigene wesentliche Essenz, obwohl sie schon lange die jüdische Religion, die Rituale und Tradition abgelegt hatten. Ein Beispiel war Gustav Landauer, der 1913 erklärte: „Die Tatsache, daß ich ein Deutscher bin und gleichzeitig ein Jude, führt zu keinem Konflikt. Diese seltsame, intime und doppelte Einheit ist mir teuer".[6] Nicht viele deutsche Künstler und Intellektuelle priesen diese jüdisch-deutsche kulturelle Symbiose. Thomas Mann war eine seltene Ausnahme. Er gab zu, daß die Juden ihn entdeckt hatten, ihn pflegten und unterstützten.

Aber er schrieb den Juden ungeheure Macht zu. „Es ist eine unverleugbare Tatsache,“ sagte er, „daß in Deutschland alles, was nur die echten Teutonen erfreut, aber von den Juden verworfen und verachtet wird, nie kulturell eine Rolle spielen wird.“[7] Das war zweifellos ein zweischneidiges Kompliment, weil er den Juden die Macht zuschrieb, die Annahme oder den Erfolg eines Kunstwerks zu verhindern, obgleich es den Deutschen gefiel. Stefan George hatte sowohl Juden als auch Nichtjuden – manche der letzteren eingefleischte Antisemiten – unter seinen zahlreichen Anhängern und war sehr direkt in seiner Haltung zu seinen jüdischen Bewunderern: „Juden sind die besten Anführer, sie sind sehr talentiert, Werte zu verbreiten und zu ändern. Natürlich können sie die Dinge nicht so ursprünglich erfahren wie wir. Auf jeden Fall sind sie anders geartet. Ich werde sie nie zur Mehrzahl in meinem Kreis kommen lassen.“[8]

Die Verweltlichung der europäischen Kultur nach der Aufklärung trug sowohl zur Emanzipation der Juden als auch zu ihrer Fähigkeit, die weltliche Kultur zu absorbieren, bei. Mit der Aufklärung und Emanzipation wurden die Einschränkungen, die die christlich basierte europäische Kultur den Juden auferlegte, zum großen Teil aufgehoben. Aber gerade diese Verweltlichung hatte einen entgegengesetzten Einfluß auf die kulturelle Symbiose zwischen Juden und Deutschen. Die Entfremdung vom Christentum bereitete den Weg der Deutschen zur Rückkehr zum Heidentum vor, die Nietzsche, Wagner und die völkischen Ideologen predigten und die schließlich von den Nazis durchgeführt wurde.[9] Dieser separante Prozeß war der jüdischen Suche nach Assimilierung in der deutschen Kultur direkt entgegengesetzt. Die Juden konnten die deutsche Kultur durch das partizipante Prisma ihres Sozialcharakters nicht richtig erkennen. Dieser Charakter veranlaßte sie, Normen, Moralität und abstrakte Unweltlichkeit zu betonen und sich an indirekte Intuition zu halten, die mit ihrer Suche nach Nichtsein im Aufgehen in einer totalen Einheit übereinstimmte. So waren die Deutschen schon prädisponiert, die gewaltsame Anstrengung der emanzipierten Juden nach der Assimilation mit der deutschen Kultur abzuweisen. Überdies war die Symbiose mit der deutschen Kultur, die die Juden suchten, eine unrealistische, durch ihre partizipante Weltanschauung diktierte. Daher enthielt diese scheinbare deutsch-jüdische Annäherung und Symbiose schon von Anfang an den Keim des Mißlingens. Dies war in der zweiten Hälfte des 18. Jahrhunderts erkennbar, als Moses Mendelssohn versuchte, die deutsche Kultur anzunehmen, ohne die jüdische Tradition aufzugeben. Mendelssohn versuchte, seinen Brüdern und der Welt im allgemeinen zu zeigen, daß man ein traditionsgetreuer Jude sein und trotzdem als ein deutscher Plato ehrenvoll anerkannt werden kann.[10] Aber sogar Mendelssohns eigener Sohn Abraham sah ein, daß diese Art von idealisierter Symbiose zwischen Juden und Deutschen in einer weltlichen Gesellschaft nicht lebensfähig war. Juden, die gesellschaftlich bei Christen zu Hause eingeladen waren, sahen lächerlich aus und fielen zur Last, wenn sie auf koscheres Essen bestanden und die Einhaltung des Sabbat durchführten. Abraham hat vielleicht auch gefühlt, daß die extrem separanten Deutschen nicht bereit waren, weniger als eine vollkommene Assimilierung der Juden als modus vivendi anzuerkennen. Abraham wollte nicht seines alten Vaters Herz brechen, aber für seine eigenen Kinder bereitete er die Zukunft als das, was ihm als totale Germanisierung erschien, vor, indem er sie taufen ließ.

Einige der überragenden jüdischen Denker wie Abraham Geiger und Leopold Zunz predigten die Integrierung der Juden in Deutschland und der deutschen Kultur durch die Bewahrung einer klaren, wenn auch reformierten jüdischen Identität. Samson Raphael Hirsch ging sogar noch weiter, indem er eine Partnerschaft vertrat, in der das Judentum völlig bewahrt würde, komplett mit Religion, Tradition und Ritus. In ihrer Forderung, daß die Deutschen die Juden mit ihrer vollständigen jüdischen Identität annehmen sollten, verlangten diese Gelehrten das Unmögliche. Die separanten Deutschen, die durch ihren Charakter prädisponiert waren, ihre Umgebung zu beherrschen, konnten keine Minderheit dulden, die darauf bestand, eine separate Religion und kulturelle Identität zu behalten, und trotzdem als gleichberechtigter Partner anerkannt werden wollte. Als Heinrich Graetz als einer der ersten eine zusammenfassende „Geschichte der Juden" schrieb, griff ihn Treitschke 1879 auf giftige Weise an und beschuldigte ihn des jüdischen Nationalismus' sowie einer fehlenden Bestrebung zur Integration innerhalb der deutschen Nation und nannte ihn „einen Deutschen, der orientalisch spricht und dem die europäisch-deutsche Kultur fremd ist".

Franz Rosenzweig erkannte mit seltener Einsicht die Unverträglichkeit der deutschen und jüdischen Kultur. Er sah, daß deutscher Liberalismus und Humanismus im Wesen heidnisch waren und als solche nicht mit einem offenbarenden, abstrakten und historischen Judentum zusammenleben konnten. Rosenzweigs Einsicht könnte bedeuten, daß die deutsche Kultur auf einer historischen Dialektik zwischen ihrer archaisch-mythologischen Erbschaft und der zentralen Rolle des Menschen innerhalb des „Fortschritts" der westlichen Zivilisation basiert und als solche keine tangentiale Berührung mit den Juden hat, die darauf bestanden, sich selbst und ihre Kultur im Zusammenhang mit einer offenbarenden Suche nach der Vereinigung mit Gott zu sehen. Die Suche nach einer Symbiose zwischen Judentum und Deutschtum – so schloß Rosenzweig – war eine aussichtslose Leidenschaft.[11]

Daher war ein effektiver Dialog und eine Symbiose zwischen dem aggressiven, separanten deutschen Sozialcharakter und dem sich selbst in den Hintergrund stellenden partizipanten jüdischen Charakter nur unter den Bedingungen des ersteren möglich. Die assimilierten Juden begriffen das und tauften sich selbst und ihre Kinder en masse. Mit dem Aufstieg der Nazis wurde die Assimilation bedeutend schwieriger. Die Nazis forderten Blut-Assimilation während mehrerer Generationen, bevor sie einen Juden oder Nichtarier in der deutschen Familie aufnahmen. Aber gegenüber jenen, die wie die Juden darauf bestanden, ihre separante kulturelle Identität zu bewahren, oder, was schlimmer war, einen Zwitter zwischen der deutschen Kultur und ihrer eigenen zu schaffen und diesen als deutsch zu präsentieren, war die Verwerfung brutal. Der deutsche Separantismus, ungehemmt durch christliche Moral- und Schuldgefühle, durchbrach die dünne Schicht des Liberalismus und Humanismus, entfesselte die volle heidnische Wut gegen die Juden und verwarf deren Werben um Aufnahme in der klassischen Weise des Äsir, nämlich durch Gewalt und Zerstörung.

Die erstaunliche Explosion auf allen Gebieten der Kunst, Wissenschaft, Philosophie und des Theaters im Fin-de-siècle Wiens und Berlins der frühen zwanziger Jahre des 20. Jahrhunderts sah Juden und Ex-Juden in führenden Rollen. Europäische und insbesondere deutsche Kultur waren der Hebel, der die Juden durch Absonderung, Diskriminierung und Einschränkung ins Scheinwerferlicht des kulturellen Aufschwungs brachte. Die Juden trugen durch partizipierende Gestaltung zur separanten Energie des Deutschen bei, und die folgende Synthese war gewaltig und überragend, eben deshalb, weil die zwei ursprünglichen Komponenten der Dialektik so gegensätzlich waren.

Buber bemerkte richtig, daß die deutsch-jüdische kulturelle Symbiose eine Begegnung war, in der die zwei Elemente, obgleich einander fremd, im Einklang wirkten. „Ein gemeinsames Unternehmen entstand, und die Begegnung wurde fruchtbar. Das so geschaffene Projekt hätte nicht ohne dieses Zusammentreffen entstehen können".[13] Der Einfluß der Juden auf die deutsche Kultur des späten 19. und des frühen 20. Jahrhunderts kann erst richtig verstanden werden, wenn man die kulturelle Öde des heutigen Wien mit dem blühenden, pulsierenden Wien vor dem Anschluß vergleicht. Wir können eine poetische Gerechtigkeit in der Tatsache sehen, daß sogar ein oberflächlicher Überblick in die Zusammensetzung der heutigen jüdischen Bevölkerung im Westen Deutschlands eine

beträchtliche Anzahl von Zuhältern, Bordellbesitzern, Pornographiehändlern, Bodenspe-
kulanten und Devisenschmugglern entdecken würde, anstelle der Einsteins, Schönbergs,
Liebermanns und Reinhardts, Benjamins und Walters im Deutschland vor den Nazis.

Emanzipation und neue Horizonte

Die französische Revolution kündigte die Emanzipation der Juden an. Diese Feststellung
muß im Zusammenhang mit dem Absolutismus des vorrevolutionären Europas geprüft
werden, in dem nicht nur die Juden, sondern auch die allgemeine Bevölkerung überhaupt
kaum legale Rechte besaßen. Als sie die deutschen Provinzen besetzten, hoben die französischen Republikaner großartig die legale Diskriminierung der Juden auf. Aber die vorherrschende Meinung war in den meisten deutschen Ländern gegen überstürzte Maßnahmen. Die Juden sollten zu ihrer Emanzipation graduell „erzogen" werden.[14] Friedrich
Wilhelm II., der Preußenkönig, erklärte in charakteristischer Weise 1789, daß die Juden
erst gleiche Rechte erhalten würden, „wenn sie eine den Christen gleiche Kulturstufe"
erreicht hätten, was wahrscheinlich in drei Generationen geschehen würde.[15] Jedoch
erklärte Preußen den Juden im Jahre 1812 durch königlichen Erlaß nahezu volle Rechte.
In Frankfurt erklärte das revolutionäre Parlament von 1848–49 die Bürgerrechte unabhängig von Religion, was die Verleihung voller legaler Rechte an die Juden bedeutete.
Nachdem die Revolution fehlgeschlagen war, gab es einen Rückschlag in bezug auf die
legalen Rechte der Juden, aber mit der Durchführung der neuen Konstitution des
2. Reichs unter der Führung von Bismarck 1871 wurde die volle Gleichberechtigung der
Juden im vereinigten Deutschland sichergestellt. Im letzten Viertel des 19. Jahrhunderts
und zu Beginn des 20. Jahrhunderts wurde Deutschland zum sicheren Zufluchtshafen für
die Juden. Das neugeeinte 2. Reich hatte noch keine zu starre Struktur, sodaß sich die
Juden ohne Schwierigkeiten in die ökonomischen, kulturellen und künstlerischen
Systeme einordnen konnten. Der Status des geeinigten Staates, die Urbanisierung und
Industrialisierung wurden von Deutschland erst spät erreicht, sodaß verhältnismäßig
mehr sozio-ökonomische Möglichkeiten für die emanzipierten deutschen Juden offen
waren als in anderen europäischen Ländern. Bank- und Kreditgeschäfte – als die traditionellen Geschäftsinteressen – waren weiter die Hauptaktivität der emanzipierten Juden in
Deutschland unter der Führung der Rothschilds, Mendelssohns (die gute Christen wurden) und Bleichroeders (damals auch schon Nichtjuden), die Nachkommen von Bis-
marcks jüdischem Bankier Gerson Bleichroeder. Im Jahre 1835 war ein Drittel von Frank-
furts Juden im Bank- und Geldwesen tätig. In der Doppelmonarchie Österreich-Ungarn
war die Beteiligung der Juden am Bankwesen noch größer: In Wien waren die meisten
Banken in jüdischen Händen, in Budapest alle. Ungefähr die Hälfte aller Juden des
2. Reichs waren in Geschäften, im Engros- und Detailhandel tätig, die großen Kaufhäuser
eingeschlossen, die in Deutschland von zwei Juden, Oskar und Leonhard Tietz, aufgebaut wurden. Viele andere Juden folgten ihrem Beispiel.
Den übergroßen Anteil der Juden an manchen Geschäfts- und Handelszweigen im
Deutschland der zwanziger Jahre relativ zu ihrem proportionellen Anteil an der allgemeinen Bevölkerung kann man an den folgenden Zahlen sehen:[16]

Immobilien 11%
Detail 25%
Kleidung 30%
Kaufhäuser 79%

Pioniere jüdischer Herkunft halfen, die Industrialisierung des 2. Reichs zu erleichtern. Emil Rathenau (Walthers Vater) gründete 1877 die Allgemeine Elektrizitätsgesellschaft, die ganz Deutschland elektrifizierte. Albert Ballin gab der Entwicklung von Deutschlands Handelsflotte einen energischen Impuls durch die Gründung der Hamburg-Amerika-Linie. B.H. Straussberg entwickelte das deutsche Eisenbahnnetz. Die deutsche Kohlen- und Eisenindustrie wurde im zweiten Teil des 19. Jahrhunderts inter alia durch Juden, hauptsächlich durch M. Friedländer, S. Levi, D. Löwenfeld und die Gebrüder Haro, entwickelt.

Juden spielten eine führende Rolle in der Presse und dem Verlagsgeschäft; besonders die Familie Ullstein, die einen großen Teil der Druckereimedien kontrollierte, ist zu erwähnen.

Ein ungewöhnlich großer Prozentsatz deutscher Rechtsanwälte und Ärzte war jüdisch: von 13.579 beruflichen Rechtsanwälten in Deutschland im Jahre 1925 waren 2.900 Juden. 1933 gab es 2.000 Rechtsanwälte in Berlin, verglichen mit 1.900 Nichtjuden.[17] Es wurde schon die Rolle der Juden in der deutschen Literatur und Kunst erwähnt, die später in mehr Einzelheiten behandelt werden wird.

Jedoch war trotz allem Wohlstand der deutschen Juden die Bezeichnung des „reichen Juden" eine irreführende Stereotype. 1933 verdienten 25% aller deutscher Juden weniger als 200 Mark pro Monat und 31.000 von 170.000 Berliner Juden lebten von Unterstützung.[18]

Regierungs- oder Armeekarrieren waren den deutschen Juden praktisch verschlossen, sodaß sie keinen wirklichen Einfluß besaßen. Sie wurden deshalb als Symbol plötzlichen Reichtums und Wichtigkeit auf vielen Gebieten angesehen, ohne einen entsprechenden Anteil an der Machtstruktur zu haben, und wurden so ein „natürliches" Opfer für Stigma, Diskriminierung und (schließlich) für die Nazis. Diese Situation wurde zweifellos durch das Hervorstechen und die Protzerei mancher Juden, von denen tatsächlich ein großer Prozentsatz nouveau riche waren, hervorgerufen, da sie die Extravaganz und Prunkerei aller Neureichen zeigten. Für die Antisemiten war dieses Hervorstechen ein guter Grund zu behaupten, daß alle Juden den Rothschilds und den Weisen von Zion dienten, und daß es ihr Ziel war, die Welt zu beherrschen. Wie ein Paranoiker, der Tatsachen aus ihrem Zusammenhang reißt und sie zu monströsen Ausmaßen aufbläst oder ihnen eine diabolische Bedeutung anhängt, interpretieren die Antisemiten manche Eigenheiten des jüdischen Benehmens falsch. Wir meinen hier nicht die frechen Lügen des Ritualmordmärchens oder die „Schändung der Hostie", sondern die Protzerei, Angeberei, Ambition und/oder die listige Schlauheit und Schmeichelei mancher Juden. Aber wie sonst konnte ein machtloser Jude überleben, wenn nicht durch Bestechung und Schmeichelei seiner Unterdrücker? Nach der Emanzipation verloren die Juden die partizipante Sicherheit, die ihnen die Thora verliehen hatte, ohne ein neues Gefühl der Sicherheit zu haben, da die Nichtjuden sie nicht anerkennen wollten. Sie reagierten darauf durch eine übertriebene Erfolgsmotivierung, durch Pomp und Stolz, um ihre fragwürdige Selbstsicherheit zu heben. Dies wiederum führte zu einer weiteren Abweisung durch die nichtjüdischen Referenzgruppen. Aus diesem Grund führte der Antisemitismus, wie Talmon richtig bemerkte, zur Verstärkung einer sich selbst erfüllenden Prophezeiung.[19] Die Juden hatten auch mehr Möglichkeiten und Zugang zum internationalen Handel durch ihre verzweigten Familien und religiösen Beziehungen. Sie waren auch durch ihre relativ größere Beteiligung an ökonomischen Unternehmen und ihr brennendes Verlangen nach sozialem und finanziellem Erfolg in mehr Spekulationsskandale und Bankrotte verwickelt. Das Resultat war, daß der Mythos der Weisen von Zion die Proportionen einer paranoiden Phantasie von der Weltbeherrschung annahm, verbreitet durch eine böswillige Minderheit zur Irreführung der vielen Leichtgläubigen.

Der relativ frühe Erfolg des deutschen Antisemitismus und die bereitwilligen Hörer, die Judenhetzer wie Adolf Stocker, Wilhelm Marr, Dühring und Treitschke sogar noch vor dem Hochkommen der Nazis fanden, bestätigten die hier vertretene Theorie des Stigmas. Der schnelle Übergang von relativer Unbekanntheit in den Ghettos zu einer relativen Prominenz gegen Ende des 19. und Anfang des 20. Jahrhunderts verlieh den deutschen Juden den Anschein der Allmacht, die sich in Wirklichkeit nicht auf tatsächliche Macht in der sozialen Struktur, der Regierung und der Armee stützte. Daher waren sie nicht imstande, das verachtungsvolle Stigma zu bekämpfen, sodaß sie ein idealer Sündenbock für die in Blut und Boden verrannten völkischen Kreise wurden, die nach dem Verfall der traditionellen deutschen Gemeinschaft die Oberhand gewannen. Die Urbanisierung und der Liberalismus des laissez-faire, der durch Handel und Kapitalismus gefördert wurde, wurden von der völkischen Bewegung und den Nazis verabscheut, und in diesen beiden Tendenzen waren die Juden unweigerlich im Vordergrund und deshalb ein handgreifliches Ziel der Brandmarkung. Aber auf den meisten sozio-ökonomischen Gebieten, die mit Industrialisierung und Verstädterung zu tun hatten, war die reale Macht in der lokalen und zentralen Regierung in den Händen von Nichtjuden. Aber diese Beamten wurden nicht angegriffen, weil sie tatsächliche Macht besaßen und nicht nur den Anschein und ihre Zeichen. In vergangenen Zeiten war es auch oft der jüdische Steuereintreiber, der die Wut und die Hiebe der Bauern erntete, obgleich er nur einen kleinen Teil der Steuern erhielt, die er für den Feudalherrn einsammelte. Die Bauern konnten den mächtigen Feudalherrn nicht zum Sündenbock machen und ließen deshalb ihren Zorn an dem Juden aus, dem sichtbaren Werkzeug des Landbesitzers.

Die Besonderheit der Juden in den meisten sozio-kulturellen Beziehungen verstärkte ihre Ausnützung als Sündenbock, weil die separanten Deutschen durch ihren sozialen Charakter vorbestimmt waren, durch eine Gruppe zu wirken und deshalb umso weniger bereit waren, einen partizipanten Juden eine bedeutende Rolle in der Ökonomie und im kulturellen Leben spielen zu lassen. So erklärte Grattenauer, der antisemitische Berliner Rechtsanwalt, daß „sogar wenn die Juden unaufhörlich die Namen Goethe, Schiller und Schlegel aussprechen, werden sie immer ein fremdes asiatisches Volk bleiben."[20] Und trotz allem waren Schiller und Lessing für die Juden die Verkörperung der deutschen Ethik. Und die Juden waren die authentischen Anhänger dieses Ethos', weil ein echter Deutscher nur der sein konnte, der sich mit diesen überragenden Figuren der deutschen Schöpfungskraft identifizierte.[21] Die schicksalsschweren Irrtümer der Juden entstanden durch ihre Neigung, ihre Umgebung selektiv in Übereinstimmung mit ihrem Charakter zu sehen und von allen offensichtlichen Ausdrücken des separanten deutschen Sozialcharakters gerade die geistigen Ideen des Don Carlos über die Brüderlichkeit des Menschen herauszusuchen. Es war für die partizipanten Juden leicht, sich mit den sanftmütigen humanen Gefühlen Schillers zu identifizieren, sodaß sie den heidnisch-sisyphischen Kern des deutschen Sozialcharakters kaum beachteten. Sie weigerten sich zu akzeptieren, daß hinter den humanistischen Erklärungen Goethes, Schillers und Lessings das wirkliche Wesen des deutschen sozialen Charakters in der Form des mythologischen Äsir lauerte, in dem Odin-Thor und Loki ihre Muskeln spannten, um als Hitler und seine Henker hervorzubrechen.

Symbiose, Ambivalenz und Verwerfung

Gotthold Ephraim Lessing, dessen Philosemitismus eine seltene Erscheinung für jene Periode war, hätte seinen „Nathan der Weise" nicht vor dem Zeitalter der Aufklärung im 18. Jahrhundert auf die Bühne bringen können. Trotz allem reagierte Immanuel Kant, der damals und auch jetzt noch von deutschen und osteuropäischen Juden als das Symbol der Aufklärung, des Humanismus und Liberalismus verehrt wurde, auf die Aufführung mit einem „Stürmer"-ähnlichen Juwel. „Ich finde es schwierig, einen Helden zu akzeptieren, der von dieser (jüdischen) Rasse stammt." In einem anderen Theaterstück, „Die Juden", läßt Lessing seinen Helden erklären: „Wenn ein Jude betrügt, war es in sieben von neun Fällen ein Christ, der ihn dazu angehalten hat." Lessing predigte nicht nur, daß „erst wenn ein Christ seine Pflicht gegenüber den Juden erfüllt, wird er seine Selbsterfüllung finden." Er wurde ein Freund Moses Mendelssohns und begann die Bewegung der emanzipierten Juden zu ihrer Begegnung mit – wie sie hofften – Integrierung in der deutschen Kultur. Im Jahre 1880 schrieb der Ökonom Ludwig Bamberger: „Deutschland zieht die Juden an, und sie sind eine sehr nützliche Komponente für den deutschen Charakter." Nietzsche erklärte in einer seiner ausdrucksvollen Launen: „Der Jude – was für ein Segen inmitten der Deutschen." Wedekind, der junge, rebellische Dramatiker, ein Alkoholiker, erklärte: „Die Juden und die Nichtjuden sind zwei Seelen im Herzen der menschlichen Rasse, die immer in Konflikt stehen, aber keiner der beiden kann ohne den anderen auskommen."[22] Dies waren leider seltene Fälle von Philosemitismus von seiten der nichtjüdischen Deutschen. Die Bewegung für deutsch-jüdische Kultursymbiose nach der Emanzipation wurde hauptsächlich von den Juden gewünscht, begonnen und verzweifelt verfolgt. Diese These wurde ausdrücklich von Gerschom Scholem vertreten. „Die Juden versuchten wirklich", so schrieb er, „auf jede mögliche Weise einen Dialog mit den Deutschen zu erreichen. Sie baten, verlangten, redeten zu, behaupteten und erniedrigten sich, um den Deutschen ihre Schöpfungskraft zu beweisen – sogar bis zu ihrer Selbstverneinung und dem Verzicht auf ihre Identität ... Aber ihr Verlangen, sogar ihr Schrei nach einem Dialog fand nie Antwort – und ihr Schrei verhallte im Leeren."[23] Scholem fügt hinzu, daß kein Christ jemals seines Vaters Haus besuchte, das ein typisch europäischer bourgeoiser Haushalt der Mittelklasse war. Es kann noch dazugesagt werden, daß im Rahmen dieser Theorie das Sehnen der Juden nach einem Dialog – sogar um den Preis eines Verzichts auf ihre separate Identität – ganz im Einklang mit ihrem partizipanten Sozialcharakter war.

Man braucht zwei, um Tango zu tanzen, aber die Deutschen wollten eben nicht mit den Juden tanzen. Aber die Juden – mit dem typisch partizipanten Element des Wählerischen, oder besser gesagt, der Blindheit ihrer Umgebung gegenüber – verstanden nicht, daß sie ein Solitaire spielten.

Das Verlangen der emanzipierten Juden Deutschlands, das Deutschtum und die deutsche Kultur in sich aufzunehmen und von den Deutschen andererseits umarmt zu werden, war fieberhaft, verzweifelt und oft pathetisch. Die jüdische „Reformbewegung" gründete „Tempel" anstelle der traditionellen Synagogen, in denen Orgel gespielt wurde und die Gebete in deutsch und vollkommen anders als in der traditionellen Form waren. Als die jüdischen Studenten von den schlagenden Bruderschaften nicht aufgenommen wurden, gründeten sie ihre eigenen und wiesen ihre Duellnarben stolz vor. Sie verehrten Goethe, Schiller, Kant und Nietzsche in derselben Weise, wie ihre Vorfahren die Mishna- und Talmudweisen verehrt hatten. Heinrich Graetz pries in poetischer Form die Handvoll Menschen (jüdischer Rasse), die „ihre frischen Säfte den (deutschen) Venen einflößten". In ihrer falschen, partizipanten Vorstellung der Wirklichkeit stellten sich diese Juden vor, daß die Deutschen bereit seien, ihre „Säfte" in ihren Venen zu absorbieren. In ihren Wunschgedanken, die für ihre partizipante Wirklichkeitsvorstellung typisch waren, schrieben sie den durchschnittlichen Deutschen die Eigenschaften von Thomas Manns Settembrini zu: „ein Humanist der alten Schule, ein Optimist, ein Demokrat, ein Rationalist, der glaubt, daß der Mensch durch Vernunft und Wissenschaft erzogen werden kann, ein Idealist, der an die Wahrheit, Gerechtigkeit und Freiheit glaubt".[24] Als diese „Settem-

brinis" sich als fanatische Antisemiten herausstellten, drängte der Führer der Nationaldeutschen Juden die Juden, diesen antisemitischen „Irrtum" (sic) nachzusehen, weil sich
die Deutschen „nur verhielten, als ob sie unsere Feinde wären".[25] In einer ähnlichen Einstellung wie der des Kaisers in „Des Kaisers neue Kleider" sahen sich die äußerlich ange-
paßten Juden als Exponenten der deutschen Kultur. Infolge ihres partizipanten Sozialcharakters mußten sie die deutsche Kultur durch den Filter dieses Charakters wahrgenommen, absorbiert und verarbeitet haben. Daher war ihr Schaffen innerhalb der deutschen Kultur ein Zwitter, eine Synthese von der deutsch-sisyphischen Grundlage und
dem jüdischen tantalischen Teilnehmen. Das Endprodukt war weder deutsch noch
jüdisch, sondern eine deutsch-jüdische sui generis-Schöpfungsform.[26] Der entscheidende
Unterschied war jedoch, daß die Deutschen in ihrem separanten Realismus niemals das
Resultat der jüdischen Teilnahme an ihrer Kultur als deutsch anerkannten, während die
jüdischen Schriftsteller, Dramatiker und Musiker im allgemeinen ihre Kunst als deutsch
betrachteten. Nur selten kam es vor, daß ein Ludwig Börne, der im Frankfurter Ghetto
geboren war, mit ungewöhnlicher Einsicht schrieb: „Es ist ein Wunder, ich habe es tausend Mal erlebt, aber es bleibt immer neu. Manche werfen mir vor, ein Jude zu sein,
andere verzeihen es mir, und noch andere rühmen mich deswegen, aber alle sind sich
dessen bewußt. Sie sind wie verzaubert in einem magischen jüdischen Zirkel, und niemand kann sich davon freimachen."[27] Aber die meisten deutschen Juden würden dem
„Im Deutschen Reich" zustimmen, dem Vorläufer der Zeitung „Zentralverein für
deutsche Staatsbürger jüdischen Glaubens", die erklärte, daß die Juden zur „Kaisertreue
und dem Judentum einer deutschen Vergangenheit und einer deutschen Zukunft"[28]
stünden.
Die deutschen Juden waren im allgemeinen universalistisch eingestellt, da die Nationalisten meist Antisemiten waren. Überdies stammte der Universalismus der Juden von
ihrem partizipanten Sozialcharakter, während die separanten Deutschen eher gruppen-
treu und sich ihres besonderen Raums und ihrer Landschaft (Boden und Heimat) bewußt
waren. Die deutschen Juden waren Liberale, weil sie überzeugt waren, daß der Liberalismus für ihre Emanzipation verantwortlich war. Sie waren kosmopolitische, vielsprachige
und bourgeoise Stadtbewohner. Sie waren für Modernität, waren hors-classe und hatten
keinen Anteil an dem Feudalsystem, das die meisten Deutschen erfaßte. Die Nichtjuden
sahen sich im allgemeinen als Bayern, Sachsen, Franken und Württemberger, während
die Juden sich als universale Deutsche betrachteten. Die kosmopolitischen, universalen
und liberalen Stadtjuden wurden von der völkischen Bewegung und den Nazis verachtet
und gehaßt, da die letzteren für Lokalpatriotismus, Irrationalismus, ländliche Konservati-
vität und Stammestreue eintraten. Daher schlossen sich die deutsch-völkischen Nationalisten und die deutschen Juden gegenseitig als Archetypen aus.[29]
Die jüdischen Annäherungsversuche, was Integration anbelangte, trafen auf verschiedene deutsche Reaktionen, angefangen von einer allgemeinen Unsicherheit bis zur gänz-
lichen Ablehnung. Stefan George, der viele Verehrer und Anhänger hatte, gab der vorherrschenden Stimmung Ausdruck, als er erklärte, daß die Juden von den Deutschen als
Individuen akzeptiert werden könnten, aber nicht als Gruppe oder Nation. Der Historiker
Mommsen nahm Anstoß an dem Separatismus der Juden.[30] Der Philosoph Fichte klagte
die Juden an, einen fremden Staat innerhalb Deutschlands und anderen europäischen
Staaten zu bilden, und war dafür, daß sie nach Palästina ausgewiesen würden. Treitschke
hätte die Juden akzeptiert, falls sie bereit gewesen wären, auf ihre separate Identität zu
verzichten und vollkommen in der deutschen Gesellschaft, Kultur und Religion aufzugehen.

Assimilierung und Reaktion

Da die Suche der deutschen Juden nach Integration und Symbiose mit der deutschen Kultur auf keinen entsprechenden Enthusiasmus von seiten der Deutschen traf, gingen sie einen Schritt weiter: Assimilierung und totaler Verzicht auf ihre jüdische Identität. Damit folgten sie nicht nur dem Rat solch bekannter Gelehrter wie Treitschke und Mommsen, ihre besonderen Charakteristika fallenzulassen; dieser Schritt wurde auch von ihrem partizipanten Sozialcharakter diktiert. Da sie einmal auf ihre Treue zu einem universalen Gott und dem partizipanten Schoß der Thora verzichtet hatten, lenkten die Juden ihre volle partizipante Leidenschaft auf die Suche nach einer Vermischung mit der deutschen Kultur und ein Aufgehen in ihr. Ihre unbeirrbare Treue zu einem einzigen Gott und seinem Bund wurde durch eine ähnliche Leidenschaft nach Assimilation abgelöst. Charakteristischerweise war nach vier Generationen nicht ein einziger Juden unter den Nachkommen von Moses Mendelssohn oder David Friedländer, den Pionieren der deutsch-jüdischen Emanzipation, in Übereinstimmung mit der partizipanten innewohnenden Tendenz ihres Sozialcharakters, in den Objekten ihrer Identifizierung aufzugehen.

Verglichen mit der Taufe, dem offenbarsten Ausdruck der Assimilation, war die Verwerfung der jiddischen Sprache (ein mittelalterliches Deutsch, mit hebräischen Ausdrücken gemischt) ein unbedeutendes, wenn auch eigenwilliges Opfer. Der völkische Schriftsteller Freytag stellte den „guten Juden" dar, der sich nach der Assimilation und der deutschen Verwurzelung sehnte und bereit war, seines Vaters gewissenlose Methoden aufzugeben.[31] Assimilierte jüdische Schriftsteller wie Leo Herzberg, Fraenkel und Emil Franzos beschrieben die Ghettojuden mit Selbsthaß und Spott[32], indem sie bewiesen, daß die assimilierten Romanschriftsteller und ihresgleichen ihre abstoßende Vergangenheit verwarfen. Das wirkliche Resultat war aber anders, da viele Deutsche diese Romane dazu benützten, um ihren fanatischen Antisemitismus zu stärken und zu rechtfertigen.

Die absurd pathetischen Personen im Gruppenethos der jüdischen schlagenden Studentenverbindungen, die sich zwangen, sich gegenseitig zu verwunden, um die begehrten Duellnarben zu erwerben, waren Vorläufer der wirklichen Opfer: 12.000 jüdische Opfer, Soldaten des 1. Weltkriegs, kamen in der deutschen Armee um. Dieses „Blutopfer" gab den deutschen Juden das Recht, sich als echte deutsche Nationalisten zu fühlen. So wurde 1918 der Reichsbund jüdischer Frontsoldaten von deutsch-jüdischen Veteranen gegründet, um „die deutschen Juden gegen Vorwürfe der Antisemiten zu verteidigen, daß sie nicht ihre Pflicht in demselben Maß erfüllt hätten wie andere deutsche Soldaten im Weltkrieg."[34] Dies war eine typisch partizipante Idee, nämlich, daß das Blutvergießen den Juden das Recht verlieh, als „gute Deutsche" und „ehrenhafte Bürger und Untertanen" angesehen zu werden. Das Selbstopfer war gleichbedeutend mit Rechtlichkeit und Legitimierung. Nach der Machtergreifung der Nazis erbat der Reichsbund jüdischer Frontsoldaten (RjF), daß die jüdische Jugend zur Nazi-Wehrmacht zugelassen werden solle, um die von einem überholten Liberalismus gesäuberten Juden ins 3. Reich zu integrieren. Kurt Tucholsky sah das als „das Kriechen der Besiegten vor dem Knutenschwinger" an[35], aber es war mehr als das. Es war das Zeichen einer höchsten partizipanten Loyalität dem Objekt der Identifizierung gegenüber, sogar angesichts totaler Abweisung. Nur Koestler, der selbst ein assimilierter Jude war, konnte in seinem Buch „Finsternis am Mittag" einen anderen assimilierten Juden beschreiben, der imstande war, Verbrechen zu gestehen, die er niemals begangen hatte, als einen letzten Dienst für die kommunistische Partei. Aller Wahrscheinlichkeit nach wären die assimilierten Juden Zinoviev, Kaminiev und Bucharin, die wirklichen Opfer von Stalins großen Säuberungsaktionen der dreißiger Jahre, nicht gegen ein solches Argument gewesen. Aufopferung als höchster Beweis der

Loyalität und die Identifizierung mit einer Norm oder Ethik waren das traditionelle Ethos der partizipanten Juden.

Die assimilierten deutschen Juden glaubten, in ihrem Deutschtum einen sicheren Anker gefunden zu haben. Nach jedem antisemitischen Angriff verschanzten sie sich noch fester in ihrer deutschen Identifizierung.[36] Diese zwanghafte Abhängigkeit war ein weiterer Charakterzug des jüdischen Sozialcharakters. Vor der Emanzipation verursachte jedes Pogrom, daß die Juden sich immer fester an ihre Thora hielten. Nach der Assimilation trieb jeder antisemitische Angriff die Juden näher zu ihrem neuen universalen Gott: der deutschen Kultur. „Wir wollen Deutsche sein", erklärte Heinrich Stern, „wir können nicht anders". Die Assimilierten verließen sich auf Herder, „den Vater des deutschen Nationalismus", um zu beweisen, daß sie Deutsche seien, und zwar nach seinen vier Grundforderungen: sie sprachen Deutsch; sie hatten ein Land gemeinsam mit den Deutschen; sie hatten einen gemeinsamen Wunsch der deutschen politischen Einheit und eine gemeinsame deutsche Kultur. So konnte Max Naumann, der deutsche nationalistische Jude, keine logischere[37] und gefühlsmäßigere Alternative sehen, als Treue zum 3. Reich zu schwören, obwohl es von den Nazis regiert wurde. Die partizipante Beweisführung, wie Ludwig Hollaender sie ansprach, war, daß das deutsch-jüdische Nationalbewußtsein „sie (die Juden) untrennbar mit dem wahren Deutschland verband". Dies bedeutete, daß die deutschen Juden Vertreter und Verfechter des wahren[38] deutschen Nationalismus darstellten, während die Nazis Hochstapler waren. Aber ein Erkennen der Wirklichkeit war nie die starke Seite der partizipanten Juden.

Manche Juden gingen noch einen Schritt weiter. Max Naumann, der Leiter der Nationaldeutschen Juden, sah die Nazipartei als einen Verbündeten seiner Bewegung, weil die Nazis das einzige Mittel für die Wiedergeburt des wahren Deutschtums waren. Lion Feuchtwanger schrieb 1933, daß die Juden als eine fremde Rasse[39] innerhalb der Deutschen dieses Rassenbewußtsein und die Rassenkultur der deutschen Nation um jeden Preis respektieren müßten, obgleich das ein friedliches Nebeneinander der deutschen und jüdischen Rassen nicht verhindern sollte. Im Jahr 1933 erklärte der „Zentralverein für deutsche Staatsbürger jüdischen Glaubens", daß alle Antinazipropaganda falsch sei, daß Juden in Deutschland frei sind und nicht mißhandelt werden. Die Zentrale verkündete auch der deutschen und fremden Presse, daß die deutschen Juden das Naziregime unterstützten, welches „begonnen hat, seine Versprechen zu halten, dank Hitlers Erfolg". Daher entsprachen die meisten deutschen Juden nicht nur den Anweisungen Treitschkes, Mommsens, von Humboldts und Stefan Georges, indem sie sich vollkommen in die deutsche Kultur assimilierten, sondern manche von ihnen unterstützten sogar das Naziregime, das sie so brutal verfolgte. Aber auch diese Unterstützung half ihnen nicht; die meisten Deutschen weigerten sich, sie zu akzeptieren, sogar noch vor dem Aufstieg der Nazis zur Macht. Diese Tatsache war für die Juden schmerzlich und unverständlich: Viele von ihnen waren immerhin getauft. Die meisten hatten das orthodoxe Judentum verlassen. Sie sprachen nicht mehr jiddisch und trugen keine Kleidung, die sie als Juden kennzeichnete. Sie trugen Duellnarben zur Schau und hatten in der kaiserlichen Armee gedient. Sie verabscheuten den Zionismus, und trotz allem beschuldigte man sie, daß sie eine zweifache Loyalität hätten. Sie waren deutsche Nationalisten (Walther Rathenau erklärte: „Mein Volk sind die Deutschen; niemand anders."), und doch wurden sie nicht von den Deutschen akzeptiert. Anscheinend verstanden sie die Wechselfälle und die Macht des Prinzips vom „geringsten Interesse" nicht. Je mehr die Juden angenommen zu werden wünschten, wie es ihr partizipanter Charakter diktierte, umso weniger waren die separanten Deutschen dazu bereit. Die Dialektik war hier ein positiver Reaktionszyklus: Da die Juden fühlten, daß sie trotz ihrer Assimilierung nicht von den Deutschen anerkannt wurden, machten sie umso verzweifeltere Versuche, sich zu assimilieren, um die

Anerkennung und Legitimation der Deutschen zu erhalten. Dies wiederum verstärkte deren Spott und Ablehnung. Scholem bestätigte diese Dynamik, als er berichtete, wie die deutschen nationalistischen Intellektuellen verlangten, daß die Juden auf ihre Tradition und Identität als Preis für ihre Anerkennung verzichten sollten. Aber als die Juden das wirklich taten, verhöhnten die Deutschen sie und verachteten sie wegen ihrer rückgratlosen Selbsterniedrigung. Die assimilierten Juden waren sicher, daß der Ostjude (die osteuropäischen Juden)[41] an dem fortwährenden Antisemitismus schuld war, obgleich sie selbst ihre jüdische Identität abgeworfen und den deutschen Nationalismus angenommen hatten. Hier unterschätzten die assimilierten Juden wieder die Kompliziertheit des Prinzips vom „geringsten Interesse". Die separanten Deutschen kümmerten sich weniger um die offensichtlich anders gearteten Ostjuden als um die assimilierten deutschen Juden, die äußerlich deutsch zu sein schienen, aber tief im Inneren andersartig, bizarr und gefährlich fremd erschienen. Der Widergeist lauerte immer unter der deutschen Kleidung und Erscheinung. Ernst Berg drückte dieses Gefühl aus, indem er verlangte, daß der assimilierte Jude aufhören solle, „sich fortwährend in deutsche Angelegenheiten hineinzulesen." Die Juden sollten aufhören, sich und ihre Werte auf die Deutschen zu projizieren; sie sollten ihre führende Stellung im deutschen intellektuellen und kulturellen Leben aufgeben. Mit anderen Worten, die Juden sollten ihren partizipanten Charakterkern[42] aufgeben. Aber das konnten weder die Taufe noch einige Jahre der Assimilierung erreichen. Dies war vielleicht der Grund der Entrüstung Max Liebermanns, der sich als deutschen Patrioten ansah und der inter alia eine Huldigung der 12.000 jüdischen Gefallenen der kaiserlichen Armee im 1. Weltkrieg malte. Er widmete sein Leben der Kunst, die er als deutsche Kunst ansah, und als er von den Nazis abgesetzt wurde, war seine verwirrte Reaktion ein unbeschreiblicher Ekel. „Ich kann nicht mehr essen," sagte er, „soviel ich auch brechen möchte".[43]

Eine grimmige Seite der jüdischen Assimilierung war der Selbsthaß. Die partizipanten Juden wollten sich um jeden Preis assimilieren. Sie hatten alle Reste ihrer ehemaligen Tradition aufgegeben und hatten vollkommen dem Judentum entsagt. Da sie trotz ihrer vollkommenen Assimilierung immer noch nicht akzeptiert, sondern stattdessen verachtet und gehaßt wurden, blieb ihnen nichts anderes übrig, als sich mit diesem Urteil und dem Stigma des Identifizierungsmodells ihrer Referenzgruppe abzufinden. Wir bringen hier einige extreme, aber dialektisch typische Beispiele: Otto Weininger, ein junger österreichischer Jude und Verfasser des Buchs über „Geschlecht und Charakter", das eine Verteidigung des Sexismus und der Rassenunterscheidung war, schrieb 1932: „Wenn die Juden so wie die Neger und die Chinesen minderwertige Rassen sind, so sind sie das, weil sie weibliche Rassen sind ... Alle Versuche mit dem Zionismus sind zum Fehlschlag verurteilt; es gab niemals einen jüdischen Staat und es wird nie einen geben ..."[44] Eine Anzahl junger Mädchen beging Selbstmord, nachdem sie das Buch gelesen hatten, wie auch Weininger selbst.

In diesem Fall zerstörten die Opfer sich selbst, weil sie von ihrer Wertlosigkeit überzeugt worden waren. Weininger, so sagte Hitler, war der einzige ehrliche Jude, den er je kannte. Er entdeckte die wirkliche Natur der Juden und beging deshalb Selbstmord. Andere Juden, in einem Ausbruch von Mitleid und kosmischer Großzügigkeit, sahen sich als den ästhetischen Sündenbock des Germanentums, der dieser tragischen Welt eine Rettung darbot, indem sich die Juden auf dem Altar seiner Brutalität opferten. Ein weiterer Fall von jüdischem Selbsthaß war Arthur Trebitsch, der von Nietzsches Behauptung überzeugt wurde, daß die Juden eine Nation von Sklaven seien. Er erläuterte und „bewies" daraufhin die arische Überlegenheit. Er behauptete, daß die jüdischen Sklaven, wie die römischen Sklaven, sich von ihrem Sklavencharakter erst nach zwei Generationen befreien könnten. Gegen sein Lebensende entwickelte er einen Verfolgungswahn, in dem die Juden seine Verfolger, Folterer und Unterdrücker waren.

Ein weiters Beispiel von Selbsthaß, obgleich in viel milderer Form, war Theodor Lessing. Er erzählte ein Schulerlebnis, in dem er als Jude verspottet worden war. Danach fragte er seine Mutter, was ein Jude sei. Sie wies auf einen bärtigen orthodoxen Juden mit Schläfenlocken und einem schwarzen Kaftan. Er lernte von ihr, daß sie selbst keine „wirklichen" Juden seien, aber das Wort Jude selbst hatte eine bedrohliche Bedeutung. Als Schulkind absorbierte er alle abfälligen religiösen und nationalen Vorurteile gegen die Juden, und weil er keine Gegenmittel bei sich zu Hause fand, war er überzeugt, daß es schlecht sei, ein Jude zu sein. Zwei Gesichtspunkte sind hier wichtig: Dem jungen Lessing wurden von seinen Eltern keinerlei Argumente geliefert, dem Antisemitismus zu begegnen. Infolgedessen unterdrückte er das verachtende Stigma gegen die Juden nach innen und rechtfertigte es auch vor sich selbst.[45]

Der beste Freund des jungen Lessing war Ludwig Klages, der ein intensiver ideologischer Antisemit von Jugend auf war, und von diesem akzeptierte und verinnerlichte er vollkommen dessen Diagnose, daß er durch seine semitische Herkunft ruiniert werde. Infolgedessen begann er den Rassengeist zu bekämpfen, der ihm von Geburt aus innewohnte. Lessings assimilierte Annahme von Klages geringschätziger Ansicht über das Judentum veranlaßte ihn, seine jüdische Abstammung zu verachten und sich selbst zu hassen. Aber es gelang ihm, diesen Selbsthaß zu überwinden, indem er darüber schrieb. Durch seinen jüdischen Selbsthaß kam er dazu, die Stigmatisierung und die introspektive Natur dieses Gefühls zu verstehen und zu überwinden.

Die Tendenz der Juden zur extremen Assimilation war mit ihrer Kerndynamik verbunden, die ihnen ein selbstkritisches Eigenbild (ein schlechtes „Wir"), umgeben von einer bewundernswerten Umgebung, verlieh: in diesem Fall die aggressiven, machtorientierten Deutschen. Das jüdische partizipante Ethos der Erlösung durch das Aufgehen in der vollkommenen Einheit anzustreben, wurde in eine verzweifelte Suche nach der Rettung durch das Aufgehen in dem neuen vollkommenen Ideal des Germanentums umgewandelt.

Dieses Ziel, die Deutschen sklavisch nachzuahmen, führte zu einer endlosen Angst, „was wohl die Nichtjuden sagen könnten". Es führte zur Unterwerfung unter die Verfügungen der „verallgemeinerten anderen" und zu einem Benehmen, das der deutschen Referenzgruppe gefallen sollte. Dies wurde hier als ein unauthentisches Benehmen beschrieben,[46] da es hauptsächlich von den eingebildeten Erwartungen der verallgemeinerten anderen bestimmt wurde. Dies führte auch zu einem übertriebenen Konformismus der Juden mit dem, was sie als vorherrschende Normen ansahen. Sie wurden deutscher als die Deutschen und dadurch eine übertriebene Karikatur des Teutonismus. Dies wiederum führte zu Prahlereien, Manierismus und Angeberei, was Spott, Verachtung und weitere Ablehnung durch die Deutschen zur Folge hatte. Dieser übertriebene Eifer, an allen Gebieten des sozialen, ökonomischen und kulturellen Lenbens der Deutschen teilzunehmen, so schnell und so vollständig wie nur möglich, wurde von den Deutschen als jüdischer Wunsch angesehen, Deutschland zu „verschlucken" und zu beherrschen. Der jüdische Mangel an Selbstsicherheit nach ihrer Emanzipation und der alte Mangel an sozio-ökonomischer Sicherheit stachelten ihre Ambition und ihren brennenden Aktivismus an, was verständlicherweise Bestürzung, Mißgunst und Haß bei vielen Deutschen hervorrief. Die intensive vertikale und horizontale Mobilität der Juden nach ihrer Emanzipation beängstigte tatsächlich manche Deutsche, führte zu einem Gefühl der Verdrängung bei anderen und zu einer kriegerischen „Verteidigung des Territoriums" bei vielen. Die Deutschen waren auch besorgt wegen des fieberhaften ökonomischen und kulturellen Aktivismus der Juden. Diese beabsichtigten den Modernismus zu beschleunigen, da eine zu späte Urbanisierung und Industrialisierung die noch „junge" und verwundbare politische, soziale und ökonomische Struktur einer erst kürzlich vereinigten Nation in Frage stellen würde. Die deutschen Juden sahen in ihrer schleunigen Integrierung in der deutschen sozio-ökonomischen Kultur den Beweis ihrer begeisterten Loyalität zu ihrem neuerlichen „Vaterland" und ihren Wunsch, voll an seiner Entwicklung teilzunehmen. Im Gegensatz dazu sahen viele Deutsche, und besonders die Antisemiten, die Juden, die versuchten, sich in die deutsche Ökonomie zu integrieren und sich an ihre Kultur zu assimilieren, als „Hosenhändler von Posen, die Berlin überschwemmten", wie Treitschke sich ausdrückte. Viele Deutsche aller Schichten, angefangen von der Aristokratie bis zu den gewöhnlichen Arbeitern und allen Teilen des politischen Spektrums riefen zu einem Gegenangriff auf gegen die „jüdische Invasion", die eine Judaisierung der deutschen Gesellschaft beabsichtigte[47].

Die allgemeine Ansicht unter den Erforschern der jüdischen Emanzipation und Assimilierung in Deutschland war, daß die Juden ihren Verzicht auf ihre Tradition und Identität mit ihrer Integrierung in die deutsche Gesellschaft als den „Preis" ihrer Aufnahme durch die Deutschen und die Überwindung des Antisemitismus ansahen. Diese These wurde durch Michael S. Meyer[48] angefochten und widerlegt. Er behauptete, daß die Assimilierung der deutschen Juden freiwillig und unbedingt war. Die partizipanten Juden waren eifrig bestrebt, eine Aufnahme in ihre deutschen Referenzgruppen zu erreichen, was ein Ziel an und für sich darstellte und nicht nur ein Mittel zu anderen Zwecken. Der kriegerische Sozialcharakter der Deutschen machte sie unfähig, eine Gruppe zu respektieren, die demütig auf ihre kulturelle und traditionelle Identität verzichtete und dadurch ihre Wertlosigkeit bewies. Es ist charakteristisch, daß Israel Jacobson, der Initiator der jüdischen Reformbewegung, dem Gouverneur Westfalens wegen seiner unerwünschten Neuerung mißfiel. In ähnlicher Weise wurde der jüdische Reformtempel David Friedländers von dem negativ eingestellten Preußenkönig geschlossen, da dieser den orthodoxen Rabbi Gedalia Tiktin vorzog, dem er den Titel „Staatsrabbi" verlieh.

Die Juden standen hier einem schmerzlichen Paradox gegenüber. Auf der einen Seite wurden sie von der deutschen Elite gedrängt, sich zu assimilieren, aber wenn sie dies taten, wurden sie zurückgewiesen, sogar von denen, die die Assimilation befürworteten. Treitschke war charakteristisch für diese Einstellung. Auf der einen Seite war er für Assimilation, warnte aber gleichzeitig, daß die Assimilation das Mittel zu der Produktion einer bastardisierten deutsch-jüdischen Kultur sein würde, die die Reinheit eines 1000jährigen deutschen Erbes zerstören würde.[49] Dieses Paradox kann durch das hier vorgestellte Modell gelöst werden, das besagt, daß das „Prinzip des geringsten Interesses" eine zu große Annäherung zwischen den separanten Deutschen und den partizipanten Juden verhinderte, weil Taufe, Änderung der Kleidung, höhere Bildung und Geläufigkeit in der deutschen Sprache nicht auf einmal den Kern des sozialen Charakters ändern können. Daher zeigten die Juden, da sie trotz ihrer Assimilierung immer noch partizipant waren, einige Charakterzüge, die die Deutschen eher abstießen als anzogen: ihre fieberhafte, aber oberflächliche Assimilierung in die deutsche Kultur führte zu einer Art Levantinisierung der Gastkultur, die sie zu einem Grad übertrieb, daß sie lächerlich wurde. Die partizipanten Juden, die nie viel Gewicht auf die separanten „guten Manieren" und das gesellschaftliche Protokoll gelegt hatten, fielen in das andere Extrem in ihrer überstürzten Assimilierung, indem sie ihr neuerworbenes Nichtjudentum offen und übertrieben zur Schau trugen, und das mit tragikomischen Resultaten. Charakteristischerweise fühlten sich die assimilierten getauften Juden wie Heinrich Heine und Ludwig Börne tief innen nicht als Deutsche, und trotzdem erwarteten sie, daß die Deutschen sie akzeptieren sollten, obgleich ihr partizipanter Kerncharakter immer noch ihr Verhalten und ihre Weltanschauung beherrschte. Im wesentlichen erwarteten sie von den Deutschen, daß diese sie zu ihren eigenen Bedingungen aufnehmen sollten, wozu die letzteren eben infolge ihres machtbasierten und herrschsüchtigen Charakters nicht imstande waren. Die Hybriden-Synthese einer separanten-partizipanten Kultur war für die meisten Deutschen unverdaulich. Für ihre Slogans benötigten die völkische Bewegung und die Nazis den Juden als einen Widergeist, einen finsteren Kontrast für ihren leuchtenden Wert. In Kapitel 5 wurde aufgezeigt, daß die Stigmatisierung der Juden mit dem Kainszeichen, dem Makel des Fremdseins, der Abwegigkeit und Beschmutzung eine zentrale Dynamik der deutschen Ideologie war. Wenn der Jude sich assimilieren durfte, würden die Nazis ihren durch den Kontrast definierten Widersacher verlieren. Dies könnte zu ihrem Beschluß beigetragen haben, das Judentum der assimilierten Juden durch ihre sozialen Gesetze bis zur fünften Generation festzusetzen. Zu der Zeit würde das tausendjährige Reich allmächtig und allgegenwärtig sein und würde den jüdischen Widergeist als Kontrapunkt zu ihrer Vorherrschaft nicht mehr nötig haben.

Sozialismus: die abgewiesene Synthese

Der Ausdruck „Sozialismus" wurde im Jahre 1827 in London in Owens „Cooperative Magazine" geprägt, während die geheimen revolutionären Organisationen in Louis Philippes Paris wahrscheinlich die ersten waren, die sich Kommunisten nannten. Aber das Ethos des Sozialismus als Weltanschauung, als ein unabhängiges, „wissenschaftliches" Vorstellungssystem im Gegensatz zu „Utopismus" und Kommunismus als Praxis, wie sie später durch die russischen Bolschewiken als Basis für die Sowjetunion benützt wurden, wurde hauptsächlich im deutschsprachigen Europa hervorgebracht, und zwar von Denkern und Organisatoren, deren Mehrzahl jüdischer Abstammung war. Die Pioniere des Sozialismus und Kommunismus, insbesondere Moses Hess, Karl Marx, Ferdinand Lassalle und Rosa Luxemburg, bewirkten eine Synthese zwischen dem partizipanten Kern ihres Sozialcharakters und der deutschen Philosophie und aktivistischen Kultur, die dem deutschen Sozialcharakter innewohnt. Diese Synthese, die bereitwillig von vielen emanzipierten europäischen Juden angenommen wurde, diente ihnen als alternative „weltliche Religion", die sie mit der intensiven Uneingeschränktheit empfingen, mit der ihre Vorväter sich in die Thora vertieft hatten. In der Tat erfand Russell folgende geniale Analogie zwischen der „kommunistischen Religion" und dem Judeo-Christentum[50]:

Yahveh = Dialektischer Materialismus; der Messias = Marx; der Erwählte = das Proletariat; die Kirche = die kommunistische Partei; die Wiederauferstehung = die Revolution; die Hölle = die Bestrafung der Kapitalisten; das 1000-jährige Reich = der kommunistische Staatenbund. Die meisten Deutschen verwarfen jedoch den Sozialismus und den Kommunismus und erzeugten dadurch einen „Hebeleffekt" des Antisemitismus, weil Juden und „Bolschewiken" im völkischen Denken zusammengeworfen wurden.
Es wäre nützlich, die Annahme-Ablehnung-Dynamik des Christentums und die judeohellenistische Synthese mit dem Sozialismus und der judeo-germanischen Synthese wie folgt zu vergleichen:

Partizipant	Zusammentreffen	Separant
Sozialcharakter	und Synthese	Sozialcharakter

In der ersten Phase brachte der Konflikt zwischen Hellenisten und Juden inter alia das Christentum hervor, das von den Juden verworfen, aber von den Europäern, den Erben des hellenischen separanten Sozialcharakters, angenommen wurde. In der 2. Phase war eines der Resultate der post-Emanzipationsbegegnung zwischen Deutschen und Juden der Sozialismus, der von den meisten Deutschen verworfen, aber von vielen Juden (und mutatis mutandis von den Russen und Chinesen) angenommen wurde. Was das Christentum anbelangt, so führte seine Ablehnung durch die Juden später zu einer intensiveren Verschanzung in den partizipanten Schoß der Thora in der Diaspora. Im Gegensatz dazu, in einem symmetrischen, aber umgekehrten Prozeß, trug die Ablehnung des Sozialismus durch die Deutschen zu ihrer Regression zum separanten Heidentum der Nazis und zu dem menschenfresserischen Ethos des germanischen Äsir bei.

Abgesehen von der partizipanten Notwendigkeit der Juden, sich einer allumfassenden, verzehrenden Sache zu unterwerfen, war ihr verstärktes Festhalten am Sozialismus auch durch ihren Wunsch motiviert, eine reale, mehr als nur eine formelle Emanzipation zu erlangen. Die vorherrschenden Traditionen, Klassenstruktur, Nationalismus und Konservatismus unterstützten alle Vorurteile, Diskriminierung und Antisemitismus. Die jüdischen Revolutionäre glaubten, daß nur die Aufhebung der sozio-ökonomischen Schranken ihrem Volk gleiche Rechte erteilen würde.[51]

Jedoch hatten die Sozialrevolutionäre wie Ferdinand Lassalle, Ludwig Börne, Gustav Lewy, Alexander Oppenheim, Arnold Mendelssohn, Rosa Luxemburg und Karl Marx einen partizipanten Kerncharakter gegen ihren Willen. Die meisten jüdischen Sozialrevolutionäre waren u. a. eingefleischte Antisemiten als Reaktion gegen ihren partizipanten jüdischen Kern. Der erste deutsche Sozialist, der wahrscheinlich Marx und Engels in der Formulierung ihrer Doktrinen beeinflußte, war Moses Hess (1812–1875), der sich niemals assimilierte und der in der Veröffentlichung seines „Rom und Jerusalem" (1862) sein Judentum von neuem behauptete.

Heinrich Heine, obwohl getauft, fühlte in Augenblicken gewissensprüfender Einsicht eine starke Verbundenheit mit seiner jüdischen Erbschaft. In seinen Geständnissen schreibt er: „Ich müßte stolz darauf sein, daß meine Vorväter dem noblen Haus Israel angehörten und daß ich von den Heiligen stamme, die der Welt einen Gott und eine Moralität gaben und die die Kämpfe des Geistes ausfochten."[52] In seinem Testament schrieb er: „Obgleich ich durch meine Taufe dem lutherischen Glauben angehöre, wünsche ich nicht, daß lutherische Pastoren zu meinem Begräbnis eingeladen werden. Ich scheide von der Welt in dem Glauben an einen einzigen Gott, für dessen Gnade ich bete."[53] Er erweckte revolutionäre Begeisterung mit seinem „Weber-Gedicht", das die Revolution der schlesischen Weber im Jahre 1844 in poetischer Form unterstützte, und er erstellte auch eine Reihe von Gedichten für Marxs kommunistische Publikationen.

Ferdinand Lassalle wuchs in einem jüdischen Haus auf. Sein Vater adoptierte den Reformjudaismus des Abraham Geiger, und seine Mutter war während ihres ganzen Lebens den religiösen Vorschriften treu. Lassalle war bis zum Alter von 20 Jahren dem Judentum verbunden und schrieb am 21. Mai 1840 über die Damaskus-Pogrome gegen die Juden wie folgt: „Was für eine furchtbare Nation (sind die Juden), die diese Leiden auf sich nimmt. Die Juden von Damaskus sind die Opfer einer Grausamkeit, die nur die Bedrücktesten der Erde auf sich zu nehmen bereit sind, ohne sich zu rächen. Die Christen staunen über die Duldsamkeit, mit der das Blut in unseren Venen fließt. Wir kämpfen und sterben nicht in der Schlacht, sondern durch die Folter. Die Juden sind eine feige Nation, sie verdienen kein besseres Schicksal. Sogar ein Wurm zuckt, wenn er getreten wird, während die Juden noch mehr zurückschrecken. Sie wissen nicht, wie sich zu rächen, ihre Feinde mit sich zusammen ins Grab zu nehmen, in ihren Todesqualen das Fleisch ihrer Folterer zu zerfetzen. Die Juden sind zu Sklaven geboren."[54] Lassalle erkannte die grundsätzliche partizipierende Duldsamkeit der Juden und ihre opferbereite Tendenz, sich nicht an Tyrannen zu rächen. Er selbst war empört, und seine feurige Empörung mochte wohl später durch Antisemitismus sublimiert werden. Sein Abfall vom Judentum war eine Folge seiner Anhängerschaft zu Hegels Philosophie. Lassalles intensive Beschäftigung mit den Hegel'schen separanten Grundsätzen wurde abgelöst durch ein vertieftes Studium des präsokratischen Heraklit. Dieser Philosoph von Ephesus war extrem sisyphisch in seiner Denkweise und seinen Schriften. Diese waren in vieler Hinsicht Vorläufer der Hegel'schen Doktrinen, und Lassalle war daher das Produkt, und sein Sozialismus eine Synthese seines partizipanten jüdischen Kerns und seiner späteren Bekanntschaft mit den griechisch-römischen separanten Philosophien von Heraklit und Hegel.

Rosa Luxemburg war eine Ostjüdin aus dem russischen Polen. Sie war eine kleine Frau mit auffallend jüdischen Gesichtszügen und einer „typisch jüdischen Nase". Sie liebte jüdische Folklore und jüdische Erzählungen. Mit Karl Liebknecht und Franz Mehring zusammen gründete sie den Spartakusbund, der 1918 in die Kommunistische Partei Deutschlands verwandelt wurde. Sie lehnte den Nationalismus ab, weil ihr „Vaterland" die internationale Arbeiterklasse war. Diese partizipante Festlegung auf Internationalität und Universalität wurde durch ihre separante Befürwortung einer gewaltsamen sozialistischen Weltrevolution verstärkt.

Karl Marx wurde von seinem Vater im Alter von 6 Jahren getauft. Er stammte sowohl von seines Vaters als auch seiner Mutter Seite von rabbinischen Familien. Sein väterlicher Onkel war der oberste Rabbi von Trier (sein Geburtsort), und sein mütterlicher Großvater war der Rabbi von Nijmegen. Marx wurde sowohl von Heine als auch von Hegel beeinflußt. Als sein zentraler partizipanter sozialer Charakter der separanten deutschen Kultur und der Hegelianischen Philosophie ausgesetzt wurde, veranlaßte ihn dies, die Welt als eine Arena für den Konflikt zwischen sisyphischen und tantalischen Kräften anzusehen; einen Kampf zwischen „Freien und Sklaven, Patriziern und Plebejern, Lords und Untergebenen, Gildenmeistern und Gesellen".[55] Die Dialektik zwischen diesen beiden Kräften sollte ihre Synthese durch die separante Gewalt des Klassenkampfes und der Weltrevolution zur partizipanten messianischen Vision eines Alten-Testament-Propheten erreichen, die ewigen Frieden, Bruderschaft und Seligkeit im 1000jährigen Reich voraussagt.

Die oben Erwähnten sind nur einige wenige der prominentesten Gestalten unter den sozialen Revolutionären jüdischer Herkunft; viele andere der einfacheren, und besonders der Führerschaft des deutschen Sozialismus und Kommunismus[56], waren ebenfalls jüdischer Abkunft. Bezeichnenderweise waren 43 von 417 sozialistischen Reichstagsabgeordneten zwischen 1881 und 1914 Juden; d. h. das Zehnfache ihre Proportion zur deutschen Bevölkerung.[57]

Die Synthese zwischen dem jüdischen partizipanten und dem deutschen separanten Charakter lag offenbar von Anfang an im deutschen Sozialismus. Moses Hess vereinigte den separanten Materialismus Feuerbachs mit seiner Betonung der „Vorherrschaft der Sinneswelt, des Endlichen, Empirischen und der Wirklichkeit"[58] mit der partizipanten jüdischen Ethik, dem Pantheismus Spinozas, der Praxis Hegels und dem Königreich Gottes der Propheten des Alten Testaments.

Lassalle synchronisierte in seiner Person, seinen Schriften und Doktrinen seinen jüdischen Kern und seine häufigen jüdischen Ausdrucksformen mit einem begeisterten Preußentum, in dem er seinem Lehrer Hegel nacheiferte. In seinem Sozialismus faßte Lassalle die partizipanten Ideen universaler Gerechtigkeit und den separanten Ethos von Revolution, Geschichte und wirksamem Aktivismus zusammen.

Eduard Bernstein strebte nach einer Vereinigung der ökonomischen Manipulierung der Gesellschaft und der Einschränkungen durch eine partizipante Moralität. Victor Adlers Sozialismus war ein Gemisch von partizipanten jüdischen Idealen von sozialer Gerechtigkeit und vom „Glauben an Aufklärung, Wissenschaft und menschliche Vernunft"[59]. Er kombinierte das Ideal von Bildung, im Anklang an den jüdischen Talmid Hacham (den lebenslangen Talmudstudenten, für den das Lernen ein Ziel an und für sich war und nicht ein Mittel zum Zweck), mit der separanten deutschen Kultur. Gustav Landauer erklärte, sein Sozialismus sei ein Kampf um kosmopolitische (universale partizipante) Ideale in einem deutschen Zusammenhang.[60] Joseph Bloch, der Herausgeber der sozialistischen Monatshefte, wuchs in einer jüdischen orthodoxen Familie in Königsberg auf. Sein Sozialismus war eine Synthese zwischen dem partizipanten ethischen und humanen jüdischen Ideal, die Sklaven, Bediensteten und Arbeiter vor der Ausnützung durch ihre Herren und durch den separanten preußischen Aktivismus zu schützen. Und schließlich Marx, der, wie es Eduard Bernstein beschrieb, durch einen Zwiespalt geplagt war: Er war ein ökonomischer Analytiker, ein Historiker auf der einen Seite, und auf der anderen durch einen prophetischen, messianischen Eifer angespornt. Bernstein irrte sich aber: Marx synchronisierte in der Tat seinen separanten ökonomischen Historismus und seinen messianischen Eifer. Sein Gedankensystem ist nicht nur eine ausgesuchte Ansammlung von Ideen, sondern eine Synthese von partizipantem Universalismus, prophetischen Visionen, utopischer separanter Praxis, Revolution, Klassenkampf, ökonomischem Determinismus und der aktiven Manipulierung der objektiven und menschlichen Umgebung. Die separanten aktivistischen Komponenten im Marxismus drücken sich in ihrem Credo aus, daß „die Philosophen die Welt nur in verschiedener Weise interpretiert haben; aber unser Zweck ist, sie zu ändern".

Die separante Dynamik, die mit dem deutschen Sozialismus und Marxismus verbunden war, enthielt die Vorstellung der Welt als einen immerwährenden Wechsel, ein heraklitisches Pantarhei, sisyphische Zyklen von Wachstum und Verfall, bestimmt durch voraussehbare Regeln von Zufall und Vorbestimmung. Die Welt sei im wesentlichen rational und durch heraklitische Dialektik regiert. Der Weg zur Manipulierung von Objekten und Lebensformen sei der von Macht, Geld und Schlauheit. Die Welt sowie die Zeit sollten real sein, und wer dies zu verneinen sucht, würde durch das erbarmungslose Urteil der Geschichte hinweggefegt werden. Die meisten deutsch-jüdischen sozialistischen Pioniere akzeptierten die grundlegenden Ideen Hegels als Evangelium, einschließlich seiner Vorstellung, daß das Judentum eine anachronistische, orientalische Religion sei, die sich nicht in die westliche Kultur integrieren könne.

Es wurden an anderer Stelle die extremen separanten Eigenschaften des deutschen Sozialcharakters dargelegt. Diese Unausgewogenheit kam in dem gewaltsamen Charakter des Lebens im Mittelalter zum Ausdruck und später im deutschen Kommunismus und Marxismus, die – mutatis mutandis – von den kommunistischen Regimen der Sowjetunion, des Fernen Ostens, Asiens und Afrikas adoptiert wurden, die diese Regierungsform extrem durchsetzten.

Die germanische separante Konzentration auf die Gruppe wird offensichtlich in Marxs

Ausspruch: „Nicht das Bewußtsein der Menschen bestimmt ihre soziale Existenz, sondern im Gegenteil, die soziale Existenz bestimmt ihr Bewußtsein". Dieses Vorherrschen der Gruppe über das Individuum war ein überwiegend germanischer sozialer Charakterzug, der in der deutschen Philosophie, Theologie und Politik offenbar war, ungeachtet der Ideologie oder der Konfession. Dies kam in Goebbels' berüchtigtem Ausspruch zum Ausdruck, daß die Deutschen als Einzelne Würmer, aber als Gruppe feuerspeiende Drachen seien. Hitler vertrat ebenfalls diese separante Herrschaft der Gruppe über das Individuum. Er sagte: „Eine Organisation hat nur eine Zukunft, wenn sie die Freiheit des einzelnen zum Wohl des Ganzen unterwirft."[61] Das separante deutsche Ethos erhebt die Herrschaft der Gruppe über den Einzelnen, ungeachtet, ob durch Kommunisten oder Nazis interpretiert.

Die kommunistische Hymne, die die Auferstehung einer neuen Welt aus den Ruinen der alten verkündet, war die marxistische Anwendung des sisyphischen Zyklus' der Edda, die die Auferstehung des Äsir aus den Ruinen der Götterdämmerung in einen Mythos faßte. Die internationale Arbeiterkommune sollte aus der rauchenden Asche des nationalistischen Bourgeoisie-Regimes aufgebaut werden.

Der historische Determinismus des Marxismus war keine Besonderheit des deutschen Sozialismus, sondern fand sich auch im deutschen protestantischen Ethos der Prädeterminierung. In seiner bekannten These von der protestantischen Ethik und dem Geist des Kapitalismus unterstrich Weber den historischen Aspekt und die Vorbestimmung des Protestantismus. Er verband diese mit dem Antrieb des deutschen Sozialcharakters, sich in der Gegenwart anderer zu übertreffen und Erfolg zu haben, als Beweis von Gottes Gnade und Heil. Die Verbindung zu der Geschichte war daher ein separantes germanisches Ethos, das sowohl den Willen Gottes zeigte, dem Einzelnen seinen weltlichen Erfolg und das Heil zukommen zu lassen, als auch das Urteil des dialektischen Materialismus, ob Nationen, soziale Gruppierungen und andere Aggregate im Laufe der Geschichte überleben oder eliminiert werden sollten. Geschichtlichkeit wie auch Aktivismus und die Unterordnung des einzelnen unter den Willen der Gruppe waren ein separanter germanischer Sozialcharakterzug, der im Marxismus wie auch in anderen Ideologien des germanischen Europa zum Ausdruck kam.

Der Marxismus adoptierte den Materialismus Feuerbachs[62] und vertrat weiterhin die Wirklichkeit der Sinneswahrnehmung, die Realität der Außenwelt und die Möglichkeit, Schlußfolgerungen von der Vergangenheit auf die Gegenwart und Zukunft zu ziehen. Diese Behauptung von der Realität des Raums, der Zeit und der Lebensformen, die als ein germanischer sisyphischer sozialer Charakterzug identifiziert wurde, war im Marxismus und im deutschen Sozialismus voll integriert.

Marx nahm das sisyphische Ideal des Aktivisten, des Homo Faber, in sein Gedankensystem auf. Aktion – Praxis – war die separante Weise, durch die der schöpferische Mensch die Kluft zwischen sich und dem Objekt überbrückte. Ungleich Camus, der glaubte, daß Sisyphus als glücklich angesehen werden müßte in seinem Schöpfungsprozeß des Aufwärtsrollens seines Felsens, war Marx überzeugt, daß Sisyphus mit den richtigen Methoden und Werkzeugen schließlich seinen Felsen bändigen und ihn am Gipfel des Hügels befestigen könnte. Für Marx waren die erfolgreiche Manipulierung der Produktionsmittel und die ökonomischen Prozesse der Kern des Sozialismus. Damit sorgte er für den Bedarf des Europäers des 19. Jahrhunderts, dessen Probleme Marx als konkret, ökonomisch und dringend identifizierte, und nicht als geistig oder weltentrückt. Für die Marxisten war die Hauptsache der Kampf. Darin waren die Sozialisten die Erben der germanischen Stämme, des eddischen Äsir, der mittelalterlichen Ritter und des preußischen Militärs, die alle die separanten Tugenden von Krieg, Kampf und Heldentum rühmten. Das universale kommunistische Heil würde durch Klassenkampf, Revolution, den „letzten

Krieg" und natürlich durch das vereinte internationale Proletariat erreicht werden. Der marxistische Klassenkampf war daher nur ein anderer Aspekt der separaten deutschen Haltung, sich auf Gewalt als die beste Lösung sozialer Probleme zu verlassen.

Die partizipante jüdische Komponente des Marxismus erscheint als, was Georg Lukács, selbst ein Jude, „die Kategorie der Totalität" bezeichnet. Lukács sagt in seiner „Geschichte und Klassenbewußtsein", daß dies den Marxismus von der bourgeoisen Denkart viel mehr unterscheidet als das Vorherrschen der ökonomischen Komponente (eine separate Seite des Marxismus) in sozialen Beziehungen. Die „Kategorie der Totalität" ist in dem monistischen Ganzen der Ziele des Marxismus enthalten: Universalismus, Internationalismus und Weltkommunismus sahen, um diesen Monismus zu verwirklichen, beinahe alle deutschen Sozialisten und Kommunisten von Bebel bis Lassalle, von Bernstein bis Luxemburg und Marx als bestes Mittel der Dialektik. Die partizipante Natur der Dialektik lag in ihrer Vereinigung von Gegensätzen und ihrer Synthese von ungleichen Zuständen und Vorgängen. Rosa Luxemburg legte besonders großen Wert auf die Totalität des Monismus. Sie predigte ohne Unterlaß eine Weltrevolution ohne territoriale Grenzen, eine vereinigte Arbeiterpartei, die Abschaffung aller Nationen und die Vereinigung der Menschheit zu einer Nation.[63]

Eine weitere separate Doktrine im Sozialismus war die Unterordnung der Autorität und Macht unter die Rechtsprechung. Daher war der monistische Universalismus der Sozialisten hauptsächlich mit einer grenzenlosen Gerechtigkeit, einem klassenlosen Recht, einer gerechten Verteilung des Reichtums, Gleichheit vor der Justiz und schließlich mit einer universalen Gerechtigkeit verbunden. Die Verbindung des Sozialismus mit Recht war charakteristisch für die mosaische Anwendung sozialer Gerechtigkeit im Alten Testament nach Gustav Landauer.[64] Die Betonung der Bruderschaft der Menschen war noch eine partizipante Seite des Sozialismus. Lassalle war ein eifriger Vertreter der Demokratie. Es ist ebenfalls charakteristisch, daß Hitler sowohl den Sozialismus als auch die Demokratie als jüdisch bezeichnete, d.h. als undeutsch.[65] Für partizipante jüdische Demokraten gab es keinen Platz in dem separaten deutschen Ethos.

Im Gegensatz zu der strukturellen, funktionalen Analyse der Gesellschaft ist der Marxismus wertbeladen und deshalb ethisch. In der Tat stellte Karl Popper fest, daß das hauptsächliche Verdienst des Marxismus war, daß er ein Modell für die moralische Kritik der Gesellschaft, d.h. eine wissenschaftliche Basis geschaffen hat.[66]

Die hervorstechendste partizipante Charakteristik der jüdischen sozialistischen Revolutionäre war ihre normative Selbstaufopferung. Die meisten litten schwer für ihre Überzeugungen, und manche wurden umgebracht. Der junge Lassalle konzentrierte sich besonders auf den Weg, der von den makkabäischen Märtyrern, die sich für ihre Überzeugung opferten, zu den Propheten und Aposteln führte, die das 1000-jährige Reich verkündeten.[67] Nach seinem Tod wurde Lassalle zum Heiligen und Märtyrer des Sozialismus erklärt. Lassalles Heiligsprechung durch die Sozialisten und sein Märtyrertum durch die Bourgeoisie mochte zu seinen Lebzeiten berechtigt gewesen sein, aber nicht zur Zeit seines Todes. Dieser ereignete sich in einem Duell, das durch eine seiner verwickelten Liebesaffären verursacht wurde. Es fand mit einem Gegner, Janco von Racowitza, statt, der nichts mit der angeblichen Beleidigung von Lassalles Ehre zu tun hatte.

Als Mitglied der kurzlebigen Bayrischen Republik (Räterepublik) wurde der zur jüdischen Führerschaft gehörige Eisner auf dem Weg zum bayrischen Parlament erschossen und unter den Füßen des Freikorps zertrampelt. Mühsam, der ein Eisenbahnbillet zur Freiheit geschenkt erhielt, als die Nazis nach dem Reichstagsbrand 1933 die Anhänger der Linken verfolgten, gab das Billet einem jungen Mann, der es seiner Ansicht nach mehr als er brauchte. Mühsam wurde von den Sturmtruppen festgenommen, gefoltert und ermordet, und sein Mord wurde als Selbstmord dargestellt. Die Märtyrerschaft der jüdischen sozialistischen Revolutionäre, von Rosa Luxemburg bis zu den Opfern der großen Säuberungsaktionen in Stalins Schreckensherrschaft, wurde von dem offiziellen Antisemitismus der meisten kommunistischen Regime bis vor kurzem fortgesetzt. Arthur Koestler, ein Jude und ehemaliger Kommunist, schrieb in seinem Buch „Darkness at Noon", daß Rubashoff, dem jüdischen alten Bolschewiken (wahrscheinlich ein Abbild von Bucharin), die Möglichkeit gegeben wurde, erfundene Verbrechen und einen absurden, nie begangenen Verrat zu gestehen, um ein freiwilliger Sündenbock des kommunistischen Regimes zu werden. Sein Vernehmungsbeamter ließ durchblicken, daß er dadurch der Partei einen letzten Dienst leisten würde. Rubashoff zog es am Ende vor, ein Märtyrer zu werden und die Normen und Ideale zu heiligen, wie so viele seiner Vorfahren.

Es wurde Russels Analogie von Marxismus und Judeo-Christentum erwähnt. Tatsächlich wurde die kommunistische Partei in Webers Metapher eine ecclesia pura, die von einer „sichtbaren Gemeinschaft von Heiligen angeführt wurde".[68] Die Diktatur des Proletariats war eine strenge Hierarchie mit Anweisungen von oben. Marx wurde fortwährend interpretiert wie die heiligen Schriften von den „Talmudisten". Diese partizipanten jüdischen Quellen des Marxismus und des revolutionären Sozialismus wurden von vielen Forschern beobachtet. Hermann Cohen wies die direkte philosophische Verbindung zwischen den Propheten des Alten Testaments und dem Sozialismus nach. Sowohl die hebräischen Propheten als auch Marx predigten die Apokalypse und das 1000-jährige Reich. Das jüdische partizipante Wohlergehen in der Zukunft wurde von Marx für die Würdigen in der separanten materialistischen Gegenwart wiedererweckt.

Moses Hess, der „Rote Rabbi", der jüdische Prophet des revolutionären Sozialismus, erklärte das Judentum zum Modell für die universale sozialistische Lebensanschauung. Er sah im Sozialismus die Verkörperung des messiansischen „Königtums Gottes", in dem sozialer Altruismus und praktische Moralität vereint sind.[69]

Talmon schreibt, daß der messianische Eifer des revolutionären Sozialismus besonders intensiv unter den russischen und polnischen Juden war.[70] Ihr partizipantes Verlangen nach Erlösung wurde direkt von dem theokratischen osteuropäischen Shtetl auf die weltliche Religion des Marxismus übertragen, ohne in diesem Prozeß von der westlichen Kultur verwässert zu werden. Die Juden brachten ihr ständiges Sehnen nach messianischer Erlösung und Rechtschaffenheit durch Opfer und normatives Märtyrertum zum Kommunismus dar. Wenn Rosa Luxemburg danach verlangte, an der „tiefsten Stille der Unendlichkeit" teilzunehmen, hörte sie sich an wie der chassidische quietistische Weise, der Maggid von Mezheritz, der um Vernichtung betete, oder Rabbi Chaim Haike, der danach verlangte, in der Totalität des Nichts unterzugehen.

Die partizipanten jüdischen Ideale vom Weltfrieden, der Gleichheit vor dem Gesetz, sozialer Gerechtigkeit, der Herrschaft moralischer Gesetze und der Teilnahme jedes einzelnen an der Bruderschaft der Menschen – jeder nach seiner Fähigkeit beitragend und nach seiner Notwendigkeit erhaltend – durchsetzten die Ideen der meisten deutsch-jüdischen Sozialisten. Die beachtenswertesten von diesen waren Samuel Kokosky, Carl Hirsch, Eduard Bernstein, Gabriel Löwenstein, Karl Hochberg, Max Kayser, Paul Singer, Johann Jacoby, Adolf Hepner, Kurt Eisner und Hugo Haase.

Es ist hier sachdienlich, die Einstellung der deutschen und jüdischen Gegner zueinander und zu sich selbst, gegenüber dem Sozialismus, dem heftigen Produkt ihres Aufeinandertreffens, zu untersuchen.

Eine auffallende Tatsache war in diesem Zusammenhang der heftige Anitsemitismus der meisten jüdischen Sozialisten. Marx stellte in seinem Aufsatz über „Die Judenfrage" fest, daß die säkulare Basis des Judentums Selbstinteresse sei; das weltliche Ziel der Anbetung der Juden sei ausnützende Geschäftemacherei, und der jüdische Gott sei Geld.[71] Marx offenbarte sich als rassischer Antisemit, wenn er zu Engels bemerkte, daß Lassalle nach seiner Schädelform und seinen Haaren ein „negerähnlicher Jude" sei.[72] Lassalle erklärte seinerseits: „Ich liebe die Juden überhaupt nicht, ich verabscheue sie sogar im allgemeinen. Ich sehe in ihnen nur die sehr degenerierten Abkömmlinge einer großen, aber entschwundenen Vergangenheit ... Ich habe keinen Kontakt mit ihnen."[73] Lassalle, der Hegels Philosophie voll und unkritisch adoptiert hatte, übernahm auch Hegels Urteil, daß die Juden ein historischer Anachronismus seien.[74]

Rosa Luxemburg haßte die Juden. Sie nannte die Zionisten „Parches" (vom Ringwurm verseucht) und Victor Adler „den unverschämten Juden". Adler seinerseits war offen antisemitisch und stellte keine Juden in der deutschen sozialdemokratischen Partei an, damit man nicht sagen könnte, sie „sei voller Juden".[75] Bruno Bauer, auch ein jüdischer Sozialist, folgte Hegel in seiner Erklärung, daß die Juden „ein historisches Fossil" seien, ein Hegelianischer Ausdruck für negativ, degeneriert und verurteilt. Nach Bauers Meinung drückte der Talmud die Hartnäckigkeit des jüdischen Geistes, seinen willkürlichen und negativen Charakter aus. Er sei die chimärische, eingebildete und sinnlose Fortsetzung des Mosaismus, und er schloß daher, daß „die Juden ihre Unterdrückung verdient hatten".[76] Es war charakteristisch, daß Friedrich Engels, der Nichtjude frommer christlicher Abstammung, derjenige war, der den Antisemitismus Eugen Dührings in seinem Aufsatz „Anti-Dühring" bekämpfte und im Mai 1890 den Antisemitismus der Wiener Arbeiter-Zeitung angriff.

Es wäre eine Vereinfachung, dem Antisemitismus der jüdischen Sozialisten eine entscheidende Funktion zuzusprechen, d.h. wenn der Sozialismus antijüdisch gewesen wäre, wäre er für das überwiegend antisemitische Proletariat eher annehmbar gewesen. Die Natur des Antisemitismus würde die soziale Unruhe verstärken und dadurch das Feuer der Revolution schüren. Der Antisemitismus der jüdisch-deutschen Sozialisten hatte aber einen viel tieferen Grund. Die Sozialisten mußten ihren eigenen partizipanten Charakter bekämpfen, der die vielen, durch die freiwillige Aussetzung gegenüber der aktiven deutschen Kultur erworbenen, separanten Komponenten des Sozialismus nicht verkraften konnte. Eine Möglichkeit, wie sie ihre übermäßig partizipanten Kernkomponenten überwinden konnten, war, ihren Widerwillen gegen ihre (Ex-)Brüder, die partizipanten Juden, zu verdrängen. So zeigte z.B. Marx in seiner „Die jüdische Frage" einen übertrieben separanten Aktivismus, verbunden mit Verachtung der Juden und Sozialisten wie Lassalle, „des polnischen Schmuhl". Marx argumentierte mit Bruno Bauer, als ob er selbst ein reinrassiger Deutscher sei.

Lassalle hatte sich anscheinend vollkommen mit seinem neu einverleibten separanten deutschen Aktivismus identifiziert, inklusive des Antisemitismus des deutschen Proletariats, der für ihn ein Mittel war, seine teutonische Voreingenommenheit zur Schau zu tragen und seinen eigenen partizipanten Charakter zu unterdrücken.

Rosa Luxemburgs Antisemitismus war zumindest teilweise eine Reaktion gegen den partizipanten Kern einer Ostjüdin, mit ihren auffallend jüdischen Gesichtszügen und ihrer ewigen Sorge um die Gesundheit ihrer Familie, wie eine typische jiddische Mamme.[77] Man braucht keine übertriebene Phantasie, um sich die Reaktion des durchschnittlichen Deutschen vorzustellen, der dazu neigte, konservativ, militaristisch, nationalistisch und offen oder latent antisemitisch zu sein, auf einen Eduard Bernstein mit den Zügen eines altmodischen Talmudgelehrten, wenn er die Deutschen zur Rede stellte, weil sie den 1. Weltkrieg angefangen hatten; auf eine Rosa Luxemburg, eine kleine humpelnde Frau mit einem jüdisch-polnischen Akzent, wenn sie gegen den deutschen Militarismus und Expansionismus wetterte; auf einen Kurt Eisner, Gustav Landauer, Kurt Tucholsky und Erich Mühsam, alle diese Juden, die eine sozialistische bayrische Republik gründeten, ohne überhaupt mit einem bayrischen Akzent zu sprechen; auf Ferdinand Lassalle, einen

Juden aus Breslau, der die deutschen Arbeiter zu Streiks, Aufruhr und Agitation aufhetzte, und auf Karl Marx, der Weltrevolution, universale Gewalt und die Auflösung aller Nationen in eine ungeheure internationale Diktatur des Proletariats predigte. Heinrich von Treitschke nannte daher die Vorläufer des deutschen Sozialismus jüdischer Abstammung wie Moses Hess, Heinrich Heine, Ludwig Börne, Dagobert Oppenheim und Andreas Gottschalk „orientalische Chorleiter der Revolution". Dühring und Marx beschuldigten die Sozialisten der Absicht, die Gesellschaft und die Nationen durch Revolution zu zerstören, um sie sich zu unterwerfen. Die Auffälligkeit der Juden unter der Führerschaft der Aufstände am Ende des Ersten Weltkrieges, z.B. Rosa Luxemburg, Leo Jochides (Rosas Liebhaber), Karl Radek, Kurt Eisner, Erich von Mühsam und Ernst Toller, verursachte eine antisemitische Reaktion[78], die dazu beitrug, die nationalistischen völkischen Bewegungen zu stärken und später als ein Hebel für die Bildung und den Aufstieg der Nazi-Partei zur Macht zu dienen. Sogar schon vor dem 1. Weltkrieg beschuldigte der Kanzler von Bülow die Sozialdemokraten des Landesverrats, aber nach dem Krieg hielt Rosenberg die Marxisten-Juden verantwortlich für die Niederlage. Hitler, Goebbels und Himmler setzten Judentum und Bolschewismus gleich, „von Moses bis Lewin". Der Kampf der Nazis gegen den jüdischen Marxismus verlieh ihnen einen schnellen Aufstieg; er lieferte auch den Sündenbock als Auslöser für die Vernichtung der europäischen Juden.

Ironischerweise waren die partizipanten Juden, die Anführer der sozialistischen und kommunistischen Bewegungen, meist idealistische Theoretiker mit einer ungenügenden Erfassung der Realität und ungenügender Vorbereitung, um mit internen Machtkämpfen und Intrigen fertig zu werden. Im Jahre 1930 war kein einziger Jude mehr unter den kommunistischen Reichstagsabgeordneten, und sehr wenige Juden blieben in der ehemals vorherrschend jüdischen Leitung der deutschen sozialdemokratischen Partei. Die Ausmerzung der Juden aus den osteuropäischen kommunistischen Parteien und der halboffizielle Antisemitismus des kommunistischen Regimes machte die oberen Echelons der regierenden kommunistischen Parteien praktisch judenrein.

Wer hat behauptet, daß die Geschichte sich nicht wiederholt? Als das Christentum in Europa an die Macht kam, verwarf es die Juden und unterdrückte sie, die vorzüglich durch ihren dialektischen Konflikt mit dem Hellenismus die christliche Synthese zu schaffen halfen. Als die Kommunisten in Europa an die Macht kamen, verwarfen und unterdrückten sie die Juden, die durch ihre einseitige Liebelei mit Deutschland und seiner Kultur geholfen hatten, die sozialistische Synthese zu schaffen.

Kunst, Kultur und der Revolver

Hans Johst, der von den Nazis gekrönte Dichter, erklärte, daß, wenn er das Wort ‚Kultur' höre, er zu seinem Revolver greife. Karl Lueger, der antisemitische Wiener Bürgermeister, witzelte, daß Wissenschaft das sei, was ein Jude von einem anderen kopierte. Als man Hitler sagte, daß die deutschen Wissenschaftler Deutschland verließen oder ausgewiesen wurden, antwortete er: „Wenn schon! Wir werden die nächsten hundert Jahre ohne Mathematiker und Physiker auskommen." Die Nazis sahen die Beschäftigung mit den Künsten und die Suche nach Wissen als charakteristisch für Juden und unpassend für eine heidnische „blonde Bestie".

Daher mußte Kultur zusammen mit den Juden auf den Abfallhaufen der Geschichte geworfen werden. Tatsächlich trugen viele Juden, deren Väter erst kürzlich das Ghetto verlassen hatten, zu dem erstaunlichen Aufstieg des Fin-de-siècle-Wien und der Weimarer Republik bei. Diese kulturelle Erscheinung, die hier mit der Renaissance und dem perikleischen Athen verglichen wurde, war die erste in der europäischen Geschichte, an der die Juden einen bedeutenden Anteil hatten. Das Athen des 5. Jahrhunderts vor Christus war rein griechisch, und so gut wie keine Juden hatten Anteil an der Renaissance und der schöpferischen Kraft und Kultur im Europa des 14., 15. und 16. Jahrhunderts. Dagegen fühlten sich die meisten emanzipierten und größtenteils assimilierten deutschen und Wiener Juden des 19. und 20. Jahrhunderts als integraler Teil des zunehmenden Wachstums und der deutschen Kultur. Heine schrieb über „ein neues Jerusalem", das die Juden und Deutschen in Deutschland bauen würden. „Ein neues Palästina auf deutschem Boden", das der Geburtsort der Philosophie, „die Quelle der Prophezeiung" werden sollte.[79] Es ist von Bedeutung, daß Heine eine Synthese der separanten Philosophie und der partizipanten Prophezeiung im Sinne hatte, die das Resultat des deutsch-jüdischen Zusammentreffens sein sollte. Einstein war ein Beispiel des Enthusiasmus', mit dem die Juden sich beeilten, an den deutschen Künsten und Wissenschaften[80] teilzuhaben, nachdem sie so viele Jahre im Ghetto gewesen waren, wo sie das Thorastudium mit demselben Enthusiasmus verfolgt hatten. Die Juden machten ungefähr 9% der Bevölkerung des Fin-de-siècle-Wien aus, aber laut Stefan Zweigs Memoiren trugen sie neun Zehntel zu Kunst, Literatur und Wissenschaften bei. Juden gründeten und verlegten die meisten Wiener Zeitungen und waren die führenden Persönlichkeiten im Theater, der Musik und dem Showbusiness[81]. Als Lueger, Wiens antisemitischer Bürgermeister, ein „Wiener Arisches Theater" gründete, bestand dies nur 5 Jahre.

Zweig erinnerte sich, daß die Wiener jüdischen Jugendlichen brennende Begeisterung für Kultur hatten, und ihre Suche nach Kunst, Literatur und Theater wurde ein Wahrzeichen für Humanismus, Fortschritt, Emanzipation und Aufstand gegen den Konservativismus der Wiener Bourgeoisie und Aristokratie. Die kulturelle Renaissance in der Weimarer Republik, die laut Thomas Mann das Kulturzentrum Europas von Frankreich nach Deutschland verlagerte, wurde zu einem großen Teil von Juden begonnen und unterhalten. Max Liebermann, der mit einer Gruppe von größtenteils jüdischen Künstlern die als die „Berliner Sezession" bekannte Kunstbewegung gründete, wurde im Jahre 1920 zum Präsidenten der preußischen Kunstakademie gewählt. Die Berliner Avantgarde scharte sich um Herwarth Walden alias Georg Levin. Die Bewegung des Expressionismus', die einen bedeutenden Teil des Weimarer Theaters und seiner Musik beeinflußte, zählte viele Juden zu ihren führenden Exponenten. Viele jüdische Dramatiker, Direktoren, Schauspieler und Musiker trugen dazu bei, Berlin zur Hauptstadt des Theaters und der Musik Europas und vielleicht der Welt zu machen. In ähnlicher Weise trugen die Prager Juden zur deutschen Kultur viel mehr bei als ihr relativer Anteil an der deutschsprachigen Bevölkerung der Tschechei ausmachte.

Überragende Neuerer wie Einstein und Schönberg zeigten eine intensive Beteiligung an ihrer traditionellen Identität. Schönbergs eindrucksvollste Werke waren über biblische Themen, so wie das Oratorium „Die Jakobsleiter" und die Oper „Moses und Aaron". Einstein schrieb Aufsätze über jüdische Themen und beschäftigte sich mit partizipanten zentralen Angelegenheiten des Pazifismus und der Vereinigung alles menschlichen Wissens. Sowohl Einstein als auch Schönberg waren Mitglieder der preußischen Akademie bis zu ihrer Ausweisung durch die Nazis und wurden als deutsche Schrittmacher in der Weimarer Republik anerkannt. Jakob Wassermann, der bekannte deutsch-jüdische Schriftsteller, erklärte, daß er sowohl Jude als auch Deutscher sei, und daß die beiden untrennbar seien.[82] Karl Wolfskehl schrieb ein Buch mit Aufsätzen über die deutsche jüdische Tradition, dessen zentrales Thema war, daß Juden und Deutsche zusammengehörten und keiner ohne den anderen existieren könne. Theodor Lessing stellte, nachdem er vor den Nazis geflohen war, die deutsche Judenheit als Erbe Abrahams, Jakobs und Moses' von jüdischer Seite und als Erbe Goethes, Schuberts, Dürers und Hölderlins von deutscher

Seite dar. Das Leitmotiv von Else Lasker-Schülers Werk war die Möglichkeit einer blei-
benden Sympathie zwischen deutschen Juden und Christen. Die partizipanten Juden
nahmen die Gegenwart nicht zu genau, da für sie die Ewigkeit die Hauptsache war. Die
Juden waren auch gewöhnt, über sich selbst zu lachen, und ihr Sinn für Humor wurde in
die deutsche Kunst und Literatur eingeführt. Diese letzteren waren, wie die zentralen
Schichten des germanischen Ethos', übermäßig schwermütig, ernst und mit einer Über-
dosis von Sarkasmus durchsetzt, der das separante Hauptmittel ist, die Mitmenschen und
die Mitbewerber um die spärlichen Bequemlichkeiten des Lebens herabzusetzen.

Es wurde schon früher auf den anti-ästhetischen Kern des jüdischen Sozialcharakters mit
seiner Neigung zur Abstraktion und dem Verbot der 10 Gebote betreffend Götzenbilder
aufmerksam gemacht. Diese waren im krassen Gegensatz zu dem zentralen Ästhetizis-
mus der Deutschen und ihrer separanten Verankerung in Form, Stil und Ritual. Im extremen Fall konnte dies die assimilisationshungrigen Juden dazu verleiten, das abfällige
Urteil der Deutschen in seiner Totalität zu akzeptieren. So ließ Otto Weininger sich am
Tage des Empfangs seines Doktorats taufen und erklärte später, daß die Juden anthropo-
logisch den Negern und Mongolen ähnlich seien. Im übrigen sei die jüdische Religion von
bösartigen alten Weibern getragen (für Weininger waren Frauen und Juden gleich tief
gestellt) und Richard Wagner (der größte Mensch seit Jesus Christus) habe mit seiner
Bemühung, die deutsche Kunst und Kultur vom verderblichen jüdischen Einfluß zu säubern, recht gehabt. Es war charakteristisch, daß die deutsche Rechte und die Nazis den
Expressionismus, der die hervorragendste künstlerische und kulturelle deutsch-jüdische
Synthese war, als eine degenerierte, undeutsche Verirrung erklärten. Die Völkischen und
die Nazis sahen die Kunst als den höchsten Ausdruck einer gesunden arischen Schönheit
an. Daher mußte der Expressionismus krankhaft und jüdisch sein, was für sie synonym
war. In der Tat wurde das deutsch-jüdische Zusammentreffen eine Synthese von germa-
nisch-separanter Kunst, die Raum und Zeit beherrschen wollte, und dem aufopfernden,
unobjektiven und partizipanten jüdischen Ethos. Die gotische Architektur zum Beispiel
zwang sich der Umgebung auf, und die deutsche Musik strahlte ein Bild von Herrlichkeit
und Macht aus, ein ästhetisches System eines Gleichgewichts zwischen Mensch und
Umwelt. Die Juden auf der anderen Seite besaßen eine partizipante, nach innen gerichtete Lethargie, die eine Abstumpfung des Selbstbewußtseins erzeugte und Offenbarungs-
erlebnisse möglich machte. Die Juden brachten auch zu ihrer neuen Teilnahme an den
plastischen Künsten eine partizipante Neigung an den Tag, die Umrisse der objektiven
Welt zu verwischen und ihr inneres Unbehagen mit der Gegenwart zum Ausdruck zu
bringen. Die ganze Bewegung des Expressionismus in der Malerei, Literatur und im
Drama hatte daher Anflüge einer esoterischen, sogar medusenhaften Schönheit, überflutet von inneren, nicht mitteilbaren Ausbrüchen einer partizipanten Offenbarung. Die
Themen der Offenbarung durch Sünde und der Rettung durch Elend sowie die Anziehungskraft der Verdammung waren im Judentum schon voll entwickelt. Die Rettung
durch die Gosse war zwar kein zentrales Anliegen des halachischen Judentums, war aber
tief verwurzelt in manchen mystischen und esoterischen Doktrinen, wie der Kabbala,
dem Sabbatismus und einigen chassidischen Sekten.[83] Laut den Kabbalisten verstreute
die kosmische Katastrophe des Zerbrechens der Gefäße Teilchen der Gottheit in einer
Lästerung der Schöpfung, und infolgedessen muß jedes menschliche Wesen einen Tikkun durchgehen, eine Heilung, um die verstreuten Teile zu ihrem heiligen Ursprung
zurückzubringen. Die Juden des Ghettos und des osteuropäischen Shtetls waren oft anti-
gegenständlich, anti-schön, anti-ordentlich und anti-harmonisch eingestellt, weil das
separante, gottlose Schöpfung bedeutete, während der verinnerlichte partizipante Geist
eine Verkörperlichung, Konkretisierung und Schönheit vermied. Je häßlicher das sichtbare Shtetl, desto herrlicher sein innerer Geist. Rabbi Nachman von Bretzlav folgte der

Kabbala, indem er das Heimliche, Unsichtbare rühmte und die äußere Schale (Klippa – Gottlosigkeit in der Kabbala) der Schöpfung vermied. „Ich schätze die alten Chassidim," sagte Rabbi Nachman, „die mit ihren schmutzigen Mänteln direkt in den Palast des Königreichs Gottes eilten."[84] Die Antiästhetik der religiösen Juden grenzte oft an einen invertierten Sinn für Schönheit. Dieser Sinn für eine medusenhafte Schönheit wurde möglicherweise von den deutschen Juden in die Kunst- und Literaturbewegungen des Expressionismus, Dadaismus und Surrealismus gebracht, mit ihren düsteren Untertönen des Makabren und Verdammten, gemischt mit dem romantischen Schmerz, dem Erhabenen, Ausdrucksvollen und Prächtigen.

Partizipante Kunst ist minimalistisch und streng wie die Ornamente der alten jüdischen orthodoxen Synagogen oder das Innere einer Moschee. Daraus folgte, daß, wenn die jüdischen partizipanten Künstler einem separanten Ethos ausgesetzt waren und es anzunehmen wünschten, sie riskierten, pompös, aufgeblasen und anmaßend zu wirken.

Der partizipante Gebrauch der Sprache ist anders als der separante, sowohl in der Aussprache als auch in der Wahl der Wörter. So hatten Wörter für die partizipanten Juden eine von ihrem Referenzobjekt unabhängige Bedeutung. Die Worte eines Gebets konnten eine göttliche Offenbarung bewirken, daher wurde ihre Artikulation mit der richtigen Aufmerksamkeit und Intensität zu einem konstituierenden Akt und nicht nur zum Vorläufer einer Tat. Für die separanten Deutschen dagegen waren Wörter bedeutungslos oder lässiges Geschwätz, wenn sie nicht die Vorläufer oder Benennung einer Tat waren. Separante Wörter neigten dazu, sich in konkreten Objekten und sichtbaren Werten zu begründen. Für die Deutschen waren Wörter ein Mittel zum Verständnis, und nicht ein symbolischer Ausdruck von geheimnisvoller Bedeutung und Offenbarung.

Die deutsche gotische Architektur beherrschte das Übersinnliche durch reine Größe. Die separanten Deutschen versuchten, Gott in einer für ihren sozialen Charakter typischen Weise zu erreichen: durch Macht, Masse und Spitze, den Himmel bedrohende speerähnliche Türme. Am Beginn des Industriezeitalters bauten die Deutschen Fabriken, die Heiligtümer des Fortschritts und Tempel des sisyphischen Glaubens waren, daß der Mensch seine Umgebung unterwerfen könnte und würde.

Die separanten Deutschen glaubten daran, daß die Gottheit sich nicht in Worten oder Abstraktionen offenbaren würde, sondern in der Natur, in Objekten, Lebensformen und insbesondere im Menschen und seinen physischen Eigenschaften. Der Deutsche sorgte gut für seinen Körper, sein Training, seine Kontrolle und seine Ästhetik. Ein schöner, gut proportionierter Körper war notwendigerweise mit einer lobenswerten, ausgeglichenen Persönlichkeit verbunden. Die äußere Erscheinung war von überragender Wichtigkeit, weil, wie Chamberlain behauptete, die physische Erscheinung eines Mannes „sein Inneres widerspiegelt". Eichmann in seinem Glaskäfig in Jerusalem beschäftigte sich ausführlich mit seiner äußeren Erscheinung und betrachtete sich intensiv, um den kleinsten Fehler in seinem Aussehen und der Reinlichkeit seiner Gefängniskleider zu vermeiden.

Die heidnischen separanten Komponenten in der germanischen Kunst sind offenbar in der Wiener amoralischen Gefühlsstruktur[85] sowie in der nordischen Saga, der eddischen Mythologie und alten deutschen Volkssagen, die oft unter der Oberfläche der deutschen Kunst und Literatur auftauchten und die übermächtig in Wagners Musik zum Ausdruck kamen.

Die deutsche Ästhetik war voreingenommen, angewandt und grob; sie betonte und idolisierte das Objekt. Ein deutscher Architekt konnte mit religiöser Hingabe mit seinem Baumaterial verbunden sein. Ein gewisser deutscher Architekt beschrieb einmal die reinigenden Eigenschaften von Glas in einer Konstruktion.

Germanische Andacht wurde durch Herrlichkeit, Ordnung und ästhetisch gebaute Kirchen und Gewänder inspiriert. Die Liturgie floß durch orchestrierte Musik als Vermittler zwischen Mensch und Gott. Dagegen war die jüdische Andacht in den Synagogen und, noch typischer, im Shtetl beinahe ohne irgendeine objektgebundene Ästhetik. Ihre Liturgie enthielt viele „Körpergeräusche" und floß durch das innere Selbst, das danach strebte, von der Totalität des Nichtseins absorbiert zu werden.

Die kollektive, spät-orale separante Fixierung der Deutschen auf ein Objekt verursachte eine rituelle Beschäftigung mit Nahrung und Getränken, sowie den großen Wert, den sie auf Tischmanieren legten. Die Juden hingegen betonten die religiöse Bedeutung der Sabbat- und Feiertagstafeln, weil der Eßtisch in diesem Fall mit dem Altar im Tempel gleichgesetzt wurde. Überdies verwandelten die religiösen Speisevorschriften und die vielen Gebete, die die Nahrungaufnahme begleiten, das Essen für die Juden in eine religiöse Zeremonie. Die Nahrungsmittel selbst waren von weniger Bedeutung, da die Halacha dem Juden vorschreibt, nur bis zu einem Drittel seines Hungers zu essen.

Für die Deutschen waren Ästhetik, Ordnung und Sauberkeit gleichbedeutend mit Ethik. Sie behaupteten mit Thoreau, daß die Wahrnehmung der Schönheit eine moralische Prüfung darstellt. Das Prinzip des „Ordnung muß sein" und der modus vivendi mit der Umgebung waren von wesentlicher Wichtigkeit für die separanten Deutschen. Goethe, Patriarch und Erzsymbol der deutschen Kultur, erklärte: „Ich würde eher eine Ungerechtigkeit begehen, als Unordnung zu leiden."[86] Der separante Deutsche arrangierte seine Umgebung mit nahezu obsessiver Peinlichkeit, weil der Sinn für Ordnung ihm Sicherheit und das Gefühl gab, daß er seine Umgebung beherrschte. Jedes Objekt und jede Objektbeziehung mußten ihren Platz und ihre Funktion haben, sonst würden ihr Wert und ihre Bedeutung herabgesetzt werden; und dann würde der separante Homo Faber, dessen Weltanschauung durch die ihn umgebenden Lebensformen und Objekte bedingt war, seine Orientierung verlieren. Vor allem war der Deutsche höflich und wohlerzogen. Die Kinderstube war von entscheidender Wichtigkeit. Trotzdem war die deutsche Höflichkeit eine entfremdende Komponente. Schopenhauer, ein anderer Erzweiser, definierte Höflichkeit und gute Manieren als die einzige vernünftige Distanz zwischen zwei Menschen. Und tatsächlich sind Logik und Distanz die Grundlagen deutscher Höflichkeit, welche die Eigenheit des kalten, unpersönlichen Aussehens und der Stimme einer Stewardess eines Flughafens im separanten, technologischen Zeitalter hat. Für die Deutschen soll die Beziehung zwischen zwei Menschen höflich, rational, ordentlich und ästhetisch sein, während für die Juden ein Treffen einen Dialog zweier Seelen bedeutet. Es könnte für sie keine entfernte, höfliche und entfremdete „Ich-Es" Beziehung sein, sondern ein „Ich-Du" Treffen unter der Beschirmung eines allumfassenden partizipanten „universalen Du".

Die Poesie und Literatur der deutschen Juden zeigt tatsächlich eine Synthese zwischen separanten und partizipanten Komponenten. Hofmannsthals „Der Tod des Tizian" vereinigte die Anbetung von heidnischer Ästhetik und der separanten Schöpfungskraft des Gottes Pan mit der Weihung der partizipanten Einheit allen Lebens.[87]

Die separante plastische Kunst besingt den Körper und seine Schönheit, Wachstum, Kraft und Herrschaft. Die Bronzefiguren von Riace, die im Ionischen Meer an der kalabrischen Küste gefunden wurden, und die die attische Kultur des 5. Jahrhunderts vor Chr. repräsentieren, beweisen das anthropozentrische Selbstvertrauen der griechischen Kultur und den Glauben des Protagoras, der von allen Hellenen geteilt wird, daß der Mensch das Maß aller Dinge sei. Die „Bronzi di Riace" zeigen zwei griechische Krieger von überlebensgroßer Gestalt. Sie sind von ihrer Stärke und Schönheit überzeugt und wissen, daß nichts Wichtiges außerhalb der Geschichte existiert. Es gibt kein seliges Leben nach dem Tod, und Tartaros, der Ort, zu dem man nach dem Tode gelangt, ist von dem Fluß Acheron umflossen, dem Fluß des immerwährenden Schmerzes. Die christliche Kunst ist voller Gewalt und Tortur und rühmt die Macht des Kreuzes in seiner kriegerischen

Transformation zum Schwert. Die Rennaissance ging zum Heidentum der Sinnlichkeit und der separanten Ästhetik der Fruchtbarkeit zurück, die moderne separante Kunst schwankt zwischen der Suche von Max Frischs „Homo Faber", der seiner Umgebung Rationalität, Ordnung, Harmonie und ausbalancierte Systeme aufzwingen will, und der unterdrückten Gewaltsamkeit des Irrationalen, der Irrationalität des Sehnens nach einem partizipanten Nicht-Sein, abwechselnd mit der drohenden Lawine der Götterdämmerung. Die deutsche völkische und Nazi-Kunst lieferte ein Beispiel. Arno Breker, einer von Hitlers Lieblingskünstlern, errichtete übergroße Skulpturen in heidnischen und pseudoklassischen Haltungen. Josef Thorak, ein anderer Liebling des Führers, baute Monumente voll junonischer Frauen, die dazu einluden, von Skulpturen von Mister Universe-Muskelmenschen in den Hitlerjugend-Zuchtfarmen befruchtet zu werden. Der nationalsozialistische Sozialismus Bossards zeigte die separanten Themen der Fruchtbarkeit und des Kriegs, wo die Männer kämpften und die Frauen die Felder säten für den Sieg, der sicher war. Otto Haffner malte hochmütige, göttinnengleiche Weiber des Äsir, die jeden unterwerfen würden, der ihren fleischfressenden Reizen zum Opfer fiele. Fritz Klimsch zeigte die reine deutsche Frau, die durch Rassenschande beschmutzt wurde. Die gesunde Erotik dieser Frauen war dazu bestimmt, gesunde und kräftige Männer anzustacheln, bessere biologische Nachkommen zu zeugen. Das Nazi-Heidentum legte alles bloß und überließ nichts der Phantasie. Ernst Zager malte in seinem Bild „Sportkameraden" eine nackte Frau, die einem nackten Mann die Hand hielt, der eine sichtliche Erektion hatte. Tod war unwirklich: Fidus zeigte ein Mädchen, das am Rand eines Abgrunds stand. Sie schien ruhig und furchtlos, da sie sogar, falls sie fiel, nach der Götterdämmerung wieder auferstehen würde, zusammen mit allen Kriegern in Walhalla, wo sie mit allen teutonischen Göttern und Menschen wohnen würde. Kitsch sei nicht der Begleiter des Todes, wie Saul Friedländer schrieb. Kitsch sei eher eine Darstellung der sisyphischen Zyklen von Leben, Wachstum, Fruchtbarkeit, Krieg und Auferstehung, ohne die partizipanten Einschränkungen von Demut und Schmerz. Nazi-Kunst war Kitsch, weil sie nur die separanten Aufwallungen der Macht darstellte, ohne die partizipanten Begrenzungen durch die Unvermeidlichkeit des Nicht-Seins. Die Nazi-Kunst war häßlich, weil ein eitler Sisyphus, der seinen Stein auf seinen Bruder Tantalus schleuderte, in seinem Übermut nicht die Grenzen seiner Anstrengung absehen konnte. Nur wenn die separante Kraft innerhalb partizipanter Grenzen gehalten wird, kann sie wirklich ästhetisch sein.

Unter den ersten deutsch-jüdischen Malern, die die Grenzen des Ghettos sprengten, und deren Kunst hauptsächlich von religiöser Strenge und dekorativer Natur war, und die sich mit der Hauptrichtung deutscher plastischer Kunst des 19. Jahrhunderts vereinigten, waren Philipp Weidt (1793–1877), Edward Julius Friedrich Bendemann (1811–1880) und Moritz Daniel Oppenheim (1801–1882). Weidt gehörte zu der deutschen Nazarener-Bewegung, die versuchte, den italienischen Quattrocento-Malern nachzueifern. Aber seine Themen waren vom Alten Testament abgeleitet, wenn auch in zeitgemäßer Technik ausgeführt. Bendemann war ein Modemaler der Frankfurter Bourgeoisie, aber sein Ruf stammte hauptsächlich von seinen drei biblischen Malereien der jüdischen Trauernden in Babylon: Jeremias, den Fall Jerusalems betrauernd, und Ruth und Boas.[88] Oppenheim war sehr von der Folklore des jüdischen deutschen Ghettos eingenommen, aber er illustrierte auch Goethes „Hermann und Dorothea". Er malte jüdische Ritualien und hohe Feste, aber auch jüdische Kriegsveteranen der deutschen Armee, um den deutsch-jüdischen Anspruch nach der vollen Integration in die deutsche Gesellschaft und Kultur zu unterstützen. Jankel Adler (1895–1945) war ein deutsch-jüdischer Maler, in Polen geboren, der den deutschen Expressionismus zu beispielloser Höhe erhob. Er vollbrachte die Vereinigung des jüdischen partizipanten Ethos mit der deutschen separanten Avantgarde der Weimarer Republik. Max Liebermann, der Anführer der als „Berliner Sezession" bekannten Kunstbewegung, hatte die Gesichtszüge eines preußischen Generals. Er war Präsident der „Preußischen Kunstakademie" und Jude. Obwohl er die deutsche Kultur mit ganzer Seele angenommen hatte, brachte er dennoch einige jüdisch-partizipante Untertöne in seine Kunst ein. Er wurde 1933 von der „Preußischen Kunstakademie" abgesetzt und aller seiner Titel enthoben. Er starb in vollkommener Isolierung und Einsamkeit im Alter von 88 Jahren. Seine Witwe beging im Alter von 84 Jahren Selbstmord, als die Nazis kamen, um sie festzunehmen.

In der partizipanten Musik erscheinen viele „körperliche Stimmen", nasale Töne und Melodien, die nicht nach außen, sondern vielmehr nach innen gerichtet sind, und die beabsichtigen, das Bewußtsein zu verwischen und eine enthüllende Aussetzung der Totalität des Nicht-Seins in der kosmischen Einheit zu bewirken. Separante Musik hingegen ist strukturiert und harmonisch und fließt in einer lineraren Progression nach außen auf Objekte und auf einen veräußerlichten und allmächigen Gott hin. Partizipante Musik schließt die meisten orientalischen und fernöstlichen Melodien ein, die in einem Rhythmus enthalten sind. Diese „horizontale" Musik ist für das innere Ohr bestimmt, sie ist kreisförmig gedämpft und kaum kommunikativ. Die separante Musik ist harmonisch, „vertikal" und richtet sich hauptsächlich an spezifische und allgemeine andere. Sie richtet sich an Hörer in westlichen Konzerthallen, animiert Soldaten zum Marschieren und die Kavallerie zur Attacke.

Die jüdische Liturgie ist eine typisch partizipante Form der Musik insofern, als sie darauf gerichtet ist, das Bewußtsein der Andächtigen zu verwischen und sie eine Offenbarung erleben zu lassen. Katholische Kirchenmusik hatte byzantinische und mozarabische Grundlagen, aber auch liturgische Quellen von frühen jüdischen Christen, die ihre Gebete durchsetzten, die von Generation zu Generation weitergegeben wurden. Deutsche Einflüsse auf Kirchenmusik waren hauptsächlich „vertikal" und harmonisch und dienten später als Grundlage für die protestantische Liturgie, die dann ihrerseits die Quelle für deutsche Barockmusik und die erstaunlichen Schöpfungen Bachs wurde. Wagner schrieb abfällig über jüdische Musiker, deren Inspirationsquellen die Gesänge und Gebete der Synagoge waren. Dies war zweifellos richtig[89], und ohne seine abwertenden Urteile zu teilen, kann mit Wagner insofern übereingestimmt werden, als die jüdischen Komponisten, Dirigenten und ausführenden Musiker nach ihrer Emanzipation einige von der jüdischen Liturgie stammende Komponenten in die deutsche Musik einführten.

Die dieser Arbeit zugrundeliegende Meta-Theorie setzt eine dialektische separante-partizipante Beziehung innerhalb eines Kontinuums voraus. Daher kann „horizontale" Musik selbst aus einer mehr partizipanten Melodie bestehen, die durch den Taktschlag eines separanten Rhythmus begleitet und gestaltet ist. Auf Griechisch ist das Wort Rhythmus auch eine Zahl, und deshalb quantifiziert der Rhythmus die Melodie innerhalb einer Folge von Zeitimpulsen. Auf der andern Seite kann die „vertikale", harmonische Musik, die für westliche separante Kompositionen charakteristisch ist, auch durch ruhige, elegische und partizipant minorisch traurigere Tonleitern gegen die festlichen, lebhaften und energischeren Dur-Tonleitern in Kontrast stehen.

Nietzsche beschrieb mit ungewöhnlichem Nachdruck das Aufleben des dionysischen Geistes, der einige Parallelen mit unserem separant-sisyphischen Sozialcharakter zeigt: so in der deutschen Musik von Bach bis zu Beethoven und von Beethoven bis zu Wagner.[90] Wagner war für eine gewisse Zeit Nietzsches ideale Inkarnation des dionysischen Ethos, und Wagners Musik war die Verkörperung der dionysischen Ekstase, Wildheit und Leidenschaft, die sich von den apollinischen Fesseln von Maß und Gesellschaft freigemacht hatte. Nietzsche betrachtete Wagner als den legitimen Erben des griechischen Chors und der heraklitischen Philosophie des im Fluß Befindlichen.[91] Charakteristischerweise bedeutete der griechische Chor eine separante Ordnung der Harmonie, und Heraklit war der archetypische separante Philosoph.[92] Wagner war auch, laut Nietzsche, der Erbe von Luther, der die deutsche Liturgie von den partizipanten Schichten der katholischen Messe mit ihrer dumpfen Neigung zur Verinnerlichung befreite. Wagner schürte die dionysischen Feuer und entzündete die Brände der germanischen Mythologie. Er inszenierte in Bayreuth theatralische Feuerwerke, die dann von sich aus die brennende Raserei Hitlers entzündenten, der ein treuer Wagnerianer war. Daher führten beide, Wagner und Hitler, durch, was ihnen das Vermächtnis Nietzsches zu sein schien, d.h. die Enthüllung „der inneren Wahrheit der Natur und der Falschheit der Kultur".[93] Wagners Musik sollte deshalb als ein Hauptauslöser angesehen werden, der den Furor Teutonicus auf die europäische Kultur und die Fluten der Götterdämmerung der germanischen Mythologie auf die ganze Welt losließ.

Die beste Illustration der Synchronisierung eines jüdischen partizipierenden Hintergrundes und germanischer separanter Musik wird durch Gustav Mahler gegeben. Er wurde als Sohn eines jüdischen Gasthausbesitzers in Böhmen geboren und wuchs in der Nähe von Militärbaracken auf. Er hörte endlose Militärmärsche, die ganz unerwartet in seinen Symphonien und im „Lied von der Erde" auftauchten. Er nahm in seiner Musik sowohl deutsche Volksmelodien als auch den aufdringlichen Pomp der Trompeten auf, aber seine erste Symphonie enthält Melodien einer jüdischen Hochzeit, und seine fünfte Symphonie enthält den erstickten Aufschrei eines gefolterten Judentums. Ein Wiener Kritiker sagte von Mahler, daß er Wagners „Tannhäuser" mit einer jüdischen Akzentuierung dirigierte. Er war partizipant in seiner Weltanschauung, uninteressiert an Geld und Äußerlichkeiten, verachtete hedonistische Vergnügungen und schätzte vor allem die geistige Essenz von Mensch und Musik. Als man den jungen Gustav fragte, was er werden wolle, antwortete er: „ein Märtyrer". Und tatsächlich veranlaßte ihn sein partizipantes Inneres, seine Musik mit Märtyrertum, Schmerz und Sehnsucht nach dem Tod zu durchsetzen. Er nannte die Juden „eine wundervolle Nation" und warnte doch seine Frau Alma, nicht ihre Frisur hochzustecken, damit sie nicht semitsch erscheinen solle. In seiner Arbeit strebte Mahler nach einem Gleichgewicht zwischen separanter Ekstase und partizipanter Düsterkeit. Die partizipante Komponente seiner Musik drückte sich in seinem Credo aus, daß Musik „ein Sehnen jenseits der Eitelkeit des irdischen Lebens"[94] vermitteln müsse. Aber dies war verbunden mit einem separanten Aufschwung auf die Flügel der Engel. Mahler sah sich tatsächlich mit der Gottheit kämpfen, wie Jakob mit dem Engel, um seine wunderbare Musik durch einen sisyphischen Hindernislauf mit tantalischem Schmerz zu zeugen.

Die partizipante, normativ opferbereite Natur Arnold Schönbergs offenbarte sich in seiner offenen Absicht, sich als Beweis seines Wertes zum Opfer darzubieten.[95] Außerdem war er von mystischen Zahlen fasziniert. Seine ersten Opern waren atonal und bedeuteten seinen Bruch mit der traditionellen Harmonie: „Erwarten" (1909), „Der Angsttraum" und „Die glückliche Hand" spiegelten das Auftauchen unterbewußter Traumgestalten.[96] Er sah in seiner bilbischen Oper „Moses und Aaron" nicht nur sein musikalisches Testament, sondern die Essenz seiner philosophischen und künstlerischen Weltanschauung. Freud betonte immer sein zentrales Judentum, und in seiner Einführung zur hebräischen Übersetzung von „Totem und Tabu" beteuerte er von neuem sein jüdisches Selbstbewußtsein und versicherte, daß sein Judentum wahrscheinlich der zentrale Kern seines Selbst war.[97] Er sah deshalb die separante germanische Kultur, Wissenschaft und Psychologie durch ein jüdisch-partizipantes Prisma. David Bahan hat schon einige allgemeine partizipante Züge der jüdischen Mystik und der Freudianischen Psychoanalyse aufgezeigt.[98] In der Tat ist die ganze Idee des Unterbewußtseins und seiner Verbindung mit dem Bewußten, die Beziehungen zwischen psychoanalytischer Dynamik und Symbolismus sowie offenem menschlichen Benehmen sehr ähnlich der Beziehung des Pshat und des Drash im Judentum, die die offenen und geheimen Bedeutungen eines Textes sind, sehr ähnlich der Beziehung der Halacha und der Chochmat Hanistar, den offenen Normen und der geheimen (mystischen) Doktrin. Freud beschäftigte sich intensiv mit separanter Macht, Organisation und Größe[99] und durchsetzte seine Theorien mit seiner partizipanten Besorgtheit um das Verborgene und Geheime, um das Unbewußte, die Moralität und um Schuldgefühle.[100] Freuds Psychoanalyse kann so als ein hervorragendes Beispiel von einer Synthese zwischen der separanten germanischern Kultur des Fin-de-siècle-Wien und dem partizipanten Ethos des Judentums angesehen werden. In diesem Sinne zumindest hatte Jung recht mit seiner Behauptung, daß Freuds partizipantere Psychoanalyse „jüdisch" war, während seine separantere Psychoanalyse, die im kollektiven Unterbewußtsein (im Gegensatz zu Freuds individuellem Unterbewußtsein) wurzelte, teutonischer Herkunft war. Jung veröffentlichte seinen Artikel mit der Kritik der Freudianischen „jüdischen" Psychoanalyse 1934 in einem deutschen Journal der Psychiatrie, das von Dr. Göring, dem Vetter Hermanns, herausgegeben wurde. Er erklärete darin, daß die Juden niemals eine eigene Kultur gegründet hatten, daß die Freud'sche Psychoanalyse Schmutz in seine von Natur aus reinen Patienten eingeflößt habe (die alte Verleumdung, daß die Juden die arische Rasse beschmutzen), und daß die Nationalsozialisten ein wunderbares Phänomen seien, das die Welt in Staunen versetzte.[101]

Albert Einstein war wahrscheinlich mehr als irgendein anderer Physiker vor oder nach ihm für die Desintegration der separanten Konkretisierung von Mensch, Raum und Zeit verantwortlich. Die Physik von Aristoteles und Newton lieferte eine solide Basis für die Griechen und Europäer und unterstützte ihre weltlichen Erwartungen. Einstein führte partizipante Elemente der Labilität in die materielle Welt und eine vereinigende Abstraktheit in die Theorie der Physik ein. Er war auch ein Pazifist, für Internationalismus und liebte sein Leben lang die beiden partizipanten Tugenden des Judentums: die geistige Suche und die soziale Gerechtigkeit, sogar auf Kosten einer normativen Selbstaufopferung.[102]

Die Reaktion der deutschen Nationalisten, der völkischen Bewegung und der Nazis auf die Einführung jüdischer partizipanter Elemente in die deutsche separante Kunst und Wissenschaft war, wie vorauszusehen, brutal. Freud, der „dreckige Jude", brachte Schmutz (Geschlechtlichkeit) in die unbefleckte arische Psyche. Charakteristischerweise reagierte einer der Teilnehmer eines wissenschaftlichen Kongresses auf den Vorschlag, Freuds Ideen in die Diskussion einzuschließen, indem er sagte, daß die Psychoanalyse eine Angelegenheit für die Polizei sei und nicht geeignet für wissenschaftliche Diskussionen. Einstein wurde beschmiert als der Verderber „arischer Physik". Philipp Lenard, der deutsche Nobelpreisträger in Physik, verurteilte Einsteins „jüdische Physik" im Gegensatz zur deutschen Physik. Er wurde als „Relativitätsjude" angeprangert, und öffentliche Versammlungen wurden gegen seine „bolschewistische Physik" abgehalten.[103] Schönberg wurde verfolgt als der Zerstörer der deutschen Musik, die für einen Deutschen das Wertvollste von allem war. Schönberg vernichtete die vertikale Komponente der separanten Harmonie in der deutschen Musik durch seine Atonalität der 12-Ton-Skala. Für Wagner brachten die Juden Verfall und Degeneration in die deutsche Musik. Er vertrat das separante Credo, daß eine authentische Schöpfung nur durch das Ethos des Volks geschaffen werden könnte und daß die Juden nicht zur deutschen Nation gehörten. Ihr Gebrauch der deutschen Sprache war durch eine widerliche semitische Aussprache verdorben, und daher könnten sie niemals deutsche Musik hervorbringen, da ein organischer Bestandteil derselben die Ästhetik der Sprache war. Wagner beendete seinen Angriff gegen die Juden in der Musik mit der Erklärung, daß der einzige Weg, das deutsche Volk vor dem wandernden Juden zu retten, seine Vernichtung sei: sein Untergang![104] Hitler, ein überzeugter Wagnerianer, befolgte diesen Rat voll und ganz. Schon am Anfang seiner Karriere behauptete Hitler, daß die Juden aus der deutschen Kultur „Dreck" machten.[105] Darum war die logische Schlußfolgerung, germanische Kunst und Wissenschaften von ihren verunreinigenden partizipanten jüdischen Komponenten zu reinigen. Nur dann würde der deutsche Geist unbehindert aufblühen. Das Verbrennen der „jüdischen" Bücher war eine notwendige Maßnahme dieser Reinigungsaktion. Ebenso notwendig war auch die Ausstellung der degenerierten jüdischen Kunst, die expressionistische Malereien Seite an Seite mit Bildern von Mongoloiden, geistig Gestörten und C.P.-Verzerrungen zeigte. Erst wenn die deutsche Kultur von ihrer partizipanten jüdischen Deformierung gereinigt sein würde, könnte sie zu ihren kräftigen heidnischen Ursprüngen und den säubernden Quellen der nordischen Mythologie zurückkehren.

Wie die gewaltsame Verwerfung des jüdischen Sozialismus und Kommunismus half auch die vehemente Säuberung der deutschen Kultur von jüdischen Einflüssen den Nazis, das separate Wüten einer deutschen, heidnischen Sturzflut zu entfesseln. Jede Hoffnung auf ein schöpferisches System im Gleichgewicht zwischen separanten und partizipanten Komponenten der deutschen Kultur wurde zunichte, und die normativen Einschränkungen gegen die brutale Gewalt des mythisch-archaischen Kerns der deutschen Kultur wurden total niedergerissen. Das Resultat war eine vernichtende kulturelle Götterdämmerung sowohl der deutschen als auch der jüdischen Kultur. So starb das dritte kulturelle Aufblühen in der europäischen Geschichte, das durch eine deutsch-jüdische Symbiose ausgelöst worden war, einen gewaltsamen, unnatürlichen Tod, ohne auch nur einen kleinen Bruchteil seiner gewaltigen Möglichkeiten realisiert zu haben.

* * *

1. S. G. Shoham: Rebellion, Creativity and Revelation, London 1985, Science Review LTD. Publiacation.
2. Documents on the Holocaust, Jersualem 1978, Yad Vashem, p. 69.
3. G. Scholem: Explications and Implications, Tel Aviv 1975, Am-Oved, p. 96.
4. A. Leschnitzer: The Magic Background of Modern Antisemitism, New York 1956, International Universities Press, p. 37.
5. F. V. Grünfeld: Prophets without Honour, Tel Aviv 1982, Am-Oved Publishers, p. 83.
6. F. V. Grünfeld: Prophets without Honour, op. cit., p. 17.
7. Ibid., p. 37.
8. Ibid., p. 78.
9. Vergl. A. Leschnitzer: The Magic Background of Modern Antisemitism, New York 1956, International Universities Press, p. 155 et seq.
10. M. Schwartz: Jewish Thought and General Culture, Tel Aviv 1976, Schocken/Publishing House, p. 30.
11. Encyclopedie Judaica, Vol. 7, p. 847.
13. Martin Buber: Selected Writings on Judaism and Jewish Affairs, Jersusalem 1984, The Zionist Library, Vol. 11, p. 294.
14. M. Loewenthal: The History of the Jews in Germany, op. cit., p. 145.
15. J. Toury: Der Eintritt der Juden ins Deutsche Bürgertum, Tel Aviv 1972, Diaspore Research Institute Documents, IIb and IIc.
16. R. Grünberger: A Social History of the 3rd Reich, op. cit., p. 574.
17. M. Loewenthal: The History of the Jews in Germany, op. cit., p. 180.
18. R. Grünberger: A Social History of the 3rd Reich, op. cit., p. 574.
19. J. L. Talmon: The Myth of the Nation and Vision of Revolution, op. cit., Vol. I, p. 237.
20. M. Loewenthal: The History of the Jews in Germany, op. cit., p. 145.
21. S. M. Bolkowsky: The Distorted Image, New York 1975, Elsevier, p. 121.
22. F. V. Grünfeld: Prophets without Honour, op. cit., p. 26.
23. G. Scholem: Explications and Implications, op. cit., p. 109.
24. S. M. Bolkowsky: The Distorted Image, op. cit., p. 161.
25. Ibid., p. 162.
26. S. Volkov: Uniqueness and Assimiliation; in M. Zimmermann: Crisis of German National Consciousness, Jerusalem 1983, The Magness Press, p. 176.
27. The New York Review, 13. Juni, 1985.
28. S. M. Bolkowsky: The Distorted Image, op. cit., p. 41.
29. G. L. Mosse: The Crisis of German Ideology, op. cit., p. 126.
30. Zit. n. U. Tal: Christians and Jews in Germany, Ithaca 1975, Cornell University Press, pp. 50–51.
31. G. L. Mosse: The Crisis of German Idology, op. cit., p. 128.
32. Ibid., p. 127.
34. Ulrich Dunker: Der Reichsbund Jüdischer Frontsoldaten 1919–1938, Düsseldorf, Droste.
35. Z. Bacharach: Racism – The Tool of Politics, op. cit., p. 110.
36. S. M. Bolkowsky: The Distorted Image, op. cit., p. 63.
37. Ibid., p. 163.
38. S. M. Bolkowsky: The Distorted Image, op. cit., p. 162.
39. Z. Bacharach: Racism – The Tool of Politics, op. cit., p. 119.
41. G. Scholem: Explications and Implications, op. cit., p. 100.
42. S. M. Bolkowsky: The Distorted Image, op. cit., p. 14.
43. F. V. Grünfeld: Prophets without Honour, op. cit., p. 88.
44. Ibid., p. 90.
45. Theodor Lessing: Der Jüdische Selbsthaß, Berlin 1930.
46. S. G. Shoham: Rebellion, Creativity and Revelation, op. cit.
47. J. L. Talmon: The Myth of the Nation and Vision of Revolution, op. cit., p. 246.
48. Michael S. Meyer: German Political Pressure and Jewish Religious Response in the 19th Cen-

tury, New York 1981, Leo Baeck Institute.

49. Heinrich von Treitschke: „A Word about our Jews"; in G. L. Mosse: The Crisis of German Ideology, op. cit., p. 200.
50. B. Russel: History of Western Philosophy, London 1947, Allen & Unwin, p. 378.
51. J. L. Talmon: The Myth of the Nation and Vision of Revolution, op. cit., p. 252.
52. H. Heine: Bekenntnisse 1852–1854.
53. Heines letzter Wille, Testament vom 13. November 1851.
54. S. Náaman: Ferdinand Lassalle, Tel Aviv 1984, Am Oved Publishers, pp. 36, 40–41.
55. Kommunistisches Manifest
56. Bezüglich prominenter Juden in anderen sozialistischen und kommunistischen Bewegungen siehe J. L. Talmon: The Myth of the Nation and Vision of Revolution, op. cit., Teil IV, pp. 213–271.
57. R. S. Wistrich: Socialism and the Jews, London 1982, Associated University Press Inc., p. 80.
58. Ibid., p. 22.
59. R. S. Wistrich: Socialism and the Jews, op. cit., p. 234.
60. Ibid., p. 164.
61. John Toland: Adolf Hitler, New York 1976, Bantam Books, p. 562.
62. Karl Marx: These über Feuerbach.
63. J. L. Talmon: The Myth of the Nation and Vision of Revolution, op. cit., p. 98.
64. J. L. Talmon: The Myth of the Nation and Vision of Revolution, op. cit. p. 167.
65. Ibid., p. 273.
66. K. Popper: The Open Society and its Enemies, London 1945, Routledge, Vol. II, p. 187.
67. Shlomo Náaman: Ferdinand Lassalle, op. cit., p. 32.
68. Max Weber: Wirtschaft und Gesellschaft, Tübingen 1922, J. C. B. Mohr, pp. 198–199.
69. R. S. Wistrich: Socialism and the Jews, op. cit., p. 38.
70. J. L. Talmon: The Myth of the Nation and Vision of Revolution, op. cit., p. 25.
71. Karl Marx: Early Writings, Tel Aviv 1977, Sifriat Hapoalim, p. 59.
72. R. S. Wistrich: Socialism and the Jews, op. cit., p. 31.
73. Ibid., pp. 46–47.
74. Shlomo Náaman: Ferdinand Lassalle, op. cit., p. 93.
75. J. L. Talmon: The Myth of the Nation and Vision of Revolution, op. cit., p. 274.
76. R. S. Wistrich: Socialism and the Jews, op. cit., p. 18.
77. J. L. Talmon: The Myth of the Nation and Vision of Revolution, op. cit., p. 111.
78. R. S. Wistrich: Socialism and the Jews, op. cit., p. 88.
79. F. V. Grünfeld: Prophets without Honour, op. cit., p. 11.
80. Ibid., p. 11.
81. J. L. Talmon: The Myth of the Nation and Vision of Revolution, op. cit., p. 254.
82. F. V. Grünfeld: Prophets without Honour, op. cit., p. 18.
83. S. G. Shoham: Salvation Through the Gutters, New York 1980, Hemisphere Publications.
84. A. Green: Tormented Master, Alabama 1979, The University of Alabama Press, p. 141.
85. C. E. Schorske: Fin-de-Siècle Vienna, New York 1981, Vintage Books, p. 7.
86. R. Grünberger: A Social History of the 3rd Reich, op. cit., p. 41.
87. Carl E. Schorske: Fin-de-Siècle Vienna, op. cit., p. 17.
88. B. S. Roth: Jewish Art, Ramat Gan 1974, Massada, pp. 150–151.
89. R. Wagner: Das Judentum in der Musik, Jerusalem 1981, The Dimur Center, p. 30.
90. F. Nietzsche: The Birth of Tragedy from the Spirit of Music, New York 1927, The Modern Library, p. 1058.
91. Ibid., p. 1059.
92. S. G. Shoham: The Violence of Silence, London 1984, Science Rev. LTD., Kapitel 1 und 2.
93. F. Nietzsche: The Birth of Tragedy from the Spirit of Music, op. cit., p. 986.
94. F. V. Grünfeld: Prophets without Honour, op. cit., p. 49.
95. Ibid., p. 55.
96. F. V. Grünfeld: Prophets without Honour, op. cit., p. 156.

97. Ibid., pp. 162–163.
98. D. Bahan: Freud and the Jewish Mystical Tradition, Boston 1958, Beacon Press.
99. C. E. Schorske: Fin-de-Siècle Vienna, op. cit., pp. 181–183.
100. P. Rieff: Freud the Mind of a Moralist.
101. F. V. Grünfeld: Prophets without Honour, op. cit., p. 68.
102. U. Tal: Jewish and Universal Social Ethics in the Life and Thought of Albert Einstein; in G. Holton and Yehuda Elkana: Albert Einstein: Historical and Cultural Perspectives, Princeton 1982, Princeton University Press, pp. 297, 300, 302.
103. F. V. Grünfeld: Prophets without Honour, op. cit., p. 168.
104. R. Wagner: Das Judentum in der Musik, op. cit., p. 57.
105. K. Heiden: Der Führer, Boston 1944, Houghton Mifflin Co., p. 123.

Kapitel 9

Raufbolde, Plünderer und Mörder

„Eine Herde blonder Raubtiere, eine Eroberer- und Herrenrasse mit militärischer Organisation, mit der Organisationsmacht, die eine Bevölkerung gewissenlos unter ihren Pranken hielt. "

Friedrich Nietzsche: „Die Genealogie der Moral"

„Es war schwer für die Deutschen, eine Art Sicherheitsgefühl der nationalen Identität zu bilden; daher das häufige Schwanken zwischen Selbstverneinung und Hybris. "

Gordon Craig: „Die Deutschen"

„In der Folge unserer Besprechung über die Lieferung von Ausrüstung einfacher Konstruktion für Leichenverbrennung unterbreiten wir Zeichnungen für unsere verbesserten Einäscherungsöfen, die mit Kohle geheizt werden und zur vollen Zufriedenheit arbeiten. Wir schlagen vor, zwei Einäscherungsöfen anzuschaffen, raten aber, weitere Auskunft einzuholen, ob zwei Öfen für Ihren Zweck genügen.
Wir garantieren die Leistungsfähigkeit der Einäscherungsöfen und ihre Haltbarkeit, die Verwendung bester Materialien und tadellose Ausführung. Heil Hitler!"

G. H. Korl in William Shirers: „Aufstieg und Fall des Dritten Reichs"

Es wurden keine neuen Dokumente gefunden; auch werden keine neuen Tatsachen präsentiert, und es wird auch nicht beabsichtigt, den Aufstieg des Nazismus oder die Vernichtung der europäischen Juden zu beschreiben. Dies wurde schon von kompetenten Historikern wie Allen Bullock und Raul J. Hilberg vorgenommen. Es werden jedoch die bekannten Tatsachen benützt, um die Richtigkeit des vorgestellten Modells zu bewerten; die Tatsachen werden vom Standpunkt des Autors aus und im Licht der im vorhergehenden Kapitel dieses Buchs präsentierten Hypothesen betrachtet. Die Neuerung besteht in der Struktur dieses Modells und in den Zusammenhängen zwischen seinen Komponenten, und nicht in den Komponenten selber.
Daß die Juden als Widergeist im europäischen Ethos tief verwurzelt waren, wurde bewiesen. Der deutsche Sozialcharakter, der durch die germanische Mythologie genährt wurde, enthielt immer unter seiner äußeren Schale einen siedenden Kern von Kampfeslust und den Glauben an die Rechtlichkeit von Macht und Herren-Sklavendialektik, wie es oft ganz offen ausgedrückt wurde. Und dennoch vermochte nur ein Hitler, diese schon bestehenden Faktoren in eine Dynamik umzuwandeln, die das Dritte Reich und den Holocaust hervorbrachte. Die vorbereitenden Faktoren für den Nazismus und die Vernichtung der europäischen Juden waren schon im deutschen Sozialcharakter, in der germanischen Mythologie, in mancher deutschen Philosophie, Literatur, Poesie und den Schriften der völkischen und rassistischen Ideologen vorhanden. Überdies war der Hintergrund der sozioökonomischen Faktoren für den Furor Teutonicus tief im 2. Reich und in der Weimarer Republik verwurzelt. Hitlers Auslöser verursachte ein Zusammenwirken dieser

Faktoren in eine „kritische Masse" für die Explosion des Holocaust.

Sebastian Haffner[1] weist darauf hin, daß es Hitlers Ziel im letzten Kriegsjahr war, Deutschland und die deutsche Nation vollkommen zu vernichten. Darin war er teilweise erfolgreich. Die deutsche kulturelle Renaissance vom Ende des 19. und dem ersten Drittel des 20. Jahrhunderts wurde beinahe ausgelöscht. Aber obwohl es der föderalen Republik ökonomisch sehr gut ging, gedieh der preußische Militarismus noch immer in Ostdeutschland. Hitlers Ziel, die Juden zu vernichten, wurde ebenfalls teilweise erreicht. Er vertilgte die ostdeutschen Juden, besonders in Polen, Litauen und der Ukraine, die die Hauptzentren des traditionellen Judentums und seines kulturellen Erbes waren. Dies mag dazu beigetragen haben, daß – wie Golda Meir bedauerte – in Israel die Juden aufhörten, das „Volk des Buches" zu sein, und stattdessen Waffenhändler wurden. Aber auch hier war es den Juden Westeuropas und der USA „noch nie so gut gegangen".

Antisemitismus war der zentrale Kern der Nazi-Ideologie, weil er den Deutschen half, sich gegen den jüdischen Widergeist zu vereinen, und ihnen einen nach Maß zugeschnittenen Feind zum Bekämpfen gab. Haß und Krieg waren die beiden Grundkräfte von Hitlers Wahlparole, und die Juden waren die negative Definition durch Gegensatz zur arischen Welt und halfen so, das Gerüst der Nazi-Ideologie zu formen. Der Kampf gegen die Juden wurde zum heiligen Krieg, der mit Hingebung, Entschlußkraft und Pietät geführt werden mußte. Der Haß gegen den Widergeist war ein dunkles Spiegelbild der Liebe des deutschen Volkes für seinen Führer. So erklärte Himmler in seiner Ansprache an die SS-Gruppenleiter 1943, daß die Vernichtung der Juden eine heilige Aufgabe sei[2], eine erhabene Aufgabe für Deutschland und die Menschheit, weil durch die Austilgung der jüdischen Schädlinge die Menschheit geheilt würde. Das „Heiler-Mörder"-Paradox[3] war für die Umwandlung des Nazi-Verstandes von der Kunst des Heilens zur Kunst des Mordens verantwortlich. Tatsächlich machte sie die Planung, Organisation und wirksame Durchführung des Tötungsverfahrens zu einem Kunstwerk eines wildgewordenen Sisyphus. In Claude Lanzmanns Film „Shoah" brüstete sich einer der interviewten SS-Leute stolz der Leistungsfähigkeit des Tötungsfließbands von Treblinka. Diese Thanato-Therapie erforderte eine Überzeugung von seiten derer, die die Verbrechen begingen, daß sie eine heilende und gesunde Operation gegen ein kriminelles und unmenschliches Ungeziefer ausführten, gegen ein beschmutzendes Element, das die arische Rasse überfiel. Die erfolgreiche Entwurzelung, Degradierung und Vernichtung der Juden erforderte die aktive Teilnahme oder zumindest die passive Einwilligung des deutschen Volkes. Als sich in vielen deutschen Kreisen eine Empörung gegen die Aktion T4 erhob – den Mord an Geisteskranken, geistig Minderwertigen und Behinderten –, konnte sogar das Regime des Dritten Reichs diese nicht weiter verfolgen. Aber es gab keine bedeutenden öffentlichen Proteste in Deutschland gegen die Judenverfolgungen. Abgesehen von einigen wenigen Ausnahmen, gab es entweder aktive Beteiligung oder passive Einwilligung unter den besetzten europäischen Nationen an der Vernichtung der Juden. Die Alliierten trugen auch zu diesem Prozeß bei, durch ihre Nichtbeachtung des Ansuchens der amerikanischen und palästinensischen Juden, die Vernichtungslager und ihre Anlagen zu bombardieren. Aber vor allem trugen die Opfer selber zu ihrer Vernichtung bei, indem sie aktiv halfen, Männer, Frauen und Kinder zu finden, zu sammeln und einzufangen, die zu ihrem Tod verschickt werden sollten, und durch ihren blinden Gehorsam, mit dem die Befehle und die Täuschungsmanöver ihrer Verfolger befolgt wurden.

Die Vorläufer

Der Katalysator, den Hitler und die Nazis lieferten, verwandelte das Tempo und die

Masse des Antisemitismus und detonierte ihn in einer offiziellen Politik und Praxis. Jedoch war die Voreingenommenheit, die Juden in einen Widergeist zu verwandeln und sie zu einem dialektischen Schatten des wunderbaren germanischen Übermenschen zu machen, immer in dem separaten deutschen Ethos der völkischen Ideologen und in dem deutschen und österreichischen politischen und akademischen Antisemitismus vorhanden. Die österreichische pan-deutsche Bewegung mit Georg Ritter v. Schönerer als ihrem Propheten und dem Wiener Bürgermeister als ihrem pragmatischen Politiker lieferte das Rohmaterial für die zwei Gruppen der vorbereitenden und hintergründigen Faktoren für unser Modell. Hitler eiferte tatsächlich Lueger nach und adoptierte seine schlaue Ausnützung des Antisemitismus als eine politische Waffe. Schönerer prangerte das jüdische Kapital als „schädlich" an, im Gegensatz zu dem „ehrlichen" pan-deutschen.[4] Indem er Rothschild und seine jüdischen Partner als den bösen Widergeist definierte, stachelte er den österreichischen Reichsrat dazu an, endlich einmal auf die Stimme des Volkes zu hören, anstelle der Stimmen Rothschilds und seiner Partner.[5] Schönerers pan-deutsche Jünger konkretisierten die Stigma-Komponente vorliegenden Modells, indem sie ihren Sündenbock als Uhrkettenanhänger in der Form eines gehängten Juden trugen.[6] Was Lueger anbelangt, so ist die abstempelnde Komponente vorliegenden Modells durch ihre Darstellung der Juden als korrupt durch Definition offensichtlich. Die Demokraten trafen auf Schritt und Tritt auf Juden in ihrem Kampf gegen die Korruption.[7] Die dialektische Komponente vorliegenden Modells zeigt sich in Schönerers „Linz-Programm", in welchem er die Verteidigung des mit Blut und Boden verbundenen Bauern und der „erhabensten Kräfte des Volkes" durch inter alia Entfernung des „jüdischen Einflusses aus allen Sphären des öffentlichen Lebens"[8] empfahl. Der Hintergrundfaktor unseres Modells, der zur Gänze von Schönerer und Lueger ausgenützt wurde, war die Auffälligkeit der Juden in der österreichischen Ökonomie und der österreichischen Presse. Aber der hauptsächliche Unterschied zu Lueger und seinen Nazi-Jüngern war, daß er von seinen christlichen normativen Einschränkungen zurückgehalten wurde und den Antisemitismus mehr als politisches Mittel, denn als Dogma benützte. Nicht so der Führer! Er verwarf alle jüdischen, partizipanten und christlichen Grenzen und ersetzte sie durch Anitsemitismus als einen negativen Glauben, ein Evangelium des Hasses. Für die Nazis war die Judenverfolgung eine Ideologie und eine Religion.

Die zweite dialektische Komponente des Modells zeigt sich in den Statuten von Friedrich Langes Deutschbund, gegründet 1894. Diese stellten u.a. fest, daß ein Jude nicht zu diesem Bund gehören könne, weil es eines seiner Hauptziele sei, „den schädlichen Einfluß der Judenheit auf uns und unser Volk abzuwehren."[9]

In ähnlichem Sinn erklärte Ahlwardt, daß „wenn die Deutschen sich von dem einschränkenden Einfluß der Juden befreien würden, könnten sie die ganze Welt erobern". Im vorliegenden Modell wurde dies in das Ziel der Nazis umgeformt, sich von dem partizipanten judeo-christlichen Einfluß zu befreien, sodaß der deutsche Kern stürmisch hervorbrechen konnte, um das universale Tausendjährige Reich aufzubauen. Dies war der Mythos, den Hitler benützte, um das deutsche Volk zu bewegen, es aufs neue in Szene zu setzen. Wie früher aufgezeigt, sind Mythen durch Definition in der Gegenwart unverwirklichbar, aber sie motivieren uns, mit der Umgebung zusammenzuwirken, damit die Wirklichkeit das synthetische Resultat dieser Dialektik sein soll. Jedoch führt der Einsatz der Mythologie anstelle des realen Lebens unvermeidlich zur Götterdämmerung.

Die Doktrinen der politischen deutschen Antisemiten können ebenfalls auf das Modell bezogen werden. So gab Böckels antisemitische Volkspartei die stigmatisierende Komponente für vorliegendes Modell ab, durch die Forderung, die Juden aufs neue abzusondern, indem man ihre Emanzipation rückgängig machen und sie unter das Fremdengesetz stellen sollte.[10] Ahlwardt, ein antisemitischer Reichstagsabgeordneter, vertrat die stigmatisierende Voraussetzung vorliegenden Modells, indem er in einer Ansprache am 6. März 1895 die Juden als Cholerakeime bezeichnete, zum Gelächter und Vergnügen der Reichstagsmitgieder.[11] Diese Stigmatisierung der Juden als ein verschmutzender Faktor, als eine Rassenkrankheit, die Mikroben und Ungeziefer verbreitet, war natürlich die offizielle Nazi-Doktrin und eine der ideologischen Grundsteine für die Ausrottung der Juden.

Die antisemitische Volkspartei forderte auch die Beschützung der Bauern und Handwerker vor der wucherischen Ausbeutung durch (jüdische) Privatbanken und vor den diebischen Schwindeleien gegen ehrliche deutsche Geschäftsleute. Um das durchzuführen, sollten nur Nichtjuden in den gesetzgebenden Organen und staatlichen und städtischen Büros angestellt werden.[13] Gregor Straßer adoptierte diese Ideen und fügte ihnen in der Nazi-Partei (NSDAP) in einem Manifest für die Wahlen von 1930 folgendes hinzu: „Wir verlangen die Ausschließung der Juden vom deutschen Leben. Wir fordern deutsche Führerschaft ohne jüdischen Geist, ohne jüdische Drahtzieherei und jüdische Kapitalsinteressen. Wir verlangen den Schutz unserer Kulturgüter vor der jüdischen Arroganz und Aggression."[14]

Dies zeigt das Nazi-Schattenboxen mit dem einschränkenden partizipanten „Juden unter uns" und die Tatsache, daß sie unvermeidlicherweise ihre Aggression und Wut auf „den Juden dort draußen" projizierten. Was die Hintergrundfaktoren des gezeigten Modells anbelangt, so bedauerte Stocker die Auffälligkeit und Ostentation der deutschen Juden und forderte „etwas mehr Bescheidenheit, etwas mehr Toleranz, etwas mehr Gleichberechtigung"[15] und Demut von der allmächtigen und aggressiven Judenpresse.

Die völkischen und akademischen Vorläufer der Nazis lieferten auch das Material für alle drei Komponenten des Modells. Die Stigma-Voraussetzungen wurden von Paul Lagarde ausgesprochen, der erklärte, daß die Juden Bakterien seien und man nicht mit Mikroben unterhandle, man rottete sie aus.[16] In seiner „Die Judenfrage als Rassen-, Sitten- und Kulturfrage" (1881) verurteilte Dühring den „Judenliberalismus" als verabscheuungswürdig und erklärte, daß „der jüdische Schädel kein Denkerschädel" sei – „der Herrgott und die Geschäfte haben schon immer den ganzen Platz darin in Anspruch genommen". Daher sind die Juden eine „unvergleichlich untergeordnete Rasse."[17]

Hitler war nicht der erste, der die Vernichtung der Juden vertrat. Außer Lagarde betrachteten auch andere völkische und pan-germanische Anführer wie Class, Müller von Hausen und Paesch die Austilgung der Juden als das praktischste Mittel, um ihre eigenen und der Deutschen kritischste Probleme zu lösen. Dühring sah keinen anderen Ausweg, als die Juden bis zum bitteren Ende zu bekämpfen. Ahlwardt sah die Juden als verbrecherische Bösewichte an, die hingerichtet werden müßten. Wagner riet den Juden, daß ihr einziger Weg zum Heil sei, zu verschwinden, und Kaiser Wilhelm erkannte ebenfalls die Notwendigkeit, die Juden zu eliminieren.

Hitler und die Nazis besaßen die Entschlußkraft, die Macht, die Organisation und den moralischen Wahnsinn, diese Überzeugungen von Worten in die Tat umzusetzen.

Heinrich von Treitschke verlieh dem Antisemitismus akademische Korrektheit und bezeichnete die Juden als Krankheit und das Judentum als Schmutz. Zu der dialektischen Komponente des Modells trug Treitschke das Schlagwort bei: „Die Juden sind unser Unglück", das später die Frontseite von Streichers „Der Stürmer" schmückte.

Auf der völkischen Seite haben wir Wilhelm Marr, der den Ausdruck Antisemitismus prägte und verkündete, daß das Judentum schon das Deutschtum besiegt habe. „Wir Deutschen", schrieb er, „haben im Jahre 1849 unseren Verzicht zugunsten der Juden vollkommen gemacht... Das Leben und die Zukunft gehören dem Judentum, Tod und die Vergangenheit dem Deutschtum". Diese Darstellung der Juden als allgewaltiger Todfeind der Deutschen wurde gern von den Nazis angenommen und verbreitet. Aber der größte Einfluß auf die Nazi-Ideologie, was den dialektischen Kampf zwischen dem separanten germanischen Ethos und dem partizipanten Judaismus anbelangt, wurde von Houston S. Chamberlain ausgeübt. Mittels bemerkenswerter Gelehrtheit und dem absichtlichen Verzicht auf Logik und Schlußfolgerung als Mittel zum wissenschaftlichen Beweis wies er darauf hin, daß die Juden eine fremde Rasse seien, die nicht zur germanischen Blutgemeinschaft gehören könne.[19] Der Homo Judeus verkörperte Verkommenheit, Korruption und moralische Blindheit, während der Homo Europaeus, und besonders die Deutschen, Harmonie, Schönheit, Treue und moralische Rechtschaffenheit vertrat. Erst wenn die Deutschen sich von der moralischen Verstrickung durch die Juden befreien würden, würde der deutsche Genius wieder voll aufblühen können. Chamberlain machte einen tiefen Eindruck auf Rosenberg und Hitler.

Chamberlain verkündete den Messianismus des Führers. Dieser revanchierte sich, indem er ihm nach dessen Tode eine Gedenkrede hielt und verkündete, daß dieser die Waffe geschmiedet habe, die jemand in der Zukunft schwingen würde. Und dies tat der Führer wirklich!

Hintergrund-Einflüsse

Die Hintergrund-Faktoren im Modell für den Aufstieg des Nationalsozialismus waren in der sozio-normativen, politischen und ökonomischen Struktur Deutschlands gegeben. Diese Faktoren verstärkten die Voreingenommenheitsfaktoren. Manche von den hintergründigen Einflüssen hingen sowohl mit den stigmatisierenden als auch mit den dialektischen, vorbedingenden Faktoren zusammen. Durch die Verstärkung der vorbedingenden Faktoren vergrößerten die Hintergrund-Faktoren die Wahrscheinlichkeit, daß, wenn Hitler und seine Henker erscheinen, sie als Erlöser und Gottheiten des Äsir begrüßt würden. Dies veranlaßte wiederum die Deutschen, sich von den Nazis dazu verführen zu lassen, die germanische Mythologie in die Wirklichkeit zu versetzen und sie nicht nur als dialektisches Hauptmotiv ihres Sozialcharakters zu akzeptieren. Diese Umstände führten zum jüdischen Holocaust und zur deutschen Götterdämmerung. Als Zusammenfassung der jetzigen Annahme und dessen, was vorher über dieses Modell in der Einführung gesagt wurde, wird das folgende Schema präsentiert.

Modell für den Aufstieg des Nationalsozialismus

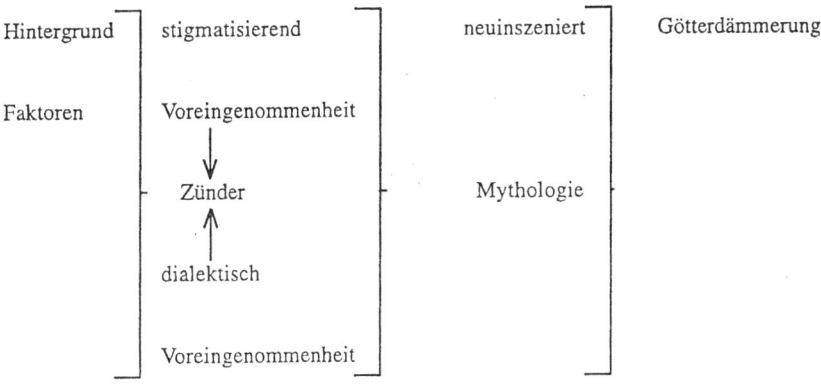

Da die Hintergrund-Faktoren die Voreingenommenheitsfaktoren nährten, verstärkten sie die Wahrscheinlichkeit, daß mit dem richtigen Zünder die Hintergrund-Faktoren und die Voreingenommenheitsfaktoren sich in eine „kritische Masse" vereinen würden, um das Modell zu aktivieren. Daher sind die Hintergrund-Faktoren so dargestellt, daß sie beide Gruppen der Voreingenommenheitsfaktoren enthalten, und die letzteren sind in Wechselwirkung mit diesen, wie durch die Pfeile dargestellt ist, die die beiden Gruppen verbinden.

Eine lange Liste der Hintergrund-Faktoren in diesem Modell kann wie folgt zusammengefaßt werden: die deutsche Niederlage im Ersten Weltkrieg, die folgende Wirtschaftskrise, Arbeitslosigkeit und Inflation. Das späte Erreichen der deutschen nationalen Einheit, die den Nationalismus im 19. und 20. Jahrhundert anfeuerte – während die älteren Nationen sich weniger auf ihre Nationalität konzentrierten; der Vertrag von Versailles demütigte Deutschland und spornte die Deutschen an, nach Rache zu sinnen;die Schwäche der Weimarer Republik; die Furcht vor dem Kommunismus und die relativ große Zahl der Juden in den deutschen kommunistischen und sozialistischen Parteien. Die Juden schwärmten nach ihrer Emanzipation in die deutsche Ökonomie, die Universititäten, das kulturelle Leben und die Presse und erzeugten dadurch eine abwehrende Befürchtung eines Angriffs auf die deutsche sozio-kulturelle Position. Der gemeinsame Nenner aller dieser Faktoren war in ihrem partizipanten, deprimierenden Effekt auf den vorwiegend separanten deutschen Sozialcharakter. Das Gefühl von Mißerfolg, Frustration, Depressivität, Nutzlosigkeit und Machtlosigkeit, die alle eine deprimierende Dynamik erzeugten, bewirkten eine scharfe separante Aufwallung in der deutschen sozio-ökonomischen und politischen Struktur, die die Voreingenommenheitsfaktoren des Modells mit separanter Energie aufluden.

Die Hintergrund-Faktoren ausführlich zu beschreiben, die zum Aufstieg des Nationalsozialismus führten, wäre sinnlos, da viele, kompetentere Historiker dies schon getan haben.[21] Nur einige illustrierende Beispiele dieser Faktoren sollen zeigen, wie diese die Faktoren der Voreingenommenheit in vorliegendem Modell verstärkt haben. Ein besonders wichtiger Hintergrund-Faktor war die wirtschaftliche Notlage nach dem Ersten Weltkrieg und die damit verbundene Inflation und Arbeitslosigkeit. Die Geschäftsbankrotte der zwanziger und der frühen dreißiger Jahre verursachten den Verlust der ökonomischen Sicherheit, die so notwendig für das Wohlergehen des separanten sozialen Charakters war, und ein Sündenbock wurde gesucht, der dafür verantwortlich gemacht werden konnte. Die offensichtlichen Opfer waren die jüdischen Bankbesitzer, Wucherer und Kapitalisten, die sich bereicherten, indem sie „das Blut des Volkes saugten" und die Wirtschaft egoistisch zerstörten, solange sie ihre Vermögen weiter vergrößern konnten. Die Inflation war katastrophal, aber die Hauptverdiener durch sie waren die Schwerindustriellen und Landbesitzer (die zum Schluß Hitler unterstützten) und nicht die Juden.[22] Aber wie in Kapitel 5 schon ausgeführt wurde, ist das Kainsmal weder rational noch auf Tatsachen gegründet. Die Juden, als ein machtloses Machtsymbol, waren der natürliche Sündenbock für die Inflation. Im Jahre 1931 waren 4,5 Millionen Deutsche arbeitslos. 1932 stieg die Zahl auf 6 Millionen an. Am 30. 1. 1933 war ein Drittel der deutschen Arbeitskräfte arbeitslos, und die Produktion fiel auf 50% des nationalen Potentials. Die Arbeitslosigkeit wurde den Juden zur Last gelegt, die ihr Kapital für Spekulationszwecke benutzten, anstatt es in die Wirtschaft zu investieren und dadurch zu der Beschäftigung der deutschen Arbeiter beizutragen.

Die Juden Europas waren hauptsächlich Städter. Nach ihrer Emanzipation verließen sie die Ghettos, aber nicht die Städte, und waren beinahe durch Definierung eine bourgeoise Mittelklasse, die von der oberen Klasse gemieden und von der Arbeiterklasse gehaßt wurde. Sie wurden besonders von den Landeigentümern und Bauern gehaßt, weil sie das

Symbol der städtischen Dekadenz und der unproduktiven und wucherhaften städtischen Wirtschaft waren. Die Stadtjuden stellten eine negative Definition durch Gegensatz zu den völkisch gesunden, schwer arbeitenden und ehrlichen Bauern dar. Mit der Entwicklung der Industrie strömten viele Bauern in die Städte und Industriezentren. Sie fühlten sich unglücklich aufgrund der Mühlen, Maschinen und Fließbänder und sehnten sich zurück nach dem verlorenen Paradies der deutschen Landschaft. Dieser Traum von Blut und Boden und vom ländlichen Paradies nährte den Haß gegen die Juden, die das Symbol für den Kummer, Schmutz und das Exil der industriellen städtischen Existenz waren. Dieser Hintergrund-Faktor nährte deshalb auch die Voreingenommenheit, den Juden zum Sündenbock zu machen, und machte den Antisemitismus zum Rückgrat der Nationalsozialisten.

Ein weiterer Hintergrund-Faktor war die Tatsache, daß die nationale Einigung relativ spät nach Deutschland kam. Da das Verlangen nach Einheit in einem Stadium war, in dem die meisten angrenzenden Staaten ihre vereinigte Nationalität schon erreicht hatten, erweckte dies einen heftigeren und intensiveren Nationalismus in den Deutschen. Als die Einigung endlich 1871 kam, war sie eine große Enttäuschung, weil man fühlte, daß das, was erreicht worden war, nur eine Erweiterung der preußischen Oberherrschaft über ganz Deutschland war. Die völkische Bewegung war besonders enttäuscht von dem, was ihr Sprachführer Paul de Lagarde als eine scheinbare, oberflächliche und falsche Einigung Deutschlands beschrieb. Eines der Ergebnisse dieses frustrierten Nationalismus war ein immer größeres Verlangen, das völkische Ideal des rein deutschen Ethos zu verwirklichen und die separanten Machtziele des deutschen Sozialcharakters zu erreichen. Eine weitere Folge war ein heftiger Fremdenhaß und ein besonderer Widerwillen gegen die Juden.[23]

Die Enttäuschung über die unerreichte integrale und organische Einheit (die den feudalen und traditionellen Zwistigkeiten zwischen den deutschen Ländern, Grafschaften und Fürstentümern zugerechnet werden kann) wurde auf die egoistischen, intriganten und internationalen Juden projiziert. Daher verstärkte dieser Hintergrund-Faktor auch die dialektischen Faktoren, die innerhalb des deutschen Sozialcharakters wirkten.

Der stärkere Zustrom der emanzipierten Juden in die deutsche Wirtschaft, Künste und Wissenschaften machte sie immer sichtbarer, und die Stigmatisierung und Ausnützung als Sündenbock erfolgte leichter. Der überstürzte Eifer der emanzipierten und assimilierten Juden, einen Anteil an der Ökonomie, dem Eigentum, Zeitungsverlagen, Berufen und Positionen in den Universitäten und der öffentlichen Verwaltung zu erhalten, beängstigte die Deutschen und gab ihnen das Gefühl, daß die Juden sich ihre soziale Position und wirtschaftliche Möglichkeiten widerrechtlich aneignen wollten. Und in der Tat war die Überrepräsentierung der Juden in manchen Gebieten der Ökonomie und in bestimmten Berufen in der Weimarer Republik außergewöhnlich, besonders wenn man bedenkt, daß die Juden nur 1% der gesamten deutschen Bevölkerung ausmachten. 10% der deutschen Ärzte und 16% der Rechtsanwälte waren Juden. 5% der Universitätsdozenten, Schriftsteller, Journalisten und Theaterproduzenten waren jüdischer Herkunft. 17% der Bankiers, 11% der Immobilienmakler, 25% der Detailhändler, 30% der Bekleidungsfabrikanten und 79% der Kaufhausbesitzer und -leiter waren Juden.[24] Der stigmatisierende Angriff auf die Juden basierte in diesem Fall auf gewissen Tatsachen, aber wie in der Paranoia wurde dieser Kern der Wahrheit aufgeblasen und von dem Hauch des Bösen vergiftet und beschmutzt.

Die Juden, die erst kürzlich ihre traditionelle Lebensweise aufgegeben hatten, erreichten einen hohen Status in diesen Berufen, häuften bedeutende Vermögen an und neigten dazu, als nouveau riche, die sie ja waren, protzig und angeberisch aufzutreten. Diese Angeberei gab ihnen ein Gefühl der Sicherheit und verstärkte ihre neue Lebensweise nach Jahrhunderten partizipanter und normativer Demut. Überdies war die Adoptierung separanter Rituale, Manieren von Vornehmheit und die Haltung von gentlemen nicht natürlich für einen sozialen Charakter, der während Jahrtausenden in einer Norm verankert war, die den Geist kultivierte, das materielle Äußere vernachlässigte und den Pomp verachtete. Daher bewirkte die Prahlerei der Juden, ihr Bestreben, wie Deutsche auszusehen, und ihre ungeschickte Annahme von separanten Ritualen und deutschen Manieren eine deutsche Reaktion, die vom Lächerlichen zum Haß überging, weil die Juden in ihrer täppischen Benützung der deutschen Sitten sich nicht nur selbst lächerlich machten, sondern auch die Deutschen, die sie nachzuahmen suchten. Dieser Hintergrund-Faktor nährte daher nicht nur den Voreingenommenheitsfaktor des sozialen Stigmas, sondern auch die dialektische Voreingenommenheit der Deutschen, in den Juden ihre eigenen Ausschreitungen zu hassen und die Karikatur des angeberischen Deutschen zu verachten, wie er durch ihre eigene partizipante Komponente, d.h. „den Juden in ihnen selber", dargestellt wurde.

Die Niederlage im Ersten Weltkrieg war ein partizipanter Rückschlag, der den separanten, aktivistischen und kämpferischen Kern der Deutschen unterdrückte, und dieser suchte Befreiung und schrie nach Rache. Die totale Beschämung durch den Vertrag von Versailles war ebenfalls ein schwerer Schlag für die deutsche Ehre, die immer eifersüchtig gewahrt wurde und, wenn verletzt, mit dem Schwert zu rächen war.

Die separante fremdenstrafende Logik der Deutschen, die Niederlage auf äußere Umstände zurückzuführen, statt auf sich selbst[25], konnte nicht akzeptieren, daß die Deutschen den Krieg verloren hatten: Die Juden und Marxisten waren den unbesiegbaren deutschen Nibelungenhelden in den Rücken gefallen. Wie anders war es erklärlich, daß in den Reparationsverhandlungen nach dem 1. Weltkrieg der jüdische Bankier Bleichroeder das besiegte Deutschland vertrat und ein Rothschild ein Mitglied der siegreichen französischen Delegation war? Das partizipante, begrenzende Element im deutschen Sozialcharakter, verstärkt durch die Niederlage, wurde von dem betroffenen, aber immer noch dominanten separanten Kern angeklagt, an der Niederlage schuldig zu sein, und projizierte seinen Zorn auf den partizipanten Erzfeind: den Juden. Deshalb wurden die Juden und die Niederlage im Krieg als Vorwand für den Angriff der völkischen Wut und der aufgestauten Energie der Nationalsozialisten auf die Weimarer Republik benützt. Diese Hintergrund-Faktoren nährten die dialektische Gruppe der Voreingenommenheitsfaktoren, und die partizipanten Juden wurden als Mittel benützt für die Befreiung und Verstärkung des unterdrückten separanten Drucks im deutschen Sozialcharakter.

Zusätzliche Hintergrund-Faktoren waren, wie Sebastian Haffner bemerkte, mit der „unglücklichen" Weimarer Republik verbunden, die nie wirkliche populäre Unterstützung genoß. Während der meisten Zeit ihres Bestehens wurde sie von einer Minderheitskoalition regiert, die dauernd von der Rechten und Linken angegriffen wurde.[26] Obgleich die Republik einige stabile Jahre von 1925–1929 genoß (die „goldenen Zwanziger"), vernichtete die Krise von 1930 das zerbrechliche Gleichgewicht der Kräfte, und die vereinten Kräfte der Rechten ritten auf dem hohen Roß der separanten Machtsymbole der Nazis. Die letzteren wurden durch das populäre Verlangen nach Ordnung und Herrschaft gestärkt, das dem deutschen Sozialcharakter innewohnte – das gleiche Velangen, das von der schwachen, kompromißsuchenden Regierung der Republik entmutigt, unterdrückt und vollkommen abgelehnt wurde. Goethe, der immer, sowohl von den Deutschen als auch von den Nichtdeutschen, als ein Repräsentant der schöpferischen und positiven Seite des deutschen Sozialcharakters angesehen wurde, erklärte: „Ich würde eher ein Unrecht begehen, als Unordnung dulden".[27] Die Weimarer Republik bedeutete Chaos und war daher dem deutschen Charakter unerträglich. Die separanten Deutschen brauchten eine geordnete Umgebung und Ordnung von innen (Ordnung muß sein), um ihr Aktionspotential zu verwirklichen. Unordnung paralysierte sie, bedeutete Übel und

Untergang und charakterisierte die verschlampten und unorganisierten Juden. Die Kultur der Weimarer Republik wurde auch von der völkischen Bewegung und anderen rechten Gruppen gehaßt, die die grundlegenden deutschen Werte von Sauberkeit, Ordnung, Disziplin, ländlicher Harmonie, ästhetischer und geschlechtlicher Reinheit und den Glauben an die deutsche Zukunft vertraten. Dagegen war die Weimarer Kunst mit ihren expressionistischen Richtungen wie die „Brücke" und „Dada" das typische Ebenbild von dekadenter Degenerierung und ein Ausdruck von „chaotischer Schmiererei".[28] Auch hier war die Weimarer Republik das Symbol für das gefürchtete Chaos. Sexuelle Zügellosigkeit, wie sie von „schicken und künstlerischen" Kreisen Berlins, der nationalen „Kloake", getrieben wurde, wurde als ein Angriff auf die blutreine deutsche Jungfrau angesehen. Und das Weimarer Theater, besonders solche Musicals wie Brecht-Weills „Mahagony", mit Schlagwörtern wie „Es lebe die Unsterblichkeit der Vulgarität", „Es lebe die bezahlte Liebe", „Hoch lebe der chaotische Zustand unserer Städte"[29] – wieder das Chaos –, wurde von Rechts- und Zentrumsparteien als nihilistisch und daher als Lästerung und eine Beschmutzung des Kerns des deutschen Sozialcharakters angesehen. Daher benützten solche völkischen, elitären, nationalen sowie militaristischen Gruppen wie die Thule-Gesellschaft, die Ring-Bewegung, die Deutsche Gesellschaft von 1914, der Reichshammerbund, der Tat-Kreis und der Herren-Club[30] das „Chaos, die Dekadenz und den Nihilismus" als die antithetischen Verstärker ihrer eigenen germanischen Werte der Ordnung, Treue, Solidarität und der Vorherrschaft des deutschen Volkes über die Interessen und Vergnügungen des Individuums. Außerdem, da Chaos, Dekadenz und Nihilismus dem deutschen Sozialcharakter fremd waren, mußten diese durch ein fremdes Element in die Weimarer Republik eingeführt worden sein, ein Element, dessen Sozialcharakter direkt entgegengesetzt dem deutschen war, das heißt, durch die Juden. Die Proto-Nazigruppen wiesen auf die Vorherrschaft der Juden in der Politik, Wirtschaft, Kultur und Kunst in der Weimarer Republik, und besonders in den sozialistischen, radikalen und kommunistischen Parteien und Bewegungen, hin, deren Internationalismus, Gleichmacherei und soziale Rechtsprinzipien in direktem Gegensatz zu der nationalen, hierarchischen Macht-Ideologie der Proto-Nazis und Nazi-Gruppen stand. Die Schlußfolgerung war klar. Die Deutschen waren die Opfer der Juden, die Chaos, Degeneration, Schmutz und Nihilismus in den inneren Kern des deutschen Sozialcharakters hineinbrachten. Deshalb waren die Juden und ihre partizipante „Schwäche", die in der Weimarer Republik so offensichtlich schien, für das deutsche Unglück verantwortlich und mußten rücksichtslos bekämpft werden. Die Juden, der partizipante „innere Saboteur" in dem separanten Kern des deutschen Charakters, waren ein Krebsgewächs, das, wenn es nicht vertilgt wurde, die Deutschen und die ganze arische Rasse vernichten würde. Auf diese Weise dienten die zum Sündenbock gemachten Opfer wie Kurt Eisner, Rosa Luxemburg, Erich Mühsam und Walther Rathenau, was immer sie für eine Rolle in der Weimarer Republik spielten, als dialektisches Sprungbrett für den Aufstieg der Nazis zur Macht.

Für den extrem separanten deutschen Sozialcharakter waren die Dichotomien divergent und polar. Die auf Macht gegründete Weltanschauung kannte Herren und Sklaven, Blutsbrüder und -feinde. Der jüdische Widergeist wurde so der absolute Feind.[31]

Die Dynamik der Hintergrund-Faktoren nährte den separanten deutschen Sturm und Drang, nachdem dieser vorher durch den begrenzenden partizipanten Druck niedergehalten worden war. Die Rechten und Zentrumsgruppen identifizierten den partizipanten Sozialcharakter der Juden sowohl symbolisch als auch in der Realität mit dem einschränkenden partizipanten Zwang, der den deutschen separanten Charakter hinderte, frei zu wachsen, zu blühen und sich zu verwirklichen. Deshalb waren Antisemitismus und Nazi-Ideologie untrennbar verbunden.

Nach dieser veranschaulichenden Beschreibung der Hintergrund-Faktoren kann man sich das Modell wie folgt vorstellen.

Hintergrund-Faktoren

```
                              .............
                              .............

                    Auslöser ...                         Die lebendige
                                    ▗▄▄▖  ➤              und tatsächliche
                                                         Inszenierung der
Dialektische          ▗▄▄▖    Wirtschaftskrise           germanischen
Voreingenommen-              Durch Hitler                Mythen
heits-Faktoren               Urbanisierung
Stigmatisierung              Überpräsentierung
Voreingenommenheit           der Juden in ökonomischer
                             und kultureller Aktivität   Götterdämmerung
                             Jüdische Protzerei
                             und soziale Sichtbarkeit
                             Niederlage in 1. Weltkrieg
                             Jüdisches Hervorstechen in
                             der Weimarer Republik

                              .............
                              .............
```

Die punktierten Linien über und unter der Liste der Hintergrund-Faktoren bedeuten, daß die Liste nur illustriert und nicht ausführlich ist, und daß viele zusätzliche Hintergrund-Faktoren in der deutschen sozial-kulturellen Struktur wirksam sind, die sowohl durch das Stigma als auch durch dialektische Voreingenommenheit genährt werden und zum Nazi-Furor Teutonicus und zum jüdischen Holocaust führten.

Dialektische Voreingenommenheit

In Kapitel 4 dieser Arbeit wurden die polaren Extreme des deutschen Sozialcharakters festgestellt, seine Entweder-oder-Schwingungen, die schwache Synchronisierung zwischen seinen Komponenten und sein verletzbares Gleichgewicht. Der griechische Sozialcharakter, der auch separant war, hatte die hohe Norm des „Meden Agan" (nichts im Übermaß), um seine Extreme zu überbrücken und die Beziehungen zwischen seinen Komponenten zu wahren. Nicht so der deutsche Sozialcharakter: Sein Zentrum war nicht so standhaft, und die Verbindung zwischen dem kollektiven „Ego" und seinem „Schatten", um Jungs Begriff zu benützen, riß oft ab, sodaß Goethes Faust klagte: „Oh, zwei Seelen wohnen in meiner Brust"! Wenn eine Komponente zu vorherrschend wurde, explodierte die andere und schlug wild um sich. Dies ist die Hauptthese in dem vorliegenden Zusammenhang. Die partizipante Niederlage im 1. Weltkrieg und die Weimarer Republik, die beide den separaten Kernvektor des deutschen Sozialcharakters unterdrückten und niederhielten, führten (zusammen mit anderen vorbereitenden Hintergrund-Faktoren und Hitlers Auslösereffekt) zu dem Ausbruch des deutschen Sturm und Drang des Dritten Reichs. Aber nachdem der Sturm sich legte, wurde der hauptsächlich separante Charakter, der die erstaunliche Auferstehung des Nachkriegsdeutschland vollbrachte, mit einem partizipanten Äußeren übertüncht: Das Einverständnis mit der Teilung Deutschlands auf unbestimmte Zeit; die Aufnahme und Fürsorge des Zustroms politischer Flüchtlinge, hauptsächlich aus der Dritten Welt, und das Abfinden mit dem Gewinn der Fußball-Weltmeisterschaft durch die Argentinier. „Wir wollen nicht mehr die Besten sein," sagte dem Autor ein Kollege in Gießen, „wir sind ganz zufrieden, daß die Weltmeisterschaft von einem Land der Dritten Welt gewonnen wurde". Jedoch war das Extrem des deutschen Sozialcharakters lange Zeit noch immer in der preußischen Kriegsliebe ostdeutscher Soldaten und ihrem Stechschritt und in der unkontrollierbaren Wildheit deutscher Terroristen offenbar. In ähnlicher Weise, aber in der entgegengesetzten Richtung, verausgabte der vorwiegend partizipante jüdische Sozialcharakter so viel von seiner zentralen Energie im Holocaust, daß seine separante Reaktion viel zu dem ungebundenen separanten Aktivismus des Staates Israel beitrug. Nichtsdestoweniger gibt es kaum einen zweiten Staat auf der Welt, der sich so viel mit der Berechtigung seiner militärischen Aktionen und ihrer Legalität und Moralität der Maßnahmen seiner Geheimdienste gegen die arabischen Terroristen abgibt. Der Kern eines sozialen Charakters, und besonders seine Peripherie, mag wanken und pendeln, und eine Komponente mag bei Gelegenheit herausstehen, aber seine Hauptstruktur bleibt ziemlich konstant. Die Dynamik unserer dialektischen Gruppe von Voreingenommenheiten wirkt durch eine Reihe von Niederlagen und Enttäuschungen des überwiegend separanten Sozialcharakters. Was die Kerndynamik anbelangt, waren diese Rückschläge ein „Triumph" der partizipanten Komponente des deutschen Sozialcharakters. Wenn die separante Komponente hervortrat mit Hilfe der anderen voreingenommenen Einstellungen, den Hintergrund-Faktoren und Hitlers „Auslöser", mußte sie sich erst von den begrenzenden Fesseln ihrer partizipanten Komponente befreien. Diese partizipanten Einschränkungen, die zu einem „internen Saboteur" wurden, wurden für die Verwirklichung der Ziele der separanten Komponente auf die verdeckten Bilder und Symbole der Teilnahme in den deutschen sozialen und normativen Strukturen projiziert. Diese waren hauptsächlich die Juden, das Judentum und das Judeo-Christentum, das deshalb bekämpft und eliminiert werden mußte. Als diese „inneren Saboteure" einmal entfernt waren, hatte Tucholsky recht mit seiner Behauptung, daß die Nazis die Hauptziele des Durchschnittsdeutschen – des kleinen Mannes – vertraten. Dieser gewöhnliche Deutsche war zufrieden mit seinem Bild, wie die Nazis es ihm zeigten. Er war der ehrliche, schwerarbeitende und regierungstreue Bauer/Handwerker/Arbeiter, der von einem dicken jüdischen Bankier ausgebeutet wurde, der zudem noch reine, gesunde, blonde deutsche Mädchen schändete. Der Jude verbreitete auch seine schmutzige, dekadente Kultur in deutschen Städten als eine Krankheit, die drohte, die schöne und pastorale deutsche Landschaft zu verschmutzen, wenn ihr nicht Einhalt geboten würde.

Diese dialektischen Vorbedingungen wirkten durch die Dynamik der deutschen und jüdischen Sozialcharaktere und die Beziehungen zwischen ihnen. Der deutsche Sozialcharakter betrachtete Zeit und ihre Reihenfolge als die Grundlage des Lebens, und ihre Routinen wurden durch feste zeitliche Dimensionen bestimmt. Die Mahlzeiten, die Zeiten für Drinks und Zusammenkünfte und das Programm für den ganzen Tag, die Woche, den Monat und das Jahr mußten geplant sein. Die Zeitordnung der Dinge verlieh dem Leben

Familiarität und Sicherheit. Daher mußten Ankünfte, Abreisen und Zugfahrpläne – einschließlich die Hinreise nach Auschwitz – genau gewahrt werden, denn Schlamperei war undeutsch. Die Deutschen neigten dazu, alles zu quantifizieren. Das Wissen, daß ihre Güter und ihre Umgebung sauber numeriert und abgezählt waren, gab ihnen ein Gefühl der Macht und Herrschaft über abgezählte Objekte und Lebensformen. Dies betraf auch das genaue Inventar der Füllfedern, Brillen und Zahnprothesen der Opfer der Vernichtungslager.

Das Leben sollte vorausbestimmbar sein, daher sollte alles, was mechanisierbar und instrumentierbar war, zu maschineller Genauigkeit umgeformt werden. Manchmal scheint sogar das Lachen der Deutschen von einer Lachmaschine herzukommen. Das höchste Lob für ein Unternehmen war, daß „es klappte", d.h. es lief wie eine Maschine. Tatsächlich klopfte sich der SS-Leiter von Treblinka in Claude Lanzmanns Film „Shoah" als Selbstlob auf die Schulter, als er Treblinka als eine gut geölte Mordmaschine beschrieb. Jawohl, alle Arbeit sollte freudig und von Gesang begleitet sein, natürlich mit Gemeinschaftsgesang. Diese Kraft durch Freude wurde auch in den Vernichtungslagern angewendet. Das Personal und Sonderkommando von Treblinka mußte zu seiner Tagesarbeit marschieren, zur Melodie der Treblinka-Hymne, die ihr Lager und ihren christlichen Befehlshaber Christian Wirth lobte.

Die deutsche Ausrichtung auf das Objekt und auf konkrete Darstellung blühte mit der Nazi-Besessenheit für Architektur und Hitlers Manie für Riesenbauten, die dessen Allgewalt und die des deutschen Volkes demonstrieren sollten[32]. Separante Architektur und Organisation des Raums wurden auch von Hitler und den Nazis benützt, um das Volk und die Macht zu manipulieren. Hitlers Besucher mußten 220 Meter lange Hallen durchschreiten, um zu des Führers Schreibtisch zu gelangen. Diese Entfernung war dazu bestimmt, den Besucher von der Macht des Dritten Reichs und seines Führers zu beeindrucken.[33] Als sie dann den Führer erreichten, wurden sie von einem Flutlicht geblendet, das hinter dem Sitz Hitlers angebracht war, während er jeden zuckenden Muskel und jede Furchtgrimasse auf dem Gesicht des Besuchers verfolgen konnte. Wenn Hitler bei Nazi-Versammlungen Ansprachen hielt, erschien er wie eine Äsir-Gottheit aus totaler Dunkelheit in ein Spotlicht innerhalb einer „Eiskathedrale", geformt von einem Aufgebot von mächtigen Scheinwerfern, die den dunklen Himmel durchbrachen.

Stil, Betragen, Haltung und Erscheinung, die alle den separanten Charakter auszeichnen, waren für die Nazis von größter Wichtigkeit. Uniformen, Abzeichen, Banner und Flaggen waren die Seele des Dritten Reichs. Die Einweihung von Fahnen durch den Führer war das Nazi-Äquivalent der katholischen Konfirmation und Kommunion. Das Marschieren zur Musik von Trompeten und Trommeln verstärkte den Esprit de Corps, die Ästhetik und die äußere Erscheinung. Speer achtete darauf, daß bei den Nürnberger Kundgebungen keine Bierbäuche der Nazi-Bonzen dort erschienen, indem er anordnete, daß die Scheinwerfer abgestellt wurden, als diese eintraten.[34] Eichmann, bei seinem Prozeß in Jerusalem, achtete sehr auf seine Haltung, sein Aussehen und seine Kleidung. Er schenkte seiner blauen Gefängnisuniform peinliche Aufmerksamkeit. Ohlendorf achtete darauf, daß die Leichen seiner Opfer, die von seinen Einsatzgruppen erschossen wurden, tadellos geordnet und verdeckt wurden, damit alles anständig und sauber erschien.

Die partizipanten Juden hingegen kümmerten sich nicht übermäßig um ästhetische und äußerliche Erscheinung. Schon in Kapitel 3 dieser Arbeit wurde gezeigt, daß die Juden Individualisten sind, sich nicht in Gruppen wohlfühlen und grundsätzlich mehr Wert auf Ethik als auf Ästhetik legen. Nach ihrer Emanzipation und Assimilierung versuchten die Juden, im Gegensatz zu der Neigung ihres innersten Sozialcharakters, sich an Uniformen, Duellrituale, Manierismen, ästhetische Erscheinung und kriegerische Haltung zu gewöhnen. Das gab ihnen oft ein linkisches, tragikomisches Aussehen wie von einer Karikatur. Es erleichterte auch die Aufgabe der Nazi-Propagandisten, die Juden als plump, angeberisch und weit entfernt von dem separanten deutschen Ideal von Haltung und Erscheinung darzustellen.

Für die separanten Deutschen waren praktische Arbeit und Aktion ausschlaggebend, und Absichten, Ideen und Worte viel weniger. Arbeit war heilig: Arbeit macht frei! Der Nazi-Reichsarbeitsdienst wurde genauso hoch eingeschätzt wie die Wehrmacht. Bei den Nürnberger Kundgebungen pries Hitler die Arbeit als den größten Segen für „Volk" und Menschheit.[35] Worte ohne Taten waren für die Deutschen wertlos. Lagarde, der völkische Ideologe, pries den Idealismus der Tat. Für Hitler mußten Worte die Bedeutung von Macht und Tatkraft haben. Er beschrieb seine Besprechungen mit Göring als „Stahlbäder". Daher war für ihn jedes Gerede über die Vernichtung der Juden wertlos, wenn es nicht in die Tat umgesetzt wurde. Man hätte Hitler glauben sollen, als er schon 1939 über die Vernichtung der Juden sprach, daß dies seine wirkliche Absicht war. Luthers Ausspruch, daß „ein guter Mensch nichts Schlechtes und ein schlechter Mensch nichts Gutes tun kann", wurde von den Nazis in toto adoptiert. Hitler und die Nazis waren gut, daher war gut, was immer sie taten, einschließlich Brandstiftung, Räuberei und Mord an Unschuldigen. Dagegen konnte der Jude, der Parasit, der von der Arbeit der anderen reich wurde, der nur leeres Gerede ohne Taten war, nichts Gutes tun und war daher schlecht. Aus diesem Grund - wie Langbehn voraussagte - würde der ehrliche und arbeitsame deutsche Handwerker und Bauer den (jüdischen) Professor umbringen[36].

Für Hitler war der Krieg ein Mittel zum Zweck und ein Ziel für sich. In „Mein Kampf" erklärte er den Kampf der nordischen Rasse, die Welt zu erobern, als heilig. Ein heiliger Krieg führte zu ewigem Ruhm, denn die Kriegshelden gingen ins Walhalla ein, um zu erneutem Kampf wieder aufzuerstehen. Krieg war auch moralisch, weil in ihm die Schwachen umkamen, damit die Starken gedeihen konnten. Hitler bedauerte, daß er den Krieg nicht schon 1938 angefangen hatte. „Aber was konnte ich tun," witzelte er mit Bormann, „die Engländer und Franzosen akzeptierten alle meine Forderungen in München."[37] Goebbels umschrieb seines obersten Befehlshabers Worte, indem er erklärte: (Wir müssen) „Kräfte sammeln und sie aus der Fassung bringen. Die einzig richtige Art, sie zu beeindrucken, ist die Faust unter die Nase."[38] Laut Hitler war der Krieg ein Lebensborn. „Der Mensch muß töten", erklärte er kategorisch, „denn wer nicht zu kämpfen bereit ist, ist nicht wert zu leben." Ein ständiger Kampf würde das deutsche Volk ins gelobte Land führen und zu seiner Rolle als eine universale Herrenrasse.[39] Die Erlösung des Menschen konnte nur durch das Kriegserlebnis verwirklicht werden. Krieg sei eine schöpferische Kunst, ein Kunstwerk. In dem verworrenen Gedankengang und den falschen sprachlichen Analogien eines Langbehn waren Kunst und Krieg ineinander verflochten, weil inter alia die Quelle Shakespeares erstaunlicher Schaffenskraft eine kriegerische Herkunft war, da sein Name „einen Speer schütteln" bedeutete.[41] Wenn erst einmal Krieg als das Wesen des Lebens und der Kreativität hingestellt wurde, mußte der Tod, der unvermeidliche Begleiter des Kriegs, auch als eine Folge der Kreativität betrachtet werden. Insbesondere, wenn „unsere" deutschen Soldaten in Walhalla auferweckt werden, müßten die Schwachen und Unwürdigen, die für das höhere Wohlergehen der rassisch Würdigeren eliminiert wurden, stolz auf ihr oder wenigstens zufrieden mit ihrem Opfer sein. So gab es eine natürliche Entwicklung vom Krieg als raison d'etre zum Krieg als schöpferische Kunst und von dem zum Massenmord als eine orchestrierte Schöpfung eines wildgewordenen deutschen Sisyphus. Die dialektische Schlußfolgerung, die die Antisemiten aus dieser Voraussetzung zogen, war, daß der partizipante, ethische und pazifistische Jude nicht kampffähig und nicht kampfwillig war. Dies mißachtete natürlich die Tatsache, daß ein Sechstel der deutschen Juden, ca. 100.000, dem Vaterland im Ersten Weltkrieg dienten, einschließlich 10.000 Freiwillige. Über 12.000 fielen im Dienst. 23.000 waren Unteroffiziere und 2.000 Offiziere.[42] 35.000 erhielten Auszeichnungen für Tapferkeit vor dem Feind. Jedoch waren Tatsachen im allgemeinen für die Antisemiten unwichtig, solange es sich um Juden handelte. Die Dialektik ihres eigenen zentralen Sozialcharakters war ausschlaggebender, d.h. wenn der Jude in ihnen vorherrschend würde, würde ihr Kampfgeist und ihr aktiver separanter Elan unterdrückt werden, und der deutsche Homo Faber, wie er durch die germanische Erbschaft und ihr Ethos geformt war, würde verschwinden. Der Jude selber sollte nicht kämpfen oder sich mit der heiligen germanischen Erlösung durch Krieg assoziieren. Alle jüdischen Namen wurden von den Kriegerdenkmälern des 1. Weltkriegs gelöscht.[43] Nur die im Ebenbild der Herren des Äsir und der Nibelungenritter geboren waren, sollten kämpfen dürfen. Und wenn Krieg des Lebenshauptbedeutung war und die Juden nicht kämpfen wollten und sollten, wäre ihre einzige Alternative, umzukommen.

Die Nazi-Bewegung verehrte die Jugend, und die Jugend wurde durch die Bewegung angezogen. Das Durchschnittsalter der Nazis war sehr niedrig, und sogar ihre Führer waren relativ jung. Himmler z. B. war Anfang der 30, als die Nazis an die Macht kamen. Goebbels war Gauleiter von Berlin mit Ende 20, und Speer wurde mit 27 zum Rüstungsminister ernannt. Die separanten Deutschen verehrten die Jugend als die Quelle von Energie, Aktivismus und Wachstum. Die völkische Bewegung bezog ihre Stärke in vieler Hinsicht von den Jugendbewegungen wie dem „Wandervogel" und den judenreinen Bruderschaften, den verschiedenen Studentenorganisationen und Sportklubs. Diese völkischen, traditionellen und ziemlich rechts eingestellten Organisationen unterstützten später die Nazis, und die Hitlerjugend war eine außerordentlich wichtige Bewegung, die half, die Zukunft des Nationalsozialismus zu gestalten. Jugend war der separante Lebensabschnitt, der in Transzendenz verankert war. Die Juden verehrten den „Talmid Hacham", den Gelehrten, der immer als eine weißbärtige Figur, über ein altes Buch gebeugt, dargestellt wurde. Langbehn erklärte alle Juden als alt. „Die Juden sind alt geboren," propagierte er, „im Gegensatz zu den jugendlichen, kräftigen Deutschen."

Der separante Sozialcharakter ist dem Raum verbunden, und dieser ist ausgesucht und der beste. Laut Plutarch glaubten manche Athener, daß der Mond, der auf Athen schien, bedeutend besser sei als der über Korinth. Die Deutschen neigten dazu, das Volk und die Nation mit dem deutschen Boden, der Landschaft und Natur zu verbinden. Jedes deutsche Individuum war willkommen, um an dieser Identität mit ihrer Blut-und-Boden-Heimat teilzunehmen. Die Bewegung „Zurück zur Natur" und die ländliche, „saubere" deutsche Landschaft wurden so zu einem Eckpfeiler des Nazi-Ethos, seiner Ideologie und Propaganda. Hitler sprach oft von den „erneuernden Wurzeln im Heimatboden Deutschlands", und am Obersalzberg machte er großen Eindruck mit einem Häuschen im völkischen Stil. Himmler war stolz auf seine bäuerliche Herkunft und verliebt in die „schöne, grimmige deutsche Landschaft".[45] Rosenberg pries die deutschen Wälder, und Frank sehnte sich danach, „die reine deutsche Luft zu atmen" und verglich sie mit der verunreinigten Stadt – dem „Jagdgrund der Juden, dieser Asphalt-Literaten". Die Juden waren immer auf der Wanderung und wurzellos, weil sie keinem Boden anhänglich waren, keinem Platz und keiner Heimat. Die jüdischen Marxisten verwarfen die Nation und die Verwurzelung in der Natur. Da die Juden keinen Bezug zum Boden und zu einem organisch mit der Erde verbundenen Volk hatten, besaßen sie keinen Volksgeist und daher keine Seele. Überdies war der wurzellose städtische Jude aus Mißgunst der Feind von Blut und Boden, und da er kein Land sein eigen nannte, war sein Ziel, die biologische Substanz und die Essenz des deutschen Volkes zu zerstören.

Der Schläger als Opfer

Die dialektische Voreingenommenheit gegenüber dem Antisemitismus stammt von der inneren Dynamik des deutschen Sozialcharakters selbst sowie von seiner Notwendigkeit, übermäßige innere Begrenzungen seiner partizipanten Komponenten zu überwältigen. Dieser innere Kampf wurde auf die Juden projizert, auf dieselbe Weise wie die Stigmatisierung. Die Gründe für die Wahl der Juden als idealer Sündenbock durch die Nazis sind das Thema der zweiten Gruppe der Voreingenommenheitsfaktoren, deren Dynamik im nächsten Abschnitt besprochen wird.

Die dialektischen Voreingenommenheiten waren daher eine interne deutsche Dynamik des Sozialcharakters, die nach außen auf die zum Sündenbock abgestempelten Juden projiziert wurde.

Tatsächlich vertraute Hitler Rauschning an, daß die Juden die größten Feinde der Deutschen in ihnen selber seien. Hitler fühlte, daß das, was die Nazis besonders haßten, die jüdischen Eigenschaften des nachgiebigen Liberalismus waren, ihre Sklavenmoral und ihr paralysierendes Schuldgefühl, das ihre Fähigkeit verhinderte, ihre weitgehenden separanten Machtziele zu verwirklichen und eine wirkliche Herrenrasse zu werden. Die Juden repräsentierten für die Deutschen partizipantes Chaos und Entropie, die Antithese ihrer separanten, organisierten und vektorialisierten Energie. Die Nazis fürchteten daher die Juden, was die andernfalls absurde Schlußfolgerung Hitlers im Jahre 1937 erklärt, daß Deutschland für einen Krieg in zwei bis drei Jahren bereit sein müsse, weil die Juden, der „Teufel in unserer Mitte", bekämpft werden müssen. In dem Zusammenhang wird dies vollkommen klar: Die partizipanten, begrenzenden Komponenten innerhalb des deutschen Sozialcharakters, die als das Jüdische nach außen projiziert wurden, mußten entfernt und vernichtet werden, bevor der Furor Teutonicus die Welt unterwerfen konnte. In „Mein Kampf" beschrieb Hitler die entropische Unordnung, die in der Welt herrschen würde, wenn der Jude seinen Willen haben würde, und daß die Welt in ein partizipantes Chaos zurückfallen würde. Daher glaubte er, daß er für die separante Natur und für das Leben kämpfte, indem er gegen die vernichtenden Juden vorging, die darauf aus waren, die Welt zu zerstören.[46)] Indem man die Juden bekämpfte, half man dem metaphysischen Programmierer, Leben und Natur zu erhalten. Da die Deutschen die hervorragendsten Kämpfer für eine gesunde Natur und ein anständiges Leben in der Welt waren, saßen die Deutschen und die Juden an zwei Extremen einer Wippe. Wenn der eine hinunterging, stieg der andere auf und umgekehrt. Daher kommt der Nazi-Schlachtruf: Juda verrecke, Deutschland erwache! Wenn die Juden vernichtet und unter der Erde sind, werden die Deutschen hellwach sein. Nur wenn das jüdische Blut vom Messer spritzt, wie das Horst Wessel-Lied besingt, wird Deutschland von seinen Mühsalen gerettet werden. Auschwitz war daher eine Vorbedingung für das 1000-jährige Dritte Reich.

Der „Jude innerhalb" des deutschen Sozialcharakters bestand auch aus den partizipanten Begrenzungen und der Ausgewogenheit des Judeo-Christentums. Daher wurde der völkische- und Nazi-Feldzug geführt, um sich von dem Christentum zu befreien und zum Heidentum zurückzukehren. Aber die gewaltsame Eliminierung der partizipanten Komponente des deutschen Sozialcharakters zerstörte das ausbalancierte System und daher auch seine Lebensfähigkeit. Ohne seine partizipante Begrenzung konnte „sein Zentrum nicht standhalten"; seine frei aufwallende separante Komponente brach unkontrolliert aus, mit dem Ziel, die germanische Mythologie nachzuleben und das großartige Leben der Götter und Halbgötter des Äsir zu führen. Da die inneren partizipanten Grenzen von Recht, Ethik und Wirklichkeit zerstört waren, wurde die Macht der Juden in mythische Proportionen aufgeblasen, jeden irren Verfolgungswahn übersteigend, um - wie Schechter richtig zeigte - zu einem mythisch-kosmischen Feind zu werden.[47)] Dies geschah im

Konflikt mit der Realität, und die in die falsche Richtung geleitete Nazi-Raserei führte zu der deutschen Götterdämmerung und dem jüdischen Holocaust.

Daß die Nazis die Juden beschuldigten, der deutschen Armee im 1. Weltkrieg in den Rükken gefallen zu sein, wurde schon erwähnt. Die oft zitierte Rede Hitlers vom 30. 1. 1939 stellte fest, daß, wenn die Juden noch einen Weltkrieg anstifteten, sie dafür zur Verantwortung gezogen und, wie es ihnen gebührte, vernichtet werden würden.[48] Hitler machte tatsächlich die Juden für den Krieg verantwortlich, sodaß sie „ihre Ausrottung verdient" hatten. Die Nazis betrachteten sich als die Rächer der früher begangenen jüdischen Verbrechen und glaubten, sich gegen die gegenwärtigen und zukünftigen Aggressionen zu verteidigen. Oberst Hoess, der Kommandant von Auschwitz, bezeugte in seinem Nürnberger Prozeß, daß seine Kollegen in der SS und auch er selbst niemals daran zweifelten, daß die Juden an allem Unglück des deutschen Volkes schuld waren und daß ihre Vernichtung eine Vorbeugungsmaßnahme war, um sie daran zu hindern, dem deutschen Volk auch in Zukunft in den Rücken zu fallen. „Wir mußten die Juden vernichten," unterstrich Hoess, „sonst hätten sie uns vernichtet."[49] Daher waren in Wirklichkeit die Deutschen die Opfer und die Juden die Verbrecher. Um diese irrsinnige Vertauschung der Rollen glaubhaft zu machen, mußten Goebbels und seine Propagandamaschine die Juden als allmächtig darstellen, in der Tradition der „Weisen von Zion". Alle führenden Bolschewiken wurden deshalb als Juden hingestellt; Roosevelt war jüdisch; Churchill wurde von einem „Kraal" beherrscht; die Weltpresse war von den Juden kontrolliert, und der Papst hatte jüdisches Blut.[50] Nur Staaten und Institutionen, die nicht von Juden beherrscht wurden, waren dem deutschen Volk wohlgesinnt.[51] Die Juden waren in den schwülstigen Vergleichen Hitlers die allmächtigen Drahtzieher der Zukunft der Menschheit „… ein Oktopus, der die Welt mit seinem kriechenden Gift umfaßte … die Verbreiter von Syphilis im deutschen Volk."[52] Daher mußten die Juden wie Cholerabazillen oder pestverbreitende Ratten bekämpft werden. Himmler sagte seinen Einsatzgruppen, die in Minsk Juden erschossen haben, daß sie sich gegen das jüdische Ungeziefer verteidigen müßten, sonst würden sie zugrunde gehen.[53] „Entweder sie oder wir, und besser wir!" In Holland befahl der Reichskommissar Seyß-Inquart den Mord der holländischen Juden: „Die Juden sind für uns keine Holländer. Sie sind Feinde, mit denen wir weder Waffenstillstand noch Frieden schließen können."[54] Charakteristischerweise bekannte sich kein Befehlshaber der Einsatzgruppen in den Nürnberger Prozessen schuldig. Sie verteidigten sich, einen Kampf um Leben und Tod gegen einen furchtbaren Gegner geführt zu haben. Tatsache war, daß General Ohlendorf, ihr gebildetster Sprecher, erklärte, daß der Judenmord ein berechtigter Totschlag aus Gründen der Selbstverteidigung war. Sogar der Mord an Kindern wurde verteidigt, weil, wenn man sie aufwachsen ließ, sie wahrscheinlich die Ermordung ihrer Väter, Mütter, Geschwister und Großeltern rächen wollten.[55] Ohlendorf, der Vater von fünf Kindern, war vor dem Krieg ein praktizierender Rechtsanwalt – eine wirklich gut ausgedachte Verteidigung.

Ein jüdisch-belgischer Professor, ein Freund des Autors, war während des Kriegs neun Jahre alt und seine Schwester elf, als ihr Versteck den Nazis verraten wurde. Ein großer Laster mit einer SS-Abteilung, angeführt von einem Offizier, kam, um den Erzfeind, zwei Kinder, einzufangen. Hitler bezeichnete die deutschen Juden als 600.000 blutrünstige Mörder, die Millionen von hilflosen Deutschen mit blutigem Terror verfolgten.[56] Der mythologische Verfolgungswahn der Deutschen erkläre 2.000 jüdische Jugendliche in Böhmen und Mähren als die nächste Gefahr des dortigen Naziregimes. Die Juden in der Ukraine wurden für Spione der Roten Armee gehalten und mußten deshalb erschossen werden. Die separanten Nazis waren fortwährend auf der Suche nach „logischen und rationalen" Gründen, um Juden umzubringen. So wurde die Einsperrung der unglücklichen Warschauer Juden in Ghettos in den Nazi-Mitteilungsnachrichten als eine

„Abrechnung mit den Juden von Warschau" erklärt.[57] Abrechnung wofür? Die Antwort war, daß der bloße Anblick eines polnischen Juden in seiner traditionellen Tracht die Nazi-Wut provozierte.[58] In Wirklichkeit provozierte der Anblick des Juden die Erkennung des „inneren partizipanten Feindes". So war die Vernichtung der partizipanten äußeren Gegner, der Juden, auch gleichzeitig die Bekämpfung der partizipanten inneren Hemmungen. So beschrieb z. B. Himmler das ungleiche Gefecht zwischen Nazi-Panzereinheiten und einer Gruppe von jüdischen Jugendlichen, die nur mit ein paar leichten Waffen bewaffnet waren, als „eine heroische Aktion". Das Bild der Weisen von Zion, die die Welt zu beherrschen suchten, wurde durch Hunderttausende von Nachdrucken des verfälschten ursprünglichen Flugblatts unterstützt und von einem modernen Kommentar Rosenbergs mit dem Titel „Die Protokolle der Weisen von Zion und die jüdische Weltpolitik" verstärkt. Die Darstellung des Weltjudentums als ein allgewaltiger, grimmiger Feind wurde als Evangelium von vielen Deutschen aller sozialen Schichten akzeptiert. Erst im Nürnberger Gerichtshof, wo er Zeugenschaft gegen seine Waffenbrüder ablegte, äußerte Erik Von dem Bach-Zelewsky, Himmlers bevorzugter SS-General, Zweifel an der Allmacht der Weisen von Zion. Wo waren sie, fragte er rhetorisch, als Millionen von Juden in Rußland und Polen erschossen und vergast wurden?

Jedoch, um sich zu überzeugen, um diese vollkommen absurden Anschuldigungen glauben zu können und dann die tödliche Endlösung für Millionen hilfloser Männer, Frauen und Kinder zu verwirklichen, mußten die Nazis eine gewisse große innere Operation an sich selbst vornehmen. Dies erforderte die Entfernung des „innern Juden" in der Form der judeo-christlichen Ethik, Gnade, Schuld, Barmherzigkeit, des Mitleids und des ganz gewöhnlichem Anstandes aus der Psyche der Nazis, der „Blonden Bestie". Eine lange Reihe antisemitischer Philosophen und Schriftsteller, wie Lagarde, Marr, Dühring, Frietsch, Lange, Chamberlain und Wagner argumentierten, daß die Arier von den Juden provoziert worden seien: „Sie splitterten das Kreuz und empfingen Jesus, um ihn als trojanisches Pferd zu benützen". Die Nazis akzeptierten voll und ganz diese These und verwandelten sie in separante Praxis und sofortige Taten. Eines der beliebtesten Schlagwörter der SA war: „Sturmtruppkameraden! Hängt die Juden und stellt die Christen an die Wand!"[59] Ein populäres Hitlerjugend-Lied ging: „Kein schlechter Pfaffe kann uns hindern, uns als Hitler-Kinder zu fühlen. Wir folgen nicht Christus, sondern Horst Wessel. Fort mit Weihrauch und heiligem Wasser. Die Kirche soll zum Teufel gehen, es schert uns nicht; das Hakenkreuz rettet die Welt. Ich will ihm Schritt für Schritt folgen. Baldur von Schirach, nimm mich mit!"[60] Die Transformation war hier vollkommen: Anstelle des „jüdischen" Christentums kam der neue Gott Hitler. Sein Priester und Prophet war Baldur von Schirach; Horst Wessel war der Märtyrer, und das heidnische, alles verzehrende Hakenkreuz ersetzte das normative Opfersymbol des Kreuzes als Wahrzeichen. Martin Bormann, Hitlers Stellvertreter, wie immer der Parteipolitik treu, verfolgte die Kirche und wies ihr nur widerwillig Gelder zu. Goebbels war dafür, Weihnachten abzuschaffen und stattdessen verschiedene heidnische Riten einzusetzen. Goebbels, der wirklich keine „Blonde Bestie" war, sprach von sich und seinen Nazikameraden als „wir Tiere des Waldes".[61] Auch Himmler verlangte nach einer Rückkehr zum Heidentum und zum gotischen Zeitalter. Er haßte das Christentum und schrieb in gotischer Schrift, in Übereinstimmung mit seiner Überzeugung, daß er die Reinkarnation von „Heinrich dem Vogelfänger", dem sächsischen Stammeshäuptling des 10. Jahrhunderts, sei. Streicher beschimpfte Jesus als Juden. Als Reverend Hall versuchte, Eichmann in seiner Gefängniszelle in Jerusalem für die Bibel zu interessieren, antwortete dieser: „Ich bin nicht an jüdischen Geschichten interessiert."[62] Die Hingabe der Nazi-Hierarchie an das Heidentum drückte sich nicht nur in Riten, Grüßen und Abzeichen aus, sondern nahm auch die Form von Astrologie, Okkultismus und Gesundbeterei an.

Die Nazis beabsichtigten, die jüdisch-christlichen Schranken von ihrem sozialen Charakter zu tilgen, um eine vollkommene Erfüllung ihres politischen, sozialen und kulturellen Potentials zu erreichen. Aber das Ergebnis war unerwartet. Vor allem vernichtete die Abschaffung der jüdisch-christlichen Ethik und der aufopfernden Norm des kollektiven „Isaak-Syndroms" die ganze Phase der Trennung und des Begriffs von Recht und Unrecht zwischen Personen. Dies führte zur Rückkehr zur heidnischen Familienordnung und zu einer Äsir-ähnlichen heidnischen, moralischen Zügellosigkeit, in der dem Benehmen der heidnischen Götter und Halbgötter keine anderen Grenzen auferlegt wurden als die durch ihre Macht- und Aktivitätsgrenzen gegebenen. Da ein Zurückgehen auf ein früheres kollektives Entwicklungsstadium mit Hilfe einer kollektiven Hysterie und Wildheit unmöglich war, bestiegen die Nazis die Schwingen der germanischen Mythologie, die sie in das Reich der unbegrenzten Möglichkeiten brachten. Dort gab es keine Grenzen für ihre Wünsche und deren Erfüllung. Der partizipante, „ethische Spielverderber", der Jude, war besiegt, und der äußerliche Jude war schnell ausgelöscht. Eine fortwährende Übersteigerung wurde im deutschen Volk angefacht, von einem zügellosen Fluß separanter Kernenergie angefeuert und zu einem Höhepunkt durch Hitlers halluzinierende Reden gebracht. Die Nürnberger Parteiversammlungen waren ekstatische, heidnische Riten mit einem Hochflug der Berauschung, durch das Radio über die ganze Nation verbreitet, die das Volk in einem permanenten Hochgefühl ließen, bis zur nächsten Führerrede oder Kundgebung. Diese periodischen Anlässe der Hochstimmung der Deutschen durch die Reden Hitlers und Goebbels' und andere Ritualien waren ein Ersatz für die Stammes-Kriegstänze, um die Stimmung der Teilnehmer zu einem explosiven Höhepunkt zu bringen, in dem alle Vernunft und Logik in einer kollektiven Hysterie untergingen. Auf diese Weise wurde das Alltagsbenehmen der Deutschen durch einen wilden Veitstanz beherrscht, und wer sich vor dieser Turbulenz retten wollte, wurde durch die erregte Menge zum heidnischen Kriegstanz zurückgedrängt. Jene, die weiter „Unruhe stiften" wollten, wurden kurzerhand von der Gestapo und der SS zur Vernunft gebracht.

Der separante deutsche Sozialcharakter mußte alle seine Ideen in die Praxis und in Taten und Aktion umsetzen. Deshalb genügte es nicht, alle Juden aus der deutschen Kunst und den Wissenschaften zu entfernen, es war nötig, in symbolischer Weise alle partizipanten jüdischen Überreste in der deutschen Kulturwelt auszutilgen. Dies wurde durch die Verbrennung der jüdischen Bücher vollbracht. Die Juden waren das Volk des Buchs, des geschriebenen Wortes, in Gesetze, Normen und Gebote gefaßt und für immer in dauerhafte Form gepreßt. Die Lebenskraft des auf einmal freigewordenen separanten sozialen Charaterkerns offenbarte sich nicht nur in der Vernichtung der Juden selber, sondern auch in der Verbrennung ihrer Bücher, die ihre partizipante Vitalität bezeugten. Fotografien der Bücherverbrenner zeigen orgiastische Gesichter mit trance-ähnlichen fieberhaften Augen, wie sie die Bücher ins Feuer warfen, mit offenen Mündern in einem erstarrten Delirium. Goebbels sprach zu den Bücherverbrennern und nannte ihr kulturelles Auto-da-fé eine „starke und großartige symbolische Handlung".[63] Es würde die Welt lehren, daß die grundlegende Moral der Republik des November 1918 für immer ausgelöscht sei. Von dieser Asche würde der Phönix eines neuen Geistes auferstehen. Die Botschaft war klar: Die partizipante jüdische Moralität der (jüdischen) Republik war erledigt: Wir haben unsere inneren ethischen Hemmungen und die partizipanten einschränkenden Komponenten unseres Sozialcharakters beseitigt. Die Bücherverbrennung war nicht nur symbolisch, sondern eine realistische Kundgebung. Wir sind bereit für Auschwitz, den Phönix unseres erbarmungslosen Charakters.[64]

Es ist wichtig zu bemerken, daß die Vernichtungsaktionen der Nazis in umgekehrter Proportion zu ihren Erfolgen an der Kriegsfront anwuchsen. Je sicherer sie zu sein schienen, daß der Krieg verloren war, desto verzweifelter und verbissener wurden ihre mörderischen Aktionen gegen die Juden.[65] Dies stimmt mit den vorliegenden Voraussetzungen überein: Je weniger die Nazis ihre separanten Ziele erreichen konnten, umso mächtiger wurde ihre unterdrückende partizipante Komponente ihres „inneren Juden". Deshalb mußten die Juden dort draußen, die die Projektion des partizipanten „inneren Saboteurs" der Nazis waren, umso schneller bekämpft und ausgerottet werden.

Nun können die dialektischen Vorbedingungen in vorliegendem Modell in präziser und a posteriori Weise dargestellt werden, die in der Einführung nur a priori aufgezeigt wurden, ohne die zuständigen Quellen und die betreffenden dynamischen Prozesse zu untersuchen.

Dialektische Vorbedingungen zum Nazi-Antisemitismus und zum Holocaust

. . . .
. . . .
. . . .

Zeit- und Raumverbundenheit der Deutschen versus Zeitlosigkeit und Raumlosigkeit des jüdischen Ethos'.
Deutsche Ordnungsliebe im Vergleich zu den äußerlich unorganisierten Juden.
Deutsche Ausrichtung auf Objekte und konkrete Begriffe versus abstraktes Denken der Juden.
Deutsche Gewichtlegung auf Stil, Manieren und äußere Erscheinung im Vergleich zu der jüdischen Mißachtung der äußeren Erscheinung.
Die separante Betonung von Resultaten vs. die jüdische Betonung von Mitteln und Absichten.
Die kriegerischen Deutschen gegenüber den pazifistischen Juden.
Nazi-Verehrung der Jugend vs. jüdische Hochachtung des Alters.
Die das Landleben liebenden Deutschen vs. städtische Juden.
Deutsche Machtverbundenheit vs. jüdische Legalität.
Deutsche Ästhetik vs. jüdische Ästhetik.

. . . .
. . . .
. . . .

Die punktierten Linien bedeuten auch hier, daß nur beispielsweise dialektische Vorbedingungen in das Modell einbezogen wurden und daß dies keine vollständige Aufstellung ist.

Jetzt wird von den dialektischen zu den stigmatisierenden und Sündenböcke produzierenden Vorbedingungen des Modells übergegangen, d.h. von dem „inneren Juden" des deutschen Sozialcharakters zu dem „äußeren Juden".

Es ist wichtig zu bemerken, daß in Kapitel 5 dieser Arbeit die Abstempelung der Juden mit dem Kainszeichen besprochen wurde, dem Schandfleck des Bösen und der Befleckung. Im vorliegenden Abschnitt wird die Dynamik dieser Etikette und anderer Bezeichnungen beschrieben.

Die Vorbedingungen zu Stigma und Sündenbock-Erfindung

Die dialektischen Vorbedingungen waren auf die Dynamik einer Komponente gegründet: die Einprägung eines Gefühls des Mißlingens durch partizipante Faktoren, die als

„innerer Saboteur" innerhalb des vorwiegend separaten deutschen Sozialcharakters wirken. Unter den „passenden" Bedingungen explodiert der unterdrückte separante Vektor in einem Wutausbruch. Die entsprechende Hauptdynamik in der abstempelnden (anprangernden) Gruppe von Vorbedingungen ist Rasse. Rasse ist ein konkretes biologisches Etikett, das den Absichten eines separaten Sozialcharakters, der auf Leistung durch Hierarchie und soziale Stellung gegründet ist, gute Dienste leistet. Die deutschen Ränge des Adels, der Administration und des Militärs waren überreich an komparativen und superlativen Titeln, wie Ober-, Oberst-, Haupt-, Höher! Daher war die Definition durch Kontrast und scheinbaren äußeren Wert oder Gesetzlosigkeit besonders für den Rassenbegriff geeignet. Schon früher[66] wurde die Nazi-Rassentheorie untersucht, sodaß in diesem Abschnitt ihre Dynamik in bezug auf das Stigma der sozialen Minderwertigkeit der Juden studiert werden kann. Es wurde veranschaulicht, daß Gobineaus vierbändiger „Essai sur l'inégalité des races humaines" (Paris 1853–1855) die Deutschen viel mehr beeindruckte als Gobineaus Mitbürger. Diese sozialen Theorien, die Chamberlain und Wagner sehr bewunderten, wurden in eine Lehre des durch biologische Vererbung bestimmtem Blut-Elitismus umgeändert, den keine Sozialisierung, Konversion oder Mischehe (bis zur vierten Generation) ändern konnte. Für die Nazis waren die sozialen Lehren von Gobineau, Chamberlain, von Schlegel und Moeller van den Bruck ein Evangelium. Die Vorzüglichkeit eines Volkes (oder eines einzelnen) war direkt proportional zu dem Anteil des nordischen Blutes in seinen Adern. Rasse war für Rosenberg die Konkretisierung der Seele. Die Deutschen besaßen das reinste, schöpferischste Rassen-Blut, während die Juden die abscheulichste, unreinste und destruktivste Rasse waren. Deshalb hatten die Deutschen als die rassisch Höchststehenden nicht nur das Recht, sondern die Pflicht, die Welt zu beherrschen. Die niedrigen Rassen mußten unterworfen werden, aber die Zerstörer- oder Anti-Rasse, die Juden, deren Ziel es war, die Menschheit zu degenerieren, ihre Kultur zu schwächen und letzten Endes die ganze Erde zu vernichten, mußten entlarvt, isoliert und ausgetilgt werden. Dies war ein Imperativ, da das Ziel der Juden war, das deutsche Volk durch die Beimischung ihres eigenen Bluts zu bastardisieren und es schließlich zu vernichten. Im Modell wurde der separante Sozialcharakter, der sich auf Genetik und Fortpflanzung als Quelle der Kontinuität und Lebensqualität gründete, durch die jüdischen Erbfaktoren verdunkelt und korrumpiert. Die Aufnahme von jüdischen genetischen Faktoren in die deutsche Rasse ist vergleichbar mit einer Einflößung von Genen einer unheilbaren Krankheit, die unweigerlich ihren Gastkörper verkrüppeln und zum Schluß töten würde. „Die Juden," erklärte der Nazi-Philosoph Plaischinger, „sind die Mikroben, die zum Verfall der reinen Rasse führen."[67] Hitler war so besessen von den Gefahren der Befleckung der arischen Rasse, daß er einen Caligula-ähnlichen Verfolgungswahn entwickelte. Er glaubte, daß Stalin mit Vorbedacht Rassenmischung vorgenommen habe, damit die mongolischen Rassen in Asien und Osteuropa vorherrschen sollten.[68]

Die Nazis waren besonders besorgt wegen Mischlingen, den Abkömmlingen von Mischehen, insbesondere denjenigen zwischen Deutschen und Juden.[69] Stuckart, ein SS-General und Staatssekretär im Innenministerium, wollte keine Mischlinge aus Deutschland herauslassen, weil das die Ausfuhr kostbaren deutschen Bluts und arischen Erbguts bedeuten würde, was durch unkontrollierten Geschlechtsverkehr das genetische Potential des Feindes verbessern würde.[70] Aus diesem Grund beschloß die Wannsee-Konferenz, die die Pläne für die „Endlösung" vorbereitete, daß die Mischlinge im Reich bleiben dürften, wenn sie sich freiwillig sterilisieren lassen würden.[71] Die Fruchtbarkeit der nichtarischen Rassen unter der Herrschaft des Dritten Reichs mußte unterbunden oder eingeschränkt werden, und zwar unter anderem durch die folgenden Methoden: Empfängnisverhütung, Abtreibung, Sterilisierung, Hebung des Heiratsalters, erniedrigten Lebensstandard, keine ärztliche Hilfe, keine Impfungen und sehr beschränkte Schulung.[72] Was die Juden anbelangte, so waren sie Untermenschen, schlecht, ein kollektiver Widergeist, ein vereiterter Blinddarm, eine „Fäulniserscheinung", die deutlich mit Identifizierungszeichen zu brandmarken war, mit dem gelben Stern, mit dem Buchstaben „J" oder dem Wort „Jude". Sie mußten den Mittelnamen „Israel" für die Männer und „Sara" für die Frauen annehmen und dann voneinander getrennt, erniedrigt und schließlich getötet werden.

Da sowohl die Verbesserung als auch die Degenerierung einer Rasse durch geschlechtlichen Verkehr geschieht, wurde der Jude als Sexmaniac dargestellt, der immer auf der Lauer lag, um das Blut unschuldiger deutscher Jungfrauen zu schänden. Diese normative Rassenverleumdung wurde laut eines gefälschten Talmudzitats im „Stürmer" durch die halachische Verordnung sanktioniert, daß ein nichtjüdisches Mädchen geschändet werden darf, wenn sie drei Jahre und einen Tag alt sei.[74] Diese Stereotype, die schon von Hitler in seinem „Mein Kampf" aufgestellt wurde, setzte voraus, daß die perversen Juden, die die Rassenbeschmutzung beabsichtigten, systematisch gesunde, blonde Jungfrauen schändeten.[75] Er wies darauf hin, daß reine deutsche Mädchen niemals freiwillig den lüsternen Annäherungen der jüdischen Rassenschänder mit ihrem teuflischen, verräterischen und hämischen Grinsen nachgeben würden. Überdies, da der höchste Wert der deutschen Frau ihr Vermögen war, eine neue Generation von rassenreinen, nordisch-arischen Nachkommen zu erzeugen, war ihre sexuelle Beschmutzung durch den Juden schlimmer als Mord, da eine Ansteckung mit seinem verseuchten Samen die ganze arische Rasse gefährdete.[76] Die Gefahr der Juden als externe Vergifter der deutschen Rasse war umso aktueller, weil Hitler aus unklaren Gründen glaubte, daß die Juden rassisch unempfindlicher und dauerhafter seien als die Deutschen.[77] Deshalb beschützten sehr strenge Vorschriften deutsches Blut (Rasse) und Ehre[78], und Rassenschande wurde schwer bestraft, sogar mit der Todesstrafe.[79] Ein Deutscher, der sich zum Judentum bekehrte, um eine jüdische Frau zu heiraten, und dann in die Tschechoslowakei auswanderte, wurde noch während der deutschen Besatzung wegen Rassenschande verurteilt.[80] Ein weiterer Fall war Bronnen, der Hitlers Putsch von 1923 in einem Roman verherrlichte, aber dessen Vater ein Jude war. Bronnen brachte später dem Gerichtshof eine eidesstattliche Erklärung seiner Mutter, daß sie ihn beim Ehebruch von einem Nichtjuden empfangen hatte, aber es nützte ihm nichts: Das Stigma der Rassenschande haftete ihm während des ganzen Dritten Reichs an.

Für vorliegendes Modell ist es von besonderer Wichtigkeit, daß der „Stürmer" die Stereotype des abscheulichen Juden mit dem Teufel, Sex und der Schlange verglich. Diese können sehr wohl mit der Beschmutzung durch Geschlechtlichkeit und dem Mythos der Erbsünde verbunden werden. Es wurde woanders schon auf die sexuelle Bedeutung des Mythos der Erbsünde hingewiesen.[81] Dies wiederum mag mit Hitlers Anschuldigung zusammenhängen, daß „der Arier die Reinheit seines Blutes aufgab und deshalb sein Verbleiben im Paradies verlor".[82] Für die Nazis war rassische Verunreinigung Erbsünde, und der Jude war die archaische Schlange, immer bereit zu verführen, zu beschmutzen und den unschuldigen Deutschen aus der Reinheit seines rassischen Gartens Eden zu verstoßen.

So infiltrierte der jüdische Widergeist alle Ränge der deutschen Gesellschaft der Rechten, des Zentrums und der Linken, der Kapitalisten wie der Kommunisten. „Während Moses Kohn in seiner Direktorenversammlung sitzt", erklärte Hitler, „steht sein Bruder Isaak Kohn im Fabrikshof und hetzt die Arbeiter auf: Seht sie euch gut an; sie wollen euch nur unterdrücken."[83] Die Juden wurden als Volksfeinde angeprangert, sie waren das „Gegenreich"[84], wie die Nazis ihre Stigmatisierung der Juden als Antichrist wiederholten. Die Juden mußten gehaßt werden, nicht nur während Augenblicken oder einer festgelegten

Haß-Stunde, wie in Orwells „1984", sondern dauernd und kompromißlos. Dieser Haß würde auch die Fasern des Volkes verstärken, jedoch nicht für lange Zeit, denn letztlich müßte der Sündenbock von der Klippe in seinen Tod gestürzt werden. Wie Goebbels sagte: „Tod den Juden' war unsere Kriegsparole für die letzten 14 Jahre. Sie sollen sterben!"

In der Nazibürokratie konnte kein Jude seinem Schicksal durch Bekehrung oder Assimilation entkommen. Sein Kainsmal – im Gegensatz zu deutschem Wertgefühl – war unauslöschlich. Die Juden versuchten dieses Kainsmal zu bekämpfen, indem sie ihr Benehmen, ihre Kleidung und ihre Manieren änderten. Es war alles umsonst. Ihr Stigma und ihre Abstempelung als Sündenbock diente den Zielen ihrer Verfolger, und sie selber dienten hervorragend als Stigma-Objekte wegen ihrer sozio-kulturellen Auffälligkeit und ihres Sozialcharakters. Aber sie waren auch hauptsächlich ein ideales Opfertier, weil sie ein machtloses Machtsymbol waren. Der ewige Jude, der wandernde Jude, der Weise von Zion, das auserwählte Volk, zu seiner Vernichtung geführt, ohne daß ihm jemand zu Hilfe kam. „Ich bin der letzte Augenzeuge", bezeugte Von dem Bach-Zelewsky, SS-Kommandant von Zentralrußland, in Nürnberg, „und ich muß die Wahrheit gestehen – die Juden hatten keinerlei Organisation ... Das steht im Gegensatz zu dem Schlagwort, daß die Juden die Welt beherrschen wollten und daß sie hochorganisiert waren ... Wenn sie eine Organisation besessen hätten, hätten sie Millionen der Ihrigen retten können, aber der Schlag kam ihnen vollkommen überraschend. Niemals vorher ist ein Volk so ahnungslos ins Unglück gestürzt."[85] Vor ihrem endgültigen Opfergang wurden die Juden abgesondert und sozial und gesetzlich gebrandmarkt. Man entzog ihnen die Staatsbürgerschaft; alle Arten von persönlichen, beruflichen und sozio-politischen Rechten wurden ihnen durch die Nürnberger Gesetze von 1935 entzogen. Später wurden ihnen alle legalen Rechte und ihre Vertretung vor den Gerichtshöfen weggenommen. Jeder konnte sie straflos verletzen und sogar töten. Sie konnten keine medizinische Hilfe oder Krankenhausdienste erhalten, Urlaubsorte besuchen oder gar einen Haarschnitt beim Friseur bekommen, und dennoch mußten sie übertrieben hohe Sozialsteuern zahlen. Sie mußten Identifizierungsabzeichen tragen; man nahm ihnen ihr Eigentum und ihren Lebensunterhalt, und zum Schluß wurden sie in den Tod transportiert. Die Nazi-Ideologie, die hauptsächlich eine Ideologie des Hasses war, brauchte die Juden als den Kern ihrer ideologischen Definition durch Kontrast. Da die Nazis wußten oder instinktiv fühlten, daß sie auf dem Weg nach Walhalla waren, bereiteten sie den Juden einen Leidensweg, sodaß diese sie zu ihrer Götterdämmerung begleiten sollten.

Götterdämmerung

Als Nachwort zu dem vorhergehenden Abschnitt sah der Autor eine Anzahl Fotografien von führenden Nazis und vom SS-Personal der Vernichtungslager durch. Goebbels sah wie ein Zigeunerjongleur aus, der sich durch einen Fall vom Trapez das Bein gebrochen hatte, und besaß den fixierenden Blick einer Schlange. Max Amman war ein Taschenzwerg; Streicher sah aus wie ein polnischer Schlächter und hatte das dreckige Mundwerk eines Reeperbahn-Zuhälters. Göring war ein übergewichtiger Drogensüchtiger; Himmler hatte ausladende Hüften und Hängeschultern, mit dem Gesicht und dem zuckenden Schnurrbart eines übergroßen Nagetiers. Was für eine Auswahl von biologischen und genetischen Prachtexemplaren einer Herrenrasse! Was das SS-Personal der Vernichtungslager anbelangt, so sahen nach ihrer Gefangennahme durch die Alliierten Kramer, Hoess, Dr. Klein und Irma Greses viel degenerierter, häßlicher und physisch abstoßender aus als ihre abgezehrten Opfer, die für ihr Aussehen wenigstens die Erklärung ihrer Märtyrerschaft hatten.

Als Zusammenfassung des vorhergehenden Abschnitts präsentieren sich die stigmatisierenden Vorbedingungen des Modells in folgendem Schema:

. . . .
. . . .

Rassische Definition der deutschen Herrenrasse durch die jüdischen Untermenschen

Die Juden als genetische Verderber

Die Juden als sexuelle Verführer

Die Juden als kollektiver Widergeist

Rassenschande mit dem Juden als Neuauflage der Erbsünde

Die Juden als Zielscheibe für Haß

Die Juden als Sündenböcke und machtlose Machtsymbole

Absperrung der Juden und soziale und legale Diskriminierung

Der brandmarkende Deutsche und sein Sündenbock schreiten zusammen zur Götterdämmerung

. . . .
. . . .

Die punktierten Linien zeigen hier wieder, daß es mehr stigmatisierende Komponenten gibt, die nicht angeführt werden, und daß daher das Modell keine vollständige Liste der brandmarkenden Punkte, sondern nur die am besten illustrierenden zeigt.

Und ihr sollt wie die Götter sein

Möglicherweise war ein Grund, warum die Welt durch die Nazis überrascht werden konnte, die Tatsache, daß es in den 30er Jahren noch kein Fernsehen gab. Die Geräusche aus dem Radio, ein wirres Durcheinander von schrillem Geschimpf des Führers und dem hysterischen Gebrüll der Menge, konnte nicht die heidnische Pracht zeigen, die Größe der Zuhörermenge, die einstimmige Hingebung der endlosen Prozession von uniformierten, sloganbrüllenden Marschreihen, die ihrem Führer im Stechschritt salutierten. Die ganze eingedämmte Macht des konzentrierten sozialen Charakterkerns brach sich mit dem stilisierten Pomp eines Asgard-Hofs Bahn. Die Wolfsmeuten des Äsir hielten ihre Generalproben ab, bevor sie ausgesandt wurden, um die Welt zu unterwerfen. Die deutsche Mythologie wurde zur Wirklichkeit. Die Alltagssorgen und die Schwierigkeiten des realen Lebens und der Außenwelt verschwanden. Alles war möglich, ausführbar und in Greifweite unter der Inkarnation der deutschen mythischen Anführer: Hitler-Odin; Göring-Thor und Goebbels-Loki.
Diese rituellen und stilisierten Wiedergeburtsmeetings waren die Hauptmittel zur Stärkung und Kristallisierung des Nazi-Ethos. Die Nazi-Ideologie war in Wirklichkeit eher widersprüchlich und unklar, und ihre Doktrin war verwirrt. Daher mußte ihre separante

Fassade großartig und ihre Kraft allmächtig wie die der Götter des Äsir sein, und ihre Festungen uneinnehmbar wie Walhalla. Diese Art von Ethos hatte einen Operndirektor – und in der Tat hätte der Nationalsozialismus nicht werden können, was er war, ohne Richard Wagner. Hitler war ein treuer Bewunderer von Wagner. Er war der Ehrengast bei den Bayreuther Festspielen. Beide waren eingefleischte Antisemiten und beide betrachteten sich als Tannhäuser, gegen die feindliche Umgebung kämpfend. Hitler erlebte eine „buchstäblich hysterische Begeisterung", als er seine untergründige Affinität zu Wagner entdeckte.[86] Der „Großopern"-Aufschwung Wagners inspirierte Hitler zu seinen Massenkundgebungen und Versammlungen, und mit seiner Hilfe konnte Hitler das deutsche Volk für die Nibelungensage begeistern. Mit Hilfe des grandiosen Pomps Wagners konnte Hitler den Aufstieg (oder Abstieg, je nach Standpunkt) der Realität zum Mythos katalysieren und so den Weg nach Walhalla und unvermeidlicherweise zur Götterdämmerung bahnen. Dieser Übergang wurde ausgeführt von der katastrophalen Kombination eines Egozentrikers, der keine Grenzen für die sisyphische Verwirklichung seiner Wünsche kannte und der deshalb seinen Problemen und Sehnsüchten eine wunderbare Opernform gab, – und eines anderen selbstsüchtigen Egoisten, der keine Grenzen für seine Ambitionen für sein Volk akzeptieren konnte und deshalb seine eigene Fassung des Nibelungenrings benützte, mit der ganzen Welt als seiner Bühne.

Die Neuinszenierung der Mythologie durch die Nazis als Rahmen für das wirkliche Leben wurde mit teutonischer Gründlichkeit ausgeführt. Die meisten Mitglieder der Nazi-Hierarchie hatten ein brennendes Interesse am Okkulten. Viele benützten die Dienste von Astrologen. Sowohl Hitler als auch Himmler hatten ihre Wunderdoktoren. Der pathetischste Fall, sich auf magische Analogien zu verlassen, ereignete sich beim Tod Franklin Roosevelts am 12. April 1945. Goebbels öffnete Champagnerflaschen und teilte Hitler mit, daß „die Zarin Elisabeth gestorben war", mit der Andeutung, daß der Tod der Zarin damals auf wunderbare Weise den Siebenjährigen Krieg beendet hatte und daß so der Tod Roosevelts diesen Krieg beenden und das Dritte Reich retten würde, wie mit einem Zauberstab. Die Metapher von Goebbels, daß die Nazis und Hitler erfolgreich die deutschen Würmer in feuerspeiende Drachen verwandelt hatten, bezog sich darauf, daß die Deutschen die tägliche Realität in das Nachleben ihres Mythos transformierten, was ihnen das Gefühl gab, daß sie mit einer transzendenten Macht ausgestattet waren, die sie zu Übermenschen machte. „Heute, wenn ich zurückblicke," sagte Scheffer, „fühle ich oft, daß mich etwas über die Erde erhob, mich von meinen Wurzeln trennte und mir eine Armee von fremden Kräften entgegensandte."[87] Scheffer fühlte, daß übermenschliche Kräfte über ihn Gewalt hatten und ihn zu einem Gott des Äsir machten. Die Metamorphose von Individuen in ein mythologisches Kollektiv diente den separaten Zwecken des Krieges. Die Kriegskunst ist ja eine Gemeinschaftsanstrengung: Battaillone, Legionen, Brigaden und Divisionen. Ordnung, Anpassung und Disziplin der Armee im Krieg ordnen die Individualität des Soldaten der Gruppe unter. Die im Krieg handelnden Einheiten sind Menschengruppen, die mit der Kriegsmaschine koordiniert sein müssen. Das Gefühl des einzelnen, daß er ein Teil einer Gemeinschaft ist, erzeugt Respekt, Kameradschaft und Wertgefühl, ein Gefühl der Macht, daß niemand ihn überwältigen kann. Er wird durch Fahnen, Flaggen, Adler und Hakenkreuze beschützt, ein Stier, der alles, was sich in seinen Weg stellt, mit seinen stählernen Hörnern aufspießen wird.

So verwirklichten die Nazis die germanische Mythologie und liehen ihr menschliche Eigenschaften[89]. Infolgedessen spielten die Helden des Dritten Reichs mythologische Rollen inmitten des realen Lebens und mißachteten räumlich-zeitliche und politische Begrenzungen der Realität. Die folgende Beschreibung von Thor-Göring durch Trevor-Roper ist ein passendes Beispiel für diese Voraussetzung: „Im Jahre 1941 hatte Göring alles erreicht, wonach er immer gestrebt hatte: Er war ein Großwesir; er war Reichsmarschall, enorm reich und zufrieden. Der Krieg (so stimmte man überein) war gewonnen; keine weitere Anstrengung war erforderlich. Göring begann, die Dinge auf die leichte Schulter zu nehmen und im Kreise seiner Schmeichler seinen Dienst zu vernachlässigen. Die Luftwaffe versagte, aber die Bomber kamen durch. Die deutsche Industrie ‚knirschte‘, aber Göring kam nur selten nach Berlin. Er war in Karinhall, seinem weitläufigen Landsitz in der Schorfheide, wo er Hof hielt. Er war angezogen wie ein orientalischer Maharadscha, berichteten Augenzeugen, mal in einer hellblauen Uniform mit juwelenbesetztem Marschallstab, mal in weißer Seide wie ein venezianischer Doge, nur mit Edelsteinen besetzt und auf dem Kopf mit dem Abzeichen des Hubertushirschen, der ein Hakenkreuz mit leuchtenden Perlen in seinem Geweih trug. Dort speiste er festlich in römischem Luxus, jagte und unterhielt seine vornehmen Gäste. Er zeigte ihnen die architektonischen und künstlerischen Wunder seines Hauses – einen Studienraum wie eine mittelgroße Kirche, eine Bibliothek mit einem Dom wie die Vatikanbibliothek, einen neun Meter langen Schreibtisch, eine mit Mahagoni eingelegte bronzene Swastika mit zwei goldenen Barockleuchtern und einem Onyx-Tintenfaß, ein langes Lineal aus grünem, juweleneingelegtem Elfenbein. Seine Kunstwerke stehlenden Gangster kamen ohne Unterlaß aus Paris, Rom, Athen und Kiew, manche sogar von deutschen Museen, mit ihren Tributen von Edelsteinen und Statuen alter Meister, Augsburger Arbeit, und altrömischen Bischofsstäben aus ausgeraubten Museen und abgebrannten Palästen altertümlicher, berühmter Staaten.“[90)]

Wenn Odin-Hitler den Krieg als gewonnen erklärte, war er eben gewonnen, ungeachtet der Nachrichten von der Front, sodaß Thor-Göring weiter seine Kriegsbeute requirieren konnte, die ihm als Besitzer des Marschallstabs – des magischen Hammers – zukam. Speer schrieb, daß Hitler glaubte, daß das germanische England zum Schluß doch die Augen öffnen, seinen brüderlichen Streit mit Deutschland vergessen und zu der gemeinsamen germanischen Erbschaft zurückfinden würde. Diese Überzeugung mag die Motivierung zu Rudolf Hess' tragikomischem Flug nach England geliefert haben. Hess vertraute Speer, dem Mitgefangenen in Schloß Spandau, an, daß ihn ein Traum von übernatürlichen Kräften zu seinem Englandflug inspirierte.[91)] Hess mag sich vorgestellt haben, daß er über den Stürmen des Ärmelkanals auf Sleipnir, dem achtfüßigen Zelter, schwingend, von der Höhe aus den gemeinsamen Wurzeln Deutschlands und Englands von der Eiche Yggdrasil, dem kosmischen Baum der Edda, nachgehen würde.

Heydrich fühlte, daß ihm alles erlaubt sei. Verrat, Gewalt, rücksichtsloses Plündern und totale Immoralität. Er führte seine Intrigen sogar gegen seine Vorgesetzten im Äsir: Heinrich (den Vogelfänger)-Himmler und Hitler-Odin.[92)] Dies wurde durch die einzige Norm Asgaards gebilligt: Lorbeeren für die erfolgreichen Drahtzieher, aber wehe den Versagern! Und der Nazi-Äsir fing an zu versagen, als das mythologische Leben sie zu Illusionen, Wahnvorstellungen und einem nahezu vollkommenen Bruch mit der Wirklichkeit führte. Nach der Niederlage von Stalingrad gab Hitler katastrophale Befehle, die mit der realen Situation der deutschen Kräfte nichts zu tun hatten und den Russen zu weiteren Siegen und letztlich zum Gewinn des Krieges verhalfen.[93)]

Hitler pflegte aus der Edda wie aus dem Evangelium zu zitieren. Er muß gewußt haben, daß das Leben nach der Edda unweigerlich die Inszenierung des letzten Kapitels, der Götterdämmerung, nach sich zog: in den Worten der Edda selbst: „nichts wird übrigbleiben als der Tod.“

Übermenschen und ruchlose Diebe

Was für eine Art Menschen konnte die Schandtaten vollbringen, die die „Banalität des

Bösen", eine Todesfabrik am Fließband, in den Schatten stellen konnten: Kinder wurden mit Stiefeln zu Tode getrampelt; Verwundete, die noch lebten, in Gruben mit ungelöschtem Kalk geworfen; lebende Kinder wurden in Verbrennungsöfen geworfen. Der Lagerarzt von Mauthausen ließ zwei junge holländische Juden erschießen, um zwei originelle Briefbeschwerer aus ihren Schädeln zu machen, weil sie so schöne Zähne hatten. SS-Hauptsturmführer Prof. August Hirt vom Straßburger Anatomischen Institut genoß die volle Unterstützung Himmlers, eine Sammlung von Totenköpfen jüdischer Bolschewiken-Kommissare einzurichten, „die eine abstoßende, aber charakteristische Untermenschlichkeit personifizierten". Zu diesem Zweck wurde die Wehrmacht angewiesen, alle jüdischen Bolschewiken und Kommunisten der Feldpolizei auszuliefern ..., nach ihrer Tötung durften ihre Köpfe nicht beschädigt werden ..., sie mußten von den Körpern abgetrennt und dem Institut in einer konservierenden Flüssigkeit in gut verschlossenen Behältern überstellt werden.[94] Nach einem anderen Dokument schickte Mengele seinen Laboranten den Kopf eines 12jährigen Jungen für anthropologische Messungen. Kindern wurde, als sie noch am Leben waren, die Haut abgezogen, um diese als Transplantat verwundeten deutschen Soldaten zu übertragen. Kriegsgefangene wurden lebendig in Bauernhöfen verbrannt; Lampenschirme wurden aus menschlicher Haut hergestellt[95]; Oswald (Papa) Kaduk in Auschwitz hatte Kinder sehr gern und schenkte jüdischen Kindern Luftballons, bevor man ihnen Phenol in Herz einspritzte – zehn Kinder pro Minute wurden so ermordet.[96] Ein Mädchen flehte den Kommandanten des Auschwitzer Frauenlagers, Hoessler, an, sie nicht zu töten, da sie nicht einmal 19 Jahre alt sei. „Du hast lange genug gelebt," antwortete stoisch Hoessler, „komm, mein Kind, komm."[97] Die Deutschen fotografierten auch gern: Soldaten, die die Bärte von Juden scherten und lachten; SS-Männer, die Warschauer Aufständische aus den Bunkern herausführten und lachten; Waffen-SS, die Juden aufhängten und dabei lachten, während sie sich an die Galgen lehnten. In der Tat: „Kraft durch Freude!"

Da das meiste Nazi-Personal, das sich mit der Vernichtung der Juden befaßte, aus allen Sphären und Schichten des deutschen Volkes kam, kann man wohl fragen, wie sie das, was sie ausführten, gefühlsmäßig, normativ und moralisch verkraften konnten? Die SS (Schutzstaffel) entstand aus einer Anzahl Schläger in der Mitte der 20er Jahre, als sie Hitler als Leibwächter dienten, und wuchs schließlich zu einem enormen Elitekorps an, das Hitlers Wünsche ausführte und daher der exekutive Adel des Dritten Reichs wurde. Die SS-Mitglieder hatten das reinste arische Blut, das die Geschichte als wichtig, schöpferisch und als Grundlage jeden Staates und aller militärischen Aktivität „bewies", ... nordisches Blut. „Wir wollen eine überlegene Menschenrasse bilden, die Europa während vieler Jahrhunderte beherrschen soll."[98] Eine der wichtigsten, von Himmler bestimmten Aufgaben der SS war, die deutsche Gesellschaft vor der Gefahr der Befleckung durch jüdisches Blut zu bewahren. Daher wurde die Rolle des Beschützers Deutschlands vor der jüdischen Gefahr schon 1936 der SS übertragen.[99]

Die meisten Befürworter der „Endlösung" hatten keine pathologische Personalitätsstruktur oder Abweichungen, die sie weit von dem Durchschnitt und den Mittelwerten der allgemeinen deutschen Bevölkerung unterschieden. Himmler hatte das Benehmen und die Mentalität eines Volksschullehrers. Er konnte kein Blut sehen und war verstört, als er einer der Massenerschießungen in Osteuropa beiwohnen mußte. Er war dafür verantwortlich, diese Tötungsmethoden gegen die „humanere" Methode der Gasauslaßröhren auszutauschen, die die Opfer in „Gasmobilen" vergifteten. Diese mittelmäßige Mentalität eines kleinen Bürokraten wurde durch Arendt und andere Beobachter des Eichmann-Prozesses in Jerusalem dokumentiert.

Unter den Kommandanten der Einsatzgruppen war Biberstein, ein protestantischer Pfarrer und Theologe; Ohlendorf hatte Studien an drei Universitäten absolviert: Leipzig, Göttingen und Pavia. Er war Doktor Jurae und Forschungsdirektor des Instituts für Weltökonomie und maritimen Transport in Kiel. Weinmann war Arzt, Klinghofer ein Opernsänger, Jost Rechtsanwalt und Ökonom und hatte die Universitäten von Gießen und München absolviert; Naumann war Polizeioffizier und Rechtsanwalt, Rasch war Rechtsanwalt und Bürgermeister von Wittenberg, Schulz ein Rechtsanwalt und Mitarbeiter der Dresdner Bank.

Ein außergewöhnlich rücksichtsloser und grausamer Nazi war Heydrich, und es wäre tatsächlich eine Ironie des Schicksals gewesen, wenn sein Großvater, der Suess hieß, ein Jude gewesen wäre, wie Admiral Canaris annahm.[100] Folglich zeigten die Judenmörder keine besonderen Abweichungen von den Parametern der allgemeinen deutschen Bevölkerung. Sie hätten leicht mit anderen Deutschen verwechselt werden können. Die ethologischen Faktoren, die einen Nazimörder charakterisierten, waren mit dem deutschen Blut verbunden. Der Nazi sollte nach Freiheit streben und Kampfgeist haben. Sein Ziel sollte sein, in jedem Wettbewerb oder Kampf der Beste zu sein. Er sollte treu sein und den Befehlen seiner Übergeordneten bedingungslos gehorchen – sog. „Kadavergehorsam" wurde gefordert. Der einzelne war nichts, das Volk alles! Dies war die monströse Übertreibung der grundlegenden Eigenschaften des deutschen Sozialcharakters.

Das Endprodukt eines gut ausgebildeten SS-Manns war ein kriegerischer Hasser, ein Zerstörer, so wie es zu der vorwiegend negativen Natur der Nazi-Ideologie paßte. Dieser Haß war grenzenlos, weil eines der Hauptziele der Naziindoktrinierung war, alle Spuren von partizipantem christlich-jüdischem Anstand, Schuldgefühl und Barmherzigkeit aus dem mentalen Aufbau des SS-Manns auszutilgen. Sogar noch am Rande des Abgrunds der Götterdämmerung, am 1. April 1945, sandte Goebbels im Radio das Nazi-Credo: „Haß ist unser Gebet und Rache unser Schrei!"[101] Als man die Überlebenden der zweiten Panzerdivision „Das Reich" über die Zerstörung des französischen Dorfs Oradour und den Mord an 600 Männern, Frauen und Kindern, von denen viele in der Dorfkirche verbrannt wurden, verhörte, zeigten sie keinerlei Reue und waren sogar überrascht, daß man soviel Aufhebens um die ganze Affäre machte: „In unseren Kreisen," bemerkte ein SS-Offizier, „war das gar nichts."[102]

Die Einsatzgruppen wurden in ihre Mordarbeit von Himmler und Heydrich persönlich eingeführt. Himmler sagte ihnen, daß eine ihrer wichtigsten Aufgaben die Ausrottung von jüdischen Männern, Frauen und Kindern und von kommunistischen Funktionären sei. Heydrich sagte ihnen, daß, wenn der Krieg mit Rußland ausbreche, sie (die Einsatzkommandos) die Juden erschießen müßten, und im Ausbildungslager Pretzsch wurde ihnen befohlen, dies rücksichtslos durchzuführen.[103] „Jedes Mitleid," schrieb Stabschef Keitel, „ist ein Verbrechen gegen das deutsche Volk."[104]

Alle Mitglieder der Einsatzgruppen, einschließlich der Offiziere und Unteroffiziere, mußten an den Erschießungen teilnehmen. Die Beteiligung an dem festlichen Menschenopfer, das den Äsir-Göttern gebracht wurde, verlangte eine totale Teilnahme der Gruppe. Die alten Germanen brachten ihre gefangenen Feinde als Opfer dar. In derselben separanten Tradition opferten die Nazis die Juden, ihre symbolisch-projizierten Feinde, während die Juden in der partizipanten Tradition Isaaks und Jesu geneigt waren, sich selbst zu opfern.

Die Wachen der Konzentrationslager waren gewöhnlich nicht die pathologischen Sadisten, wie manche Autoren versuchten, sie darzustellen: sie wurden durch Indoktrinierung, Gewöhnung und Einarbeitung zu Totschlägern gemacht. Sie wurden daran gewöhnt, hart gegen sich selbst zu sein, zum Beispiel ihren eigenen Hund zu erschießen, oder besser noch, zu erstechen. Sie mußten Galgen entwerfen, und Theodor Eicke programmierte sie, die Gefangenen als Feinde des deutschen Volks zu hassen. Die Lagerwachen glaubten alle, daß die Juden – wie der Kommandant von Auschwitz bezeugte – an allem schuld seien. Sie waren überzeugt, daß es unvermeidlich sei, die Juden in Selbstverteidigung zu vernichten. Diese waren der universale Sündenbock.[105] Die Wächter der Konzentrationslager waren indoktriniert, daß ihre Gefangenen Verbrecher und Feinde Deutschlands waren. Wenn man die Gefangenen freilassen würde, würden sie den Sieg im Krieg gefährden und Deutschland ein zweites Mal in den Rücken fallen. Für Eickes Schüler in den Konzentrations- und Vernichtungslagern waren die Insassen unverbesserliche Feinde; jede Nachsicht ihnen gegenüber war Schwäche, und Mitleid mit ihnen war ein Verbrechen gegen das Vaterland.[106] Wenn man die Juden nicht haßte, bedeutete dies Selbsthaß – die Wachen der Vernichtungslager erleichterten ihr Gewissen durch die verfälschte Dialektik der Selbstverteidigung. Die Inschrift auf der Schnalle der SS lautete: „Meine Ehre ist meine Treue". Gemeint war die Treue zum deutschen Volk und zu seinem Führer bis in den Tod. Es war eine Treue zum „Wir". Nach Goebbels' Auslegung war sie die altgermanische Stammestreue[107], d.h. die Loyalität zum eigenen heidnischen Stamm und bittere Feindschaft und kriegerische Haltung gegenüber der ganzen anderen Welt. Deutschland über alles! Aber der Verlust der normativen Phase der Trennung und mit ihr des jüdisch-christlichen Gesetzes und der Moralität („alles war erlaubt, und Verträge waren Toilettenpapier"[108]) bedeutete, daß die Nazis beabsichtigten, zu ihrem kollektiven Entwicklungsstadium der Stammesfamilie zurückzukehren. Dies war in der Realität unmöglich, sodaß sie ihre Existenz auf ein Mythologie-Niveau brachten. Die Kombination einer Äsir-ähnlichen Existenz mit der erklärten Treue zu der Stamm-Familieneinheit führte zu einer immer stärkeren Loyalität, zu einem immer kleineren, konzentrischen Kreis von Gruppe, vom Dritten Reich zur Nazi-Partei, zur SS und zu der eigenen Einheit. Dies führte auch zu einem intensiven Haß (das vorherrschende Gefühl der durch Kontrast definierten Nazis) gegen außenstehende Gruppen und zu einer internen Rivalität, einem Wettbewerb zwischen den verschiedenen Gruppen und Splittergruppen des Dritten Reichs, der Nazi-Partei und der SS.

Was das Wohlergehen des Reichs und des Volkes, die für die Nazis eine metaphysische Einheit bedeuteten, anging, konnten keine Taten moralisch genug sein oder überhaupt ins Auge gefaßt werden, weil die Wohlfahrt des deutschen Volks das oberste „Gute" war, das Gute-an-sich. Entsprechenderweise war alles, was dieses Wohlergehen verletzen wollte, das Schlechte-an-sich, das tiefste böse Prinzip, und mußte bekämpft und vernichtet werden, und zwar mit allen Mitteln, ohne Skrupel. Major Jacob (von der Juden tötenden Feldpolizei) schrieb poetisch an seinen Oberkommandierenden in Deutschland: „Ich weiß nicht, General, ob auch Sie diese schrecklichen Juden in Polen gesehen haben. Diese Jüdlein, die in jenen Bezirken wohnen, gehören auch zu unseren Kunden. Aber wir stürmen vorwärts ohne Gewissensbisse, und dann … wird die Welt Frieden finden."[109] Ohlendorf erklärte in seiner Verteidigung, daß, als die Juden als Feind des deutschen Volkes erklärt wurden, es keine Bedenken gegen ihre Ausrottung geben konnte. Viele der Angestellten der Vernichtungslager brachten vor, daß es für sie undenkbar war, daß das deutsche Reich von ihnen verlangen würde, illegal oder unethisch zu handeln, weil für sie das Volk und sein Reich die Quellen des Gesetzes und der Moral waren. In ähnlicher Weise verteidigten sich die Nazi-Ärzte, die aussagten, daß es ihr Auftrag war, für die Gesundheit des deutschen Volkes zu sorgen, und daß die Juden zur Krankheit des deutschen Reichs erklärt wurden; daher war es ihre Pflicht, bei ihrer Ermordung zu helfen, ungeachtet des hippokratischen Eides.

Jedoch jeder Teil des Dritten Reichs, die Nazi-Partei und die SS hoben ihren Anteil über jeden anderen hinaus. Folglich konkurrierten, stritten und kämpften sie unter sich wie die Götter von Asgard, und ihre Untergebenen ergriffen Partei in diesen Zwistigkeiten nach dem Prinzip der stärkeren Treue, je kleiner und intimer die Mitgliedsgruppe war. So bezeugte Speer, daß sich nach 1933 in der Nazipartei und der Administration des Dritten

Reiches schnell Gruppen und Fraktionen bildeten, die dauernd miteinander stritten, sich verachteten und gegeneinander spionierten.[110] Alle Mitglieder einer bestimmten Splittergruppe waren von verbissener Treue zu ihrer Gruppe und ihrem Führer, genau wie die Götter des Äsir und Vanir in Asgard. Schellenberg beschrieb die fortwährenden Auseinandersetzungen zwischen SS, dem Außenministerium, dem Propagandaministerium, dem Oberkommando der Wehrmacht, der Partei und den verschiedenen Gruppen und Einheiten, die viele und manchmal gegensätzliche Loyalitäten von jedem Gruppenmitglied verlangten. Er beschrieb einen charakteristischen Konflikt zwischen Himmler und Bormann als einen Kampf zwischen zwei Schlangen.[111] Wenn ein Mitglied einer Gruppe bloßgestellt oder angegriffen wurde, war es berechtigt, vollen Schutz von seinen Vorgesetzten zu verlangen. Im Jahre 1942 begann ein SS-Gericht eine Untersuchung wegen Korruption gegen Koch, den Kommandanten von Buchenwald. Oswald Pohl, Kochs Vorgesetzter in der Kommandantur der Konzentrationslager, mischte sich ein und erklärte schriftlich, daß er einschreiten würde, „wo immer sich ein unbeschäftigter Anwalt an dem weißen Körper (sic) Kochs vergreifen wolle."[112]

Jede Fraktion, Division und Einheit behauptete ihre Autorität und ihren Vorrang durch Hitlers Gnade, der obersten Gottheit des Äsir. Der Glaube an den Führer heiligte die Handlungen seiner Anhänger, wenn sie in seinem und des deutschen Volkes Interesse ausgeführt wurden. Taten, als illegal oder unmoralisch erklärt, wenn für Volk und Führer ausgeführt, waren ein Widerspruch in sich. Tatsächlich wurde die Gestapo, die politische Polizei, als über dem Gesetz stehend und nicht unter Gesetzeskontrolle befindlich erklärt. „Wenn die Gestapo einen Befehl gibt," so entschied das Gericht, „gibt es keine Diskussion – er wird befolgt."[113] Die Gestapo und die SS sahen sich als eine Verlängerung von Hitler-Odins Autorität. Dies verwandelte sie in Halbgötter des Äsir, die nicht dem Gesetz, der jüdischen Ethik oder dem christlichen Schuldgefühl unterworfen waren. Der Kant'sche Kategorische Imperativ wurde von Eichmann in seinem Prozeß in Jerusalem[114] und von Seyß-Inquart in seinem Nürnberger Prozeß[115] für ihre Zwecke ausgelegt, sodaß er das bedeuten sollte, was sie als Wahrheit ansahen, in ihrem Fall die Rechtfertigung der Endlösung, die von allen als universale Regel anerkannt wurde. Die jüdische Moral kann keinen Mord legitimieren, und wie schon erwähnt, ist es nach dem jüdischen Gesetz vorzuziehen, das Leben zu verlieren, statt zu morden. Die existentielle Moral, besonders die von Camus in „Die Pest", „Der Rebell" und anderen Schriften, verdammt alle Ziele, wenn sie mit Mord verbunden sind. Überdies wird die Kant'sche „objektive Moralität" verworfen, weil moralisch zu sein bedeutet, daß wir das Leiden des anderen in uns selbst mitfühlen und ihm durch die Definition seines Unglücks auf seine eigene Weise, und nicht zu unseren Bedingungen zu helfen versuchen. Daher waren die Nazis, und besonders die SS-Mörder, die sich vollkommen den Leiden ihrer Opfer verschlossen, existentielle Ungeheuer, ungeachtet dessen, ob sie an die Kant'sche „objektive Moralität" glaubten oder an die „höhere" Norm des germanischen, mythologischen Übermenschen.[116] Andere Überlegungen waren überflüssig. Die Griechen, die auch eine separante Kultur besaßen, hatten ihr Meden Agan (nichts im Übermaß), um ihr überwiegend schuldloses Betragen zu regulieren. Die Nazis dagegen begingen die Hybris, die minimale normative Begrenzung ihres Betragens abzulehnen, und so brach der Teufel los. Keitel, der Oberkommandant, wies die Armee am 16. 12. 1942 an: „Es ist nicht nur berechtigt, sondern auch die Pflicht der Truppen, jede Methode ohne Einschränkung zu benützen, sogar gegen Frauen und Kinder, solange dies den Erfolg garantiert. Jedes Mitleid ist ein Verbrechen gegen das deutsche Volk:"[117] Himmler lehnte sarkastisch alle Forderungen nach Erbarmen mit den Juden, sogar in begrenztem Maß, ab, denn „dann würden unsere 80,000.000 guten Deutschen kommen, jeder mit seinem anständigen Juden", denn es sei klar, „daß die andern schlecht sind, aber dieser erstklassig."[118] Daher muß die Reinigung von den Juden durch die Ausrottung ihrer Rasse geschehen. „Wir werden bald entlaust sein!"[119]

Es gab jedoch eine leuchtende Ausnahme von der Unbarmherzigkeit der Nazis: Sie waren voller Mitleid und Mitgefühl mit sich selbst. Himmler war sehr besorgt um die Gesundheit seiner SS-Totenkopf-Einheiten, die für die Konzentrations- und Vernichtungslager verantwortlich waren, wegen des ungünstigen Einflusses ihrer ganzen Greueltaten und Morde auf ihre Gesundheit.[120] „Die meisten von Euch," klagte Himmler in einer Rede an sein SS-Oberkommando, „wissen, was es heißt, hunderte von Leichen zusammenliegen zu sehen, sogar fünfhundert oder tausend; das durchgemacht zu haben und anständig geblieben zu sein."[121] Auch Ohlendorf beklagte die Mühsal seiner Einsatzgruppen: „Es gibt nichts geistig Schlimmeres für Menschen, als eine verteidigungslose Bevölkerung niederzuschießen."[122] ... „Viele Männer litten schwer und mußten nach Hause geschickt werden, weil ihre Nerven zerrüttet waren oder weil sie es moralisch nicht mehr aushielten."[123] Tatsächlich ging „Blobel", ein anderer Einsatzgruppenkommandant, so weit, die Rollen von Mördern und Opfern zu vertauschen. „Unsere Leute, die an den Hinrichtungen teilnahmen, litten mehr unter Nervenzusammenbrüchen als die, die erschossen werden sollten."[124] Falsch, Herr Blobel! Ein richtiger Rollentausch wäre gewesen, wenn man einige Einsatzgruppen in geschlossene Viehwaggons eingesperrt hätte, und nachdem sie halb tot durch Durst und Erschöpfung angekommen wären, durch langsam wirkende Gaskügelchen in bis zu 15 Minuten erstickt hätte. Erst dann wäre ein Vergleich am richtigen Platz gewesen. In Claude Lanzmanns Film „Shoah" zeigte einer der Kommandierenden von Treblinka großes Mitleid mit sich selbst, weil der Winter kalt und seine Kleidung nicht warm genug war. Die volksdeutsche Frau eines Nazi-Schullehrers beschwerte sich bitterlich, daß ihre Nerven zerrüttet würden wegen des Kreischens, Geschreis und Gejammers der Juden im Chelmnoer Vernichtungslager, das in der Nähe ihres Hauses war.

Da die Maßstäbe des Gesetzes aufgehoben, die jüdische „Sklavenethik" verachtet und die christliche Barmherzigkeit verlacht wurden, war für das Volk und den Führer (und auch für jeden einzelnen) alles erlaubt. Die Götter und Halbgötter des Äsir und Vanir hätten sich in ihren wildesten Träumen nicht vorgestellt, die riesigen Reichtümer zu besitzen, die Thor-Göring durch seine kolossalen Raubzüge mit Hilfe seiner Henkersknechte aus dem ganzen besetzten Europa ungestraft aufgehäuft hatte. Göring reinszenierte tatsächlich das Leben einer germanischen Gottheit. Er stahl Bilder alter Meister aus ganz Europa und hängte sie in seinem Palast Karinhall zu dreien und vieren übereinander auf.[125] Diamanten und Juwelen (hauptsächlich von Juden) wurden gestohlen, und ganze Wagenladungen von Parfüms, Toilettenartikeln und Damenstrümpfen (ein hochgeschätzter Artikel im 2. Weltkrieg) wurden auf dem italienischen Schwarzmarkt aufgekauft.[126] Streicher stahl für sich einen Großteil des jüdischen Eigentums, das er als Gauleiter von Franken konfisziert hatte.[127] Goebbels war als „der Ziegenbock von Babelsberg" (dem deutschen Hollywood) bekannt, denn alle angehenden Filmstarlets wußten, daß der Weg zu einer Hauptrolle nur durch das Schlafzimmer des Propagandaministers erreichbar war.[128] Von Ribbentrop hatte eine Vorliebe für das Schloß des Millionärs von Remnitz. Er schickte diesen ins Konzentrationslager Dachau und ließ ihn hinrichten, damit er das Schloß und das Landgut in Fuschl (Österreich) in Ruhe genießen konnte.[129] Rang bringt Vorrechte mit sich, und was den Nazis, den hohen Herren von Asgard, erlaubt war, war den gewöhnlichen Mannschaften verboten. Sie durften sich nicht durch die Ermordung der Juden bereichern. Aber die Versuchung war groß, und der Gelegenheiten gab es viele, und die Vorgesetzten waren leicht zu bestechen. Trotz der formellen Registrierung von Brillen, Füllfedern und goldenen Zähnen, die den Opfern aus dem Mund gezogen wurden, war die Korruption im SS-Personal und den Totenkopfeinheiten weit verbreitet. Ein

SS-Oberführer, der ein halbes Dutzend jüdische Fabriken in vier Tagen „arisierte", kaufte diese zu einem Zehntel ihres Wertes und verkaufte sie am nächsten Tag mit 200% bis 400% weiter.[130] Hoess, der Kommandant von Auschwitz, gab zu, daß enorme Schätze vom SS-Personal in den Vernichtungslagern gestohlen wurden und daß viel davon im Boden von Auschwitz und Birkenau versteckt sein muß.[131] Das Totenkopfpersonal bereicherte sich durch die Annahme von Diamanten und Gold, die die im Durstdelirium liegenden Opfer als Bezahlung für etwas Wasser anboten. Der Totenkopfmann nahm die Kostbarkeiten, aber brachte meist kein Wasser.

Totaler Gehorsam

In einer Hierarchie behauptet jeder sich und seine Position durch Buckeln gegenüber den Vorgesetzten und Treten gegen die Untergebenen – das sogenannte „Radfahrersyndrom", das so charakteristisch für das totalitäre System ist. Der Führer war an der Spitze der Pyramide. Er war der Mörtel, der die Nazi-Machtpyramide zusammenhielt als eine monolithische Struktur. Dieser monistische totalitäre Staat wurde durch die Mehrzahl der Deutschen unterstützt, die Adolf Hitler als Kanzler gewählt hatten, und nach 1933 wurde diese Mehrheit praktisch zur allgemeinen Übereinstimmung. Die Schwerindustrie unterstützte ihn wegen der Aussichten auf eine neue Rüstung, die Arbeiter wegen seiner Versprechen, ihnen Arbeit zu verschaffen. Beides wurde auch erfüllt. Viele „bewaffnete Intellektuelle" unterstützten die Nazis und den Führer. Karl Schmidt z.B. predigte gegen den Liberalismus, den Pluralismus und das demokratische Chaos. Stefan George applaudierte den Meisterstücken Goebbels' und pries die Wiedererweckung des „Neuen Königreichs".[132] Jakob Burkhardt beschrieb das Verlangen des Volkes nach dem Einzigen, dem Führer.[133] Die Bauern begeisterten sich für die Blut und Boden-Ideologie der Nazis und stimmten bei den Wahlen in Massen für sie. Der Landbund hatte auch eine Hauptrolle bei der Absetzung der Regierungen Brüning und Schleicher und bei der darauf folgenden Ernennung Hitlers zum Kanzler[134]. Durch den Führer wurde das deutsche Volk organisiert und in einem monolithischen Totalitärstaat gleichgeschaltet, an welchem die partizipanten Juden keinen Anteil haben konnten. In dieser Gruppen-Totalität waren einzelne nicht als Individuum wichtig, sondern nur als Teil einer Gruppe. Wenn die Interessen des einzelnen mit den Interessen der Gruppe im Widerspruch waren, mußte das Individuum unweigerlich nachgeben. So z. B., als eine deutsche Frau in einem Berliner Unterstand nicht willig der sexuellen Annäherung eines russischen Soldaten nachgab, rügten sie ihre Kameraden im Schutzkeller streng: „Warum gibst du nicht nach? Siehst du nicht, daß du uns alle in Gefahr bringst?"[135]

Der Kern dieser Beweisführung ist, daß das monolithische Totalitärregime des Dritten Reichs die Unterstützung der überwiegenden Mehrheit des deutschen Volkes erhielt. Es gab keinen nennenswerten Widerstand gegen das Regime während der meisten Zeit seiner Existenz. Das fehlgeschlagene Komplott vom Juli 1944 wurde von einer Gruppe nationalistischer Offiziere ausgeführt, zumeist Antisemiten, die sich durch des Führers Unfähigkeit, seine Versprechen bezüglich des Siegs und des Bestehens des 1000jährigen Reichs einzuhalten, verraten fühlten. Für die separaten Aufständischen war Hitlers Mißerfolg der Grund für ihre Rebellion, und nicht die Immoralität oder die mörderische Barbarei des Regimes.

Das monolithische Dritte Reich genoß einen nahezu vollkommenen Konsens betreffs der legalen und ökonomischen Maßnahmen gegen die Juden. Viele Bürger nahmen an der „Endlösung" des jüdischen Problems teil, und die meisten Deutschen stimmten passiv damit überein. Eine berechtigte Schlußfolgerung, da im Gegensatz dazu die Aktion T4, die Tötung der Kranken, geistig Zurückgebliebenen und geistig Gestörten, im August 1941 infolge der öffentlichen Opposition abgesagt werden mußte.[136] Die geistig Gestörten und Irren waren schließlich Arier, daher der öffentliche Protest gegen ihre Tötung, wobei es gegen die Judenverfolgungen und deren Vernichtung nicht einmal schwache Proteste gab.

Vorliegende Arbeit ist keine historische Abhandlung, sie ist höchstens ein makro-soziologisches Psychogramm. Wieviele Deutsche über den Holocaust Bescheid wußten und in welchem Ausmaß, ist daher in diesem Zusammenhang keine grundlegende Frage. In Nürnberg machten Personen, die höhere Ränge im NS einnahmen, einen jämmerlichen Versuch, ihr Unwissen über Judendeportationen zu beweisen. Dies war eine unverschämte Lüge. Die volle Kenntnis der Transporte und Mörder von seiten der höheren Ränge wurde von Ohlendorf, Von dem Bach-Zelewsky und Hans Frank, dem Generalgouverneur selbst, vollauf bestätigt. Nach dem Krieg waren manipulative Ausreden und Leugnen der Kenntnis des Holocaust, in Übereinstimmung mit dem deutschen separanten Charakter, weit verbreitet. Rolf Hochhuth bemerkte, daß „ich hörte nichts, ich sah nichts, ich wußte nichts" die üblichen Worte nach Hitlers Tod waren. In Claude Lanzmanns Film „Shoah" hatte der vertretende Kommandant des Warschauer Ghettos nie von einer „Endlösung" gehört, und der Zugdirektor im Gau Wartheland, der die Judentransporte in die Vernichtungslager beaufsichtigte, behauptete, daß er nie sein Büro verlassen hätte. Daher konnte er nicht wissen, ob die Züge Juden oder gewöhnliche Verbrecher transportierten. Aber Leon Poliakov[137], Joseph Tennenbaum[138], Gerald Reitlinger[139], Richard Grünberger[140], Raul Hilberg[141] und viele andere haben gezeigt, daß die meisten der SS, große Teile der Wehrmacht, viele Naziparteimitglieder, deutsche Industrielle, Geschäftsleute und Regierungsbeamte an der Deportierung und Tötung der Juden teilnahmen, und die meisten Deutschen wußten, daß ihre jüdischen Nachbarn verschwanden und nicht zurückkehren würden, und wußten von den Vernichtungslagern. Auf diese Weise halfen sie durch Untätigkeit bei den Morden mit.

Der separante deutsche Sozialcharakter sah in sozialen Beziehungen eine wichtige Funktion zwischen Vorgesetzten und Untergebenen, Führern und Anhängern, Herren und Sklaven. Die Nazis nützten diese deutsche Neigung aus, um sich der Autorität gänzlich anzupassen, oder wie Speer sich ausdrückte: „Strenge öffentliche Ordnung liegt in unserem Blut."[142] Auf diese Weise verwandelten sie den autoritären Staat des kaiserlichen Deutschland in das autoritäre Dritte Reich. Der autoritäre, konformierte deutsche Sozialcharakter war eifrig bereit für das totalitäre Regime der Nazis, das ihm wie angegossen paßte. Das Deutschland des Dritten Reichs beabsichtigte, eine Volksgemeinschaft zu werden, in der jeder den Befehlen gehorchte, egal ob sie lauteten, ein Eintopfgericht zu bereiten oder Juden umzubringen.

Das Ethos des „freudigen Gehorsams" dem Führer gegenüber war das Hauptfundament des Dritten Reichs. Die Parole war: „Der Führer befiehlt, wir gehorchen." Befehl ist Befehl und muß befolgt werden, das war in Deutschland Binsenwahrheit. Für die Nazis hatte Gehorsam einen Heiligenschein. Die von den Nazis in Auftrag gegebene Kantate „Das deutsche Gebet" hatte drei Sätze: „Offenbarung durch das Kriegserlebnis", „Erreichung der Gnade durch die Schlacht" und „Triumph des Gehorsams".[143] Die Verbindung zwischen diesen Grundbegriffen war überaus wichtig: Offenbarung, Gnade und Gehorsam. So z. B. sammelten deutsche Mädchen, wie befohlen, die Haare, die in ihrem Kamm blieben, nachdem sie sich frisiert hatten, zur Sammlung für die Herstellung von Filz.[144] Später erwies sich das Haar der Opfer der Vernichtungslager als reicher und praktischer. Als Eichmann in seiner Gefängniszelle sechs Brotschnitten erhielt, aß er sie alle. Als man ihn fragte, ob er in Zukunft auch sechs Schnitten bekommen wollte, antwortete er „nein, zwei sind genug, aber wenn man sechs bekommt, muß man sie aufessen"; dies, um zu illustrieren, daß „Gehorsam und Disziplin meine Lebensideale waren."[145] Hoess, der Kommandant von Auschwitz, sagte in Nürnberg aus, daß es für ihn undenkbar gewesen sei, Befehle nicht auszuführen. „Der Führer ordnete die Endlösung der Judenfrage an, und wir mußten diesen Auftrag ausführen ... nach unserem ganzen Training hatten wir überhaupt keine Ahnung, daß man einen Befehl verweigern könnte, unwichtig, was für einen ... Sie können unsere Vorstellungswelt nicht verstehen – ich mußte natürlich Befehlen gehorchen, und jetzt muß ich dafür vor Gericht stehen und gehängt werden."[146] Dies machte Hoess nicht weniger schuldig, aber hier sprach er zumindest die Wahrheit. Diese Arbeit stimmt nicht mit Hannah Arendt und Gerschom Scholem überein, daß die Darstellung Eichmanns als hauptsächlicher Verbrecher des Holocaust in seinem Jerusalemer Prozeß Unsinn war[147]. Eichmann war nicht ein unbedeutendes Rädchen in der Vernichtungsmaschinerie. Keine einzelne Person oder Gruppe kann als die causa causans des Ermordens der europäischen Juden identifiziert werden. Es war das Zusammenwirken von Hintergrundfaktoren und vorbedingenden Faktoren, die den germanischen Sozialcharakter beeinflußten, und die katalysierende Rolle Hitlers. Wirth, Eicke, Hoess, Kramer, Globocnik, Pohl, Eichmann, Ohlendorf, Heydrich, Himmler und ihre Genossen waren Zahnräder in einer von dem Naziregime sorgfältig geplanten und konstruierten Maschine zur Vernichtung der Juden. Raul Hilberg zeigte in seiner monumentalen Arbeit über die Vernichtung der europäischen Juden, daß der Judenmord ein administrativer Prozeß war, geplant und geschaffen von den Nazis, aber als er einmal ins Ausführungsstadium gelangte, erhielt er einen eigenen Impuls. Bormann erklärte die Strategie der deutschen Politik, die darin bestand, nicht einzelne Juden zu plagen, sondern sie stattdessen systematisch auszurotten, in einem gut geölten und von selbst laufenden bürokratischen Prozeß[148]. Hilberg ist ein sachgetreuer Historiker, der Tatsachen feststellen will und sich weigert, sich in erklärenden Theorien zu verlieren. Im folgenden soll die Anwendung der Nazi-Bürokratie des Mords zu dem separanten deutschen Charakter in Beziehung gebracht werden, der durch die Gruppe und durch eine vermittelnde Struktur operiert. Diese Organisation der Umgebung erlaubte keine individuelle und persönliche Verbindung, sondern nur eine unpersönliche, objektive, mechanisierte und streng geordnete Bürokratie zum Zweck der rationalisierten Produktion sowohl von Zahnbürsten als auch von Fließbändern des Todes. Es war in der Natur des deutschen Sozialcharakters, daß der teutonische Sisyphus sogar in seinem wilden Wüten seine wahnsinnigen Taten mit genauester Beachtung jeder Einzelheit ausführte. So sagt Hilberg: „Die Vernichtungslager arbeiteten wie ein Uhrwerk: Ein Mensch stieg morgens in den Zug ein, und am Abend war sein Leichnam verbrannt und seine Kleider waren fertig verpackt, zum Versand nach Deutschland."[149] Die Vernichtungslager hatten keinen eigenen Haushalt, sodaß die Opfer für ihren eigenen Tod bezahlten, einschließlich des Zyklon B-Gases, und zwar mit dem von ihnen konfiszierten Geld und mit den Goldzähnen, die ihnen nach dem Tod gezogen wurden. Selbstverständlich mußten sie auch für den Transport in die Vernichtungslager bezahlen. Die Totenkopforganisation, die die Tötungslager leitete, vereinbarte mit der Eisenbahnleitung des Dritten Reichs einen besonderen Einweg-Gruppenfahrpreis für alle „Passagiere", die zu den Lagern transportiert wurden. Kinder unter vier Jahren wurden umsonst transportiert. Ordnung muß sein!

Der Katalysator: Hitler, der Mensch, der Gott, das Ungeheuer

Der Name des germanischen Gottes Odin-Wotan kommt von Wüten. Er entfesselt die Leidenschaften: das wütende Heer, welches die wilden Heerscharen des Äsir in einem mörderischen Rasen anführt – ein Furor Teutonicus. So wie Odin war Hitler ein Katalysator, um Jungs Metapher zu benützen, zwischen dem germanisch-mythologischen, archetypischen Strom und dem deutschen Volk.

Die Ablehnung des Christentums durch die Nazis erzeugte ein religiöses Vakuum. Aber durch das Verlangen der Völkischen und der Nazis, zum Heidentum zurückzukehren, war die Nazipartei – und später viele gehorsame Deutsche – bereit, den germanischen Äsir als ihr Pantheon anstelle des diskreditierten Christentums anzunehmen. Und wer, außer dem Führer, konnte die Rolle Odins, der Hauptgottheit des Äsir, übernehmen? Sie paßte ihm wie angegossen. Hitler kannte die Edda ausführlich und ehrte sie als heilige Schrift. Er hatte anscheinend den heidnischen Kern des deutschen Sozialcharakters durchdrungen und bemühte sich, die kollektiven Erwartungen der Deutschen von ihrer neuerwachten Hauptgottheit, die während tausend Jahren untätig geschlafen hatte, zu erfüllen. Wie Odin lieferte Hitler seinem Volk Waffen und Rüstung. Die künstlerischen Neigungen des Führers waren mit Odins Kunstfertigkeit vergleichbar. Odin war ein Kriegsführer, und ebenso Hitler. Der erstere ritt auf Sleipnir, dem achtfüßigen Zelter, der in des letzteren Panzerdivisionen die Silhouette eines Tanks annahm. Als der Krieg im Jahr 1914 erklärt wurde, fiel der junge Hitler auf die Knie und dankte Gott. Konrad Heiden bemerkte knapp, daß der Krieg Hitlers Vaterland war. Und schließlich war Hitler, wie Odin, Führer der Toten. Viele Millionen Deutsche wurden in ihren Tod nach Walhalla geführt, und ebenso sechs Millionen Juden durch Krankheit, Hunger, Erschießen, motorisierte Mordeinheiten und Gasöfen. Der „Havamal" oder die „Worte des Obersten" (Odin) entsprachen Hitlers „Mein Kampf". Odins Wortgewandtheit war so groß, daß er Feuer löschen und das Meer durch seine Worte beruhigen konnte. Die Analogie mit Hitlers hypnotisierenden und aufrührenden Reden ist klar.[150] Odin war ein Zauberer und Wundertäter. Viele Deutsche glaubten, daß Wände, an denen Hitlers Bild hing, nicht durch die Bomben der Alliierten beschädigt werden könnten. Odin war auch ein Gott der Galgen: Was für ein passender Titel für den mörderischen Führer! Odin opferte sich auf, und Hitler beging Selbstmord. Der Äsir warf sich in ein selbstzerstörerisches Gelage, Ragna-Rök (das Ende der Götter), und das Dritte Reich stürzte sich in den Abgrund der Götterdämmerung.

In der Tat war Hitler im Dritten Reich Gott, der wahre, wiedergekehrte Erlöser. Der Führer leugnete nie seine Heiligkeit, sah sich aber mit bezeichnender Bescheidenheit nur als der deutsche Messias, ein moderner Luther. Die Nazi-Hierarchie bestärkte diesen Glauben. Goebbels verlieh Hitler den Titel „Der wahre Gesandte Gottes". Hans Frank erklärte, daß die Deutschen Hitler, dem Vater des Staats, alles verdankten. Reichsbischof Müller verkündete, daß Adolf Hitler der wahre Heilige Geist sei, und daß das deutsche Volk zu ihm beten solle.[151] Odin-Hitler, dessen Hauptrolle in Asgard, abgesehen von der obersten Gottheit, der Kriegsgott war, brannte darauf, einen totalen Krieg schon zu seinen Lebzeiten zu beginnen und ihn nicht zu verschieben, wie seine Ratgeber (hauptsächlich Göring, der alle seine Wünsche ohne Krieg erfüllt sah) ihm anrieten. Das separante Wesen Odins war die Kriegslust, daher mußte Krieg geführt werden, ob notwendig oder nicht, um die unmittelbaren Ziele Deutschlands zu erreichen. Es wurde schon erwähnt, daß Hitler eigentlich vorhatte, den Krieg schon 1938 zu beginnen, als er für ihn bereit war, und er war sehr verärgert darüber, daß die Engländer und Franzosen allen seinen Forderungen nachgaben, sodaß er keinen Grund hatte, den Krieg zu beginnen. Hitler, der ja ein Gott war, war natürlich unfehlbar. Er konnte daher niemals vor seinen Generälen einen Fehler zugeben, denn das hätte seine mythologische Rolle beeinträchtigt, die – so glaubte er – sein Schicksal war. Da Hitler Gott war, mußten alle seine Befehle, einschließlich der zum Massenmord, moralisch sein, denn was konnte eine bessere Basis für Ethos sein als Transzendenz. Deutsche Kinder beteten tatsächlich zu Hitler und dankten ihm vor dem Mittagessen: „Ich danke Dir heute für unser tägliches Brot, mein Führer, mein Glaube, mein Licht, Heil Dir, mein Führer."[152] Manche Deutsche glaubten, daß der Führer sie schnell und schmerzlos mit Gas töten würde - sie mögen dies den Geschichten über Auschwitz entnommen haben. Aber zum Schluß würde sie die Auferstehung erwarten. Nach Hitlers Selbstmord wollten viele Deutsche nicht die Endgültigkeit seines Todes akzeptieren.[153] Hitlers engstes Gefolge unterstützte und verstärkte seine Gottwerdung, hauptsächlich aus Selbstinteresse; wenn Hitler ein Gott war, war Goebbels ein Halbgott. Es war charakteristisch, daß Röhm, der wußte, daß die „langen Messer", die ihn und seine Helfershelfer töten sollten, von Hitler geschickt wurden, dennoch mit seinen letzten Worten den Hauptführer pries. Hitler dirigierte seinen inneren Kreis wie einen Asgard-Herrenhof; er ermutigte die inneren Rivalitäten seiner Äsir-Minister und Generäle im Geiste des divide et impera, mit Hilfe des allgegenwärtigen Bormann, seines Wachhundes. Bis zum bitteren Ende glaubten Hitler, Himmler und Rosenberg an Wunder durch Siege, da sie nicht nur durch den deutschen Sozialcharakter motiviert waren, sondern ihn auch lebten. Infolgedessen plante Hitler eine Siegesparade für 1950. Goebbels-Loki hatte weniger Illusionen; wie sein mythologisches Gegenstück sah er die schnell herannahende Götterdämmerung. Auch Hitler sah dies, aber er war von der Glorie seiner Unternehmungen geblendet. Er zitierte für Schellenberg den Gesang der Edda: „Alle Dinge werden zu Ende gehen, nichts wird bleiben als der Tod und die ruhmvollen Taten."[154] Als separanter, sisyphischer Mensch sehnte sich Hitler nach der ewigen Wiederholung des Ruhms seiner Taten. Auch hierbei stammte sein Irrtum aus der Verwechslung des Rollenspiels im Mythos und im wirklichen Leben. Wagner konnte seine Götterdämmerung auf der Opernbühne beliebig oft inszenieren, aber Hitlers Dämmerung war einmalig und endgültig.

Einer der hauptsächlichen Anhaltspunkte für die Bildung des Charakters des Führers war sein Mangel an Familienbindung und seine Armut an authentischen und persönlichen Beziehungen im Sinn des Buber'schen Dialogs. Daher wurde der abstrakte Begriff von Deutschland und seinem Volk ein Ersatz für die Familie, die er nie besessen hatte. „Wie sehr möchte ich eine Familie, Kinder und Enkel haben," gestand Hitler Otto Wagner, „oh Gott, du weißt, wie sehr ich Kinder liebe … Aber ich muß mir dieses Glück versagen. Ich habe eine Braut, die heißt Deutschland! Ich bin mit dem deutschen Volk verheiratet."[155] Hitler war in separanter Weise mit seiner unmittelbaren Umgebung verbunden, mit seiner Partei, seinem Volk, Deutschland, Europa, der Welt als konzentrischen Kreisen einer mythischen Allmacht. Im Gegensatz zu der partizipanten Armut seines inneren Ich, verbunden mit einem charakteristischen Haß der inneren partizipanten (jüdischen) begrenzenden Normen und Konventionen. Der Führer war die Projektion des einsamen Soldaten des Ersten Weltkriegs, eines früheren Vagabunden ohne Familie und Freunde, der alle seine freien Leidenschaften und seine Treue dem Staat, dem Kaiser und der kollektiven Seele des deutschen Volks hingab. Der Einzelgänger fand seine separante, aber illusorische Erfüllung als einsamer, allmächtiger Führer. Der Sisyphus-Mythos erlaubte seiner Hauptperson nicht, seinen Felsen auf dem Gipfel des Hügels zu balancieren. Nur ein wildgewordener Sisyphus, ein Odin-Hitler in Raserei, konnte sich als Herr der Welt sehen - ein Wirklichkeit gewordener Mythos in der Gegenwart.

In einer Rede vom 28. April 1939 zählte Hitler seine Triumphe auf: Im Januar 1933, als er ans Ruder kam, gab es sechs Millionen Arbeitslose, 1936 gab es volle Beschäftigung für alle. Die Inflation war eingeschränkt, die Preise und Gehälter stabilisiert. In den ersten sechs Jahren des Dritten Reichs war Deutschland wieder aufgerüstet. 1933 war Deutschland militärisch unbedeutend, 1938 war es die stärkste Militärmacht Europas. Hitler gewann die Länder und Provinzen zurück, die 1919 dem Zweiten Reich abgenommen worden waren, und annektierte Österreich und das Sudetenland. „Ich allein habe das erreicht", beschloß er, „ich allein, der erst vor 21 Jahren ein einfacher Arbeiter, ein unbekannter Soldat in meiner Nation war."[156] Dies alles war wahr, aber es erklärte nur teilweise Hitlers Macht als charismatischer Führer einer Nation von 80 Millionen Deutschen, die ihm nahezu vollkommen unterworfen waren. Für einen Nicht-Deutschen klangen die Reden, das hysterische Geschrei und die Schwafeleien Hitlers pathetisch bis lächerlich. Aber bei den Deutschen, deren germanischer Sozialcharakter durch den teutonischen Mythos gestützt wurde, drang Hitler direkt in ihr kollektives Unterbewußtsein ein. Oder wie Straßer sagte: „Hitler spricht uns direkt aus dem Herzen, nicht aus seinem, sondern aus unserem." Er war die Inkarnation des idealen völkischen Führers. Er war der Auslösemechanismus, der die ganze deutsche Nation von einer weltlichen Existenz in das mythologische Dasein der Edda und der Nibelungen-Sage emporhob. So konnte er das deutsche Volk überzeugen, daß „mein Wille … euer Glaube" war. Hitler als katalysierender Auslöser begann die kataklysmische Verwandlung des deutschen Volkes in mythische Gestalten. „In seiner Anwesenheit," bekundete Speer, „fühlten wir uns als die Herren der Welt." Er erzeugte eine kollektive deutsche Ekstase und zerstörte das Gleichgewicht des Systems in Raum und Zeit durch die Hybris seines Versuchs, die unbegrenzten Ziele des kollektiven, separanten Vektors zu verwirklichen, d.h. die Welt zu „verschlucken". „Und morgen die ganze Welt" war nicht nur ein Schlagwort, es war das wirkliche Ziel Hitlers und seiner Nazipartei. Am Anfang nahm diese kolossale Hybris Europa – bedingt durch einen Überraschungseffekt – im Sturm, was Hitlers erste Erfolge erklärt. Aber das Fehlen aller partizipanten Grenzen in Hitlers Hybris verführte ihn zu dem politisch unnötigen und militärisch falschen Angriff auf Rußland und zur dummen und katastrophalen Kriegserklärung (vom deutschen Standpunkt aus) an die Vereinigten Staaten, welche das Ende des Dritten Reichs beschleunigte. Der Hauptgrund für Hitlers Antisemitismus war sein Bedürfnis, seine separante Wildheit zu erhalten, und seine Hybris, die germanische Mythologie nachzuleben. Sein Judenhaß war nicht nur eine Neurose, die durch eine erfolglose Werbung um ein jüdisches Mädchen in seiner Jugend verschärft wurde, wie Joachim Fest behauptete. Mehr ist nötig als eine Neurose oder ein gebrochenes Herz wegen eines Mädchens, um wie Hitler schon 1922 zu erklären: „Sowie ich die Macht haben werde, werde ich Galgen aufstellen lassen, z.B. auf dem Marienplatz in München. Die Juden sollen einer nach dem anderen hängen, bis sie stinken … und das wird weitergemacht, bis … Deutschland von den letzten Juden gesäubert ist". Oder, wie er in „Mein Kampf" schrieb: „Wir müssen ewigen Zorn auf den Kopf des verächtlichen Feindes der Menschheit, den unerbittlichen Juden, niederbeschwören," oder wie er im Januar 1939 dem tschechischen Außenminister erklärte: „Wir werden die Juden vernichten … der Tag der Abrechnung ist da." Diese Aussage war grundlegender. Sie ging direkt zum Kern der Nazi-Ideologie und der mythologischen Leidenschaft, mit der es Hitler gelang, die deutsche Nation zu verwandeln. Die Hybris Deutschlands, zu versuchen, seine separante Mythologie nachzuleben, könnte durch partizipante, jüdische Ethik und christliches Schuldgefühl eingeschränkt werden. Falls dies geschehen würde, würde es das mythologische staccato eines grenzenlosen Separantismus gefährden.

Daher war die partizipante (jüdische) Komponente im deutschen Sozialcharakter und ihre Projektion nach außen hin der Feind. Diese scheinbar absurde Dynamik wurde die Drehachse der Nazi-Ideologie und die causa causans, um Rußland anzugreifen und die „jüdische Herrschaft" dort zu beenden. Außerdem war Hitlers geheime Entscheidung, den USA den Krieg zu erklären[157], aller Wahrscheinlichkeit nach durch seinen Glauben motiviert, daß die amerikanische Administration und Roosevelt durch die amerikanischen Juden kontrolliert seien. Und schließlich wäre ohne den Nazi-Antisemitismus und die Vertreibung der jüdischen Physiker und Mathematiker das Manhattan-Projekt wahrscheinlich in Deutschland vom Stapel gelaufen, und dann wäre das Resultat des Krieges sehr fraglich gewesen. Aber dies ist nur Vermutung. Die Wirklichkeit des Dritten Reiches war, daß die Juden der Erzfeind waren. Die Nazis waren der Meinung, daß Moses der erste Bolschewik war. Hitler begann und beendete seine Ansprachen mit seinem ideologischen Hauptthema, und er beschloß sein Testament, indem er verkündete, daß er seinen Haupttriumph in der Vernichtung der europäischen Juden sah.

Vernichtung

Jetzt kann das komplette Modell präsentiert werden, das auf mehrfacher Ebene und in multi-dimensionaler Weise den Prozeß zeigt, der zur deutschen Götterdämmerung und zum jüdischen Holocaust führte.

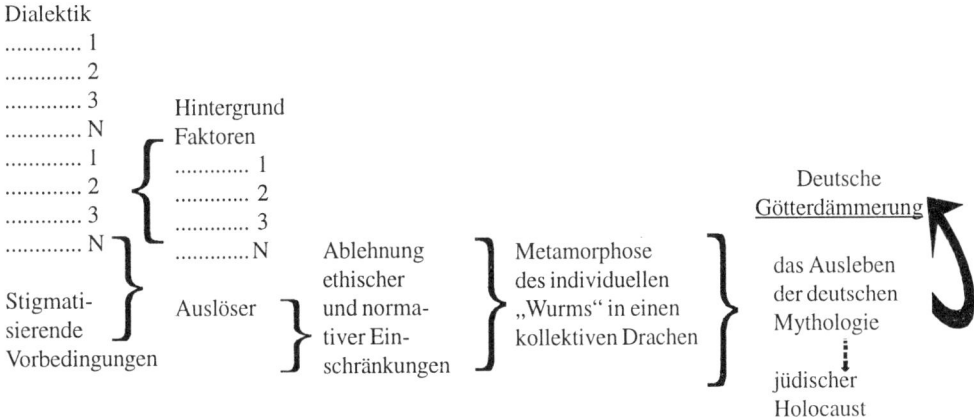

Der linke Teil des Modells zeigt eine wahrscheinliche Anordnung der vorbedingenden und Hintergrund-Faktoren, die die Wahrscheinlichkeit erhöhten, daß der Auslöser des Führers als eine Asgard-Gottheit die Dynamik beginnen würde, die in der deutschen Götterdämmerung und dem jüdischen Holocaust ihren Höhepunkt finden würde.
Raul Hilberg schlug die folgenden Stadien in den Nazi-Aktionen gegen die Juden vor: Definition, Enteignung, Konzentrierung und Vernichtung. Die letztere wurde durch Erschießen, motorisierte Tötungseinheiten und später durch Deportierung in Vernichtungszentren und Vergasen ausgeführt. Von 1933 bis 1940 waren die Deutschen bemüht, die Juden durch Auswanderung loszuwerden, während von 1941 bis 1945 die „Endlösung" die Vernichtung war. Wenn man diese Stadien mit dem Modell in Beziehung bringen will, wird die Definierung und Konzentration[158] hauptsächlich mit den vorbedingenden Faktoren der Stigmatisierung und Absonderung verbunden sein. Enteignung und Ausweisung waren hauptsächlich mit der Verbindung zu Stigma, dialektischer Ablehnung und den Hintergrund-Faktoren verbunden, während die Vernichtung der Juden das Resultat des gesamten, multidimensionalen Modells war.
Die offiziellen Maßnahmen gegen die Juden begannen sofort mit der Machtübernahme der Nazis. Das Gesetz für die Wiedereinführung des beruflichen Staatsdienstes vom 7. April 1933 verordnete die Entlassung von ca. 5000 Juden und Mischlingen aus dem Regierungsdienst. Die Nürnberger Gesetze vom 15. September 1935 und das Bürgergesetz vom 14. November 1935 waren in Wirklichkeit strenge Maßnahmen einer Apartheid-

Gesetzgebung, die eine soziale Stigmatisierung und Absonderung der Juden einleitete. Ab 1938 wurden die Juden in immer größeren Zahlen in Konzentrationslager geschickt, ihr Besitz konfisziert, und viele wurden gezwungen auszuwandern. Am 1. Dezember 1935 begannen die Deportierungen der Juden nach dem Gerneralgouvernement Polen, um das Reich und die Protektorate Böhmen und Mähren von Juden zu säubern. Das Endziel war, ein judenreines deutsches Territorium zu erhalten, oder, wie Himmler es ausdrückte, „ein Territorium, das von Juden befreit sein würde."[159] Mit der Invasion von Rußland ging die Phase der stigmatisierenden Ghettoisierung zu Ende, und die Einsatzgruppen, in Zusammenarbeit mit der Wehrmacht, begannen, europäische Juden zu erschießen und sie in von den Juden selbst gegrabenen Massengräbern zu begraben. Am 31. Juli 1941 gab Göring Heydrich den Befehl, die „Endlösung der Judenfrage" vorzubereiten, und am 20. Januar 1942 wurde die hochgeheime Wannsee-Konferenz abgehalten, in der der Plan für die „Endlösung" mit teutonischer Gründlichkeit und Präzision entworfen wurde. Ein Gerücht besagt, daß sich nach der Konferenz einige Teilnehmer betranken und einen heidnischen Tanz auf den Konferenztischen aufführten. Das war wahrscheinlich eine Erfindung überhitzter Phantasie und hat keine historische Glaubwürdigkeit. Und doch hätte es wahr sein können, weil die Wannsee-Konferenz ein Triumph des Nazi-Pantheons war. Sie wurde in feierlicher Sitzung des germanischen Äsir gehalten, um die Vorherrschaft des separanten germanischen Heidentums über das partizipante Judentum und die Befreiung von allen ethischen und normativen Grenzsetzungen zu feiern. Die Wannsee-Konferenz war die Magna Charta des deutschen Sisyphus in seiner Wildheit und seiner selbsternannten Schöpfung des Massenmords.

In einem gewissen Stadium dachten die Nazis an eine erzwungene Auswanderung der Juden außerhalb der Grenzen des Dritten Reichs und seiner besetzten Gebiete. Außerdem gab es den von Rademacher vorgeschlagenen Madagaskar-Plan vom 3. Januar 1940, der großzügig vorschlug, ein Judenterritorium unter deutschem Mandat zu gründen. Dieser Plan hatte keinen Erfolg, weil die überwiegende Mehrzahl der Länder der Welt, einschließlich Palästina, praktisch für die Juden verschlossen war. Deshalb können die meisten Gesellschaften der späten 30er und frühen 40er Jahre als mitverantwortlich für die Vernichtung der europäischen Judenheit angesehen werden. Was den Madagaskar-Plan betrifft, so wurde diese Insel nach dem Fall Frankreichs von England besetzt, sodaß dies das Ende des Judenterritoriums bedeutete. Von da an gab es kein Hindernis mehr für den reibungslosen Betrieb der Nazi-Mordmaschine, und Odin-Hitler widmete einen Großteil seiner schöpferischen Energie der Formung des Naziführers in einen manischen Mörder als ein „Kunstwerk". Die Tötungszentren Auschwitz, Maidanek, Sobibor, Treblinka, Belcec, Chelmno, Wolcek und andere waren produktive, glattlaufende und gut geführte Mord-Fabriken. Hitler-Odin hatte ein besonderes Interesse am Mord an den Juden, und alle Theorien und Gegenbeweise sind unglaubwürdig. Hitler und Himmler besuchten die Vernichtungsinstitutionen in der Lublin-Gegend am 15. August 1942. Als der berüchtigte Globocnik, der Kommandant der Reinhard-Operation, sich selbst mit den Worten gratulierte, „nur wir (die Nazis) haben den Mut, dieses enorme Projekt (den Judenmord) durchzuführen", antwortete der Führer: „Ja, mein guter Globocnik, das ist genau der richtige Ausdruck und auch meine exakte Idee."[160] Hitler mischte sich persönlich ein, um sicher zu gehen, daß die ungarischen Juden, die letzten, die von den Nazis umgebracht wurden, ausgetilgt wurden „wie Tuberkulosebazillen, die einen gesunden Körper bedrohen." Er wurde sogar poetisch und erklärte, daß der Judenmord nicht so grausam wäre, wenn man in Betracht zöge, daß sogar unschuldige Geschöpfe wie Hasen und Rehe getötet werden müßten, um Schaden zu verhindern. „Warum sollte man Bestien, die den Bolschewismus einführen wollten, besser behandeln?" Hitler beendete seine Beweisführung für die Vernichtung der ungarischen Juden mit einer unsinnigen Analogie: „Nationen, die sich nicht gegen die Juden verteidigen konnten, mußten untergehen. Das beste Beispiel dafür war ein einst so stolzes Volk wie die Perser, die jetzt eine armselige Existenz als Armenier fristen müssen."[161]

Die Wildheit des deutschen Sisyphus war inhärent in ihrer Existenz auf einem mythologischen Niveau. Daher war alles, was sie taten, einschließlich des Massenmordes an Menschen in kolossalem Maßstab, eine Ausstrahlung des Wahnwitzes: ein irrsinniges, verzweifeltes Schaffen, ein im staccato orchestriertes Projekt, soviele Juden wie möglich in der möglichst kürzesten Zeit umzubringen. Der germanische Äsir sah den Krieg als einen schöpferischen Prozeß an und als ein Ziel für sich. Indem die Nazis noch einen Schritt weitergingen, wurde auch der Tod eine Schöpfung, Mord eine makabre Kunst. Der wildgewordene Sisyphus schwebte auf dem kriegerischen, blutigen Nebel des germanischen mythologischen Niflheim, der Welt der Wolken und Schatten, und trieb auf den vergifteten Wassern von Muspelheim, dem Land des verzehrenden Feuers, wo die Gasöfen und Kamine der Krematorien rauchten: gigantische Moloche, die Leichen verschlangen, in einem peinlich genau organisierten System von Transport, Täuschung, Tarnung, Vergiftung und Verbrennung in vollkommener Synchronisierung. Der Massenmord an den Juden wurde zu der bemerkenswertesten Inszenierung des Naziregimes, mit orgiastischen Szenen der Festspiele aus der germanischen Mythologie, die die blutige Nazikunst auszeichneten. Wahnsinnig gewordene Mörder in der Ukraine sparten ihre Patronen, indem sie schwangere Frauen direkt in ihr Grab kickten. Junge Mädchen boten sich den Mördern an, um ihr Leben zu retten. Die Halbgötter des germanischen Äsir, die geschickt in Manipulierung und Täuschung waren, pflegten dieses höchste Opfer anzunehmen, um die Mädchen nach einer angenehm verbrachten Nacht am frühen Morgen umzubringen. Als Resultat der langen Trinkgelage verschlechterte sich mit der Zeit die Treffsicherheit der betrunkenen Einsatzgruppen, sodaß es oft vorkam, daß nackte, blutüberströmte Juden in die benachbarten Dörfer krochen und die Bauern zu Tode erschreckten. „Blutiger Essen", der Gebietskommandant von Slonim, der sich diese Auszeichnung durch übereifrige Ghetto-Säuberungsaktionen verdient hatte, pflegte nach jeder Ghetto-Zerstörung eine Party zu geben, in der einer seiner Leute, der sich durch Judentötung weit über seine Pflicht ausgezeichnet hatte, überschwenglich gelobt wurde. Danach betranken sich alle, und jüdisches Blut wurde über den Wein der heidnischen Festlichkeit gegossen, die den schöpferischen Triumph des Massenmords feierte. Der wahnwitzige Sisyphus bewahrte noch immer seine Vorliebe für Ritualien, Pomp und zeremonielle Großartigkeit, und die Krematorien von Auschwitz wurden in der Anwesenheit von wichtigen Persönlichkeiten aus Berlin feierlich eingeweiht, als „künstlerische Meisterstücke", die eine vollkommen neue Technik einführten.[162] Die mörderischen Künstler veranstalteten eine Ausstellung ihrer Kunst. Die Kunstwerke mußten zum Glanz und zur Zufriedenheit der Künstler und ihres Publikums gezeigt werden. Der Judenmord als ein Kunstwerk wurde fortgesetzt, sogar als es klar wurde, daß der Krieg verloren war. Sisyphus in seiner mörderischen Raserei setzte seine makabre Routine fort, obwohl er schon sein Ziel aus den Augen verloren hatte, und als alle Hoffnung, es zu erreichen, vergebens war.

Die Deportierungen und Tötungen wurden in tadelloser teutonischer Ordnung durchgeführt. Christian Wirth, einer der Mordexperten, lehrte seine Untergebenen, nach Vollkommenheit in ihren Aufgaben zu streben. Alles wurde in einer genauen separanten Weise geplant. Sie maßen den Platz aus, den jede Leiche im Gasofen benötigte. Wenn die Gaskugeln anfingen, ihre giftigen Dämpfe auszuströmen, liefen immer alle auf die Wände hin, sodaß die Sterbenden sich von selber klassifizierten: Die ganz Jungen und die Alten starben zuerst und fielen zu Boden, und die stärkeren Erwachsenen hielten gewöhnlich am längsten stand und stiegen auf die Leichenhaufen. Dann ordnete man die Leichen wie Sardinen, denn Ordnung muß sein.

Welcher teuflische Dramatiker hätte eine Kitschidee zu schreiben gewagt, um einen Vergleich Saul Friedländers zu borgen, in der das Totenkopfpersonal zu seiner mörderischen Arbeit zum Gesang der Treblinka-Hymne marschierte, wie sie es nach der Verordnung von Kraft durch Freude tatsächlich taten. Der SS-Mann, der von Claude Lanzmann in „Shoah" interviewt wurde, war stolz auf seine Tüchtigkeit und Ordnungsliebe, mit der er seine mörderische Aufgabe ausführte. Ohlendorf war stolz auf seinen Anteil am Erschießen von 90.000 Juden, „genauso wie es die Israeliten des Alten Testaments gewesen sein müssen, ihre Feinde zu töten, und wie der Pilot, der die Atombombe auf Hiroshima abwarf, mit sich zufrieden gewesen sein muß, daß er auf den tödlichen Knopf gedrückt hatte".[163] Globocnik drückte sich noch großsprecherischer aus, als er mit Hitler und Himmler über die „Endlösung" redete. „Meine Herren," begann er, „wenn jemals eine spätere Generation so feige und weichlich sein sollte, unsere Arbeit nicht als gut und notwendig zu schätzen, dann, meine Herren, wird der Nationalsozialismus umsonst gewesen sein. Wir sollten Bronzetafeln begraben, die aussagen, daß wir es waren, die den Mut hatten, diese enorme Aufgabe durchzuführen."[164] Er war viel zu bescheiden. Warum nicht eine Bronzetafel am Geburtsplatz Odilo Globocniks, des großen Mordkünstlers, wie die Gedenktafeln an den Geburtsplätzen von Freud, Einstein und Galilei?

Eine ganze Anzahl von Pionieren in der Mordkunst erhielt ihr Training in dem Euthanasie-Projekt T4. Arthur Nebe, der Hauptleiter (und Hauptvollstrecker) dieses Unternehmens, tötete die Geisteskranken mit Dynamit. Als der Massenmord durch Erschießen durch „humaneres Töten"[165] mit motorisierten Tötungswagen ersetzt wurde, wurden die Fahrzeuge zu Bauernhütten, komplett mit rotem Backsteinkamin, umgestaltet. Christian Wirth, ein anderer Absolvent des T4-Projekts, hatte einen einfallsreichen Geist. Er benützte die Vernichtungslager von Belcec als Laboratorien zur Vervollkommnung der Tötungsvorrichtungen. Im Vernichtungslager Jasenovac in Kroatien erfand ein bahnbrechender Geist ein besonderes Messer, mit dem er 1.000 Insassen pro Tag umbringen konnte, ohne kostbare Kugeln zu verschwenden. In der I.G. Farben-Fabrik in Auschwitz wurden die Leichen der Insassen in Gräber geworfen, als Füllmaterial für Wegebauarbeiten, und dann wurden sie mit Beton übergossen. Das Zyklon B-Gas wurde von einer Firma geliefert, die auf Vertilgung von Ungeziefer spezialisiert war.[166] Es ist interessant festzustellen, daß das westdeutsche Patentbüro bis zum heutigen Tag die Patente der Auschwitz-Mordanlagen jedes Jahr erneuert. Da das Gas ein Ausgabeposten war, beschloß die Lagerleitung, es nicht für kleine Kinder zu verwenden, sondern diese direkt in die Verbrennungsöfen zu werfen.

Die Mörder registrierten ihre tödliche Beschäftigung in den kleinsten Einzelheiten für kommende Generationen und fotografierten die Hinrichtungen, als wären sie künstlerische Veranstaltungen. Gegen Ende des Kriegs wurden Konzentrations- und Vernichtungslager evakuiert, und ihre Insassen mußten – meist zu Fuß – vor den herannahenden Alliierten flüchten. Viele starben dabei aus Erschöpfung, und viele wurden von den SS-Leuten erschossen. Ein solcher Todeszug wurde in der Nähe von Lübeck von einer SS-Einheit vollkommen vernichtet. Während das Schießen noch vor sich ging, fotografierten deutsche Offiziere die Szene von den Gärten ihrer Häuser aus, vermutlich, um sie ihren Enkeln zeigen zu können, wenn diese fragen würden, was ihr Großpapa während des Kriegs getan hätte.[167]

Die Mordkünstler töteten nicht nur ihre Opfer, sie folterten sie auch mit „wissenschaftlichen Experimenten". Diese schlossen auch die Sterilisierung von Frauen durch Injektion ätzender Substanzen, die Übertragung von ansteckender Hepatitis von Tieren auf Menschen und das Zusammennähen der Rücken von identischen Zwillingen ein. Der Mordartist, der letzteres Experiment ausführte, war kein anderer als Dr. Mengele, der die längste Zeit für die Auschwitz-Insassen Gott spielte. Er unternahm auch die berüchtigte

Auslese für die Gasöfen oder für die Zwangsarbeit. Diese Macht über Leben und Tod verstärkte sein Selbstbild als eine Äsir-Halbgottheit, als ein Übermensch, der Deutschland von seinem menschlichen Ungeziefer entlauste. Die Nazis waren nicht nur Mordkünstler, sondern auch Meisterschwindler. Die Juden waren verunreinigt und schmutzig, aber nicht ihr Geld. Viele der Nazis, die mit der Konfiszierung jüdischen Eigentums zu tun hatten, zweigten davon einen Teil für sich ab, bevor sie es den offiziellen Reichskassen übergaben. Himmler warnte seine SS-Brigaden davor, den Besitz toter Juden zu stehlen. „Nur weil wir einen Bazillus vertilgt haben," warnte er im Stil eines Schullehrers, „wollen wir nicht am Ende noch durch ihn angesteckt werden und davon sterben."[168] Aber er begriff nicht oder konnte (wegen seines mythischen Führers) nicht verstehen, daß, als die SS-Leute indoktriniert wurden, alle Ethik und Normen zu verachten, sie diesen Zustand der Normlosigkeit auf ihre Taten anwendbar verstehen würden, sodaß für sie alles erlaubt war. Auf diese Weise wurden viele Nazis, die mit jüdischem Besitz zu tun hatten, plötzlich phantastisch reich. Das Gestapopersonal ließ für gewöhnlich einen gewissen Prozentsatz der jüdischen Güter in ihre eigenen Taschen fließen. Kurt Becher, einer von Eichmanns Mitarbeitern, war keine Ausnahme, als er Koffer voller Gold und Diamanten von den ungarischen Juden erhielt als Preis für den „Bergen Belsen-Zug", wie aus später gefundenen Beweisen klar wurde, landet das meiste in seinem persönlichen Besitz.

Diese Beschreibungen deuten auf eine makabre Symbiose zwischen Nazis und Juden hin, als Mörder und Opfer. Beide, die Deutschen und die Juden, zeigten ihren Sozialcharakter in extremer Weise: die Deutschen als separante, machtverzweifelte Menschenfresser, und die Juden als die ewigen partizipanten Opfer. Als die Nazis ihre partizipante Begrenzung und Einschränkung bekämpften und zum Schluß verwarfen, projizierten sie diesen Kampf gegen den Juden in sich selbst auf die außenstehenden Juden. Als der tatsächliche Angriff auf die Juden ausbrach, waren diese ratlos und benommen. Ihre separante Verteidigung brach zusammen, und ihr innerer Kern als normative Opferlämmer übernahm ihren ganzen Sozialcharakter. Auf diese Weise ergänzten sich der menschenfresserische Raufbold und sein normatives Opfer in fast allen ihren Begegnungen. Diese makabre Dyade arbeitete sowohl auf dem pragmatischen als auch auf dem Begriffsniveau. Für die Nazis war der Jude der Widergeist, der ihnen eine Definition durch Gegensatz lieferte, während für die Juden der Nazi Kain darstellte, der die Rechtschaffenheit Abels durch die Dynamik von Gewalt, Mord und Totschlag definierte. Die Nazis inszenierten von neuem die mythologischen Rollen der grausamen Menschenfresser und „schuldlosen" Götter des Äsir, während die Juden ebenfalls die mythologischen Rollen spielten, die ihren partizipanten Sozialcharakter ausdrückten. So opferten sich Janusz Korczak und die Millionen der anderen opferbereiten Juden als Beweis ihres normativen Werts, in Übereinstimmung mit dem archetypischen partizipanten Mythos des Selbstopfers Isaaks und Jesus'. Jedoch die uneingeschränkte Gewaltsamkeit der Nazimorde vernichtete nicht nur das Opfer, sondern auch den Mörder. Dies führt zu dem letzten Glied in diesem Modell: der Götterdämmerung.

Hals über Kopf in den Abgrund

Die Neigung des deutschen Sozialcharakters zu Extremen wurde schon erwähnt, und seine „Alles oder gar nichts"-Einstellung zu der Erreichung seiner Ziele. Der Führer verkündete seinen Gauleitern, daß das deutsche Volk nicht verdiente zu überleben, wenn es nicht imstande sei, diesen Krieg zu gewinnen. Infolgedessen tat Hitler alles in seiner Macht Stehende, als er gewahr wurde, daß der Krieg verloren war, um Deutschland und sein Volk zu vernichten. Anders ausgedrückt, wie Speer in Nürnberg aussagte, „Hitler verriet das (deutsche) Volk wissentlich. Er versuchte, es in den Abgrund zu treiben."[169] So begann Hitler seine Politik der verbrannten Erde und der zerstörten Brücken.[170] Er begann die selbstmörderische Ardennenoffensive, und am 18. und 19. März 1945 gab er den Befehl, alle von den Alliierten eroberten Gebiete zu evakuieren. Alle Straßen, Industrien, Verkehrsmittel und andere lebenswichtige Anlagen mußten zerstört werden, und alle Einwohner sollten ins Landesinnere ziehen, in die noch unter deutscher Kontrolle befindlichen Gebiete. Dieser Befehl, falls ausgeführt, wäre einem Massenselbstmord der Deutschen gleichgekommen, einem Todesmarsch, der durch ein diabolisches Zusammentreffen zum ungefähr gleichen Datum stattgefunden hätte wie der „Todesmarsch" der aus den Vernichtungslagern evakuierten Juden. Es paßte zu Hitlers Charakter, daß, als er diese Entscheidung traf, sein Grammophon eine Platte mit Wagners Götterdämmerung spielte. Hitlers Entscheidung, zu zerstören, was von Deutschland am Ende des Kriegs noch übriggeblieben war[171], war ein direktes Resultat seines Auslebens der germanischen Mythologie. Hitler kannte seine Edda gut, und diese endete mit „Ragna Rök", was auf alt-isländisch „Götterdämmerung" heißt. Diese Götterdämmerung war die Folge des Nazi-Schauspielaktes des Massenmords als schöpferischer Akt, ein grand finale, in dem alle Teilnehmer, der deutsche Übermensch wie der Jude, in seiner erniedrigenden Definierung als Gegensatz, in einem Weltuntergangscrescendo untergingen. Der deutsche Mythos verherrlichte auch den Krieg als ein Ziel für sich, und nicht nur als ein Mittel zum Zweck. Daher würden alle Kriegshelden, die gewaltsam und in der Schlacht umkamen, in Kürze in Walhalla wiedererweckt werden. Das kann zumindest teilweise erklären, warum Hitler und Speer, die zusammen in Hitlers Bunker kauerten, immer noch grandiose Pläne studierten, wie die Stadt Linz, wie es sich für den Heimatort des Führers gebührte, wieder aufzubauen sei. In der Tat waren die Nazis indoktriniert, den Tod als Vorläufer der Unsterblichkeit zu betrachten. So schworen die SA- und SS-Einheiten dem Führer ewige Treue zu den Klängen von Wagners Götterdämmerung. Der Schlachtruf der Nazis war: „Über die Gräber, vorwärts marsch!", was dem Motto der spanischen Faschisten ähnlich war: „Viva la Muerte", und ein populäres Nazilied lautete: „Nur Gräber machen ein Vaterland." Diese Todesanbetung als eine Vorbedingung für die Wiederauferstehung in Walhalla[172] offenbarte sich in der Gemütsverfassung eines Ohlendorf oder eines Eichmann. Der erstere akzeptierte sein Todesurteil mit einem sarkastischen Lächeln, während der letztere, laut seinen Henkern, das Todesurteil mit gleichmütiger Feierlichkeit entgegennahm. „Es schien, als ob er dafür trainiert war zu sterben."[173]

Wie verhielten sich die anderen Halbgötter des Äsir nach dem zerrüttenden Erlebnis der Niederlage? Manche von ihnen, mit einem Kater nach dem Festgelage des „Lebens-als-ein-germanischer-Mythos", machten ihre kleinen Intrigen weiter, und die meisten erklärten ihre Unschuld und ihr Unwissen über den Holocaust. Andere wieder brachen in charakteristischer Weise zusammen, als die Struktur, von der sie abhängig waren, zusammenfiel: Sie verwandelten sich in verworrene, weinerliche Nullen. Als die obersten Nazis von ihren Sockeln als heidnische Gottheiten gestürzt waren, versuchten sie, sich der Verantwortlichkeit für ihre Taten zu entziehen. Göring beschuldigte die SS aller Greueltaten und erklärte, nichts von diesen gewußt zu haben. Frank und Speer fanden ihre Schuldgefühle wieder, nachdem sie von der wilden, exklusiven Atmosphäre des Äsir herabgestiegen waren, und gaben ihre direkte oder indirekte Verantwortlichkeit für den Holocaust zu.[174] Himmler, der Erzmörder, versuchte, sich mit den Juden zu versöhnen. Er schlug vor, das Geschehene zu vergessen, das Kriegsbeil zwischen Deutschen und Juden zu begraben und „Weisheit, Logik, das menschliche Herz und die Hilfsbereitschaft" herrschen zu lassen. Was für eine Unverschämtheit! Rosenberg erklärte, er wußte nicht, daß die Lösung sozialer Probleme mit Mord verbunden sein könnte. Ribbentrop brach vollkommen zusammen und fragte jeden Friseur und Koch des alliierten Personals in Nürnberg, wie er seine Verteidigung vorbereiten solle. Und Biberstein schließlich, der Einsatzgruppen-Massenmörder und protestantische Pastor, wußte nicht, ob Juden unter seinen Opfern waren.[175] Nachdem der feuerspeiende Nazidrachen von der Götterdämmerung zerstampft worden war, erwiesen sich die in seinem Sattel hochfliegenden Halbgötter des Äsir in Wirklichkeit als armselige Würmer.

* * *

1. S. Haffner: Anmerkungen zu Hitler, Tel-Aviv 1979, Schocken, p. 164 et seq.
2. Rede Himmlers beim SS-Gruppenführer-Treffen in Poznan, 4. Oktober 1943.
3. R.J. Lifton: Medicalized Killing in Auschwitz and the Nazi Concentration Camps, Jerusalem 1984, Yad Vashem, p. 207 et seq.
4. P.G.J. Pulzer: The Rise of Political Anti-Semitism in Germany and Austria, New York 1964, p. 152.
5. Schönerers Note an den Reichsrat vom 2. Mai 1884.
6. J.C. Fest: Hitler, Harmondsworth 1977, p. 65.
7. P.G.J. Pulzer: The Rise of Political Anti-Semitism in Germany and Austria, op. cit., p. 341.
8. Ibid., p. 153.
9. P.G.J. Pulzer: The Rise of Political Anti-Semitism in Germany and Austria, op. cit., p. 230.
10. P. G. J. Pulzer: The Rise of Political Anti-Semitism in Germany and Austria, op. cit., p. 339.
11. R. Hilberg: The Destruction of the European Jews, New York 1987, Holmes and Meier, Vol. I, p. 18.
13. P. G. J. Pulzer: The Rise of Political Anti-Semitism in Germany and Austria, op. cit., p. 340.
14. Ibid., p. 325.
15. Ibid., p. 93.
16. Gideon Hausner: Justice in Jerusalem, Jerusalem 1980, p. 24.
17. Zit. in ibid., p. 53
19. U.Tal: Christians and Jews in Germany, Ithaca 1975, Cornell University Press, p. 283.
21. Siehe u. a.: I – A. Leschnitzer: The Magic Background of Modern Anti-Semitism, New York 1956, International U. Press.
   II – M. Zimmermann (ed.): Crisis of German National Consciousness, Jerusalem 1983, The Magnes Press.
   III – E.G. Reichmann: Hostages of Civilization, Boston 1951, The Beacon Press.
   IV – J. Parkes: Anti-Semitism, Chicago 1969, Quadrangle Books.
   V – F.V. Grünfeld: The Hitler File, London 1974, Weidenfeld and Nicolson; Introduction by H.R. Trevor-Roper.
   VI – U. Tal: Christians and Jews in Germany, Ithaca 1975, Cornell University Press.
22. J. Parkes: Antisemitism, op. cit., p. 90.
23. M. Zimmermann (ed.): Crisis of German National Consciousness in the 19th and 20th Centuries, op. cit., pp. 12–13.
24. R. Grünberger: A Social History of the Third Reich, op. cit., pp. 573–574.
25. Siehe S.G. Shoham: The Myth of Tantalus, op. cit., Kapitel 2.
26. S. Haffner: Anmerkungen zu Hitler, op. cit., pp. 56–57.
27. R. Grünberger: A Social History of the Third Reich, op. cit., p. 41.
28. J.C. Fest: Hitler, Harmondsworth 1977, Pelican Books, p. 141.
29. Ibid.
30. H. Mommsen: German Nationalism between the two World Wars; in M. Zimmermann (ed.): Crisis of German National Consciousness, op. cit., p. 102.
31. Dieses Thema ist weiter ausgeführt bei R. Schechter: Cosmic Enemy, op. cit.
32. A. Speer: Inside the Third Reich, op. cit., p. 125.
33. Ibid., p. 114.
34. Ibid., p. 66.
35. F.V. Grünfeld: The Hitler File, London 1974, Weidenfeld and Nicolson, p. 167.
36. P.G.J. Pulzer: The Rise of Political Anti-Semitism in Germany and Austria, op. cit., p. 67.
37. S. Haffner: Anmerkungen zu Hitler, op. cit., p. 46.
38. H. Heiber: Goebbels, London 1973, Robert Hale & Co., p. 91.
39. S. Haffner: Anmerkungen zu Hitler, op. cit., pp. 81–82.
41. J.C. Fest, op. cit., p. 105.
42. G.L. Mosse: The Crisis of German Ideology, op. cit., p. 91.
43. M. Loewenthal: The History of the Jews in Germany, op. cit., p. 184.

45. R. Manswell & H. Frankel: Heinrich Himmler, London 1965, Heinemann, p. 46.
46. A. Hitler: Mein Kampf, München 1925, pp. 343–346.
47. R. Schechter: Cosmic Enemy, op. cit.
48. J. Parkes: Anti-Semitism, op. cit., p. 97
49. Nachweis von R. Hoess; Documents on the Holocaust, Jerusalem 1978, Yad Vashem, p. 28.
50. R. Hilberg: The Destruction of the European Jews, New York 1973, New Viewpoints, p. 554.
51. Ibid., p. 655.
52. J.C. Fest: Hitler, op. cit., p. 152.
53. R. Hilberg: The Destruction of the European Jews, New York 1985, Holmes & Meier, Vol. I, p. 332.
54. Ibid., Vol. II, p. 571.
55. M.H. Musmanno: The Eichmann Kommandos, London 1962, Peter Davies, pp. 98–100.
56. A. Hitler: Memorandum 1922; Documents on the Holocaust, Yad Vashem, op. cit., p. 29.
57. Leon Poliakov: Harvest of Hate, London 1960, Bestseller Library, p. 52.
58. Ibid., p. 52.
59. R. Grünberger: A Social History of the Third Reich, op. cit., p. 557.
60. Ibid., p. 557.
61. H. Heiber: Goebbels, op. cit., p. 98.
62. G. Hausner: Justice in Jerusalem, op. cit., p. 18.
63. F.V. Grünfeld: The Hitler File, op. cit., p. 172.
64. J. Delarue: The History of the Gestapo, London 1964, Macdonald.
65. R. Hilberg: The Destruction of the European Jews, op. cit., p. 320., Vol. II, p. 630, Vol. III, pp. 1020–1022.
66. Siehe das vorige Kapitel.
67. W. Schellenberg: The Labyrinth, New York 1956, Harper & Brothers, p. 96.
68. Ibid., p. 96
69. R. Hilberg: The Destruction of the European Jews, op. cit., p. 108.
70. L. Poliakov: Harvest of Hate, op. cit., p. 66.
71. G. Hausner: Justice in Jerusalem, op. cit., p. 87.
72. L. Poliakov: Harvest of Hate, op. cit., pp. 230–231.
74. The Yellow Spot, London 1936, Victor Gollancz, p. 76.
75. A. Hitler: Mein Kampf, op. cit., Abschnitt über Nation und Rasse
76. L. Poliakov: Harvest of Hate, op. cit., p. 65.
77. J.C. Fest: Hitler, op. cit., p. 152.
78. R. Hilberg: The Destruction of the European Jews, op. cit., p. 107.
79. Ibid., Vol. I, p. 160.
80. Ibid., p. 162.
81. S.G. Shoham: Sex As Bait, St. Lucia 1983, Queensland U. Press, Kapitel VI.
82. W. Shirer: The Rise and Fall of the Third Reich, op. cit., p. 129.
83. K. Heiden: Der Führer, op. cit., pp. 121–122.
84. L. Poliakov: Harvest of Hate, op. cit., p. 16.
85. R. Hilberg: The Destruction of the European Jews, op. cit., p. 603.
86. J.C. Fest: Hitler, op. cit., p. 76.
87. H.R. Trevor-Roper: The Last Days of Hitler, op. cit., p. 60.
89. Z. Bacharach: Racism – The Tool of Politics, op. cit., p. 60.
90. H.R. Trevor-Roper: The Last Days of Hitler, London 1962, Pan Books, p. 66.
91. A. Speer: Inside the Third Reich, op. cit., p. 252.
92. W. Schellenberg: The Labyrinth, op. cit., p. 13.
93. A. Speer: Inside the Third Reich, op. cit., p. 371.
94. J. Delarue: The History of the Gestapo, op. cit., p. 261.
95. G.M. Gilbert: Nuremberg Diary, op. cit., p. 47.
96. R. Manswell und H. Frankel: Heinrich Himmler, op. cit. p. 252.

97. R. Hilberg: The Destruction of the European Jews, op. cit., Vol. III, p. 974.
98. Himmler über die Ziele der SS.; in J. Delarue: The History of the Gestapo, op. cit., pp. 80–81.
99. R. Manswell & H. Frankel, op. cit., p. 49.
100. J. Delarue: The History of the Gestapo, op. cit., p. 104.
101. H. Heiber: Goebbels, op. cit., p. 322.
102. M. Hastings: Das Reich – March Through France; zit. in London Review of Books, 4–17/3/82.
103. J. Delarue: The History of the Gestapo, op. cit., p. 274.
104. R. Hilberg: The Destruction of the European Jews, op. cit., Vol. I., p. 290.
105. Dieses Thema wurde entwickelt von R. Schechter in „Auschwitz in the Kingdom of Satan", op. cit.
106. G. M. Gilbert: Nuremberg Diary, op. cit., p. 229.
107. H. Heiber: Goebbels, op. cit., p. 342.
108. Göring vor dem Nürnberger Gerichtshof; in G. M. Gilbert: Nuremberg Diary, op. cit., p. 66.
109. M. H. Musmanno: The Eichmann Kommandos, op. cit., p. 65.
110. A. Speer: Inside the Third Reich, op. cit., p. 83.
111. W. Schellenberg: The Labyrinth, op. cit., p. 320.
112. R. Hilberg: The Destruction of the European Jews, op. cit., Vol. III, p. 906.
113. J. Delarue: The History of the Gestapo, op. cit., p. 107.
114. H. Arendt: Eichmann in Jerusalem, op. cit., p. 122.
115. G.M. Gilbert: Nuremberg Diary, op. cit., p. 263.
116. Siehe die Entwicklung dieses Themas bei Rivka Schechter: Cosmic Enemy, op. cit.
117. J. Delarue: The History of the Gestapo, op. cit., p. 274.
118. R. Hilberg: The Destruction of the European Jews, op. cit., p. 660.
119. R. Manswell und H. Frankel: Heinrich Himmler, op. cit., pp. 136–137.
120. R. Manswell und H. Frankel: Heinrich Himmler, op. cit., p. 51.
121. F. V. Grünfeld: The Hitler File, op. cit., p. 309.
122. M. H. Musmanno: The Eichmann Kommandos, op. cit., p. 96.
123. L. Poliakov: Harvest of Hate, op. cit., p. 125.
124. Ibid., p. 125.
125. A. Speer: Inside the Third Reich, op. cit., p. 255.
126. Ibid., p. 439.
127. G. M. Gilbert: Nuremberg Diary, op. cit., p. 113.
128. R. Grünberger: A Social History of the Third Reich, op. cit., p. 127.
129. Ibid., p. 128.
130. L. Poliakov: Harvest of Hate, op. cit., p. 69.
131. J. Tannenbaum: Race and Reich, op. cit., p. 389.
132. S. Haffner: Anmerkungen zu Hitler, op. cit., p. 22.
133. Ibid., p. 22.
134. J.E. Firghusson: The Plough and the Swastika: The NSDAP and Agriculture in Germany 1928–1945, Beverly Hills 1985, Publication Saga.
135. R. Grünberger: A Social History of the Third Reich, op. cit., p. 66.
136. S. Haffner: Anmerkungen zu Hitler, op. cit., pp. 134–135.
137. Leon Poliakov: Harvest of Hate, op. cit., p. 45 und p. 185.
138. J. Tennenbaum: Race and Reich, op. cit., p. 259.
139. G. Reitlinger: The Final Solution, op. cit., p. 483.
140. R. Grünberger: A Social History of the Third Reich, op. cit., p. 583.
141. R. Hilberg: The Destruction of the European Jews, op. cit., p. 178.
142. A. Speer: Inside the Third Reich, op. cit., p. 68.
143. R. Grünberger: A Social History of the Third Reich, op. cit., p. 525.
144. W. Shirer: Berlin Diary, op. cit., p. 244.
145. Gideon Hausner: Justice in Jerusalem, op. cit., pp. 16–18.
146. G. M. Gilbert: Nuremberg Diary, op. cit., p. 230.
147. H. Arendt: Eichmann in Jerusalem, op. cit., p. 7.
148. R. Hilberg: The Destruction of the European Jews, op. cit., p. IX, p. 557.

149. Ibid., p. 47.

150. K. Heiden: Der Führer, op. cit., p. 40.

151. Ibid., p. 47.

152. J. Toland: Adolf Hitler, op. cit., p. 552.

153. R. Grünberger: A Social History of the Third Reich, op. cit,, p. 122.

154. W. Schellenberg: The Labyrinth, op. cit., p. 94.

155. O. Wagner: Hitler: Memoirs of a Confidant, New Haven 1985, Yale.

156. S. Haffner: Anmerkungen zu Hitler, op. cit., p. 37.

157. W. Shirer: The Rise and Fall of the Third Reich, op. cit., p. 125.

158. R. Hilberg: The Destruction of the Europan Jews, op. cit., pp. 32-39.

159. Himmlers Brief an Reichsstatthalter Greise vom 18. September 1941.

160. Nachweis von Kurt Gerstein im Lager Belcec, angegeben in Nürnberg am 26. Mai 1945.

161. R. Hilberg: The Destruction of the European Jews, op. cit., Vol. II., p. 817.

162. R. Hilberg: The Destruction of the European Jews, op. cit., Vol. I, pp. 386-387.

163. L. Poliakov: Harvest of Hate, op. cit., p. 176.

164. G. Reitlinger: The Final Solution, op. cit., p. 183.

165. R. Hilberg: The Destruction of the European Jews, op. cit., Vol. I, p. 333.

166. R. Hilberg: The Destruction of the European Jews, op. cit., p. 595.

167. R. Hilberg: The Destruction of the European Jews, op. cit., Vol. III, p. 985.

168. Ibid., p. 12.

169. G. M. Gilbert: Nuremberg Diary, op. cit., p. 363.

170. J. Toland: Adolf Hitler, op. cit., p. 1172.

171. J. Toland: Adolf Hitler, op. cit., p. 488.

172. R. Grünberger: A Social History of the Third Reich, op. cit., p. 440.

173. Interview mit Severin Shratter, Hadashot 28.2.1986.

174. G. M. Gilbert: Nuremberg Diary, op. cit., p. 20.

175. G. M. Gilbert: Nuremberg Diary, op. cit., p. 27.

Kapitel 10

Die Opfer

Die Beute

Das Ganze verbrannt zum

Holocaust

„Die Guten gingen in Rauch auf"
Podchalodnik, ein Überlebender von Auschwitz, in Claude Lanzmanns „Shoah".

„Die Pfeile passen genau in die von ihnen gemachten Wunden".
Aphorismus Franz Kafkas.

. . . „Natürlich könnte es niemals Verzeihung geben für die Minderheit der Juden, die kollaborierten, um die Mehrzahl ihrer in den Tod zu schicken. Die Geschichte wird sie eines Tages verurteilen. "
Etty Hilversum: „Ein verschandeltes Leben. "

„Meine Schwester steht am nassen Ufer und weint. Drei Worte waren auf ihrer Brust eingebrannt: „Nur für Offiziere". Kamerad, klagt sie, warum bin ich hier? Wer brachte mich her? Ich bin nicht die Gefahr wert, die junge Männer eingingen, um mich an Land zu schmuggeln. Die Welt hat keinen Platz für mich. Ich bin nicht wert zu leben.
„Ich umarme dich, meine Schwester, du hast einen besonderen und einzigartigen Platz in dieser Welt; nach all dem, was du durchmachen mußtest, bist du heimgekehrt, und wir lieben dich sehr. "
Ein Offizier, der verantwortlich für das Hineinschmuggeln von illegalen Einwanderern nach Palästina war.

„Menschen brennen sehr gut".
Ein SS-Offizier im Vernichtungslager Treblinka.

Die Juden wurden von den Nazis umgebracht, weil sie Juden waren. Die Engländer, Franzosen, Polen und sogar die Russen wurden getötet, weil sie Soldaten oder Kommissare waren oder weil man glaubte, sie seien Saboteure oder anderweitig schädlich für die Interessen des deutschen Reichs. Die Juden wurden aus keinem anderen Grund zum Tode verurteilt, als daß sie Juden waren.

Mit Ausnahme einer relativ kleinen Anzahl gingen die Juden in den Tod „wie Lämmer zum Schlachthaus". Ohne die aktive oder passive Teilnahme der Juden selbst wäre der Holocaust unmöglich gewesen. Man kann nicht hinterher klug sein, und insbesondere soll hier niemand abgeurteilt werden. Als Existentialist enthält man sich des Urteils und der rechtlichen Empörung, und als Jude glaubt man an das jüdische Motto: „Verurteile nie jemanden, bevor du an seinem Platz warst." Die Absicht hier ist, zu verstehen, warum die europäischen Juden nicht vor ihren Mördern flohen und warum sie nicht in organisierter oder individueller Weise mehr Widerstand leisteten. Es wird behauptet, daß die jüdische, normative Opferbereitschaft, die in ihrem partizipanten Sozialcharakter enthalten war, zum Mangel an Widerstand gegen ihre Vernichtung ebensoviel beitrug wie der separante, manipulative Sozialcharakter der Nazis, dem es gelang, durch geplantes Einspannen mancher Juden diese dazu zu bringen zu helfen, die anderen und schließlich sich selbst zu ihrer Vernichtung zu führen.

Wie konnten wir das Unglaubliche glauben?

Im Sommer 1942 mußte die ganze Welt schon von dem Holocaust gewußt haben. Und doch schien es, daß die Nichtjuden, einschließlich der Alliierten, es vorzogen, nicht an ihn zu glauben, weil der Glaube Verpflichtung bedeutete, und die Verpflichtung erforderte Aktion. Die meisten Nichtjuden wollten nicht handeln, jedenfalls nicht, um Juden zu retten. In Europa retteten nur die Dänen durch entschlossenes Gemeinschaftsunternehmen die Juden ihres Landes. Woanders war die Rettung der Juden vor allem die Aktion von einzelnen unter großer persönlicher Gefahr und mit Hilfe örtlicher Behörden, die abgeneigt waren, an Mord teilzunehmen, oder dazu bestochen waren. Aber dies waren Ausnahmen. Die meisten Nationen, einschließlich der Alliierten, erlaubten den jüdischen Flüchtlingen nicht, an ihren Ufern zu landen. Die Alliierten zogen es auch vor, solche auf der Hand liegenden Maßnahmen, wie die Bombardierung der Auschwitz-Anlagen und Zuglinien, die zu ihnen führten, nicht auszuführen. Die Alliierten beschlossen, erst den Krieg zu gewinnen und dann die Juden zu retten, und wurden auf diese Weise Mitschuldige am Holocaust durch Nichtstun. Die europäischen Juden entwickelten eine subjektive Interpretation der objektiven Beweise über die Vernichtungslager, da, abgesehen von „objektiven" Gründen, ihre normativ opferbereite Infrastruktur und ihre partizipante Auffassung ihr Verständnis der Situation erschwerte und schwächte.
Leon Poliakov stellte fest, daß die Juden den Holocaust nicht voraussehen konnten, weil er alle Grenzen der menschlichen Vorhersage überstieg.[1] Hier wird behauptet, daß die Juden sehr wohl verstehen hätten können, was die Stunde geschlagen hatte. Jedoch aus Beweggründen, die im folgenden Abschnitt klargelegt werden, umgingen und mißverstanden sie die unzweideutigen Beweise der heranziehenden Katastrophe und den Prozeß der Vernichtung. Goebbels erklärte viele Jahre vor Auschwitz: „‚Tod den Juden‘ war unser Kriegsruf während 14 Jahren. Sie müssen sterben!"
Streicher sagte: „Es ist falsch zu behaupten, daß die Judenfrage ohne Blutvergießen gelöst werden kann: Die einzige Lösung ist eine blutige." Hitler verkündete im Jahre 1939 im Reichstag, daß, wenn ein Krieg ausbräche, die Juden dafür zur Verantwortung gezogen würden und dafür zahlen müßten. Was den Massenmord an den Juden anbelangt, so zeigte Lacqueur, daß von Juni 1941 bis Ende 1942 die apokalyptischen Meldungen über den Holocaust durch viele Quellen in die ganze Welt durchsickerten und auch zu den Juden innerhalb und außerhalb Europas gelangten.[2] Im nächsten Abschnitt wird die Untätigkeit der Alliierten in der Rettung der europäischen Judenheit behandelt. In diesem Abschnitt wird versucht, die Blindheit der Juden für ihr eigenes Schicksal zu erklären.
Die Nachrichten über die Erschießungen der Juden durch die Einsatzgruppen direkt nach der Invasion Rußlands verbreiteten sich in ganz Deutschland und im europäischen Machtgebiet des Dritten Reichs durch Wehrmachtsoldaten, die wie „magisch durch die Erschießungen angezogen wurden". Sie fotografierten, schrieben Briefe nach Hause und sprachen darüber.[3] Information über die Erschießung der osteuropäischen Juden wurde

vom britischen Geheimdienst (M15) aufgefangen und an Churchill weitergeleitet.[4] Kurt Gerstein, einer der sehr raren, gegen die Nazis aktiven Widerstandspersönlichkeiten, informierte einen schwedischen Diplomaten über die Vergasung der Juden durch Zyklon B. Er versuchte später, einen Bericht über die Vernichtung der Juden in den Vernichtungslagern dem päpstlichen Nuntius in Berlin zu überreichen, erhielt aber keine Audienz.[5] Edward Scholte, ein deutscher Industrieller, vermittelte Informationen über den Massenmord an Juden und die Pläne für die „Endlösung" an Gerhard Ringer, der Telegramme an führende jüdische Persönlichkeiten in den USA und England sandte. In der zweiten Hälfte von 1942 waren alle Nachrichtenkanäle voller Nachrichten über die Massenmorde an den Juden.[6] Am 16. April 1944 entflohen zwei slowakische Juden, Rudolf Vrba und Adolf Wetzler, von Auschwitz, um „der Welt zu berichten" und insbesondere die ungarischen Juden vor ihrer nahenden Ermordung zu warnen.[7] Die osteuropäischen Juden wurden vor ihrem Schicksal schon ganz früh durch einige organisierte Widerstandsgruppen – Juden und Nichtjuden – gewarnt. Die Juden von Thessaloniki wurden durch den griechischen Untergrund vor den Vernichtungsplänen gewarnt. Nachdem schon ca. eine Million europäischer Juden geschlachtet worden war, glaubten die ungarischen Juden immer noch, daß es „hier nicht geschehen kann". Edelstein, ein slowakischer Jude, warnte die holländischen Juden vor ihrer nahenden Vernichtung, aber sie glaubten ihm nicht. Tatsächlich war Auschwitz jenseits aller Glaubwürdigkeit, und nicht viele Europäer konnten die ausländische Presse lesen oder B.B.C. im Radio hören. Es gab auch unter den von den Nazis beherrschten europäischen Juden keine effektiven Organe zur schnellen Nachrichtenverbreitung. Außerdem benützten die Nazis verschiedene schlaue, irreführende Techniken der Erniedrigung und Unterdrückung. Die meisten Deportierten in jedem neuen Eisenbahnzug zu den Vernichtungslagern wurden fast vollständig überrascht, was nicht nur durch die oben erwähnten Faktoren erklärt werden kann. Es muß hinzugefügt werden, daß der partizipante Sozialcharakter der Juden sie dazu verleitete, ungünstige Tatsachen zu übersehen. Er half ihnen, bedrohliche Vorgefühle wegzuerklären. Dies führte dazu, daß sie die Beweise für ihre bevorstehende Vernichtung, die sie hätten überzeugen sollen, in einem völlig falschen Licht sahen, den fürchterlichen Nachrichten keinen Glauben schenkten und sich einem illusorischen, partizipanten Optimismus hingaben, sodaß manche Familien ihre besten Kleider für die Fahrt in den Tod trugen: Männer mit Seidenkrawatten und Frauen mit Nerzmänteln und Schminke.

Auch die osteuropäischen Juden waren nicht vorbereitet, die Deutschen a priori als Mörder anzusehen. Ihre Väter und Mütter erinnerten sich noch an die Deutschen des Ersten Weltkriegs, von denen sie viel besser als von den Russen behandelt worden waren. Die jüdischen Osteuropäer verehrten die deutsche Kultur als den Höhepunkt menschlicher Zivilisation. Infolgedessen zogen es viele Juden vor, nach der Teilung Polens zwischen Rußland und Deutschland im Jahre 1939 im deutschen Teil zu leben. Als die Deutschen im Juni 1941 Polen, Litauen, die Ukraine und Weißrußland besetzten und die Einsatzgruppen anfingen, die Juden zu erschießen und sie in Gräben zu verscharren, waren die Juden zu Tode erschreckt. Überdies glaubten die Judenräte in den Ghettos von Warschau, und besonders in Wilna und Lodz, daß sie mit den Deutschen, der Nation Goethes, Schillers und Beethovens, reden und verhandeln könnten. Sie verstanden es nicht, daß sie es jetzt mit verwandelten Deutschen zu tun hatten, die die mörderischen Mythen des Äsir nachlebten; daß sie einem kollektiven, wildgewordenen Sisyphus gegenüberstanden, der Massenmord als das endgültige Kunstwerk ausführte.

Dem Argument, daß nicht nur die Juden „wie Lämmer zum Schlachthaus" gingen, sondern auch Russen und andere Kriegsgefangene, die von den Deutschen umgebracht wurden, kann man entgegnen, daß der Fall der Juden einen ganz anderen Charakter hatte. Kein Russe wurde von den Nazis getötet, weil er Russe oder ein alliierter Offizier war. Es gab zweifellos genug andere Gründe, z. B. daß sie politische Aktivisten, als Saboteure verdächtigt, oder Opfer von Kollektivstrafen waren. Jedoch die offizielle Nazi-Politik, wie Hitler, Streicher, Goebbels und Rosenberg sie 1933 formulierten und offiziell machten, erklärte, daß Juden als Juden die Feinde des Volks seien. Daher hätten die Juden, wenn ihr Realitätssinn weniger partizipant beeinträchtigt worden wäre, wissen müssen, daß allein die Tatsache, daß sie Juden waren, sie automatisch zu Zielscheiben für die mythologisch manisch gewordenen Nazis gemacht hatte.

Zu den Gründen, die andere Forscher für das relative Fehlen einer Restistance der Juden anführten, werden hier die bisher unerforschte partizipante, normative Rechtschaffenheit der Juden und ihr Wunsch, den Regeln und Gesetzen der Behörden zu folgen, hinzugefügt. Für die normativ opferbereiten Juden war es eine immerwährende Bestrebung und raison d'être, in den Grenzen des Gesetzes zu leben. In der Vergangenheit hatte die Befolgung der Befehle und Verordnungen der Feudalherrn und der christlichen Staatsbehörden ihnen, wenn auch unsicheren, Schutz gegen die Beschimpfung und Ausschreitungen des Pöbels gegeben.

Die Juden waren auch durch einen von ihrem partizipanten Erbe stammenden Fatalismus behindert, der ihnen sagte, daß man nur auf Erlösung hoffen, sie aber nicht in der Gegenwart erzwingen kann, da alles in den Händes Gottes liegt. Infolgedessen hofften die Juden, daß das übersinnliche Vilnius, das litauische Jerusalem, der Sitz des Großrabbi Elijahu, des Genius' Wilnas, gerettet würde. Die Juden Litauens und des Generalgouvernements glaubten in dieser irrigen Hoffnung, daß die Judenmorde von Punaar und Chelmno nur eine „Kaprice" der lokalen SS-Kommandanten gewesen seien und daß das Morden nicht weitergehen würde. Die jüdische Tradition, die lange Kette ihrer Unterdrücker zu beschwichtigen und mit ihnen zu verhandeln, veranlaßte die Juden zu glauben, daß die Nazis sich auch „beruhigen" und sie zufrieden lassen würden, wenn sie das tun würden, was man von ihnen erwartete: schwer zu arbeiten, unentbehrlich zu sein, den Befehlen zu folgen und, Gott behüte, keine Schwierigkeiten zu machen. So wurden viele jüdische Widerstandsführer und eine Anzahl der palästinensischen Fallschirmspringer, die ausgesandt wurden, im „Yishuv" einen Widerstand zu organisieren, von den Juden selber an die Nazis verraten. Die Juden wollten nicht an den Holocaust glauben und unterdrückten ihre Ahnungen, so wie unheilbare Kranke zu glauben neigen, daß zwar ihre Nachbarn im Krankenhaus krebsleidend seien, aber sie selber nur Nierensteine haben. Daher waren die Juden allen möglichen Gerüchten ausgesetzt und glaubten absurde Lügenberichte, solange diese nur einen Funken von (falscher) Hoffnung enthielten. Ein privater Witz der Angestellten in Eichmanns Büro war, daß, wenn jemand dachte, daß das Vertrauen zu Menschen ausgestorben sei, er nur zu den ungarischen Juden gehen müsse – die glaubten alles. Itzhak (Antek) Zuckermann, der legendäre Resistancekämpfer der Warschauer Ghettos, erzählte aus seinen Erinnerungen. Es gab dort eine gewisse Macht, die Illusionen schaffte und eine Unfähigkeit produzierte, die Wirklichkeit zu sehen, wie sie war.[8] Dies war die subjektive, partizipante Auffassung der europäischen Juden, die sie daran hinderte, die objektiven Beweise für die bevorstehende Vernichtung zu erfassen oder die nötigen praktisch-operativen Schlußfolgerungen zu ziehen. Außerdem wußten die jüdischen Führer wie Kastner und Freudiger in Ungarn, Edelstein in der Slowakei, Genes in Wilna und Leo Baeck in Theresienstadt über die Vernichtungslager Bescheid, beschlossen aber, die furchtbare Information nicht ihren Gemeinden bekanntzugeben, und zwar aus verschiedenen Gründen, aber hauptsächlich, um keine Panik zu veranlassen. Dies war wahrscheinlich eine moralisch falsche Entscheidung vom existentiellen Standpunkt aus. Die Juden hätten das Recht gehabt, die Wahrheit zu erfahren, damit sie selbst entscheiden hätten können, ob sie versuchen sollten zu fliehen, kämpfend zu sterben oder ob sie als Brandopfer in die Gaskammern gehen sollten, wie die meisten von ihnen.

Woher wird meine Rettung kommen?

Bis 1941 waren die Nazis bereit, die Juden auswandern zu lassen, aber es gab kaum ein Land in der Welt, das bereit war, sie in großer Anzahl aufzunehmen. Paradoxerweise drängten die Nazis die Juden und halfen ihnen oft auszuwandern und sich zu retten, während die neutralen Länder und die Alliierten den Juden nicht erlaubten, in ihre Territorien einzuwandern. Dadurch wurden sie mitverantwortlich für ihre spätere Vernichtung. Als die Juden sich noch durch die Flucht aus Deutschland und seinen besetzten Gebieten retten konnten, verweigerte England ihnen, sie in größerer Zahl im Britischen Empire und in Palästina (wo die Einwanderung durch das berüchtigte „Weißbuch" verboten wurde) aufzunehmen. Die USA waren durch strenge Einwanderungsgesetze fest verriegelt, und das ausgesprochen antisemitische State Department machte nur widerwillig Ausnahmen für verfolgte Juden. Die Konferenz von Évian, die Roosevelt im Juli 1938 einberief, um sich mit dem Problem der europäischen Juden zu beschäftigen, erwies sich als ein Fiasko; kein einziges der 32 teilnehmenden Länder war bereit, deutsche und österreichische jüdische Flüchtlinge in bedeutenden Mengen aufzunehmen. Das Passagierschiff Saint Louis mit ca. 900 jüdischen Flüchtlingen an Bord umkreiste den ganzen Globus, weil die ursprünglichen Einreisevisen nach Kuba ungültig gemacht wurden. Das Schiff mußte nach Europa zurückkehren, und die meisten Passagiere kamen im Holocaust um. Die Judenverfolgungen vor dem Ausbruch des Zweiten Weltkriegs wurden hauptsächlich als „eine interne deutsche Angelegenheit" betrachtet. Niemand protestierte ernsthaft, als jüdische Sportler von den Olympischen Spielen 1936 ausgeschlossen wurden. Reinhard Heydrich, der stellvertretende Befehlshaber der SS und Kommandant der Gestapo, wurde zum Vorsitzenden der Interpol – der internationalen Polizeiorganisation zur Bekämpfung von Verbrechen – gewählt. Hitler und die Nazis erkannten, daß die Welt gegenüber den Juden entweder uninteressiert oder feindlich eingestellt war – egal was gegen sie unternommen wurde. Daraus schlossen die Nazis mit Recht, daß die Abneigung oder die tatsächliche Verweigerung der meisten Nationen, die jüdischen Flüchtlinge zu retten und in ihre Länder aufzunehmen, eine Carte Blanche für ihre Vernichtung war. Die Nazis waren die Ausführenden der Kreuzigung, aber die Nationen der Welt inszenierten von neuem die Passionsgeschichte, indem sie die Juden als einen kollektiven Christus wiederum dem Opfertod auslieferten.

Die Nazis wurden in ihrer Annahme bestätigt, daß die Welt der Vernichtung der Juden meist gleichgültig zusehen würde, manche im Einverständnis, andere freudig an dem Massenmord teilnehmend. Und was die Alliierten anging, so war Hitlers Einschätzung ebenfalls richtig, daß sie viel Aufhebens machen, aber keinen Finger krümmen würden, um den Juden zu helfen. In Westeuropa hatten die Nazis Mithelfer, die die Juden-Politik begünstigten, sie erlaubten und halfen, sie durchzuführen. Laval, Dorlot und Deat in Frankreich; Degrelle und Staff de Clercq in Belgien; Mussert und van Tonningen in Holland und Quisling in Norwegen. In Osteuropa waren die traditionellen polnischen, litauischen und ukrainischen Antisemiten enthusiastische Mithelfer beim Judenmord, die oft die Grausamkeit ihrer Nazi-Meister übertrafen. In Pétains Vichy-Regime führte der traditionelle französische Antisemitismus, gemeinsam mit dem tief verwurzelten Widerwillen der katholischen Kirche gegen den jüdischen „Gottesmord", zu einer breiten Übereinstimmung mit den antijüdischen Maßnahmen. Sogar Paul Claudel drückte seinen Widerwillen gegen die Juden, die den Erlöser verwarfen, in einer Ruhmeshymne für Pétain und seine antijüdische Gesetzgebung aus. Laval und seine faschistische Miliz waren fanatischer in ihrer Judenhetze. Die Züge, die jüdische Kinder in die Gaskammern brachten, wurden durch französische Wachen gesichert, und sogar die französischen Kommunisten verrieten ihre jüdischen Kameraden und warnten sie nicht, daß die Nazis ihnen auf der Spur und bereit waren, sie festzunehmen.

In Holland waren etwa 10% der Bevölkerung echte Nazis, die eifrig ihre nordische Kameradschaft bewiesen, indem sie Reichskommissar Seyß-Inquart und seiner Administration halfen, holländische Juden einzufangen und in den Tod zu schicken. In ähnlicher Weise lieferten die norwegischen Nazis ihren deutschen Herren ausführliche Listen von Juden, die verhaftet und getötet werden sollten.

Die polnischen Antisemiten lobten die Nazis, weil diese ihre Wünsche erfüllten, da sie selber nicht entschieden genug waren und nicht genug Mittel hatten, sie auszuführen. Die katholischen Bauern sahen in dem Mord an den Juden den Willen Gottes verwirklicht. In Claude Lanzmanns „Shoah" erzählten die polnischen Bauern, daß sogar die jüdischen Rabbis den Judenmord rechtfertigten, als Sühne für das Vergießen des Blutes Jesu. Die Bauern freuten sich auch und fühlten sich vollkommen schuldlos, daß sie in den schönen Häusern der toten Juden wohnen konnten. Ein besonders fetter Bauer deutete einen Strick an seinem Hals an, um das Schicksal der Juden zu zeigen, begleitet von einem sarkastischen Grinsen. Die Litauer waren besonders grausam in ihren Folter- und Mordmitteln. Sie halfen nicht nur den Nazis beim Auffinden und der Ermordung der Juden, sondern brachten auch Tausende aus eigener Initiative um. Bischof Brizgys, der oberste katholische Prälat in Litauen, verbot dem Klerus, und daher auch der Bevölkerung, den Juden in irgendeiner Weise zu helfen.[9] Martin Gilbert beschreibt die Vorgänge wie folgt: „Am 27. September 1941 wurden 3.400 Juden in der litauischen Kleinstadt Eisiskes, in der Nähe von Wilna, von SS-Sondereinheiten (den Einsatzgruppen) mit Hilfe von Litauern zusammengetrieben. Sie wurden mit äußerster Brutalität in den jüdischen Friedhof getrieben, gezwungen, sich auszuziehen, und wurden dann am Rand frisch gegrabener Gräben erschossen. Ein 16jähriger, mit Namen Zvi Michalovski, fiel unverletzt in den Graben, eine Sekunde, bevor die neben ihm Stehenden durch die Schüsse getötet wurden, einschließlich seines Vaters. Als es Nacht wurde, stieg er aus dem Massengrab und lief nackt und blutbedeckt zum nächsten Bauernhaus. Als Antwort auf seine verängstigte Bitte um Asyl schrie der Bauer ihn an: ‚Jude, geh zurück in das Grab, wo du hingehörst!' und warf ihm die Tür zu. Dieselbe Antwort erhielt er an mehreren anderen Häusern.

Zum Schluß ging Michalovski zu dem Haus in der Nähe des Waldes, das einer alten Witwe, die er kannte, gehörte. Sie verjagte ihn mit einem brennenden Holzscheit, als ob sie einen Geist austreiben wollte. In seiner Verzweiflung rief er: ‚Sieh mich an, ich bin dein Herr, Jesus Christus, vom Kreuz herabgestiegen. Sieh mich an, das Blut, der Schmerz, das Leiden der Unschuldigen!' Die alte Frau bekreuzigte sich, fiel zu seinen blutigen Füßen nieder, ließ ihn ins Haus und gab ihm Asyl für die drei Tage, für die er gebeten hatte. Danach gelang es dem jungen Mann, sich einer Partisanengruppe im Wald anzuschließen und den Krieg zu überleben."[10] Es genügte nicht, ein verletzter, blutender Jude zu sein, um Hilfe zu erhalten – man mußte das archetypische Opferlamm selbst sein und die mystische Kreuzabnahme inszenieren, um christliches Mitleid zu erregen.

Die Ukrainer waren die bevorzugten Mithelfer der Nazis sowohl in Rußland als auch in den Vernichtungslagern. Die ungarischen Faschisten waren die zuverlässigsten Anhänger Hitlers und begannen die Judenverfolgungen auf eigene Faust. Die Ungarn selber errichteten und leiteten jüdische Ghettos und halfen den Nazis so gewissenhaft bei der Deportation der Juden zu deren Tod, daß sie von Veesenmayer, dem deutschen Gesandten in Ungarn, für ihre „ernste Einstellung" zur Endlösung des Judenproblems besonders gelobt wurden. Der ungarische General Feketehalmy-Czeyder erfand ein System, Tausende von Juden auf Sprungbrettern zu erschießen und ihre Leichen in die Eislöcher der Donau zu werfen. In Rumänien führte die faschistische Eiserne Garde am 20. Januar 1941 eine

Revolution gegen das Regime des Marschalls Antonescu durch. Typischerweise begann die Revolution mit einem furchtbaren Pogrom gegen die Juden, und bevor es aufgehoben wurde, wurden tausende Juden brutal gefoltert und ermordet. Später starben ungefähr 100.000 rumänische Juden während ihrer katastrophalen Evakuierung durch das Antonescu-Regime nach Transnistrien. In Jugoslawien begannen die Serben schon vor den Deutschen, Juden umzubringen, und einer der Kommandanten des serbischen Lagers bei Josenovac, wo Juden mit Hämmern getötet wurden, um Patronen zu sparen, war ein Priester, ein Mann Gottes, der den Massenmord an den Juden als eine heilige Aufgabe betrachtete.

Von den neutralen Ländern sandte die Schweiz Tausende von jüdischen Flüchtlingen zurück nach Deutschland in ihren Tod. Als ein Schweizer Grenzpolizist des Zweiten Weltkriegs vom Schweizer Fernsehen in einem Altersheim interviewt und gefragt wurde, ob er gewußt hätte, daß die Abweisung jüdischer Flüchtlinge von der Schweizer Grenze deren sicheren Tod bedeutet hätte, antwortete er, daß er es wußte. Auf die Frage, ob er heute dasselbe tun würde, antwortete er mit ja, denn „Befehl ist Befehl" in der Schweiz. Papst Pius XI. verurteilte mutig das Nazi-Regime in seinem Hirtenbrief „Mit brennender Sorge", der am Palmsonntag im März 1937 von allen Kanzeln gelesen wurde und der die Nazi-Doktrin verurteilte, das Heidentum von Blut und Boden mißbilligte und Hitler einen „irren Propheten von abstoßender Arroganz" nannte.[11] Nicht so Kardinal Pacelli, der Papst Pius XII. wurde. Er sah in den Nazis einen wirksamen Damm gegen den Kommunismus, der für ihn das größere Übel war. Daher verurteilte er nie offen den Holocaust. Dieses tödliche Schweigen wurde durch Saul Friedländer dokumentiert und von Rolf Hochhuth in seinem Theaterstück „Der Stellvertreter" dramatisiert, in dem er Christus' irdischen Repräsentanten zeigte, wie er durch Nichtstun half, Jesu Glaubensbrüder in Massen zu kreuzigen.

Was die zwei westlichen Alliierten anbelangt, so hatte Britannien schon 1934 die Immigration nach Palästina eingeschränkt. Durch die praktisch gänzliche Sperrung der Tore des Mandatsgebiets für die Juden am 17. Mai 1939, um die Araber zu befrieden, wurde England ein aktiver Partner in der Vernichtung der europäischen Juden. Eden weigerte sich, aktiv und konsequent zu helfen, europäische Juden zu retten, und was England anbelangte, waren die jüdischen Flüchtlinge feindliche Staatsbürger. Churchill erkannte nominell das Unglück der Juden an, tat aber fast nichts, um sie zu retten. Der B.B.C. weigerte sich, den Ruf nach Rache der Warschauer Rebellen zu übertragen. Als Joel Brand zu Lord Moyne nach Ägypten mit Eichmanns Angebot kam, eine Million Juden gegen strategisches Material auszutauschen – das berüchtigte Angebot „Blut für Ware" – war die historische Antwort des Vertreters Seiner britischen Majestät: „Was soll ich mit einer Million Juden tun, wohin mit ihnen?"

In Amerika waren die Verhältnisse nicht besser. Das State Department verhinderte jeden Versuch, die Einwanderungsgesetze zu erleichtern. Ein Bericht vom 13. Januar 1943, der Henry Morgenthau unterbreitet wurde, mit dem Titel: „Bericht an den Staatssekretär über die Einstimmung dieser Regierung mit dem Mord an den europäischen Juden", enthüllte die Politik des State Departments: 1. die Verhinderung der Rettung der Juden durch Verzögerung und 2. absichtliches Versäumnis, mit Hilfsorganisationen zu kooperieren und die Behinderung dieser, z. B. des American Jewish Congress, ihre Programme durchzuführen; 3. absichtliche Verweigerung, Information über die Nazi-Pläne für den Judenmord einzuholen, und heimliche Blockierung solcher Information; und 4. ihre noch vermehrte Schuld durch Verheimlichung und falsche Darstellung.[12] Auch Roosevelt gab vor, das Elend der europäischen Juden zu verstehen, unternahm aber kaum etwas, um ihnen zu helfen. Der Beamte, den Roosevelt als Leiter des Einwanderungsbüros einsetzte, war B. Long, ein Anhänger des Faschismus, der die Radikalen, die „gebrochenen

Herzen" – („bleeding hearts") Liberalen und natürlich die Juden haßte. Gegen Ende 1943 schrieb er zufrieden in sein Tagebuch: „Ich teilte dem Außenminister mit, daß ich alle Streitereien betreffs der (jüdischen) Einwanderung gewonnen habe."[13] Am 18. April 1943 wurde die englisch-amerikanische Konferenz in Bermuda einberufen. Sie erklärt., „der einzige Weg, das Problem der (jüdischen) Flüchtlinge zu lösen, sei, den Krieg zu gewinnen", und es gäbe keine andere Möglichkeit (zu diesem Zeitpunkt), den Millionen von verschleppten Personen in Europa zu helfen.[14] Aber das „Pets"-Magazin in Chicago wandte sich an die Amerikaner, obdachlose britische Hunde zu adoptieren, die ihr Heim durch die Luftangriffe auf England verloren hatten. Ende des Jahres 1944 ernannte Roosevelt ein besonderes europäisches Flüchtlingskomitee, aber zu diesem Zeitpunkt waren die meisten europäischen Juden schon tot.

Eines der belastendsten Beweisstücke gegen die Alliierten war ihre Weigerung, die Vernichtungslager und die dahin führenden Eisenbahnlinien zu bombardieren. Weizmann und Grünbaum verlangten von den Briten und Amerikanern, Auschwitz zu bombardieren. Sir Arthur Harris, der Kriegskommandant der britischen Bomber Raids, erklärte 1962, daß man Auschwitz mit Genauigkeit hätte bombardieren können. Diese Aussage wurde durch Leonhard Cheshire, den berühmten Bomberpiloten, bestätigt.[15] In der Tat warfen 2.000 amerikanische Bomber 5.000 Tonnen Bomben auf die I.G. Farbenfabrik, die sich nur einige Meilen entfernt von den Vernichtungslagern von Auschwitz-Birkenau befand, die bis zum Ende des Kriegs unversehrt blieben. Der offizielle Grund war, daß keine operativen Mittel von dem obersten Ziel des Siegs im Krieg abgezweigt werden konnten. Die Rettung der Juden stand anscheinend nicht auf der Vorrangliste der Alliierten. So wurden die Juden weiter verfolgt und von den menschenfresserischen Nazis umgebracht, von der übrigen Welt verlassen. Dies muß den Nazis eine psychologische und historische Bestärkung ihrer Rolle als nordisch-heidnische, separate Frontkämpfer gegen den partizipanten jüdischen Widergeist gegeben haben, während die ganze arische Welt, einschließlich sonstiger Todfeinde, ihnen durch Nichtstun die Zustimmung dazu gab, die Juden auszurotten.

Shmuel Zigelboim, ein leitendes Mitglied des Bundes in London, schrieb am 11. Mai 1943 einen Selbstmordbrief, in dem er darlegte: „Die Verantwortung für die Judenmorde lastete vor allem auf den Ausführenden, aber indirekt liegt sie auf der ganzen Welt, den Alliierten und ihren Regierungen, die nichts taten, um diesen Mord an unschuldigen Männern, Frauen und Kindern zu verhindern. Deshalb sind sie mitschuldige Partner (am Holocaust) ... Mein Leben gehört der polnischen Judenheit, und ich biete es ihnen als Opfer an ... (ich hoffe auf) eine Welt der Freiheit und Gerechtigkeit."[16] Dies war ein weiteres Brandopfer, ein Holocaust (Olokauston), das aufs neue das Selbstopfer für eine normativ bessere Welt und eine gerechte Gesellschaft brachte. Zigelboim lebte und starb den partizipanten Mythos der anderen agni dei, die sich für die ewige Gerechtigkeit aufopferten, als Gegenstück zu dem menschenvernichtenden Nazimythos eines wildgewordenen Sisyphus, der seinen als Totenschädel behauenen Felsen auf den Gipfel eines Leichenberges rollte.

Dies ist zwar der Hauptteil der Geschichte, aber nicht alles. Es gab Ausnahmen sowohl bei den Nichtjuden als auch bei den Juden.

Bei den Nichtjuden gab es die Beispiele von Dänemark und Finnland, die alle ihre Juden retteten. Die Dänen schmuggelten in allgemeiner Übereinstimmung des Volks und mit wikingischer Tapferkeit alle dänischen Juden nach Schweden, während die Finnen durch ihren Außenminister Witing erklärten: „Wir werden lieber mit den Juden sterben, als sie ihrem Tod zu überlassen."[17] Die makabre Ironie war, daß die finnischen jüdischen Soldaten gegen die Russen zusammen mit der Wehrmacht kämpften. Der bulgarische König Boris hatte einen hervorragenden Anteil an der Rettung der bulgarischen Juden. Außerdem waren viele europäische Nichtjuden – von Geistlichen bis zu Diplomaten und einfachen Bauern – von einer existentialistischen Ethik durchdrungen, die sie veranlaßte, Leidenden zu helfen, wo immer und wer immer sie waren, und setzten damit ihr Leben aufs Spiel. Einige hervorragende Beispiele waren der japanische Konsul in Litauen, der japanische Visen ausgab, bis er zurückberufen wurde; Leitz, der Schweizer Konsul und Raoul Wallenberg, der schwedische Konsul in Budapest, der viele Juden rettete und aller Wahrscheinlichkeit nach dadurch sein Leben verlor. Der Polizeichef und der Metropolit von Athen spielten eine besondere Rolle in der Rettung der Athener Juden. Die Pastoren Greives und Mars riskierten ihr Leben, indem sie Juden aus Deutschland herausschmuggelten. Viele polnische Bauern starben, weil sie Juden versteckten, und der Metropolit der griechisch-orthodoxen Kirche in Lemberg versteckte Isaak, den kleinen Sohn des ermordeten Rabbis von Lemberg, und wies ihn an: „Ich will, daß du, Isaak, ein guter Jude werden sollst. Ich erhalte dich für dein Volk."[18] Ein ungewöhnliches Beispiel war Oscar Schindler, ein deutscher Industrieller, der 1.200 Juden mit außergewöhnlichem Mut rettete, indem er sie bis zum Kriegsende in seiner Fabrik beschäftigte.

Was die jüdische Gemeinde in den Vereinigten Staaten anbelangt, so findet eine neuer Bericht des American Jewish Commitee, geleitet von Arthur Goldberg, einem ehemaligen Richter des Obersten Gerichtshofes der USA, daß sie nicht genug taten, um so viele europäische Juden wie möglich zu retten. Die Gründe dafür waren u.a., daß die jüdische Führerschaft uneinig war und befürchtete, durch die Forderung Antisemitismus hervorzurufen, Kriegsmittel von dem Krieg abzuwenden, um Juden zu retten. Die amerikanische jüdische Führerschaft beschränkte ihre Anstrengung hauptsächlich darauf, die verschiedenen gesetzgebenden und ausführenden amerikanischen Organe davon zu überzeugen, den europäischen Juden zu helfen, aber mit sehr geringen Resultaten. Die amerikanischen Juden wurden v. a. durch folgende Annahmen geleitet: 1. daß sich der Nazismus nicht unterscheide von früheren Formen des Antisemitismus, und daß die Juden das Dritte Reich überleben würden, wie sie schon früher andere Arten der Judenverfolgung überlebt hatten. 2. daß es zwecklos war, mit Deutschland und seinen Verbündeten zu verhandeln, was die Juden anbelangte; 3. daß die USA und England der Rettung der europäischen Juden den Vorrang geben würden. Alle drei Annahmen waren in verschiedenem Grad falsch. Außerdem war das hauptsächliche Wohlfahrts-Organ der US-Judenheit, der „Joint", abgeneigt, sogar im geringsten von der offiziellen Politik der amerikanischen Regierung abzuweichen. Und diese Regierung tat sehr wenig für die europäischen Juden bis Ende 1944.

Eine andere Neubewertung von Ereignissen und Dokumenten weist auf eine beunruhigende Schlußfolgerung hin, daß die amerikanischen und palästinischen Juden vielleicht eine Gelegenheit versäumten, eine beträchtliche Anzahl der europäischen Juden zu retten. Es scheint möglich, daß eine Zahlung von 50.000 Dollar an den Hauptsturmführer Dieter Wisliceny, Eichmanns Kollegen, die Deportierung der slowenischen Juden in die Vernichtungslager während zweier Jahre, vom Jom Kippur 1942 bis zum Jom Kippur 1944, gestoppt hätte. Weismandel, der über dieses Geschäft mit Wisliceny verhandelte, bot an, eine Million Dollar aufzubringen, um die Deportierung der Juden in ihren Tod in ganz Europa für eine bestimmte Zeit aufzuhalten. Wisliceny hatte anscheinend die Einwilligung Himmlers für diesen „Europa Plan" erhalten. Sowohl Weismandel als auch Gisi Fleischmann, der für Auswanderung Verantwortliche der Organisation der slowakischen Juden (Ustrednva Zidov), schrieben verzweifelte Briefe an Solly Mayer, den Repräsentanten des „Joint" in Genf, an die amerikanischen Juden und den jüdischen „Yishuv" in Palästina, um das nötige Geld zu erhalten, um die Deportierungen zu stoppen. Von den USA und Palästina gab es keine Antwort, und Solly Mayer antwortete negativ und fügte hinzu: „Die Ostjuden sind daran gewöhnt, ihr Unglück zu übertreiben, um mehr Geld aus den Spendern herauszupressen." Manche Forscher bezweifeln die Echtheit des „Europa Plans" und weisen darauf hin, daß die Verzögerung der jüdischen Deportierungen während zweier Jahre durch die Nazi-Liste der Vorrangigkeit, und nicht durch Wislicenys Einmischung, verursacht war. Es existiert jedoch ein unabhängiger Beweis, daß die Nazis wirklich vorhatten, den „Europa Plan" durchzuführen. Diejenigen, die diesen Standpunkt vertreten, weisen auf ein gewisses Dokument hin, das „Schwalbdokument", das die Durchführbarkeit des Plans prüfte, und auf die Tatsache, daß Eichmann einen ähnlichen Tauschhandel von „Blut für Ware, Ware für Blut" Joel Brand vorschlug. Was die Führer des jüdischen Yishuv in Palästina anbelangt, so gaben sie dem Aufbau der jüdischen Ansiedlung und deren Befestigung und Verteidigungsfähigkeit den Vorrang. Als Itzhak Grünbaum angetragen wurde, Geld vom Keren Hayesod, dem zionistischen Fond, für die Rettung der europäischen Juden zu geben, verweigerte er dies. „Zuerst kommt der Zionismus, dann die Diaspora", erklärte er. „Antek" Zuckermann verlangte von den Yishuv-führern, trainierte Kämpfer und Waffen ins Warschauer Ghetto zu schicken. Es kamen keine. Überdies waren sieben Vertreter der Kibbutzbewegung in Polen, als der Krieg ausbrach. Alle fuhren am 24. November 1939 nach Palästina. Berl Katznelson, der charismatische jüdische Arbeiterführer, war zornig: „Unsere Gesandten waren so auf ihre persönliche Sicherheit bedacht," wütete er, „ich würde vorziehen, daß sie, statt jetzt zurückzukommen, im besetzten Polen für die Heiligung Gottes fallen."

Kiddush Hashem: Isaak, Jesus und Korczak

Es wurde gezeigt, daß die Juden Europas viele Gelegenheiten, Vorbedingungen und Hintergrundfaktoren hatten, um ihren partizipanten Charakter zu entfalten. Sie waren die Opfer der Gewalt und niemals die Verbrecher. Sie waren die Gerechten, Geschlagenen, Vergewaltigten, und zum Schluß die Toten. Sie führten den Kiddush Hashem aus, die Selbstaufopferung als die Heilung von Gottes Thora und ihrer eigenen Verklärung. Die partizipante Gewaltlosigkeit und ihr normativer opferwilliger Sozialcharakter hatte sich nicht durch ihre Emanzipation geändert. Als der Holocaust kam, erreichten ihre selbstopfernden Tendenzen ihre volle Verwirklichung.
Der Auschwitz-Kommandant Hoess berichtet über eine Episode mit einer jungen Frau, die auf der Schwelle der Gaskammer zu ihm sprach. Hoess sah, daß sie „ein gesundes Exemplar war und nicht jüdisch aussah."[19] Sie war nicht nur ein gesundes „Muster", eine Bezeichnung nicht für einen Menschen, sondern für eine Fauna, und hatte keine jüdischen Züge, was ein großes soziales Kompliment war und sie so als passendes Brandopfer kennzeichnete, ein vollkommenes Opfer. Die junge Frau sagte zu Hoess: „Ich habe von Anfang an gewußt, daß wir nach Auschwitz gehen, um vergast zu werden. Ich wollte alles mit vollem Bewußtsein durchmachen."[20] Das perfekte Exemplar schaute dem Tode gerade ins Angesicht. Sie ging zu ihrem Selbstopfer mit dem vollen Bewußtsein ihrer Handlung und ihres Schicksals, wie Isaak, der das Brennholz für den Altar beibrachte. Ohlendorf, der Einsatzgruppen-General, bezeugte in seinem Prozeß, daß die Juden zu ihrer Hinrichtung gingen, die Internationale singend. Sie sangen auch die Hatikva[21], die zionistische Hymne, die Ohlendorf sicher nicht erkannt hätte. Diese Juden gingen in ihren Tod mit dem Gesang der Hoffnung (hebräisch „Hatikva") und dem Lied der sozialen Gleichheit, Befreiung der Unterdrückten und der Gerechtigkeit (der Internationalen), so wie ihre Vorfahren den Namen Gottes verherrlichten (Kiddush Hashem), als sie „Laßt uns im Namen Gottes erfreuen (L'echu neroanena beshem Adonay)" auf ihrem Weg zum Scheiterhaufen des Auto-da-fé sangen. Eine auffallende Kontinuität mit der Tradition des Kiddush Hashem der jüdischen mittelalterlichen Märtyrer zeigt sich in dem fol-

genden Bericht eines deutschen Geschäftsmanns, der einem Massen-Erschießen von Juden durch eine SS-Einsatzgruppe in der Nähe von Dubno beiwohnte: „Moennikes und ich gingen direkt zu den Gruben ... die Menschen, die von den Lastwagen heruntergestiegen waren, Männer, Frauen und Kinder aller Altersklassen, mußten sich auf Befehl eines SS-Manns ausziehen, der eine Pferde- oder Hundepeitsche trug ... Ohne zu schreien oder zu weinen, zogen sich die Leute aus, standen in Familiengruppen, küßten sich, nahmen Abschied voneinander und warteten auf ein Zeichen von einem zweiten SS-Mann, der bei der Grube stand, auch er mit einer Peitsche in der Hand.

Während der fünfzehn Minuten, die ich in der Nähe stand, hörte ich keine Klage oder Bitte um Barmherzigkeit. Ich beobachtete eine Familie von ungefähr acht Personen, eine Frau, einen Mann, beide ungefähr fünfzig Jahre alt, mit ihren Kindern, ca. ein, acht und zehn Jahre alt, zwei erwachsenen Töchtern von etwa 20–24 Jahren. Eine alte Frau mit schneeweißem Haar hielt das einjährige Kind auf ihren Armen, sang ihm ein Lied und kitzelte es. Das Kind quietschte vor Vergnügen. Das ältere Paar sah mit Tränen in den Augen zu. Der Vater hielt die Hand eines etwa 10jährigen Jungen und sprach leise mit ihm. Der Junge bekämpfte seine Tränen. Der Vater zeigte aufwärts in den Himmel, streichelte seinen Kopf und schien ihm etwas zu erklären. In diesem Augenblick rief der SS-Mann bei der Grube seinem Kameraden etwas zu. Der letztere zählte 20 Personen ab und befahl ihnen, hinter den Erdhügel zu gehen. Unter ihnen war auch die Familie, die ich erwähnte ... Die Grube war schon zu zwei Drittel voll. Ich schätzte, sie enthielt etwa tausend Menschen. Ich sah mich nach dem Mann um, der das Erschießen durchführen sollte. Er war ein SS-Mann, der am Rand der Grube saß; seine Beine hingen in die Grube, und er rauchte eine Zigarette."[22] Die singende alte Frau, die Eltern, die ihre Kinder trösteten, der Vater, der zum Himmel zeigte, sie durchspielten so – mit unbedeutenden Variationen auf das Thema – eine Tradition, die ihren Ursprung im Opfer Isaaks hatte; Kiddush Hashem von Hanna und ihren zehn Söhnen im hellenistischen Judäa; die Passion Christi; die Märtyrer von York und Mainz, und Janusz Korczak, der mit seinen 200 Waisen in die Verbrennungsöfen ging. SS-Generalmajor Jürgen Stroop, der Eroberer des Warschauer Ghettos, beschrieb in einem 75 Seiten langen, ledergebundenen Siegesbericht seinen heroischen Kampf mit Tanks und Kanonen gegen einen Haufen verhungerter Juden mit leichten Waffen und Molotow-Cocktails wie folgt: „Wieder und wieder beobachteten wir, daß die Juden ... trotz der Gefahr, lebendig verbrannt zu werden, vorzogen, in die Flammen zurückzugehen, statt uns in die Hände zu fallen."[23] Die Gerechten werden ganz im Holocaust verbrannt, oder, wie Viktor Frankel, selbst ein Holocaust-Überlebender, sagte: „Die Guten gingen in Rauch auf."

Die Nazis durchspielten so die furchtbarste Passion in der menschlichen Geschichte. Der kollektive Christus, von seinem Feind verstümmelt, von der ganzen Welt verlassen, von seinen Brüdern gemieden, stand einem schweigenden Gott gegenüber. Der jüdische Christus war zu benommen, um zu rufen: Eli, Eli, lama shabaktani? Viele konnten nicht mehr an einen Gott, der ein Auschwitz zuließ, glauben, andere wußten nicht, woran sie glauben sollten. Und dennoch ging die Mehrzahl schweigend in den Tod. Sie demonstrierten das Paradox, das Camus so plastisch dargestellt hatte – die Möglichkeit einer Heiligkeit in einer ethisch-schweigenden Welt. Aber diese Heiligen hatten trotz allem ihre Zeugen, die im alten Griechenland Martires, Märtyrer, genannt wurden: der jüdische Gangsterkönig der Krakauer Unterwelt, der sich weigerte, auf die Thorarollen zu speien, wie es ein SS-Offizier befahl, und dafür vor der Heiligen Lade in der Synagoge erschossen wurde. Auch die jungen Mädchen in der Ukraine, die sich den SS-Offizieren anboten, um ihre Familien und sich zu retten, wurden erschossen. Die Nazis opferten sie zweimal: Sie besaßen sie in der Nacht und erschossen sie am Morgen.[24]

Simcha Rotem, einer der Warschauer Ghettokämpfer, wurde beauftragt, Waffen durch die christlichen Viertel Warschaus ins Ghetto zu schmuggeln. Als er durch die Kanalisation zum Ghetto zurückkam, fand er es vollkommen zerstört. Seine Kameraden im Bunker Mila 18, dem Hautquartier der Aufständischen, waren vergast worden oder hatten Selbstmord begangen. Er beschloß, auf die Nazis zu warten und selbst umzukommen, wie die anderen.

Janusz Korczak, der Schriftstellername von Dr. Henrik Goldschmidt, war ein sokratischer Erzieher. Er lehrte, indem er sich auf seine pädagogische Erfahrung mit seinen Waisenkindern stützte, daß ein Erzieher niemals Gewalt oder Autorität benützen sollte, sondern nur Anregungen und Beispiele. „Bevor eine Erzieher ein Kind anweist, den Boden zu kehren, sollte er es selbst öfters tun, dann zusehen, wie die Kinder es machen, und ihren Gesprächen zuhören."[25] Dies war eine partizipante Antithese zu Langbehns völkischer Erziehung des fleischfressenden Raubtiers, der autoritativ trainiert und brutal eingewöhnt werden sollte, um ein Totschläger zu werden, wenn man ihm das befahl.

Korczak war ein existenzieller Held, ein Camus-ähnlicher Dr. Rieux, der die Pest bekämpfte, obgleich er wußte, daß er sie nicht besiegen konnte. Das war der Grund, warum er weiter für seine Waisen sorgte und Spenden sogar von Verbrechern und Nazi-Helfershelfern annahm, obwohl ihm bewußt war, daß sie alle umgebracht werden würden. Als den Kindern befohlen wurde, die Züge nach den Vernichtungslagern zu besteigen, gingen sie schweigend in Viererreihen, in ihren besten Kleidern. Es waren 200, und Korczak schritt in der ersten Reihe, die Hände von zwei Kindern haltend. Niemand weinte, niemand sprach. Ein Augenzeuge beschrieb die folgende Szene: „Ein SS-Offizier trat zu dem Doktor und fragte ihn: ‚Sind Sie der Doktor Korczak, der das Buch ‚Kleiner Jack' geschrieben hat?' ‚Ja'. ‚Es ist ein gutes Buch, ich las es als kleiner Junge. Sie sind entlassen und können nach Hause zurückkehren.' ‚Und die Kinder?' ‚Die Kinder müssen auf den Zug, aber Sie können gehen.' ‚Kommt nicht in Frage.' Der Doktor entschuldigte sich bei dem SS-Offizier und bestieg den Zug an der Spitze seiner Waisenkinder."[26]

Wir Juden sind loyale und gesetzestreue Bürger

Die partizipanten Juden glaubten an die Herrschaft des Gesetzes. Das war das sublimierte Erbe der emanzipierten Juden, das sie von ihren Vorfahren geerbt hatten, die sich als das Volk des Buchs und die Bewahrer der Thora (der Lehre) sahen. Die separanten Nazis glaubten nur an Macht und die gewaltsame und/oder betrügerische Manipulierung ihrer Umgebung. Aber die Juden projizierten auf die Deutschen ihre eigene partizipante Ethik und ihren europäischen Hedonismus, dem sie nach ihrer Emanzipation zur Entwicklung und Verstärkung halfen. Sie dachten, daß Moral und liberale Aufklärung auf Dauer in das deutsche Volk gepflanzt seien, und verstanden nicht oder waren partizipant subjektiv in ihrer Wahrnehmung der Metamorphose, die in den Deutschen vor sich ging. Sie begriffen nicht, daß die Deutschen unter der Führung der Nazis die judeo-christlichen Regeln des Gesetzes und der Ethik vollkommen verworfen hatten. In der mythologischen Transformation ihrer (der Deutschen) persönlichen und kollektiven Realität waren Gesetze wertlos oder nur ein bequemes Mittel, um ihre Ziele zu fördern. Die Nazis, als Mitglieder des erhabenen Äsir, standen über dem Gesetz, und die Juden waren unterlegene Außenseiter und unter dem Gesetz. Die Juden konnten oder wollten nicht verstehen, daß die Nazis als Bewohner ihres mythologischen Asgards die Welt, wie sie war, zerstören wollten und an ihrer Stelle eine andere in ihrem eigenen mythologischen Bilde formen wollten, um in diesem Prozeß alle europäischen Juden umzubringen, als ein „Kunstwerk" eines berserkerhaften Sisyphus – mit dem jüdischen Widergeist als brennende Fackel zur Beleuchtung ihrer unvermeidlichen Götterdämmerung. Die Juden waren partizipant blind gegenüber dem mörderischen Hauptplan der Nazis; alles was sie wünschten, war ein Gesetz als Strohhalm, an das sie sich in ihrer Not klammern konnten. Die Juden erwarteten Gesetze, auch wenn es die benachteiligendsten wären, denn „man kann nur unter der Herrschaft des Gesetzes existieren".[27] So kam es, daß im Jahr 1939, vier Jahre nach den Nürnberger Gesetzen und ein Jahr, nachdem die Juden praktisch legal, ökonomisch und politisch Un-Personen geworden waren, die Führer der jüdischen Gemeinde eine wichtige Botschaft für sie hatten: sich total nach allen Nazi-Verordnungen, Regeln und Vorschriften zu richten.[28] Die Nazi-„Gesetze" beabsichtigten offensichtlich, die Juden zu ihrer Vernichtung zu treiben, und dennoch hofften die normativ opferbereiten Juden, einen modus vivendi, so erzwungen er auch sein möge, zu finden. Die partizipanten Juden brauchten Gesetze und Normen als Anker für ihre Lebensweise, sogar wenn sie dadurch gekreuzigt würden. Daher waren die Juden unter Pétains Regierung zufrieden mit den diskriminierenden Gesetzen, weil „sie wußten, woran sie waren", und lernen würden, mit ihnen zu leben. Die litauischen Juden erwarteten gespannt die Organisierung der deutschen Herrschaft und ihre Verordnungen, weil diese – so dachten sie – der gesetzlosen Gewalt und den Pogromen der Litauer ein Ende bereiten würden. In ähnlicher Weise war es für die hauptsächlich bürgerlichen, gesetzestreuen und politisch folgsamen ungarischen Juden undenkbar, die Befehle der Nazi-Besatzungsbehörden nicht zu befolgen, was immer die Folgen sein würden.

Die Juden waren meistens Angehörige der Mittelklassen-Bourgeoisie, oder wollten es sein, und neigten zum Konformismus und zur Zustimmung. Die Mehrzahl war die erste oder zweite Generation nach der Emanzipation und Assimilierung. Viele waren durch die Ängste ihrer Vorfahren gewöhnt zu berücksichtigen, „was die Christen über uns denken und sagen". Daher waren sie, wie viele Minderheiten, Superkonformisten, gesetzestreu und den Normen ihres Gastlandes ergeben. Dies traf besonders auf die westeuropäischen Juden zu, die oft die Verachtung der Deutschen für die osteuropäischen Juden teilten. Die Ostjuden, die nach Deutschland strömten, wurden 1927 von der „Neuen Zeit", dem Organ der deutschen Sozialdemokraten – in dem viele Mitarbeiter Juden waren –, wie folgt beschrieben: „Die Ostjuden sind eine schmutzige, arme und degenerierte Menge, unmoralisch in Geschäften, unfähig, das Land zu bearbeiten, und die meisten haben keinen Sinn für Ordnung und Sauberkeit. Ihre Kleider sind voller Löcher und Flecken, und ihre Häuser sind unglaublich schmutzig." Jedoch waren sogar diese Ostjuden in die deutsche Kultur verliebt. Die Deutschen waren oft ihre Referenzgruppe; sie sehnten sich danach, von der progressivsten Kultur Europas akzeptiert zu werden, und das, zusammen mit ihrem partizipanten Sozialcharakter, führte sie dazu, so gut sie konnten die deutschen Gesetze und später die Nürnberger Erlässe zu befolgen. Sie glaubten, wenn sie nach den Befehlen handelten, würden die, welche die Befehle ausgaben, ihnen keinen Schaden zufügen. Die Juden benützten gegen die Nazis eine Verteidigungsstrategie, die sich während zweitausendjähriger Verfolgung als effektiv erwiesen hatte: Je weniger sie den Angreifer provozierten, desto besser ihre Aussichten zu überleben. Provokation hatte viele Bedeutungen: offene oder versteckte Herausforderung der Nazis; Abweichung von täglichen Gewohnheiten und vor allem Übertretung von Verordnungen, Befehlen oder Anweisungen der Nazis oder solcher, die ihre Autorität besaßen, z. B. die örtliche Miliz oder die Judenräte. Diese Einstellung war für die Nazis eine große Hilfe und wurde oft von den SS-Einheiten, die für die Deportierungen verantwortlich waren, benützt, um die Juden zu warnen, daß wer rebellisch war oder Befehle übertrat, nicht nur sich selbst, sondern auch anderen Juden schaden würde. Die Juden erkannten nicht, was ihnen schon im früheren Stadium des Holocaust hätte klar sein müssen, nämlich, daß die Nazi-Politik das Ziel hatte, sie auszurotten, egal was sie taten. Die Tatsache, daß sie Juden waren, genügte für ihr Todesurteil, und ihre zwanghafte Befolgung von Befehlen erleichterte nur die mörderische Arbeit der Nazis. Die Anordnung der jüdischen Führer, die Nazis nicht zu provozieren, bringt einen makabren Witz in Erinnerung, in dem drei zum Tode Verurteilte zur Hinrichtung geführt wurden und einer von ihnen begann, den Henker zu verfluchen. Die zwei anderen tadelten ihn scharf und brachten ihn zum Schweigen: „Siehst du nicht, daß du uns alle in größte Schwierigkeiten bringen kannst?"

Die partizipante jüdische Richtlinie Dina d'Malchuta Dina, deren Bedeutung ist, daß die Juden nicht die Gesetze ihres Gastlandes übertreten sollen, wurde von den Juden erweitert, um sie auch auf die Ghetto-Verfügungen anzuwenden. Die Absurdität erreichte ihren Höhepunkt in Ungarn, als der Führer der Juden im April 1944 erklärte, nachdem ihm die wirkliche Bedeutung von Auschwitz und den Deportierungen schon bekannt war, daß die Juden nicht nur das Volk des Buchs, sondern auch des Gesetzes seien und daß sie deshalb alle Erlässe und Befehle der Behörden unbedingt befolgen müßten.

Die schwerste Krise wurde jedoch von den Juden in Europa erlitten, für die ihr Judentum wenig oder gar nichts bedeutete. Sie waren völlig ihren Geburtsländern ergeben und erklärten übertriebene und in vielen Fällen hysterische Loyalität, weil sie annahmen, daß ihnen dies eine gewisse Sicherheit geben würde. Manche von ihnen fühlten aufrichtig, daß das Nazi-Regime in Deutschland und Europa eine Katastrophe für die europäischen Nationen war und daß die Treue zu ihrem Land deshalb verstärkt werden müsse. Daher wurde die Treueerklärung zum Dritten Reich weit über 1933 hinaus als bindend angesehen, und im März 1935 verlangte die Reichsvertretung der deutschen Juden von Von Blomberg, dem Nazi-Kriegsminister, daß sie in der Wehrmacht dienen dürften.[29] Die Führer der slowakischen Juden ordneten an, daß die Juden nicht das Vaterland verlassen und dadurch die Republik schwächen sollten. Die ungarischen Juden wurden von ihren Führern gedrängt, für sich selbst, aber hauptsächlich für das ungarische Vaterland zu beten.

Die Juden benützten auch ihre alten Gewohnheiten der Befriedung und Intervention. Die Judenräte verlangten von den Nazis alle möglichen Zugeständnisse, und jede neue Arbeitserlaubnis oder zusätzliche Verzögerung der Deportierung wurde als Triumph angesehen. Die Nazis benützten auch hier die jüdische Neigung, um kleine Vergünstigungen zu feilschen, im Angesicht der immer schneller anwachsenden Deportierungen. Manche Judenräte schätzten, daß die Nazis bald den Krieg verlieren würden. Daher müßten die Juden versuchen, Zeit zu gewinnen und zu unterhandeln. Aber anscheinend konnte man mit Auschwitz nicht verhandeln, und zum Schluß waren die Interventionen darauf beschränkt, einen weniger schmerzhaften Tod zu erreichen. So konnte die Kollaboration mit den Nazis ein weniger brutales Zusammentreiben und weniger harte Transporte in die Vernichtungslager sichern ...

Kollaboration und „Arbeit macht frei"

Im September 1939 erließ Heydrich einen Befehl, daß alle jüdischen Gemeinden in Polen einen Ältestenrat oder Judenrat bilden mußten, dessen Aufgabe es war, alle Anweisungen der Deutschen in bezug auf ihre Gemeinden auszuführen und verantwortlich für die Ausführung aller Befehle der Nazis zu sein. Auf diese Weise schafften sich die Nazis ein wirksames Werkzeug, um ihre diskriminierende Politik gegen die Juden fortzuführen, ein Mittel, das später unersetzlich für die Vernichtung der Juden wurde. Ohne die von den Judenräten vorbereiteten Listen, ohne die jüdische Polizei, die ihre Brüder einfing, um die erforderliche Quote für jeden Transport zu erfüllen, und ohne die Sonderkommandos, die ihre Opfer verführten, in die Gaskammern zu gehen, „um eine Dusche zu nehmen", und dann ihre Leichen beseitigte, hätte die Mordmaschine nicht funktionieren können. Die Nazis errichteten die Judenräte als Werkzeug zum Brudermord und zur Vernichtung der jüdischen Gemeinden: alles im Rahmen des großangelegten Plans für den Völkermord. Auch die Mitglieder der Judenräte begriffen nicht die Weitläufigkeit dieses mörderischen machiavellischen Plans. Daher war die erste Reaktion der Juden auf die Verfügung, Judenräte zu bilden, sogar positiv. Sie fanden es logisch, daß die deutschen Besatzungsbehörden mit den jüdischen Führern der Gemeinden für administrative Zwecke „zu tun haben wollten", besonders am Anfang, als die Judenräte tatsächlich die Mitglieder der Gemeinden vertraten.[30] Dies änderte sich aber bald, und das Eigenbild der Judenräte sowie ihr Ruf in den jüdischen Gemeinden wurde immer diffuser, reichte von erzwungenen Mittelsmännern über gutmeinende, aber naive Abgesandte, die, ohne es zu wollen, Werkzeuge der Nazi-Unterdrückung wurden, bis zu ausgesprochen willigen Kollaborateuren der Mörder ihrer Brüder, um perverse Macht, materielle Bequemlichkeiten und persönliche Vorteile zu bekommen. In vielen Fällen war die Umwandlung allmählich, und die Mitglieder des Judenrats bemerkten kaum, daß sie von Vertretern ihrer Gemeinde zu Mitschuldigen am Mord ihrer Gemeindemitglieder wurden. Aber manche von ihnen, insbesondere Adam Czerniakow vom Warschauer Ghetto, erkannten ihre makabre Rolle, traten zurück, flohen oder begingen Selbstmord, wie Czerniakow selbst. Es wird nochmals betont, daß hier niemand verurteilt werden soll oder kann. Natürlich ist es kaum möglich, den Sonderkommando-Mann in Auschwitz zu verurteilen, dessen Unterhalt und Leben von seiner Fähigkeit abhing, vergaste Leichen in einem Vernichtungslager zu beseitigen. So erzählte der Ex-Sonderkommando-Mann in Claude Lanzmanns „Shoah", daß er nach einer Periode, in der es keine Transporte zum Vernichtungslager gab, Erleichterung empfand, als die Transporte wieder anfingen, weil für ihn die Tatsache, daß Juden getötet und verbrannt wurden, Nahrungszuteilung und eine Verlängerung seines Lebens bedeutete. Unsere Hybris besteht darin, daß wir darauf bestehen, das Unerklärliche erklären zu wollen. Und dennoch soll hier behauptet werden, daß, was immer die Motive der Judenräte waren, die Befehle der Nazis auszuführen, ob aus Naivität, dem Wunsch, Zeit zu gewinnen, dem Wunsch, manche zu opfern und andere zu retten, ob als Konsequenz von Auflehnung oder gefühllosem Eigeninteresse, alle diese durch die partizipante, opferbereite Neigung der Juden, Normen, Anweisungen und Befehle zu befolgen, als selbstverstärkende Dynamik verschärft wurden.

Die Nazis führten eine Auswahl unter den Mitgliedern der Judenräte und der jüdischen Polizei durch: Wer auch nur leicht der Aufsässigkeit oder der Vortäuschung seiner Loyalität zu den Nazis verdächtigt war, wurde sofort abgesetzt und zu seinem Tode transportiert.[31] Auf diese Weise wurden die von den Deutschen eingesetzten Mitglieder der Judenräte und der jüdischen Polizei immer unterwürfiger und kollaborierten noch williger mit den Nazis. Nach dem Selbstmord Adam Czerniakows wurde das Warschauer Ghetto immer mehr von Personen wie Gancwajch, Schmerling, Czerinsky und Lejkin dominiert, die praktisch Gestapo-Agenten waren, die Jagd auf die Ghettojuden leiteten und dafür Zugaben von Geld und Brot pro Kopf erhielten. In gleicher Weise waren Ascher und Cohen vom holländischen Judenrat so vollständig den Nazis versklavt, daß sie einen aktiven Anteil an der Deportation und der Ermordung eines Großteils der 120.000 holländischen Juden hatten, die im Holocaust umkamen. Manche Mitglieder der Judenräte, und besonders die Kapos und Sonderkommandos in den Vernichtungslagern, erwarben enormen Einfluß und mißbrauchten diesen in den Ghettos und Vernichtungszentren. Dies waren klare Fälle von Opfern, die Tyrannen wurden.

Eine in der Mitte stehende Gruppe waren die Judenratsmitglieder, die mit den Nazis kollaborierten, weil sie glaubten, daß sie durch ihr Einverständnis und ihre Mitarbeit Juden helfen könnten; die ökonomisch produktiv waren, indem sie manche opferten und andere retteten, oder durch Verzögerungsmanöver auf Zeitgewinn hofften, damit die vorstoßenden Alliierten die Juden von ihren Nazi-Unterdrückern und Mördern befreien könnten. Zu dieser Gruppe gehörte Edelstein in der Slowakei, dessen Hauptziel es war, durch Kollaboration Zeit zu gewinnen; Kastner in Ungarn, dessen Kollaboration mit den Nazis so eng war, daß er sogar nach dem Krieg vor den alliierten Gerichtshöfen Zeugenerklärungen zugunsten der SS-Mörder und Kriegsverbrecher abgab, z. B. für Kurt Becher, der aber während des Kriegs mit ihnen unterhandelte und teilweise den Erfolg hatte, eine Anzahl Juden zu retten. Gens im Wilnaer Ghetto verriet jüdische Widerstandskämpfer an die Nazis, weil er glaubte, es sei zwecklos, den Deutschen Widerstand zu leisten, und die einzige Chance der Juden sei ihre ökonomische Produktivität und Nützlichkeit. Rumkowsky im Lodzer Ghetto war ein verrückter Größenwahnsinniger, der Ghetto-Marken mit seinem Bild druckte. Aber auch er focht um Zeit, und es gelang ihm, manche Deportierungen, besonders von produktiven Arbeitern und einer Anzahl von Kindern zu verzögern. Schließlich war da noch Merin vom Ost-Oberschlesischen Judenrat, der den Juden wegen seiner Kollaboration mit den Nazis uneingeschränkt verhaßt war, der aber offensichtlich durch seinen Wunsch motiviert war, eine Anzahl Juden zu retten, indem er andere opferte. „Ich fürchte nicht," erklärte er, „50.000 unserer Gemeinde zu opfern, um die anderen 50.000 zu retten." Er dramatisierte dieses Argument, indem er sich mit dem Kapitän eines untergehenden Schiffs verglich, dem es gelang, sein Schiff sicher in den Hafen zurückzubringen, indem er einen Großteil seiner wertvollen Fracht über Bord warf.[32] Aber am Ende sank sein Schiff, seine wertvolle Ladung ertrank, und er selber wurde von den Nazis, mit denen er kollaborierte, umgebracht.

Die letzte Kategorie waren die Mitglieder der Judenräte, die ihren Gemeinden treu blieben und entweder mit den Aktionen gegen die Nazis sympathisierten oder aktiv an ihnen teilnahmen. Diese waren u.a. der Piotskow-Tryfrunalski-Judenrat unter der Leitung von Salman Tannenbaum, der Beziehungen zu den „Bund"-Untergrundaktivitäten in der Generalregierung hatte. Der Judenrat von Sarsov erhielt den Befehl, Juden zur Deportierung zu liefern. Seine Mitglieder warnten die Juden von Sarsov, und alle zusammen flohen in die Wälder. Als die Deutschen nach Sarsov kamen, fanden sie leere Häuser und niemanden zum Deportieren. Der Judenrat im Ghetto Gradek spornte die Jugend an, zu den Partisanen zu gehen. Sie bestachen die Wachen des Ghettos, die Jungen durchschlüpfen zu lassen, damit sie sich den „Partisanka" in den Wäldern anschließen konnten. Wir haben schon bemerkt, daß viele Judenräte die Tatsachen über die Vernichtungslager ihren Gemeinden nicht mitteilten und ihnen so die existenzielle Freiheit nahmen, selbst zu entscheiden, ob sie bleiben oder fliehen sollten. Viele Judenräte gingen sogar noch weiter: Sie versicherten ihrer Gemeinde, daß alles in Ordnung sei und daß sie nur den Befehlen der Nazis und natürlich der Judenräte folgen müßten, und kein Unheil würde ihnen zustoßen. Durch diese Aktion wurden die Judenräte ein aktives Werkzeug in der Täuschung und dem Mord durch die Nazis und Hauptmitwirkende in der apokalyptischen Szene von Millionen Juden, die aus freiem Willen an den von den Nazis bestimmten Sammelplätzen ankamen und willig in die Transportzüge nach den Konzentrationslagern stiegen, wie Vieh zum Schlachthaus.

Die Judenräte und die jüdische Führerschaft als Ganzes waren im Zwiespalt und in dauerndem Konflikt über die religiöse Angehörigkeit zu Gemeinden, wie die Orthodoxen und die Neologen in Budapest über ideologische Anhängerschaft zu Parteien in ganz Europa und kleinliche Streitigkeiten wegen Titeln, Ehrenposten und Ernennungen zum Gemeinderat – alles im Schatten von Auschwitz. Die internen Konflikte und das Fehlen des Zusammenhalts wurden natürlich von den Nazis in der althergebrachten Tradition der Römer ausgenützt: divide et impera. Überdies gelang es vielen Führern der europäischen Judenheit, zur rechten Zeit zu fliehen[33], und die neuen Führer, die nicht vollkommen den Nazis gehorchten, wurden von diesen bald liquidiert. So war die Vorstellung von einer vereinten Weltjudenheit, den Weisen von Zion, die die Welt zu beherrschen suchten, eine Projektion des vereinten monolithischen Dritten Reichs, das in separanter Weise das Ziel hatte, die Welt zu „verschlucken", auf eine gespaltene, machtlose, partizipante und folgsame Judenheit.

Die Nazis führten die Juden irre, damit sie glauben sollten, daß ein produktiver und nützlicher Arbeiter gerettet werden würde. In Wirklichkeit war die Sklavenarbeit der Juden nur eine andere Methode, sie durch Ausnützung bis auf den Tod zu vertilgen. Es war ausdrücklich in dem Übereinkommen vom 18. September 1942 zwischen Himmler und Thierack, dem Nazi-Justizminister, vereinbart, die Rechtsprechung über die Juden der SS zu übertragen: In dem Übereinkommen wurde festgelegt, daß die Juden mit minimalen Ausgaben und durch harte Arbeit und ein Hungerregime ausgenützt und dann getötet werden sollten, wenn sie nicht infolge Hungers und Erschöpfung schon vorher gestorben waren. In dem Dokument wurde ein besonderer Ausdruck benützt, um diesen Prozeß zu bezeichnen: „Vernichtung durch Arbeit".[34] So war die Lebenserwartung für die jüdischen Sklavenarbeiter in der I.G. Farbenindustrie in Auschwitz drei bis vier Monate und in den Kohlebergwerken ein Monat.[35] Die Willkommensrede der SS-Wachen an eine Gruppe neuer Ankömmlinge im Mauthausen-Lager lautete im März 1944 folgendermaßen: „Deutschland braucht eure Hände, deshalb werdet ihr arbeiten. Aber laßt euch sagen, daß ihr eure Familien nie wieder sehen werdet. Wer in dieses Lager kommt, wird es nur durch den Schornstein des Krematoriums verlassen."[36] Das war eine kurze, aber ehrliche und zutreffende Rede.

Der Glaube Rumkowskys in Lodz, Gens' in Wilna und Barashs in Bialistock, daß Produktivität und Arbeit sie retten würden – verstärkt durch Nazi-Versprechen – war ebenso trügerisch wie der Slogan „Arbeit macht frei" über den Toren von Auschwitz. Als manche deutsche Industrielle sich dafür einsetzten, daß man ihnen ihre jüdischen Arbeiter lassen sollte, weil sie produktiv waren und der Kriegsanstrengung des Dritten Reichs halfen, entschieden die Behörden unweigerlich im Sinn des Befehls Himmlers vom Oktober 1942, daß die Juden sogar aus den produktiven Unternehmen verschwinden müßten, wie es der Wunsch des Führers war.[37] Rosenberg entschied ausdrücklich, daß die „Endlösung" den Vorrang über ökonomische Überlegungen der Produktivität hatte, d.h. der Mord an den Juden war wichtiger als die separanten Ideale von Arbeit und Schaffen. In diesem Fall wurden die Nazis ebenso wie die Juden getäuscht. Die Heiligkeit der Arbeit, die protestantische Ethik der Erlösung durch Arbeit und das deutsche Ethos der Produktivität, das den Status einer Religion hatte, wurden zum Zweck des Judenmords prostituiert. Der wütende deutsche Sisyphus benützte jeden Trick und spannte sogar die heiligsten deutschen Ideale ein, seinen Völkermord als ein Kunstwerk zu vervollkommnen; und die Juden stimmten zu, in diesem hochsynchronisierten Duett zwischen Totschläger und Opfer mitzuwirken.

Getäuscht, erniedrigt und betäubt in den Tod

Die entscheidende Frage in unserem vorliegenden Problem ist: Warum flüchteten die Juden nicht in größerer Zahl, um ihr Leben zu retten? Warum wanderten sie nicht aus, als sie noch konnten? Warum gab es nicht mehr organisierten Widerstand und mehr Aufstände gegen die Nazis? Warum führten die Juden die Befehle aus, in die überfüllten Ghettos zu gehen? Warum gingen die Juden schweigend in ihren Tod durch die Einsatzgruppen und legten sich wie die Sardinen kreuzweise in die Kalkgruben, wie die SS es ihnen befahl, bevor sie erschossen wurden? Warum kamen sie ohne Zwang zu den Deportationsplätzen, stellten sich freiwillig in die Reihe, um die Totenzüge zu besteigen, obwohl sie doch wußten oder wissen hätten müssen, daß sie in den Tod geschickt wurden? Warum gingen sie in die Gaskammern und entkleideten sich. Wenn sie sich geweigert hätten, sich zu entkleiden und weiterzugehen, wäre das ganze Mordfließband durcheinander gebracht worden. Warum gingen die Juden, in den Worten Franz Stangls, eines Kommandanten von Vernichtungslagern, wie eine endlose Prozession von Lemmingen willig in ihren Tod?[38] Diese Vorgänge wurden meist a priori inszeniert, bevor die Juden andere Alternativen versuchten, um sich zu retten. Wir können daher noch eine Frage hinzufügen, nämlich, warum die meisten Juden auf andere Möglichkeiten außer der Unterwerfung zum Tod verzichteten, ohne sie überhaupt zu versuchen. Eine zumindest teilweise Antwort könnte in dem folgenden Modell gefunden werden:

Massenmörder – Opfer – Ergänzung

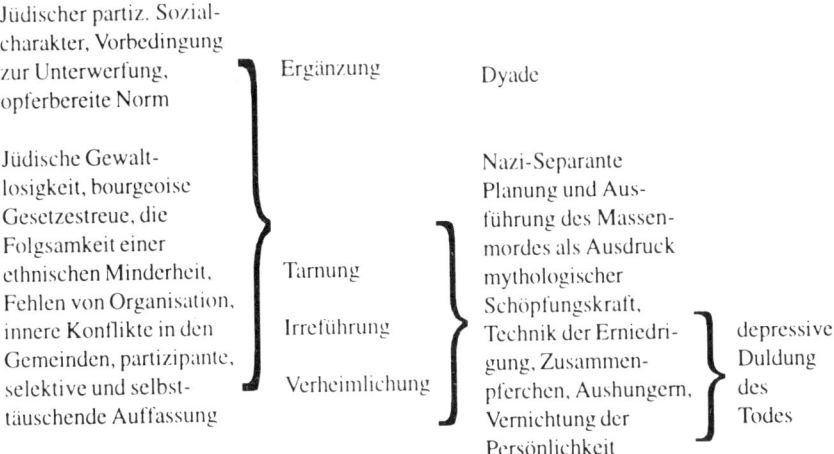

In dem vorhergehenden Abschnitt haben wir die partizipante Vorbedingung der Juden, als Opfer zu dienen, behandelt. Der separante, ergänzende Prozeß des Massenmords als Kunstwerk durch den Nazi-Sisyphus in seiner mythologischen Raserei ist das Thema des vorliegenden Abschnitts.

Die Äsir-ähnlichen Nazis waren Meister der Täuschung, listige Schwindler und durchtriebene Betrüger. Sie hatten großen Erfolg mit Tarnung, besonders bei den partizipanten Juden, die schon von vornherein geneigt waren, ihnen zu glauben. Adolf Eichmann war ein Fachmann der Tarnung. Er erschien im März 1944 in Budapest an der Spitze eines siebenköpfigen Sondereinsatzkommandos und verlangte, mit den Führern der Juden zu sprechen. Die Vertreter der Juden kamen und wurden beruhigt, daß „alles in bester Ordnung" sei. In einem anderen Treffen versicherte er den Juden, daß sie nichts zu fürchten hätten. Alles was sie tun müßten, war zu kollaborieren. Es würden einige Maßnahmen getroffen werden, aber nach dem Krieg würden die Deutschen wieder „gutmütig" sein. Er würde keine Belästigung der Juden erlauben, und die jüdischen Vertreter sollten jede Überschreitung gegen die Juden direkt ihm selbst melden. Das Komitee bildete darauf einen Judenrat und erließ einen Befehl an alle ungarischen Juden, alle Anweisungen und

Befehle zu befolgen und sich an dem Ort zu der bezeichneten Zeit einzufinden. Alles dies, als die jüdischen Ratsmitglieder schon wußten (wie Rudolf Kastner bezeugte), daß fünf Millionen europäische Juden schon von den Nazis umgebracht worden waren. Sie wußten schon 1942 von der Erschießung der Juden durch die Einsatzgruppen und über die von den Nazis benützten Methoden, die Deportierung in die Vernichtungslager, und sie hatten ein volles Bild von Auschwitz.[39] Das Unwahrscheinliche war geschehen: Der Jäger hatte seine Beute mesmerisiert, zu glauben, was sie als falsch wahrnahmen. Anscheinend werden die Realität und die Surrealität austauschbar, wenn der Verbrecher und sein Opfer auf einer mythologischen Ebene zusammenwirken. Eichmann bildete das „Zentrum für jüdische Auswanderung" in Holland und veranlaßte die Juden zu glauben, daß es immer noch Möglichkeiten gäbe, das von den Nazis besetzte Holland nach dem Ausland zu verlassen. Jedoch die einzigen Orte, für die dieses „Zentrum" die Auswanderung vorbereitete, waren die Vernichtungslager. Als die jüdischen Widerstandskämpfer im Warschauer Ghetto begannen, Flugblätter zu verteilen, die besagten, daß die Deutschen vorhatten, die Ghettojuden zu vernichten, gab der deutsche Kommandant Tebens seine eigenen Flugblätter aus, in denen er den Juden sein Wort gab, daß sie zu Plätzen transportiert würden, wo sie arbeiten, essen und in Sicherheit bis zum Ende des Kriegs bleiben könnten.[40]

Bevor die Juden des Warschauer Ghettos in die Vernichtungslager deportiert wurden, versicherte Scherer, der stellvertretende Gestapo-Kommandant, dem Judenrat, daß die Gerüchte über Mißhandlungen der Juden durch die Deutschen Quatsch und Unsinn seien.[41] Drei Wochen vor der endgültigen Zerstörung des Ghettos von Wilna versicherte der Gestapo-Kommandant Neugebauer den Juden in einer öffentlichen Rede, daß kein Körnchen Wahrheit an den lächerlichen Gerüchten sei, daß irgendeine Gefahr für die Juden des Ghettos bestehe.[42] Die Nazis fuhren fort zu lügen, und die Juden fuhren fort, ihnen zu glauben, in vollkommener Symbiose und Wechselbeziehung. Von Claude Lanzmann interviewte SS-Leute bezeugten, daß den Juden bei ihrer Ankunft in den Vernichtungslagern gesagt wurde, daß sie eine Dusche nehmen und dann zur Arbeit gehen sollten. Andere SS-Leute fragten die Neuankömmlinge, ob unter ihnen Schneider, Schuster oder Krankenschwestern wären, die man zur Pflege von verwundeten Soldaten beschäftigen könnte, nachdem sie erst desinfiziert worden wären. Bevor sie in die Gaskammern gingen, empfahl ihnen ein SS-Offizier, tief einzuatmen, weil das gut für die Lungen sei und das Desinfektionsmittel alle Mikroben töten und sie arbeitsbereit machen würde.[43] In Auschwitz gab es sogar ein Orchester jüdischer Insassen, die fröhliche Wiener Walzer spielten, während die Selektion für die Gaskammern vor sich ging. Während sie sich für die „Dusche" entkleideten, sagte man ihnen, daß sie sich die Nummer auf ihren Kleiderbügeln merken sollten, und sie sollten sich natürlich beeilen, weil die Suppe schon aufgetragen würde, die sonst kalt werden müßte.[44] Bei ihrer Ankunft gab man den Opfern Seife und Handtücher, um sich zu „waschen", aber vorher sollten sie ihren Freunden und Verwandten Postkarten schreiben, daß sie mit ihrer Arbeit zufrieden seien, daß sie gut behandelt würden und darauf warteten, daß ihre Verwandten möglichst bald zu ihnen kämen. Die jüdischen Sonderkommandos hießen die „Transport-Juden" willkommen und beruhigten sie. Sie gaben kleinen Kindern Spielzeuge und versicherten den Müttern, daß die Desinfektion den Kindern nicht schaden würde. Diesen Sonderkommandos wurde versprochen, daß für ihre Hilfe bei der Täuschung ihrer Brüder ihr Leben bewahrt würde. Jedoch nach einigen Wochen endeten auch sie in den Krematorien. Die „schlauen, listigen Juden", wie sie in „Mein Kampf" und „Der Stürmer" beschrieben wurden, waren den Meister-Manipulatoren des Äsir nicht gewachsen. Die Weisen von Zion waren nicht von den Nazis erfunden, aber erfüllten voll und ganz ihre projizierte Schlauheit.

Massenmord als ein schöpferisches Meisterwerk erforderte strenge Geheimhaltung. Mit Ausnahme des früher erwähnten „Vernichtung durch Arbeit"-Übereinkommens zwischen Himmler und Thierack wurde die Vernichtung der Juden in keinem andern Nazi-Dokument ausdrücklich erwähnt. Alle Angelegenheiten, die sich auf den Judenmord bezogen, waren als „höchst geheim" klassifiziert, und SS-Personal, das an der „Endlösung", und besonders an dem Betrieb der Vernichtungslager teilnahm, wurde zur Geheimhaltung eingeschworen und unterschrieb diesbezügliche Dokumente.[45] Am 11. Juli 1943 erließ Bormann im Namen des Führers einen Befehl an die ganze Nazi-Hierarchie, keinerlei Einzelheiten über die „Endlösung der Judenfrage" zu enthüllen. Kein Besucher, nicht einmal ein SS-Mitglied[46], durfte ein Vernichtungslager betreten, mit Ausnahme eines direkten Befehls vom Hauptquartier des Totenkopfkommandos. Die Sonderkommandos durften keinerlei unautorisierte mündliche Verbindung mit den „Transport-Juden" haben. Ein Mitglied des jüdischen Sonderkommandos bedeutete einer Frau ihr bevorstehendes Schicksal und wurde daraufhin lebend in den Verbrennungsofen geworfen. Es durfte keine Spur eines vorherigen Transports geben, wenn ein neuer Transport ankam. Alle Gefangenen und Arbeiter in den Vernichtungslagern mußten sterben, sodaß keine Zeugen blieben. Mord als Schöpfung mußte auf Vollkommenheit und das Absolute zielen.

Die Nazis begleiteten ihre Täuschungsmanöver durch eine vollkommene wörtliche Camouflage des ganzen Massenmordprozesses. Auf diese Weise wurde der Völkermord an den Juden zur „Endlösung der Judenfrage". Die Tötung der Juden wurde eine Sonderbehandlung, ein Vernichtungslager war ein Arbeitslager, die Gaskammern waren Badeanstalten.[47] Sie SS-Wachen, die die Zyklon B-Gaspatronen in die Kammern warfen, waren die „Desinfizierer". Abgesehen von der Irreführung durch diese neutralen Bezeichnungen, halfen sie, die Aktion auf eine mythische Ebene zu heben und das Leben der Nazis innerhalb eines mörderischen Mythos zu gestalten. André Neher deutete erfinderisch darauf hin, daß in Wagners Opern die Tarnkappe, der magische Helm, ihren Träger unsichtbar macht.

Die Nazis benützten verschiedene Techniken zur Erniedrigung, Demütigung und Vernichtung der Persönlichkeit ihrer Opfer, sodaß diese die Erscheinung und das Ebenbild des Menschen verloren und so leichter vernichtet werden konnten, weil die zum Tode Bestimmten nicht menschliche Geschöpfe, sondern abscheuliche Tiere, Ungeziefer und Läuse darstellten. Die erniedrigenden Techniken waren erforderlich, erstens, weil die separanten Deutschen sie sehr sorgfältig planten und ausführten, und zweitens, weil die partizipanten Juden besonders dazu geneigt waren, anprangernde Stigmata zu akzeptieren und dadurch die makabre Dyade von Totschläger und Opfer zu verstärken. Die Absperrung und Hineindrängung der Juden in kleine Ghettos war an sich schon ein wirksames Mittel zur Entmenschlichung. Im Warschauer Ghetto z.B. waren eine halbe Million in miserablen Zuständen zusammengepfercht. Jan Karsky, der polnische Adelige, der das Ghetto zweimal besucht hatte und dann nach den USA entkommen konnte, um über den vor sich gehenden Völkermord zu berichten, bezeugte, daß die Juden des Ghettos nicht menschlich erschienen. Sie waren verschmutzt, elend und durch Hunger abgemagert. Sie wurden tatsächlich die untermenschlichen Tiere, als die die Nazis sie beschrieben, und erleichterten so den Nazis, sie zu vertilgen. Professor Ludwig Hirszfeld, einer der jüdischen „Untermenschen", die im Ghetto eingesperrt waren, verstand gut die Dynamik und die entmenschlichenden Resultate dieser Technik und schrieb wie folgt: „Ab und zu fahren Busse durch das Ghetto, und neugierige Gesichter starren durch die Fenster. Das sind ‚Kraft-durch-Freude'-Gruppen. Für sie ist das ein Ausflug zum Zoo." Goebbels beabsichtigte wahrscheinlich, die Bedeutung von Macht zu demonstrieren und zu zeigen, wie verächtlich alle anderen Rassen seien. Unglückliche Bettler wie diese

Juden sehen menschlichen Wesen kaum ähnlich. Das Geheimnis, wie ein Mensch zum Mörder wird, besteht in einer solchen Transformierung. Eine gewisse Verschiebung wird in der Seele einer Person vorgenommen, damit das zukünftige Opfer alle menschlichen Merkmale verliert, sodaß ihm andere Eigenschaften aufgeprägt werden können, abstoßende Eigenschaften – eines Ungeziefers, einer Ratte, einer Laus[48]. Möglicherweise waren die Busse der deutschen „Touristen" im Warschauer Ghetto nicht nur die Supermen, die die Elendsviertel besichtigten, sondern auch SS-Leute, die das Ghetto als Teil ihres Training besuchten, um sich davon zu überzeugen, daß die Juden, die sie zu töten hatten, tatsächlich Kriechtiere, Ratten und Läuse waren.

Ein Tagebuch, von einem Insassen des Lodz-Ghettos geschrieben und nach dem Krieg aus seinem Versteck ausgegraben, berichtet, daß hunderte Leichen auf Beerdigung warten mußten, weil die Totengräber zu schwach waren, um ihre Arbeit zu verrichten. Viele Menschen wurden aus den Ghettos deportiert, aber sogar ihre nächsten Verwandten sprachen nur über Rationen, Kartoffeln und Suppe. Ein alter Mann ging hinter einer Frau her, die einen Topf mit Suppe trug, und sammelte die Tropfen, die auf die Treppe fielen. Ein Vater meldete nicht den Tod seines Sohns, dessen Leiche in entsetzlichem Verwesungszustand gefunden wurde, damit er weiter die Lebensmittel-Zuteilung des Sohns beziehen konnte.

In den Konzentrationslagern waren die Juden für die SS- und Totenkopfeinheiten die allerunterste Kategorie. In demselben Augenblick, da sie sich entkleideten, hörten sie auf, Menschen zu sein. Sie standen nackt da und warteten darauf, vergast oder erschossen zu werden. Sie urinierten und entleerten sich im Stehen. Wenn sie irgend etwas taten, was die Wut der schwarz gekleideten Wachen erweckte, wurden sie geschlagen, gepeitscht oder von einem riesigen Bernhardiner zerfleischt, der die Insassen auf den Befehl: „Mensch, faß den Hund!" angriff.[49] Die Nazis taten ihr Möglichstes, damit die Juden vor ihrem Tod wie der Abschaum der Menschheit aussehen sollten, als den der Führer sie beschrieben hatte.

Und als ob das Unglück der Ghettos, Konzentrationslager und der Transporte in die Vernichtungslager nicht genug wäre, fügten die Nazis noch bösartige Streiche hinzu, die zu den Gottheiten des Äsir paßten. Ein beliebter Zeitvertreib der Totenkopf-Einheiten war es, religiöse Juden auszusuchen, sie nackt ausziehen zu lassen und sie zum Tanzen zu zwingen, während man ihnen die Bärte und Schläfenlocken abriß. Eine andere Unterhaltung der SS war es, aufs Geratewohl einige Konzentrationslager-Insassen zu sammeln, sie an die Wand zu stellen und über ihre Köpfe zu schießen, zum größten Vergnügen der Veranstalter, wenn manche vor Schreck starben. Im Lager Bernburg wurden einige Neuankömmlinge sofort bei Ankunft umgebracht, und andere Juden mußten um die Leichen tanzen und singen: „Wir werden Bernburg nie vergessen – das Paradies der Juden."[50]

Sexuelle Erniedrigung, Ausnützung und Beschimpfung waren weit verbreitet. Junge Mädchen wurden in Feldbordelle geschickt, und die hübscheren waren „nur für Offiziere" bestimmt, und diese höhere Stufe wurde in ihre Brust eingesengt. Die Totenkopfwachen pflegten sich in die Transportzüge zu schmuggeln und jede Frau, die ihnen gefiel, zu vergewaltigen.

Irma Grese von Bergen Belsen ließ ihre weiblichen Gefangenen vor sich foltern, während sie ihre Hüften vor Wonne schaukelte. Jüdische Frauen mußten sich ausziehen und mit ihrer Unterwäsche die Baracken aufwischen.[51] Eine Fotografie der Nazis zeigte ein atemberaubend schönes Mädchen, wie sie weinend dastand, während ein SS-Offizier von mittlerem Alter ihr Kleid lüftete, um ihr bloßes Gesäß zu besichtigen.[52] Dieses Bild hätte eine Stürmer-Karikatur abgeben können, aber mit verkehrten Rollen: Das gesunde junge Mädchen war jüdisch, und ihre Unschuld wurde durch ein schmutziges Nazischwein vergewaltigt. Die Nazis scheinen ihre eigene sexuelle Lüsternheit auf ihren immer zur Verfügung stehenden Sündenbock projiziert zu haben.

Die Nazis waren immer bereit, grausame Strafen auszuteilen, insbesondere Kollektivstrafen. Die Kollektivität war dazu bestimmt, abzuschrecken, Organisation des Widerstands zu verhindern und das partizipante Schuldgefühl auszuünützen, das die Juden fühlten, daß ihre Brüder ihretwegen leiden müßten, und sie daran zu hindern, den Zorn der Nazis zu erwecken. Manchmal waren die Strafen der Nazis „poetisch". Eine junge jüdische Tänzerin tanzte in einem Konzentrationslager ohne Erlaubnis, und die Nazis bestraften sie, indem sie ein Loch in ihren Fuß bohrten.[53] Der Zwang für jüdische Familienmitglieder, sich voreinander auszuziehen, griff den innersten Kern des jüdischen Sozialcharakters an. Die Blutschande ist eine der drei abscheulichsten Sünden im Judentum, die andern zwei, Mord und Heidentum, wurden von den Nazis eifrig ausgeübt. Infolgedessen war die erzwungene inzestuöse Entblößung der Eltern vor den Kindern und von Männern vor Frauen für die Juden ein Greuel, das bestimmt war, ihr normatives Gleichgewicht zu zerstören, und es auch tat. Da wir die Freud'sche Hypothese akzeptieren, daß das Inzestverbot in vieler Hinsicht die Bildung der menschlichen Familie, Moralität und Kultur ermöglichte, war die erzwungene inzestuöse Entblößung ein brutaler Anschlag auf die jüdische Moral und Kultur, die beide von den Nazis verabscheut wurden. Speer gab zu, daß die Fotos und Filme dieser nackten jüdischen Familien ihn mehr als alles andere veranlaßten, sich von der Nazi-Ideologie abzuwenden. Dieses Bewußtsein kam jedoch zu spät. Er hätte schon früher verstehen müssen, daß jenseits eines bestimmten Tiefpunkts der Unmenschlichkeit und Grausamkeit nicht nur das Opfer, sondern auch der Totschläger vernichtet wird.

Als die „Transport-Juden" in den Vernichtungslagern ankamen, waren die meisten vor Erschöpfung benommen, halbirr vor Durst und in einem Schockzustand durch das Gedränge in den überfüllten Zügen. Als sie dann aus den Zügen geschoben wurden, waren sie nicht in der Verfassung, sich den Nazi-Befehlen zu widersetzen. Die meisten handelten wie schlafwandlerische Marionetten, den Anweisungen folgend, sich auszuziehen und eine „Dusche" zu nehmen. Sie mußten gefühlt haben, daß ihr Leben schon im Abebben war, mit dem brutalen Befehl, sich zu entkleiden, dem Gestank von verbranntem Fleisch aus den Kaminen und mit dem Eindruck der Sonderkommandos, die sie zu beruhigen versuchten, während ihre eigenen Augen ausdruckslos vor Angst waren: die bedingt Toten, die die zum Sterben Bestimmten irreführten. Es war eine abtötende Hilflosigkeit, eine Lähmung jenseits der Verzweiflung; eine Gleichgültigkeit sogar bis in den Tod ...

Innerhalb der Gaskammern kämpfte jedes einzelne Opfer um Luft. Die Starken stiegen auf die Kinder und Älteren. Die Nazis blieben ihrem Ziel treu, ihren Massenmord zu immer neuen Gipfeln des Makabren zu vervollkommnen, und zwangen ihre Opfer, mit ihren Brüdern um den letzten Atemzug zu kämpfen.

Heilighaltung des Lebens und Aufstand

Die Heilighaltung des Lebens (Kiddush Hechaim) war das Gegenstück zu dem normativ aufopfernden Kiddush Hashem. Das Prinzip der Heiligkeit des Lebens hob das bloße Überleben als Triumph hervor, und in den höllischen Zuständen der Ghettos, der Konzentrationslager und der Vernichtungslager war es dies tatsächlich. Diese Heiligung des Lebens war in den Worten eines Überlebenden „eine ungreifbare Eigenschaft" - vielleicht am besten als ein überwältigender Durst, vielleicht auch als ein Talent zu leben und als „ein Glauben an das Leben" zu bezeichnen.[54] Sogar in dem im Mai 1943 als judenrein erklärten Berlin lebten einige tausend Juden im „Untergrund" wortwörtlich wie gejagte

Tiere. Sie waren grundsätzlich, was Unterkunft, Nahrung und Kleidung anbelangte, von mitfühlenden Nichtjuden – verstohlenen Gegnern des Naziregimes – abhängig, die ihr Leben aufs Spiel setzten, um menschlich zu sein. Sie konnten sich nur öffentlich zeigen, indem sie den Davidstern ablegten, und manchmal durch Verkleidung. Manche verbrachten Jahre in Einzelzimmern oder Schuppen und konnten nur nachts aus dem Haus gehen. Manchen gelang es, inkognito zu arbeiten. Andere mußten so tun, als ob sie jeden Tag zur Arbeit gingen, um nicht den Verdacht der Nachbarn zu erwecken. Haarsträubende Begegnungen mit Nazibeamten und verzweifeltes Verstecken waren tägliche Vorkommnisse. Viele wurden durch die teuflisch hartnäckigen Anstrengungen der Gestapo gefangen, andere durch Überläufer, sogenannte „Einfänger-Juden", verraten, die in tragischer Weise versuchten, sich zu retten. Manche Juden wurden aus Deutschland hinausgeschmuggelt, andere, vielleicht etwa tausend, hielten bis zur Befreiung durch.[55] Der Überlebenskampf war in den meisten Fällen ein einsamer, und sein Ziel war, das Leben so lange wie möglich zu erhalten, noch einen Monat, noch eine Woche, noch einen Tag, sogar eine Stunde. In den Ghettos gab es ein jiddisches Motto: „A sho gelebt is oich gelebt" (eine Stunde gelebt ist auch gelebt). Das war ein zweischneidiges Prinzip. Einerseits war das Überleben eine siegreiche Herausforderung der mörderischen Nazis, wie Des Prés richtig bemerkte: „Wenn die bloße Existenz ein Wunder ist, ist Sterben kein Triumph."[56] Auf der anderen Seite kann diese Stützung auf die jetzige Stunde zu einem „Nach mir die Sintflut" - Hedonismus führen und zu dem Versuch, sich noch schnell auszuleben durch Schwarzmarktgeschäfte, in schäbigen Schenken und Bordellen, an denen es im Warschauer Ghetto nicht fehlte. Trotz allem hatte sogar diese „Heiligung" des Lebens oder des Überlebens um jeden Preis als ein Akt der Auflehnung gegen die Nazi-Bedrücker einen jüdisch-partizipanten Anstrich. Es war nicht nur eine Anstrengung mit einer, wenn auch noch so geringen Erfolgsaussicht des Überlebens (obgleich es auch Wohlfahrtsorganisationen im Ghetto gab). Es war eher ein spontaner, fatalistischer Glaube und der leidenschaftliche Wille zu überleben, um ein lebender Zeuge, ein Märtyrer zu sein, der die Schrecken des Holocaust und die Tatsache bezeugen konnte, daß trotz allem „Am Israel Chai" (das jüdische Volk lebt!). Der Wille zum Leben war vielleicht an sich ein Faktor zum Überleben, weil der Verlust des Lebenswillens und die sich daraus ergebende Apathie der Juden in den Ghettos und Konzentrationslagern in vielen Fällen der Grund für ihren tatsächlichen Tod war. Die Juden, die von den Alliierten gerettet wurden, besaßen diese „Heiligung des Lebens", den glühenden Willen, um jeden Preis zu überleben, mit der zusätzlichen Gabe des Glücks, daß sie am Ende des Kriegs noch vorhanden waren, um gerettet zu werden.

Eine im Gange befindliche Forschungsarbeit fand, daß der jüdische Widerstand gegen die Nazis, sowohl passiv als auch aktiv, weiter verbreitet war, als allgemein angenommen wurde. Bauer zählt siebzehn jüdische Aufstände in den polnischen Ghettos auf; zwanzig in den russischen Ghettos und dreißig jüdische Partisanengruppen.[57] Dies trotz des Mangels an Waffen und des Antagonismus der eingeborenen Bevölkerung. Wir beabsichtigen nicht, die Befunde kompetenter Historiker anzuzweifeln, und stehen in ehrfürchtiger Bescheidenheit vor dem Massada-ähnlichen, verzweifelten Heldentum der Ghettokämpfer. Wir wagen nur, die Hypothese vorzuschlagen, daß der partizipante Sozialcharakter der Juden mit ihrem relativen Mangel an Organisation, ihrer selektiven Anschauung der Realität, ihrem Glauben an Gewaltlosigkeit, der Resignation der religiösen Juden vor ihrem Unglück als dem Willen Gottes und ihrem Leiden als Ausdruck ihres normativen Wertes verbunden war. Alle diese Tatsachen trugen zu einer geringeren Resistenzbewegung gegen ihre Vernichtung bei, als sie ohne diese gewesen wäre. Charakteristischerweise waren die Führer der Aufstände Mitglieder von zionistischen und aktivistischen Gruppen, die durch ein separateres Ethos der Organisation und ein besseres historisches

Verständnis motiviert wurden. Shimeon Dranger vom Krakauer Ghetto drückte dies so aus: „Wir kämpfen für drei Drucklinien im Geschichtsbuch." Außerdem, ohne ein (unmögliches) Urteil über die den Holocaust erlebt Habenden von einem, der diesen nicht erlebt hat, abzugeben, nehmen wir an, daß ein weniger partizipantes Ethos von mehr Juden vielleicht zu der operativen Schlußfolgerung geführt hätte, daß die Flucht aus den Ghettos und das Nichtbesteigen der Totenzüge einen weniger sicheren Tod zur Folge gehabt hätte. Die Organisatoren des jüdischen Widerstands und die Aufständischen mußten erst die partizipante Weltanschauung ihres Volkes bekämpfen. Diese enthielt die grundsätzliche Weigerung, die Gesetze und Befehle der Behörden zu brechen, ob sie von den Nazis, den Judenräten oder von der jüdischen Ghettopolizei ausgegeben wurden. Der irreführende Glaube der meisten Juden war, daß, wenn sie den Befehlen gehorchten, ihnen nichts Schlimmes zustoßen würde. Diese Illusionen wurden natürlich durch weitere Irreführung der Nazis verstärkt. Die meisten Juden und die meisten Judenräte handelten gegen die Aufständischen und waren sogar aktiv, sie den Nazis zu verraten, weil sie überzeugt waren, daß rebellische Handlungen der Juden sie der Vergeltung der Nazis aussetzten. Manche religiöse Juden predigten, daß der Holocaust eine Gottesstrafe für die Sünden der Juden sei, und viele extrem religiöse und antizionistische Rabbis verboten ihrer Gemeinde, vor den Nazis in die Wälder zu fliehen, und rieten ihnen, im Ghetto mit ihrer Gemeinde und ihren Familien zusammenzubleiben und von Gott und ihrem Rabbiner geleitet zu werden. Das Verlassen der Gemeinde und der Anschluß an Partisanengruppen widersprach auch der partizipanten Familiennatur der jüdischen Gemeinde, in der nicht nur die enge, sondern auch die weitere Familie zusammenzubleiben versuchte, soviel und solange sie konnte. Die Familie zu verlassen, wurde als Desertion angesehen, und die Juden hingen mit ihrer Familie zusammen bis in den Tod. Daher flüchteten nur einige tausend Juden aus den Ghettos, nur ein paar hundert versteckten sich in den Großstädten und nur eine Handvoll flüchtete aus den Lagern.[58] Abgesehen von diesen internen jüdischen Schwierigkeiten gab es nahezu unüberwindliche äußere und „objektive" Hindernisse am Weg des jüdischen Widerstands, sowohl individuelle wie organisatorische. Waffen gab es nur wenige, und diese waren schwer zu bekommen. Andere Widerstandsbewegungen wurden reichlich von den Alliierten und ihren Exilregierungen mit Waffen versehen. Die Juden hatten keine exilierte Regierung, und wie wir gesehen haben, ließen die europäischen Regierungen die Juden so gut wie unbeachtet. Waffen von den Deutschen zu stehlen, war sehr gefährlich, weil die gefolterten Widerstandskämpfer lebenswichtige Geheimnisse preisgeben und dadurch die ganze Organisation gefährden konnten. Überdies waren die kollektiven Vergeltungsmaßnahmen der Nazis gegen die ihnen verdächtigen Mitgliedsgruppen und Widerstandskämpfer so grausam, daß die Rebellen sich schuldig fühlten, wenn sie nur daran dachten, daß sie mitwirkten, diese Rache auf ihre Brüder zu bringen. Die meiste nichtjüdische Bevölkerung war judenfeindlich und griff selbst die jüdischen Widerstandsgruppen an oder verriet sie an die Nazis. So verriet zum Beispiel sogar die kommunistische Jugendorganisation (Komsomol) von Minsk die jüdischen Partisanen an die Gestapo. Alles wurde von dem Gefühl der jüdischen Rebellen verstärkt, daß sie von der Weltjudenheit und dem jüdischen Yishuv Palästinas im Stich gelassen worden seien. Kein Wunder, daß Itzhak (Antek) Zukkermann, einer der Führer des Warschauer Ghettoaufstands, eine selbsterklärende Metapher seiner Gefühle während des Aufstands aussprach: „Wenn jemand mein Herz lecken hätte können, wäre er auf der Stelle vergiftet worden." Und trotz aller beinahe unüberwindlichen Schwierigkeiten gab es Aufstände und Widerstandsaktionen, z. B. in den Ghettos von Czestochowa, Bendzin, Krakau, Bialystok und manchen kleineren Ghettos in Weißrußland und der Ukraine, und natürlich den großen Aufstand im Warschauer Ghetto. Einerseits waren diese Rebellionen eine Fortsetzung des jahrhundertealten Märtyrertums der europäischen Juden, da die meisten Aufständischen von den Deutschen zu Märtyrern gemacht wurden. Aber zum ersten Mal in der Geschichte Europas schlugen die Juden zurück, verursachten ihren Verfolgern Verluste und starben mit der Waffe in der Hand. Darin folgten sie der Tradition des bewaffneten Aufstands ihrer Vorfahren gegen die Römer in Judäa im ersten und zweiten Jahrhundert. Viele jüdische Partisanen-gruppen wurden in verschiedenen Teilen Europas gebildet und kämpften gegen die Deut-schen in Smolensk, Weißrußland und der Ukraine, in Lublin, Piczon, Zolkiew in Polen, Wilna, Kaunas in Litauen, Lyon in Frankreich und auf der Insel Raab in Jugoslawien. Dies ist keine ausführliche Liste von bekannten Fällen des Widerstands und der Auf-stände. Weitere Forschung entdeckt fortwährend neue Orte und Fälle von aktivem und passivem Widerstand der Juden gegen die Nazis. Schließlich gab es auch jüdische Auf-stände und Fälle von organisierter Flucht aus den Vernichtungslagern von Sobibor, Tre-blinka und Auschwitz.

Wir kommen zum Ende unserer Arbeit. Wir glauben, daß der Homo Sapiens nicht lebensfähig sein kann, wenn er nicht versteht, wie der Furor Teutonicus den Holocaust vorbereitete und verwirklichte. Wir haben es zumindest versucht.

* * *

1. L. Poliakov: The Harvest of Hate, op. cit., p. 15 et seq.
2. W. Laqueur: The Terrible Secret, London 1980, Weidenfeld and Nicholson.
3. R. Hilberg: The Destruction of the European Jews, op. cit., Vol. I, p. 322.
4. Ibid., Vol. 3, p. 115.
5. F.V. Grünfeld: The Hitler File, op. cit., p. 310.
6. R. Hilberg: The Destruction of the European Jews, op. cit., Vol. III, p. 1117.
7. The Nazi Concentration Camps, op. cit., p. 419.
8. I. Zuckermann: In the Ghetto and in Rebellion, The Kibbutz of Ghetto Fighters 1985, p. 128.
9. R. Hilberg: The Destruction of the European Jews, op. cit., p. 201.
10. M. Gilbert: A History of the Jews of Europe During the Second World War, New York 1986, Holt, Rinehart Winston.
11. A. Rhodes: The Vatican in the Age of the Dictators, London 1973, Hodder & Stoughton, p. 205.
12. M. Mashberg: „Documents Condemning the American State Department" and the Stateless European Jews 1942-44, Jewish Social Studies, Vol. 39, Winter-Frühjahr 1977/78, No. 1-2, p. 164.
13. G. Hausner: Justice in Jerusalem, op. cit., p. 242.
14. Ibid., p. 240.
15. Ibid., p. 247.
16. Documents on the Holocaust, Yad Vashem, op. cit., pp. 258-259.
17. G. Hausner: Justice in Jerusalem, op. cit., p. 259.
18. Ibid., p. 254.
19. J. Tennenbaum: Race and Reich, op. cit., p. 385.
20. Ibid., p. 385.
21. Ibid., p. 362.
22. J. Tennenbaum: Race and Reich, op. cit., pp. 363-364.
23. G. Reitlinger: The Final Solution, op. cit., p. 278.
24. R. Hilberg: The Destruction of the European Jews, op. cit., Vol. I, p. 379.
25. J. Korczak: Childrens Friend, University of Tel Aviv 1984, p. 6.
26. I. Perles: A Polish Jew, Kibbutz Hameuchad 1986, p. 216.
27. R. Hilberg: The Destruction of the European Jews, op. cit., Vol. I., p. 49.
28. Ibid., p. 49.
29. Documents on the Holocaust, Yad Vashem, op. cit., p. 60.
30. Yehuda Bauer: Jewish Reactions to the Holocaust, Tel Aviv 1983, The Ministry of Defence, p. 53.
31. I. Trunk: Judenrat, Jerusalem 1979, Yad Vashem, p. 393 et seq.
32. I. Trunk: Judenrat, op. cit., p. 414 et seq.
33. Y. Bauer: Jewish Reactions to the Holocaust, op. cit., p. 55.
34. The Nazi Concentration Camps, Yad Vashem, op. cit., p. 279.
35. R. Hilberg: The Destruction of the European Jews, op. cit., pp. 930- 931.
36. The Trial of Josef Kramer and Forty Four Others (The Belsen Trial), London 1949, William Hodge & Co. XXVI.
37. Documents on the Holocaust, Yad Vashem, op. cit., p. 231.
38. R. Hilberg: The Destruction of the European Jews, op. cit., Vol. III, p. 1037.
39. R. Hilberg: The Destruction of the European Jews, op. cit., Vol. II, p. 823.
40. Itzhak Zuckermann: In the Ghetto and in Rebellion, op. cit., p. 141.
41. I. Trunk: Judenrat, op. cit., p. 371.
42. Ibid., p. 371.
43. Documents on the Holocaust, Yad Vashem, op. cit., p. 279.
44. R. Hilberg: The Destruction of the European Jews, op. cit., Vol. III, p. 972.
45. Documents on the Holocaust, Yad Vashem, op. cit., pp. 218-219.
46. Ibid., p. 274.
47. A. Neher: Anti-Parole et Parole: Le Camouflage culturel dans le Langage Nazi (unveröffentlichtes Manuskript).

48. F.V. Grünfeld: The Hitler File, op. cit., p. 308.
49. R. Hilberg: The Destruction of the European Jews, op. cit., Vol. III, p. 898.
50. G. Hausner: Justice in Jerusalem, op. cit., p. 99.
51. L. Poliakov: Harvest of Hate, op. cit., p. 52.
52. Ibid., gegenüber p. 129.
53. A. Carman: Hashoa, Jerusalem 1981, The Israel Ministry of Education, p. 224.
54. The Nazi Concentration Camps, Yad Vashem, op. cit., p. 670.
55. L. Gross: The Last Jews in Berlin, New York 1982, Simon and Schuster.
56. Ibid., p. 675.
57. Y. Bauer: The Holocaust Today – An Attempt at a New Evaluation; in Y. Gutman and L. Roth-kirchen: The Catastrophe of European Jewry, op. cit., pp. 462–476.
58. R. Hilberg: The Destruction of the European Jews, op. cit., Vol. III, p. 1036.